Bibliografische Information der Deutschen Nationalbibliothek
Die Deutsche Nationalbibliothek verzeichnet diese Publikation in der Deutschen Nationalbibliografie; detaillierte bibliografische Daten sind im Internet über http://d-nb.de abrufbar.

Für Fragen und Anregungen:
info@finanzbuchverlag.de

4. Auflage 2022

ein Imprint der Münchner Verlagsgruppe GmbH,
Türkenstraße 89
80799 München
Tel.: 089 651285-0
Fax: 089 652096

Redaktion: Marion Reuter
Korrektorat: Sonja Rose
Umschlaggestaltung: Maria Wittek, München
Umschlagabbildung: D. Lieske
Satz: inpunkt[w]o, Haiger
Druck: Florjancic Tisk d.o.o., Slowenien
Printed in the EU

ISBN Print 978-3-89879-938-6
ISBN E-Book (PDF) 978-3-86248-789-9
ISBN E-Book (EPUB, Mobi) 978-3-86248-790-5

Weitere Informationen zum Verlag finden Sie unter
www.finanzbuchverlag.de
Beachten Sie auch unsere weiteren Verlage unter www.m-vg.de

Inhalt

Hinweise zu den Charts und Tradingplattformen

Alle in diesem Buch verwendeten Charts und Kurse sind von den nachfolgend genannten Firmen zur Verfügung gestellt worden:

Nanotrader ist ein Produkt der Firma Fipertec S.à.r.l., Anbieter von Systemen zur technischen Analyse. Die Software kann unter dem Namen NanoTrader über den Broker WH Selfinvest bezogen werden und ist für den CFD-, Forex-, Options- und Futureshandel geeignet. Die Lieferung der Realtime-Daten im Futuresmarkt erfolgt wahlweise über Pats oder CQG, die Lieferung der historischen Futuresdaten über VWD.

NanoTrader – für ganzheitliche Chartanalyse, intuitives Trading und halb- sowie vollautomatischen Handel.

WH Selfinvest

WH SELFINVEST
Niederlassung Frankfurt a. M.
Münchenerstr. 7–9
60329 Frankfurt a. M.
Telefon: +49 (0)69 27 13 97 80
info@whselfinvest.de
www.whselfinvest.de

FIPERTEC Financial Performance Technology

Fibertec S.à.r.l.
5 Avenue Gaston Diderich
R.D.C.
L 1420 Luxembourg
Telefon: +352 691 657 353
info@fipertec.de
www.fipertec.de

Sie können den NanoTrader inklusive dem Markttechnik-Paket kostenlos testen: www.whselfinvest.de/demos

worldoftrading Award 2013
1. Platz
Plattform
WH SelfInvest

»Erstklassige Trading-Plattform, die ich seit Jahren nutze und empfehle.«

Michael Voigt

MICHAEL VOIGT

Der Händler

Band 7&8

Band 7 *Es gibt für einen Trader zwei Standpunkte: Seinen und den Falschen.*

Band 8 *Trading bildet nicht nur den Charakter, es offenbart ihn.*

FBV

Ein Schiff scheint ein Gegenstand zu sein,
dessen Bestimmung die Seefahrt ist;
doch nicht die Fahrt ist sein eigentlicher Zweck,
sondern das Einlaufen in einen Hafen.
Wie viele Trader befinden sich wohl ebenfalls »auf hoher See«,
ohne auch nur die geringste Vorstellung davon zu besitzen,
dass sie in einem Hafen Zuflucht suchen könnten?
Und so wiederholen sie auf schmerzlichste Art und Weise
die Abenteuerformel, der auch schon Jason und die Argonauten folgten:
Seefahrt MUSS sein, Leben … nicht

Wie sagte schon einst P. Fernando:

Auf halbem Weg zwischen Glaube und Kritik liegt die Herberge der Vernunft. Die Vernunft ist der Glaube an etwas, das man ohne Glauben verstehen kann; doch bleibt es noch immer ein Glaube, denn verstehen setzt voraus, dass es etwas Verstehbares gibt ...

VORWORT

Kennen Sie eigentlich den Mythos von Sisyphos?

– Ja?
– Nein?
– So ein bisschen …?!

Sisyphos, er war nicht nur König der von ihm gegründeten und erbauten herrlichen Stadt Korinth, sondern auch der verschlagendste aller Menschen. In seinem Übermut wagte er es einst sogar, den Unwillen des Göttervaters Zeus auf sich zu ziehen: Dem Flussgott Asopos verriet er, dass jener seine Tochter, die liebliche Nymphe Aigina, entführt und verführt hatte. Zeus war selbstredend aufs Höchste erzürnt und beschloss, den Fürwitzigen zu bestrafen. Er schickte Thanatos, den Gott des Todes. Aber der listige Sisyphos zeigte sich stärker als Gevatter Tod, er zwang ihn sogar in seine Gewalt und legte ihn in so starke Fesseln, dass seine Macht gebrochen war. Daraufhin entstand große Verwirrung auf Erden, denn niemand konnte mehr sterben. Dass er seine Gegner auf dem Schlachtfeld nicht mehr töten konnte, erzürnte nun wiederum Ares, den mächtigen Gott des Krieges; ihm gelang es, Thanatos zu befreien. Sisyphos aber wurde endlich ins Reich der Schatten gebracht.

Doch entging der gewitzte Korintherkönig seiner Haft im Totenreich mit einer weiteren List: Er hatte nämlich seiner Frau verboten, die rituellen Totenopfer für ihn darzubringen, und laut jammernd überredete er Hades, den Gott der Unterwelt, ihn noch einmal in die Welt der Sterblichen zurückzuschicken, damit er seine Frau an den Vollzug der Opferhandlungen gemahnen könne. Zurück zu Hause, dachte Sisyphos jedoch keineswegs daran, wieder in die Unterwelt zurückzukehren. Stattdessen genoss er, dabei kräftig über den Gott der Unterwelt spottend, das Leben an der Seite seiner Frau in vollen Zügen. Die Geduld des Göttervaters indes war nun erschöpft. Wiederum sandte er Thanatos aus, und als dieser erneut vor Sisyphos stand, grollte er: »Diesmal wirst du mich nicht überlisten!« Erbarmungslos zerrte der Tod den plötzlich ganz schwach und klein gewordenen Sisyphos hinab in die Unterwelt …

Schrecklich war die Strafe, die Zeus dem Frevler bestimmt hatte: Sisyphos wurde die Aufgabe gestellt, einen mächtigen Felsbrocken einen Hügel hinaufzuwälzen. Unter unsäglicher Mühe ging der Verurteilte ans Werk, stemmte sich mit aller Kraft seiner Hände und Füße gegen den ungefügigen Steinkoloss und zwang ihn auch wirklich bis zur Höhe. Schon glaubte er, ihn auf den Gipfel gewälzt zu haben, da entrollte – im allerletzten Augenblick – der Felsblock durch das große Gewicht Sisyphos' Händen und stürzte in die Tiefe! Aufs Neue musste sich der Unglückliche ans Werk machen. Wieder wälzte er den Fels bis zur Höhe, und wieder entwich er gerade in jenem Augenblick, als der Geplagte glaubte, den Gipfel erreicht zu haben. Immer wieder musste Sisyphos unter vergeblichen Mühen ans Werk gehen, doch jedes Mal blieb ihm der Erfolg versagt.

Eindrücklich schildert Homer die Qual des einst so hochmütigen Königs: Jahrhundert um Jahrhundert musste er den Stein die Anhöhe hinaufwälzen, doch niemals sollte es ihm gelingen, seine Aufgabe zu erfüllen …

> *»Und den Sisyphos sah ich, von schrecklicher Mühe gefoltert,*
> *Einen schweren Marmor, mit großer Gewalt fortheben.*
> *Angestemmt arbeitet' er stark mit Händen und Füßen,*
> *Ihn von der Au aufwälzend zum Berge. Doch glaubt' er ihn*
> *jetzo Auf den Gipfel zu drehen: da mit einmal stürzte die Last um;*
> *Hurtig mit Donnergepolter entrollte der tückische Marmor.*
> *Und von vorn arbeitet' er, angestemmt, daß der Angstschweiß*
> *Seinen Gliedern entfloss, und Staub sein Antlitz umwölkte.«*
>
> (*Odyssee*, 11. Gesang, 593–600,
> übertragen von Johann Heinrich Voß)

Tag um Tag und Jahr um Jahr muss er den Stein die Anhöhe hinaufwälzen, doch niemals soll es ihm gelingen, seine Aufgabe zu erfüllen … Welch schreckliche Bestrafung! Nicht ohne Grund waren die Götter überzeugt davon, dass es keine grausamere und fürchterlichere Strafe geben könne, als in alle Ewigkeit unnütze und aussichtslose Arbeit, und damit Tun ohne Sinn, verrichten zu müssen.

Aber was verbindet denn nun ausgerechnet Sisyphos, also eine Gestalt der fernen griechischen Mythologie, mit dem Trading des 21. Jahrhunderts?

Sisyphos ist ein Sinnbild für den Menschen im Absurden. Im Widersinnigen. Im Unsinnigen. Das Absurde ist dabei das Gefühl der Fremdheit des Menschen in der Welt, seines Hin- und Hergerissenwerdens zwischen »Hoffnung« und endgültiger »Gewissheit«. Vielleicht macht auch ein Trader in seinen ersten Lehrjahren die Erfahrung der »Absurdität« und findet sich auf jener ewigen und gleichermaßen vergeblichen Suche nach dem »Heiligen Gral« wieder, der keine Minustrades mehr zulässt?

Womöglich bekommt ein Trader in seinen Anfangsjahren das Absurde aber auch dadurch zu spüren, dass er, sobald er bewusst über sein Leben als Händler nachdenkt, das tagtägliche Fehlen der Übereinstimmung zwischen Absicht und Verhalten als Fremdheit oder gar Ausgestoßensein empfinden muss. Es mag während der ersten Monate und Jahre so manchem von ihnen vorkommen, als hätten ihm die »Götter des Tradings« die Strafe des Sisyphos auferlegt. Bloß zeigen sich der Felsbrocken und der Berg nun in anderer Gestalt: Konto oben. Konto unten. Plustrades. Minustrades. Regelwerk *A*. Nein, besser Regelwerk *B*. Dann doch wieder Regelwerk *A*, danach Regelwerk *C*. Kaum oben angekommen, rollt der Felsbrocken seines Kontostandes wieder ins Tal, und der Trader steigt aus der eben noch empfundenen Euphorie über das fast erreichte Ziel wieder in die Niederungen seiner Verluste hinab, um diese Arbeit von Neuem zu verrichten. Und diese scheinbar »sinnlose Arbeit« nimmt und nimmt kein Ende …

Oder nehmen wir die sich im Alltagsleben eines Traders ständig wiederholende »Widerspenstigkeit«: Tagtäglich folgen ein und denselben Handlungen verschiedenste Ergebnisse, denn immer ist man dem Zusammenspiel aller anderen Marktteilnehmer ausgeliefert, und niemals kann der Trader einen Plustrade »aktiv« herbeiführen.

Oder werfen wir schlussendlich einen Blick auf jene Phase, in der ein Trader – trotz unzähliger mit der Lektüre von Büchern und dem Besuch von Seminaren verbrachter Stunden – nach so manchem Handelstag erkennt, dass sich seine Erwartung nicht erfüllt hat – und er seine Aufgabe des »Lernens«, und damit die »Vorstufe« als erfolgreicher Händler, wieder einmal als eine Art sinnlose Qual erlebt hat. Wie Sisyphos fühlt auch er sich an den Anfang aller Mühe zurückversetzt – und das, obwohl er seine Arbeit doch mit Fleiß gemacht hat!

Mit anderen Worten: Aus dem gleichzeitigen Neben- und Gegeneinander des einerseits menschlichen Grundverlangens nach sicherer Erkenntnis, Einheit und Sinn und der andererseits vorhandenen Widerspenstigkeit des Börsenhandels entsteht für manchen Trader, analog der Strafe des Sisyphos, das »Absurde« und stellt gleichzeitig die einzige Bindung zwischen ihm und dem Chartverlauf dar. Eigentlich möchte der Tradinganfänger sein Leben als Börsenhändler sinnvoll führen, in »Geborgenheit«, »Vertrauen« und »Sicherheit«. Stattdessen sieht er sich dem Wechsel des Orderbuches, des scheinbaren Zufalls und dem unverständlichen Verhalten anderer Marktteilnehmer unterworfen. Er möchte frei und glücklich sein und steht dennoch tagtäglich dem »Konto-Tod« gegenüber, der allem ein Ende macht! All die Bücher, Internetforen, Seminare und unzähligen Ratschläge erscheinen fremd, monoton und sinnlos. Die Welt des Börsenhandels bleibt unverständlich und bietet ihm keine Heimat, egal, was er unternimmt, um sich in der Welt des Tradings einzurichten. Aber: Es gibt auch kein Zurück mehr in die Klarheit der vorherigen »Scheinwelt«.

Kurzum: Dem Willen zum Traden und dessen prachtvollen Früchten steht die Verzweiflung am Traden gegenüber. Das »Absurde« ergibt sich aus dem Widerspruch von … Achtung: Traden-Wollen und Verlieren-Müssen. Und so sieht sich so mancher Tradinganfänger in einem existenziellen Dilemma gefangen, nämlich nur nach dem verlangen zu können, was sich ihm immer wieder entzieht, und dabei, unabhängig von jeglicher Erkenntnis über diesen Zustand, keine andere Wahl zu haben, als diesen Widerspruch auszuhalten …

Aushalten! – Welch Wort! Und vor allem: welch Zustand!

Sobald ihm klar wird, dass die Zukunft aufgrund dieser unaufhörlichen Widersprüche zum Tod seines Kontos führen könnte, wird die unaufhaltsam verrinnende Zeit für einen Trader in den Anfangsjahren zum schlimmsten Feind. Er fühlt sich, als lebe, kämpfe und leide er so sinn- wie namenlos. Denn was ihm bei der Kontoeröffnung noch als ein in sich geschlossenes, sinnvolles Ganzes erschien, stellt sich mittlerweile als ein sinn- und zusammenhangloses Chaos dar, das er unmöglich mit seinem Selbstverständnis in Einklang bringen kann. Die Erkenntnis, den Charts vollkommen »umsonst« sowohl Zeit als auch Geld zu opfern, bedeutet daher für so manchen Tradinganfänger einen so schwerwiegenden Bruch in seiner gewohnten Weltsicht, dass er danach seinen Lebensrhythmus nur noch als monotone Wiederkehr eines immer gleich leeren, sinnlosen und vor allem absurden Mechanismus erlebt, welcher in ihm nur noch Überdruss bis Ekel hervorruft und verantwortlich ist für seine wachsende Überzeugung, so todunglücklich zu sein wie kein zweiter Trader auf der Welt …

Kehren wir noch einmal zu Sisyphos und seiner Last zurück. Stellen wir uns den tragischen Helden genau vor, wie sein Körper sich anspannt bei der Anstrengung, den gewaltigen Felsbrocken zu bewegen, ihn den Berg hinaufzuwälzen. Wir sehen sein verzerrtes Gesicht vor uns, die Wange, die an dem Felsen klebt, die Schulter, die sich dagegenstemmt, den Arm, in dem sich die Kraft sammelt – alles nur, um den verdammten Koloss ein kleines Stückchen zu bewegen!

Schließlich erreicht Sisyphos nach dieser langen Anstrengung, die sich an einem Raum ohne Himmel und einer Zeit ohne Tiefe misst, sein Ziel. Glaubt er zumindest, denn nun rollt der Fels innerhalb weniger Augenblicke wieder in jene niedere Welt hinab, aus der er stammt. Und Sisyphos kennt seine Aufgabe, er weiß, dass er den Brocken wieder hoch auf den Gipfel wälzen muss. Auf dem Rückweg in die Ebene, während dieser »Pause«, sehen wir, dass sein Gesicht, das sich so nahe dem schweren Stein abmühte, selbst bereits Stein ist! Wir sehen deutlich, wie dieser Mann schwerfälligen, aber gleichmäßigen Schrittes zu seiner »Qual« hinuntergeht – und er weiß nicht … Achtung! …, wann oder ob sie enden wird!

Dieser Mythos ist tragisch!

Denn: Der Stein ist nichts anderes als Sisyphos' Schicksal. Und Sisyphos überblickt während seiner Abstiege das ganze Ausmaß seiner conditio humana, sprich: Er reflektiert auf sich als Menschen schlechthin, auf das Wesen des Menschen, also auf das vorgegebene »Ewige« in ihm und an ihm. Er reflektiert. Er überdenkt. Er denkt. Er sucht. Eine Suche nach Identität. Und schlussendlich hat Sisyphos nur zwei Möglichkeiten:

Entweder, sich dem Stein vollständig zu unterwerfen, unter Preisgabe all dessen, was er an Erkenntnissen gewonnen hat. Das hieße, jedes Mal, wenn er zu seinem Felsbrocken im Tal zurückkehrt, würde der ganze Schmerz von Neuem beginnen und die gewaltige Not schier unerträglich werden! Denn wenn die Bilder des Steines zu sehr im Gedächtnis haften, wenn das Glück zu sehr auf seine Erfüllung drängt, dann steigt im Herzen des Menschen die Trauer auf, kurzum: Das wäre der Sieg des Felsens!

Sisyphos entschied sich aber für eine andere Möglichkeit: Am Ende identifiziert er sich und verschmilzt mit seinem Steinbrocken als seiner ureigensten Sache und wird so wieder zu einem Teil der Welt und damit des Universums. Das erfüllt ihn mit Glück. Jene Identität findet Sisyphos gerade dann, als er den Stein, seinen Stein, den Berg hinaufwälzt! Hier spürt und erlebt er sich als Mensch. In dieser Anstrengung liegt seine gesuchte Aufgabe, die ihn in Bezug zu sich selbst und zur Natur setzt. Den Berg hinauf beschäftigt er sich nicht mit der Frage, ob der Stein auf dem Gipfel liegen bleiben wird, sondern ist völlig in Anspruch genommen von der schweren Arbeit, die in diesem Augenblick das Einzige ist, was zählt. Wenn das Ziel erreicht ist und der Stein wieder in die Tiefe rollt, macht auch Sisyphos sich wieder auf den Weg hinunter in die Ebene. Der Rückweg ist daher die Stunde seines Bewusstseins. In diesen Augenblicken, in denen er den Gipfel verlässt, ist er seinem Schicksal überlegen! Er ist stärker als der Stein.

Und das Resultat?

Die Klarsichtigkeit des Absurden, sprich: das Wissen über die Erfolglosigkeit seiner Arbeit, das nach den Göttern die Ursache seiner Qual sein sollte, vollendet zugleich seinen Sieg. Sisyphos wurde zum »Held des Absurden«, denn er hält alles für gut, so, wie es ist! Er erwartet nicht mehr, dass der Stein auf dem Gipfel liegen bleibt! Damit gewinnt sein Leben an Intensität, denn nun verrichtet er seine Aufgabe nicht mehr nur mit seinem Leib, sondern mit ganzem Herzen und ganzer Seele. Die Absicht der Götter, Sisyphos an der Sinnlosigkeit seiner Arbeit verzweifeln zu lassen, ist durch das gewachsene Bewusstsein des Bestraften fehlgeschlagen. Die Götter haben keine Macht mehr über Sisyphos, denn er ist frei innerhalb seines Tuns. Sein Universum, das von nun an keinen Herrn mehr kennt, kommt ihm weder unfruchtbar noch wertlos vor. Jedes Gramm dieses Felsens ist von nun an eine Welt für sich. Wir müssen uns Sisyphos als einen glücklichen Menschen vorstellen, da er sich über sein Schicksal hinwegzusetzen weiß. Er erträgt sein Los und entfaltet ein reiches Bewusstsein, wenn er, von seiner Last befreit, den Weg zurück ins Tal nimmt.

Kurzum: Er benutzt sein Bewusstsein, um sich als Mensch zu erleben und um seinem Dasein einen Inhalt zu geben.

Somit ist Sisyphos ein Bild des Menschen auf der Suche nach dem Sinn des Lebens und nach seiner Identität.

– Wer kennt das nicht als Mensch?

– Wer kennt das nicht als … Trader?

In Lebenskrisen drängt sich diese Frage besonders auf und will beantwortet werden. Jene Lebenskrisen, die das bisherige Leben völlig infrage stellen, sind aber auch für die Entwicklung der eigenen Persönlichkeit notwendig. Für das Durchleben von Schmerz, Trauer und Zweifel wird man letztendlich mit einer neuen Bewusstheit belohnt, die einen Neuanfang ermöglicht. Ist es nicht so, dass jeder Mensch ein zentrales Lebensthema hat, das sich im Laufe der Zeit in verschiedenen Lebensphasen wiederholt? Es geht also darum, die individuelle Lebensaufgabe zu erkennen und diese letzten Endes auch zu bewältigen.

Auch ein Trader kreist ständig um ein und dieselben Themen, denen er immer wieder gegenübersteht. Jedoch ist er jedes Mal gereifter und erfahrener und kann deshalb erneut an seinen Aufgaben wachsen. Wie bei einer Spirale wird ihm durch die Wiederholung jedes Mal bewusst, was er dazugelernt hat. Und davon wiederum profitieren sein Selbstwert als Händler sowie seine Lust, im Lernen voranzuschreiten.

Ausdrücklich möchte ich betonen, dass mit dem Sisyphos-Vergleich nicht der Börsenhandel als »absurde Angelegenheit« verstanden werden soll! Vielmehr kann das Beispiel des mythologischen Helden uns dazu bringen, uns mit dem Thema – mit seinem Thema – des Absurden zu beschäftigen. Die Auseinandersetzung mit dem nur scheinbar (!) »Absurden« – beispielsweise dem fachlich sauberen Minustrade – bringt den Trader zu sich selbst und verschafft ihm einen ungeheuren Zuwachs. Denn sich seiner selbst und seines Daseins als Trader bewusst zu sein, bedeutet die ständige Anwesenheit bei sich selbst. Es geht darum, die falsche Erwartung loszuwerden, dass der Fels oben liegen bleiben muss. Es geht darum, dass der Trader keine Enttäuschung mehr erlebt, wenn beispielsweise ein Trade trotz aller Fachlichkeit im Minus endet, sozusagen den Berg hinabrollt, und er daraufhin von vorn anfangen muss …

Leicht dahergesagte Worte … Wohl wahr!

Sisyphos beendet seine Qual, indem er in der Gegenwart und mit den in ihr geltenden Wahrheiten lebt. Genau wie Sisyphos, der »Ja« zu seinem Fels sagt, muss es auch einem Trader gelingen, sein »Schicksal« zu akzeptieren, nämlich dass er sein Geld nur mittels der anderen Marktteilnehmer und daher nicht mittels hundertprozentiger Trefferquote, sprich beständig umsetzbarem Perfektionismus, verdienen kann. Das Leben als Trader fordert uns daher heraus – trotz aller scheinbaren Widerspenstigkeit und erlebter oder nachträglich erkannter »Sinnlosigkeit«, selbst bei fachlich sauber durchgeführten Trades –, Beständigkeit und Duplizierbarkeit als die positiven Werte zu erkennen, die uns gegeben sind, und an der Arbeit festzuhalten!

Die hieraus resultierende Überlegenheit erfüllt – wie einst Sisyphos – den erfahrenen Händler mit tiefer Zufriedenheit. Oder mit anderen Worten: Ein spekulativ ausgerichteter Trader, der aufgrund langen Nachdenkens auf seinen »Rückwegen zum Felsen im Tal« ein gewisses Bewusstsein erlangt hat und den Kreislauf des Orderbuches, in dem alles wiederkehrt, akzeptiert, kann sich auf seine eigene Art und Weise in diesem Kreislauf bewegen und sein Dasein als Mensch und Trader darin vollends begründen. Indem er diese Freiheit innerhalb des Kreislaufs ausnützt, nimmt er aktiv Einfluss auf seinen Weg, ja auf sein Schicksal. Je bewusster der Trader durch seinen Handelstag geht, desto größer ist die Anzahl der Erfahrungen, die er mit sich, den Charts und seiner Umwelt macht – und desto näher kommt er sich selbst. Fazit? Es klingt selbstverständlich, und ist doch manchmal so schwer: Ein Tradinganfänger soll und muss daher zu Beginn zumindest unaufhörlich Erfahrungen machen, um sich so gegen die scheinbare »Absurdität des Lebens als Trader« aufzulehnen, so wie Sisyphos, der unablässig seinen Felsen wälzte …

Und so sollen nun auch die nachfolgenden Geschichten um den Trader Philip dazu motivieren, sich nicht von seinem vermeintlich harten Los überwältigen zu lassen, sondern stattdessen sein Leben als Trader selbst in die Hand zu nehmen!

Berechtigterweise mag nun jemand stöhnend fragen: Wozu braucht ein Trader immer diese Geschichten? Hätte man nicht gleich das Endergebnis kurz und knapp beschreiben können?

Gewiss, man hätte!

Aber genauso gut könnte man fragen: Wozu braucht die Menschheit seit Urzeiten eigentlich Mythen? Natürlich hätte man auch gleich schreiben können: Sisyphos – er ist stärker als sein Felsbrocken! Es gibt kein Schicksal, das durch Verachtung nicht überwunden werden kann! Selbst die erdrückendsten Wahrheiten verlieren an Gewicht, sobald sie erkannt werden. Darin besteht letztendlich die verborgene Freude oder die Genugtuung des Sisyphos.

Genauso hätte ich statt der langen Geschichte um Philip, Hofner, Sander, John, Nick, Torbach, Stan und Co. – beginnend mit dem *Das große Buch der Markttechnik* und den nachfolgenden *HÄNDLER*-Bänden – deren Essenz in einige kurze, griffige Definitionssätze packen können. Etwa so: »Halten Sie sich an ein kluges Geldmanagement, damit Ihnen und Ihrer Familie kein Unheil geschieht!«

Aber seien wir ehrlich: Die Wahrheit allein befreit niemanden, denn Einstellungen werden nicht durch Tatsachen und Definitionen verändert! Deshalb warnte schon der Renaissance-Arzt und -Alchemist Paracelsus, wie vor ihm schon Hugo von Payens und Gottfried von Saint-Omer, davor, einfach »die nackte Wahrheit« zu enthüllen. Stattdessen sollen Bilder, Allegorien, Gleichnisse oder andere verborgene Umwege benutzt werden …

Und aus diesem Grund möchte auch ich in diesem siebten Band, der, wie Sie sehen werden, nahtlos in den achten Band übergeht, für die Themen »Trading und Familie« sowie »Trading und Freundeskreis« und andere Begrifflichkeiten eine gedankliche Empfänglichkeit schaffen, ohne den Leser damit jedoch ins Reich der Fantasie zu entführen und ohne erziehend oder mahnend den Zeigefinger zu heben. Deshalb wird auch dieser Band nur indirekt lehren, nicht dogmatisch oder nicht durch trockene Definitionen, sondern durch die Fortsetzung der Geschichte um Philip, das heißt mithilfe von »Parabel« oder »Metapher«. Und wie der aufmerksame Leser der vorherigen Bände weiß, wendet sich die Geschichte nicht vordergründig an das logisch-rationale Denken oder an die Fähigkeit, Aussagen empirisch-objektiv zu überprüfen – dazu hätte die oben erwähnte bloße Zusammenstellung von Definitionssätzen genügt. Vielmehr geht es wie in der Geschichte von Sisyphos darum, eine Situation in ihrem vielschichtigen Zusammenspiel konkreter und symbolischer Bedeutungen intuitiv zu erfassen, um mit wachsender Verständnisbereitschaft zu den inneren Dimensionen der Zeilen vorzudringen und dabei immer weitere – eigene! – Sinnebenen zu entfalten.

Denken Sie an Sisyphos: Sein Schicksal gehört *ihm*. Sein Felsbrocken ist *seine* Sache. Gleiches gilt auch für einen Trader: Sein Schicksal gehört *ihm*. Sein Trade ist *sein* Felsbrocken. Der Chart ist *seine* persönliche Sache …

– Doch nun genug der Vorrede.

Ein wichtiger Hinweis ist aber vorab noch nötig: In den vorangegangenen Bänden gab es einen Roman- und einen Fachteil, dieses Mal wird der Leser nur einen Romanteil finden. Der Grund dafür ist schnell skizziert: Der vorliegende Inhalt ließe sich niemals mittels Fachteil vermitteln … Und so wie auch sonst lohnt es sich, nachdem dieser Band gelesen wurde, diesen mit dem Wissen der letzten Seiten ein wenig später noch mal von vorne zu beginnen.

Doch jetzt lassen Sie uns erneut damit anfangen, das Trading zu erforschen und die seltsame Hartnäckigkeit der Unvernunft verstehen zu lernen, mit der es weltweit die Börsen umspannt, um ihm dabei auf die Schliche zu kommen! Und vielleicht könnte es sein, dass diese Geschichte auch mit Ihrem Trading, lieber Leser, das eine oder andere zu tun hat …

Michael Voigt

Danksagung

Allen, die bei der Umsetzung des Buches geholfen haben, möchte ich von Herzen danken. Vor allem geht mein Dank an Tina und an meine Familie. Sie haben mich nicht nur jederzeit unterstützt, sondern mir für den Zeitraum des Schreibens auch den Rücken freigehalten. Ein großes Dankeschön geht auch an meine Assistentin Frau Posselt, die sich in unzähligen Stunden mit meiner Handschrift auseinandersetzen musste. Ebenso danke ich Holger für seine vielen Bemühungen und Hinweise.

Vielen Dank auch meinen Lektoren A. Braun, H. Aderhold und M. Michel für die freundliche und hilfreiche Unterstützung sowie für die »Leselupe«.

Wie alles begann und was bisher geschah …

Das große Buch der Markttechnik

Alles war eigentlich so, wie es sich Philip erträumt hatte: Er wusste, was eine Aktie war, am Terminmarkt long und short gehen konnte er auch, und mit technischer Analyse kannte er sich ebenfalls schon ein bisschen aus. Alles war eigentlich perfekt! Doch als Philip sein Praktikum in einem Handelsbüro begann, merkte er, dass da irgendetwas nicht stimmen konnte! Denn: Immer, wenn er in den Markt ging, machte der genau das Gegenteil von dem, was er sich vorstellte.

Doch mit den Jahren seiner Ausbildung änderte sich alles: mehr Fachwissen, mehr Logiken, weniger mentale Verfangenheit. Mit Witz, ungestümen Emotionen und vielen Denkübungen schlug sich Philip durch den Dschungel des markttechnisch orientierten Tradings. Als Reiseführer dienten ihm einst wie auch heute noch seine Kollegen Hofner und Sander. Mit dem umfangreichen Wissen der beiden und den Abhandlungen über Markttechnik im aktiven Börsenhandel gelang es Philip, seinen Weg zu finden.

Nun, einige Jahre später, bekommt Philip die Chance, selbst ein Reisebegleiter für den neuen Praktikanten Stan zu sein …

DER HÄNDLER – Band 1 (Sammelband 1)

Durch seine umfangreiche Ausbildung lernte sich Philip selbst nach und nach kennen. Dabei waren die Trades, an die er sich erinnert, mindestens so unheimlich wie manchmal die Gegenwart. Die Suche nach weiterer innerer Reife, Duplizierbarkeit und Beständigkeit wird für Philip an diesem Tag zum grotesken Abenteuer. Ein zufälliges Treffen mit einem anderen Trader wirft ihn aus der Bahn. Ecki hat durch sein unüberlegtes Trading innerhalb kürzester Zeit nicht nur sein Geld, sondern auch seine Familie und das schöne Haus verloren. Philip muss nun irgendwie der Frage nachgehen, ob ihm das auch passieren könnte. Er gelangt am Abend vor dem Abflug nach Bangkok zu erstaunlichen Erkenntnissen …

Themenschwerpunkte des Fachteils:

- steigendes Fachwissen und dennoch ein fallender Kontostand
- Börsenhandel und Perfektionismus

DER HÄNDLER – Band 2 (Sammelband 1)

Philip – im Flieger nach Bangkok, um dort, in der Geschäftsstelle Bangkok, seinem Azubi Stan beim Trading unter die Arme zu greifen – fiel es in Anbetracht der Sichtweisen seiner Sitznachbarn in Bezug auf das Trading verdammt schwer, den Flug dorthin so richtig zu genießen.

Zum wiederholten Mal musste er sich eingestehen: Gott hat den Börsenhandel nicht erschaffen und auch der Teufel lehnt jede Verantwortung dafür ab. Selbst der Horizont scheint sich vor dieser Bürde zu fürchten, denn die allgegenwärtige Trennungslinie zwischen den verschiedenen Handelsansätzen und Ansichten zum Börsenhandel verschwindet bei so manchem Tradinganfänger in der flirrenden Hitze der Bars und den Nachrichten über alles versengende Kursveränderungen. Philip sieht sich gezwungen, seine Nachbarn über die wahren Ansichten hinsichtlich des Tradens aufzuklären, und wird hierbei von so mancher Gegenfrage überrascht …

Themenschwerpunkte des Fachteils:

- Marktphasenbestimmung
- Wertigkeiten von Signalen
- Handelspsychologie

DER HÄNDLER – Band 3 (Sammelband 1)

Für den Praktikanten Stan heißt Trading: Wer hat die stärksten Nerven? Und für den Rest seiner Kollegen: Wer blufft sich selbst in die Taschen, und wer kann es wirklich? Demnach ist ein Trade eigentlich nur dann ein guter Trade, wenn der Trader dabei auch im Verlustfall sein Gesicht wahren kann und ein gutes Gefühl hat.

Leider hat sich das noch nicht überall herumgesprochen, und so denkt Stan allzu oft nur bis zur nächsten Tischkante und fühlt sich vom Pech verfolgt, denn ob Minus- oder Plustrade, egal: Er hat immer das Gefühl, ein gehetzter Stier zu sein. Philip beobachtet den Praktikanten bei dessen Ausbruchs-, Bewegungs- und Trendtrades und hält so manchen wichtigen Rat parat …

Themenschwerpunkte des Fachteils:

- optische Fehlerquellen und deren Vermeidung
- Fehlverhalten in der Anwendung von Zeiteinheiten
- Handelspsychologie

DER HÄNDLER – Band 4 (Sammelband 2)

Es gibt als Trader schöne und weniger schöne Augenblicke. Nach ein paar Plustrades mit einem Cocktail an der Copacabana zu liegen und hübschen Salsa-Hintern beim Beachvolleyball zuzuschauen, wäre zum Beispiel ein schöner Augenblick. Als aber Stan seinem Chef John erklären muss, weshalb er in nur drei Tagen knapp 200.000 Euro Minus gemacht hat, nachdem er nur auf seine Positionen hatte aufpassen sollen – tja, das ist weniger schön … Und als John von Stans desaströsem Ergebnis erfährt, lässt er diesen eine sehr ungewöhnliche Lektion erleben, aber die Tatsache, dass Stan die Relevanz nicht auf Anhieb erkennt, macht dies umso relevanter! John sieht sich sogar gezwungen, Stan in eine längere Auszeit zu schicken.

Von diesen Ereignissen ausgelöst, geht Philip der Frage nach, welche Faktoren es genau sind, die zu falschen Ansichten über Geldmanagement führen, und gelangt zu erstaunlichen Erkenntnissen …

Themenschwerpunkte des Fachteils:

- Geldmanagement
- diversifikatives Trading
- Handelsstile versus Arbeitsstile

DER HÄNDLER – Band 5 (Sammelband 2)

Während sich Praktikant Stan gerade das vielleicht sympathischste Paradoxon des Tradings erschließt – er kann viele der Regelwerke zur Seite schieben und auf diese Weise dennoch in bester Tradertradition handeln –, platzt Händler Philip fast der Kopf. Auch wenn es ein sehr gewöhnliches Ereignis gewesen sein mochte – dieses Treffen mit dem Tradingveteran Torbach –, so war es trotzdem ursächlich für einen kleinen Riss im Schleier des Tradings, durch den plötzlich die schwierige Frage schaut: »Verheizt du die Axt als Brennholz, oder benutzt du sie, um Brennholz zu gewinnen?«, kurzum: als die Frage nach dem »Wozu« gestellt wurde.

Dieses Treffen wird für Philip zum Grundstein vieler Gespräche mit anderen Tradern, an deren Ende sich das tiefe Geheimnis des »Wozu betreibe ich Trading?« offenbart …

Themenschwerpunkte des Fachteils:

- fachliche Unschärfe
- Bewegungshandel aus der Korrektur beginnend
- Handelspsychologie

DER HÄNDLER – Band 6 (Sammelband 2)

Philip bleibt fast der Atem stehen, als er auf einer Party zufällig und erstmalig seinen direkten Arbeitgeber trifft und dieser etwas anspricht, was Philip seit Jahren als Börsenhändler beschäftigt, was er aber nur ganz, wirklich ganz, ganz heimlich, hinter verschlossenen Türen, hinter zugezogenen Gardinen für gerade mal Bruchteile von Sekunden zu denken wagt …

Praktikant Stan hingegen muss mal wieder barfuß durch die Hölle, denn aufgrund einiger wahllos frei gemachter Tage grübelt er angesichts des entgangenen Gewinns über die Frage: »Wer zum Teufel legt den Dienst- und Schichtplan eines Traders fest?«

Themenschwerpunkte:

- die größten fachlichen und auch mentalen Fehlerquellen im Umgang mit dem übergeordneten Trend
- Vorteil und Nutzen nichtzeitbasierter Charts
- Handelspsychologie

Auszug aus Hofners Tagebuch:

»Gelderwerben«, sagt man,
»zwingt uns zu einem Denken, das nicht immer vornehm ist.
Daher ist es wahrscheinlich, dass sich
so mancher Trader dazu berufen fühlen wird,
sich bei jedem Handelstag über seine eigene Vernunft zu erheben,
ohne zu wissen, ob er seelisch dazu überhaupt imstande ist!«

*

Eigentlich hatte Philip heute vorgehabt, ins Büro zu gehen, aber daraus war natürlich nichts geworden. Doch nicht heute – das fehlte noch! Bei diesem Wetter im Büro sitzen und Trades auf *mittlerer Trendgröße* anstarren! Wenn es regnet – na gut. Doch heute, unter diesem Himmel, der ihn hell und weich anzulachen schien? Nein, ab, Bangkok erkunden war angesagt! Erkunden! Sein Entschluss hatte Philip in eine wahrhaft rosige Laune versetzt. Fröhlich pfiff er vor sich hin, während er durch Straßen und Gassen schlenderte, mittels *iPhone* und *iPad* hatte er die Märkte auch *ohne* Büro, wann immer er wollte, im Blick und damit seine Orders notfalls im Griff. Oft blieb er stehen und atmete tief den typischen Duft von Koriander und Zitronengras ein. Mit diesen Gerüchen hatte er in den Wochen seines Aufenthaltes in Bangkok innige Freundschaft geschlossen … und wann immer ihm diese Düfte in die Nase stiegen, hielt Philip einen Moment inne, als ob er ein kurzes stummes Zwiegespräch mit ihnen führen würde.

Der Nachmittag versprach, in einen schönen Sommerabend überzugehen, und im Genuss einiger gut laufender Positionen, die ihm nach einigen Fehltrades – die übergeordneten Marktphasen seiner gehandelten mittleren Trendgrößen wechselten gerade – nun vergönnt waren, beschloss Philip, ins *Oriental Hotel* zurückzukehren und dort auf der hübsch geschmückten Terrasse zu Abend zu essen. Philip betrat das Hotel, plauderte einen Moment mit einem anderen Gast, der ebenfalls geschäftlich in Thailand weilte und dessen offenes Entgegenkommen ihrer Bekanntschaft rasch eine überraschende Herzlichkeit gegeben hatte. Nach einigen Worten wünschten sie einander einen schönen Abend, und Philip hob sein Arm zum Gruß und begab sich auf die Terrasse. – *Welch Ausblick!* Trat man dort an die Brüstung, so konnte man sich eines weiten Blickes über die Stadt und den entlangfließenden Chao Phraya erfreuen.

Seidene Kissen, vielfarbig von Hand bestickt, waren auf den Stühlen verteilt, denn die Gäste liebten es, weich zu sitzen, wusste das Personal. Die Terrasse war zu dieser frühen Abendstunde noch sehr verlassen, nur ein paar Gäste hatten sich bisher eingefunden: zwei ältere Engländerinnen, deren leise vegetative Existenz man kaum bemerkte, ferner ein gut aussehender Deutscher mit einer hübschen Begleiterin in einem hellen, kühn geschnittenen Kleid – von denen Philip kaum glauben mochte, dass sie ein Ehepaar sein könnten, schienen sie sich doch viel zu herzlich zugeneigt zu sein –, und schließlich ein älterer, sehr vornehmer und kultivierter Herr, der den Tag mit nichts anderem zu verbringen schien, als den sich langsam in der Luft auflösenden

Rauch seiner Zigaretten sinnierend zu betrachten – wenn er nicht gerade in einem Buch blätterte. Es waren also noch genügend Plätze frei, und so konnte sich Philip sorglos und für sich allein an einem Tisch niederlassen, der einen besonders guten Ausblick über die Stadt bot.

Er gab einem der Kellner einen kurzen Wink und glich in der Wartezeit auf dem *iPad* rasch einige Kurse ab.

– Zwei Werte waren mittlerweile aus- und dafür fünf andere eingestoppt!

Philip, auf den Kellner wartend, klappte sein *iPad* zu und – er wusste nicht, wodurch ausgelöst – fragte sich in diesem Moment, wie viel Zeit er mit seinem »Schnell-mal-kurz-auf-das-*iPad*-schauen« wohl heute den Märkten gewidmet hatte. Er erschrak über das Ergebnis: Waren es wirklich nur etwa dreißig Minuten gewesen? Nur knapp eine halbe Stunde? Wenn es überhaupt so viele Minuten gewesen waren! Kurzum: Auf jeden Fall nur ein Bruchteil dessen, was zeitlich an den Märkten möglich ist.

– Darf ich mich da überhaupt noch »Händler« oder gar »aktiver« Händler nennen?

Rückblickend dachte Philip an jene Zeit zurück, als er sich selbst als *Chartjäger* gesehen und sich darin gesonnt hatte, wenn ihn andere ebenso bezeichneten. Wie viel beobachtete Wahrheit und gleichzeitig wie viel Leichtfertigkeit und wenig Achtenswertes in dieser Bezeichnung verborgen und versteinert lagen, war ihm erst sehr viel später aufgegangen. Er konnte sich noch sehr gut daran erinnern, dass tatsächlich die gesamte Leidenschaft der Jagd – die Vorfreude, die Erregung beim Aufspüren, das Verfolgen, die Genugtuung beim Erlegen – sein damaliges, rastloses Überwachen der Charts begleitet und bestimmt und ihn beständig auf Abstand gehalten hatte; immer bereit und entschlossen, der Spur eines, und sei es noch so sinnlosen, Chartabenteuers bis hart an den Abgrund zu folgen. Er war immer voller Leidenschaft, aber nicht der des Liebenden, sondern der des Spielers, aber nicht des kalt berechnenden, sondern des gefährlichen; der eines Hasardeurs.

»Sir, your order please …«, neigte sich der Kellner in seiner klassisch weißen Uniform zu ihm und unterbrach seine Gedanken. Philip teilte dem Mann seine Wünsche mit. Doch noch bevor der Kellner servierte, hatte Philip den Faden seiner Gedankengänge längst wieder aufgenommen, und mit einem Hauch von Wehmut erinnerte er sich an seine damalige Frische und Durchtriebenheit und den damit einhergegangenen, halb ernsten, halb spaßhaften Ehrgeiz in der Verfolgung von zugegeben eher wenig durchdachten Zielen und Idealen. Philip musste leise lächeln, als er sich auch an seine heiterskeptischen Kompromisse und geistreichen Halbheiten erinnerte. Aber war denn nicht genau diese »munterhitzige, fantasievolle Schwungkraft« seiner »Traderjugend« der Grund dafür, dass ihm das Traden damals wie spielerisch von der Hand gegangen war?

– Im Spiel zu traden und mit dem Traden zu spielen …

Aber genau jene »munterhitzige, fantasievolle Schwungkraft« seiner »Traderjugend« war irgendwie … *dahin*. Philip fühlte sich in Sachen Trading eher verstaubt, ja fast schon müde; aber noch bevor der Kellner mit seiner Bestellung zurückkam, hatte er die Antwort auf seine Ausgangsfrage gefunden: Ja, er konnte!

Ja, ich kann … – Nein, ich MUSS sogar! … mich »Händler« nennen!

Yep!

Warum? Nun: Das Leben als Trader bestand für Philip zwar nur noch aus Wiederholungen mit Variationen. Aber das Gleichbleibende überwog bei Weitem gegenüber den Veränderungen, die sich vor allem auf Zahlen beschränkten, und das Verständnis hierfür sowie die Genauigkeit und angestrebte »Sicherheit« dieses Denkens, die er nirgends bisher in seinem Leben erfahren hatte, waren der Vorteil seiner Tradingjahre, sodass er sich seiner Meisterschaft jeden Augenblick gelassen sicher sein konnte.

– Ich habe also heute nichts anderes gemacht, als einen kleinen Teil meiner vor Jahren geleisteten Überstunden vor den Monitoren »abzubummeln«!

Oder anders gesagt: Philips Leben als Trader hatte in dem Moment angefangen, sich zu einem glücklicheren Leben zu verändern, als er sich, eben weil er sich *aktiv* mit den Märkten auseinandersetzte, sozusagen einen Kodex auferlegt hatte, der alles, was er bedingt tun und unbedingt lassen musste, mit unzweifelhafter Bestimmtheit regelte. Der Kodex seiner Lebensregeln als Händler umfasste zwar nur einen sehr kleinen Kreis von Bestimmungen; dafür waren diese Regeln aber auch unantastbar, und Philip hatte diesen Kreis in den vergangenen Jahren noch nie überschritten und niemals auch nur einen Augenblick bei der Ausführung dessen geschwankt, was er sich an den Charts als zu tun oder zu lassen auferlegt hatte. Kraft dieser Regeln stand für ihn beispielsweise in unzweifelhafter Weise fest, dass er niemals innerhalb einer schlechten Marktphase der Großwetterlage gemäß oder gar dieser entgegengesetzt handelte; dass er niemals alle Eier in einen Korb legte, also all seine Trades immer unter dem Leitstern der Diversifikation durchführte; dass er den eigenen »Rumrutschfaktor«[1] stets als Grundlage seines Handelns beachtete. Und dergleichen mehr. Alle diese Regeln waren zwar, soweit es einzelne Ein- oder Ausstiegssignale betraf, nicht wirklich *konkret*, aber wozu hätten sie dies auch sein müssen? Ein- und Ausstiege konnten – und das war über jeden Zweifel erhaben – bei durchdachtem und daher einsichtigem Geldmanagement, bewusst angestrebter Diversifikation und markttechnisch *sauber* bestimmten Großwetterlagen einer *fachlichen Unschärfe* weichen, und Philip folgte seinem durch Erfahrung gestärkten Gefühl, das ihm sagte, dass er, wenn er dieser Richtschnur folgte, ruhig leben und dennoch den Kopf zu Recht hoch tragen könne.

Mittlerweile war die Sonne über die Dächer gekrochen, und nach einem umfangreichen und genussvollen Essen faltete Philipp seine Serviette und legte sie beiseite. Flussaufwärts wehte ein weicher, qualmiger Duft her, grell waren die Farben geworden und brannten wie geschmolzenes Gold in den Augen. Die Dachterrasse hatte sich in der letzten halben Stunde merklich gefüllt, und als Philip, sein Glas in der Hand, seinen Blick über die anwesende Gesellschaft gleiten ließ, blieb er an einem Tisch schräg gegenüber von seinem hängen: Dort saß ein distinguiert wirkendes Pärchen, allen Anzeichen nach ein Ehepaar, und während die Frau ihrem Mann etwas ihr offensichtlich Wichtiges erzählte, hatte dieser – dem rosafarbenen Zeitungspapier nach eindeutig erkennbar – die *Financial Times* zur Hand genommen, diese auseinander und anders wieder zusammengefaltet und seine Augen immer wieder über die Spalten der Aktienkurse wandern

---

1 Sehr ausführlich widmen sich diesem Thema u. a. meine Bücher DER HÄNDLER, Band 4 und 5. Details unter: www.derhaendler.com.

lassen. Nun aber blieb sein Blick an einer Stelle haften. Er verstummte. Mit der Hand griff er nach seiner Brille, las, während sich sein Mund langsam öffnete, verborgen von der Zeitung und daher unbemerkt von seiner Frau. Dann schloss er die Zeitung, ließ sie auf den Schoß sinken und lehnte sich schweigend zurück.

Aus sicherer Entfernung beobachtete Philip die Szene, und plötzlich erinnerte er sich an ein Erlebnis mit Hofner, dem Chef der Firma, kurz nach dem Ende seiner Probezeit: Hofner hatte die Meinung vertreten, dass man den Trade eines Händlers – auch bei perspektivischer Entfernung – schon lange einschätzen konnte, bevor man die Einzelheiten desselben auf dem Bildschirm sah oder mitgeteilt bekam. »Ein Trader verrät sich vor, während, aber vor allem unmittelbar nach einem Trade deutlich durch seine ... *Hände*!«

– *Ja!*

Philip hatte danach immer wieder beobachten können, dass das einzig wahrhaft »Wandelhafte« nun einmal die *Hände* eines Traders waren. Die Hände eines Traders – ruhende wie ruhelose, wartende wie ungestüme, frohgemute wie bestürzte, beringte oder behaarte, feuchte oder trockene, schlaffe oder zur Klaue verkrümmte – wie Raubtiere: angespannt und vibrierend von einer ungeheuren Ungeduld, jederzeit zum Sprung bereit und nur mit Mühe zurückgehalten.

Nahezu alles konnte man an der Art erkennen, wie diese Hände eines Traders sich vor, während und nach einem Trade verhielten, wie sie warteten, nach etwas griffen oder innehielten: Den Gierigen erkannte man an der krallenden, den Verschwender an der lockeren, den Berechnenden an der ruhigen, den Verzweifelten an der zitternden Hand. Der ganze Charakter eines Traders konnte sich bereits blitzschnell in einer einzigen Geste seiner Hände äußern, zum Beispiel in der Art, wie er die Maus anfasste: Ob einer sie umklammerte oder nervös an ihr kratzte oder sie erschöpft und mit müdem Handballen während des Trades einfach zur Seite schob und damit ganz wörtlich links liegen ließ.

Doch selbst wenn man, so wie Philip, durch den Umgang mit anderen Tradern besonders geschult, diese Mannigfaltigkeit der Hände zu beobachten gewohnt war, wirkte ein solcher Ausbruch, selbst wenn man ihn erwartet hatte, wegen der immer andersartigen Temperamente dahinter aufregender als so manches Theater- oder Musikstück, denn jede dieser Hände drückte beim Griff nach der Maus, nach der die Aktienkurse abbildenden Zeitung, nach der auf den Nachrichtensender umschaltenden TV-Fernbedienung ein besonderes Leben aus.

Dies galt selbstverständlich auch für die »Hand«griffe eines Brokers, nur dass diese mit ihrer sachlichen, geschäftlichen, eher unbeteiligten und maschinenhaften Präzision gegenüber ihren gesteigert lebendigen, jagdbeflissenen und leidenschaftlichen Traderbrüdern erstaunlich nüchtern wirkten. Brokerhände standen um Ordnung bemüht wie stramme Polizisten inmitten des begeistert umherwogenden Aufruhrs ihrer Schützlinge – von denen sich manche in ihrer Unart, ihrer Gier und ihrem Furor so unanständig gebärdeten und dabei so widerlich anzusehen waren, dass man nur noch den Blick von ihnen abwenden mochte. Aber wie auch immer: Jede *Hand* im Börsenhandel ist einem erfahrenen Trader – wie hier und jetzt Philip – ein Erlebnis und oft das Ziel so großer Neugier, dass man darüber ganz vergisst, sich das Gesicht darüber anzusehen, welches, über einem feinen Hemd oder einem lässigen T-Shirt thronend, häufig nur einer unbewegten Maske gleicht. Denn jeder erfahrene Händler weiß, dass fast alle »Hasardeure« sehr schnell lernen, ihren Gesichtsausdruck zu bezähmen. Oben, über dem Hemdkragen, tragen sie die kalte Maske der *impassibilité* – sie zwingen die Falten um den Mund herab und stoßen ihre Erregung unter die verbissenen Zähne, sie verweigern ihren eigenen Augen die sichtbare Unruhe, sie glätten die aufspringenden Muskeln des Gesichts zu einer künstlichen, auf vornehm stilisierten Gleichgültigkeit. Aber gerade, weil all ihre Aufmerksamkeit darauf konzentriert ist, ihr Gesicht als das Fenster zu ihrem Wesen zu kaschieren, vergessen viele Trader nicht nur ihre Hände, sondern auch, dass es wiederum andere Trader gibt, die diese zu beobachten und daraus zu erraten wissen, was die oben lächelnd gekräuselten Lippen und die absichtlich indifferenten Blicke zu verschleiern versuchen … Und – für jeden kommt unweigerlich irgendwann der Augenblick, der alle diese mühsame Maskerade zunichtemacht: jene Sekunde, in der die Order abgegeben ist und der Trade eingebucht wird, oder jene Sekunde, in der ein Kurs verglichen oder eine Stopp-Order ausgeführt wird: In diesen Sekunden macht nahezu jede Hand unwillkürlich eine ganz persönliche, ganz individuelle Bewegung urtümlichen Instinkts und offenbart ganz schamlos das Geheimste eines Traders.

– Und wie war es bei dem Mann ein paar Tische weiter?

Philip schaute genauer hin. Die Schnelligkeit, mit der er seinen Stift zwischen den Fingern drehte, stand, so glaubte Philip mittlerweile scharfsinnig in diesen Dingen zu bemerken, im sonderbaren Gegensatz zu der verschwommenen und leeren, zeitgleichen starren und ziellosen Unbeweglichkeit seines Blickes. Philip musste schmunzeln.

– Ja … die Hände!

Philip hatte gesehen, was es zu sehen gab. Er wandte sich ab, faltete die Hände hinter den Kopf, streckte die Beine aus, sah, wie sich der helle Chao Phraya langsam vor seinen Blick verdunkelte, und schloss für einen Moment die Augen. Er lauschte den Stimmen der anwesenden Gäste und dem Gesang der Vögel. Dann fing er an, neugierig in seiner Tasche zu kramen.

– Ich habe sie doch eingepackt, oder nicht? Ah, das sind sie ja!

Philip hatte sich daran erinnert, was er über der Schönheit des bummelnd verbrachten Tages ganz vergessen gehabt hatte, und zog nun Jeromes Tagebücher hervor[2]: Eselsohren, nicht mehr ganz saubere Umschläge und leicht vergilbtes Papier. Philip nahm das erste der beiden Bücher zur Hand und begann, sich in Jeromes frühere Gedanken einzulesen. Zugegeben, für Philip waren Trading-Tagebücher und die darin enthaltenen Gedanken an sich nichts Neues, er hatte sich schon des Öfteren mit solchen beschäftigen dürfen, allen voran natürlich seinen eigenen. Doch niemals zuvor hatte der Inhalt eines fremden Tagebuchs einen solchen Eindruck auf ihn gemacht wie an diesem Abend! Warum? Nun, es handelte sich zwar im Grunde um die üblichen Dinge aus dem Leben eines Tradinganfängers, der sich das »Trading auf eigene Faust« beibrachte, aber das Geschriebene wies eine geradlinige und detaillierte Vortragsweise im Stil echter Chronisten auf, die ganz offensichtlich auf dem Respekt einer Person vor sich selbst und seiner Familie fußte. Und genau jene Detailtreue, mit der Jerome beschrieb, welche Erlebnisse und Gedanken ihn in seinen ersten Handelswochen beschäftigten, begann Philip zu faszinieren. Mit wachsender Be-

---

2 Wir erinnern uns an DER HÄNDLER, Band 6: Die Tagebücher bekam Philip während eines Besuches in Jeromes Haus überreicht.

geisterung und dem erforderlichen Ernst und Respekt vertiefte er sich in Jeromes teilweise ausführlichen, gelegentlich aber auch nur stichpunktartigen Eintragungen. Und so begannen sich in seinem Kopf bunte Bilder und zusammenhängende Geschichten von dramatischen Handelstagen und ehrlichen Gedanken zu firmen.

1. Kapitel
Erste Woche Hunger nach dem großen Leben

Ein Hundert-Punkte-Trade und ein Rückblick auf einen Betriebsausflug, einen mitternächtlichen Handschlag, einen Seminarbesuch und ein Vierteljahr, in dem die Selbstverwirklichung zur Bestimmung avancierte, einschließlich einiger grausam geköpfter Strichmännchen. Und ein Tagebuch, im Stillen geschrieben auf einer kleinen Bank im Garten ...

Normalerweise begann Jerome den Tag mit ein paar frischen, noch warmen Brötchen. Dazu genoss er seinen Kaffee und blätterte in der Lokalzeitung. Normalerweise! Heute aber war alles anders. Denn dieser Tag fing anders an als die anderen. Mit einem »Monstertrade« im DAX-Future nämlich – und der krachte ohne Vorwarnung mit einem riesigen Gap fast durch die Decke seines Arbeitszimmers.

08:00:12 Uhr
Eröffnungskurs: 6354 Punkte
+ 52 Zähler
+ 0,8 %

Schweigen.

Erste Frage: Welcher halbwegs gesunde Trader gibt noch um 21:49 Uhr eine *Long*-Order in einen Markt ein, bei dem elf Minuten später eine zehnstündige Handelsunterbrechung beginnt?

Antwort: Sicher viele Trader.

Zweite Frage: Welcher halbwegs gesunde Trader gibt noch um 21:49 Uhr eine *Long*-Order in einen Markt ein, den er auf einem 10-Minuten-Chart analysiert?

Antwort: Sicher ebenfalls viele Trader.

Dritte Frage: Welcher Trader gibt um 21:49 Uhr eine *Long*-Order zur Positionseröffnung ein, weil er aus dem Chartverlauf der letzten Handelsminuten eine Übernacht-Position ableiten konnte?

Antwort: Wahrscheinlich keiner.

Oha! Außer natürlich ... er: Jerome, vierunddreißig Jahre alt und immer noch verdammt gut aussehend. Seine Freundinnen sagten immer, er sei eine jüngere Version von Brad Pitt, nur dankenswerterweise ohne dessen trüben Schlafzimmerblick.

... 6355; ... 6354; ... 6356

Jerome schwang gedankenverloren in seinem schicken Lederdrehstuhl hin und her. Wenn ihn nicht alles täuschte, dann waren das soeben seine schönsten Minuten in seiner *zweitägigen* Vollzeit-Tradingkarriere, denn er war … *long!*

Name	Position	Traded	P/L Points	P/L	Time	Last Quote	Bid	Ask
DAX	+1K	6312	+46	+1150 EUR	08:01:17	6358	6357	6358

Jerome genoss den Augenblick. Begeistert schaute er erneut auf seine Positionsliste, und plötzlich war ihm so, als hätte er seinen Körper verlassen und würde sich selbst von außen beobachten. Er erkannte sich kaum wieder: War er wirklich dieser Mann, der hier so selbstbewusst und sexy mit den Charts jonglierte? – *Yep!*

… 6358; … 6359; … 6358

Wenige Minuten später erblickte eine neue Periode das Licht der Chartwelt, und nach weiteren zehn Minuten war auch mit ihr Schluss; eine weitere Periode begann, und beide zusammen steigerten Jeromes Glück um weitere sieben Punkte. Der Markt stand nun bei 6365 Punkten.

Wow!

Knapp 1.400 Euro binnen Sekunden!

Die Straße, in der sich dieser Glücksfall ereignet hatte, war eine jener langen, gewundenen Dorfstraßen, die strahlenförmig am Ortskern entspringen, sich durch die ganze Gemeinde ziehen und schließlich in kleine, unspektakuläre Siedlungen münden. Doch für Jerome bildete sie just in diesem Augenblick den Mittelpunkt seiner Welt – und inzwischen war er sich ganz sicher, dass dieser Vollzeittrader-Job genau das Richtige für ihn war.

Über tausend Euro, mal eben so mit wenigen Mausklicks verdient – klasse!

Jeromes Überschwang kannte nach diesem grandiosen Erfolg nahezu keine Grenzen mehr, erwies sich hier doch ganz eindeutig, dass alle – enge Freunde und Verwandte ebenso wie Bekannte und ehemalige Arbeitskollegen – mit ihrer nahezu einhelligen Meinung völlig falschgelegen hatten: »*Was?* Du als privater Vollzeittrader, Jerome? Das schaffst du nie! Vergiss es.«

Was für ein Tag!

»Tja, Herrschaften, meine Kündigung vor wenigen Tagen … *Brillant!* Das war die beste Entscheidung meines Lebens«, frohlockte Jerome immer und immer wieder, und ihn überkam hier und jetzt ein Gefühl absoluten Besitzes, mühelos gewonnener Macht als auch ein Gefühl der Stille und der Ruhe. Seit seinen Jugendtagen hatte er sein Dasein nicht mehr als so leicht empfunden, nie so beseelt in allen Sinnen, nicht einmal in den ersten Tagen der Ehe, und nicht einmal die Umarmungen seiner lieben Sabine hatten derart mit funkender Erregung seinen Körper angestachelt. Er war selig. Er war glückselig. Er war die Nummer eins. From zero to hero!

… 6367; … 6368; … 6368

Jerome setzte vorerst einen Stopp zur Verlustbegrenzung pauschal irgendwo ungefähr in die Mitte der riesigen Notierungslücke zwischen dem gestrigen Schlusskurs und dem heutigen Eröffnungskurs, um dann beschwingten Schrittes in die Küche zu marschieren.

Was für ein grandioser Trade!
Was für ein grandioser Tag!
Was für ein grandioser Beruf!

Kurz darauf duftete es nach Kaffee. Ein unbeschreibliches Gefühl breitete sich in ihm aus: Ein Gefühl von Freiheit und Unabhängigkeit. Jerome rührte mit dem Löffel langsam seinen heißen Kaffee, und plötzlich, er wusste gar nicht weshalb, fiel ihm erstmals *bewusst* auf, dass er allein im Haus war, und irgendwo in seinem Bewusstsein empfand er dies als große Erleichterung. Sein Atem ging anders. Irgendwie freier. Irgendwie tiefer. Eine der außergewöhnlichsten und sicherlich eine der am meisten befriedigenden Empfindungen, die ihm der Vergleich zu seinem bisherigen Arbeitsleben vermitteln konnte, war die des *Alleinseins* an einem früher gewöhnlich belebten, stressigen und geräuschvollen Vormittag. *Stille!* Wie wohltuend, ganz und gar allein zu sein, laut Selbstgespräche zu führen, unbehelligt von missbilligenden oder neidischen Blicken umherspazieren und sich jederzeit zurücklehnen zu können in eine ungestörte Träumerei! Das gesamte Haus wurde für ihn plötzlich zum weiten Feld, jeder Raum so groß wie ein Landgut. Danach hatte er so lange gestrebt! Endlich war er sein eigener König! Jerome schloss die Augen und atmete tief den aufsteigenden Duft des Kaffees ein. Wie auf einer Kinoleinwand spulten sich vor seinem inneren Auge noch einmal die Einzelheiten ab, die dazu geführt hatten, dass er jetzt hier stand: von der ersten Begegnung mit der Börse bis zum *heutigen* – dem *zweiten* – Handelstag seiner Karriere als privater Vollzeittrader …

Das entscheidende Telefonat erfolgte vor circa einem halben Jahr. Damit hatte alles angefangen, dieser Anruf hatte alles verändert. Sein Kollege Paul hatte als Ziel des diesjährigen Betriebsausflugs einen Besuch der Frankfurter Wertpapierbörse vorgeschlagen. Alle waren begeistert, und nachdem Paul beim Besucherdienst angerufen hatte, versammelten sich zwei Wochen später Jerome und seine Kollegen von *Piechler & Söhne* auf dem Vorplatz der Frankfurter Börse, grimmig beäugt von den beiden mächtigen Bronzestatuen, die dort Wache zu halten scheinen: dem Bullen und dem Bären. Kurz nach zehn Uhr wurden sie nach der Sicherheitskontrolle von Fräulein Quast vom Besucherdienst begrüßt, einer jungen Frau in einem eleganten schwarzen Hosenanzug und mit kurz geschnittenen blonden Haaren. Und dann … dann stand Jerome mit großen Augen auf der Galerie, und es geschah etwas Seltsames: Nur eine Sekunde währte dieser Augenblick, und es stellte sich kein Zucken und kein Erschrecken, keine Regung und Bewegung ein, und doch war es eine jener Sekunden, in die Tausende Stunden und Tage voll sichtbaren Jubels und später auch verdichteter Qual gebannt werden sollten, als wäre urplötzlich aus einem einzigen dahinfliegenden, fast unsichtbaren Samenkorn ein riesiger Baum mit wogender Krone emporgeschossen – der Baum seiner Bestimmung, würde Jerome später sagen. Denn: Jerome bot sich der atemberaubendste Anblick, den er je gesehen hatte – ein riesiger Saal, beschienen durch große Lichtsegel, bildete die Kulisse einer unübersichtlichen Landschaft aus Hunderten von Monitoren, unzähligen Tastaturen und ständig bimmelnden Telefonen. Tausende Zahlen wuselten, surrten und sausten durcheinander, während unzählige Profilscheinwerfer für blendfreies Licht auf den Arbeitsplätzen der Händler sorgten. Links und rechts an den Wänden zeigten riesige Anzeigetafeln die aktuellen Kursnotierungen sämtlicher DAX- und MDAX-Werte, Zahlen und Informationen von den Finanzmärkten, und direkt vor Jerome bildete ein gewaltiger Monsterchart – groß genug für eine Stadionanzeige – den heutigen Verlauf des DAX ab.

Wa…?!

Jerome konnte sich kaum losreißen. So etwas Tolles hatte er nun wirklich noch nie gesehen! Plötzlich hatte sich die Erde um einen ganz neuen Kontinent vergrößert: *Trade-Metropolis*. Und er war sein Entdecker, sein Christoph Kolumbus – der Traum eines jeden Jungen, mal abgesehen vom Astronautendasein. Derartiges hatte Jerome noch nie erlebt: Betrachten als Ekstase, die Leidenschaft des Zuschauens als elementares Geschehen. Wie ein Magnet zog es ihn unerwartet heran, ohne wahrzunehmen, dass sich seine Beine in Bewegung gesetzt hatten, hypnotisch angezogen von einer »Macht«, die stärker noch als Neugier war. Mit jenen weichen Schritten, wie sie Schlafwandlern zu eigen ist, schob es Jerome magisch näher und näher an das Sicherheitsglas.

»… und dort sehen Sie die Skontoführer …«, erklärte Fräulein Quast inmitten der Kollegen, die ebenfalls gebannt schauten, und deutete auf die Personen innerhalb der fünf runden und zwei halbrunden, bläulich beleuchteten riesigen Maklerschranken, deren Bildschirme durch ständig bunt aufflackernde Listen und Charts die dort Arbeitenden über den Stand in der Welt informierten.

Wahnsinn!

Unbewusst drückte Jerome die Nase gegen die Scheibe, indes Fräulein Quast der Besuchergruppe noch etliche, zumeist historische Informationen zur Börse gab und sie am Ende ihrer Ausführungen schließlich aufforderte: »… kommen Sie, wir gehen nun direkt hinunter aufs Parkett!« Jerome folgte den anderen, und man begab sich hinab in Richtung der Händler. Ein wahnsinniges Gemurmel und Gesurre wurde von Schritt zu Schritt lauter, und dann, das Parkett betretend, bahnte sich die Besuchergruppe bedächtig den Weg durch das sie umgebende Reich aus Zahlen, Listen, Charts und Kontoständen. Ein großes Ringbanner mit dem Logo der Deutschen Börse, das mitten im Saal frei im Raum hing, erinnerte daran, wo man war. In begehrlicher Ehrfurcht vor dem, was hier vorging, vor dem »Geheimwesen« der Finanzoperationen, in das selten ein »alltäglicher« Geist eindrang, vor jenen unerklärlichen und wilden Gebärden und Rufen plötzlich aufgebauter und mitunter zusammenkrachender Reichtümer, betrachtete Jerome die Männer und Frauen, die in ihre Tätigkeit völlig versunken waren. Jerome sah den Händlern zu, die, ohne ihren Blick von der großen Informationstafel zu lassen, durch den Saal huschten oder vereinzelt mit ungeheurer Anspannung in ihre Monitore schauten. Jeder schien sich an dem anderen zu erhitzen, jeder war auf der »Jagd«, jeder kämpfte, um den anderen zu überbieten, ihn zu übertreffen, und alle wurden vorwärtsgepeitscht vom Genius selbst der winzigsten Kursveränderung in Euro oder Dollar, in Pips oder Ticks.

Der schiere Wahnsinn!

Der Raum hatte Jerome mit Leib und Seele in seinen Bann geschlagen. Völlig überwältigt schnappte er nach Luft, als wäre er ein Allgäuer Bauernbub, den man mitten in der Rushhour in New York ausgesetzt hatte. Das hier, das war das Chaos, ein Chaos aus Zahlenkolonnen und Charts, aber auf eine perfekte Art und Weise. Oder war es die Perfektion auf eine chaotische Art und Weise? *Egal!* In jedem Fall war es monumental!

Plötzlich sausten zwei Händler mit hohem Tempo an Jerome vorbei. Übermütig lachte der eine: »Mann, ist der Markt heute gut drauf! Hast du die heute Morgen besprochene Aktie gesehen? Von 98 halbe auf 124,20, Wahnsinn!« – »Yep. Es muss echt blöd sein, einer normalen Arbeit nachzugehen!« – »Ja, gut, dass wir keiner von diesen Besuchern sind!«

Jerome blickte den beiden Händlern, die offensichtlich um die Geheimnisse des Reichtums wussten und nach Belieben Hausse und Baisse machen konnten wie Gott den Donner, mit einer Mischung aus Bewunderung und Neid hinterher.

Das ist es.

DAS IST ES!

Ich wi…

Ich will …

Ich will auch …

Ich will auch Börsen…

ICH WILL AUCH BÖRSENHÄNDLER WERDEN!!!

In der nächsten Sekunde stand es ganz deutlich vor seinen Augen: er, Jerome, umringt von Frauen, die ihm zu Füßen lagen, der Sportwagen, die dicke Goldkette, das surrende Edelhandy, inmitten der Wirtschaftsteile aller gängigen Tageszeitungen.

Moment!

Kommando zurück!

Zu niveaulos.

Also noch mal, jetzt aber mit Stil. Nun jonglierte er vor unzähligen Charts und Kurslisten das stetig wachsende Familienvermögen hin und her, vorzugsweise nur *vormittags*, denn *nachmittags* wäre er voll und ganz für seine Familie da. Und abends würde er seinen Lieben in dramatischen Schilderungen von seinen neuesten Supertrades berichten und ihnen mit unfehlbarer Argumentation erklären, weshalb der Markt ausgerechnet heute steigen oder eben fallen musste.

Oder … ha! Noch besser …

Jerome sah sich in fernen südlichen Gefilden, weiße Strände, so weit das Auge reichte, und über seinen Laptop hinweg konnte er auf das traumhaft blaue, sanft schäumende Meer schauen. Während seine Frau Sabine mit Töchterchen Lilly verträumt Sandburgen baute, würde er – *Klick hier, Klick da* – auf der Veranda des Strandhauses und in Badelatschen und Shorts mit wenigen Mausklicks für den Familienunterhalt sorgte.

Oh … ja!

Jerome fühlte sich, als würde er mindestens fünf Zentimeter über dem Boden schweben, und während Fräulein Quast die Gruppe mit abschließenden Informationen versorgte, beschloss Jerome in diesem Augenblick, dass dies die letzten Wochen und Monate seines Lebens waren! Seines Lebens, so wie er es kannte. Er hatte seinen neuen Beruf … nein, besser: seine neue *BERUFUNG* gefunden. Der Entschluss stand felsenfest.

Mir gebührt dieser ehrenvolle Posten als Trader, jawohl!

»… und? Wie hat es Ihnen gefallen?«, fragte das blonde Fräulein in dem schwarzen Hosenanzug, als sie die Gruppe langsam in Richtung Ausgang begleitete. Vor lauter Überwältigung konnte Jerome kaum antworten, schließlich hatte er niemals irgendetwas mehr gewollt als das: so, wie diese Jungs zu arbeiten … *oh ja!* … ein Tastendruck hier, ein Anruf da, fertig waren die Millionen. »Ganz hübsch«, brachte Jerome schließlich heraus. Er zuckte sogar ein bisschen die Schultern. »Find ich …«

»So.« Die zierliche Blondine stellte sich vor die Gruppe. »Die Führung ist leider schon zu Ende, und ich hoffe, Sie hatten einen angenehmen Vormittag bei uns. Es bleibt mir nur noch, Ihnen allen einen weiterhin schönen Tag zu wünschen, und«, mit einem koketten Schmunzeln fuhr sie fort, »… vielleicht sieht man sich ja mal im Orderbuch.«

»Gewiss!«, meinte Jerome, und während die Gruppe den Saal verließ, genoss er noch ein letztes Mal unter den riesigen Anzeigetafeln des DAX-Verlaufs das aufsteigende Getöse von Angebot und Nachfrage, jenes dumpfe Rauschen der Börsenflut, das nur von seinem eigenen Herzschlag übertönt wurde …

Abends traf Jerome, dessen Handflächen sich seit dem heutigen Börsenbesuch feucht anfühlten, mit seinem Nachbarn am Gartenzaun zusammen. Sein Herz klopfte wie wild. »Henry, ich werde Börsenhändler!«, sprudelte es aus ihm heraus. Begeistert und noch immer aufgeregt erzählte er von seinem Betriebsausflug, von den vielen Händlern, den vielen Bildschirmen, den Kursen und der von Reichtum geschwängerten Luft auf dem Parkett. »Was für ein toller Job! Ständig rumschreien und auch noch dafür bezahlt werden – *wow!* Ich könnte den ganzen Tag von zu Hause arbeiten und hätte endlich mehr Zeit für Sabine und Lilly.«

»Echt?« Henry hüstelte verlegen und pulte am Etikett seiner Bierflasche herum, offensichtlich hatte er keine Ahnung vom Leben eines Traders und von DAX & Co.

»Das ist wahrscheinlich der coolste Job der Welt, von dem ganzen Geld mal ganz abgesehen, das man damit machen kann«, schwärmte Jerome weiter und sah sich abermals im Schatten seines Strandhauses mit Laptop und Handy bewaffnet durch die Charts jagen, auf der Suche nach *todsicheren* Trades.

Von Jeromes Euphorie nun doch etwas angesteckt, nahm Henry einen Schluck aus seiner Bierflasche und fragte so ganz nebenbei: »Was … verdient denn ein Trader so?«

Jerome zuckte mit den Schultern und überlegte kurz. »Na, wenn ein selbstständiger Handwerker fünfzig Euro die Stunde bekommt, dann ein Trader mit Sicherheit … ähm … so um die hundertfünfzig Euro? Vielleicht auch zweihundert? Wer weiß. Ich meine, wer verdient schon weit über hundert Euro die Stunde? Und außerdem«, fiel Jerome noch ein, »ein Handwerker bekommt seinen Stundenlohn ja nur, wenn er einem Auftrag hat, ein Trader hingegen kann den ganzen Tag handeln!«

Das Argument zog. Henry balancierte seine Flasche vorsichtig auf dem Zaunpfahl aus und kratzte sich hinterm Ohr: »Das ist ziemlich viel Asche!«

»Sag ich doch! Mal überlegen: Die sagten heute bei der Führung, die Börse hätte ungefähr von acht bis zweiundzwanzig Uhr geöffnet. Das sind vierzehn Stunden. Bei, sagen wir einfach, hundertfünfzig Euro Stundenlohn macht das … Momoment … Himmeldonner … z-w-e-i-t-a-u-s-e-n-d-e-i-n-h-u-n-d-e-r-t Euro?! Heiliger Bimbam!« Jerome wurden die Knie weich. »An einem einzigen Tag!«, fügte er sicherheitshalber noch hinzu, und diese Rechnung erregte endgültig Henrys Neugierde.

»Zweitausendeinhundert Euro?!«

»Zweitausendeinhundert Euro! Jeden Tag! Unfassbar. Henry, überleg doch mal … Endlich Schluss mit der ewigen Geldknappheit.« Und während Henry die letzten Teile des Etiketts abpulte, schwärmte Jerome, dass er, würde er so viel verdienen, sich vielleicht sogar endlich ein Cabrio kaufen könne. *Oh ja!* Sein ganzes Leben wünschte er sich ein Cabrio, schon als Kind träumte er davon, und zwar von einem echten, nicht von einem Modellauto. Und so erfuhr Henry, dass sich Jerome bereits als kleiner Junge regelmäßig in die Autohäuser geschlichen hatte, wo er herumstöberte und sich über die aktuellen Trends und Modelle informierte. So wollte er vorbereitet sein auf das Leben als Erwachsener, damit er wusste, wonach er dann Ausschau zu halten hatte. Tatsächlich waren diese Ausflüge für Jerome aber auch heute noch mehr als das. Er war verzaubert, sobald er durch die schweren Glastüren trat und ihm der köstliche Duft von Leder und Neuwagen in die Nase stieg. Was für eine wunderbare Welt! Ein Wagen schöner als der andere! Jerome liebte den Anblick der ordentlich nebeneinander aufgereihten Autos, den glänzenden Lack und die funkelnden Felgen. Umgeben von all diesen luxuriösen, brandneuen Karossen hatte er stets das Gefühl, etwas Besonderes zu sein.

»Prost!«

»Prost!«

Jerome stieß mit Henry an und erörterte im Weiteren bis ins kleinste Detail, wie er das letzte Mal durch einen der Autosalons getrottet war: Zusammen mit Sabine war er vor einem der Prunkstücke stehen geblieben und hatte mit angehaltenem Atem seine Finger über das auf Hochglanz polierte Chassis gleiten lassen. Aber dann war sein Blick auf das Preisschild gefallen, und er war blitzschnell von der weichen Wolke sieben auf den harten, kalten Boden der Realität heruntergeknallt. Gleichwohl träumte er tagein, tagaus weiter davon, mit seinem *eigenen* Luxuscabrio durch die Straßen seines Dorfes zu gleiten. – Ach, und nun gab es endlich einen Weg, wie seine Träume wahr werden konnten!

»Stopp! Stopp! Das ist doch lächerlich, ich meine: Du und ein *Luxusschlitten*? Egal, wie viel man mit dem Traden verdient, das ist doch eine Schnapsidee! Total verrückt!«, entgegnete Henry ungläubig. »Aber wenn's denn schon unbedingt sein muss: Kannst du das nicht auch in deinem jetzigen Job schaffen, wenn du dich noch ein bisschen extra ins Zeug legst?«, hakte er nach.

»Unwahrscheinlich … oder wenn doch, dann erst kurz vor der Rente«, erwiderte Jerome mit Bestimmtheit. »Also?«, er nickte bedächtig. »Was hältst du von meiner Idee, an der Börse meinen Unterhalt zu verdienen?«

»Sag mal, meinst du den Scheiß etwa wirklich so richtig ernst?!«

»Warum denn nicht? So schwer kann das doch schließlich nicht sein …?!«

»Wo hast du denn *diese* Weisheit her?«

»Na, hör mal! Das ist doch keine höhere Mathematik: Wenn eine Aktie steigt, verdienst du Geld! Fällt sie, verlierst du Geld!«

In dieser Einfachheit präsentiert, klang das irgendwie schlüssig. »Aber«, Henry suchte mit einem skeptischen Blick nach weiteren Gegenargumenten, »braucht man denn nicht eine Menge Geld, um an den Börsen überhaupt handeln zu können?!«

»Schau mal …« Jerome winkte Henry zur Beantwortung seiner Zweifel näher heran. »Als wir heute an der Börse waren, gab es eine Aktie, die ist von 98 auf 124 Euro geschossen. Binnen *eines* halben Tages. Eines halben Tages! Wenn ich da jetzt nur … *sagen wir mal* … zehntausend Euro drin gehabt hätte, dann hätte ich fast locker mein Gehalt erwirtschaftet und könnte die nächsten vier Wochen einfach auf der Veranda sitzen und das Leben genießen!«

Trotz der durchaus einleuchtenden Einfachheit von Jeromes Ausführungen blieben bei Henry Zweifel, auch wenn er nicht genau hätte sagen können, was ihn an der Idee seines Freundes störte. Aber wie sollte Henry als Laie auch die Untiefen von Jeromes selbst nur laienhaftem Wissen, oder besser: dessen *Unwissen*, erkennen oder gar argumentativ ausloten können? Liegt es doch in der Natur des Menschen, dass Dinge, von denen er laienhaft träumt, nur *eine Seite* haben; man kann sie *nicht umrunden*, kann mithin ihre anderen Seiten nicht sehen. Immerhin hakte Henry nach: »Und was ist mit so einer Art … *Ausbildung*? Braucht man dafür nicht auch irgendeine Art Nachweis, oder darf man da einfach so mitmachen?«

»Ach was, da muss man einfach nur ein entsprechendes Konto eröffnen. Das darf jeder. Und«, Jerome schüttelte leicht den Kopf, »wegen der Ausbildung: *Kaufen oder Verkaufen*, wo ist das Problem? Man sieht doch jede Veränderung direkt auf den Bildschirmen: Ist der Wert im Plus, verkaufst du und holst dir den Gewinn. Rutscht er ins Minus, verkaufst du auch. Warum soll man dafür eine langwierige Ausbildung brauchen? Und wenn man unbedingt meint, man bräuchte neues Fachwissen, besucht man einfach ein passendes Seminar.«

Da auch für dieses Argument die gleiche Logik galt wie für die vorherigen, stellte Henry nun verblüfft fest: »Alter Schwede, das klingt wirklich … als wäre es dir *ernst*!«

»Natürlich!«

»Oh, Mann!« Henry, immerhin seit Jahren Jeromes bester Freund, hatte aber noch letzte Bedenken: »Mensch, überleg doch mal: Du wohnst hier, irgendwo im Nirgendwo, und kennst keine Sau, die auch nur im Entferntesten irgendetwas mit Börsenhandel zu tun hat. Die einzige Affinität, die du oder Sabine zur Börse habt, ist doch, wenn ihr den noch habt, der alte verstaubte Fonds, von dem du mal erzählt hast!«

Mmpf … Das war ein Frontalangriff auf Jeromes große Idee. Um sich etwas Zeit zum Überlegen zu verschaffen, begann er nun seinerseits damit, nachdenklich das Flaschenetikett abzupulen. Wenn auch nicht so direkt, musste er schließlich Henry gegenüber zugeben, dass er von seinem »Ich will Händler werden« Ziel im Grunde kaum hätte weiter entfernt sein können. Mehr Wissen, als dass es verschiedene Börsen gab, Monitore und PCs, Chartprogramme, Handelskonten für die, die Händler waren, und das Übliche über Geldanlagen wie Bundesschatzbriefe, Fonds von Banken und das, was man halt so aus Werbeanzeigen oder Flyern kannte, besaß er tatsächlich nicht. Hinzu kam, dass seine Familie der Ansicht war, dass er mit ein wenig Anstrengung und Glück in absehbarer Zeit in der Firma bald Abteilungsleiter werden sollte und dass er gefälligst etwas aus seinen Leben machen müsse. Oder wie sein Vater immer so schön erklärte: »Arbeiten hat noch keinem geschadet!« – *Mhm* …?! Bloß: Dass sich Jerome selbst von einem Abteilungsleitergehalt bei *Piechler & Söhne* den erträumten Luxusschlitten niemals würde leisten können, war ziemlich absehbar. Nicht nur verschlangen die Hypotheken für ihr Häuschen, an dessen Gartenzaun Henry gerade lehnte, schon einen Haufen Geld, nein, noch dazu bewies Sabine beim Einkaufen einen recht guten – und damit leider auch etwas *teureren* – Geschmack. Und dass es seiner Familie an nichts fehlen sollte, war natürlich selbstverständlich! Wenn man dann aber noch die kleinen »Unwägbarkeiten« des Lebens hinzurechnete, wie eine Auto- oder Hausreparatur oder, im schlimmsten Falle, vielleicht sogar arbeitslos werden zu können, bedeutete dies, dass er, wenn er bei *Piechler & Söhne* blieb, *diesen* Traum vom Cabrio gar nicht erst weiterzuträumen brauchte.

Mmpf …

Kurzum: Jerome startete also noch nicht mal bei null, sondern bei *minus* zwanzig Milliarden. Aber eines wusste er nun mal ganz genau: Man muss in seinem Leben immer das Beste aus den Gegebenheiten machen, und wenn einem keiner half, musste man sich eben *selbst* helfen. Folglich musste alles, was sich einem in den Weg stellte, aus dem Weg geräumt werden, und dazu gehörten auch alle Bedenkenträger, alle Neinsager, ausnahmslos alle. *Basta!* Jerome hatte sich verliebt und wollte keine Mami hören, die sagte: »Mein Sohn, überleg dir das doch noch mal!« Er hatte seit heute einen Traum in seinem Dickkopf verankert, und dieser Traum lautete: »Ich will Börsenhändler werden.« *Basta!* Er wollte nichts »Objektives« hören, was ihn auf den »Pfad der Realität« zurückgeführt hätte. Und welches Argument zog am besten, wenn man Angst davor hatte, dass jemand einem seinen Traum zerredete? Genau: »Henry, alter Junge, du kennst mich doch! Ich war doch schon immer jemand, der sich durchbeißt und im Leben zurechtkommt!«

»Stimmt.« Und so fiel auch dieses Argument unter die »plausible Laienlogik«, und Henry entsann sich erst eines letzten Gegenarguments, als plötzlich Lilly, Jeromes Liebling, keck herbeilief, ihren Dad umarmte und sich lachend an seinen Hals hängte – wie immer freute sie sich über den ihr bekannten Duft des Parfüms, der von Jeromes gepflegtem und rasiertem Gesicht ausströmte: »Und was sagt *sie* dazu?« Er nickte in Richtung Sabine. »Ich meine, sieh sie dir an: Sie liebt euer Haus und den Garten über alles. Willst du das alles aufs Spiel setzen?«

Jerome drehte sich um und schielte daumennagelkauend zu seiner Frau am anderen Ende des Gartens hinüber, wie sie in ihrer grünen Gärtnerschürze ihre Azaleen liebevoll streichelte und welke Blätter abzupfte. »Ach, sie wird es verstehen. Man muss sich entfalten, das sagt sie doch selbst immer!«

Sich entfalten – ein starkes Argument!

Das muss ich mir merken.

»Na, wenn du meinst …« Henry zog seine Augenbrauen hoch.

»Klar!«, erwiderte Jerome mit einem aufgeregten Strahlen im Gesicht. »Ich kläre das demnächst mit meiner Kündigung! Sag, Henry, machst du mit?«

Der aber hatte gerade einen kräftigen Zug aus seiner Bierflasche genommen und verschluckte sich prompt. Nach einem Hustenanfall, der ihn hochrot anlaufen ließ, stand in seinem Gesicht nicht nur der Ausdruck großer Überraschung, sondern auch leichter Zweifel an der geistigen Gesundheit seines Freundes. »Oh, Alter! Du hast vielleicht Nerven.«

Jerome konnte mit diesem Nein leben. – Gut. Großartig, dann eben allein! Jetzt musste Jerome nur noch diese plötzlichen übertriebenen Zerrbilder verbannen, die ihm durch den Kopf schossen: Sabine, wie sie durchs Haus tobte und ihn zur Vernunft mahnte. Er musste sie von seinem Vorhaben überzeugen! Wenn ihm das gelang, dann könnte er schon bald loslegen …

*

Einige Stunden später. Sein zukünftiger Karrierewechsel ließ Jerome im ehelichen Bett nicht in den Schlaf finden. Er musste Sabine in seine Pläne einweihen. – *Nun ja* … schließlich würde er mit seinem zukünftigen Karrierewechsel maßgeblich zum Familienvermögen beitragen, und eigentlich war *Trader* ja ein genauso vernünftiger Job wie jeder andere auch. – *Fast jedenfalls!* Ein bisschen ungewöhnlich, das war alles. Jetzt musste Jerome also nur noch überlegen, wie er es Sabine und auch seinen Eltern beibringen sollte.

Mmpf …

Sabine lässt mich das nie und nimmer durchziehen …

Und erst meine Eltern … die werden mich für verrückt erklären.

Vor allem meine Mutter.

Jerome zählte im Kopf rückwärts. Zehn … neun … acht … eins … »Schatz … ähm … Ich möchte kündigen und Trader werden!«

»Mhm, ja, okay …«, war die verschlafene Antwort.

Jerome richtete sich auf. Also noch mal. Drei ... zwei … eins. »Hallo, ich kündige und werde T-r-a-d-e-r!«

»Wie?« Endlich eine Reaktion.

»*Trader*. Ich will Trader werden. Du weißt schon, Börse, Kurse, Charts und so!«

»Na klar!«, brummte Sabine und kuschelte sich in ihre Decke. Erst als Jerome sie an seinen heutigen Börsenbesuch erinnerte, erkannte sie den Ernst der Lage. »Himmelherrgott, bist du v-e-r-r-ü-c-k-t geworden?« Sabine knipste die Nachttischlampe an, richtete sich auf und starrte Jerome entgeistert an.

»Aber warum denn nicht? Man braucht nur einen Computer und Internet. Trading ist voll im Kommen!«

»Wohl kaum. Die Familie ernähren, *das* ist im Kommen.« Die senkrechte Falte zwischen ihren Augenbrauen vertiefte sich, ein Zeichen, dass sie jetzt hellwach und bereit war … *zu kämpfen!*

»Ich hab schon mit Henry darüber gesprochen, und er findet es toll«, log Jerome.

»Moment mal!« Sabine trommelte mit den Fingern auf der Bettdecke. »Was soll das heißen, du hast schon mit Henry darüber gesprochen? Und ich? Habe ich etwa nichts dazu zu sagen?« Sie konnte es nicht fassen, dass Jerome mit dem Nachbarn so etwas durchsprach, bevor er sie überhaupt gefragt hatte. Als ob sie gar nicht zählte. Dabei regelten sie doch sonst immer alles Finanzielle gemeinsam.

»Schatz, sieh mal«, seufzte Jerome und nahm ihre Hand. »Ich hätte dann viel mehr Zeit für dich. Wir hätten mehr Geld, und ich müsste keine Überstunden mehr machen. Jedes Wochenende würde uns gehören. Wir könnten reisen und …«

»… ja, das ist ja alles schön und gut«, unterbrach sie harsch, »aber verstehst du denn nicht, Jerome? Wir sind eine Familie. Das heißt, wir entscheiden Dinge *gemeinsam*. Sonst schlägt uns unsere Tochter später, und wir müssen uns vor lauter Angst im Schlafzimmer verstecken.«

»*WAS*?« Jerome verstand nicht recht.

Sabine lächelte ironisch. »Möglich ist so was. Hab ich zumindest einmal in einer Talkshow gesehen, ich glaube, bei Johannes B. Kerner war das.«

Jerome schluckte. Er sollte wirklich mehr fernsehen. Na ja, bald hätte er ja die Zeit dazu. Als Trader war es bestimmt erlaubt, zwischendurch ein bisschen fernzusehen. »Okay. Wir können gern *gemeinsam* Entscheidungen treffen. Also ich für meinen Teil möchte gern mit unserem Geld in Aktien, solchen Futures und Devisen handeln!«

»Du und *Devisenhandel*? Ausgerechnet? Ich glaube, darüber solltest du noch mal nachdenken!« Sabine erinnerte ihn an ihren letzten Urlaub. »Zweimal hast du dich übers Ohr hauen lassen!«, spottete sie.

Autsch!

Okay, das war aber auch wirklich peinlich gewesen!

»Also, *ich* würde es vorziehen, wenn unser Geld auf einem Sparbuch liegt, wo wir zwar nur wenig Zinsen bekommen, wir aber nichts verspielen können und dann auch nicht Weihnachten auf der Straße landen«, hielt Sabine entgegen und fügte noch hinzu: »Stell dir vor, wir müssten in eine Unterkunft für Obdachlose und lauwarme Suppe essen?!«

Jerome fuhr sich mit den Händen durchs Haar. »Sabine, bitte! Lass uns doch vernünftig darüber reden.« Er nahm ihre Hand. »Wir werden keine lauwarme Suppe essen müssen!«, versprach er. »Gewiss nicht, mein Schatz!«

»Das sagst du so! Aber weißt du es auch? Und … außerdem … «, Sabine stutzte, »darf das denn *jeder*? Muss man für den Börsenkram nicht irgendetwas studieren oder lernen? Das darf man doch nicht so einfach?!«

»Schatz, das darf jeder! Ehrlich. An dieser Party kann jeder teilnehmen. Man muss nur ein entsprechendes Konto aufmachen. Und damit du ruhiger schläfst, gehe ich gerne auch auf ein Seminar und lese ein, zwei Fachbücher. Das ist schon nicht so schwierig!«, erwiderte er voller Selbstsicherheit, während er ihre Hand streichelte. »Kaufen. Verkaufen. *Wo* ist das Problem? Liegt der Wert im Plus, drückst du *Verkaufen*. Rutscht der Wert ins Minus, drückst du auch *Verkaufen*. Wozu braucht es dafür schon eine langwierige Ausbildung?«

Wie zuvor auf Henry wirkte die Einfachheit dieser Erklärung auch auf Sabine. Und genauso wenig wie sein Freund konnte auch seine Frau die Untiefen von Jeromes selbst nur laienhaftem Wissen, oder besser: dessen *Un*wissen, erkennen oder gar argumentativ ausmessen. Und so konnte auch Sabine nur *die Seite* des Traumes sehen, die sie sehen *sollte*, nicht aber dessen *andere* Seiten. »Tatsächlich?« Sabine schien dennoch etwas skeptisch, und auch sie suchte nach einem weiteren Gegenargument. »Und woher … also«, sie atmete einmal kräftig durch, »woher nimmst du deine Sicherheit, dass du das mit dem Trading hinbekommst?«

»Biene, du kennst mich doch! Ich war doch schon immer jemand, der sich durchbeißt und im Leben zurechtkommt! Zum anderen: Das bisschen *Long* und *Short* und ein bisschen menschliche

Vernunft! So schwer kann das nicht sein!«, wiegelte Jerome ab und hob an zu einer geschwollenen Überzeugungsrede, dass er schon immer, seit er denken könne, das Absurde, das Unlogische, das Widersprüchliche, alles, was den Menschen entbindet und trennt vom Wirklichen, von praktischen Gedanken, von vernünftigen Gefühlen und dem Verlangen nach nützlichem und zweckmäßigem Handeln, zu vermeiden wusste. Und wie bereits zuvor galt auch jetzt: Welches Argument sollte auf diese Frage auch plausibler sein – wenn ein *Laie* einen *Laien* von der Einfachheit des Handels zu überzeugen versucht.

»Aaaach, Jerome, ich weiß nicht …« Sabine, Laie im Börsenhandel, gingen gegenüber Jerome, ebenfalls Laie im Börsenhandel, die Argumente aus, weswegen sie sich auf den Status quo zurückzog: »Ich finde deinen Job und unser Leben absolut okay. Und ich bin dagegen, dass sich das ändert.«

»Pattsituation!« In Jeromes Mundwinkel zuckte es verdächtig. »Was schlägt denn dein Johannes B. Kerner so vor, wenn ein Paar entgegengesetzter Meinung zur Karriereplanung ist?«

»Ich bin mir nicht sicher, ob er das Thema schon hatte«, gab Sabine schmunzelnd zu.

Dann fiel Jerome etwas ein: »Ich mach dir einen Vorschlag …« Und nach kurzer Pause fuhr er mit einem schlauen Lächeln fort: »Ich *beweise* dir einfach, dass ich an den Börsen handeln kann. Das wäre doch die Lösung unseres Problems und damit das Einfachste.«

»Wie willst du das anstellen? Von mir kriegst du jedenfalls kein Geld für diesen Quatsch!« Plötzlich war seine Frau wieder ganz vehement bei der Sache.

»Ich eröffne ein Demokonto und –«

»*Demo… WAAAS?*«, unterbrach sie ihn, und angesichts ihres ziemlich verständnislosen Gesichts fügte Jerome erklärend – so wie er es heute während des Börsenbesuchs als Antwort auf eine Frage gehört hatte – hinzu: »Na ja, so ein virtuelles Konto mit Spielgeld. Dort muss man alles so machen wie mit einem echten Konto. Ich handle dabei einfach genau mit jenem Betrag, den ich auch später nehmen werde, und dann schauen wir einfach mal, ob ich mein jetziges Monatsgehalt auch mit dem Börsenhandel verdienen kann.«

»Und wenn nicht?« Sabine trommelte erneut mit den Fingern auf der Bettdecke.

Jerome rutschte noch näher an Sabine heran und flüsterte ihr zu: »Dann kündige ich nicht, und es bleibt alles beim Alten. Versprochen!«

»Ach, Jerome, ich weiß nicht!«

»Komm schon!« Jerome bemühte sich, seine Frau keinen befangenen oder leicht trotzigen Ton spüren zu lassen, sondern wandte sich ihr nun mit überbordender Freundlichkeit zu. »Überleg doch mal: Ich hätte endlich mehr Zeit für dich und Lilly, und ich brauch dem blöden Piechler nicht in den … *na, du weißt schon* … kriechen, sondern wäre dann endlich mein eigener Chef! Und, mein Schatz, du müsstest dann nach der Arbeit auch keine Hausarbeit mehr machen! Aufräumen, Einkaufen, Abendbrot … alles fertig, wenn du geschafft von der Arbeit kommst! Ich bin ja dann den ganzen Tag zu Hause. Und stell dir mal vor, Schatz«, Jerome küsste verliebt ihre Hand, »wenn ich damit sogar auch noch dein Gehalt verdiene, könnten wir vielleicht, ja …«, und bevor er fortfuhr, küsste er nun einzeln Sabines Fingerspitzen, »auch woanders hinziehen … warst nicht du das, die nach Thailand wollte …?« Im weiteren Verlauf seiner Charmeoffensive brachte er vor, dass der Börsenhandel ihnen endlich die einmalige Chance böte, ein Leben ohne Zwänge zu führen. »Versteh doch, Schatz, endlich raus aus dem hiesigen *ICE* und rein in die dortige *Bimmelbahn*!« Die Details hierzu malte Jerome in leuchtenden Farben aus und träumte in aller Ausführlichkeit davon, wie er sich jenen Ort vorstellte, an dem er sein Leben als zukünftiger Trader zubringen wollte und wo es Stil hatte, zu verweilen. Jerome hob die Handflächen und erklärte mit Bestimmtheit, für ihn stehe seit dem heutigen Besuch der Börse und dem Kontakt mit den Händlern fest, dass DAX & Co. den momentan *einzigen* Schlüssel zur Freiheit, Unabhängigkeit, mehr Freizeit und mehr Geld darstellten, denn: Von seinem Beruf könne er zwar sicherlich die Familie ernähren, aber zu »großen Sprüngen« reiche es dennoch nicht, von exklusiver Freizeitgestaltung und der beliebigen Wahrnehmung seiner Hobbys ganz zu schweigen. Der Börsenhandel sei die endlich sich eröffnende Abzweigung, um zum einen finanziell in einer anderen Liga zu spielen und zum anderen seine Familie endlich aus Stress, Hektik und vor allem auch aus dem Leben der Stadt befreien zu können.

»Und … was sagten die heute an der Börse, wie viel es da monatlich zu verdienen gibt?« Sabines Neugier war nun doch entfacht, denn ihren Jerome hatte sie schon lange nicht mehr so begeistert, so wahrhaft mitreißend von etwas berichten gehört, und zum anderen: dieser Ausblick in eine Zukunft, die Reichtum versprach, zog.

»Jedenfalls genug, dass man sich davon zur Ruhe setzen könnte!« Jerome zupfte kurz am Nagel des rechten Zeigefingers, eher er weitersprach. »Schau, wir könnten …« Und dann legte er mit einer wahren Flut von Vorschlägen los, wie man das zukünftige Geld ausgeben und dennoch immer noch so viel übrig haben könne, dass ein unangemeldetes Gespräch mit dem Anlageberater der Bank jederzeit gerechtfertigt sei. Einer dieser Vorschläge lautete: »Sabine, wir machen dann endlich *den* Urlaub unseres Lebens!« Ein weiterer: »Dann endlich könnten wir so allerhand Leuten erzählen, was wir wirklich von ihnen halten.« Jerome dachte kurz nach und kam auf elf solcher Gestalten. Und weiter ging es: »Wir hatten bisher noch nie einen Sportwagen. Einen neuen, neu wie in *brandneu*. Das wäre bestimmt klasse. Und dann … *ha* … endlich nicht mehr selbst tapezieren und streichen müssen, wenn's nötig ist, sondern einfach jemanden bezahlen, und der kümmert sich dann darum! Und erledigt die Gartenarbeit!«

Sabine schaute Jerome nun durchdringend an. »In deinem Blick lese ich, dass ich dich nicht umstimmen kann«, seufzte sie, langsam den Kopf schüttelnd, offensichtlich von dem Plan noch nicht zu hundert Prozent überzeugt, und doch fiel es ihr anscheinend schwer, weitere triftige Einwände vorzubringen.

»Gut gelesen«, antwortete Jerome. »Also, erst Demohandel, dann Kündigung. Einverstanden?«

»Okay, das klingt fair!« Sabine war mittlerweile total erschöpft. »Ich gebe dir sechs Monate!«

»Drei!«

»Drei, von mir aus«, gähnte sie, löschte das Licht und drehte sich zur Seite.

Yep – Jerome lehnte sich zurück und hörte sich bereits mit knallharter Brokerstimme in sein Handy rufen: »Kaufen!«, dann ein Zug an der imaginären Zigarre. Erneuter Anruf: »Verkaufen!« Dann sah er sich das viele Geld in sündhaft teuren Schmuck für Sabine investieren. – *Stopp! Zuerst das Cabrio*. Ein Trader braucht einen schicken Schlitten. Scheiß auf das Wetter, ein Cabrio muss sein.

»Und wann soll es losgehen mit deinem Demokonto?«, fragte Sabine mit bereits geschlossenen Augen.

»Diesen Monat noch.« Während Jerome in sein virtuelles Cabrio sprang, konnte er es sich nicht verkneifen, noch hinzuzufügen: »Ich wette, du wirst staunen. Du weißt, ich habe ein Händchen für richtige Entscheidungen! Und du weißt, ich habe ein Gespür für Zahlen!« Er kniff Sabine in die Seite, streckte ihr die Hand entgegen und hielt den Atem an: »Abgemacht?!«

»Abgemacht!« Sabine schlug im Dunkeln ein, besiegelte damit per Handschlag den, wie sich die kommenden Monate herausstellen sollte, seltsamen Deal und kuschelte sich an Jerome heran. Dieser sah sich wiederum in Gedanken bereits ein, zwei Fachbücher kaufen … *ah, besser: ich geh fix auf ein Seminar!* … und sah sich einen Sekundenbruchteil später mit Aktien oder solchen »gehebelten Dingern«, von denen man hin und wieder so sprach, traden. Er spürte bereits jetzt, wie er das Konto geradezu vergoldete.

Diese Wette werde ich aber so was von gewinnen!

Mit dem Gedanken, wie er in naher Zukunft nur noch daheim arbeiten würde, schlief Jerome zufrieden ein und träumte von Dagobert Duck, der über das Parkett der Börse zu ihm watschelte und ihm wertvolle Tipps gab …

*

Zwei Tage später stellte sich Jerome der nächsten Hürde und besuchte seine Eltern. Als er ankam, waren die gerade im Garten und in ein hitziges Streitgespräch verwickelt. Sein Vater stocherte auf einer Leiter in der Dachrinne herum, während seine Mutter an dem hölzernen Gartentisch saß und in der Tageszeitung blätterte. Keiner von beiden bekam mit, dass Jerome durch die Gartentür trat.

»Ich meine doch nur, dass wir mit gutem Beispiel vorangehen sollten!«, sagte sein Vater gerade.

»Und du glaubst, dass es ein gutes Beispiel ist, wenn man sich bewusst den möglichen Gefahren eines finanziellen Ruins aussetzt? Das glaubst du wirklich? Ja? Du meinst, das würde das Problem lösen?«

»Gefahren!«, schnaubte sein Vater verächtlich. »Nun übertreib mal nicht so, Maria. Was hast du denn für eine schlechte Meinung von den Banken?«

»Hi, Mama«, sagte Jerome, »Hi, Dad.«

»Jerome ist da ganz meiner Ansicht, stimmt's nicht, mein Liebling?«, sagte seine Mutter und wedelte mit dem Finanzteil der Zeitung. »Du kennst doch unsere Nachbarn, die Kellmanns. Die haben alles verloren mit ihren Fonds. Alles! Und das nur wegen diesem ganzen Börsenmist hier.«

Hmpf …

Ein großartiger Zeitpunkt, um ihnen zu berichten, dass ich Trader werden will!

»Natürlich ist Jerome *nicht* deiner Ansicht!«, erwiderte sein Vater ziemlich scharf. »Das ist nämlich die hirnverbrannteste Idee, die du jemals gehabt hast: Geld *bar* zu Hause horten … So ein Quatsch!«

»Nein, ist es nicht!«, wehrte sich seine Mutter beleidigt. »Jerome, meinst du nicht auch, dass es eine gute Idee wäre, wenn wir einen Teil unseres Geldes bar abheben und zu Hause deponieren würden?«

»Na ja«, sagte er vorsichtig, »darüber habe ich noch nicht so richtig …«

»Meinst du etwa auch, dass das Geld wie einst in einen Sparstrumpf am Bettende baumeln sollte?«, spottete sein Vater.

»Warum denn nicht? Dort verliert es wenigstens nicht an Wert!« Jeromes Mutter klopfte aufgeregt mit dem Finger auf die fette Zeitungsschlagzeile *DAX BRICHT EIN*.

Jerome setzte sich neben sie und tätschelte ihr beruhigend die Hand. »Also, wie läuft's denn so bei euch – mal abgesehen vom Geld?«

Aber seine Mutter ließ sich von ihrem Thema nicht abbringen, ganz im Gegenteil, die Nähe ihres Sohnes stachelte sie nur weiter an: »Siehst du denn nicht, dass unser Geld kurz vor dem Abgrund steht?«, bohrte sie weiter, als hätte sie Jerome gar nicht gehört. »Wenn das so weitergeht, dann bekommen auch wir aus unserer Lebensversicherung und den Fonds nichts mehr ausgezahlt, und wir haben umsonst jahrelang gespart, gespart und gespart …«

Jeromes Vater schüttelte den Kopf. »Und du glaubst allen Ernstes, dass das Problem dadurch gelöst würde, dass wir, obwohl sie gerade im Minus sind, alle unsere Fonds auflösen?«

»Ich meine ja nicht alles. Aber wenigstens einen Teil.« Einen Moment lang herrschte Schweigen – ein Zeichen, dass das Thema für sie vorerst beendet war. »Na egal.« Sie wedelte mit der Hand und wandte sich ihrem Sohn zu: »Und bei dir, mein Junge? Was gibt's Neues?«

Oje …

»Was macht die Arbeit?« Sein Vater war von der Leiter heruntergestiegen und klopfte Jerome auf die Schulter.

Schluck.

»Alles okay so weit«, meinte Jerome zögerlich und begann sich vorwärts zu tasten: »Aber … naja … ich habe in letzter Zeit viel darüber nachgedacht, ob ich wirklich die nächsten rund dreißig Jahre lang dieselbe Bürotür auf- und zumachen will …«, meinte er so beiläufig wie nur irgend möglich.

Sein Vater nickte vorsichtig, zog die Augenbrauen hoch und wartete auf die weiteren Ergebnisse dieser Überlegungen.

»Ich möchte in einen Beruf wechseln, der … naja … mir mehr … *Freizeit* und *Freiraum* für Sabine und Lilly lässt …«, wagte sich sein Sohn behutsam weiter vor.

Sein Vater nickte und hob zustimmend den Daumen. »Das hab ich dir ja schon immer gesagt: Du machst zu viele Überstunden!«

»Einen Beruf, der etwas *mehr Geld* in die Familienkasse bringt …«

Der Daumen des Vaters blieb oben. »Guter Gedanke, mein Junge. Guter Gedanke. Weiter so!«

»Einen Beruf, wo ich mein *eigener Chef* bin …«

Der Daumen knickte ein wenig ein. »Klingt immer noch gut!«

»Und«, fügte Jerome schließlich hinzu, »es wäre eine Arbeit, die ich von *überall* aus machen kann.«

Das klang zwar alles in allem gut, dennoch kratzte sich sein Vater am Kopf, scheinbar fiel ihm kein Job ein, der all diese Kriterien erfüllte. Und als Jerome, als Laie, seinem alten Herrn, ebenfalls Laie, seinen zukünftigen Beruf mit dem letzten schlagenden Argument »Einen Job, bei dem ich mir die *Arbeitszeit selbst* einteilen kann« umschrieb, zog der erstaunt die Augenbrauen hoch, blickte zu seiner Frau, die als Antwort mit den Schultern zuckte, und dann mit leichter Herablassung zurück zu seinem Sohn. Offensichtlich konnten sich beide keinen Job vorstellen, der all diese Kriterien erfüllte, fühlten sich jedoch lebhaft an Jeromes jugendliche »Ich-werde-Astronaut-oder-Feuerwehrmann-Phase« erinnert, nur dass diese doch eigentlich längst abgeschlossen sein sollte und sie von ihrem Sprössling konkretere und ernsthaftere Pläne für seine Zukunft erwarteten.

Seine Mutter spürte die Spannung, die in der Luft lag: »Mehr Geld und trotzdem mehr Freizeit? Eigener Chef? Arbeitszeit selbst einteilen? Einen Beruf, den man von überall machen kann?« Zur Betonung nahm sie jetzt auch ihre Hände zur Hilfe. »Na dann, meine Lieben! So, jetzt erst mal genug geträumt! Ich mach uns mal einen schönen Kaffee in der realen Welt.« Sie erhob sich und faltete ihre Zeitung zusammen. »Mein Junge«, sagte sie und tätschelte Jerome, »du solltest bleiben, was du bist, das ist eine *sichere* Arbeit. Schließlich hast du Familie und entsprechende Verpflichtungen. Denk an Lilly!«

Jerome hielt es nicht länger aus: »Genau deswegen will ich ja … Mama, Papa … Also, um es kurz zu machen …«, Jerome fasste sich ein Herz, »ich werde *Börsenhändler*!«

Seine Mutter plumpste wortlos zurück auf die Gartenbank, während sein Vater ihn mit großen Augen ungläubig musterte, und die nun folgenden Fragen beantwortete Jerome mit der bereits an Henry und Sabine erprobten Argumentationskette, die jegliche von seinen Gegenübern ins Feld geführten Einwürfe aufs Schönste widerlegte. Wie eine Herde galoppierender Pferde durchjagte er abermals seinen Traum-Gedankenflug, den er seinen Zuhörern – die Rede sprudelte nur so von seinen Lippen, er wusste selbst nicht wie – mit feurig blitzenden Bildern präsentierte und eine glänzende Zukunft entwarf. Und welcher Ausblick auf das Morgen könnte auch schöner sein – wie, wenn ein *Laie* einen *Laien* vom Börsenhandel überzeugt …

*

Nach dem nächtlichen Deal mit Sabine und dem Gespräch mit seinen Eltern war es für Jerome ein Leichtes gewesen, einen Broker ausfindig zu machen, der auch Seminare anbot. Und so kam es, dass er vierzehn Tage später nun etwas verloren in dem hellen Foyer eines Frankfurter Kongresshotels herumstand und ungeduldig auf Henry wartete, den er nach einigem Bitten und Betteln doch noch hatte überreden können, mitzukommen. Während dieser sich nach dem Stress der morgendlichen Anfahrt ein wenig frisch machte, studierte derweil Jerome, seine Anmeldebestätigung in der Hand, einen Seminarwegweiser mit blauen Steckbuchstaben. Das »Trading-Anfänger-Power-Seminar« fand im Saal II *Zugspitze* statt. Das war, wie er über das Internet erfahren hatte, der größte Seminarraum des Hotels. Die Teilnehmer vom »Wüstenrot-Kongress« trafen sich im Raum *Seißer Alm*, und alle, die ihr Wissen in »Bilanzrechnungslegung« vertiefen wollten, im Raum *Sölden*.

»Hier!«, winkte Jerome dem gerade erspähten Henry zu. »Wie siehst du denn aus?«

Henry hatte sich nach der gemeinsamen Autofahrt nicht nur frisch gemacht, sondern auch umgezogen, und trug nun ein weißes Hemd und ein Sakko, was gleichzeitig seriös und leger wirkte. Henry grinste und zupfte seinen Hemdkragen zurecht. »Sag mir, wie du dich kleidest, und ich sage dir, ob du reich wirst!«

Ah ja, alles klar.

Durch endlose Hotelkorridore erreichten beide Saal II, und mit ihnen strömten von allen Seiten weitere Seminarteilnehmer herbei. Man konnte sie leicht erkennen, viele zogen einen kleinen Aktentrolley hinter sich her und versuchten ebenso vergebens, ihre Nervosität über den künftigen monetären Erfolg irgendwie zu überspielen. Zwei Servicedamen nahmen sie in Empfang, ließen sich die Anmeldebestätigungen zeigen und baten die Ankömmlinge mit einem »Bitte treten Sie ein« in einen großen, mit Stuhlreihen und Tischen ausgestatteten Seminarraum. Jerome und Henry hatten Glück und fanden zwei nebeneinander liegende freie Plätze im vorderen Drittel des Raumes. Sie nutzten die bis zum Beginn noch verbleibende Zeit, um ihre Blicke durch den Saal schweifen zu lassen. Er war wirklich riesig; aber noch mehr als die schiere Größe überraschte Jerome das Publikum, das sich bereits eingefunden hatte. Es bestand aus einer unbeschreiblichen Mischung aus Leuten, die es dem Anschein nach bereits geschafft hatten, Leuten, die es durchaus schaffen konnten, und Leuten, die es wahrscheinlich nie schaffen würden. – *Nun ja.* Während Jerome noch den einen oder anderen Teilnehmer in eine dieser Schubladen einsortieren versuchte, stieß ihn Henry an und deutete nach vorne, wo die eine der beiden großen, eben gerade noch mattweißen Leinwände nun einen zuversichtlich lächelnden Mann im Anzug vor einem Sportwagen zeigte, die andere das Seminarmotto »Freiheit durch finanziellen Erfolg!«.

»Jerome, ist das da auf dem Banner der Referent?«

»Glaube schon.«

»Super. Dann können wir eigentlich gleich wieder gehen!«

»Wieso?«

»Weil das hier alles ziemlich tschackamäßig aussieht. Du sagtest, das sei ein *Fach*seminar.«

»Wir haben bezahlt, Henry. Wir bleiben!«

Henry wollte gerade sein Handy zücken, als ihnen die ersten Takte einer Motivationsmusik ins Gesicht schlugen. Der gesamte Saal sprang auf und applaudierte mit. Die Frau links von Jerome drehte beinahe durch und klatschte so ausladend, dass ihr Schreibblock und ihre Handtasche zu Boden gingen. Der Mann rechts von Henry stand ebenfalls und klatschte und forderte Henry auf, es ihm gleichzutun. Der verschränkte seine Arme und rutschte noch ein wenig tiefer in seinen Sitz, aber sein Nachbar griff ihm mit einem Lachen unter die Achseln und zog ihn ebenfalls auf die Füße. Augenrollend ließ Henry sich dies ausnahmsweise gefallen. »Was freuen sich denn alle schon so? Das Seminar hat doch noch gar nicht angefangen!«, rief er Jerome zu, der mittlerweile ebenfalls aufgestanden war.

»Das ist so bei Börsenhändlern. Da ist halt alles ein bisschen abgefahrener!«

»Ah … jaaa«, schnaubte Henry und schüttelte den Kopf.

Schlagartig wurde die Musik leiser, ein Mann in hellblauem Hemd und mit Funkheadset betrat die Bühne, offensichtlich der Moderator. Seine Stimme legte sich über die einlullenden Sphärenklänge, die jetzt die Hintergrundmusik bildeten: »Sie wollen mehr Geld? Sie wollen ein freies Leben?« Und das ganze Auditorium versicherte ihm wieder und wieder: »Ja! Ja! Ja!«, woraufhin die

Klänge noch einlullender wurden. Und dann donnerte der Mann erneut los: »Sie wollen also mehr Geld! Sie wollen also ein wirklich freies Leben?« Wieder ertönte das fast schon hysterische »Ja! Ja! Ja!« der Seminarteilnehmer. Der Moderator breitete die Arme aus, als wolle er alle Anwesenden umarmen, und rief aus: »Dann lassen Sie uns feststellen, *wie viel* Geld Sie verdienen wollen und *wie viel* Freiheit Sie brauchen!« Schlagartig hörten das Gekreische und der Jubel des Publikums auf, und auf eine entsprechende Geste hin setzten sich die Leute. Nun erklärte der Moderator mit salbungsvoller Stimme: »Für jeden Teilnehmer haben wir einen Fragebogen vorbereitet, dem Sie sich nun zehn Minuten widmen sollten und der Ihnen dabei helfen wird, Ihre persönlichen Bedürfnisse genau herauszufinden und zu bestimmen. Bitte beginnen Sie … jetzt!«

Auf einer der Leinwände erschien eine überdimensionierte Stoppuhr. Wie alle anderen Teilnehmer blätterten auch Jerome und Henry durch die auf dem Tisch vor jedem Sitzplatz bereitliegenden Formulare. Sie fingen an, den Fragebogen auszufüllen: Name, Adresse, Telefonnummer …

Bla, bla, bla … das haben die doch alles schon?!

Dann gelangte Jerome zu einer Reihe von Fragen, beginnend mit: »Wie viel Geld wollen Sie später durch das Trading monatlich verdienen?«

Hm?

Seltsam.

Wozu müssen die das wissen?

Aus versicherungstechnischen Gründen?

Jerome biss sich auf die Lippe und kritzelte seine Vorstellung hin:

3.500 Euro.

Bin ich doof?

Was mache ich denn da!

Da kann ich gleich weiter beim ollen Piechler arbeiten …

Rasch strich Jerome die Zahl durch und schrieb stattdessen 6.000 Euro. Genau genommen war das nicht gelogen, denn schließlich hatte er fest vor, nach dieser Veranstaltung – in der er laut Seminarbeschreibung die ultimativen Handelsinstrumente erlernen würde – für sich und seine Familie richtig abzusahnen. Zum anderen galt es, Sabine und seine Eltern und weitere Querdenker davon zu überzeugen, dass sein eingeschlagener Weg der richtige war. Jerome las weiter: »Wie viel Kapital wollen Sie für das Trading bereitstellen? Bitte kreisen Sie Zutreffendes ein: A, B, C, D!«

Hä?

Was soll das denn jetzt?!

Was tut denn mein Geld zur Sache?

Naja, wird schon seine Richtigkeit haben.

Trotzdem fühlte sich Jerome mit dieser Frage nicht so recht wohl. Um einen Anhaltspunkt für ihre Beantwortung zu bekommen, schielte er verstohlen in den Raum und registrierte, dass sich sehr viele modische Schlipsträger unter den anderen Teilnehmern befanden. Aber auch seine hysterische Nachbarin sah aus, als sei sie geradewegs einer Modezeitschrift entsprungen: dezentes

Make-up, goldene Ohrclips mit Perlen, ein helles, leicht transparentes Top, das viel von ihrem Dekolleté zeigte, dazu hautenge Jeans. – *Grrr!* Scheinbar irgendwie alles mindestens C- oder D-Kandidaten. Mit hochrotem Kopf umkringelte Jerome also *D* für »100.000 Euro und mehr«, und das, obwohl er eigentlich nur so um die 35.000 Euro als Startkapital hatte. – *Aber egal*. Nächste Frage: »Ab wann wollen Sie das Kommando über Ihre Zukunft übernehmen, in der Geld keine Begrenzung mehr darstellt, sondern ein potentes Werkzeug mit Kraft und Sicherheit?«

Mhm, coole Frage …

Aber gibt es darauf eine Antwort?

Eigentlich ist doch nur eine Antwort richtig: Ab sofort!

Nächste Frage: »Ab wann wollen Sie, dass die Macht der Zeit und des Stresses nicht mehr über Sie herrscht?« Jerome lehnte sich zurück und träumte, von der Frage inspiriert, wie er nach der sicherlich bald anstehenden Kündigung beim ollen Piechler die Termine seines übervollen Kalenders einfach durchstrich und fett *Trading* darüber kritzelte. – *Oh ja*. Folgerichtig lautete seine Antwort: »*Sofort*«.

Und während Jerome noch die restlichen Fragen rund um ein glückliches, sorgenfreies Leben als zukünftiger Trader beantwortete, veränderte sich plötzlich die Musik, der Moderator erschien wieder auf der Bühne und rief: »Sie wollen mehr Geld? Sie wollen ein freies Leben?« Worauf alle wieder und wieder bestätigten: »Ja! Ja! Ja!« – »Für Ihren Erfolg als zukünftige Händler ist es wichtig, dass Sie hungrig sind. Hungrig, um das Ziel, Millionäre zu werden, das Sie sich gesetzt haben, zu erreichen. Wovon ich hier spreche, ist der … *Killerwille*! Sie müssen sich sagen: Ich schaffe das mit dem Börsenhandel, basta! – Man könnte es auch so formulieren: Wenn Sie vollgefressen in den Seilen hängen, wird das nie etwas. Nicht umsonst heißt es: Hunger ist der beste Koch. Und Hunger auf den schnellen Erfolg macht erfinderisch. Genauso wie die Not, aus einer Zwangslage herauszukommen. Woraus folgt: Unzufriedenheit ist der beste Antrieb im Börsenhandel!«

»Wir *sind* hungrig!«, riefen vereinzelte Teilnehmer und klopften zur Bekräftigung fest auf die Tischplatte.

»Was meinen Sie«, überging der Moderator die Zwischenrufe, »wie es in *mir* getobt hat, als ich merkte, dass ich mit normaler Arbeit nie meine erste Million erreichen würde? Ich war nicht nur hungrig, ich war *megahungrig*! Ich war nicht nur unzufrieden, ich war der *unzufriedenste* Mensch auf dem ganzen Planeten! Und diesen Zustand wollte ich unbedingt beseitigen. *Unbedingt*! Ich wollte kämpfen und gewinnen und für mein weiteres Leben bessere Chancen bekommen und dann alles noch viel besser machen. Für mich war klar, dass ich nicht wie der Rest auf der faulen Haut liegen und meinen Träumen hinterherweinen wollte. Auf diesen Weg zu den Millionen bringt mich aber niemand anderes als ich selbst, darüber machte ich mir keine Illusionen! Ich habe auch nie gewartet, bis jemand kommt und mir hilft. – Leute, da kommt keiner! Im Ernst, Leute, Geldverdienen ist nicht die Heilsarmee! Da kommt keiner! Deswegen muss man selbst anfangen und loslaufen!« Der Moderator nippte an seinem Wasserglas, dann fuhr er fort, seine Rede mit großen Gesten begleitend: »Und genau wie für Sie gab es auch für mich nur einen Weg, und der hieß … *Germany-Brokers*! Denn dieser Weg weist, dank schlauer Regelwerke und Signale, nach vorne … und nach oben!«

Etliche Teilnehmer klopften erneut auf die Tische.

»Jeder von Ihnen wird jetzt bald, innerhalb von wenigen Stunden, ein *Trader* sein, ein echter Gewinnertyp. Ich wünsche ihnen dabei viel Erfolg, und denken Sie stets an unsere Maxime: *Freiheit durch Geld*! Und damit Sie Ihrem zukünftigen Berufsstand alle Ehre machen können, werde ich Sie nun dem Meister seines Fachs überlassen!«

Damit drehte er sich um und rauschte davon.

Henry wandte sich Jerome zu und flüsterte: »Jetzt mal im Ernst … in *ein paar Stunden* zum Trader?«

Jerome zuckte mit den Schultern.

»Geht das echt so schnell?!« Henry ließ nicht locker.

»Woher soll ich das denn wissen? Ich war noch nie auf so einem *Fach*seminar. Aber das hatten wir doch im Auto bereits ausführlich diskutiert: So viel Wissen kann es letztendlich ja nicht sein! *Long*, *short* – was ist daran schon so kompliziert? Man muss halt nur wissen, was der Markt als Nächstes vorhat. Das ist alles. Oder was denkst du, wie lange das wohl dauert, mit zwei Buttons in einem Computerprogramm zurechtzukommen?!«

Jetzt zuckte Henry mit den Schultern: »Ja, keine Ahnung. Aber … für meinen Beruf hat es drei Jahre reine Lehrzeit gebraucht! Von den vielen Praktika gar nicht zu reden.«

Nun war es wieder an Jerome, mit den Schultern zu zucken. So richtig kamen sie nicht weiter mit ihrer »Laie-argumentiert-mit-einem-Laien«-Gesprächslogik, also schauten sie lieber, was sich vorne tat, denn gerade betrat ein großer, hagerer Mann in einem schicken schwarzen Anzug und Gucci-Schuhen die Bühne. Sein schwarzes Haar war perfekt gestylt – nicht zu viel Gel, aber auch nicht zu wenig. Er hatte hohe Wangenknochen, einen ebenmäßig braunen Teint und strahlend weiße Zähne. Als er am Rednerpult angelangt war, verschränkte er graziös die Arme vor der Brust und betrachtete aufmerksam jeden Einzelnen in den vorderen Reihen. Als er mit der Inspektion fertig war, hob er das kräftige Kinn, klopfte mit einem silbernen Füllfederhalter auf das Podium und begann: »Guten Tag, meine Damen und Herren. Mein Name ist Alfred. Ich werde Sie heute in den Beruf des Traders einweisen.« Bedeutungsschwer begab er sich zu den vorne sitzenden Teilnehmern. Schweigend und mit allwissendem Lächeln blickte er hinab auf sie, auf die Unwissenden. »Ich biete Ihnen in den kommenden Stunden an, dass Sie als zukünftige Profitrader lernen, einige der effizientesten Strategien an der Börse anzuwenden. Ziel ist es, Sie in die Lage zu versetzen, mit Germany-Brokers Ihr Kapital, und zwar mit geringem Zeitaufwand, unabhängig von den Bewegungen der Märkte zu vermehren.« Alle klatschten, doch Alfred gebot ihnen sogleich mit einer knappen Bewegung seiner schlanken Hand Einhalt. »Zu unseren Kunden bei Germany-Brokers zählen Menschen aus allen Berufsgruppen, die bereit sind, ihre finanzielle Zukunft *selbst* in die Hand zu nehmen.« Alfred legte eine etwa fünfsekündige Pause ein; die gespannte Aufmerksamkeit des Publikums ließ sich fast mit Händen greifen. »Und auch Sie …«, fuhr er ganz langsam fort, um dann mit lauter Betonung zu verkünden, »dürfen heute an unserem Wissen und unserem Können teilhaben. Auch Sie können noch heute unsere Handelssoftware und unsere Handelslogiken erhalten, J-A-W-O-H-L.«

Jerome und Henry wussten nicht recht, wie ihnen geschah, denn vereinzelt standen Teilnehmer auf, klatschten, jubelten und schüttelten einander die Hände, als hätten sie bereits den ersten Monstertrade hinter sich.

»Zu Beginn möchte ich Sie daher nochmals alle als zukünftige Trader begrüßen. Das heute hier erlangte Wissen wird Sie nicht nur zu *Elite-Händlern* und *Vollprofis* machen, sondern zum künftigen«, Alfred legte abermals eine Kunstpause ein, »*Geldadel*! Zu künftigen … *M-i-l-l-i-o-n-ä-r-e-n*!« Nach dem letzten Wort herrschte eine Sekunde Stille, dann machte sich ein Orkan aus Getrampel, Klatschen, aus Gejubel und Gejauchze breit, dem Alfred sogleich mit seiner Hand Einhalt gebot: »Das vermittelte Fachwissen ist praktisch einzigartig und höchst effektiv.« Auf den erneuten Beifall im Saal reagierte der Referent mit einer strengen, doch wohlwollenden Ermahnung: »Ihr Kopf muss heute *frei* sein, Sie dürfen sich nicht ablenken lassen! Wir haben heute ein sehr dichtes Programm vor uns, also hören Sie bitte aufmerksam zu und machen Sie sich Notizen.« Alfred justierte sein Headset und strich sich eine widerspenstige Strähne hinters Ohr. »Damit komme ich auch gleich zu den *drei* Leitbegriffen, an denen Sie sich zukünftig orientieren müssen. Schlagen Sie bitte Seite zwei in Ihrer Mappe auf.«

Ein Blätterrauschen zeigte, dass alle taten wie geheißen. Auf der entsprechenden Seite standen drei Sätze:

Die Macht von hohen Hebeln.

Die Macht der Leerverkäufe.

Die Macht der Chartanalyse.

Alfred räusperte sich, streckte die Nase in die Luft und klopfte mit dem silbernen Füller auf seine Handfläche. *Tap-tap-tap*. »Als Trader müssen Sie jeden dieser drei Begriffe verinnerlichen: *Hoher Hebel. Leerverkäufe. Chartanalyse*. Sprechen Sie mir bitte laut nach.«

»Hoher Hebel. Leerverkäufe. Chartanalyse«, wiederholten alle artig.

»Gut.« Alfred lief durch die Reihen, mischte sich sozusagen unters Volk. »Beginnen wir mit dem *hohen Hebel* und damit mit zwei unserer einzigartigen Produkte: dem *CFD* und dem *Future*.« Er ließ sich auf der vorderen Kante eines nur halb besetzten Tischs nieder und schlug elegant die Beine übereinander, dann sprach er weiter: »Als Trader müssen wir stets *effizient* denken und uns auch so verhalten. Deswegen werden wir auch unser Kapital erst mal aufstocken. Das heißt, wir machen aus unserem Tradingkapital von, sagen wir, 20.000 Euro locker 400.000 Euro und mehr!«

Ungläubiges Raunen erfüllte die Luft.

Alfred schnippte mit den Fingern, und auf einer sich nun entrollenden riesigen Projektionswand erschien eine Präsentation, welche die Funktionsweise dieser »CFDs« und »Futures«, vorerst nur die *Long*-Seite betreffend, vereinfacht erklärte. Das faszinierend Starke seiner Rede magnetisch fühlend, blickten die Seminarteilnehmer nicht nur auf die farbbeschrifteten Folien, sondern unwillkürlich auch auf Alfreds Hände, die manchmal, wenn es ein fachliches Wort zu betonten galt, dramatisch nach oben fuhren, um dann allmählich in der beruhigenden Geste eines Dirigenten musikalisch niederzuschweben. Wenige Minuten und ein paar flotte Beispiele später hatte der Großteil des Publikums die Idee von *Margin* und damit die Funktionsweise einer kreditierten Position grob – so ganz grob – verstanden.

»O mein Gott!« Das Herz von Jeromes Nachbarin und vieler anderer Teilnehmer begann zu flattern. »Ich kann, nein, ich *muss* ab sofort so richtig fett an der Börse einkaufen! – *Wow. Doppel-Wow!*«

Auch für Jerome war das Gehörte neu, und die folgende Information ließ ihn noch mehr aufhorchen, denn Alfred kam, nachdem sich die Euphorie im Saal gelegt hatte, auf den zweiten Seminarpunkt zu sprechen: *den Leerverkauf.*

Alfred hob eine Augenbraue: »Wer von Ihnen kann ein Auto einparken?« Verwunderte Blicke. Darüber hinaus gab es keine Reaktion. »*WER* kann ein Auto einparken?«, wiederholte Alfred streng. Nach und nach hoben sich die Hände fast aller Teilnehmer. Alfred machte auf Pokerface, sagte keinen Ton, ging zurück zum Rednerpult, wo er ein Funkmikro ergriff, und kam nun ... *Ohaaaaaa* ...! auf Jerome zu. Der versuchte, dem Unvermeidlichen dadurch zu entgehen, dass er konsequent den Blickkontakt vermied. Alfred hatte sich jedoch Jeromes gut aussehende Nachbarin als Ziel erkoren, drückte dieser das Funkmikro in die Hand und fragte: »Sie können einparken?«

»Ja, logisch.« Die Dame sprach so souverän in das Mikro, als träte sie jeden Mittag in diversen Talkshows auf.

»Können Sie auch *ohne* Rückwärtsgang einparken?«

Jetzt wirkte sie etwas verunsichert. »Ähm ... *nein*. Das kann ich nicht.«

Alfred nickte der jungen Frau dankend zu und schaute in den Saal. »So, und nun an alle: Ich will jetzt nur Hände sehen von denen, die *ohne* Rückwärtsgang in eine normale Parklücke einparken können.«

Jerome schaute sich im Saal um, genau wie Henry und alle anderen Teilnehmer, doch niemand hob eine Hand.

»Gut. Und was sagt uns das?«

Henry, genervt die Augen verdrehend, raunte halblaut zu Jerome: »Dass wir zu blöd zum Autofahren sind?«, wofür er sich einen richtig bösen Blick von Alfred einfing.

Der Referent löste sein Rätsel. »Auf die Börse bezogen sagt uns das, dass wir auch dort nicht richtig agieren können, wenn wir *nur* auf steigende Kurse setzen können. Wir brauchen auch dort einen *Rückwärtsgang.*«

Kunstpause.

Dumme Gesichter.

»Als Profitrader brauchen wir also auch die Möglichkeit, um ... Achtung: an *fallenden* Kursen zu verdienen. Nicht nur die Banken. *Nein!* Auch *W-I-R.*« In den tosenden Beifall hinein rief er noch: »Und diese Möglichkeit haben *W-I-R*. Wir können mit *CFDs* und *Futures* von Germany-Brokers auch *rückwärts* einparken.«

Die Massen tobten.

Alfred begann nun ausführlich die Vorteile von *Leerverkäufen* und somit die Grundgegebenheiten der *Short*-Seite zu erklären. »Jeder, der mit einer Bohrmaschine umgehen kann, versteht das Thema Leerverkäufe quasi intuitiv, denn es ist sozusagen nicht anders als bei der Bohrmaschine: *Klack* ... Schalter vor ... Bohrer dreht sich links rum, *klack* ... Schalter nach hinten, Bohrer dreht sich rechts rum … und das Beste daran ist, dass es der Bohrmaschine in unseren Händen vollkommen egal ist, in welche Richtung sie sich dreht, denn sie ist einfach ein Werkzeug, das wir nach unserem Willen benutzen …«

Nachdem das Thema *Leerverkauf* so erörtert, begründet und belichtet worden war, folgten noch ein paar flotte Musterbeispiele, die das erste Thema des CFD- und Future-Handels mit dem zweiten Thema der Leerverkäufe schlüssig verbanden. Sodann legte Alfred eine seiner üblichen Kunstpausen ein, nahm einen Schluck Wasser und blickte kühl und überlegen in die Runde: »Ihr gehebeltes Geld ist natürlich kein Geschenk an Sie! Sie müssen – zumindest bei den CFDs – selbstverständlich dafür *Zinsen* zahlen.« Bevor dies aber zu größeren Irritationen bei seinen Zuhörern führen konnte, fuhr er mit einem Lächeln fort: »Aber genauso selbstverständlich bekommen Sie bei Leerverkäufen auch Zinsen gutgeschrieben. Ebenfalls nicht unerwähnt sollte bleiben, dass es bei den CFDs einen *Spread* gibt! Gleichwohl …« Alfred hob beschwichtigend eine Hand, nahm einen weiteren Schluck Wasser und blickte überlegen in die Runde. »Da Sie heute hier lernen, *erfolgreiche* Trader zu werden, wird dies für Sie natürlich nur eine vernachlässigbare Größe darstellen.«

Na, wenn das so ist … Jerome strich auf seinem Notizblock die Stichpunkte »Zinsen und Spread beachten« wieder durch, und drei Motivationsansagen später war es Zeit für eine erste Pause. Henry schlich mit leicht desillusioniertem Gesichtsausdruck nach draußen und reihte sich neben Jerome in die Schlange für Tee und Kuchen ein. Vor beiden stand ein fröhlicher Kauz mit wirrem Haar und Halbglatze, der andauernd nach irgendwelchen Dingen in seiner Tasche kramte. »Fantastisches Seminar«, meinte er, und seine Ähnlichkeit mit Albert Einstein machte Jerome Mut.

»Nie gedacht, dass das so einfach geht«, sagte daraufhin ein anderer Mann mit Schnauzbart und biss ein übergroßes Stück von seinem Kuchen ab. Schmatzend fügte er wehmütig dazu: »Hätte ich dieses Seminar mal eher besucht, dann hätte ich mich die letzten Jahre nicht so rumplagen müssen. Da hätte ich jetzt bereits meinen Sportwagen.«

»Meint ihr denn wirklich, dass das so gut ist mit solchen hohen Hebeln?«, gab die Frau in der Nachbarschlange zu bedenken und erntete auf ihre leise Kritik hin abschätzende bis empörte Blicke.

»Na, wer nicht mitmacht, lässt uns anderen mehr vom Trading-Power-Kuchen übrig«, grinste der bärtige Mann frech, griff sein Stück Kuchen und ließ die Frau stehen.

Henry hingegen sah mit offenem Mund in Richtung Alfred, der an der Saaltür stehend die Pause für beendet erklärte: »Jerome … *Hebel?! Leerverkauf?! Jerome … Alter, ich weiß nicht recht!«*

»*Mhm* … Was? Du willst doch jetzt nicht abhauen, oder? Und dann? Was dann? Was ist, wenn dieser Alfred jetzt im dritten Thema *Chartanalyse* auch nur einen einzigen geldbringenden Tipp aus seiner Weste zaubert? Was ist, wenn die alle hier Millionäre werden und wir nicht?«

Nun, das Argument zog. Brav trotteten die letzten, mitunter schon leicht erschöpften Seminaristen zu ihren Plätzen zurück. Auch Henry saß, wenngleich mit verschränkten Armen, auf seinem Stuhl und überflog den nun kommenden Themenabschnitt: die Macht der Chartanalyse.

Langsam verstummte das Gemurmel im Saal. Alfred hatte in der Pause sein Hemd gewechselt, und frisch gestärkt thronte er selbstbewusst lächelnd mit einer dampfenden Tasse Kaffee auf der Bühne. Er stellte seine Tasse ab und justierte sein Headset.

Erneut erwartungsvolle Stille.

Alfred starrte in sein Publikum. »Und nun, meine Damen und Herren, gehört noch *WAAAAS* zu diesem Geschäft? *Naaa*?«

Allgemeines Achselzucken war die Antwort.

»Okay«, Alfred ließ die Bombe platzen, »na, eine ordentliche Portion *Abenteuerlust* zu diesem, zu unserem grandiosen Geschäft mit den CFDs, den Futures und den Leerverkäufen. Die Jungs da draußen werden zu Ihnen keinen Deut freundlicher sein als Sie zu ihnen. Lassen Sie sich daher also nicht einschüchtern, meine Damen und Herren, sondern tun Sie alles – und ich meine wirklich *ALLES* –, damit auch Sie ein ordentliches Stück von dieser riesigen Torte abkriegen!«

Nun kannte die Menge kein Halten mehr.

Mit entsprechender Geste und mit einem Kopfnicken beruhigte Alfred den Saal: »Kommen wir daher jetzt zum dritten Teil des Seminars: *der Chartanalyse*.« Lässig schwang er sich auf einen Seminartisch. »Ich beginne vielleicht am besten so: Ein Trader ist eine Art *Entertainer*. Er muss fröhlich und optimistisch rüberkommen, selbst wenn mal ein Trade nicht besonders erfolgreich verläuft. Aber mit den Strategien, die Sie heute hier vermittelt bekommen«, Alfred drehte sich halb zu der großen Leinwand um und deutete auf den dort nun abgebildeten Chart, der einen satten Abwärtstrend präsentierte, in den mehrere Signale eingezeichnet waren, »können Sie gewiss sein, dass Sie sich j-e-d-e-r-z-e-i-t blendend amüsieren!« Dieser Vergleich wurde Alfred erneut mit jubelndem Beifall gedankt. Neben dem Chart wurde nun ein weiteres Fenster mit der Überschrift »Profit/Loss« geöffnet, neben der eine mittlere vierstellige Zahl stand, welche mit fettem Grün hinterlegt war. Mit großen Gesten und beschwörender Stimme powerte Alfred nun durch den Mittelgang, und wieder zurück auf der Bühne begann er, auf und ab zu laufen wie ein Tiger im Käfig. »Sie sind hier, um sich aus Ihren *finanziellen Zwängen* zu befreien. Sie sind hier, um Ihre Zeit nicht mehr irgendeinem übelgelaunten Chef zu widmen. Sie sind hier, weil Sie über sich selbst bestimmen wollen. Sie sind hier, weil Sie auf *eigenen* Beinen stehen wollen. Und zwar fest und sicher! Sie sind hier, weil Sie ein Vermögen aufbauen wollen, welches die eigenen Lebensziele unterstützt. Sie sind hier, weil Sie so weit sind, dass Sie eines mehr wollen als alles andere: *Freiheit*!«

Erwartungsvolle Stille herrschte im Saal, und die Frau neben Jerome war sicherlich nicht die Einzige, die eifrig alles mitschrieb.

»Diejenigen, die die finanzielle Freiheit bereits erreicht haben – die Sie sich so sehnlichst wünschen –, haben gelernt, wie sie das Geld in Profite verwandeln und diese wachsen lassen!« Dabei klang Alfred so, als sei dies bereits die Geheimformel zur ersten Million. Etliche aus den vorderen Reihen klopften zustimmend auf ihre Tische. »Ihnen allen sei gesagt, dass Sie nun das grundlegende Gedankenrüstzeug bekommen, um auch Ihr Geld wachsen zu lassen.« Der Saal war jetzt erfüllt von einer unglaublichen Spannung, denn auf die folgenden Worte über den Weg zu den Millionen hatten alle gewartet. Alfred verließ nun wieder die Bühne und schlenderte den Mittelgang entlang, um auch die Leute ganz hinten ihm Saal in seinen Bann zu ziehen. »Zuallererst: Wenn Sie so an der Börse handeln wie alle handeln, dann kriegen Sie genau das, was alle kriegen«, gab er langsam und tiefsinnig zum Besten. »Deshalb eine einfache Frage: Würden Sie lieber aufgrund x-beliebiger Anlagetipps eines x-beliebigen Bankberaters, von denen Sie nicht wissen, ob diese Tipps mehr der Bank nutzen als Ihnen, *auf Verdacht* in den Märkten rumstochern, oder lieber unabhängige, dafür in der Regel erfolgreiche Handelssignale an die Hand bekommen und damit *gewinnbringend* an den Märkten agieren?«

Die Teilnehmer murmelten mehrheitlich »erfolgreiche Signale an die Hand bekommen«.

Alfred schien zufrieden mit seinen Schülern, machte am Ende des Saales kehrt und schlenderte wieder in Richtung Bühne zurück. »Richtig! Wenn Ihnen ein Bankberater einen Fonds empfiehlt, dann nicht, weil er Ahnung von der Börse hätte, sondern weil sein Vorgesetzter ihm in seinem letzten Mitarbeitergespräch ein entsprechendes Jahresziel gesetzt hat, das er nun erfüllen muss, für das er aber auch Provision bekommt. Und nun überlegen Sie noch mal, was Sie bisher so empfohlen bekommen haben: Mehr Nieten als Treffer, oder? Wenn diese Leute wirklich was könnten, würden sie auf einer Insel leben und sich die … *na, Sie wissen schon* … schaukeln lassen und nicht in einem stinkigen Büro sitzen und für kleines Geld bescheuerte Fonds verkaufen«, ballerte Alfred in die Menge.

Jerome drehte sich zu seiner Nachbarin, doch die lauschte völlig entrückt den provokanten Worten des großen Meisters. »Grundlegend kann man zwei Tradertypen eingrenzen: zum einen den *unwissenden Anleger* und zum anderen den *selbstbewussten Trader*. Während der eine für jede Transaktion den Banker aufsucht und dessen Rat einholt, stellt der andere sich klüger an. Er handelt *selbst* mittels CFDs oder auch mit Futures und verwendet kurzerhand unsere *erfolgreichen Handelssignale*.« Alfred legte eine kurze Pause ein, bevor er mit anschwellender Stimme rief: »Bevor wir jedoch fortfahren, gilt es herauszufinden, welcher Kategorie *Sie* angehören!«

»Wir sind die KLUGEN!«, gab das Publikum zurück. Es war unglaublich, aber einige Seminarteilnehmer sprangen tatsächlich erneut auf und applaudierten, ein junger Mann in grauem Anzug rief sogar: »Ja! Ja! Ja!« und drehte sich im Kreis dazu. Henry hielt sich erneut die Hand vors Gesicht.

In den nun folgenden zwei Stunden hatte Alfred endgültig die Sprachmelodie eines amerikanischen Fernsehpredigers angenommen, und alle Beteiligten hingen an seinen Lippen und schrieben – so auch Jerome – Wort für Wort mit. Einige hatten sogar Aufnahmegeräte eingeschaltet, damit ihnen keine seiner euphorischen Formulierungen entging. Alfred leierte, begleitet vom *Tap-tap-tap* seines silbernen Füllers, unbarmherzig seine Tradinganweisungen herunter. Jeromes Hand glühte bereits, doch der Referent war mit seinen Ausführungen noch lange nicht am Ende. »… es gibt den MACD, ein Trendfolge-Indikator, der aus drei gleitenden Durchschnitten berechnet wird, mit dem Ziel, Trendwenden frühzeitig zu erkennen bei … Einstellung 12, 26, 9 …, dann gibt es die Stochastik, einen Indikator, der darauf ausgerichtet, die Differenz zwischen dem heutigen Schlusspreis und dem Periodentief mit der Handelsspanne des Beobachtungszeitraums in Bezug zu setzen. Dann gibt es noch … und jenen … und bitte notieren Sie, dass es im Chart sogenannte *Unterstützungen* und *Widerstände* gibt. So eine Art Maginot-Linie. Suchen Sie die. Finden Sie die! … und … und … Und halten Sie sich immer an den Dow Jones, der gibt Ihnen grundsätzlich die Richtung vor … und … und … und …«

Die Zeit verging wie im Fluge, und weitere Motivationssalven und eine Pause später betrat ein junger, gut aussehender Mann die Bühne. Alfred begrüßte ihn lächelnd. »Ah! Darf ich vorstellen: Florian, unser bislang erfolgreichster Trader.« Florian schenkte den Teilnehmern ein strahlendes Lächeln, eine genaue Kopie des siegesgewissen Lächelns seines Ziehvaters Alfred, und winkte ins Publikum wie eine Schönheitskönigin, während auf der großen Leinwand nun nacheinander ein großartiges Anwesen mit Pool, davor in der lang gezogenen Hoteleinfahrt eine Reihe sündhaft teurer Luxusautos und dann eine ausgedehnte Pferderanch gezeigt wurden. Passend dazu triefte schwülstige Filmmusik aus den Lautsprechern. »Vor Ihnen steht ein unglaublich talentierter Trader.« Alfred zeigte mit seinem Füller in Richtung Leinwand. »Wie Sie sehen, war Florian in den letzten Jahren sehr erfolgreich.«

Alle starrten sprachlos auf die Leinwand. Als nun in Großaufnahme ein roter Sportwagen gezeigt wurde, meinte Florian ganz beiläufig: »Den habe ich mir letztes Jahr von meinen Tradingergebnissen zugelegt.«

Raunen.

Staunen.

Inzwischen hatten sich die beiden unter das »Volk« begeben, und Alfred trat an Florian heran und legte ihm einen Arm um die Schulter. »Florian und ich werden Ihnen nun die zwei verschiedenen Typen von Handelssoftware von Germany-Brokers vorführen und Ihnen erklären, wie Sie diese für Ihre Orders benutzen und die besprochenen Signale damit erfolgreich auf Ihrem Konto umsetzen.«

Die verbleibende Zeit verging abermals wie im Fluge, und zahlreiche Folien und Motivationssalven sowie eine Pause später war es 22 Uhr – und das Seminar beendet. Alle kannten nun die Handelsplattform und hatten den geheimnisumwobenen Chart-Widerständen und Unterstützungen, die in die Software integrierten Indikatoren und … und … und … live bei deren Arbeit zusehen können. Eine detaillierte Funktionsweise der erwähnten Handelsansätze war irrelevant, die gezeigten Beispieltrades bewiesen zu eindeutig, dass hier wohl Profis »getüftelt« haben mussten. Wieso da noch nach Details fragen?

Von der hervorragenden Prognosefähigkeit der Tradingansätze fasziniert, fuhr nach dem Schlusswort das Bündel aus Seminarteilnehmern wie auseinandergerüttelt auf, Stühle rückten, und um die hundert Leute fingen unverzüglich an zu reden. Hitzig und hemmungslos waberte im Saal *Zugspitze* das Durcheinander, keiner stand mehr ruhig, keiner war unberührt von der nahezu elektrischen Spannung, deren Kontakt nun gerissen war und von der immer noch ein Hauch in der mit CFDs, Futures, Leerverkäufen und Handelssignalen geschwängerten Luft zu knistern schien. Einige traten auf Alfred zu, um Dank oder anderes zu sagen, andere indes tauschten mit heißen Gesichtern ihre Eindrücke untereinander aus, um sich dann in jene Massen einzureihen, die zu Alfreds Mitarbeiterinnen strömten, die bereits am Ausgang auf ihre zukünftigen Kunden warteten. – *Boah!* Henry stupste Jerome an und zeigte auf die großen Stapel mit Kontoeröffnungsunterlagen. Professoren, Ärzte, Ingenieure, Lehrer, Angestellte, Bauarbeiter, Architekten, Hausfrauen, Selbstständige, Führungskader kleiner und großer Betriebe, Taxifahrer, Arbeitslose, Künstler, Kommunalpolitiker, Journalisten, Studenten, egal – fast alle strömten an die bereitgestellten Tische. Schließlich wollte man nicht mehr unnötig lange auf seinen Reichtum warten, wollte so schnell wie möglich Black Beauty mit wehendem Schweif auf der eigenen Vier-Hektar-Ranch schnauben hören und die anderen »*Nicht*-Trader« neidisch auf den 500-mal stärkeren roten Sportboliden gaffen sehen. Und das alles würden ihnen diese CFDs, die Futures, die Leerverkäufe und diese Indikatoren und Signale finanzieren! *Supi!*

Als Jerome und Henry nach mehrstündiger Autofahrt spät in der Nacht zu Hause ankamen, dröhnte Jerome der Schädel. Sabine lag schon im Bett und hatte eine mit einem roten Herz umrahmte Nachricht an die Kühlschranktür gepinnt:

Liege schon im Bett. Essen steht im Kühlschrank.
Ich warte auf meinen zukünftigen Supertrader
oben im kuscheligen BETT …

Jerome freute sich zwar bei dem Gedanken an die angebotene Schlafzimmerromantik, doch das musste warten! Auf der Heimfahrt hatte er sich bereits darauf gefreut, die erhaltenen Seminarunterlagen nochmals zur Hand zu nehmen: »CFDs … Futures … Leerverkäufe … Stopp-Order … Market-Order … Limit-Order …« Jerome blätterte und blätterte, und dann … dann vergingen etliche Minuten mit wild gekritzelten Berechnungen, und schließlich lehnte sich Jerome zurück und betrachtete stolz sein Werk aus wirren Zahlenkolonnen: *Boah!* Zur Sicherheit rechnete er, mit dem Zeigefinger den notierten Berechnungen folgend, noch mal nach und fand sein erstes Ergebnis bestätigt. Mit dem von ihm angedachten Handelskapital von 35.000 Euro würde er *locker* all seine Träume verwirklichen können …

Wenn das mal nicht SUPERKLASSE aussieht!!!

Jerome begann abermals jenem Traum, den er bereits auf der Heimfahrt geträumt hatte, eine der unzähligen Wiederholungen hinzuzufügen: Er sah sich kündigen, sah sich von zu Hause aus handeln, er sah seine zufriedene Frau, und er sah sich Lilly ein Pferd kaufen, sah sich live erleben, dass das Trading das einzig Richtige war, welches über Nacht mit einem Schlag Wohlstand, Luxus, familiäres Glück, Wohlleben ausschüttete – eben das volle und ganze Leben!

Die Möglichkeit, dass er sich und seiner Familie vielleicht recht bald sogar nicht mal mehr eine Besichtigung von Black Beauty im heimischen Tierpark würde leisten können, kam in diesem Traum jedenfalls nicht vor …

*

Bereits wenige Tage später hielt Jerome seine Zugangsdaten für ein Demokonto in den Händen, und seitdem waren die Börsenkurse das einzige Gesprächsthema gewesen, das ihn wirklich zu fesseln vermochte. Jeder Morgen begann mit: »Sabine, der DAX sieht wirklich toll aus! Das Ding geht heute hoch …« Jeder Tag endete mit der zweifelnden Frage: »Schatz, wann ist endlich der scheiß *Demohandel* vorbei, ich hatte nämlich recht: Der DAX ist heute gestiegen! Ich hab den Dreh raus …« – Drei Monate! Drei Monate lang musste er nun beweisen, dass er den Umgang mit Charts & Co. verstand.

In den ersten Tagen blätterte Jerome noch gelegentlich sowohl in dem Seminar-Handout – »MACD … Trendlinien … Candlesticks …« – als auch in dem neulich erst gekauften Buch *Trading ganz leicht gemacht*, doch beides brauchte er überhaupt nicht, denn bereits der *erste* Trade seines Lebens in so einem Hightech-Nebenwert brachte fast vierzig Prozent Rendite. Nachdem der Gesamtmarkt zuvor zusammengebrochen war, dachte – besser *fühlte* – Jerome, dass das »Schlimmste« vorüber sei. Er begann daher einen großen Teil seines 35.000-Euro-Demokapitals mittels CFD-Position einzusetzen und lag nach drei Tagen bereits um 12.500 Euro vorn.

12.500 Euro!

Am vierten Tag schloss Jerome jene Position mit einer unbestimmten, aber vollständig unbegrenzten Vorfreude angesichts der prickelnden Zukunft als privater Vollzeittrader. Seine hoffnungsvolle Freude war zwar namenlos, doch so stark, dass es Jeromes Herz – sein Herz im eigentlichen körperlichen Sinn – zuweilen so zusammenpresste, dass er die eine Hand zu seinem Brustkorb, die andere aber zur Stirn führte und flüsterte: »O mein Gott! In weniger als einer Woche über drei Monatsgehälter! – Wie geil ist das denn?!« Kurzum: Wenn Jerome das alles bedachte, wurde ihm kalt vor Glück und heiß vor Verantwortung. Natürlich war Wille dabei, jedoch empfand Jerome vor allem ein mächtiges Gesteuertwerden vom Leben, ein Ergriffensein von sich selbst, ein Dahinschießen im Glück! Oder anders gesagt: Ab dem Moment, in dem er sich entschieden hatte, Trades in diese Welt zu setzen, bestimmte eine neue Form von Glückshormonen Jeromes Alltag. »Ich werde bald ein scharfes Konto haben!« Es war eine Vorfreude wie auf Weihnachten: Das Christkind kommt bald.

Und auch beim zweiten Trade setzte Jerome darauf, dass eine andere, in einem Nachrichtensender erwähnte Aktie weiter anstieg, schließlich war auch dieser Wert, bei einem flüchtigen Blick auf den Chart, bereits am unteren Monitorrand angekommen und konnte daher *todsicher* nur noch steigen. Und tatsächlich hüpfte der Markt ein ganzes Stück nach oben, etwa zehn Euro, aber Jerome verdiente daran, im Vergleich zum ersten Trade, nur »magere« 400 Euro, schließlich hatte er – ihm war selbst nicht bewusst warum – zu »wenig« eingesetzt. Beim nächsten Trade hieß es daher, aus diesem »Anfängerfehler« zu lernen und dem Markt wieder mit *großen* Summen zu begegnen.

Nachdem Jerome auf diese Weise die ersten Pfeile des Tradingglücks mitten ins Herz getroffen hatten, war er nun gänzlich dem Thema anheimgefallen. Es folgten – fröhlich und locker im Umgang – etliche weitere Trades, die er jeden Abend stolz begutachtete, ohne, da tagsüber die Arbeit bei *Piechler & Söhne* rief, deren »Intraday-Schwankungen« wahrgenommen zu haben. Regelmäßig endeten die Tage in den gequälten Ausrufen: »Drei Monate! Wenn nur endlich dieser scheiß *Demohandel* vorbei wäre! Ich hatte heute schon wieder recht, Schatz!« Aber Sabine blieb hart. Drei Monate waren abgemacht, und so erlebte Jerome in den darauffolgenden Tagen erstmalig mit, wie der Markt über vierhundert Punkte abgab, wobei die Hauptlast von den Finanzwerten getragen wurde, wovon einer zufälligerweise Jeromes exponierteste und erstmalige *Short*-Position darstellte. Dieser Trade rief hinter seiner Stirn Gedanken hervor, die seinem Gesicht allabendlich eine weitgehende »Süßigkeit« verliehen und die sich auf das zukünftige Familienleben bezogen und damit auf die Steigerung der nun bald kommenden Lebensqualität. Und so blieb auch ein weiteres, das Trading umfangreich beschreibendes Fachbuch unausgepackt liegen, schließlich hatte Jerome bis dato über hundert Prozent erwirtschaftet. Mithin war eines klar: Er besaß ein Gespür für das Thema, so eine Art »sechsten Sinn« für die Charts.

Eines Abends meinte Sabine nach einer jener in der letzten Zeit so häufigen heldenhaften Beschreibungen eines Trades, »da habe er aber Glück gehabt«, und machte sich damit einer beleidigenden Einschränkung schuldig, hatte sie damit doch indirekt Jeromes »intensive Arbeit« ein Spiel genannt. Daraufhin blickte Jerome empor, ganz langsam, so, wie wenn man in ein grelles, blendendes Licht sieht, und entgegnete mit erhobener Hand, dass die geheimnisvolle Attraktion der »königlichen Art des Geldverdienens« sich souverän dem Zufall entziehe und er folglich seine Siegerpalme einzig seinem Intellekt oder vielmehr einer bestimmten Form seiner handwerklichen Begabung zuteile. Kurzum: Seine bisherigen »Siege« waren Anlass genug, dass sich Jerome für nahezu den wichtigsten Mann der Welt hielt, und das Bewusstsein, all diese »professionellen« Börsenhändler und Banker auf ihrem eigenen Feld geschlagen zu haben, und vor allem die handgreifliche Tatsache, prozentual gesehen mehr als sie zu verdienen, verwandelte die ursprüngliche Zaghaftigkeit im Umgang mit dem Thema immer mehr in einen gern zur Schau getragenen Stolz.

Doch dann geschah Folgendes: Innerhalb der nächsten Tage verlor Jerome um die 36.000 Euro. *Huiii!* Das waren die ersten und schwersten Verluste, die er bisher erlitten hatte. Es traf ihn wie ein Blitz. Vier- oder fünfmal hintereinander stieg der Markt nicht wie angedacht, und nach diesen brutalen Handelstagen stand sein Demokonto nur noch bei knapp 30.000 Euro und damit kurz unter der einstigen Ausgangssumme. *Grrrr* ... Jeromes Ehrgeiz begann sich vehement bemerkbar zu machen, und es folgten weitere hastig eröffnete Positionen. Ob Technologie oder Automobil, ob Small Cap oder Large Cap, ganz egal. Jerome schob riesige Orders durch sein Demokonto, und siehe da ... binnen weniger Tage lag das Konto wieder weit im Plus, und dies wohlgemerkt trotz jener Tatsache, dass sich eine seiner größten Positionen, eine Aktie aus dem Nasdaq-Index – er hatte 5.000 gehebelte CFDs von diesem Wert zu 32 Dollar gekauft –, sich nahezu halbierte. Die Aktie war aufgrund irgendwelcher Gerüchte bis auf 17 Dollar gefallen, wodurch er auf einem massiven unrealisierten Verlust saß. Jerome fällte zwei Entscheidungen: erstens, Sabine diesen Fauxpas schlichtweg vorzuenthalten, und zweitens – und hierzu brauchte er kein Fachbuch, um zu wissen, was zu tun war – schloss er die anderen Positionen im Depot und kaufte jenen Nasdaq-Wert nach. Kaufte nach. Kaufte nach. Und kaufte nach. Und wie durch ein, wie mancher sagen würde, *Wunder* – Jerome bezeichnete es als *Talent* – erwischte er »den Tiefpunkt«, und als die Aktie, gleichsam einer Rakete, nach oben schoss, vergoldete er abermals sein stets voll investiertes Depot.

Wenige Tage später sah Jerome eine weitere »riesige« Chance, gegenüber Sabine seine Berufung als Trader zu untermauern: Einem Zeitungsbericht zufolge sollte ein börsennotiertes Biotechnologie-Unternehmen ein konkurrenzloses neues Produkt auf den Markt bringen. *Welch Nachricht!* Jerome loggte sich, den Artikel in der Mittagspause noch nicht ganz zu Ende gelesen, während der Arbeitszeit heimlich in sein Demokonto ein und orderte 2.000 CFDs dieses zukunftsträchtigen Wertes. Bereits am nächsten Tag konnte Jerome durch diesen Geniestreich erneut ein Mehrfaches seines Monatsgehalts verzeichnen, um dann aber seltsamerweise mit ansehen zu müssen, wie die Aktie an den darauffolgenden Handelstagen nur noch nach unten geprügelt wurde. Das Papier, bei 19 Dollar gekauft, fiel an einem Nachmittag – Jerome saß gerade in einer sich hinziehenden Besprechung – wiederum aufgrund einer Nachrichtenmeldung schlagartig in den unteren zweistelligen Bereich und brach dann sogar in den einstelligen Bereich.

Ach du große Sch…! Obwohl …

Jerome zuckte mit den Schultern. Gott sei Dank war es ohnehin »nur« Spielgeld, denn in der nahenden Zukunft als »Vollzeit«-Trader hätte er den Absturz – natürlich – *viel* rechtzeitiger erkennen und demnach reagieren können. Kurzum: Jerome machte die ihm fehlende Zeit – ein Zustand, der sich ja bald ändern sollte – für diesen Minustrade und damit als Ursache für dieses »Versehen« verantwortlich. Aus diesem Grund fällte er auch hier die Entscheidung, Sabine, obwohl sonst sogar noch im ehelichen Bett von seinen Trades Bericht erstattend, diesen Fauxpas abermals schlichtweg vorzuenthalten.

Doch dafür erfuhr sie wenige Tage später, und das Abend für Abend, umso detaillierter von seinem ersten Trade mit einem *Future*, dem *DAXFuture*, der eines Abends eindeutig eine, laut Jeromes kreativer Chartanalyse, »unüberwindbare Unterstützung« anlief und ihm daraufhin einen sich über mehrere Tage aufbauenden Gewinn von etlichen Tausend Euro bescherte. So kam es, dass sich Jerome – durch diesen ersten freundlichen Kontakt mit dem *DAX-Future* bestätigt und gewappnet sehend – abends nach und nach auch dem *kurzfristigeren Handel* hingab.

Und so wurden in den kommenden Tagen vor dem Abendbrot, bei dem eine Atmosphäre der Euphorie und viel gerechtfertigte Fröhlichkeit herrschte, hie und da, mal im Dow-Jones –, mal im DAX –, mal im Bund-Future, Positionen eröffnet, um sie etwas später – man hetzte sich nicht durch die gemeinsame Mahlzeit, sondern nahm sich Zeit – mit einem satten Plus genüsslich zu schließen. Die zwischenzeitlichen Rücksetzer wurden mit einem Achselzucken quittiert. Einmal wies einer dieser »abendlichen Trades« statt eines Plus ein sattes Minus von weit über dreitausend Euro aus; aber nachdem sich Jerome achselzuckenderweise dazu entschlossen hatte, erst einmal duschen zu gehen, um die Position zu einem späteren Zeitpunkt abermals zu begutachten, und sogar zwischenzeitlich mit Sabine noch einen kuscheligen Liebesfilm gesehen hatte, verringerte sich bei diesem Trade das ausgewiesene Minus auf unter tausend Euro. Und selbst Jeromes achselzuckender Entschluss, diese Position schlicht und einfach über Nacht zu halten – schließlich sagte sein Gefühl, dass der Markt mit einem morgendlichen Gap eröffnen würde –, erwies sich als vortreffliche Taktik. Sechzig Punkte höher eröffnete der Markt am kommenden Morgen, und der ausgewiesene Gewinn, welchen Jerome, sich heimlich auf der Arbeit in sein Demokonto einloggend, vom Tisch nahm, war einmal mehr Anlass genug, seinen Arbeitstag bei *Piechler & Söhne* – wo er »magere« 2.800 Euro verdiente, wohlgemerkt: pro Monat! – ziemlich ruhig angehen zu lassen …

So kam es, dass in den weiteren Wochen in Jerome so eine Art »neue Ära« angebrochen war, in der die Selbstverwirklichung zur Bestimmung seiner Bestimmung avancierte und in ihm auf das Üppigste das Gefühl wuchern ließ, wahrhaft ein Händler zu sein. Aber wie sollte man auch als Tradinganfänger nicht eine Art Glücks- und Eitelkeitskoller erleben, wenn man plötzlich mit ein »bisschen« Tatstaturdrücken in so mancher Woche, manchmal sogar an einem einzigen Tag, plötzlich mehr verdiente als sonst in zwei oder drei Monaten Bürojob! Und genau dieses Abenteuer war etwas seinem bisher geborgenen Leben Ungewohntes, was Jerome nahezu spielerisch verlockte – eine Sensation, die seine Nerven jetzt wundervoll spannte und elektrisierende Funken durch sein Blut jagte. War er jemals im Leben glücklicher gewesen als in jenen Stunden? Er glaubte, zu Recht sagen zu können: Nein. Wie auch, schließlich dachte Jerome zu keiner Zeit an die möglichen Schwierigkeiten seines zukünftigen Berufs, weil er diesen ja gar nicht kannte. Vielmehr erlebte er den Handel einzig wie einen haltlosen Traum, weshalb ihm jegliche Angst und jedes Bangen vor der Zukunft fehlten und er an ein sanftes und seliges Weiterklingen dieser verehrenden Liebe zu den Charts glaubte, die ihn mit ihrer Einfachheit und scheinbaren Vorhersehbarkeit zuversichtlich stimmte. Alles erstrahlte mit einem Mal von innen heraus in einer furchtbar schönen Klarheit. Diese Zuversicht, diese innere Gewissheit führte dazu, dass Jerome gegenüber Sabine und Lilly eine Stabilität und verblüffende Reife ausstrahlte, und er hatte alles an sich, was eine Frau in seiner derzeitigen Lebensstufe von einem Ehemann erwarten konnte: Er war so unbeschwert, so freudig, so sanft, so freundlich, so gutmütig-rebellisch, so lebensbejahend, so ergreifend, so geistig, so bedeutend in seiner Art zu leben – und so ging Woche um Woche dieses gunstreichen und wohl geregelten Demo-Traderlebens auf dem engen Schauplatz seines 19-Zoll-Bildschirms ihren gleichmäßigen Gang – und Jerome, in täglicher Erwartung seines »Talents«, fuhr fort, Sabine Abend für Abend seine Trades zu beschreiben, sie mit seinen Berichten fast bis zur Erschöpfung zu quälen, jedes einzelne Wort wiederholend – und sie immer wieder ins Arbeitszimmer zu rufen, wenn sein Demokonto neue Höchststände markierte. Und obgleich es nur Demohandel war, so lag in ihm, fand zumindest Jerome, viel Ehrbarkeit: eine Ehrbarkeit, die freilich, ohne sich so manchen Irrtums gewahr zu werden, bereits für ihn im Begriff stand, dem realen Handel vollends Genüge zu tun, sodass auch die kommenden Handelswochen gleichsam zum Ersatzmittel tief empfundener Pflichterfüllung des zukünftigen Berufs »privater Vollzeittrader« wurden und sich so Trade für Trade und Tag für Tag der Entschluss zur Kündigung seines bisherigen Brotjobs weiter verfestigte …

So kam es, dass etliche Wochen später bei einer Autofahrt in die Stadt Jeromes Handy klingelte. »Ja, bitte …?! … Ja … Kein Problem … Ja, das wäre schön … Nein, nein, das bringe ich vorher noch vorbei … Perfekt. Und nochmals vielen Dank!« Schnell war das Telefonat beendet, und Jeromes Hände zitterten leicht, als er das Mobiltelefon zuklappte.

»Wer war das denn? Was Berufliches? Um fast halb sechs noch?« Sabine, das Fenster offen, ließ ihre linke Hand durch den Fahrtwind fliegen, währen die Rechte das Lenkrad sicher festhielt.

»Das war …« Um etwas Zeit zu gewinnen, ließ Jerome versehentlich sein Handy fallen und tastete im Fußraum herum.

Bursche, es wird schon gehen!

Sabine ist gut gelaunt.

Und überhaupt, ich sage es ihr einfach – und fertig.

Schließlich hat sie eingeschlagen, als es hieß, dass ich kündigen könne, wenn es nach drei Monaten gut läuft!

Sollte sie doch etwas dagegen haben, sag ich einfach, dass ich als erwachsener Mann durchaus in der Lage bin, für mich selbst zu entscheiden.

Basta!

»Äh, Sabine.« Jeromes Gesicht fühlt sich ein bisschen heiß an. »Es war die Arbeit; genau genommen die Sekretärin vom ollen Piechler!«

»Und was wollte sie?«, fragte Sabine weiter, dabei in den Außenspiegel schauend und die Fahrbahn wechselnd, und noch bevor Jerome antworten konnte, fuhr sie fort: »Ach so, du, lass uns doch gleich noch einen Abstecher zu deinen Eltern machen, ich habe meine Tasche am Wochenende dort stehen lassen.«

Einen Abstecher zu meinen Eltern?

Das hat mir gerade noch gefehlt heute …

»Müssten wir nicht Lilly in einer halben Stunde abholen?«, fragte Jerome.

»Lilly hat heute Sport. Wir haben noch etwas Zeit.«

»Sabine, hör mal …« Jerome wartete, bis sie etwas langsamer fuhr. »Ich habe darüber nachgedacht und mich noch mal informiert.« – »Mich informiert« klang gut. *Informiert* über das Trading als Hauptberuf. Sabine wusste ja nicht, dass das nur ein paar Zeitungsartikel waren. »Die Sache ist die ...« Jerome schluckte. »Es geht um das *Trading.*«

»Jerome, wir hatten das doch alles besprochen. Drei Monate!« Sabine schaltete am Autoradio herum. Irgendetwas funktionierte nicht richtig mit dem Display, und sie drückte ein paar Knöpfe.

»Ja, eben. Deswegen habe ich ja auch morgen den Termin beim ollen Piechler«, warf er schnell ein und hob sein Handy in die Höhe, damit auf das eben stattgefundene Telefonat verweisend. »Ist schon alles geregelt.«

»*WAS?*« Sie bremste abrupt vor einer Ampel.

»Die drei Testmonate sind morgen rum, und das Demokonto weist trotz kleinerer Rückschläge stolze 63.500 Euro und damit fast 30.000 Euro Gewinn aus! Und *außerdem* …«, betonte Jerome, »geht es hier schließlich um *mein* Leben, da kann ich doch auch wohl so entscheiden, wie ich will!«

»Ach, Schatz«, seufzte Sabine, auf den Rückspiegel achtend, »wir haben doch Glück, dass wir beide einen *guten* Job haben! Musst du das denn wirklich unbedingt durchziehen?!«

»Erstens ist der Job bei Piechler nicht wirklich das, was ich einen *guten* Job nennen würde, und zweitens hatten wir doch darüber geredet – und du hast eingeschlagen!« Jerome war nun sichtlich frustriert. »Zum anderen: Das Ergebnis auf meinem Demokonto ist doch nun wirklich mehr als beachtenswert: um die 30.000 Euro Gewinn in drei Monaten! Das sind fast 10.000 Euro pro *Monat*! 10.000! Und, ich hab das wohlgemerkt, wie du ja mitbekommen hast, immer nur so *nebenbei, NEBEN DER ARBEIT*, gemacht! Was meinst du wohl, was da erst rauskommt, wenn ich mich den *ganzen Tag* den Charts widmen kann?« Aber auch wenn damit eigentlich alles gesagt war, konnte Jerome noch nicht aufhören. »Und … ich habe x Bücher zum Thema gelesen.« Gut, es war nur eines gewesen, und von dem nur das Vorwort, aber das konnte Sabine nicht so genau wissen. »Wenn ich erst mal richtig Zeit habe, könnte ich zum Beispiel endlich auch mal ein paar richtige Strategien ausprobieren, wie zum Beispiel die mit dem *MACD-Indikator*!«

»*M-A-C-D?* Was ist denn das nun wieder für ein Hokuspokus?« Sabine trat leicht verstimmt das Gaspedal durch.

Den MACD hätte ich wohl besser nicht erwähnt.

War ja klar, dass sie das nicht versteht.

»Das ist kein Hokuspokus, Schatz!« Jerome versuchte es anders: »Du sagst doch immer, man muss jedem Mann eine Chance geben!«

»Nein, das hab ich nicht gesagt!«

»Das solltest du aber!«, entgegnete Jerome mürrisch.

Sabine hielt an einem Zebrastreifen für einen Kerl an, der völlig geistesabwesend irgendetwas in sein Smartphone tippte und dabei, ohne nach links oder rechts zu schauen, auf die Straße lief.

Wow.

Vielleicht sollte ich mir auch so eines kaufen.

Als Trader ist das bestimmt wichtig!

Jerome kniff die Augen zusammen und stellte sich wieder das Leben als Vollzeittrader vor, und als Sabine wieder anfuhr, fuhr auch Jerome fort: »Sabine, hatten wir nicht am Anfang unserer Beziehung mal vereinbart, dass jeder seinem Instinkt folgen sollte? Meiner ist in diesem Fall sehr stark und schreit mich nun schon seit Monaten andauernd an: *Werde Trader! Werde Trader!! WERDE TRADER!!!* Wenn das nicht die Natur ist, die da spricht, dann weiß ich auch nicht!«

Sabine sagte nichts.

Jerome wusste nicht, ob sie irgendetwas auf der Straße störte, oder ob er es war, daher schlug er friedfertig und in freundlichem Ton vor: »Das wird schon, mein Schatz! Du wirst sehen!« Er streichelte ihre Schulter. »Ich werde mich jetzt auch mehr um den Haushalt kümmern können. Ich bin ja ohnehin daheim. Du wirst schon sehen, wie dir das gefällt, wenn du abends geschafft von der Arbeit kommst und alle Hausarbeit schon erledigt ist. Und … und … « Auch wenn er wusste, dass das eine nichts mit dem anderen zu tun hatte, konnte Jerome einfach nicht widerstehen, auch dieses Argument ins Feld zu führen: »… und ich werde einen Kochkurs machen und dich Abend für Abend verwöhnen.«

Zwanzig Minuten später standen sie vor der Einfahrt seines Elternhauses. Sabine schwieg noch immer, parkte den Wagen, stoppte den Motor und sah Jerome endlich an: »Okay, Schatz. Gewonnen«, sagte sie mit schwerem Augenaufschlag. »Es ist nur so … Es wird eine große Umstellung für uns. Bist du sicher, dass wir das schaffen?«

»Klar«, antwortete Jerome und zog sie für einen langen Kuss voller Zuneigung und Zärtlichkeit zu sich. »Du kennst mich doch. Ich war doch schon immer jemand, der sich durchbeißt und im Leben zurechtkommt!«, fügte er hinzu. »Und außerdem habe ich schon immer recht gut verstanden, zwischen dem Absurden, Unlogischen und Widersprüchlichen und der Notwendigkeit praktischer Gedanken, vernünftiger Gefühle und zweckmäßigem Handeln zu unterscheiden und mich entsprechend zu verhalten, oder?« – Okay, das zog.

»Gut.« Sabine schob sich ihre Sonnenbrille ins Haar. »Aber … *und hör jetzt genau zu* … Wehe, du verspielst unser Geld!«

Kaum waren beide aus dem Auto gestiegen, lief Sabine auf ihre Schwiegermutter zu, die bereits im Garten wartete. »Dein Sohn … Er hat gekündigt!«

Ihre Reaktion auf diese Neuigkeit war alles andere als eine gelassene. Sabine existierte praktisch gar nicht mehr, Jeromes Mutter starrte nur noch auf ihren Sohn. Der hatte seinen neuen Berufswunsch zwar des Öfteren erwähnt und ebenso wie seiner Frau auch seinen Eltern von seinem Vorhaben vorgeschwärmt, aber seine Mutter konnte es dennoch nicht fassen. »Jakob! Dein Sohn wird *Dräter*! JAKOB …!!!«

Herrgott!

Noch lauter geht nicht, was?

»Hier bin ich!« Sein Vater stand an der Gartenpforte und sah Jerome lange an. »Ich hoffe, du hast dir das reiflich überlegt«, begrüßte er ihn.

Sabine umarmte ihren Schwiegervater. »Ich konnte deinen Sohn nicht davon abhalten. *Die Natur ruft*, sagt er.«

»Vielleicht können wir erst mal reingehen!?« Jerome wollte unbedingt außer Hörweite der Nachbarn kommen.

»Natürlich!«

»Kommt rein.« Der Vater trat beiseite. »Sabine trinkt bestimmt einen Tee. Jerome, was trinkst du?«

»Ein *Dräter* trinkt bestimmt Whisky mit Eis!«, zog seine Mutter ihren Sohn auf …

*

Endlich war es so weit! – In einem längeren Gespräch kurz nach dem Ende seiner dreimonatigen Phase des Paper Tradings hatte Sabine sich von Jerome gewünscht, dass dieser erst nach seinem letzten Arbeitstag bei *Piechler & Söhne* das scharfe Tradingkonto eröffnen würde. Im Stillen mochte sie gehofft haben, dass Jerome es sich doch noch anders überlegen würde, aber wenn dem so war, hatte sie sich getäuscht, denn: Jerome hatte, statt sich Überstunden und Resturlaub auszahlen zu lassen, diese gegen den größten Teil der Kündigungsfrist eingetauscht und war nun bereits seit einigen Tagen freigestellt und zu Hause. Diese Zeit nutzend, hatte er sich mit den Gebühren zahlreicher Anbieter beschäftigt und sich schlussendlich für einen ganz anderen Broker entschieden als den, auf dessen Seminar er von Alfred gehört hatte und bei dem er sein Demokonto gehabt hatte.

Und heute … heute war er den ganzen Tag mit Sabine und Lilly unterwegs gewesen und erst vor wenigen Minuten nach Hause gekommen, und da war er, der ersehnte Brief! Jetzt hielt er die Zugangsdaten zum *echten* Handel in Händen! Zitternd vor Freude, denn nichts verwirrt ja gewaltiger den inneren Sinn als eines glühenden Wunsches plötzliche Erfüllung, und hastig, mit einem Gefühl im Bauch, das wohl dem des Lampenfiebers ähnelt, begab er sich an die Monitore, um das neue, virtuelle Familienmitglied gebührend zu bestaunen und zu begrüßen – und natürlich wollte er sich selbst, der strahlend davorstand, versichern, dass dieses Konto und kein anderes auf jeden Fall das schönste sei und das am schnellsten wachsende in der ganzen Tradingwelt. Bedächtig glättete Jerome den Brief mit den Zugangsdaten und heftete ihn behutsam über die Überweisung, mit der er das Konto befüllt hatte, die Unterlagen zur Kontoeröffnung und das Bestätigungsschreiben seiner Kündigung bei *Piechler & Söhne*. Ehrfürchtig streichelte er noch mal die frische Kontonummer wie ein gerade geborenes Baby, nicht ahnend, dass sich dieses wider Erwarten alsbald als recht dominant erweisen sollte. Dann installierte er das neue Tradingprogramm.

Login […]

Password […]

Klick.

Die neue Handelsplattform baute sich auf, und Jeromes Blick suchte am unteren Bildschirmrand nach dem Ausweis des Kontostandes; schließlich war doch alles noch sehr neu und immer noch ein wenig fremd für ihn. Als sein Blick auf die magische Zahl fiel, setzte sein Atem aus: *Buying Power: 35.000 Euro.* Jeromes Herz schlug wie wild, als er die vielen Menüs überblickte. Stolz öffnete er mit einem souveränen Klick den ersten Chart. Er atmete vor Glück tief durch und genoss die Ansicht des enormen Platzangebots. Seit drei Tagen hatte er nun *zwei* Bildschirme. Zweimal zwanzig Zoll. Nun war er endlich einer von ihnen. Ab heute war er *Vollzeittrader*. Die Crème de la Crème der Finanzbranche. Er würde der Michael Schumacher aller Anleger werden. – *Yep!* Voller Tatendrang bestaunte Jerome die vielen bunten Listen und die flackernden Zahlen der Standardvoreinstellung und klickte in den Menüpunkt »Handelbare Märkte«.

Boah!

Unglaublich, was man alles handeln kann!

Future, CFDs, Devisen, Aktien …

Wahnsinn!

Jerome konnte gar nicht glauben, dass er das all die Jahre verpasst hatte. *Warum hab ich nur bisher nichts davon gehört?*, dachte er und gab alle Schuld seiner Bank, denn schließlich war sie es, die ihn als »doofen« Anleger »nur« zu den blöden Fonds geschleppt und nie erwähnt hatte, was es noch anderes gab.

Klick – hier.

Klick – da.

Klick – dort.

Der Schwung des nächsten Mausklicks war jedoch etwas zu dynamisch, sodass die Handelsplattform, deutlich vernehmbar für die ganze Familie, laut piepste. … *Klack. Klack. Klack* … Blitzschnell öffneten sich in wildem Durcheinander, so Jeromes Eindruck, gefühlte fünfzig Charts irgendeiner voreingestellten Kursliste. Und alle nebeneinander. »Scheiße!«, entfloh es Jerome, der im nächsten Moment hoffte, dass Sabine sein Fluchen nicht mitbekommen und womöglich falsche – oder richtige? – Schlüsse gezogen hatte. Sofort unterzog er seinen neuen Liebling einer gründlichen Gesundheitskontrolle. Doch statt dass sich die Charts wie gewünscht schlossen, gesellten sich weitere zwanzig hinzu. Diesmal scheinbar irgendwelche *Devisencharts*, so recht erkennen konnte es Jerome nicht, da alle Charts neben- und hintereinander geöffnet waren. Bei zwei Bildschirmen ergab dies das reinste Mickey-Mouse-Kino.

Shit!

Nach unzähligen verwirrenden Klicks und unverständlichen, irreführenden Warnmeldungen hatte Jerome nach wenigen Minuten den Ausgangszustand *fast* wieder hergestellt. Er atmete auf. Von einem Fenster am unteren Rand war er sich allerdings nicht ganz sicher, ob es vorher auch schon da gewesen war:

[SELL EuroFX@1,4123 id=3432231]

Jerome ärgerte sich über dieses Kauderwelsch und knurrte durch seine zusammengebissenen Zähne: »Noch so eine bescheuerte Fehlermeldung, die kein Mensch versteht!«, und klickte, völlig angenervt von dem soeben Erlebten, auch dieses Fenster weg. Nun hieß es nur noch, fix das Fenster wieder zu finden, welches den Kontostand wiedergab.

Klick – hier.

Klick – da.

Klick – dort.

Der Ausgangszustand war wieder hergestellt. Doch plötzlich ... *waaaaaaas ist das?* ... Jerome traute seinen Augen kaum, las er dort doch zu seinem Entsetzen plötzlich tatsächlich einen *veränderten* Kontostand. Ein kurzes Kratzen am Bildschirm änderte die Situation auch nicht.

Buying Power: 33.540 Euro.

Jerome wurde abwechselnd kreidebleich und puterrot im Gesicht. Wo war seine Ausgangssumme von 35.000 Euro? – *Das kann doch nur ein Irrtum sein!?* Nach Luft schnappend zog er mit der Maus das Fenster mit dem plötzlich gefallenen Kontostand ein wenig nach oben und entdeckte schließlich unterhalb des plötzlich gefallenen Kontostandes eine weitere Zeile. Die Zahlen, die sie enthielt, änderten sich ständig. Jerome näherte sich ganz langsam dem Bildschirm, so, als hätte er einen kleinen Außerirdischen vor sich, den er anstupsen wollte. Schließlich berührte seine Nase beinahe die Bildschirmoberfläche.

Mal sehen, ob er lebt?

Und?

Aber hallo!

Der lebte sehr wohl.

Er, sie, es, was auch immer das war, es bewegte sich und fesselte gänzlich Jeromes Aufmerksamkeit.

Name	Position	Traded	P/L Points	P/L	Time	Last Quote	Bid	Ask
EUROFX	–1K	1,4123	–20	–250 Dollar	17:23:12	1,4143	1,4143	1,4144

Und nach weiteren Augenblicken des genauen Beobachtens erschloss sich Jerome auch die Bedeutung dieses Vorgangs, und das Resultat war Atemnot und Schweißausbruch. Oder war es erst der Schweißausbruch und dann die Atemnot? Egal. Denn beides zusammen ergab eine nicht auszuhaltende Mischung. »Scheiße, was soll das ...?« Stimmlage und Lautstärke dieses Ausbruchs waren nun für die restliche Familienbesatzung nicht zu überhören, und alle begaben sich auf die Kapitänsbrücke, sprich das Arbeitszimmer, des Schiffs, das scheinbar zu sinken drohte.

Völlig verständnislos sah Sabine Jerome über die Schulter.

»Alles okay bei dir?«, fragte Sabine, und Lilly meinte neunmalklug: »*Scheiße* darf man aber nicht sagen, Papa!«

Ooohhh.... Das hat mir gerade noch gefehlt: neugierige Familie!

Da hilft nur eins: beschäftigen ... und zwar sinnvoll!

Als befände er sich in einer dieser bekannten Krankenhausserien, in denen der Chirurg die OP-Schwester in strengem Ton anweist: »Tupfer!«, deutete Jerome auf Lilly und das Regal und verlangte: »Schnell, bring mir bitte den blauen Hefter dort. Ich brauch die Telefonnummer des Brokers. Los!« Dabei ließ er das Depotfenster nicht aus den Augen. Das jüngste Bild ergab:

Name	Position	Traded	P/L Points	P/L	Time	Last Quote	Bid	Ask
EUROFX	–1K	1,4423	–32	–400 Dollar	17:24:19	1,4455	1,4455	1,4456

Lilly eilte zum Regal und brachte ihm mit fragendem Blick die geforderten Unterlagen. »Hier, Papa.«

Jerome streckte erneut seinen Arm aus und deutete diesmal auf seine Frau. »Sabine, das Telefon bitte. Schnell!« Den Bildschirm immer nur für Sekundenbruchteile aus den Augen lassend, blätterte er in dem blauen Hefter.

Name	Position	Traded	P/L Points	P/L	Time	Last Quote	Bid	Ask
EUROFX	–1K	1,4423	–34	–425 Dollar	17:25:34	1,4457	1,4456	1,4457

»Hier, Schatz.« Sabine hielt ihm das Telefon hin.

»Was ist mit Papa los?«, fragte Lilly ihre Mutter, fast schon ängstlich.

»Irgendwas ist anscheinend«, Sabine schluckte, »mit dem Programm.«

Von der einen Seite blickte Sabine nun Jerome über die Schulter, ihre hübschen, ebenmäßig gebogenen Augenbrauen zur Stirn gehoben, den Mund verschlossen und verzogen; von der anderen Seite äugte Lilly in ihrer kindlichen Neugier auf die Bildschirme. Es entstand eine Pause, in der jeder der drei Anwesenden seine Informationen verdaute.

Lilly zupfte ihre Mutter am Ärmel. »Weiß Papa schon, was kaputt ist?«

»Ach Schatz, ich weiß es nicht«, flüsterte Sabine.

Name	Position	Traded	P/L Points	P/L	Time	Last Quote	Bid	Ask
EUROFX	–1K	1,4423	–36	–450 Dollar	17:25:59	1,4459	1,4460	1,4461

Oha ... es hat sich wieder bewegt: Den Blick weiterhin auf den Schirm gerichtet, schielte Jerome auf die Telefontastatur und tippte die Hotline-Nummer seines Brokers ein.

»Hello Sir, how may I help you?«

»Mein Name ist Jerome Decker, und ich habe ein Problem mit meinem Konto. Ich bräuchte dringend Hilfe!«

»Do you speak English?«

»Nein.«

»No?«

»Ja!«

»Yes?«

»Was? Herrgott noch mal, kein Englisch. Nur Deutsch!«, sprach Jerome immer schneller und heftiger, denn was er sah, ließ ihn immer nervöser werden.

Name	Position	Traded	P/L Points	P/L	Time	Last Quote	Bid	Ask
EUROFX	–1K	1,4423	–30	–375 Dollar	17:27:12	1,4453	1,4452	1,4453

»Nix Englisch, German! Ich brauche Hilfe. Help …!«

Sabine und Lilly sahen sich fragend an. Beide konnten sich die ganze Situation ohnehin nicht so recht erklären, denn keine von beiden wusste, was es genau war, das Jerome hatte derart erstarren lassen.

»One moment please …«, ertönte es aus dem Hörer.

Warteschleifenmusik erklang.

… 23 Sekunden später …

Name	Position	Traded	P/L Points	P/L	Time	Last Quote	Bid	Ask
EUROFX	–1K	1,4423	–32	–400 Dollar	17:27:35	1,4455	1,4455	1,4456

… weitere zwölf Sekunden später …

Name	Position	Traded	P/L Points	P/L	Time	Last Quote	Bid	Ask
EUROFX	–1K	1,4423	–36	–450 Dollar	17:27:47	1,4459	1,4460	1,4461

… weitere 15 Sekunden später …

Name	Position	Traded	P/L Points	P/L	Time	Last Quote	Bid	Ask
EUROFX	–1K	1,4423	–40	–500 Dollar	17:28:02	1,4463	1,4463	1,4464

Jerome kam sich vor wie ein lebensgefährlich Verletzter, als er schließlich vernahm: »Sir, please one minute. The next phone is yours.« Ohne auch nur einmal von den Monitoren aufzublicken, nickte er kreidebleich in den Hörer.

... weitere zehn Sekunden später ...

Name	Position	Traded	P/L Points	P/L	Time	Last Quote	Bid	Ask
EUROFX	–1K	1,4423	–42	–525 Dollar	17:28:12	1,4465	1,4466	1,4467

»Hallo Sir, was können wir für Sie tun?«, meldete sich eine jung klingende Frauenstimme mit einem leichten Akzent.

»... Konto ZT2W345 ... da ... da stimmt was nicht«, röchelte Jerome.

»Sekunde bitte, ich schaue nach ...«, sagte das Gegenüber in einer ruhigen, langsamen Tonlage, die Jerome nun so gar nicht nachvollziehen konnte.

»ZT2W345 war das, richtig?«, hakte die junge Frau nach.

Name	Position	Traded	P/L Points	P/L	Time	Last Quote	Bid	Ask
EUROFX	–1K	1,4423	–56	–700 Dollar	17:28:33	1,4479	1,4480	1,4481

»Herr Decker? Jerome Decker?«

Name	Position	Traded	P/L Points	P/L	Time	Last Quote	Bid	Ask
EUROFX	–1K	1,4423	–62	–775 Dollar	17:28:39	1,4485	1,4485	1,4486

»Herr Decker? Hallo? Hören Sie mich?«

»*Was* ...? *Wie* ...? Äh ... Ja, ja, richtig. ZT2W345.«

»Nun, wo liegt das Problem?«

»*Problem?!* Riesenproblem ...« Jerome erklärte in kurzen Zügen, dass er heute seine Zugangsdaten erhalten, gerade sein Programm installiert und dann auf einmal ein heilloses Durcheinander auf seinen Bildschirmen vorgefunden habe. Um das zu beseitigen, habe er dann alle Fenster und Fehlermeldungen weggeklickt.

»Nun ... ich kann Ihnen gern ein kleines Handbuch per Mail zukommen lassen. Ist nicht viel, aber immerhin. Dort werden die Chartfunktionen, Order- und Depot-Funktionen erklärt ...«, flötete die junge Stimme.

»Und genau da liegt mein Problem«, unterbrach sie Jerome. »In meinem *Depot* steht eine Position, die ich nicht kenne, und irgendwie beunruhigt mich das. Denn ich habe ja gar nichts an dem Programm gemacht. Nichts. Wirklich!«, versicherte er hoch und heilig. »Wie also kommt die Position da rein?« Jerome hatte zwar eine Idee, wagte sich jedoch nicht zu fragen, ob dieser

Depotwert so eine Art Begrüßungsgeschenk vom Broker sein könnte. Man kannte das zwar aus allen möglichen Katalogen, dass im Bestellschein bereits ab Werk ein Artikel hineingedruckt war, aber Jerome hätte mit dieser Frage bloß in aller Form seiner Unsicherheit Ausdruck verliehen. Das Ganze konnte folglich ja auch nur ein grober Fehler im Programm des Brokers sein.

»Nun, Sie sind in einem Euro-FX-Future *short*. Gehandelt um 17:21 Uhr auf 1,4423.«

Euro-Future? Short? Gehandelt auf 1,44... was ...?

Doch Jerome musste Haltung bewahren! Schließlich war er Trader – und Sabine und Lilly standen hinter ihm. Seine Frau hatte als wissenschaftlich-technische Assistentin in einem Pharmaunternehmen zwar keine Ahnung von der Börse, aber sie war nicht auf den Kopf gefallen. Im Gegenteil. Er musste gut aufpassen, was er sagte, damit er als zukünftiger heldenhafter Profitrader und Familienernährer weiterhin glaubhaft blieb. Ein lang gezogenes »*Ahhh jaaa* ...« musste daher vorerst genügen. »Euro-Future, sagen Sie ...?«

»Euro-Future!«

»Und *short*?«

»*Short!*«

»Der Markt fällt?«

»Nein!«

»So, tut er nicht ...« Jerome holte Luft. »Das heißt: Er steigt?«

Jeromes Gesprächspartnerin wusste offensichtlich nicht so recht, wie sie die Situation einschätzen sollte, denn sie klang leicht irritiert, als sie antwortete: »Nun, Ihrem Positionsverlust zufolge tut er das, er steigt!«

»*Der Markt steigt* ...« Jerome starrte auf seine Bildschirme. »So, so ...«

»Aufgrund der gerade veröffentlichten Zahlen sehr schnell sogar«, säuselte es aus dem Telefonhörer.

Jerome fasste kurz zusammen: Er hatte mit einem Handelsprogramm, das er heute zum ersten Mal sah, einen Markt gehandelt, den er nicht weiter kannte, zu dem er keinen Chart und keinen Stopp hatte.

Eieiei ...

»Wie kann ich Ihnen denn nun genau helfen?«, fragte die Telefonstimme, nun schon leicht angefressen.

»Herrgott«, begann Jerome ganz langsam und schnauzte dann schließlich in den Hörer: »L-ö-s-c-h-e-n Sie die Position!«

»Möchten Sie, dass ich ein konkretes *Limit* in den Markt lege, oder soll ich Ihre Position *Market* schließen?«

»Das ist mir wurscht ...«, sagte Jerome langsam und leise, und der gefährliche Unterton war nicht zu überhören. Seine Augen waren zu schmalen Schlitzen geworden. »Machen Sie, was Sie wollen. Hauptsache, meine 35.000 Euro stehen wieder da. Das ist nämlich genau die Zahl, mit welcher ich das Konto eröffnet habe!«

Sein Telefongegenüber verstand nicht recht: »Wenn ich jetzt Ihre Position schließe, dann realisieren Sie das entstandene Minus von ...«, Jerome hörte ein kurzes Tastaturklicken, »1.050 Dollar.«

»Ja, wie das denn jetzt? Ich … ich habe doch nicht geordert. Ich habe mich doch vor genau einer halben Stunde gerade das erste Mal in das Konto eingeloggt. Wie soll ich da geordert haben? Ich weiß doch noch gar nicht, wie das Programm funktioniert! Also, machen Sie das Ganze einfach rückgängig, und wir vergessen Ihren kleinen Fehler.«

»Sie vergessen … *unseren* … kleinen … *Fehler*?« Die Stimme der jungen Frau klang perplex.

»Ja, klar. Ich habe nicht geordert. *Basta*. Also liegt der Fehler bei euch. Oder sind Sie da gegenteiliger Meinung?«

»Ob ich gegenteiliger Meinu…? … Moment bitte.«

Das war scheinbar zu viel. Jerome wurde mit der Wartemusik beruhigt.

Name	Position	Traded	P/L Points	P/L	Time	Last Quote	Bid	Ask
EUROFX	–1K	1,4423	–86	–1075 Dollar	17:36:11	1,4509	1,4509	1,4510

… 21 Sekunden später …

Name	Position	Traded	P/L Points	P/L	Time	Last Quote	Bid	Ask
EUROFX	–1K	1,4423	–90	–1125 Dollar	17:36:32	1,4513	1,4513	1,4514

… weitere 20 Sekunden später …

Name	Position	Traded	P/L Points	P/L	Time	Last Quote	Bid	Ask
EUROFX	–1K	1,4423	–98	–1225 Dollar	17:36:52	1,4521	1,4521	1,4522

»Hallo? Haal-loo?«

»Ja … ich bin hier.«

»Ich habe den Vorgang gerade recherchiert. Sie sind *eingestoppt* worden«, sagte die Hotline-Mitarbeiterin und fügte hinzu, obwohl irrelevant: »Dies war keine Order, die unser Haus *Market* aufgegeben hat! Die Order kam von Ihrem Rechner.«

»So. So. *Eingestoppt*, sagen Sie. Nicht *Market* …« Jerome grübelte. Er wusste jetzt nicht so recht, ob er es bei dieser neuen Information belassen sollte oder ob ein Nachfragen besser wäre, aber im Nacken spürte er Sabines Blicke, die, das eine Bein leicht überhängend, auf dem herbeigerückten Sessel saß, und daher musste es erneut ein »So, so …« tun.

Name	Position	Traded	P/L Points	P/L	Time	Last Quote	Bid	Ask
EUROFX	–1K	1,4423	–96	–1200 Dollar	17:37:03	1,4519	1,4518	1,4519

»Aber schauen Sie, wie soll das gehen? Ich weiß doch nicht mal, wo das Ordermenü ist?!«

Jerome konnte es nicht sehen, aber die Dame am Telefon verdrehte gerade die Augen und kritzelte Strichmännchen auf ihre Schreibtischunterlage, die irgendwie gereizt wirkten. »Sie wissen also nicht, wie mit dieser Plattform geordert wird?«

»Nein. Kein Stück. Ich habe heute erstmalig die Plattform geöffnet.« Mit dieser Antwort, so Jerome in Gedanken, hatte er nun dem Broker eindeutig bewiesen, dass ihn keinerlei Schuld an dieser Position traf. Und er war überzeugt, dass diese nun endlich storniert würde und er demnach in den nächsten zwei Minuten seine geliebte Ausgangssumme wieder besäße. Er schaute noch mal, zum Abschied sozusagen, auf die Zahl und winkte dem Positionsfenster zu:

Auf Wiedersehen, scheiß Zahl!

Name	Position	Traded	P/L Points	P/L	Time	Last Quote	Bid	Ask
EUROFX	–1K	1,4423	–92	–1150 Dollar	17:37:59	1,4515	1,4515	1,4516

»Wie war das noch mal? Sie hatten viele Charts auf und haben die dann alle nacheinander, wie sie standen und lagen, weggeklickt?«, tönte es erneut aus dem Hörer.

Was sollen die Fragen denn nun noch?

Die Beweislage ist doch glasklar: Ich unschuldig, Broker schuldig!

»Sagt Ihnen der *Speedtrader-Modus* etwas?«

»Speed… wer?«

»*Speedtrader!*«

»Nee, kenne ich nicht.«

»Wenn Sie einen Chart öffnen, können Sie diesen Modus mit einem Klick aktivieren.«

»Aha? Und dann?«

»Können Sie aus dem Chart heraus direkt ordern, mit einem einfachen Mausklick.«

Jerome sah keinerlei Zusammenhang zwischen dieser Aussage und seinem von ihm erwarteten Freispruch. Daher musste sich das Telefongegenüber mit einem ungesehenen Achselzucken begnügen.

»Sie wissen, worauf ich hinaus will?« Mittlerweile war die Schreibtischunterlage der Dame ziemlich voll mit Strichmännchen, und sie klopfte mit ihrem Stift wie wild auf ihnen herum.

»Nein, weiß ich nicht.«

»Ist diese Funktion aktiviert, können Sie auf Ihrer Plattform *direkt* aus dem Chart heraus Orders aufgeben, indem Sie mit den Maustasten ihre Limit- und Stopp-Orders einfach direkt in den jeweils geöffneten Chart legen. Das geht dann ruckzuck und ohne großes Abfragen und weitere Pop-up-Menüs. Eben: *Speedtrader!*«

»Cool. So was geht? Ist ja klasse!«, antwortete Jerome erstaunt.

»So was *ging* …«, korrigierte die Hotline-Mitarbeiterin.

»Wieso auf einmal Präteritum?«

»Weil …«, die Frauenstimme sprach ganz langsam, um ihren Worten den gebührenden Ausdruck zu verleihen, »Sie aller Wahrscheinlichkeit nach genau diese Funktion aus Versehen aktiviert haben, dann irgendwie im Euro-Future mit Ihrer Maus auf diese gekommen sind und dann eine Order aufgegeben haben müssen. In der Hektik des Geschäfts … wie viele Charts, sagten Sie, waren auf? 30? … Naja, ist ja auch egal.« Die Hotline-Dame tötete ihre ganzen Strichmännchen mit einem dicken Strich mitten durch deren Köpfe. »… und wie es aussieht, haben Sie mit Sicherheit das alles nicht mitbekommen und eine Order aufgegeben, die kurz darauf ausgeführt wurde. Eben jene *Short*-Position im Euro-Future.«

Jerome entfuhr ein leiser Pfiff. »Also kein Fehler Ihres Hauses?«

»Kein Fehler.«

»Keine Rückabwicklung?«

»Keine Rückabwicklung!«

»Position bleibt?«

»Bleibt!«

»Minus auch?«

»Die ganzen 1.575 … Moment … 1.625 Dollar!«

Nachdenkliche Stille.

»Darf ich Ihnen jetzt ein paar Fragen stellen?«

Jerome nickte ungesehen.

»Wie wäre es mit einer Stopp-Order?!«

»Wenn ich mal den Markt sehen könnte … dann gern«, sagte Jerome, sichtlich am Boden zerstört. Nach weiteren fünf Minuten wusste Jerome, wie er einen Chart in dem Programm öffnen konnte und wo die gewünschten Zeiteinheiten einzustellen waren. *Klick*. Ein großer 10-Minuten-Candlestick-Chart des Euro-Future öffnete sich. Für jeden, selbst für Lilly, die starr im hinteren Teil des Zimmers stand und nervös an ihrem blonden Zopf spielte, war die riesige grüne Kerze zu erkennen. Vom unteren bis zum oberen Bildschirmrand. Einfach gigantisch. »Und bei welchem Kurs setze ich jetzt den Stopp?«, fragte Jerome, von der Größe der Kerze sichtlich irritiert und dennoch, Sabines Blick spürend, mit gespielter Festigkeit.

Fast wäre der Broker-Mitarbeiterin rausgerutscht: »Woher soll ich das wissen, bin ich Ihr Tradingberater?« Stattdessen rang sie sich ab: »Na, wie viel sind Sie denn bereit, zu verlieren?«

»Also … eigentlich *nichts*!«

Okay, so geht es also nicht. – Die aufschlagende Bleistiftspitze sprengte einem weiteren Strichmännchen brutal den Kopf. Die Hotline-Dame atmete tief durch. Andere Frage: »Auf was haben Sie spekuliert: auf die Fortsetzung eines *Trends*, einer zügigen *Bewegung* oder eines Ausbruchs?«

»Was soll das jetzt schon wieder heißen?« Jerome war genervt und völlig überfordert: »Ich wusste nicht mal, dass ich eine Position habe, wie soll ich da so was beantworten?«

»Ach ja …«, erinnerte sich die Broker-Mitarbeiterin. »Also, was ist jetzt mit dem Stopp? Wollen Sie noch weitere fünfhundert oder tausend Dollar riskieren und hoffen, dass der Markt dreht? Oder besser Ihre Position gleich drehen? Oder einfach nur sofort raus?«

Jerome war kurz vorm Durchdrehen. So hatte er sich seinen ersten Tag als privater Vollzeittrader nun wirklich nicht vorgestellt. Sich schön in aller Ruhe mit dem Programm beschäftigen und nebenbei noch schnell ein paar Hundert Euro »einkassieren«, so hätte der Tag aussehen sollen. Stattdessen plagte er sich jetzt mit einer ungewollten Minus-Position herum und sollte entscheiden, ob der Markt drehte oder weiter anstieg.

Herrgott! Scheiße noch mal!

Doch Sabine saß ihm im Nacken, also galt es, Kontrolle zu suggerieren. »Schließen Sie die Position!«, zischte Jerome.

»Okay, Moment.« Die junge Dame tippte in ihrem System herum und schloss die Position *Market*.

»So. Fertig. Sie haben einen *Market* gekauft.«

»Wieso *gekauft*? Sie sollten die Position doch *schließen!*«

Die ohnehin bereits getöteten Strichmännchen wurden durch einen erneuten fetten Strich nochmals zerhackt. »Sie waren *short*, haben also etwas verkauft, was Sie nicht haben. Also muss ich *KAUFEN*, damit Sie am Ende nichts mehr haben.«

»*Heeee?*« Jerome stand kurz vor der Einweisung in die Klinik. Er war den Ereignissen an den Bildschirmen sowie den Blicken Sabines und Lillys momentan nicht ganz gewachsen.

»Wenn fünf Mann in einem Raum fehlen, müssen fünf Mann den Raum betreten, damit niemand mehr da ist!«

»Ach ja, stimmt. Tschuldigung!«

»Kann ich sonst noch was für Sie tun?«

»Nein, danke. Das war's fürs Erste.«

»Gut, dann sind Sie nun *flat*, die abgezogene Margin für die Position ist nun wieder auf Ihrem Kontostand.«

Jerome sah auf sein Positionsfenster. *Buying Power: 33.850 Euro.*

»Das heißt, dieser Trade hat mich jetzt genau ... Moment, lassen Sie mich rechnen.«

»Sie brauchen nicht zu rechnen«, wurde Jerome unterbrochen, »es steht doch am Ende der Tabelle.«

»Da steht nichts.«

»Geduld. Einfach mal die Tabelle etwas nach rechts scrollen. Sie haben sie offenbar etwas klein dargestellt.«

Ach ja, da steht es ja.

Wow, anderthalbtausend Dollar mal eben futsch.

Na klasse!

»Gut. Sonst noch Fragen zu Ihrem Konto?«

»Im Moment nicht«, knirschte Jerome.

»Darf ich Ihnen noch einen Tipp geben?«, fragte die junge Dame und fuhr fort, ohne seine Antwort abzuwarten: »Beschäftigen Sie sich zunächst sehr ausführlich mit der Software. Die ist wirklich sehr komplex. Halt für *Berufstrader*.«

»Ich *bin* Berufstrader«, wollte Jerome zurückpfeffern, hielt das dann aber angesichts des peinlichen Telefonats und der immer noch weit geöffneten, fragenden Augen Sabines für unangebracht. Stattdessen beendete er das Gespräch und murmelte noch in den piependen Hörer: »Schon mal was von *Dienstleistung am Kunden gehört*? Wohl eher nicht!« Und während er das Telefon beiseitestellte und die Servicemitarbeiterin und all ihre Nachfahren flüsternd mit einem Fluch belegte, herrschte um ihn herum beängstigende Stille. »Ach, immer diese ungeschulten Hotline-Tanten!« Das musste für Sabine als Begründung reichen. Tief durchatmend griff Jerome erneut zum Telefon, drückte auf den »Pizzaknopf« und hatte sofort seine Lieblingspizzeria dran. Er bestellte das Übliche: eine Capricciosa und zweimal Thunfischsalat für Sabine und die leicht verängstigte Lilly. Dann ging Jerome in die Küche, schenkte sich ein Glas Wein ein, nahm einen Schluck zur Beruhigung, atmete abermals tief durch, schleppte sich ins Wohnzimmer und schaltete den Fernseher ein. Er fühlte sich total kribbelig, als hätte er einen Haufen Ameisen verspeist, und irgendwie musste er wieder runterkommen, sonst würde er durch die Zimmerdecke gehen. Wie in Trance ließ Jerome sich aufs Sofa sinken und zappte durch die Kanäle:

Sportkanal … Shoppingkanal … ZDF … ARD …

»*Dooooonnnnnnnng!* – »Hier ist das Erste Deutsche Fernsehen mit der Tagesschau. Guten Abend. In einer deutschen Kleinstadt kam es am Abend zu einem Familiendrama mit tragischem Ausgang. Wie Augenzeugen berichten, erschlug ein amoklaufender privater Vollzeittrader einen Euro-Future mit seiner PC-Maus, als er diesen in flagranti mit einem Trade auf seinem Konto erwischte. Mehrere Familienmitglieder wurden durch umherfliegende Splitter verletzt. Den Polizeiangaben zufolge haben Freunde des amoklaufenden Händlers offenbar durch ein offen stehendes Fenster gesehen, wie der Trader völlig durchgedreht ist und das Haus vor Wut nahezu vollständig verwüstet hat. Nach ersten Schätzungen wird man Tage brauchen, um die Schäden zu beseitigen.«

Jerome rang sich über seinen Subtext unter den aktuellen Nachrichten ein kleines Lächeln ab und zappte weiter: ein französischer Spielfilm … *zapp* … irgendeine Tiersendung … *zapp* – *STOPP*!, das war es. Jerome legte die Fernbedienung auf dem Sofatisch ab und stopfte sich die Sofakissen bequem zurecht. Was Besseres gab es nicht, wenn man abschalten wollte. Genau das, was Jerome jetzt brauchte. Er liebte Trickfilme, schon als Kind war er verrückt danach gewesen. Früher hatte er oft allein im Dunkeln gesessen, wenn alle ausgeflogen waren, und sich vorgestellt, er würde auch solche Abenteuer erleben. Jerome ließ den Kopf in die Kissen sinken und verfolgte sehnsüchtig die Szene, lauschte der vertrauten Filmmelodie und den bekannten Trickfilmstimmen und versuchte dabei, das Fiasko des ersten Tages als Vollzeittrader zu vergessen. Aber es gelang ihm nicht. Auch noch nach dem Abendessen und dem gemeinsamen abendlichen Spielfilm tat sich Jerome immer noch selbst leid. Er hatte sich so sehr auf diesen ersten Handelstag gefreut; doch mit dieser grauenhaften Schnittwunde war wohl die gesamte Schönheit des Tradingkontos vorerst im Eimer. Und daher keimte in ihm plötzlich folgende Frage auf: »Wie kann man kurz vor Handelsschluss an seinem ersten Tag ein – noch dazu unfreiwilliges – *Minus* ausgleichen?« – Richtig, mit einem Trade …

Order Filled
Buy DAX-Future@6312 id=9261428.

Und was macht ein Trader am ersten Tag seiner Handelskarriere, wenn seine Position um 21:57 Uhr, wenige Minuten vor Handelsschluss, einige Punkte hinten liegt? Richtig – er hält diese über Nacht und hofft, dass der Markt am zweiten Handelstag der eigenen Vollzeittrader-Berufskarriere mit einem Monster-Gap eröffnet. Und so geschah es dann auch, wie Jerome ja *heute* – an eben jenem zweiten Handelstag – sah …

*

»Tja, so schnell verging die Zeit«, murmelte Jerome an das Küchenfenster gelehnt vor sich hin und erwachte aus seinem umfassenden rückblickenden Tagtraum. Sein Kaffee war inzwischen kalt geworden, er eilte zurück an seinen Rechner und damit zu seinem seit gestern Abend offenen DAX-Trade.

Name	Position	Traded	P/L Points	P/L	Time	Last Quote	Bid	Ask
FDAX	+1K	6312	+66	+1650 EUR	09:02:32	6378	6378	6379

O mein Gott!

Jerome starrte auf den Chart und stieß einen lauten Pfiff aus. Der Markt hatte sich während seiner kleinen verträumten Kaffeepause nach einigen Rücksetzern um weitere Punkte in seine Richtung bewegt.

Was für ein grandioser Trade!

Er setzte sich, ließ den Kopf auf die Rückenlehne seines Bürostuhls fallen, um in vollen Zügen den Blick auf seine Position zu genießen, als ihm plötzlich die Einkaufsliste ins Auge stach, die ihm Sabine demonstrativ auf den Schreibtisch gelegt hatte.

Ups! Total vergessen.

Jerome setzte seinen Stopp auf 6342, sodass 750 Euro des bisherigen Buchgewinns definitiv abgesichert waren, schnappte sich seinen Wohnungsschlüssel, blieb dann jedoch vor dem Arbeitszimmer zögernd stehen, um die feurige Luft, das Geniale dieser Stunde noch einmal mit weiter Brust in sich einzuatmen, sie tief zu spüren, diese Welle des Reichtums.

Was für ein grandioser Tag!

Was für ein grandioser Beruf!

Kurz danach war er schon aus der Tür hinaus und verließ zwei Stunden später, schwer mit Tüten beladen, das Einkaufscenter und die zwei umliegenden Boutiquen. Auf dem Rückweg gönnte er sich noch einen Zwischenstopp in einem gemütlichen Café, und während er seine Beine von sich streckte, musste er schon zugeben, dass er sich an den Job des Berufshändlers nur zu gut gewöhnen könnte, denn: Wer liebte es nicht, beim Einkaufen nicht jeden Cent zweimal umdrehen zu müssen? Und vor allem: Wer liebte es nicht, an einem Wochentag in der Mittagssonne zu relaxen und dem gestressten »arbeitsamen Volk« bei seiner Hast durch die streng limitierte Mittagspause zuzusehen? Jerome sah vorbeieilende Leute, Liebespaare, die in seliger Versunkenheit vorüberschlenderten, dann wieder hastende Jugendliche, vorüberschießende Radfahrer. Bilder des Tages und der Gewöhnlichkeit. Aber ihm war das alles heute dennoch so »fremd«. Wie aus der Ferne, aus einer anderen Welt, schaute er zu, als könne er nicht verstehen, warum es all diese »nicht tradenden Wesen« nicht gleichsam an die Charts drängte. Konnte es denn etwas Reicheres und Seligeres geben als Charts, in deren Bann so viel Geld zu verdienen war und in denen so viele Leidenschaften schlummerten?

1.650 Euro plus – mit einem einzigen Trade!

Jerome genoss den Gedanken eines einfachen, unzerstreuten, unbeschwerten und unbeanspruchten, beschaulich in sich gekehrten Lebens. Die Vorstellung, ab sofort ganz sich und seiner Familie zu gehören, beglückte ihn; schließlich war der Mensch geneigt, seinen augenblicklichen Zustand, sei dieser nun heiter oder auch verworren, friedlich oder leidenschaftlich, für den wahren, eigentümlichen und dauernden seines Lebens zu halten und sogleich in seiner Fantasie zur schönen Regel und unverbrüchlichen Gepflogenheit zu erheben. *Oh jaaa!* Gleichwohl ermahnte er sich selbst zur Vorsicht, denn immerhin hatte er die Hälfte des mit dem Stopp abgesicherten Gewinns aus dem aktuellen Trade gerade ausgegeben. *Ups.* Und während Jerome in die Mittagssonne blinzelte und seinen Espresso schlürfte, streifte ihn beim Anblick des gegenüberliegenden Schreibwarenladens eine faszinierende Idee, die es sofort umzusetzen galt …

Zurück vor den Bildschirmen, herrschte abermals eine Art Grenzatmosphäre. Seine Freude, seine Zukunft, sein Leben, alles stand am Rande zu etwas noch Schönerem und noch Höherem. Einen Moment lang war er Mittelpunkt des Universums. Völlig bedürfnislos. Völlig sorgenfrei.

Name	Position	Traded	P/L Points	P/L	Time	Last Quote	Bid	Ask
FDAX	+1K	6312	+90	+2250 EUR	12:58:12	6402	6402	6403

Was für ein grandioser Tag!

Was für ein grandioser Beruf!

Jerome schloss kurzerhand die Position und trat, seinen Tagesgewinn mehrfach vor sich hin murmelnd, heraus auf die breite, offene Terrasse, vorbei an der großen Kiefer und zwischen den beiden Büschen hindurch, wo sich die Bäume hoch oben mit ihren Kronen zu umarmen schienen und darunter wohltuender Schatten lag. Ganz still war es hier auf seinem vor Jahren selbst gezimmerten Bänkchen. Nur jenes unbeschreibliche Wispern der Stille des Gartens, jenes summende Schwingen, als fiele weicher Regen ins Gras.

… 2.250 Euro an einem Tag!

Jerome atmete tief ein, öffnete jenes zuvor im Schreibwarenladen erworbene Notizbuch und begann mit dem ersten Eintrag in sein *Tagebuch als Trader*. Er wollte – so seine faszinierende Idee im Café – seine neue Karriere von ihrem Beginn an festhalten. Und da dieses Buch niemand lesen sollte, wollte er von vornherein jene Wörter benutzen, wie sein Gefühl sie verlangte. Kurzum: Jerome nahm sich vor, Landschaften aus dem, was er von nun an in seinem neuen Lebensabschnitt empfand, zu kreieren, und das fiel ihm aus einem ganz bestimmten Grund auch sehr leicht: Jerome kannte kaum ein größeres Vergnügen als das an Büchern, und das, obwohl er doch wenig las. Denn: Bücher waren für ihn die Einführung in Träume. Aus diesem Grund bedeutete für ihn Lesen seit seiner Kindheit ein Sich-Verlieren, denn beständig meldeten sich sein Verstand und seine Vorstellungskraft zu Wort und »störten« den weiteren Erzählfluss. Nach einigen Minuten schrieb stets *er* das Buch, und was geschrieben stand, stand nirgendwo. Er las und gab sich hin, nicht der Lektüre, sondern eher sich selbst. Er las und schlief ein und folgte wie im Traum der Beschreibung der Protagonisten des jeweiligen Buches und schrieb die Geschichte kurzerhand nach eigener Fantasie fort. Seine Lieblingslektüre waren nüchterne Bücher, sie schliefen neben ihm auf seinem Nachttisch, und er las sie immer wieder. Seine vier, fünf Lieblingsbücher hatte er stets zur Hand, und ihre erneute Lektüre brachte ihm immer wieder einen Gewinn. Auch wenn er jene Werke bereits viele Male gelesen hatte, so hatte er unbestritten keines je an einem Stück gelesen. So kam es, dass er dieser Leidenschaft eine Disziplin verdankte, die er sich selbst kaum zutraute: Sie hatte ihn von klein auf gelehrt, *objektiv* zu schreiben. Dies sollte ihm von heute an dabei helfen, seinen Werdegang festzuhalten. – Und so entstand sein erster Eintrag in seinem neuen Tagebuch:

> *… »der entscheidende Anruf war vor circa einem halben Jahr gekommen. Damit hatte alles angefangen, dieses Telefonat hatte alles verändert! Mein Kollege Paul hatte als Ziel des diesjährigen Betriebsausflugs einen Besuch der Frankfurter Wertpapierbörse vorgeschlagen. Alle waren begeistert, und nachdem Paul beim Besucherdienst angerufen hatte, versammelten zwei Wochen später ich und meine Kollegen von Piechler & Söhne uns auf dem Vorplatz der Frankfurter Börse, grimmig beäugt von den beiden mächtigen Bronzestatuen, die dort Wache zu halten scheinen: dem Bullen und dem Bären. Kurz nach zehn Uhr wurden wir nach der Sicherheitskontrolle von Fräulein Quast vom Besucherdienst begrüßt, einer jungen Frau in einem eleganten schwarzen Hosenanzug und kurz geschnittenen blonden Haaren.*
> *Und dann … dann stand ich mit großen Augen auf der Galerie, und es geschah etwas Seltsames …*

Jerome schrieb nieder, wie alles begann: den Besuch der Frankfurter Börse, das aufsteigende Getöse von Angebot und Nachfrage, jenes dumpfe Rauschen der Börsenflut, das nur von seinem eigenen Herzschlag und dem Entschluss, Händler zu werden, siegreicher übertönt wurde; er hielt fest, wie er zu Beginn Henry, dann Sabine und schlussendlich seine Eltern von seiner neu gefundenen Berufung überzeugt hatte.

> *… »Biene, du kennst mich doch! Ich war doch schon immer jemand, der sich durchbeißt und im Leben zurechtkommt! Zum anderen: Das bisschen Long und Short und ein bisschen menschliche Vernunft! So schwer kann das nicht sein!«, wiegelte ich ab und hob an*

zu einer geschwollenen Überzeugungsrede, dass ich schon immer, seit ich denken könne, das Absurde, das Unlogische, das Widersprüchliche, alles, was den Menschen entbindet und trennt vom Wirklichen, von praktischen Gedanken, von vernünftigen Gefühlen und dem Verlangen nach nützlichem und zweckmäßigem Handeln, zu vermeiden wusste …

Er notierte den gemeinsamen Seminarbesuch mit Henry und das ständige *Tap-tap-tap* von Alfreds Füller, als der die Vorteile von *Leerverkäufen, Hebeln* und *Chartanalyse* erörtert hatte:

… »Zu Beginn möchte ich Sie daher nochmals alle als zukünftige Trader begrüßen. Das heute hier erlangte Wissen wird Sie nicht nur zu Elite-Händlern und Vollprofis machen, sondern zum künftigen … Geldadel! ... zu künftigen … M-i-l-l-i-o-n-ä-r-e-n!
Das vermittelte Fachwissen ist praktisch einzigartig und höchst effektiv …

Jerome schrieb von der Eröffnung seines Demokontos und damit von jenen drei Monaten, in denen er jeden Tag von der Steigerung seiner nun bald kommenden Lebensqualität und seiner Kündigung träumte …

… »eines Abends meinte Sabine nach einer jener in der letzten Zeit so häufigen heldenhaften Beschreibungen eines Trades. »Da hast du aber Glück gehabt« – und machte sich damit aus meiner Sicht einer beleidigenden Einschränkung schuldig, hatte sie damit doch indirekt meine »intensive Arbeit« ein Spiel genannt. Woraufhin ich mit mahnend erhobener Hand entgegnete, dass die geheimnisvolle Attraktion der »königlichen Art des Geldverdienens« sich souverän des Zufalls entziehe und ich daher meine Siegerpalme einzig meinem Intellekt oder vielmehr einer bestimmten Form meiner handwerklichen Begabung zuteile …

Der Nachmittag verging. Die Seiten füllten sich. Jerome schrieb und schrieb, bis er schließlich bei jenem Tag angelangt war, an dem er stolz seine Kontodaten in der Hand hielt – demnach gestern – und er versehentlich-unfreiwillig das ungebetene Begrüßungsgeschenk, jene Euro-Position, auspackte, deren Verlust er mit dem hervorragenden über Nacht gehaltenen DAX-Trade ausglich, den er vor wenigen Minuten mit einem stolzen Plus von 2.250 Euro geschlossen hatte. Namentlich durch diesen Trade – so empfand er es – war seine fachliche Autorität auf einen Grad gestiegen, dass er so ziemlich bei jeder Chartsituation den passenden Trade würde tanzen lassen können – ja, tanzen!

»Schatz, ich bin zurück! Wie war dein Tag?«, rief Sabine kurz darauf in den Garten, in Richtung Jeromes Bänkchen. Sie hatte die Terrasse nicht betreten, befand sich aber auch nicht mehr im eigentlichen Sinne im Haus. Vielmehr hatte sie sich im Türspalt positioniert, und Frauen, die unentschieden zwischen »Tür und Angel« stehen, betonen ihre Sinnlichkeit; und diese geografische Instabilität sorgte bei Jerome nun unwillkürlich für erotische Träume und ließ ihn leicht aus dem Gleichgewicht geraten. »Über zweitausend Euro Plus!«, meinte er, eilig auf sie zulaufend. Und was als schlichte Hingezogenheit begann, war wenige Augenblicke später zu einem nicht mehr zu unterdrückenden Verlangen herangewachsen. In Jeromes Kopf weilte nach diesem grandiosen Handelstag eine syntaktische Einfachheit: Subjekt, Prädikat und Objekt. Er war ein Top-Börsenhändler. Sabine war schön. Die Börse war einfach. Er war Christoph Kolumbus. Die Charts sein Amerika. Er war ein Held. Er war *ihr* Held. Sabine die Göttin. Er ein Mann. Sie eine Frau. Alles schien einfach. Und nachdem die heiße Sehnsucht, die keine der beiden zurückweichen ließ, befriedigt war und Jerome sein Ebenbild zufrieden im Flurspiegel betrachtete, stellte er sich vor, dass gerade jetzt jemand von einem Börsenmagazin mit einer Kamera an seiner Tür klingeln würde, um ihn als privaten Top-Vollzeittrader zu interviewen. Er wünschte sich das geradezu. »Herr Decker, sagen Sie uns und unseren Zuschauern nur eines: Woher wussten Sie als frischgebackener Vollzeittrader, dass der heutige DAX-Verlauf diese unglaubliche Kursbewegung vollführen würde? – *Ah* … Sie meinen, das beruhe schlicht und einfach auf *Talent* und *Intuition*?! Vielen Dank für diese überraschende Antwort und weiterhin alles, alles Gute für Ihre zukünftige Tradingkarriere …«

2. Kapitel
Zweite Woche Unbekannte Fäden lassen eine Marionette tanzen

Eine lautstarke Beschwerde an die Müllabfuhr; hastig gezeichnete Unterstützungslinien; eine Frage des Nachbarn, wo denn Jeromes Pool bleibe; mehrere Impulshandlungen; eine als Palisade dienende Tageszeitung. Und grundsätzliche Dinge, die unausgesprochen bleiben …

Sechs Tage später, zu Beginn seiner zweiten Handelswoche, blätterte Jerome hastig das *Handelsblatt* durch, um wichtige Informationen über den heutigen Marktverlauf aufzuschnappen. Sein grüner Tee – an diesem Morgen ausschließlich wegen der Nerven – wurde zusehends kalt, denn dieser Montag begann völlig anders als geplant: nämlich mit einem Horror-Trade.

… 6150; … 6149; … 6148
–120 Zähler –1,2 %

Ohne Vorwarnung fiel der DAX-Future vor wenigen Minuten mit einem riesigen Gap an den unteren Bildschirmrand. Die Nasenflügel vom inneren Druck stark angespannt, saß Jerome starr in seinem Drehstuhl und lauschte ins Nichts. Wenn ihn nicht alles täuschte, befand er sich soeben in den schlimmsten Minuten seiner gerade mal sechstägigen Tradingkarriere, denn wenn ihn nicht alles täuschte, war er … *long*.

Name	Position	Traded	P/L Point	P/L	Time	Last Quote	Bid	Ask
FDAX	+1K	6270	–121	–3025 Euro	08:09:34	6149	6149	6151

Als er die immer weiter fallenden Kurse registrierte, begannen seine Hände zu zittern. Fassungslos begutachtete er die zweite gewaltige rote Periode, die sich anschloss. – *So sieht also ein Dreitausend-Euro-Minustrade aus!* Vergeblich bemühte er sich, ein Lächeln auf sein Gesicht zu zwingen.

Erste Frage: Welcher halbwegs gesunde Trader gibt an einem Freitagabend um 21:32 Uhr noch eine *Long*-Order in einen Markt, der erst zwei Tage und zehn Stunden später wieder eröffnet?

Antwort: Viele.

Zweite Frage: Welcher halbwegs gesunde Trader gibt an einem Freitagabend um 21:32 noch eine *Long*-Order in einen Markt, den er auf einem 10-Minuten-Chart betrachtet hat und nun aus der Chartkonstellation der letzten halben Handelsstunde meint, er könne die Position übers Wochenende halten?

Antwort: Keiner.

Oha! Außer einem: Jerome. Wie es dazu kam? Nun: Nach dem 2.250-Euro-Trade letzten Dienstag sowie einem am darauffolgenden Tag taktisch äußerst klugen Trade, eingegangen wenige Sekunden vor Bekanntgabe der 14:30-Uhr-Wirtschaftskennzahlen, welcher Jerome weitere rund anderthalbtausend Euro brachte, verlief auch der Mittwochabend der ersten Handelswoche mit Sabine fantastisch. Essen bei ihrem Lieblingsitaliener. Abends kuscheliges und romantisches Beisammensein. Am Donnerstag und Freitag hatte Sabine ihre freien Tage, und gemeinsam mit Lilly genossen sie als Familie einen Ausflug in die Berge, wo sich nach den Ergebnissen der ersten Handelstage Worte und Tatendrang mit neu gewonnener Energie zusammenfügten. Lebenshungrig schienen beide zu sein, Jerome und Sabine redeten von Vergangenem, und sie sprachen von der rosigen Zukunft. Alles erschien ihnen besonders schön, die Vögel, die Farbe der Felder, der Himmel, der Wind, der die Äste der Bäume sanft bewegte. Freitag kehrten sie spät am Abend zurück, und Jerome wollte seine erste offizielle Handelswoche noch mit einem meisterlichen Trade »feierlich« abrunden und damit sein Können beweisen, da aus seiner Sicht am Montag alles nach einem Eröffnungs-Gap im DAX aussah … *Na ja* … Und so kam es dann zu diesem Morgen:

… 6153; … 6152; … 6151

Jeromes Hand hielt seine Maus fest umkrampft, als wolle er nicht nur sich, sondern auch sie unter seinen Willen zwingen, jede Periodenänderung genauestens zu verfolgen. Dabei bekam sein Gesicht immer mehr den Ernst eines mit ungeheurer Wichtigkeit brüllenden Kindes. »Ich brauche meine RUHEEE!«, rief Jerome in Richtung des offenen Fensters. Doch seine Beschwerde verhallte von der Müllabfuhr ungehört.

… 6151; … 6150; … 6150

Einen Moment blieb Jerome dann ruhig. Er sah den Chart mit unbeweglichen Augen an, überlegte, sah den Chart ein weiteres Mal an, durchdringender, noch forschender, und dann, dann nahm er seine Mause, hochrot im Gesicht bis hoch hinauf an die Stirn, und begann hastig, Unterstützungslinien in den Chart einzuzeichnen, dessen Überqueren dem Markt verboten war. Aber der Markt hielt sich nicht daran. Er fiel weiter.

Name	Position	Traded	P/L Point	P/L	Time	Last Quote	Bid	Ask
FDAX	+1K	6270	–127	–3175 Euro	08:19:27	6143	6143	6143,5

Beängstigende Stille.

3.200 Euro Minus! – oder nach Jeromes Umrechnungsfaktor: acht Autoraten, zwei Hausraten, zwei Billigurlaube oder drei Jahre kostenfreie Handytelefonate …

... 6138; ... 6139; ... 6140

Ein heftiger Windstoß rüttelte am offenen Fenster und lenkte Jerome einen Augenblick lang ab, woraufhin ihm sein Nacken schmerzhaft verspannt vorkam. Er hatte so gebannt auf den Markt gestarrt, dass er minutenlang keinen Muskel gerührt und seine Nasenspitze so gewaltsam zur Seite gebogen hatte, dass diese weiß und blutleer wurde. Wenige Augenblicke später durchquerte der Markt auch noch die letzte von Jeromes eingezeichneten Linien.

... 6122; ... 6121; ... 6122

Jerome stand auf. Langsam, ganz langsam. Nicht dramatisch, einfach langsam. Seine unscheinbaren Bewegungen hatten etwas Höheres, das, wären noch andere im Arbeitszimmer gewesen, auf eine machtvolle Weise die Blicke auf sich gezogen hätte, etwas, was die Kraft hatte, die Zeit anzuhalten. Jerome ergriff die Maus, sah auf den Chart, legte einen Verlustbegrenzungsstopp hundert Punkte unter den aktuellen Kurs und erklärte damit dem Chart in der natürlichsten Art, die man sich vorstellen kann: »Ich gebe dir eine Chance. Du wirst schon noch drehen!« Dann schleppte er sich brummelnd ins Bad, nahm ein fahles, fremdes Gesicht wahr, das ihm im Spiegel kreidig entgegenstarrte, ließ warmes Wasser über seine kraftlose Stirn laufen und begab sich schließlich in die Küche, weil er beschlossen hatte, erstens ein kleines Gläschen hervorzuholen und einen Cognac zu sich zu nehmen. Was ihm kein Mensch verdenken konnte. Und zweitens beschloss er, das, was er zuerst beschlossen hatte, zu wiederholen. Dann streckte er sich auf dem Wohnzimmersofa aus und schloss die Augen, hielt es aber keine fünf Minuten in diesem untätigen Zustand aus und fällte die Entscheidung, trotz der widrigen Umstände und um überhaupt irgendetwas zu tun, zum Bäcker um die Ecke zu gehen.

Oh ja!

Eine Minute lang stand Jerome mit geschlossenen Augen auf der Fußmatte und atmete die morgendliche Kühle gierig ein, dann ließ er theatralisch die Haustür zukrachen, als wolle er der ganzen Welt mitteilen: »DU KANNST MICH MAL, DRECKSMARKT!«, und lief los; von seinen verbissenen Lippen aus zeichnete sich scharf eine Falte in Richtung seines vorgestreckten Kinns ab. Alles jedoch war so fern, so weit. Die umliegenden Straßen waren fern, ebenso ihr Gebrause und alles, was an Wirklichkeit erinnerte. Kein Gedanke, kein kluges, berechnendes Besinnen waren mehr in ihm, nur Gefühle, beengende, überströmende Gefühle, wie er sie bisher noch nie verspürt hatte. Auf dem Weg schlenderte ein Liebespaar an ihm vorbei; vier Jugendliche eilten verspätet zur Schule; von allem befreite Ruheständler rauchten völlig entspannt auf ihrem morgendlichen Spaziergang und blieben vor dem einen oder anderen Haus gedankenverloren stehen; zuweilen begegneten ihm auch ganz »normale« Leute; all dies geschah, und nichts von all dem sagte Jerome etwas, alles war seinem heutigen »Schicksal als Vollzeittrader« völlig fremd, und selbst als er mit einer raschelnden Tüte ofenfrischer Brötchen in der Hand auf demselben Weg zurückkehrte, nahm Jerome nichts von der morgendlichen sanften Feierlichkeit seiner ihm sonst so vertrauten Straßen wahr. Deswegen bemerkte er auch nicht Tim Brander, den Nachbarn von Gegenüber. Dieser allerdings sah ihn. Die Haare in lockerer Föhnwelle, den Körper in feinem Zwirn und teurem Seidenschlips versiegelt, betrat er zielstrebig seinen Vorgarten und frohlockte, natürlich viel zu laut: »Hiii, Nachbar. Was macht das Öl? Soll ich lieber warten mit Tanken?«

Der hat mir mit seinen dummen Sprüchen noch gefehlt!

Auf Jeromes Höhe angekommen, fragte Tim natürlich – wie täglich seit einer Woche – scheinheilig weiter: »Und? Wie läuft der Handel? Wo ist der Pool?«

Jerome gönnte sich ein nervöses Lachen und quälte sich ein »Läuft gut. Pool kommt« heraus; schließlich konnte man ja nicht jeden Pool nehmen. »Hab eben noch einen Riesentrade im DAX gemacht!« – Stimmte ja sogar.

»DAX? So, so.« Tim nickte, dann schlug er seine Autotür auch schon zu.

Zurück am Rechner, die Tüte noch in der Hand haltend, traf Jerome … *Oooh Heiliger!* … der Blick auf den Chart wie ein Stich ins Herz, und die Heftigkeit der plötzlichen Situation ließ ihn wie entwurzelt erstarren.

Name	Position	Traded	P/L Point	P/L	Time	Last Quote	Bid	Ask
FDAX	+1K	6270	–153	–3825 Euro	09:39:34	6117	6117	6118

Augenblicke später schüttelte er heftig den Kopf, in der Hoffnung, dass er aus diesem Traum erwachen möge, doch nichts dergleichen geschah. Jerome atmete, so ruhig es ging, sah sich aber gezwungen, den linken Arm zu heben, um einen Schmerz in der Herzgegend zu verscheuchen. So stehend, überdachte er im Flug alle Möglichkeiten, versammelte die Bilder und Zeilen seines »Fachwissens« vor seinem inneren Auge. Jede einzelne Seite und jedes gehörte Wort rief er sich zurück – sie müssten doch mit diesem »Rätsel« des laufenden *Long*-Trades irgendwie verstrickt sein. Sein Hirn suchte und suchte binnen Bruchteilen einer Sekunde die übergeordnete Logik hinter all dem Geschehen – vergebens. Die nun hastig folgende *Positionsdrehung* in den weiter fallenden Markt hinein war folglich eine reine Instinkthandlung, ein impulsiver Griff, gleichsam wie man, ohne zu überlegen, ein Kind fasst, das sich übers Geländer beugt.

… 6132 … 6131 … 6133

Minuten vergingen.

… 6142 … 6145 … 6147

Acht Minuten später, gefesselt im Schraubstock der Emotionen, schloss Jerome auch diese von einst *long* nun auf *short* gedrehte Position und realisierte neben den vorherigen 3.950 Euro weitere 625 Euro Minus. Das Ganze passierte noch zwei weitere Male, und an diesem Tage geschah erstmalig etwas, das Jerome unter keinen Umständen verstehen wollte …

Als am späten Nachmittag Sabines Wagen die Grundstückseinfahrt auffuhr, packte Jerome Angst, unbändige Angst. Was sollte jetzt kommen? Unzählige erschreckende Stimmen erwachten in ihm, die warnten und lärmten und sich selbst überschrien. Er fühlte es nur dunkel, denn er wagte es nicht, sich das Ganze vollumfänglich auszudenken. Alles empörte sich in ihm gegen das Versprechen, die Familie vom Trading zu ernähren, das er einst beschworen hatte; heiße Scham brannte wie eine Wunde, und als seine Frau sodann gut gelaunt mit Lilly die Haustür aufschloss, tat er einen Schritt auf die beiden zu, atmete tief durch, um zu sprechen, zu erklären, um zum Geständnis düsterer Art anzuheben – doch plötzlich, im letzten aller Momente, hütete sich allerdings doch davor, sein Elend offen zu zeigen. Stattdessen entschied er sich dazu, sein negatives Handelsergebnis vor fremden Blicken zu bewahren wie eine selten kunstvolle Vase, die in plumpen Fingern mit einem bangen Aufschrei zerbricht. »Hey, Lilly. Hey, meine Engel!« Jeromes Lippen zierte ein Lächeln reinster Seligkeit. Nach einer kurzen Begrüßung begab er sich, jedoch *ohne* zu erklären, *ohne* zu sprechen, *ohne* zu berichten, hinaus auf sein Gartenbänkchen, fassungslos, außer sich über die Unmöglichkeit, hier Klarheit zu schaffen! Und da saß er nun und hing seinen Gedanken an jene erste Erschütterung nach, die er auf seinem Echtgeldkonto erfuhr und welche das gesamte bombastische Kartenhaus von Männlichkeit und Selbstherrlichkeit, das er sich in den vergangenen Monaten des Demohandels gebaut hatte, ohne den Hauch eines starken Wortes zusammenfallen ließ.

5.400 Euro Minus an einem einzigen Tag!

Schmerzhaft empfand er die Wucht dieser immer und immer und immer wieder nachhallenden und niederschmetternden Zahl. Jerome hatte das Gefühl, laut losschreien zu müssen unter der Qual der heutigen Erlebnisse, doch er vermochte es nicht und stöhnte nur immer wieder leise auf. Ruhe, nur Ruhe – mehr wollte Jerome nicht. Nichts als still und selig sein; er verlangte lediglich einen reichen Frieden, in den er flüchten konnte wie zu einem Altar. Nur nichts hören, nichts hören. Nur die Bäume ansehen, ja, den Abend, den herrlichen hereinbrechenden Abend. Nur die Sträucher ansehen, den Zaun und die Dächer der Nachbarhäuser. Und die Wolken da oben … Die Wolken, wie sie rasch am Himmel vorbeizogen! Ganz wenige waren noch oben. *Eins … zwei … 5.000 Euro Minus! … drei … vier … 5.000 Euro Minus! … fünf, ja, fünf Wolken … Nein, vier waren es! … Vier Wolken!* – Aber das heutige Erlebnis war zu heftig, zu lebendig in Jerome, um mal ebenso dahinzuwelken. Jeder weitere Gedanke an den heutigen Handelstag riss die emotionale Wunde tiefer und tiefer auf. … *Fünf Wolken* … Dahinten war noch eine schmale Wolke … und am liebsten wäre Jerome vor ihr auf die Knie gesunken und hätte sie gebeten, ihm zuzuhören. Doch er wollte jetzt nichts sagen, nichts verstehen! Nein, er wollte nicht. Seine Gedanken wurden immer wirrer. Er fühlte lediglich, dass er, statt an den Handelstag, nur an diese eine Wolke denken wollte. Doch diese zog jetzt fort, über den Berg hinweg, und Jerome spürte sein ganzes Herz an dieser Wolke hängen. Am liebsten hätte er sie mit ausgestreckten Händen gehalten, doch sie ging … sie lief, lief schneller, immer schneller … Und jetzt, jetzt war sie verschwunden. Jerome hörte nun wieder kalt und unabänderlich seine Worte, unter denen sein Herz in blinder Angst erbebte.

…

5.400 Euro Minus!

Knapp zwei Monatsgehälter!

5.400 Euro Minus!

…

Es krochen immer weitere Gedanken aus der Tiefe empor, weshalb Jerome sein Tagebuch hervornahm. Und die Gedanken wurden zu Worten, fast ohne dass er es wollte, und er schrieb … und schrieb … und schrieb … und überhörte sogar, fast bewusst, Sabines mehrmalige Aufforderung, zum Abendessen zu kommen – schließlich musste ihm in einem freien Land wie diesem ja gestattet sein, als privater Vollzeittrader den bevorstehenden Sonnenuntergang in Ruhe genießen zu dürfen. »JEROME, nun komm doch bitte endlich!« Dann raffte er sich schließlich doch auf und trat – Sabine und Lilly saßen bereits beim Abendessen – langsam ein, mit dem vorsichtig leisen Gang eines zu spät Kommenden. »Papa, was willst du trinken?« Doch beim Anblick seiner Familie unterlag er erneut dem unmittelbaren Zauber der eigenen Gefühlsmusik. Er hätte losheulen können, denn dieses Lied mit seiner aufpeitschenden, aber auch drängenden Melodie erregte in ihm so nie gekannte Gefühle, die seine ohnehin schon von den Trades und deren Tagesergebnis völlig schwachen und überreizten Nerven in eine noch furchtbarere, atemlose Spannung versetzten.

Gesprochen beim Abendessen wurde über dies und das, über Lillys Tag im Kindergarten, über Timmy, den Jungen, der auf dem Spielplatz ihren rosafarbenen Roller ungefragt benutzt hatte, über Sabines Tag und den plötzlichen Computerausfall, und hie und da fiel auch ein Wort über den Handelstag, wobei Jerome bei jeder Erwähnung unwillkürlich, mal mehr, mal weniger, den Kopf duckte, ohne Mut, Sabine allzu lange in die Augen zu schauen. »Du willst wissen, wie es heute war? Oooch ... DAX ging runter ... DAX ging rauf ... halt das Übliche.« Diese nichtssagenden Antworten flatterten wie aufgeworfene Blätter haltlos in der Luft umher, um dann matt zu Boden zu sinken. Dennoch musste nach dem Abendessen sein fieberhaftes Nachdenken über seine heutigen Erlebnisse seine Gesichtszüge kurzzeitig verzerrt haben, denn Sabine fragte zum späteren Abend hin: »Hast du Kopfschmerzen?«, woraufhin ein »Nein ... nein ... ist alles bestens! Alles bestens!« folgte und Jerome hastig nach seiner Zeitung griff und sich aus den aufgeschlagenen Blättern eine Palisade gegen die fragenden Blicke baute. Immer mehr fühlte er sich ohnmächtig, Sabines Augen zu begegnen.

...
5.400 Euro Minus!
Knapp zwei Monatsgehälter!
5.400 Euro Minus!
...

Während des abendlichen Spielfilms saß Jerome neben seiner Frau, lehnte aber still und weit in die Kissen der Couch zurückgelehnt. Sabine folgte begeistert einem dramatischen Streifen, dessen Handlung Jerome aber nicht verstand, da er den Anfang verpasst hatte. Stattdessen las er, oder besser gesagt, er blätterte, den gefährlichen Blick unter den verhangenen Lidern verbergend, in einem Buch und nagte flink und eifrig wie eine Maus am Nagel seines kleinen Fingers, im stillen Wissen, dass dieses Buch nur ein Versteck war, ein Verbergen vor fremder Neugier. Kurz vor zehn raffte er sich auf und schleppte sich völlig gequält in sein Arbeitszimmer.

... 6298; ... 6299; ... 6298

Der Markt hatte die Tagestiefs bereits am späten Nachmittag weit hinter sich gelassen, das Eröffnungs-Gap war gegen Abend geschlossen, und in der letzten Handelsminute strebte der Markt sogar bereits dem Vortages-Hoch entgegen.

…
21:59:53 Uhr … 6298 …
21:59:54 Uhr … 6299 …
21:59:55 Uhr … 6301 …
21:59:56 Uhr … 6303 …
21:59:57 Uhr … 6301 …
21:59:58 Uhr … 6304 …
21:59:59 Uhr … 6303 …
22:00:00 Uhr … 6308 …
22:00:00 Uhr … 6308 …
22:00:00 Uhr … 6308 …
…

Trotz des verhassten Blicks auf den Chart – schließlich teilte dieser ihm mit, dass die Übernacht-Position vom Freitag, hätte man heute nichts unternommen, mittlerweile sogar knapp vierzig Punkte im Plus gelegen hätte – empfing Jerome den Börsenschluss und damit das Ruhen der Charts wie einen dankbaren Kuss der Dinge. Denn der Stillstand der Time & Sales-Liste befreite ihn – befreite ihn, er konnte nicht in Worte fassen, wovon. Doch es war, als reiche der starre Chart des DAX-Futures, trotz der zugefügten Grausamkeiten, seiner Seele die Hand, als streichele er seine Nerven und überschütte ihn mit der erbettelten Ruhe seiner am heutigen Tag erstmalig völlig überströmenden Sensibilität. Ein letzter Blick:

Tagesergebnis: –5.425 Euro
aktueller Kontostand: 32.025 Euro

Als müder, alter Mann betrat Jerome das Schlafzimmer und begann sich langsam zu entkleiden, stieg unter die Dusche, um sich dann, wenige Augenblicke später, in seinem Bett völlig erschöpft zu dehnen. Sonst pflegte er noch bis tief in die Nacht hinein zu lesen, oder er lehnte in einem süßen Gefühl am Fenster, blickte von oben über die vom hellen Mondschein beleuchteten Dächer der Nachbarhäuser, ohne dabei klare, zielstrebende Gedanken zu haben, sondern nur das unbestimmte Gefühl einer Liebe für das nächtlich schimmernde Mondlicht, das von vielen blanken Scheiben gespiegelt wurde, hinter denen sich die Geheimnisse des alltäglichen Lebens verbargen. Heute jedoch empfand er eine bisher *nie* gekannte Mattigkeit, eine Schwere, die sich einzig danach sehnte, von der milden, warm anschmiegenden Bettdecke getragen zu werden – und danach, dass die gleichsam einem hurtigen Schattenspiel vorbeitanzenden Erinnerungen an den heutigen Handelstag endlich aufhören mögen.

…
5.400 Euro Minus!
Knapp zwei Monatsgehälter!
5.400 Euro Minus!
…

Noch hörte Jerome, wie Sabine ebenfalls zu Bett ging, und als ihr Atem neben ihm flach und unbesorgt ging, kam ihm, an die dunkle Zimmerdecke starrend, der Gedanke, ob er sie wohl wachrütteln sollte, um zu berichten, zu erklären, sein Herz auszuschreien, sich auszutoben. Wie allerdings sollte er es aussprechen, laut in Worten, das Entsetzliche?

… 5.400 Euro Minus!

FÜNFTAUSEND!

So furchtbar stieß Jerome die seufzende Qual aus der Brust, dass Sabine an seiner Seite erwachte. »Was ist?«, fragte sie schlaftrunken. Jerome rührte sich nicht und hielt den Atem an. Und so lag er regungslos im finsteren Sarg seiner Qual, von den Gedanken zerfressen wie von Würmern, und fand seinen Zustand von Stunde zu Stunde immer unerträglicher, und vor allem: ungerechter, schließlich war er jahrelang der Prototyp des liebevollen und treu ergebenen sowie verlässlichen Ehemanns gewesen, um nun, bereits in der zweiten Woche als privater Vollzeittrader, mit einem negativen Handelskonto dazustehen. Und genau hier fand sich der Quell des unsagbar peinlichen Moments, welcher in ihm ein sehr *komplexes Dilemma* auslöste: Sollte er sich weiterhin gut gelaunt präsentieren und Sabine damit weismachen, dass um ihn und das Konto alles bestens bestellt sei, und mit der Möglichkeit der Abgabe eines gefälschten Berichts somit die Chance auf einen baldigen erfolgreichen, alles wieder bereinigenden Handelsablauf nutzen? Oder sollte er die Wahrheit sagen und folglich in die feuchten Augen seiner eigenen Frau blicken und einen Streit heraufbeschwören?

…
5.400 Euro Minus!
Knapp zwei Monatsgehälter!
5.400 Euro Minus!
…

Jerome wählte die erste Option und entschied vor dem Einschlafen, dass heute alles andere als der *richtige Zeitpunkt* sei, um über *grundsätzliche Dinge* zu reden …

3. Kapitel
Dritte Woche In sturmzerzauster Welt

Eine Erinnerung an eine bevorstehende Feier; eine unerwartete öffentliche Rede eines Freundes; eine von Bill Gates gesponserte neue Küche. Und abermals Grundsätzliches, das unausgesprochen bleibt …

Jerome öffnete die E-Mail, scrollte jedoch die Broker-Abrechnung nicht ganz nach unten. Seine Finger erstarrten förmlich, während er sich – wie an jedem der vergangenen Handelstage – nur noch eines sehnlichst wünschte: mit dem Trading vielleicht doch nicht so vorschnell angefangen zu haben. Er verfiel – wie an nahezu jedem der vergangenen sechs Tage – in jenen Tagtraum, der mit einer Verwechslungsgeschichte zu tun hatte, die er vor Kurzem in einer Zeitung gelesen hatte. Jerome fand die Geschichte so toll, dass er den Bericht ausgeschnitten und aufgehoben hatte: Zwei Kreditkartenabrechnungen wurden jeweils dem falschen Empfänger zugeschickt, und – man stelle sich das mal vor! – jeder der beiden Empfänger hatte die verkehrte Rechnung bezahlt, ohne die Verwechslung überhaupt zu bemerken. Sie hatten die Rechnung des jeweils anderen bezahlt, ohne sie zu überprüfen! Seit er diese Geschichte gelesen hatte, hegte Jerome den geheimen Traum, dass ihm genau das Gleiche mit der Abrechnung seiner Trades passieren würde. Doch nichts dergleichen geschah. Stattdessen kam es bei Jerome in den letzten Handelstagen sogar regelrecht zu einer Verkrümmung seiner Sinne: Sein rechtes Auge wollte den zappelnden Markt überhaupt nicht mehr sehen, sein linkes Auge hingegen schon, raunte diesem doch der Chartverlauf des DAX jeder Periode aufs Neue den üblichen hastig verstohlenen Lockruf »Rate mal, wo ich als Nächstes hingehe?!« zu und deutete damit ins verheißungsvoll Ungewisse, so, als erwarte den »mutigen« Trader, welcher dem Wink und dem Lockruf der aktuell zappelnden Periode auf Schritt und Tritt folgte, dort irgendwo ein ungeheures, nie gekostetes und grenzenloses Vergnügen …

Und so kam es, dass Jeromes zurückliegende Handelstage immer nach demselben Schema abgelaufen waren: Noch in den ersten Minuten nach Handelseröffnung einem Trade tapfer widerstehend – schließlich stand das allmorgendlich vorgenommene Verhalten gänzlich in den Grenzen sorgfältig gezirkelter »Überlegungen« und erzwungener Ruhe –, passierte dann das, was immer passierte: Jerome musste nur den aktuellen Marktverlauf eines Wertes lang genug betrachten und sich an ihm gewärmt haben – und schon drängte es ihn unwiderstehlich ins Ordermenü, um dann … *peng* … obwohl ihm die Finger zitterten, schlussendlich doch einen Trade anzuordnen, der ihm prompt den Schweiß auf die Stirn trieb. Jerome wusste nicht weshalb, aber er war irgendwie ... *ja, wie sagt man?* ... »fasziniert« von all den bunten und flackernden Charts, den nie zur Ruhe kommenden Kursen und den ununterbrochenen dahinrasselnden Time & Sales-Listen. Das alles zog ihn magisch an. Es war, als würde Jerome sich kurz nach Börseneröffnung wieder in einen kleinen Jungen verwandeln, der die Welt neu entdeckte, als würden die Charts, die Candlesticks, die vielen scheinbar sichtbaren Widerstände und Unterstützungen und Kurse rufen: »Probier mich aus! Trade mich! Handel mich!« Und Jerome gehorchte. Er konnte nicht anders. Er musste *alles* probieren. *Alles* traden.

Und so klickte er sich, wenn auch schwer beschwingt, Stunde um Stunde durch seine Handelsplattform und eröffnete gleich mal ebenso eine Long-Position hier und eine Short-Position da, probierte mal diesen, probierte mal jenen Markt durch, um sich dann, kaum war eine Entscheidung getroffen, gespannt über seine Tastatur zu beugen, um seine Position ununterbrochen zu inspizieren und zu observieren, die auf seinen beiden Bildschirmen der Morgen-, der Mittags- oder der Abendsonne entgegenrauschte. Aber: Kaum war eine Periode im Chart vorbei, legte die nächste zu Jeromes eingegangener Position bereits ihr Veto ein, woraufhin dieser sich bei jeder Periode, während er den Marktverlauf und damit seine nur allzu oft ins Minus laufende Position anstarrte, aufs Neue schwor, »etwas« mehr Geduld walten zu lassen. Okay, vielleicht hin und wieder einen kleinen Trade an einer Widerstands- oder Unterstützungslinie, doch bestimmt nie wieder in solchen Seitwärtsphasen. Das hieß, falls Jerome jemals ins Plus käme! Ein ziemlich großes falls, denn inzwischen hatte Jerome an den vergangenen Tagen, außer vergangenen Donnerstag, keinen positiven Handelstag mehr gehabt, und bei jedem erneuten Ausstoppen einer seiner Positionen hätte er am liebsten den jeweiligen Handelstag sofort beendet. Doch er musste sich weiterhin, Stunde um Stunde, Tag um Tag mit diesem scheinbar »unberechenbaren« Markt herumschlagen. Er musste! Schließlich hatte er Sabine seit Tagen nicht mehr den Kontostand präsentiert, wie er es zuvor so oft und so stolz beim Demokonto getan hatte. Bestimmt konnte er sie nicht mehr lange hinhalten, denn vom Handelsverlauf sprach er immer öfter nur noch im Allgemeinen und übertünchte so das wahre tagtägliche Geschehen; zugute kam ihm dabei Sabines generelle Unkenntnis bezüglich der Börsenwelt. Auf ihre Fragen nach den Ergebnissen, nach dem »Wie läuft's?«, meinte er stets: »Alles ist gut«, und dies in einem Tonfall, an dem er tagtäglich feilte, damit er fest und zugleich warm, eindrucksvoll und zugleich vor allem beruhigend klang, und das, obwohl Jerome wusste, dass seine Beschwichtigungs- und Ablenkungsmanöver bestimmt nicht mehr lange funktionieren würden. Jeden Abend fürchtete er die konkrete Frage: »Willst du mir nicht mal das Konto zeigen? Ich würde wirklich gern wissen, wie unsere Zukunft so aussieht!« Die Zukunft. – Oha ... Jerome betrachtete das Wort seit dem Verlauf der vergangenen Tage als das schwammigste Gebilde, das man sich nur denken konnte. Aber: Sabines Fragen nach dem Konto und seinen Handelstagen waren – obwohl schon schlimm – nicht einmal das Allerschlimmste. Das Allerschlimmste war das Zurückkommen in sein Arbeitszimmer, an denselben Schreibtisch, dieselben Bildschirme, dieselbe Maus, dieselbe Tastatur, dieselbe Handelsplattform. Denn kaum allein mit sich, versuchte Jerome zu rekonstruieren, was er am klügsten hätte antworten sollen und was er das nachste Mal sagen müsste, um den Verdacht, dass hier mit seinem Trading etwas nicht stimmte, wieder abzulenken. Durch den Verdacht, den er vielleicht durch eine unachtsame Bemerkung oder einen Blick heraufbeschwor, da er nie exakt bestimmen konnte, wie viel seine Frau wie auch immer bereits »ausgekundschaftet« hatte, wurde jede Antwort mit einer ungeheuren Verantwortung belastet. Gab er etwas zu, was Sabine nicht bekannt war, so lieferte er sich unnötig ans Messer. Leugnete er zu viel, so schädigte er sich selbst. – Was also tun? Jerome überlegte, er durchdachte, er durchforstete, er überprüfte seine eigenen Aussagen auf jedes Wort, das er bisher gegenüber Sabine geäußert hatte, er rekapitulierte jede Frage, die sie gestellt, jede Antwort, die er beiläufig gegeben hatte. Er versuchte zu schätzen, welche Vorstellung Sabine von der Höhe auf seinem Tradingkonto haben könnte, und doch wusste er, dass er dies nie genau bestimmen und erfahren konnte – es sei denn, er würde anfangen, mit ihr über Grundsätzliches zu reden. Doch zuvor musste Jerome noch einige Frage klären:

Kann ich … KANN ich nicht auch mal der Gewinner sein?

Wieso … WIESO bin immer ich der Idiot, und warum … WARUM haben alle anderen, nicht aber ich die Millionen?

Wann komme ich endlich dazu, meine Fähigkeiten des Demohandels unter Beweis zu stellen?

Eine mögliche Begründung für die momentane Situation kam einstweilen unverhofft, als nämlich am Dienstagnachmittag plötzlich Henry vor der Tür stand. Unangemeldet wie immer. Jerome wollte ihn zuerst gar nicht hineinlassen, schließlich hieß es, seine aktuellen DAX-Trades zu beaufsichtigen. Doch ein Mann wie Henry lässt sich nicht so schnell entmutigen.

Er hielt seinen Daumen so lange auf dem Klingelknopf, bis Jerome völlig entnervt kapitulierte.

»Mein Gott, Jerome, wie siehst du denn heute aus? Hast du Stress in deinem neuen Job? Stress ist gut, dann brummt der Laden wenigstens. Wann kommt der Pool?«

Heeee?

Ach, egal!

Henry zog sich einen Stuhl heran und schaute nun gemeinsam mit Jerome auf die Monitore. »Was geht denn heute so an den Märkten ab?! Welche Aktie ist aktuell dein Favorit?«

»Nun …« Zur Beantwortung zog Jerome eine von ihm seit längerer Zeit beobachtete Aktie heran. »Dieser Wert wird in den kommenden Tagen stark ansteigen! *Muss* er auch, weil …« Und Henry erfuhr mittels unzähliger »fachlicher Begründungen« – Resultat eines gelesenen Fachartikels –, weshalb *Medion* den aktuellen Kurs von 35,10 Euro niemals wieder sehen würde und weshalb das Ding in den kommenden Tagen bei 50 Euro stehen könne. Stehen müsse!

»*Wow* … Nachbar, du hast da ja echt viel drauf! Da brummt dein Laden wohl!«

»Naja … ähm …« Jerome entschied, wenigstens einem Menschen zu erzählen, dass das mit dem momentanen Trading – Hand aufs Herz – doch nicht ganz so einfach sei. Natürlich *ohne* konkrete Kontodetails und auch *ohne* die heutigen 300 Euro Minus zu erwähnen; und so zeigte sich Henry leicht irritiert, aber durchaus verständnisvoll, als er – natürlich nur so *ganz, gaaaaanz* grob – erfuhr, dass alles, was an Jerome brummte, derzeit lediglich sein eigener Kopf war und dass trotz seiner »Dauerobservation« die Märkte nicht immer ganz vorhersehbar waren. Aber wie es sich für einen guten Freund gehörte, war Henry auch schnell mit einer Lösung bei der Hand: »Mhm … Mein lieber Jerome, deine momentane Situation hat ganz bestimmt *psychische* Ursachen.« Er grinste. »Vielleicht liegt es daran, dass du in drei Tagen fünfunddreißig wirst?! – Na?!«

Mein … Geburtstag!

Oooh shit, total vergessen!!

»Och, das nehme ich ganz locker«, log Jerome völlig irritiert, und seine Lippen verzerrten sich zu einem gezwungenen Lächeln.

*

Drei Tage später wachte Jerome auf und war deprimiert. *Fünfunddreißig!* Damit war er endgültig in die zweite Hälfte des Erwachsenenlebens getreten.

Puff … Aus der Traum von der ewigen Jugend.

Puff … Spätestens jetzt waren die Zeiten der Unreife vorbei.

Puff … Vorbei die Zeiten, um sich bei den Eltern Geld zu borgen.

Puff … Vorbei die Zeit, wo man an einem hundsgewöhnlichen Werktag so richtig abstürzte und sich tags darauf im Büro krankmelden würde. Immer vorausgesetzt natürlich, dass man noch einen Bürojob hatte!

Puff! … Puff! … Puff! …

Nachdem Sabine ihre herzlichsten Glückwünsche »… mein Engel … Gesundheit … langes Leben … tolle Ehe … viel Erfolg im Trading … bin stolz, dass du das durchziehst …« ausgesprochen und mit einem zärtlichen Kuss untermalt hatte, schlappte Jerome ins Bad und betrachtete minutenlang schweigend sein Spiegelbild.

Fünfunddreißig!

Nichts konnte Jerome über diese Tatsache hinwegtrösten, selbst wenn er heute noch so viele Drinks in sich hineinkippen würde. Noch immer konnte er es nicht fassen, dass er tatsächlich schon fünfunddreißig wurde. Vor gar nicht allzu langer Zeit schien dieser Tag noch in unendlicher Ferne zu liegen. »Fünfunddreißig« klang unheimlich alt, fast schon wie »vierzig«. Jerome erinnerte sich, dass er damals dachte: »So alt werde ich *nie*!« Er hatte gedacht, mit fünfunddreißig würde er in aller Herrgottsfrühe im Südflügel seiner Villa aufstehen, in einen adretten weißen Bademantel gehüllt ein paar gebutterte Scheiben Toasts verdrücken, dazu in aller Ruhe einen köstlichen Kaffee schlürfen, während er, die Ruhe in Person, die *Financial Times* durchblätterte oder im Frühstücksfernsehen die Nachrichten verfolgte, ehe er sich auf den Weg zu seinen Wellnessterminen machen und unterwegs die Auszüge seines dicken Kontos lesen würde. – *Mhm …* Nun allerdings, mit dem heutigen Tag, *war* er *tatsächlich* fünfunddreißig und hatte weder die Riesenvilla noch die Millionen auf Schweizer Bankkonten. Im Gegenteil: Dank des Tradens quälte er sich jeden Morgen hundemude aus dem Bett und kämpfte mit jedem neuen Handelstag, und momentan sah es so aus, dass er nach seinem ersten Tradingmonat jeden müden Cent würde zusammenkratzen müssen, um seine laufenden Rechnungen bezahlen zu können. Von Ruhe und dem Genießen seiner Millionen als Trader war er demnach ungefähr so weit entfernt wie … *mhm??? … egal* … auf alle Fälle weit, sehr weit entfernt.

Ein Gefühl der Leere umfing Jerome. Jetzt war *endgültig* Schluss mit lustig. »Fünfunddreißig« zu sein, das bedeutete, dass man sich mündig und erwachsen verhielt und so tat, als hätte man alles im Griff. Besonders als Trader! Das hieß: nicht mehr ständig »Minustrades« einzufahren und seiner Familie die versprochenen Millionen vorzuenthalten, sondern sich vernünftig und fachlich korrekt vor den Monitoren den Chartverläufen zu stellen. »Ich und nur noch Plustrades?«, murmelte Jerome, immer noch sein Spiegelbild betrachtend. »Ich und mündig? Ich vernünftig?« Allein die Vorstellung kam ihm – weshalb auch immer – lachhaft vor. »Scheiße noch mal, warum bin ich so ein Spätzünder in Sachen Trading? Stimmt vielleicht wirklich irgendetwas nicht mit mir?« Vielleicht hatte die leise innere Stimme ja recht, vielleicht hätte er doch seinen seriösen Job behalten sollen! Und während er weiterhin sein verzweifeltes Spiegelbild fest im Blick hielt, prasselten auf seinem Handy … *Pieppiep, pieppiep, pieppiep, pieppiep* … inzwischen die ersten Geburtstags-Kurzmitteilungen ein. »Alles Gute … Wir sehen uns heute Abend auf der Geburtstagsparty!«

»Hey! Was ziehst du denn für ein langes Gesicht? Fünfunddreißig ist doch kein schlechtes Alter!«

»Du hast leicht reden mit deinen vierunddreißig!«

»Vierunddreißig!« Henry ließ einen leisen Pfiff ertönen und gab dem Geburtstagskind einen Kuss auf die Stirn. »Tja, mein Lieber: Unsere guten Jahre sind praktisch gezählt.«

»Du sagst es. Ich gehöre ab jetzt zum alten Eisen – aber ich stehe dazu.« Jerome stieß mit Henry an. »Alt sein hat nämlich auch seine Vorteile. Wir alten Knacker wissen zum Beispiel eine ausgewachsene Depression wirksam zu bekämpfen …«

Henry wusste mit der Aussage zwar nicht so recht etwas anzufangen, fragte aber dennoch: »Echt?! Wie denn?!«

»Wir bechern sie einfach nieder!«

Henry hob amüsiert eine Augenbraue. »Na, da wollen wir doch mal sehen, wie viel du verträgst! Hey, Alex«, rief er, »du hast das Geburtstagskind gehört! Also, her mit den Drinks!« Lachend erhob sich der Angesprochene und begab sich an die Theke, derweil Jerome seine Freunde betrachtete, die sich zur abendlichen Feier des Tages hier versammelt hatten. Es waren alle da. Toni hatte sogar seine neue Freundin mitgebracht. Die beiden schwebten ganz klar auf Wolke sieben. Und auch Jeromes ehemalige Arbeitskollegin Julia wirkt rundherum glücklich, denn ihr Mann befand sich ausnahmsweise mal nicht auf Dienstreise, und die beiden waren zur Abwechslung ein Herz und eine Seele. Immer wieder beugte sie sich zu ihm hinüber und küsste ihn zärtlich auf die Wange.

Seufz! Seufz! Seufz!

Strahlende Gesichter weit und breit.

»Auf das Geburtstagskind!«

»PROST!« – »PROST!« – »PROST!«

Alle prosteten Jerome zu, doch dieser ließ sein Glas gleich wieder sinken, ohne davon getrunken zu haben, und schielte unbemerkt auf den kleinen Fernseher über der Theke. Noch einen Minustrade konnte er an seinem Geburtstag überhaupt nicht gebrauchen! Denn heute Morgen nach dem gemeinsamem Frühstück war sein »Geburtstagstrade« im DAX zwar zu Beginn ins Plus gelaufen, aber Jerome war der Meinung, zum Geburtstag müsse deutlich mehr drin sein als nur die paar »mickrigen« zwanzig Punkte, diesmal mit fünfzehn CFDs. Er ließ den Trade also laufen, aber dann, dann war der Markt gefallen – und Jerome war *long* … und tat das, was wahrscheinliche alle Geburtstagskinder in einer solch prekären Lage tun würden: Er ließ den Trade laufen – denn wenn ihm schon Gott und die Welt zum Geburtstag »alles Gute« und ein »glückliches Händchen mit seinen Trades« wünschten, dann wollte er *wenigstens an diesem Tag* keinen Minustrade haben! – *Na, ehrlich mal!* Aber es kam anders. Das Minus wurde größer und größer und größer, schließlich sogar unerträglich, und Jerome saß, das Kinn auf seine gefalteten Hände gestützt, während Sabine noch letzte Besorgungen in der Stadt machte, mit geschlossenen Augen in seinem Arbeitszimmer. Dann öffnete er sie wieder und rief: »Warum tue ich mir das zu meinem Geburtstag an?« Er stand auf, trug seine Kaffeetasse in die Küche und ließ, sich auf der Tischplatte abstützend, den Kopf hängen. Er verstand einfach nicht mehr, worauf er sich da eingelassen hatte. Traurig sah er den schönen Geburtstagskuchen an, den Sabine und Lilly am Vorabend heimlich für ihn gebacken hatten. – *Mannomann!* Er legte sich ein großes Stück auf den Teller, kehrte zu seinen Monitoren zurück, atmete langsam aus, betrachtete den immer weiter gegen ihn laufenden Chart und startete damit, schweigsam an seinem Geburtstagskuchen herumknabbernd, mit … *980 … 1.020 … 1.010 Euro Minus* … an seinem Ehrentag und hoffte nun darauf, dass in seinen Glückwunschkarten Geldscheine beigelegt waren. – *Aber um die tausend Euro?* So viele Freunde hatte er nicht, dass er damit sein Minus hätte ausgleichen können.

»Hey, Jerome. Hier, dein Geschenk!«

Puh! – Jerome wurde aus seinem Grübeln gerissen.

»Ihr schenkt mir was?«

»Du hast Geburtstag. Und wir sind deine Freunde. Und Geburtstagsparty plus Freunde ist gleich Geschenk, meistens jedenfalls!«

Das machte Sinn. Jerome nahm also das schuhkartongroße Etwas, setzte sich, riss die Verpackung weg und klappte den Deckel auf. Darin lag irgendein Buch, eingewickelt in dünnes weißes Papier. Jerome drehte es herum: »Handbuch zum Bau eines Pools«.

»Danke!«, sagte Jerome, verstand den Wink und blätterte mit gespieltem Interesse darin. »Ein wirklich schönes Geschenk ist das!« Dann meldet sich Jeromes ehemalige Kollegin zu Wort, bedrohlich ihr Weinglas schwenkend. Jerome schluckte, legte das Buch so vorsichtig zurück in den Karton, als könne es kaputtgehen, und stöhnte bei der nun folgenden Geburtstagsrede innerlich auf: Die verrückte Julia wünschte ihm weiterhin ein aufregendes Eheleben und … *hahaha* … ein noch aufregenderes Sexleben. *Wenn sie nur wüsste!* Es folgten die an Geburtstagen üblichen und zahlreichen Trinksprüche und Anekdoten über das Geburtstagskind: Anekdote. Applaus. Foto. – Anekdote. Applaus. Foto. – Anekdote. Applaus. Foto.

»Auf Jerome!« – »Auf Jerome!« – »Auf Jerome!«

Von allen Seiten ertönten Jubelrufe. Nur Jerome schielte stumm in Richtung Theke und sah dann plötzlich zu seiner großen Erleichterung grüne Prozentzahlen übers Laufband huschen!

»… DOW JONES + 0,1 % … DAX + 0,3 % …«

Oh-ja … Endlich!

ENDLICH!

Der Markt hat gedreht!

Her mit den Drinks ... Aber dalli!

Jetzt konnte Jerome seinen Geburtstag so richtig genießen, schließlich hatte er noch am Nachmittag, kurz bevor er mit Sabine aus dem Haus ging, seine bestehende Geburtstags-Minusposition mit zehn weiteren CFDs *long* aufgestockt. Nach einem groben Überschlag musste er nun sogar nach einem Minus von knapp 1.200 Euro mit einigen Punkten vorn liegen. Ein schneller Anruf etwas abseits der Gäste, und die Position war verkauft. Achtzig Euro Plus. »PARTY!!!«, rief Jerome, begann ausgelassen mit Sabine zu tanzen, und nach einigen weiteren Drinks hatte er seine heutige Depression schon beinahe überwunden, zumindest bis zu jenem Moment, bis Henry plötzlich mit der Gabel an sein Glas schlug:

»Ich will euch etwas mitteilen! Mal alle herhören!« Da keine nennenswerte Reaktion erfolgte, ließ Henry ein weiteres Mal sein Glas erklingen. »R-U-H-E! Ich muss euch etwas mitteilen«, verkündete er mit leuchtenden Augen. »Ich ...«, er stand auf und wandte sich in Richtung des Geburtstagskindes, »ich ... ich ... habe einen *super* Deal an ... der Börse gemacht!«

»Du hast *WAAAS*?!«, ertönte es. Und während fragende Blicke die Runde machten, schaute Henrys Frau giftig zu ihrem Mann herüber, hatte sie ihm doch strengstens untersagt, diesen »Börsenscheiß« auch nur ein einziges Mal anzufassen! »Was für einen *D-E-A-L*?! Du handelst doch gar nicht! *Oder?!*« Ihr gefährlicher Unterton ließ nichts Gutes erahnen.

»Ähm ... ich weiß. Ich weiß.« Er nahm ihre Hand und tätschelte sie. »Ich habe ... aber dennoch ... ähm ...«, stotterte er und gab seiner Frau vorbeugend einen versöhnlichen Kuss, zeichnete sich doch ihre Halsschlagader gerade gefährlich deutlich ab. »Ich ... ich meine, also ... ich habe dir den Deal verschwiegen!«

»*WAAAS*?«, stießen Henrys Frau und Jerome fast zeitgleich hervor.

»Also, ich hab fünfzehn ...«

»Fünfzehn *waaaaas?!*« Henrys Frau kochte.

»Also ... ich ... hab ... fünf ... zehn ... t-a-u-s-e-n-d ... Euro ...«, Henry genoss die angespannte Situation und dröhnte schließlich mit langgezogenen Worten: »PLUS GEMACHT!« Dann drehte er sich mehrmals wie ein Kind ausgelassen im Kreis.

Erstaunte Blicke.

Offene Münder.

»ALLES geht auf meine Rechnung!«, schrie Henry, der seinen Superdeal immer noch selbst kaum fassen konnte, und umarmte seine Frau, der plötzlich vor Freude die Tränen in den Augen standen. Alle Anwesenden beglückwünschten nun Henry und verliehen ihrer Bewunderung durch laute »*Wows*« und »*Boahs*« Ausdruck – nur einer nicht: Jerome. Er hatte mit dem Löffel vor dem Mund zu essen aufgehört und blickte Henry an.

15.000 waaaaasss?!

Gedankenfetzen wirbelten, Jeromes Puls raste, und was sein Magen machte, war auch nicht so angenehm. »*Fünfzehn Scheine?! WIE? ... WAS? ... Heee?*« Jerome war geschockt. »Henry weiß doch nicht einmal, was ein 10-Minuten-Chart ist?!«, heulte er leise und ließ sich tiefer in seinen Stuhl gleiten. Doch der richtige Hammer kam erst noch:

»*15.000 Euro!* Und wisst ihr«, Henry stopfte sich mit seiner Gabel Reis in den Mund und sprach sichtlich durch die Zähne, »wie ich das gemacht habe?!« Mit dieser Frage zog er alle Anwesenden wie mit einem Lasso an sich heran und bannte sie reglos an ihre Stelle. »Erzähl!«, forderte die Menge. Henry hob die Hand und schaffte schlagartig eine Art Lagerfeuerstimmung. »Ihr wollt wissen, wer mir den Tipp für diesen Deal gegeben hat?«

»Jaaaaa!«

Henry beugte sich hinüber zu Jerome und drückte ihm plötzlich einen langen Kuss auf die Stirn. »Das ... *na?* ... DAS GEBURTSTAGSKIND!« Henry hob sein Glas. »Danke, mein Freund. Danke. Danke. D-a-n-k-e!!!«

Abermals jubelten alle und beglückwünschten nun wiederum Jerome und verliehen ihrer Bewunderung durch laute »*Wows*« und »*Boahs*« Ausdruck – nur einer nicht: Jerome. Mit der Langsamkeit einer Prozession unter der Sonne rang er sekundenlang um seine Verfassung. – *Wovon zum Teufel redete der?*

»Erinnerst du dich nicht, Jerome? Dein Tipp mit der *Medion*-Aktie«, platzte Henry heraus. »Weißt du noch, vor drei Tagen nachmittags bei dir zu Hause, als ich dich an deinen Geburtstag erinnert habe?! Eigentlich war das ja gar nicht geplant. Ich wollte eigentlich gar nichts investieren. Aber«, er nahm seine Frau liebevoll in den Arm, »wenn Jerome sagt *Es steigt!*, dann *MUSS* es steigen! Der Bursche muss es wissen! – Schließlich ist er *Vollzeittrader*!«

Schluck.

»Ähm ... ja, klar ... das sind ja ... tolle Neuigkeiten«, krächzte Jerome. »Ehrlich!« Er stützte das Kinn in die Hände und gab sich größte Mühe, so zu wirken, als würde er sich für Henry freuen. Doch seine Gedanken kreisten um die Frage: Wie war es möglich, dass Henry mit *seinem Tipp* Geld verdiente, wohingegen er selbst mit diesem Trade, nachdem der Markt einen kleinen Rücksetzer gemacht hatte, etliche Hundert Euro Minus kassierte? Die Antwort blieb er sich schuldig, denn Henrys Frau stellte sich plötzlich zwischen ihn und Sabine. »Endlich kann ich mir meine neue Küche kaufen!« Dann blickte sie Sabine an. »Du hast schon einen tollen Mann! Wenn er noch zu haben wäre ... *tja* ...« Sie warf Jerome einen Luftkuss zu und ging hinüber zu Henry, gab diesem einen versöhnlichen Klaps auf den Kopf und begann daraufhin sofort und zum Leidwesen ihres Mannes mit der Planung der neuen Küche.

Waaaas ...

Waaaaas geht hier vor?

Jerome blieb versteinert zurück. – »Gib mir auch einen Tipp. B-I-T-T-E-!«, warf Patrick, ein Freund der Familie, rasch ein, küsste ebenfalls Jerome auf die Stirn, als wäre er ein Börsenguru, legte den Arm um seine Schulter und drückte ihn an sich. »Ja, Glückwunsch alter Junge! Komm, gib mir bitte auch einen h-e-i-ß-e-n Tipp. Komm schon!« Patrick kniff ihn. »Los, rück raus!« Auch Julia, seine ehemalige Arbeitskollegin, schnüffelte um ihren Exkollegen herum und umarmte ihn ungestüm. »Ich will auch eine neue Küche! Biiittte, gib mir einen Aktientipp!«

Jerome räusperte sich. »Das ist nicht so einfach ...« Er sah sich hilfesuchend um, und sein Blick kreuzte plötzlich den von Sabine, die ihre Augen nicht von ihm genommen zu haben schien. – *Ach du Scheiße!!!* – Binnen einer Nanosekunde wurde Jerome das *wahre* Ausmaß dieser

Szene voll bewusst, und Sabine bestätigte seine Ahnung sogar noch damit, indem sie ihm stolz zulächelte, bewies es sich doch gerade, dass sie einen Supertrader als Ehemann hatte! Sie kam herüber. Sie holte tief Luft. Ihre dunklen Augen leuchten. Ihre Wangen waren vor Aufregung gerötet. »Ich liebe meinen … meinen … *BILL* … *GATES*! Dass du mir nie von deinen Fähigkeiten erzählst hast, macht mich echt an …«, flüsterte sie ihm ins Ohr, und ihr Blick ließ Jerome wissen, wie glücklich und vor allem stolz sie auf ihn war, verhalf er doch schließlich den Nachbarn zu einem kleinen Vermögen!

O mein Gott.

WAS für ein ALPTRAUM!

Und der Gedanke, dass selbst zu seinem Geburtstag die Börse mit ihren »Seitenhieben« keinerlei Respekt vor ihm hatte, machte die Sache noch schlimmer, denn: Aus dem flatternden Nebel von Henrys Fünfzehntausend-Euro-Deal stiegen auf einmal Bilder seiner letzten Handelstage auf, überlappten, verschmolzen und verschwanden wieder, und dieser Vorgang schien plötzlich so ganz und gar real, dass es Jerome sogar so vorkam, als wenn alle anwesenden Gäste verschwunden wären und in dem an ihrer Stelle entstandenen geheimnisvollen Raum seine Wahrnehmung und seine Gefühle, sein Innen, sein Außen, steigende, fallende Perioden, Plus, Minus und Sabines Blicke völlig chaotisch ineinanderstürzten. – *Ogottogott!* Jerome neigte beileibe nicht zur Trunksucht, aber seinem Geburtstag in nüchternem Zustand als hochgejubelter Tradingguru beizuwohnen und von seiner eigenen Frau, nicht wissend um den wahren Kontostand, nun sogar schon mit »Bill Gates« angesprochen zu werden, und dies alles auch noch in Begleitung seines – durch seinen Tipp! – mit einem fetten Börsengewinn gesegneten Freundes Henry, das war echt zu viel verlangt.

Raus!

Sofort raus hier!

Jerome stand auf und suchte die Toilette auf – er brauchte dringend Abstand. Er lehnte den Kopf gegen die kalten Kacheln, schluchzte und war inzwischen so verzweifelt, dass er jeden noch so billigen Fusel in sich hineingestürzt hätte und all dies angesichts folgender Tatsache: Da widmete er sich dem ganzen »Trading-Scheiß« nahezu vierundzwanzig Stunden am Tag, und sein Konto fiel dennoch. Henry hingegen wendete für den Kram überhaupt keine Zeit und Mühe auf und bekam eine neue Küche! *Was ist das für eine verschissene Welt?!* Jerome hielt das Gesicht unters kalte Wasser, schniefte noch einmal, und langsam beruhigte er sich. Er trocknete sich mit den vorhandenen Papierhandtüchern ab, sah mit frischem Blick in den Spiegel und suchte krampfhaft nach einem winzigen positiven Gesichtspunkt … *mhm?* … – fand aber keinen. Als er kurz darauf zu seiner Geburtstagsgesellschaft zurückkehrte und Sabine mit ihm auf die Tanzfläche zusteuerte, streckte Henry anerkennend die Daumen in die Höhe und meinte im Vorbeigehen noch hinter vorgehaltener Hand zu Sabine: »Du hast dir einen tollen Typ geangelt! Der weiß, wie man Geld macht! Ich verstehe gar nicht, weshalb du noch arbeitest?!«

Aufhören … SOFORT AUFHÖREN!

Sabine und Jerome tanzten eine halbe Ewigkeit miteinander, und Jerome musste zugeben, dass er sich nach dem … *vierten … fünften … sechsten Drink* endlich etwas entspannte. Die nächste

Runde war dann auch der Pass für die Grenzkontrolle ins Alles-egal-Land. Jerome passierte den Übergang ohne Probleme; auf dem Weg zur Tanzfläche allerdings musste er bereits erste Fixpunkte anvisieren, wollte er nicht unabsichtlich mehrere Tische abräumen. Die Zeit verstrich, es wurde ausgelassen gefeiert, und so kam es, dass sich sogar unbeteiligte Gäste des Restaurants als äußerst unterhaltsam entpuppten. Einer von ihnen, ein älterer Unternehmensberater, gestand dem ja nun offensichtlich »reichen« Henry, dass auch er auf Aktien & Co. voll abfahre, und als allzeit hilfsbereiter neureicher Nachbar erteilte der Angesprochene ihm zugleich ein paar Ratschläge, wie er von dem *Börsenguru Jerome* profitieren könne: Grundregeln *à la* bloß nicht zu aufdringlich sein, sondern sympathisch wirken; Jerome Fragen stellen; Zuhörerqualitäten demonstrieren und so weiter und so fort. Als sich die Feier dem Ende zuneigte und alle Gäste schließlich aufbrachen, steckte der Unternehmensberater Jerome ungebeten seine Visitenkarte zu, und Jerome musste ihm versprechen, anzurufen und ihm unbedingt einen Aktientipp zu geben.

O Gott!

»Das nenn ich Networking. Löblich, löblich! Sehr geschäftstüchtig!«, kicherte Sabine, und nachdem sie sich von allen verabschiedet und ihn Henry nochmals förmlich mit Dankbarkeit überschüttet hatte, gab Sabine Jerome einen innigen Kuss als kleinen Vorgeschmack auf das noch kommende »Geburtstagsgeschenk« für ihren *Bill Gates*.

O Gott! O Gott!!

Jerome schloss die Augen und dachte in seinem angeheiterten Zustand nur daran, wann dieser Alptraum wohl ein Ende nehmen würde. Zu Hause angekommen, folgten stürmische Umarmungen, dann ein langer Kuss. Arm in Arm durch den Flur. Hand in Hand ins Schlafzimmer. Man spürte einander, erst den Atem. Dann den Mund ... Während Jerome den Rest seines Geburtstagsgeschenks genoss, fand er, dass dies ... alles andere als der *richtige Zeitpunkt* war, um über *Grundsätzliches* zu reden ...

4. Kapitel

Vierte Woche Minustrades sind »spießig« und eines Traders unwürdig

Die Qualen des Tradings und Jeromes Verlangen, den Markt nun ebenfalls so richtig zu quälen; ein unfreiwilliger Spaziergang über verschlungene Feldwege; eine ungewöhnliche Bitte an eine Broker-Mitarbeiterin; ein weiteres, verstörendes Telefonat mit ebendieser Mitarbeiterin. Und Grundsätzliches, das weiterhin unausgesprochen bleibt …

… 5870; … 5871; … 5872

Am darauffolgenden Montag klingelte gegen Mittag das Telefon. Jerome klemmte sich den Hörer zwischen Schulter und Ohr und betrachtete, das Gesicht seit Minuten rot angelaufen, weiter den Markt. »Hallo?« Es war Sabine. »Hi! Wie läuft's mit dem versprochenen Aufräumen? Bist du schon fertig?«

… 5869; … 5870; … 5871

»Sehr witzig. Ich bin etwas in Verzug.« Jerome schnappte sich seine Tasse aus dem Arbeitszimmer und rauschte in die Küche, in der sich die Reste vom Wochenende türmten.

»Das ist ja mal ganz was Neues«, neckte sie ihn. »Ich lasse dich gleich weitermachen. Denk bitte daran, du wolltest heute auch noch den Rasen mähen!«

»Ja, mach ich gleich.«

»Na dann, viel Spaß! Und …«, Sabine legte, damit die Kollegen nicht mithören konnten, schützend die Hand über den Hörer, »lass es an der Börse krachen! Im Radio sagten sie gerade, dass der Markt heute enorm gestiegen sei. Du bist doch *long*?«

Durchatmen.

Tief durchatmen.

Denk an das oberste Tradergebot: Du sollst nicht verzweifelt klingen.

»Ja, ja, du kennst mich ja … der … der … wilde Trader.« Jerome flüchtete benommen in Galgenhumor und betrachtete seine *Short*-Position.

Name	Position	Traded	P/L Point	P/L	Time	Last Quote	Bid	Ask
DAX-CFD	–10K	5842	–31	–310 Euro	12:09:39	5873	5873	5874

»Genau deshalb mag ich dich! Ciao, mein … *Bill Gates!*«

Aufgelegt.

O Mann! – Jerome atmete widerwillig mit hängenden Mundwinkeln, und seine verquollenen Augen starrten mit einer Art schwermütiger Befremdung auf das fröhliche Treiben der Time & Sales-Liste des Bund-Future, als läge in diesem Zahldunst, in der geräuschlosen Heiterkeit dieser Liste etwas unsäglich Trauriges und Unverständliches. – *Sie nennt mich BILL GATES …!* Jetzt fiel sein Blick auf die zahlreichen neben ihm liegenden Geburtstagskarten. Jerome ließ seinen Gefühlen freien Lauf und ertappte sich – wenn auch nur ganz kurz – sogar bei dem Gedanken der Sehnsucht nach seinem alten Job. Nach der beruhigenden Langeweile und Eintönigkeit der Tage, an denen er sich einzig und allein nur Gedanken darum machen musste, ob der Kaffee in der Kantine heute endlich wieder besser sein würde als gestern und ob es dazu Kekse mit Schokolade geben würde oder eben welche ohne Schokolade. Es war einfacher gewesen, die Vorgaben *anderer* auszuführen. Jetzt aber sagte ihm kein Vorgesetzter, was er tun sollte – und niemand interessierte sich dafür, wie er sein Trading handhabte und ob er es gut machte.

Oha! Außer eine … Sabine!

Bei dem Gedanken an sie wurde Jerome ganz schlecht, und er legte den Kopf auf seinen Schreibtisch. Er musste beweisen, dass er das Trading beherrschte; dass er die Familie von Charts & Co. ernähren konnte. – *Nur wie?* Seit es seit knapp drei Wochen keinen leitenden, kanalisierenden Chef mehr gab und damit jene harte, weisungs- und richtunggebende Hand ihren Einfluss verloren hatte, gab es, auf den Punkt gebracht, keine Autorität mehr in seinem Chaos! Es gab kein »Bildungsvorbild«, ja nicht einmal eine »Bildungsidee«.

Seufz!

Jerome hob seinen Kopf, warf einen Blick auf den bis eben noch steigenden Marktverlauf des DAX und registrierte … *HIMMEL!* …, dass der Markt um die zwanzig Punkten gefallen war. Jerome sah sich von diesem Kursrutsch, wie er schöner nicht hätte sein können, sichtlich bestätigt in seiner *Short*-Position und damit der Annahme, dass der Markt bei 5.870 Punkten irgendwo seinen Hochpunkt gefunden haben müsste!

Name	Position	Traded	P/L Point	P/L	Time	Last Quote	Bid	Ask
DAX-CFD	–10K	5842	–9	–90 Euro	12:18:24	5451	5451	5454

Gut gesehen, Jerome!

Mit diesem Trade werde ich endlich mal wieder Eindruck schinden.

Der Markt fiel um weitere Punkte, und Jerome, dessen Position nun bereits sogar fünf Punkte im Plus lag, begab sich mit weiteren fünf CFD-Kontrakten *short* in den Markt. – Und siehe da, binnen Sekunden fiel der Markt abermals, der ausgewiesene Gewinn wandelte sich im weiteren Verlauf in ein ganz stattliches Plus, und somit kam der Markt nicht an die – ohnehin nicht gesetzte – Stopp-Order heran.

Großartig!

Aber es schien, als wüsste der Markt um Jeromes momentane Freude, denn augenblicklich – wie sollte es anders sein – folgte eine zügige Marktdrehung, und die Kurse stiegen rasant wieder an.

Immer dasselbe scheiß Spiel.

Das ist ja zum Verrücktwerden!

Traurig betrachtete Jerome seine aufgestockte *Short*-Position und fühlte sich zu einer seiner üblichen, am Tage hundertfach zu fällenden Entscheidung gedrängt: Trade sofort schließen, *ja* oder *nein*? Er beugte sich vor, um den Chart genauer zu betrachten, konnte jedoch keinen Schiedsspruch treffen und wartete daher darauf, wie der Markt sich weiter verhalten würde. Schließlich galt es zum einen, den bereits gesehenen Buchgewinn wieder zu erlangen, und zum anderen: wenn seine geheimnisvolle Kurszielberechnung stimmte, dann müssten momentan dreißig, vielleicht fünfzig Punkte drin sein. Wohlgemerkt: Minimum! »Drecksmarkt, fall!«

Stattdessen zog der DAX stetig an und entfernte sich damit von Jeromes imaginärem Referenzwert weiter und weiter. Jerome wusste, dass er um eine Entscheidung nicht herumkam. Da er fühlte, dass ein weiterer Kursanstieg »völlig unmöglich!« sein würde, legte er in seiner Selbsttäuschung einen Stopp pauschal dreißig Punkt über das heutige Tageshoch und fand, er habe eine kluge Analyse getätigt. Doch der Markt stieg um weitere … *sieben* … *acht* … *neun* … Punkte.

Ruhig.

G-a-n-z ruhig.

Der Stopp wird schon nicht geholt?!

Aber mit dem weiter steigenden Markt stieg auch Jeromes Puls, seine Hände wurden feuchter und feuchter. Seine schneller werdende Atmung versuchte er nun durch die Erinnerung daran zu regulieren, dass in seinem »Sorge-dich-nicht-Buch« stand, man solle sich keine Sorgen über Dinge machen, die noch nicht passiert seien, weil die meisten Dinge, über die man sich sorge, sowieso nicht eintraten. Und wenn wider Erwarten doch mal was Schreckliches passierte, dann konnte man immer noch anfangen, sich Sorgen zu machen. Und siehe da, nach einem Anstieg um weitere sieben Punkte fiel der Markt um *neun* … *zehn* … *zwölf* … Punkte.

Na bitte!

Geht doch.

Einfach nur Ruhe bewahren, das war scheinbar alles. Zwanzig Minuten später strahlte Jerome eine weitere rote Kerze entgegen, und als er seine DAX-Position betrachtete, hätte er am liebsten hier und jetzt einen Tanz aufgeführt. Seine Position lag weit vorn, und plötzlich war das Trading wieder so *cool*. So dermaßen *coooool*. Als Jerome den Chart unter seiner richtigen Tradeentscheidung »stöhnen fühlte«, da wusste er, dass er doch Herr über ihn und nicht, wie die anderen Tage, das Opfer seiner Laune war. Ein Verlangen packte ihn, den Markt für die Qual, die er in so vielen Stunden erlitten hatte, jetzt erst richtig »zu quälen«, ihn zu »züchtigen« für seinen Trotz, für die vielen verächtlichen Minustrades und für sein betrügerisches Spiel mit ihm!

Order Filled

SELL CFD-DAX 5@5821

Jerome entschloss sich, die nun abermals aufgestockte Position bei Erreichen einer kreativ gezogenen Unterstützungslinie erst mal zu schließen. Noch eine Art entzückter, begeisterter Taumel wirbelte durch sein Blut, er stand auf, streckte sich, drehte eine Ehrenrunde durch das Zimmer und rieb sich in Erwartung des Gewinns bereits die Hände. Noch … *zehn* … *neun* … *acht* … Punkte. Jawohl

– so hatte er sich das Trading vorgestellt, und Jerome sah sich am Ende des Tages seit Langem mal wieder glücklich mit Sabine im Garten den Sonnenuntergang genießen und gemeinsam vom Leben eines erfolgreichen Traders träumen. Noch … *vier* … *drei* … Punkte … Er würde Sabine gleich heute noch einen großen Blumenstrauß kaufen, und sie würden den Rest ihres Lebens in innigster Verbundenheit zubringen … Doch dann kam es, wie es kommen musste, nämlich – *anders*:

Der Markt drehte zwei Punkte vor Erreichen seines Kursziels unvermittelt ab. Weitere zehn Minuten später – Jerome, mit seiner Rechten die Maus fest umklammernd – strebte seine *Short*-Position dem oberen Bildschirmrand und damit der immer noch dreißig Punkte über dem Tageshoch liegenden Stopp Order entgegen. Die flüchtigen Blicke auf seinen rechten Bildschirm ließen ihn immer und immer wieder erstarren, denn: Ein riesiger grüner Bar katapultierte den Markt immer weiter und weiter gen Norden. Jerome, eben noch so stolz auf sich, empfand plötzlich tiefste Traurigkeit. Vor Sekunden noch erfüllt von dem Gefühl, alles richtig gemacht zu haben, überrollte ihn nun ein Gefühl völliger Ohnmacht. Dabei hieß es doch immer in der Werbung, Trading würde das Wohlbefinden verbessern und das Selbstbewusstsein steigern, ja, den Trader geradezu euphorisch stimmen. – *Von wegen!* Jerome fühlte sich bereits nach diesem ersten Trade am Tag grauenvoll und ausgelaugt, weshalb ihm die Idee kam, dass er den Trade doch schließen und dann diese Höllenmaschine einfach ausmachen und so tun könne, als wolle er kurz »verschnaufen« oder den Rasen mähen gehen. Wem sollte es schon auffallen, wenn er nicht zurückkäme? Es war doch ohnehin niemand da. Das wäre doch ein würdevoller Rückzug.

Mhm?!

Die Position einfach schließen? – *Nein!* Ausgeschlossen, dachte Jerome, denn er hatte Angst, dass, wenn ihn jemand – und sei es nur der Broker – dabei beobachteten würde, man ihn womöglich für einen Hochstapler hielt: für einen dieser privaten »Hobbytrader«, die schon nach drei Minuten in einem Trade mental zusammenklappten. – *Mann, war das entwürdigend!*

… 5861; … 5861; … 5862

»Raus? Drin bleiben? Besser raus! Was aber, wenn der Drecksmarkt gleich wieder fällt? – Verdammt, Herrgott noch mal!« Mit zitterndem Körper, zusammengepressten Lippen und feuchten Händen betrachtete er fassungslos, wie der Markt das bisherige Tageshoch ansteuerte – womit, von Jerome völlig unbeachtet, der Markt seinen kleineren Aufwärtstrend fortsetzte und seitdem in »geordneten« markttechnischen Abläufen stieg und stieg und stieg. Der Markt stand nun sogar kurz vor dem Vortageshoch; und wenige Minuten später ging erst durch den Chart und dann durch Jeromes Körper ein riesiger Ruck.

Shit.

SHIT.

S-H-I-T!

Jeromes Gedanken kreisten und kreisten immer schneller um die Frage, ob er weiter nachkaufen oder besser ganz aus der Position rausgehen solle. Es gab zwei Möglichkeiten: diese Frage verdrängen oder darüber nachdenken. Und da er gerade über sie nachdachte, schien das mit dem Verdrängen irgendwie nicht geklappt zu haben. Also blickte ihr Jerome standhaft ins Auge: »Soll ich hier und jetzt Verluste realisieren?«

Mhm?!

In Gedanken erstellte Jerome eine Pro- und Kontra-Liste und überdachte zunächst einmal seine grundsätzliche Position gegenüber Minustrades: Okay, er fand Minustrades eines Traders unwürdig und nahezu spießig. Und einem Markt die Chance zu geben, dass dieser die angedachte Richtung einschlug, war demnach mannhafte Rebellion gegen das Spießertum. »Minustrades« waren *spießig*; »dem Markt die Chance geben« war *rebellisch*. Umso höher – so geisterte es durch Jeromes Gedanken – müsse man es ihm demnach anrechnen, dass er versuchte, diesen Druck von Rebellion freiwillig auf sich zu nehmen! Schließlich wollte er nicht vom Markt erpresst werden. Er wollte kein *Spießer* sein! Er wollte Plustrades! Er wollte Geld sehen! Er wollte als Familienernährer dastehen! Er wollte der Magier der Märkte sein! Und wenn der Markt mal gegen ihn lief, wollte er derjenige sein, der beruhigt sagen konnte: »Hey, Drecksmarkt! Du wirst sehen, *ich habe recht.*« Kurzum: Für Jerome war die einzig richtige Entscheidung daher schnell getroffen: Alles ganz klar … *Short*-Position aufstocken, sprich: NACHKAUFEN!

Order Filled

SELL CFD-DAX 5@5878

Wenige Sekunden später flehte Jerome: »Höher kann der Scheiß doch nicht mehr steigen!« und sah mit verrenktem Kopf und einem schmerzhaften Magenkrampf zu, wie der DAX nun an der 5.890 vorbeirutschte. – *Ähm*… Beim Anblick des aktuellen Kurses und seines, durch den Zukauf, gemittelten Kaufkurses musste Jerome nach Luft schnappen, und die Empfindung, die er jetzt von sich und seinem Körper hatte, war der eines Kindes nicht unähnlich, dessen Trotz durch Prügel gebrochen worden war. Jeder Zentimeter seines Körpers, der völlig matt und zerschlagen war, verlangte nach der Zärtlichkeit einer Vergebung. »Tu etwas!«, stammelte er. »Tu etwas!« – Er tat etwas.

Order Filled

SELL CFD-DAX 5@5893

In seinen Augen loderte in diesem Moment ein gefährliches Feuer. Er kaufte ein weiteres Mal nach, doch der Markt stieg weiter. Jerome musste für einen Moment die Augen schließen, war doch das ganze Arbeitszimmer urplötzlich von etwas Flimmerndem ausgefüllt. Irgendein Stück Weg des bisher Geschehenen kam klar auf Jerome zu, aber dann drehten sich die Wände. Es kam ihm vor, als befänden sich seine Augen an hervorstehenden Stielen. Während er seine Füße in den Teppich krallte, bahnten sich aus seinem tiefsten Inneren Wörter ihren Weg, von denen er nichts begriff. Möglicherweise waren sogar fürchterliche Schimpfwörter darunter, das konnte er nicht so genau unterscheiden.

… 5898; … 5897; … 5899

»Ich weiß, der Markt will garantiert nach unten! Der verarscht mich doch nur …«, jammerte Jerome laut entsetzt und kaute auf seiner Unterlippe, während er seine Position fortan für keinen Augenblick unbeobachtet ließ. Und dann … *DA*! – Der kurze Kursrutsch von elf Punkten weckte bei ihm Hoffnung, wurde aber eine Minute später bereits wieder im Keim erstickt, und Jerome registrierte aus dem Augenwinkel das auf dem rechten Bildschirm ausgewiesene aktuelle Minus von knapp 1.500 Euro.

Höher kann der Scheiß doch nicht mehr steigen!

Doch, er konnte.

... 5903; ... 5905; ... 5906

Wie in Trance stand Jerome auf, um sich ein Glas Wasser zu holen. Als er sich – er ließ sich dabei alle Zeit der Welt, damit er das Elend nicht weiter mit ansehen musste – zurück an seinen Rechner schleppte, starrte er entgeistert auf die Kursliste: Eine riesige grüne Kerze hatte den Markt über die 5920 katapultiert! Und mit einem Mal wurde es grauenhaft still an der Stelle, wo eben noch sein Herz gewesen war. Es klopfte nicht mehr, ganz still war es in seinem Brustkorb geworden, ganz tot. Hohl und schwarz wie ein Sarg wölbte sich Jeromes Brust stumm um dieses unbegreifliche Nichts. So stark war dieses Traumgefühl, so tief die Verworrenheit, dass Jerome unwillkürlich an seine linke Brust griff, um zu fühlen, ob sein Herz noch vorhanden war. Gott sei Dank, da schlug noch etwas, dumpf und rhythmisch unter den tastenden Fingern. Doch fühlte es sich so an, als sei dies nicht mehr als ein tauber Schlag ins Leere; sein Herz schien verschwunden. Und jetzt brach Jerome auch noch der Schweiß aus. – Los! Denk nach!

... 5922; ... 5924; ... 5926

Seine Lippen, bisher ständig umflattert von winzigen Wellen, lagen plötzlich still. Und dann, dann tat Jerome das, was ein Mann in dieser Situation tun musste ...!

Jerome schaute nochmals abschließend auf den Chart und hangelte sich hastig zum Menü mit der Aufschrift »Programm beenden«. »Scheiß drauf! Du kannst mich mal«, teilte Jerome dem Chart mit. Er schob die Maus – mit deren Klicken sein Konto nun mutterseelenallein dem Marktverlauf überlassen wurde – beiseite, stand auf und eilte, da er es in der Umschlossenheit seines Arbeitszimmers ohnehin nicht mehr aushielt, im Laufschritt nach draußen. Er hastete hinaus, hindurch durch den Vorgarten, hinaus auf die Straßen. Ein zielloser ungebärdiger Trieb ließ ihn, während sein Schädel brummte, durch die Gassen und Wege hinauf zu der kleinen Waldlichtung irren, denn er konnte an nichts anderes als an den Markt denken. Je weiter er sich von seinem Haus entfernte, umso deutlicher traten ihm der Chart und seine Trades ins Bewusstsein. Wieder und wieder, wie besessen.

Zwanzig Minuten später – Jerome kam es vor, als wäre er bereits stundenlang unterwegs – ... *Ring ... Ring ... Ring ...* klingelte sein Handy. Ein Anruf seines Brokers. *Oha, jetzt geht es mir an den Kragen!*

Kein Wunder, als »letzte Tat« hatte er sehr tief ins Konto gegriffen. Nach den heutigen Erlebnissen hatte er zum einen die DAX-Position noch weiter aufgestockt, den Stopp weit weg gesetzt und zum anderen eine weitere *Short*-Position in einem deutschen Standardwert eröffnet und damit die Marginauslastung seines Kontos hemmungslos auf hundert Prozent ausgedehnt, und nun liefen alle zwei Positionen. Wahnsinnsleistung. Verfügbarer Kontostand beim Schließen des Handelsprogramms: –137,20 Euro.

»Hallo, Carlo Jordan«, tönte es kühl aus dem Handy. »Herr Decker?

Ihr Kapital deckt die nötige Marge für die von Ihnen gehaltenen Positionen erneut nicht ab.«

Na, also. Das war's dann wohl. Der zweite Anruf in nur einer Woche. Das war bestimmt ein Rekord, dachte Jerome – und falls er wider Erwarten doch nicht als Kunde gefeuert werde sollte, dann würde der Broker ihm beim nächsten Trade sicherlich hundert Dollar einfach mal so als »Strafgeld« abkassieren, so Jerome in Gedanken.

»Sie müssen einen Ihrer Trades umgehend schließen. Ihr Verhalten ist sehr unprofessionell!«

Wie bitte?

»Wohl kaum«, prustete Jerome.

»Was sagen Sie?«

»Äh, nichts.« Schweigen.

»Also, Herr Decker, ich würde vorschlagen, dass wir Ihre Positionen umgehend schließen oder aber reduzieren. In Ordnung?«

»Ja, ja«, stöhnte Jerome.

»Herr Decker, welche Position möchten Sie reduzieren oder schließen?«

»Welche liegt denn im Plus?!«

»Ihre BMW-*Short*-Position liegt um die zweihundert Euro vorn; die DAX-Position liegt knapp 2.200 Euro hinten.«

SCHLUCK!

»Dann schließen wir BMW!«

»Gut. Ihnen alles Gute. Auf Wiederhören.« Aufgelegt.

Stille.

Die Sonne schien mit aller Kraft, eine Windbö zerzauste Jeromes Haar, und seine Einsamkeit senkte sich nun noch drückender auf ihn herab. *2.000 offenes Minus!* Sein Konto hatte damit seinen bisher tiefsten Stand erreicht. 25.000 Euro. In Jeromes Wangen brannte die Schmach, und seine Hände bebten, als wollten sie sich jeden Augenblick in zorniger Gewalt gegen irgendetwas richten. Frustriert kickte er nach einem Stein und stand für einen Moment regungslos in der schweigenden Natur. Er ergriff Höhe und Ferne mit dem Blick, bevor er loslief; wohin, wusste er nicht, seine Füße waren bereits von einer bleiernen Müdigkeit befallen, aber eine irre Bewegung stieß ihn weiter und weiter. Er fragte sich, ob er mit dem Trading wohl den schwersten Fehler seines Lebens begangen hatte. Einen Fehler, der ihn – so, wie es bisher aussah – all sein Geld und vor allem die *Ehre* kosten könnte. Das verlorene Geld war das eine. Aber die Ehre ...?

2.000 Euro offenes Minus!

Am liebsten würde er Sabine anrufen und sagen: »Das war's, ich komme nicht mehr. Und übrigens war ich das damals mit dem Kratzer am Auto!«

2.000 Euro offenes Minus!

Benommen taumelte Jerome etliche Kilometer durch enge Feld- und kühle Waldwege, um sich dann völlig erschöpft auf eine kleine Bank am Wegesrand zu legen. Er rührte sich nicht: ihm war, als könnte er tausend Jahre so liegen bleiben, die Haut sanft brennend von der einsickernden Sonne und gleichzeitig gekühlt von der zart streichelnden Luft. Er betrachtete das zitternde Sonnenlicht, das hoch oben durch die Zweige der Baumkronen schimmerte, die leicht stöhnten, wenn sie sich im Wind wiegten. Die Mittagssonne in ihrer ganzen Pracht und Schönheit machte ihn noch trauriger, und bei ihrem Anblick fragte er sich, welche Freude wohl ein glücklicher Mensch bei diesem Schauspiel empfinden müsse. Und so hing er, auf der Bank liegend und in die

Sonne blinzelnd, seinen Gedanken nach, Gedanken an früher. Sehr genau erinnerte er sich an jene Zeit, als er noch einen gut bezahlten Job beim ollen Piechler hatte. Nichts Besonderes, aber immerhin hatte er was zu sagen gehabt und konnte einige Entscheidungen treffen. – *Ach, das waren Zeiten!* Ein schwermütiges Lächeln wollte sich noch matt auf seine Lippen schleichen, doch Jerome war plötzlich völlig schlaftrunken; die heutigen unterbrochenen Chartbetrachtungen, die vielen Gedanken um jede einzelne wackelnde Periode und das ziellose Umherirren im Wald forderten ihren Tribut. Der leichte, warme Wind und der Blick in die Ferne taten ihr Übriges: Jerome sah noch, wie ein Schwarm Vögel schreiend emporflatterte und sich vom Wind davontragen ließ, dann fielen seine Augen zu, und ein Sekundenschlaf trug ihn fort …

Zurück in seinem Arbeitszimmer, war der Schmerz beim Anblick seiner verbleibenden CFD-Position so ungeheuerlich, so stark, dass Jerome nicht begriff, was in ihm vorging. Der Schmerz kleidete sich ganz in Taubheit, Verwirrung und Schwindel, und er kam ihm vor wie etwas, das mehr der Außenwelt als seinem eigenen Körper angehörte.

7…

7.4…

7.400 Euro Minus!?

Jerome hielt kurz inne, setzte sich, die mit kaltem Schweiß benetzten Hände auf die Knie gestützt, und versuchte, wieder zu Atem zu kommen. Jetzt erst einmal verschnaufen, irgendwie abschalten, zur Ruhe kommen. Erneut sah er auf den Chart, und gleich darauf taumelte er hechelnd durch sein Arbeitszimmer. – *7.640 Euro M-i-n-u-s!* Jerome griff instinktiv nach seinem Handy. Nicht dass Henry ihn oder seine Tradinglogik verstehen würde, aber er war der Einzige, der ihm zumindest zuhören würde. Er brauchte jetzt Hilfe, Zuspruch. Tipps. Vielleicht sogar einen Psychologen. Wurden die einem nicht immer gestellt, wenn irgendwas Schlimmes geschah, wie etwa Flugzeugabstürze, Grubenunglücke oder schiefe Trades? Henry war nicht erreichbar. Wütend legte er auf. Und jetzt? – *Sabine? Sabine! Mhm … Dämliche Idee.* Schließlich wagte Jerome noch einmal einen Blick auf den Chart: *Minus 7.950 Euro!*

PANIK!

In rasender Panik wählte er die Nummer seines Brokers. Es tutete. »Herr Decker«, hörte er die amüsierte Stimme einer Servicemitarbeiterin sagen, »lange nichts gehört von Ihnen. Wir haben uns schon Sorgen gemacht.«

Wie jetzt?

Die kennen mich?

»Wie kann ich Ihnen weiterhelfen?«, erkundigte sich die Mitarbeiterin freundlich, und Jerome sah den rosaroten Schmollmund, den sie dabei machte, geradezu vor sich.

»Chart … Position … 7… 7.900 … Euro … Hilfe … «, japste er. Schweißtropfen rannen ihm die Wangen hinunter.

Großartig, Jerome! Noch unprofessioneller geht's wohl nicht!

Er holte tief Luft und versuchte, wie ein Vollprofi zu klingen: »Ich … *äh* … hätte da mal eine Frage«, begann er, zog dabei seine Maus wahllos über den Schreibtisch, während er sich bemühte, möglichst lässig in seinem Bürostuhl zu wippen.

»Fragen Sie!«

»Gut …« Er erklärte, dass ihm bei seinem tagtäglichen Trading ein paar Fehler unterlaufen seien und er das Gefühl habe, dass der Markt immer, wenn er in diesen einsteige, genau das Gegenteil von dem mache, was er erwarte. Er nehme daher an, dass der Markt ihn, Jerome Decker, beobachte, und halte es deswegen für das Beste, wenn der Broker seine *Long*-Orders intern als *Short*-Orders und analog die *Short*- intern als *Long*-Orders in den Markt stellen würde.

»Also nur, dass ich das jetzt richtig verstehe … Sie behaupten also, dass der Markt Sie *beobachtet?*«

»Absolut. Okay, es ist schwer zu erklären, aber … ich gehe *long*, und der Markt fällt. Gehe ich *short*, steigt er. Das ist doch seltsam, oder?!«

»Und Sie möchten, dass wir Ihre Orders intern immer von *short* auf *long* und von *long* auf *short* realisieren?«

»Genau! Das wäre doch klasse. Ich mache dann nie wieder Minus!« Jerome fand seine Idee einfach genial.

»Darf ich Ihnen eine Frage stellen, Herr Decker?«

»Immer gerne.«

»*Verscheißern* Sie mich schon wieder?«

Jerome schluckte und wechselte das Telefon zum anderen Ohr. »Wie bitte? Nein! Wie … wie kommen Sie darauf?«

»Weil mich noch nie jemand angerufen hat und seine Orders umgedreht haben wollte! Weil Sie der Einzige sind, der uns letzte Woche auf Schmerzensgeld verklagen wollte, weil er angeblich zum Arzt musste, weil ihm die ständig flackernden Candlesticks Kopfschmerzen bereiten.«

Seltsam. – Für Jerome hat das eigentlich bisher alles immer recht authentisch geklungen. Aus dem Mund der Servicemitarbeiterin allerdings … *naja.* »Das mit den Candlesticks war vielleicht etwas übertrieben, aber dass mich der Markt beobachtet, das stimmt!«

»Darf ich Ihnen noch eine Frage stellen?«

»Weiß nicht. Okay.«

»Ist Ihnen eigentlich sehr langweilig?«

»He?«

»Okay, anders. Deutlicher. Warum traden Sie, wenn Sie von gar nichts eine Ahnung haben?!«

»Überhaupt nicht! Ich habe ein Problem mit einem Trading und rufe deswegen bei Ihnen an. Deswegen schreiben Sie die Nummer doch überall mit drauf, oder?«

»Das ist richtig, Herr Decker.«

»Ich weiß, wie ich heiße! Ihren Namen hab ich allerdings vergessen!« Auch Broker-Mitarbeiter galt es ab und an darauf hinzuweisen, dass sie Dienstleister und eines der letzten Glieder in der Tradingnahrungskette waren, eingestellt, um den Tradern zu helfen und sie zu beraten – und nicht, um sich über sie zu erheben.

»Ich heiße Hagenbauer.«

»Und das schreibt man wie?«

»Wie den Haken nur mit g.«

»Danke für den Hinweis.«

»Bei so etwas helfe ich gerne. Und die Sache, dass wir die Orders umprogrammieren sollen, haben Sie also wirklich ernst gemeint?!«

»Absolut.« Jerome war sich einer Sache noch nie so sicher gewesen wie dieser! Er hielt den Atem an. *Bitte mach, dass sie Ja sagt. Bitte!* Jerome kreuzte seine Finger. In letzter Zeit waren für ihn der liebe Gott und das Beten ohnehin ganz geläufig.

»Gut, wie Sie wollen. Lösen wir das Order-Problem. Wenn ich Sie um einen Augenblick Geduld bitten dürfte, Herr Decker, ich würde da gerne mal bei meinem Kollegen nachfragen, der ist Spezialist im Bereich des Backoffice. Bitte bleiben Sie dran!«

Jerome blickte auf seinen *Short*-Trade im DAX. Schweigend kratzte er sich am Kinn.

8.150 Euro Minus.

F-U-C-K-!-!-!

»Danke fürs Warten, Herr … DE-CK-ER«, gluckste es aus der Leitung. Jerome stutzte, dann erkannte er, was mit der Stimme los war: Seine Beraterin unterdrückte kein Niesen, sondern einen Lachanfall! Zwergenaufstand auf der Brokerage-Dienstleistungsinsel.

»Gibt es vielleicht irgendwas Komisches an meiner Schilderung, von dem ich nichts weiß?«, fragte er mit gepresster Stimme.

»Nein. Nein. Alles okay. Entschuldigung!«, klang es aus dem Hörer, diesmal beherrschter. Währenddessen tat sich auf Jeromes Rechner ein neuer Monster-Bar im DAX auf. Der Markt stieg um weitere dreißig Punkte. *Au Backe!*

»Das mit den Orders geht klar. All Ihre Orders werden nun entgegengesetzt ausgeführt.«

Na bitte! Geht doch!

»Danke. Vielen Dank«, sage Jerome. »Ab wann gilt die Regelung?«

»Ab sofort. *Ab jetzt!*«

Jerome war erleichtert, war doch nun aus seiner Sicht nie wieder ein Minustrade denkbar. »Vielen, vielen Dank.«

»Freut mich, wenn ich Ihren Tag retten konnte. Herr Decker, darf ich Sie kurz noch etwas Privates fragen?«

Ein wenig erschrocken rutschte Jerome auf seinem Stuhl herum. *Was denn? Doch wohl hoffentlich nicht, ob ich bekloppt bin.* Aber Frau Hagenbauer fragte Jerome freundlich, ob er nicht mal Lust hätte, ins Büro zu kommen. Man wolle ihn unbedingt mal privat kennenlernen. – *Ach so.* »Warum nicht«, meinte Jerome, beendete das Telefonat und betrachtete seinen riesigen Minustrade erstmalig selig vor Glück; schließlich sollte es der letzte in seinem Leben sein. All seine bisherigen Minustrades hätten nicht sein müssen, hätte er schon früher den Mut gehabt und den Broker um diesen kleinen Gefallen gebeten. Ging doch ganz einfach. Indes stieg der Markt weiter, und Jeromes Minus wurde größer und größer. Egal, dachte Jerome. Er hatte trotz dieses Minus noch um die 15.000 Euro auf dem Konto. Das sollte wohl reichen! Ab morgen würde er ohnehin nur noch Plus machen.

Ab jetzt kann ich zeigen, was ich draufhabe!

Heute ist mein letzter Tag als Loser!

Jerome schloss, ohne weiter auf seinen Bildschirm zu schauen, seine aktuelle verlustreiche *Short*-Position, schmiss all seine Fachbücher und Börsenzeitungen freudestrahlend in den Müll, machte es sich sodann auf seiner Gartenbank bequem und genoss minutenlang den Anblick eines hoch am Himmel kreisenden Vogels.

NIE WIEDER LOSER!

Ab morgen werde ich nur noch Millionen scheffeln.

Millionen über Millionen.

Ring. Ring. Ring ... Sein Handy unterbrach seine Träume. »Herr Decker ...«, hörte er eine Stimme am Telefon.

»Oh, Frau Hagenbauer, lange nichts gehört von Ihnen, ich haben mir schon Sorgen gemacht«, näselte Jerome, bereitete es ihm doch ab jetzt eine diebische Freude, die Servicemitarbeiterin derart auf den Arm zu nehmen. »Wie kann ich Ihnen weiterhelfen? Haben Sie noch Rückfragen wegen meiner Bitte?«, erkundigte er sich und kaute selbstzufrieden an einem Grashalm.

»Sozusagen ...«, meinte Frau Hagenbauer im strengen Ton.

»Nur zu. Ich trade ohnehin gerade nicht. Wollte erst morgen anfangen mit den Millionen. Sie wissen schon, man soll ja nicht gierig werden und so ...«

»Yep. Schon klar«, unterbrach sie ihn. »Nur, daraus wird leider nichts.«

Jerome verstand nicht recht. »Gibt es Probleme? Bekommt ihr die Order-Programmierung nicht hin?«

»Doch, doch! Das hatten wir ja schon beim letzten Telefonat hinbekommen. Aber genau *hier* liegt ja das Problem.«

Jerome wurde nun doch etwas unruhig und wollte nun endlich wissen, was los war.

»Es geht um Ihre aktuelle Position.«

Jerome schüttelte den Kopf. »Irrtum. Ich habe keine!«, beruhigt kaute er an seinem Grashalm weiter, »ich habe vorhin alles geschlossen.«

»Nun ja. Nicht ganz«, begann Frau Hagenbauer. »Ihr Konto ist seit dreieinhalb Minuten platt.«

»Wie, *platt*?«

»Na, platt. Ende. Schluss. Alle. Null. Exitus. Finish.«

Jerome verstand noch immer nicht, seine innere Stimme sagte ihm aber, dass die Stimme von Frau Hagenbauer etwas Seltsames an sich hatte. »Moment!« Jerome eilte ins Haus zurück an seinen Rechner. Nervös hämmerten seine Finger auf die Tischplatte, während der Rechner hochfuhr und er sich in sein Handelsprogramm einloggen konnte.

Klick.

Login [...]

Password [...]

Klick.

Stille.

He?

HEEEE?!

»Wo sind meine 15.000 Euro hin?! Her damit!«, schrie Jerome Frau Hagenbauer an und starrte auf seine Bildschirme, die einen Kontostand von null anzeigten. »Verbrecher!«

»Mo-Moment …«

»Nix da. Vorhin war da noch Geld drauf.«

»Ja, aber mittlerweile ist der DAX nach der Bekanntgabe der Wirtschaftszahlen um über zweihundert Punkte gestiegen.«

»Was interessiert mich das? Ich war *flat*!«, argumentierte Jerome.

»So, waren Sie das?«, stellte Frau Hagenbauer in den Raum.

»Ich war siebzig CFD-Kontrakte *short*, dann ging ich siebzig CFD-Kontrakte *lon* …«, er unterbrach sich selbst. Er hatte eine Ahnung, traute sich aber nicht, diesen Gedanken weiterzuverfolgen. Diesen Job übernahm Frau Hagenbauer: »Sie hatten siebzig CFD-Kontrakte *long* geordert. Im Normalfall ergibt dies eine Positionsschließung. Aber in Ihrem Fall … *tja* … Wenn da nicht Ihr Wunsch gewesen wäre, dass wir all Ihre Orders entgegengesetzt abwickeln sollen …«

Großartig, Jerome!!!

W-i-e b-e s-c-h-e-u-e-r-t …

»Ich … *äh* … heißt das jetzt, dass ich statt zu schließen weitere Kontrakte *short* eröffnet habe?«, fragte Jerome rein rhetorisch.

»Genau das heißt es. Sie wurden vor fünf Minuten von uns zwangsliquidiert, da Ihr Kontobestand nicht mehr den angelaufenen Verlust deckte. Ihr Kontoguthaben beträgt nun null.«

Aaabbber?!

Aaabbbbbbber?!

Jerome lehnte sich völlig erschöpft an den Tisch, das Gesicht kreidebleich, überrieselt von kleinen zuckenden Läufen und Trillern der Nerven. Nach einer kurzen Pause hörte er Frau Hagenbauer sich ganz sachlich-trocken von ihm verabschieden: »Ich bedanke mich für Ihr Vertrauen, mit unserem Haus getradet zu haben, und wünsche Ihnen weiterhin alles Gute.«

Aufgelegt.

Außen und Innen stürzten ineinander. Jerome schwand für eine Sekunde das Bewusstsein. Dann plötzlich stand er auf. Die Stimme schien ihm nicht mehr zu gehorchen. Er ging zum Fenster, sah stumm einige Momente hinaus und lehnte dann die Stirn an die kalte Scheibe. Minutenlang war er sprachlos, bevor er auf Wahlwiederholung drückte.

Piep … Piep … Piep. – Peng – Besetzt.

Boah, hat mich diese Headset-Tussi doch einfach weggedrückt!

Saftladen!

Jerome legte das Telefon zur Seite und starrte in Richtung seines rechten Bildschirms, den ein riesiger grüner Bar schmückte – der DAX. Es war vollkommen still in der Wohnung. Zehn weitere Minuten stand Jerome einfach nur da, dann trottete er ins Wohnzimmer, legte sich auf seine geliebte Fernsehcouch und schaltete aus Macht der Gewohnheit auf n-tv, schließlich hatte er das Gefühl, dass irgendwas passiert sein musste nach diesem einschneidenden Kursanstieg. Und tatsächlich: Der DAX war mittlerweile sogar noch weiter explodiert und stand nun bei … *TEUFEL! … 8012?!*

BOAH!

Was für ein unglaublicher Anstieg!

8012?!

Wie kann so was passieren?!

Erst als Gerhard Schröder auf dem Bildschirm erschien und von einem tollen Börsenjahr sprach, wurde Jerome klar, dass er einen redaktionellen Bericht über das Allzeithoch aus dem Jahre 2000 sah. Genervt schaltete er auf einen anderen Kanal und steckte seinen Fuß in eine Couchritze. Das gab ihm in diesem Moment irgendwie das Gefühl von Sicherheit und Geborgenheit, und gerade, als er weiterzappen wollte, klingelte erneut sein Handy. – Sabine! »Hallo Schatz, wie läuft dein Tag? Wie steht unser Konto heute?«

Schluck!

Vor Schreck fiel Jerome die Fernbedienung aus der Hand … *RUMMMMMMMMMMMMMMS* …

Jerome schreckte von seinem Bänkchen am Wegesrand hoch, auf der er für wenige Minuten inmitten des Waldes eingenickt war. *Was war passiert?* Herzrasen, Magenschmerzen, ihm war speiübel. Sinnkrise. Lebenskrise. So langsam dämmerte es ihm. Entwarnung. Nur ein Alptraum. Sein Ego, der Teil von ihm, den er einst so liebte, mochte mit ihm scheinbar auf geistiger Ebene kommunizieren, um mehr Selbsterfahrung zu gewinnen.

Ahaaa, so verkauft man also heutzutage das mögliche Ende einer Tradingkarriere …

Eine Stunde später zurück in seinem Arbeitszimmer, stand Jerome vor der geöffneten Schublade, aus der er eben eine Aspirin heraussuchte. Sein Gesicht war eingefallen, ja, es sah fast schon mager aus und ließ die großen, erschreckten Augen noch stärker hervortreten. Die verbleibenden DAX-Positionen nach diesem Alptraum von einem Konto-Totalverlust hatte er kurzerhand geschlossen, den Rechner heruntergefahren und den Tradingtag beendet. Und so war es nur verständlich, dass Jerome auch an diesem Tage nach dem Abendessen hinaus in den Garten ging. Der große, schwere Baum, all die bunten Blumen, die sich am Ende des kleinen Gartenweges entlangzogen, die krabbelnden Käfer, die summenden Bienen, die zwitschernden Vögel, sie alle trösteten ihn heute, wie schon an allen vorangegangenen Tagen, mit ihrer Schwermut, wenn er sich nach seinen Handelsstunden in ihre Schönheit und Stille begab. Er erlebte dann eine »andere Zeit«, eine, die er … *ja, was?* … die er genoss!

Seufz!

Da saß er nun auf seinem Bänkchen und fragte sich – so wie schon manch vorangegangenen Abend –, ob es unter diesen – seinen – Umständen nur natürlich sei, dass Gefühle und Verstand ohne Anker glitten, und ob selbst der festeste Mensch, wenn er mit Trading anfängt, innerlich und äußerlich zu wanken beginnt. Doch Jerome fand auch diesen Abend keine Antwort. Er hatte heute zu viele Leiden, sprich Minustrades und vor allem entgangene Gewinne, ertragen, um dem Gesamtereignis »Mein Trading« heute ruhig ins Auge sehen zu können. Jerome, einen starken Niesreiz spürend, zog ein Taschentuch hervor. Zusammen mit dem Tuch fielen klimpernd mehrere Münzen aus seiner Hosentasche auf den weichen Grasboden. Nachdem er das Taschentuch wieder zurückgesteckt hatte, bückte er sich, um nach den Geldstücken zu suchen.

Doch es war aussichtslos. Er tastete noch einmal die nähere Umgebung des hohen Grases ab, dann gab er es achselzuckend auf und blickte auf den Knien hinauf zum lieben Gott. Nicht nur, dass er Geld an der Börse verlor – das galt scheinbar auch für den Alltag ...

Seufz!

Jerome saß auf seinem Bänkchen, bis es dunkel geworden war, begleitet von einem Lebensgefühl, ähnlich dem der Dorfstraße. Bei Tage waren beide erfüllt von einem Treiben, das nichts besagte; bei Nacht waren sie erfüllt von einem fehlenden Treiben, das ebenfalls nichts besagte. Dann wurde auch für ihn Nacht, und die große emotionale Müdigkeit verstärkt sich noch durch das Denken und Nachdenken. Jerome sah sich um. Die Bäume saugten die Helligkeit auf, ein Schatten flog heran, der Sonnenball wurde langsam zu einer dunklen Scheibe. Er schaute dem aufgehenden Mond zu und dachte daran, dass wohl kaum ein Unterschied zwischen ihm und seiner Gartenbank bestehe, abgesehen davon, dass sie eine Bank war und er eine Ansammlung von wirren Gedanken und Gefühlen, was in Anbetracht des Wesens der erlebten Dinge vielleicht unwesentlich war. Zum ersten Mal heute musste Jerome schmunzeln, fragte er sich doch gerade, ob wohl ein gleiches, weil abstraktes Schicksal für Trader und Dinge existierte – eine Art gleichermaßen gleichgültige Bezeichnung.

»JEROME!« Als er Sabines Schritte vernahm, hielt er inne und warf einen Blick Richtung Haus, während er sich vergeblich bemühte, seinen Zügen einen ausgeglichenen und fröhlichen Ausdruck zu verleihen. Auf einmal fühlte er, dass er Angst vor seiner Frau hatte, und jene Angst blieb ihr scheinbar nicht ganz unverborgen, denn nach einem mehr oder weniger unterhaltsamen Abend fragte sie, sich in ihre Bettdecke einkuschelnd: »Sag mal, was ist mit dir, Jerome? Etwas geht in dir vor. Du bist so verwandelt seit ein paar Tagen.«

Jerome versuchte zu lächeln.

»Echt, mein Schatz!«, beharrte sie. »Ich weiß nicht, mir war und ist so, als hättest du mir etwas zu sagen, all diese Tage schon. Etwas, was nur dich und mich angeht. Wir sind jetzt alleine, Jerome.« Sie richtete sich auf. »Du weißt, du musst mir nichts verschweigen. Hast du irgendeine Sorge, oder quält dich etwas? Du brummelst sogar laut im Schlaf!«

»Ich bitte dich«, lachte er und erschrak bereits vor dem Ton der eigenen Stimme. »Weil ich nicht gut schlafe, sollte ich Geheimnisse haben? Am Ende wohl gar noch ein Abenteuer?« Er schauerte selbst, wie falsch, wie verlogen die Worte klangen, ihm graute bis ins innerste Mark vor sich selbst.

»Ist alles okay mit deinem neuen Job? Vermisst du vielleicht den alten?«

Schluck – Jerome rührte sich nicht, gleichsam hypnotisiert von Sabines fragendem Blick. Unmerklich rückte sie an ihn heran. Er fühlte, wie ihre Finger seinen Arm streichelten, und in ihren Augen glomm ein seltsames Licht. Wie gut, fühlte er, könnte jetzt alles werden, nur ein Wort brauchte er zu sagen, ein kleines Wort. Ein Verlangen überkam Jerome, sich jetzt an Sabines Körper zu werfen, sich anzuklammern, alles zu gestehen und nicht eher von ihr abzulassen, bis sie ihm vergeben hatte. Er gab sich einen Ruck und nahm sich hier und jetzt vor, das auszuführen, was er nun schon unzählige Male in diesen Tagen tun wollte: Sabine den Ernst der Lage zu beichten – doch kurz vor dem entscheidenden Moment konnte er sich abermals nicht dazu entschließen. Er fürchtete sich vor dem Wort, vor dem kleinen Wort. Nach den heutigen Erlebnissen war er viel zu aufgewühlt. Er schämte sich. Anderseits gestand er sich nach den Geschehnissen von heute und der Tage zuvor ein, dass es so nicht weitergehen könne, dass er irgendetwas unternehmen müsse! – *Aber was?* Sein heutiger Tagtraum sagte ihm, dass er mit dem »Börsenkram« unbedingt aufhören müsse, bevor alles Geld verloren war, und doch fühlte er, dass dies irgendwie unmöglich war; und es war darum unmöglich, weil er sich nicht davon lossagen konnte, mit jedem neuen Trade *den* Monstertrade und damit die erhoffte Rettung für das Konto zu erwarten. Jerome gab Sabine einen langen Kuss: »Alles schick, Biene! Mein neuer Job ist gut!«

Tja ... Wer würde das nicht tun?

»Prima, das freut mich.« Sabine löschte das Licht, während Jeromes Körper bis in die Zehenspitzen erschauerte. Aber ... heute war alles andere als der *richtige Zeitpunkt*, um über *Grundsätzliches* zu reden!

5. Kapitel
Fünfte Woche Die furchtbare Tragik der Alltäglichkeit

Ein Blumenstrauß an Sabine und ein zweiter Blumenstrauß an Jerome; ein geheimer Plan; ein strahlender Blick Sabines auf das Konto; ein Plustrade, der besser ein Minustrade wäre; eine beleidigende Einschränkung Sabines gegenüber Jerome. Und Grundsätzliches, das weiterhin unausgesprochen bleibt …

So kam es, dass Jeromes Erregung mit jedem weiteren Handelstag, Periode für Periode, Stunde um Stunde immer mehr ins Unmessbare wuchs; nie war er gewillt, einen Trade zu verlieren, ohne sofort eine blinde Revanche zu fordern; seine Seele wurde zu einem einzigen verborgenen Orchester, und er wusste nicht, welche Instrumente – Geigen und Harfen, Pauken und Trommeln, oder was auch immer – es in ihm spielen und dröhnen ließ. Er kannte die letzten Handelstage nur noch als wild dröhnende Symphonie. Alles schien Versäumnis, was nicht den »Monstertrade« und damit die mögliche Rettung brachte, in deren Folge Jeromes unaufhörliches und fieberhaftes erregtes Traden und die Meinungen, die er über alles Mögliche und vor allem *Unmögliche* abgab, von einem furchtbaren Mangel an Einsicht gekennzeichnet waren. Und dort, wo andere Trader beruhigt auf ein Chartbild und damit auf das Zusammenspiel von Zeiteinheiten, Trend, Bewegung und den unterschiedlichen Handelsausrichtungen starrten, war für Jerome der Chart voll »geistiger Abenteuer«. Weiß war Schwarz, Richtig war Falsch, die Marter der Abwesenheit von Charts, Kursen und offenen Positionen plötzlich *Segen* und *Fluch* zugleich.

So kam es, dass das im Garten stehende kleine Bänkchen immer öfter tiefe Seufzer erfüllten, denn mit der Anzahl der Trades begann der Frust, dass die jähen »Abwehrtechniken« der Börse, »Geld auszuzahlen«, sich als geschickter erwiesen als sein Wille, an dieses heranzukommen. Seine »Glücksquelle« konnte sich daher scheinbar nicht in der Nähe seines Arbeitszimmers befinden, da sich Jerome also hin und wieder überhaupt nicht mehr zu hundert Prozent sicher war, ob dieser Traderjob das Richtige für ihn war. Er hatte sich diese Tätigkeit irgendwie ganz anders vorgestellt. Ruhevoller. Entspannter. Gelassener. Abgeklärter. Beherrschter. Gefasster. Stilvoller. Familiärer. Aber nichts von all dem war Realität …

So geschah es, dass Jerome am Dienstagnachmittag seiner fünften Handelswoche und damit an einem der letzten Tage seines ersten Handelsmonats aus dem Wagen stieg und den erlesenen Blumenstrauß mit seiner farbigen Pracht vom Beifahrersitz nahm. Gestern Abend hatten er und Sabine sich furchtbar gestritten – er war wohl überreizt von der Arbeit und Langeweile, da kam so etwas schon einmal vor –, und Jerome wäre froh gewesen, wenn er die Tonlage, mit der er dabei »argumentiert« hatte, irgendwie hätte rückgängig machen können. Der Streit belastete ihn entsetzlich, und er wollte sich um alles in der Welt wieder mit Sabine versöhnen, damit alles wieder gut würde. Jerome erinnerte sich an Henry und dessen heute Morgen über den Gartenzaun hinweg versicherten Worte, dass Schuldgefühle »typisch« für eine gute Ehe seien, schließlich seien sie in seinen Augen der Beweis dafür, dass man ein Gewissen habe und moralische Werte demnach ernst nähme. – Klang gut! Im Prinzip sollte man natürlich am besten dafür sorgen, dass es erst gar keinen Anlass für Gewissensbisse gab, aber wer schaffte das schon?! Erst recht nicht, wenn einer der beiden Partner sich mit Charts & Co. auseinandersetzte. – *Eieieiei!* Beim zögernden Schließen des Garagentors kamen Jerome der gestrige Abend und damit der Streit wieder in den Sinn:

… 1,3712; … 1,3713; … 1,3714

»Jerome!«

Er drehte sich um und sah Sabine im Türrahmen stehen. Obwohl ihr Blick einen Funken Ungeduld erkennen ließ, »empfing« Jerome sie lediglich mit jener kurzen Hebung des Kopfes, mit der man etwas, was man nicht wissen brauchte, beiläufig zur Kenntnis nahm. Völlig angenervt meinte er nur: »Ja?«

»Zum *vierten Mal* … Stichwort: Abendbrot?!« Anfänglich hatten diese unvermeidliche Verbissenheit und das Unbeweglich-stundenlang-vor-den-Bild-schirmen-sitzen-ohne-ein-Wort-zusprechen-und-Aufzuschauen auch Sabine amüsiert, nahm sie dies doch als scheinbar »unvermeidliche« Begleiterscheinung für Jeromes eigentliche Absicht des Geldverdienens und damit seiner »neuen Arbeit« hin. In den letzten Tagen allerdings hatte sie für ihre Begriffe »zu oft« und »zu lange« auf ihn zum gemeinsamen Abendessen warten müssen. Und auch heute erkannte man Messer in ihren Blicken.

»Abendessen?« Und ohne dass sich seine verfallenen Gesichtszüge verändert hätten, fügte Jerome noch hinzu: »Wie jetzt, ich hab die Charts doch gerade erst geöffnet!«

»*Erst geöffnet?!*«, fauchte es. »Du sitzt seit heute Morgen davor!«

»Weißt du was, Schatz, fangt doch schon mal an mit dem Essen, ich komme gleich!«, wiegelte Jerome ab, versank ohne ein weiteres Wort in tiefe Konzentration, die ihn vom Rest der Welt trennte, und tauchte zurück in die imaginäre Welt der Chart-Schlacht.

Klack – das Garagentor war in der Endstellung eingerastet. Jerome erwachte aus seiner Erinnerung an den gestrigen Abend und befreite den Blumenstrauß aus dem Papier. – »Naja, kein Mensch ist vollkommen, aber man sollte nicht so streng mit einem sein. Wir alle sind mal gereizt«, versicherte er sich selbst, aber tief in seinem Innersten wusste er, dass Sabine nie verstehen würde, was er am gestrigen Tag durchgemacht hatte. – Wie auch? Sie hatte schließlich noch nie – trotz zehnstündigen *ununterbrochenen* Sitzens vor den Charts – 1.250 Euro an nur einem Tag verloren! Und da konnte einem schon mal, ohne ein einziges Mal die gesenkte Stirn von den Bildschirmen zu heben, nach dem fünften »ABENDBROT!« ein »Dein Abendbrot interessiert hier gerade niemanden!« herausrutschen. Und ebenso konnte der daraufhin erfolgende schwerfällige Versuch, wieder taktvoll zu sein, in unbedachte Äußerungen von weiterer Taktlosigkeit übergehen, welchen, obwohl gemurmelt, eine schwungvoll zuknallende Tür folgte … *Eieiei* …

Kopfschüttelnd nahm Jerome seine Blumen und betrat das Haus. Als er die Tür hinter sich schloss, kam ihm Sabine entgegen: »Hi, Schatz!«, begrüßte sie ihn und hielt ihm ihrerseits einen Blumenstrauß entgegen. Jerome starrte sie an. Sie hatten *beide* Blumen gekauft?

O Gott. Sie weiß Bescheid!

Nein. Wie könnte sie?

Und warum sollte sie ausgerechnet dann Blumen kaufen?

Wieso ist sie eigentlich schon zu Hause, sie wollte doch zu ihrer Freundin?

Sabine sah ebenfalls verwirrt aus. »Die sind für dich«, sagte sie schließlich.

»Ah«, brachte Jerome hervor. »Und ... *die* sind für dich.«

Linkisch tauschten sie die Sträuße aus. Jerome folgte seiner Frau in die Küche und trank hastig einen Schluck Wasser aus der Flasche. Während Sabine zwei Vasen für die beiden riesigen Sträuße suchte, erfuhr er, dass ihre Freundin den Termin kurzfristig abgesagt hatte. Beide setzten sich, und sogleich begann Jerome, den Grund für seinen Blumenstrauß zu erklären. »Du, Sabine, ... ich ... ich wollte ...«, er erinnerte sich seiner zurechtgelegten Worte, »mich entschuldigen ... ich war gestern wohl etwas gereizt ... Ich ... ich ... war die letzten Tage kaum draußen an der frischen Luft, die Märkte waren so spannend, und da ...«

»Schon gut, Schatz«, unterbrach Sabine und gab Jerome einen Kuss. »Nicht *du*, sondern *ich* muss mich entschuldigen!«

Heee?

Bitte waaas?

»Du hast die letzten Wochen dein ganzes Leben vollständig umgekrempelt, und das alles nur, um uns etwas Gutes zu tun! Das ist Höchstleistung! Und außerdem«, sie zeigte wiederum auf ihren Blumenstrauß, »gibt es bald etwas zu feiern!« Mit großem Tamtam zauberte sie eine Flasche Sekt aus dem Kühlschrank hervor.

Heee?

Jerome rieb sich die Stirn; seine Gedanken flogen:

Geburtstag ...? – Nein, hatte er ja gerade erst gehabt.

Hochzeitstag ...? – Nein.

Weihnachten ...? – Quatsch, draußen waren es 30 Grad.

Ah! Kennenlerntag ...? – Der war doch schon vorbei.

W-waaas?

Doch dann kam die Auflösung: »Morgen ... morgen ... ist *Mittwoch*«, klärte ihn Sabine schließlich auf und schenkte zwei Gläser ein. »Morgen bist du genau seit *einem Monat* vom ollen Piechler weg. Morgen ist demnach endlich ... der ... *erste Gehaltstag*«, meinte sie und zauberte dabei ein Du-weißt-doch-noch-dass-du-die-Familie-vom-Börsenhandel-ernähren-wolltest-Lächeln auf ihr Gesicht. »Ich bin schon ganz aufgeregt. Ich möchte so gerne wissen, wie es auf unserem Konto so aussieht. *Bitte*, zeig mir den ›Gehaltsscheck‹! Vielleicht«, sie umgarnte ihn und flüsterte ihm schließlich ins Ohr, »habe ich ja dann auch eine extra Überraschung für dich!«

Scheck ... Waaaass ...?

Lächelnd nahm Jerome das Glas Sekt entgegen und nickte zum Zeichen, dass er sie verstanden hatte. Dennoch erwies sich wieder einmal, dass Jerome bei Panik zu verlangsamter Reaktion neigte: je akuter, desto zögerlicher. Das war freilich kein besonders intelligentes Verhalten, auch entsprach es durchaus nicht der evolutionären Überlebenstheorie, aber so war es nun mal. Jerome hatte wirklich nicht die Spur einer Idee, was er nun sagen sollte, und dem Profiquassler, der sich sonst durch den Tag hindurchquasselte, sich um Strafzettel herumquasselte, sich in ausgebuchte Restaurants hineinquasselte, verschlug es völlig die Sprache. Er brachte Sekunden nicht einen halbwegs rationalen oder logischen Satz hervor, sondern starrte durch Sabine und die Stille in ein schummriges Nichts. Wenn Jerome nicht wüsste, dass er in der Küche saß und seine Frau ihm gegenüber, er würde wetten, er wäre gar nicht hier. Das Einzige, was er noch hörte, war das Uhrwerk der Küchenuhr:

... tick, tack, tick, tack ...

Jede Sekunde wie eine brachiale Ohrfeige.

... tick, tack, tick, tack ...

Jerome wünschte, die Sekunden wären Wochen. Dann würde sicherlich alles viel schneller besser werden.

... tick, tack, tick, tack ...

Die Nachmittagssonne schien durchs Fenster, und Jeromes Hirn suchte und suchte eine übergeordnete Logik hinter der Information seiner Frau.

... tick, tack, tick, tack ...

Und dann erinnerte sich Jerome langsam daran, dass er, nach der gemeinsamen Abgabe der Überweisung für den Broker bei der Bank, geschworen hatte, ihr die erste Transferüberweisung vom Tradingkonto auf das gemeinsame Familienkonto nach *genau vier Wochen* feierlich zu überreichen. Also demnach morgen! Wer konnte ihr mithin ihre heutige Freude verdenken? »Ah ... ja ...« Mit dieser zweisilbigen Antwort Jeromes führten sie ja schon fast so etwas wie ein Gespräch.

... tick, tack, tick, tack ...

Jerome blickte aus dem Küchenfenster. Er stellte sich vor, er sei der Vogel, den er oben am Himmel kreisen sah. Am liebsten ein kraftvoller Adler. Hoch oben schwebte er, hoch über dem rosaorange leuchtenden westlichen Himmel. Sehnsüchtig blickte Jerome ihm aus dem Fenster nach, bis er hinter den Baumwipfeln verschwunden war. Der konnte einfach auf und davon.

... tick, tack, tick, tack ...

»Du hast immer weniger über die Trades gesprochen. Ich nehme an, du wolltest mich überraschen«, gluckste Sabine vor Freude.

Überraschung. – Das traf es.

... tick, tack, tick, tack ...

Nun – es gibt Tage, die sind voll von philosophischen Einsichten. Tage, die umfangreiche Deutungen des Lebens nahelegen. Tage voll von Randbemerkungen großartiger Kritik im Buch des eigenen universalen Schicksals.

... tick, tack, tick, tack ...

In diesem Moment kam es Jerome vor, als sei gerade ein solcher Tag, und er hatte den Eindruck, seine schweren Augenlider und sein gerade leeres Gehirn schrieben mit einem stumpfen Bleistift Buchstabe um Buchstabe dieses tiefsinnigen Kommentars. Immer nervöser wurde er, empfand er doch die große Lächerlichkeit der Situation, als er so stumm vor ihr stand, übergossen von ihrer prasselnden Geschwätzigkeit. Er sah Sabine an und entschied daher, einen schnellen Themenwechsel anzustreben: »Ich weiß, dass ich in den letzten Tagen viel mit den scheiß Charts beschäftigt war. Es war sicherlich eine komische Zeit für dich. Aber ... meine Blumen«, er rückte einiger seiner schmalen Orchideen – die schlanken Bilder der Sehnsucht – und ein paar der stolzen, betörenden Rosen in der Vase zurecht, »sollen als kleine Wiedergutmachung dienen«, faselte er kopflos und kam damit wiederum auf den Grund seines Blumenstraußes zurück.

»Aber das macht doch nichts«, meinte Sabine in Erwartung des Kontostands. »Früher bei der Arbeit beim ollen Piechler hast du doch auch viele Überstunden gemacht. Jetzt als Trader bist du ja wenigstens zu Hause. Umso größer fällt doch auch das Gehalt aus!«

Jetzt bloß nichts Falsches sagen. – »Äh ... dass ich letztens vergessen hatte aufzuräumen, das ist mir wirklich unangenehm. Und dass ich so wenig Zeit für dich hatte auch.«

»Komm her.« Sabine lächelte und zog Jerome zu sich herüber, um ihm einen Kuss zu geben. Sie saßen dann einfach einen Augenblick zusammen und ließen sich die Sonne ins Gesicht scheinen. »Also«, meinte Sabine, »wann sehen wir uns den Kontostand an?«

... *tick, tack, tick, tack* ...

»Na, ich schenk erst mal nach!« Den Rücken Sabine zugewandt, betrachtete er sich in dem großen Spiegelbild des Küchenschranks, um sich dabei zu beobachten, wie seine Lippen die Worte »*O Scheiße*!« formten. Das Konto wies inzwischen nur noch 21.200 Euro auf. Jerome sah Sabine schon vor seinem geistigen Auge: wie sie ihn zusammenstauchte, mit einem dieser fiesen Blicke; mit hochrotem Kopf, die Lungen kurz vor der Explosion. – *O Gott.* Irgendwie geriet die Sache langsam, aber sicher außer Kontrolle. Genauer gesagt schrillten praktisch schon alle Alarmglocken. Es war daher höchste Zeit für ... – *Ja, für was?* Keine Ahnung. Vielleicht sollte er doch – *gewagt, gewagt!* – mal mit Sabine über *Grundsätzliches* reden? Seufzend löste er sich von seinem Spiegelbild ... und plötzlich, beim Anblick des Kundenmagazins seiner Hausbank, das ganz oben auf dem Poststapel lag, biss sich plötzlich, gleichsam einer attackierenden Schlange, ein rettender Gedanke in ihn ein. – *Das könnte funktionieren!*

Sabine legte ihre Hand in die seine und wiederholte: »Also, wann sehen wir uns den Kontostand an?«

... *tick, tack, tick, tack* ...

In ihrem Gesicht konnte Jerome förmlich lesen, wie sie sich an die Geburtstagsfeier und an Henrys Riesen-Überraschungs-Aktientrade erinnerte, aus welchem Grund sie, und das konnte man ihr nicht übel nehmen, überzeugt war, dass ihr »Bill Gates« genau denselben getätigt hatte und eine neue Küche anstand. Jerome ging in Bruchteilen einer Sekunde nochmals seine rettende Idee im Kopf durch. – *Yep!* Sein Problem hatte eine wunderbare Lösung gefunden; innerlich beglückwünschte er sich zu seiner Idee. »Ach Biene, immer dieses Thema *Geld*« Er legte ihr den Arm um die Schultern und drückte sie. »Lass uns über das Trading Ende der Woche in aller Ruhe reden und dann das Wochenende genießen.«

»*Freitagabend*?!« Ihre Augen funkelten wie die einer Tigerin, an deren Käfig man Fleisch vorbeitrug.

»Freitag!«

Ein Themenwechsel musste her. – Aber dalli! »Lass uns doch heute zur Vorfreude auf Freitag lecker essen gehen. Was hältst du davon?«

»Zu unserem Lieblings-Mexikaner?«

»Genau zu dem.« – Puuuh. Jerome war zufrieden. Er hatte die Absicht des »Familienverhörs« durch Sabine entschärft. Die Kuh war vom Eis. Vorerst. Von nun an war es eine Sache der Zeit, denn in genau drei Tagen würden die Details seiner »Arbeit« zur Sprache kommen, aber nicht jetzt und nicht auf diese Weise.

… tick, tack, tick, tack …

Er hatte sich einen Aufschub von drei Tagen verschafft …

*

Die kommenden Handelstage … Tage ohne Zeit und Substanz! Durch die Begegnung mit den Charts kam es in Jerome immer mehr zu einer Wandlung. In dem leeren, ganz von dem Schatten der Einsamkeit bestimmten Arbeitszimmer, das noch vor Kurzem von Gespräch und einer Gemeinsamkeit erfüllt war, die bis an die innerste Seele drangen, verlor sich unwillkürlich die Unterscheidung zwischen körperlicher Trennung und geistiger Gegenwart. Jerome fühlte sich, als glitte er ohne besondere Merkzeichen dahin, so eindringlich, wie er es noch nie erlebt hatte. *Okay* – zwar hatte er mal irgendwo gelesen, dass es nicht die Aufgabe eines Traders sei, den Chart zu *interpretieren*, sondern nur permanent sein Lieblings-Setup *zu suchen*, oder mit anderen Worten: statt Jäger Sammler zu sein. Doch wie sollte er diese Anweisung umsetzen? Er hatte doch gar kein individuelles persönliches Setup! Also nahm er, ohne weiter darüber nachzudenken, auch weiterhin die Haltung eines Kinobesuchers ein: Er ließ sich vom Film und seiner Handlung berauschen und wollte unbedingt bei jeder neuen Szene wetten, wie diese nun ausgehen würde …

Drei Tage waren so vergangen. Das Ende der Woche war erreicht, und das Läuten der Haustürklingel kündigte Sabines Eintreffen an. Jerome fuhr zusammen – obwohl er eigentlich damit gerechnet hatte. *Jetzt schon?* Ein lautes »Hallo, Liebling, du bist aber *früh* von der Arbeit zurück«, quer durchs Haus geschrien, musste als Begrüßung vorerst reichen, denn das Rucken und Zuckeln des DAX hatte Vorrang.

»Hallo, mein Schatz, na … wie stehen die Aktien?«, rief Sabine durchs Haus zurück, und erst jetzt merkte Jerome, dass sie durch den Flur direkt auf sein Arbeitszimmer und damit auf seinen Rechner und – Freitag, die Frist war heute abgelaufen! – auf den *Kontostand* zukam.

»Hallo Biene«, sagte Jerome schnell, der bis eben mit schweren Lidern auf die Bildschirme gestarrt hatte. »Ähm…«, er klickte fix auf »Fenster schließen«, aber es tat sich nichts. *Shit.*

»Du freust dich ja gar nicht. Ist irgendwas?«, fragte Sabine leicht verwundert.

»Nein, nein!« Jetzt wurde Jerome doch ein bisschen panisch. »Ich schalte einfach das ganze Ding ab!« Er zog an einem der vielen Stromkabel, doch der rechte Bildschirm war immer noch erleuchtet, und da stand sein Kontostand. Schwarz auf Weiß. Er hatte nicht den Strom für den Rechner gekappt, sondern nur für den linken Bildschirm. Und Sabine kam immer näher. *Verfluchter Mist!* Er wusste wirklich nicht, ob sie das jetzt schon sehen sollte, schließlich hatte er die passenden Worte noch nicht ganz im Geiste geformt.

»Bist du im Tradingprogramm?« Sabine gab ihm einen Begrüßungskuss.

»Ähm ... irgendwie schon.«

»Zeig her!«

»Ehrlich, lass mal. Ich will sowieso gerade aufhören ...« Jerome rutschte mit seinem Stuhl vor den Bildschirm, aber Sabine sah nach links und starrte einen Augenblick auf den Bildschirm.

Schluck!

Stille.

»Wow! Da ist dein erster Monat aber super gelaufen!« Immerhin standen an der Stelle, wo einst 35.000 Euro eingezahlt worden waren, heute 39.500 Euro. Und während Sabine Jerome anstrahlte, grübelte dieser, ob er ihr von der heimlichen Einzahlung von 18.500 Euro von seinem ganz privaten Konto erzählen oder ob er sie besser doch nicht mit diesem klitzekleinen Detail konfrontieren sollte.

Obwohl, so glücklich, wie sie ihn ansah?!

Besser nicht.

Es wäre ja ohnehin klar, dass sie seine clevere Entscheidung nicht verstehen würde. Was war auch so schlimm daran, wenn man zu Beginn mal einen schlechten Monat hatte? Jedes Kind wusste doch, dass noch kein Meister vom Himmel gefallen war. »Ja, der Monat lief gut!« Jerome gab sich Mühe, professionell, überzeugend und überzeugt zu klingen, tatsächlich jedoch wurde ihm mulmig zumute, denn sein jüngster Schachzug gefiel ihm, trotz guter Planung, plötzlich ganz und gar nicht mehr. Aber was blieb ihm übrig? Er selbst hatte doch die Einfachheit des Börsenhandels gepriesen. Die völlige nervliche Erschöpfung der letzten Handelstage und die Sehnsucht, die Last – besser den Druck – seiner »monatlichen Verpflichtungen« abzuschütteln, hatten seinen Widerstand, Sabine doch alles zu sagen, ins Wanken geraten lassen. Und in dessen Folge hatte sich in Jerome ein Plan herauskristallisiert, der zwei Zwecke erfüllen sollte: Sabine wäre zufrieden, und das Dilemma hinsichtlich seiner Traderzukunft wäre für einen *weiteren* Monat gelöst. Einen Monat Aufschub, in dem er das bisherige Minus einfach wieder raushandeln konnte und so niemand an seinen Fähigkeiten als Händler zweifeln müsste!

»Das müssen wir feiern!« Sabine gab Jerome einen Kuss. Doch es war nicht irgendein Kuss, sondern ein Kuss, der *Stolz* und *Respekt* ausdrückte. Ein Kuss, der sagte: »Das hast du gut gemacht!« Ein Kuss, der sagte: »Du bist mein Held!« Und während einer innigen Umarmung rief Sabine plötzlich: »Guck, GUCK!«, und fuchtelte dabei wie wild vor Jeromes Nase herum. »Das Ding da steigt an. Los, kaufen ... kaufen ... KAUFEN!«

He?

Sabine schubste Jerome förmlich zur Maus und zeigte dabei mit den Worten »Hopp. Beeil dich!« auf den DAX-Chart, dessen aktuelle Periode größer und größer, grüner und grüner wurde. Doch schon ihre kindliche Euphorie schien ausreichend, um Jerome zu belehren, wie wenig ein weiteres Verfolgen ihrer dilettantischen Bemühungen seines meisterlichen Interesses an einer »fachlichen« Chartanalyse würdig sei, und mit derselben selbstverständlichen Geste, mit der man ein angebotenes schlechtes Buch weglegt, ohne es auch nur ernsthaft durchzublättern, trat Jerome von den Monitoren fort und winkte lächelnd ab.

»Das Ding *STEIGT*!« Sabine konnte sich kaum zurückhalten. »Los, kaufen … *KAUFEN*!«

»Ich bitte dich!«

»KAUFEN! Das klappt noch den Monat mit der neuen Küche!«, meinte Sabine und spielte damit auf Henrys Frau und deren neuen Küchenplaner an und darauf, dass der Monat vielleicht doch etwas »mager« ausfiel, woraufhin Jerome stöhnend tat wie geheißen, eine *Long*-Position eröffnete und Sabine dann vor dem Rechner Platz nehmen ließ.

Order Filled

Buy DAX-Future 1@5712 id=5241621

»*Hurraaaaa*, schon fünfzig Euro!« Sabine klatschte in die Hände, während Jerome von der linken Seite über ihre Schulter blickte. Mit hochgezogenen Augenbrauen, den Mund verschlossen und verzogen, äugte er, halb zur Aufsicht, ob Sabine, nun selbst die Maus in der Hand, das Ordermenü zur Stoppsetzung richtig nutzte, halb aber auch aus Neugier und mit jener von Bosheit nicht ganz freien Genugtuung darüber, dass für sie hoffentlich nun endlich jener Augenblick kommen würde, die gewissermaßen naive Rolle des »Ach, geht das Trading einfach« aufzugeben und »die Härte« des Geschäfts endlich am eigenen Leibe zu spüren.

»Fünfundsiebzig … ah … *hundert* Euro!« Sabine schrie vor Freude. »Hab ich es nicht gesagt!«

»Hab ich es nicht gesagt«, äffte Jerome sie in Gedanken nach, »hab ich es nicht gesagt … *tä tä tä* …«

»Zweihundert Euro! ZWEIHUNDERT!«

»Das ist aber klasse!«, log Jerome und starrte auf den Chart, als wolle er die laufende Periode mit seinem Willen magnetisieren. Zum ersten Mal in seiner Tradingkarriere betete er, dass eine Position ins Minus lief, damit Sabine nun selbst einmal sah, wie schwierig das ganze Unterfangen *wirklich* war; zum anderen hätte er dann vielleicht auch die Möglichkeit, ganz nebenbei diese klitzekleine Überweisung zu erwähnen. – *Fall. FALL. F-A-L-L!* Aber: Der Markt stieg. Und stieg. Und stieg. Und stieg …

Name	Position	Traded	P/L Points	P/L	Time	Last Quote	Bid	Ask
FDAX	+1K	5712	+9	225 Euro	17:16:18	5721	5721	5722

Ey, Alter, das gibt's doch nicht!

»Ich zieh mal den Stopp so, dass wir kein Minus mehr machen können«, sagte Sabine zu sich selbst im professionellen Ton und gab sich selbst mittels Handzeichen zu verstehen, dass Eile geboten war. Und fünf weitere Minuten später befahl Sabine sich selbst, die Position zu schließen.

Achthundertfünfzig Euro Gewinn.

»Jetzt ist mir klar, warum du Trader werden wolltest! Du hattest recht. Das ist total einfach!« Sabine strahlte vor Glück. »Für das Geld geh ich eine Woche arbeiten! – *Eine Woche!*« Sie umarmte sich selbst. »Klasse, dann klappt das ja demnächst doch noch mit unserer neuen Küche!«

»Das war aber pures Glück von dir! Weißt du das?«, stieß Jerome hervor und machte sich … *wer hätte es je gedacht* … damit aus Sabines Sicht nun selbst jener beleidigenden Einschränkung von einst schuldig, indem er ihre »intensive Arbeit« ein *Spiel* nannte, weshalb sie gut gelaunt, indes mit mahnend erhobener Hand entgegnete: »*Pah!* Du siehst doch, ich kann das genauso gut wie du. Bin eben wie du ein *Naturtalent*. Sieht doch jeder, dass es rauf geht.« Und sie fügte im Weiteren die von Jerome einst so oft gehörten Worte an, dass die geheimnisvolle Attraktion der »königlichen Art des Geldverdienens« sich souverän des *Zufalls* entziehe und sie daher ihre Siegerpalme einzig ihrem *Intellekt* oder vielmehr einer bestimmten Form ihrer *handwerklichen Begabung* und einem *bisschen Menschenverstand* zuteile.

Das darf doch alles nicht wahr sein …!

Das gibt es doch nicht!

Ein paarmal fuhr Jerome sich mechanisch mit den Fingern über die Stirn, als wolle er eine drückende Schicht wegschieben, die sich dort abgelagert hatte und sein Verständnis für diese Situation völlig umdämmerte, sah er doch, wie diese gesamte Situation der letzten Minuten in sein Antlitz die Spuren eines geistigen Dilemmas einzugraben und eine völlige Gereiztheit zu erzeugen begann.

»So … ich muss gleich mal Susi anrufen und von meinem ersten Trade berichten. Gott, wie aufregend. *Achthundertfünfzig Euro* in null Komma nix!« Aber da säuselte auch schon ihr Handy. »Hallo?«, fragte Sabine. »Ach, du bist es, Susi. Gedankenübertragung. Gerade wollte ich dich …« Sie blinzelte zu Jerome hinüber, hauchte ihm einen Luftkuss zu und verschwand in Richtung Küche.

Völlig sprachlos angesichts der Ironie dieser Situation starrte Jerome auf seine Monitore und damit auf jene Programminfo, welche die Schließung von Sabines erstem Trade bestätigte. – *Lächerlich, das Ganze!!* Solch einen Trade hätte er zu seinen Anfängen gewiss auch gemacht. »Einfach blind … *long* gehen … gehört ja keine Zauberei dazu«, zischte Jerome zornig vor sich hin, wusste er doch – bei einiger Beobachtungsgabe als »Nicht-mehr-ganz-Tradinglaie« –, dass es einem »wahrhaften Tradinglaien« mitten in der höchsten Erregung seiner ersten Trades selbst nicht anders geht wie einer Fliege am Fenster: Man donnert hundertmal gegen das Undurchdringliche, und einmal, wenn man Glück hat, durch einen Spalt ins Freie, was man sich natürlich im Nachhinein, im euphorischen Bewusstseinszustand, als *planvolle Handlung* auslegt. Einst Zufall, war es nun Absicht, weshalb ein »echter Tradinglaie« stets meinte, dem Markt überlegen zu sein: »*Long* und *Short*, schon klar, hab ich begriffen …!« Doch dass er nun auch noch mit jenem Argument konfrontiert wurde, mit welchem er einst selbst das Trading angepriesen hatte – jenes Argument der Leichtigkeit, welches er für die Kontoeröffnung und das nun kommende sorgenfrei Leben ins Spiel gebracht hatte –, das war zu viel!

Ich muss raus hier!

Sofort!

Sein Tagebuch hervorkramend, eilte er hinaus, vorwärts, hinaus in das milde Licht des mit ersten Schatten bedeckten Gartens, und ließ sich auf seinem Bänkchen nieder. Minutenlang saß er starr da, mit jenem leeren Blick, wie ihn Schafe auf der Weide haben, ohne an den Geschehnissen rings um ihn den geringsten Anteil zu nehmen. Und dann wurde ihm erstmals deutlich:

Niemand versteht mich!

Mit niemandem kann ich reden!

Niemand steht mir als Trader nahe!

Und so blieb ihm nichts anderes übrig, als dass der Schmerz, der von ihm ausging, wieder in seine Seele zurückfloss, und es wäre nach der heutigen Ironie der Geschehnisse für einen Außenstehenden schwer festzustellen gewesen, welche Art Leiden Jeromes blasses, ausdrucksloses Gesicht verbarg – denn es schienen ihrer mehrere zu sein: Entbehrungen, Ängste und jenes der Gleichmut entstammende Leid, das wiederum aus einem Übermaß an Leid und dem Irrsinn der gesamten Situation rührte.

Mein Tagesergebnis nach acht Stunden Arbeit und gedanklichem Belagerungszustand: 560 Euro Minus.
Sabines Ergebnis nach wenigen Minuten: 850 Euro Plus.
Es gibt keinen Gott!
Und wenn doch, dann nicht für mich.

Dann schlug Jerome sein Tagebuch auf und berichtete diesem, was zwischen ihm und Sabine vorgefallen war:

> *… es tut mir leid, es tut mir leid, dass mit der ihr unbekannten Überweisung, aber was hätte ich tun sollen? Mich trifft keine Schuld! Ich log aus Liebe …*

So schrieb er, aber plötzlich widersprach dem eine innere Stimme. Bereute er, dass er Sabine belogen oder die heimliche Einzahlung getätigt hatte? Jerome wusste es selbst nicht. War das Eheglück nun durch Zweifel und eine Lüge vergiftet? Aber ungeachtet allen Selbstmitleids freute er sich doch bei dem Gedanken, dass er ihr mit dem »neuen Kontostand« ein Lächeln hatte abgewinnen können. Und erst der Kuss! Der Kuss, der sagte: »Du bist mein Held!« – Oh jaaa … Jerome zweifelte keinen Augenblick mehr daran, richtig gehandelt und sich so einen Monat Aufschub »erlogen« zu haben. Und wie er so stumm auf seinem Bänkchen saß und die Geschehnisse Zeile um Zeile in Worte kleidete, schlich die Katze von Jeromes Nachbarn langsam an ihn heran. »Hey, Stromer, komm her … miez, miez, miez!« Die Katze blieb stehen, schaute ihn mit ihren großen gelben Augen an, lauschte seinem Tonfall und durchtränkte seine Worte vorerst mit den Akzenten einer entschiedenen Billigung seiner Existenz; und genau diese gelassene Stärke als auch die eleganten, geschmeidigen Bewegungen faszinierten Jerome heute einmal mehr. Doch als Stromer ihn mit ihrem gold-glänzenden Blick fixierte und Jerome in diesen Augen deutlich den nicht zu brechenden Willen wahrnahm, der einer jeden Katze eigen ist, wurde er schlussendlich noch deprimierter, wünschte er sich doch, ebenfalls jene Kraft und Geschmeidigkeit zu besitzen.

Auch er wollte *frei* sein. Auch er wollte stundenlang umherstreifen. Auch er wollte die Tage verschlafen. Auch er wollte sich keine Gedanken mehr machen müssen über Trades. Über Stopps. Über Gaps. Über Einzahlungen. Über Rechtfertigungen. Über Kursverläufe. Einfach Freiheit. Keine Angst mehr, keine Orientierungslosigkeit. Auch er wollte einfach nur … Ruhe.

Wieso … WIESO bin immer ich der Idiot?
Und warum … WARUM haben alle anderen, nicht aber ich die Millionen?
Kann ich … KANN ich nicht auch mal der Gewinner sein?

Jerome lehnte sich zurück und spürte eine kleine Träne über seine Wange rinnen. Er fühlte nur noch den tiefen seltsamen Schmerz, dessen Spur er vergebens nachsann, denn es war ein Schmerz, wie ihn verschreckte Kinder haben, wenn sie in finsterer undurchdringlicher Nacht plötzlich erwachen und sich ganz allein und von aller Welt verlassen fühlen. Er hob den Kopf, schaute vorbei an der Tanne, die sich grün-golden glänzend gegen die Sonne abhob, und blickte auf zum Horizont. Die Erde hatte sich ein Stück weiter in ihren Schatten gedreht. Hoch oben am Himmel kreiste ein Vogel. Jerome stellte sich abermals vor, es sei ein Adler. – *Oh ja*. Ein Adler sein, das wäre nicht schlecht! Ein Adler wäre bestimmt sogar um einiges besser als nur eine Katze. Hoch oben schwebte er, über dem rosa-orange leuchtenden westlichen Himmel. Sehnsüchtig blickte Jerome ihm nach, als er in Richtung Horizont davonflog. – *Seufz!* Katzen, so unabhängig sie auch waren, mussten sich dennoch dem Gesetz der Schwerkraft unterordnen. Vögel hingegen – Vögel schwebten weit über dem Chaos der Welt, sie waren *wirklich* frei! Also träumte Jerome davon, ein Adler zu sein. Oder doch wenigstens eine Amsel, des hübschen Gesangs wegen. Egal, Hauptsache keine Börse mehr! – *Ha* … Jerome wusste sogar, in welchem Baum in seiner Straße die Amseln nisteten. Vielleicht musste er ja nur eine ausreichende Anzahl von ihnen verspeisen, um selbst zu einer Amsel zu werden, dachte er, und augenblicklich schüttelte er, über sich und seine Gedanken völlig erschrocken, den Kopf.

Ist das schon der beginnende Wahnsinn, der da aus mir spricht …?

Und in Anbetracht dieser ungewöhnlichen Umständen entschied Jerome, dass auch heute nicht der richtige Zeitpunkt sei, um mit Sabine *über Grundsätzliches* zu reden …

6. Kapitel
Sechste Woche Verwirrt von Verzweiflung

Einige unangenehme Fragen Henrys; ein unfreiwilliger und doch so typischer Spaziergang; ein hochinteressanter TV- Spot; eine Tinktur gegen die phasische Verschiebung der Deklination eines Aszendenten. Und Grundsätzliches, das weiterhin unausgesprochen bleibt …

Als Jerome die weiteren Handelstage weiter und weiter verlor, wurde er immer mürrischer und begann umständlich und diktatorisch sich selbst zu erklären, dies könne nur durch eine momentane Unaufmerksamkeit geschehen sein; und so machte er bei dem einen Minustrade den Lärm der Nachbarn für sein Versagen verantwortlich; bei den anderen Minustrades war es, dass er unausgeschlafen war, bei den folgenden war es die Sonne, die sich auf seinen Bildschirmen spiegelte … und so gab es gar viele Bemerkungen und Gründe, die als naive Ausflucht dienten, um sein eigenes Versagen gekonnt zu maskieren. Aber er war nie auf den Einfall gekommen, in den abgewandten Gefühlen, die er Tag für Tag erfuhr, mehr als ein momentan fehlendes »glückliches Händchen« zu erblicken. Ständig bemüht, sich selbst Mut zuzusprechen, ähnelten seine Trades ohne Sinn und Verstand, als werfe der Zufall Steine, Echos einer ihm bisher völlig unbekannten inneren Stimme.

Und so begann auch diese Handelswoche seiner Vollzeit-Tradingkarriere leider nicht so geschmeidig, wie sich Jerome das erhofft hatte. Der heutige Dienstag schien sogar der peinlichste zu werden, den er je erlebt hatte, denn wenn man plötzlich neben einer Achthundert-Euro-Minusposition als von allen hoch gefeierter »Supertrader« hochschreckt, gibt es normalerweise nur eine Reaktion: Man beäugt ungläubig die Anzeige auf dem Bildschirm und fühlt die Wut in sich hochsteigen. Jerome hingegen war weder wütend noch verbittert. Aktuell wusste er selbst nicht einmal genau, was er empfand. Vielleicht am ehesten Furcht. Jerome dachte kurz nach Börseneröffnung, dass der DAX nicht mehr weiter steigen könne – aber als dieser dann sogar über das Vortageshoch sprang, erfasste ihn eine Welle der Angst, die ihren Höhepunkt in einer hastigen Positionsschließung fand. Er fühlte sich plötzlich … *so?* … *so?* … *so leer!* Er sehnte sich irgendwie nach einem *anderen* Leben als Trader. *Was* anders sein sollte, wusste er nicht. Aber eine innere Stimme schrie nach … ja, nach was? – einige Minuten später hatte Jerome es: nach Stabilität. Da saß er den ganzen Tag vor den Monitoren, hatte seit Kontoeröffnung über zweihundert Trades durch die Märkte geschossen und war doch irgendwie meilenweit davon entfernt, … kontinuierlich … zu traden. Und das Seltsame daran war, dass er eigentlich zu Beginn seiner Vollzeit-

Tradingkarriere angenommen hatte, dieser Punkt würde ihn eigentlich überhaupt nicht interessieren. Ist doch egal, wie man an das Geld kommt. Hauptsache, es ist auf dem Konto. – Basta! Aber vielleicht irrte er sich ja? Stabilität erschien Jerome inzwischen ... *mhm* ... irgendwie ... als durchaus erstrebenswert.

Aber wie um alles in der Welt findet man diesen Weg?

Also, was tun? – Der Blick auf die Monitore sagte ihm vorerst nur eins: Erst mal warten, schließlich lief der DAX seit dreißig Minuten seltsam seitwärts. Jerome dachte über seine beiden Optionen nach:

Er könnte den »ersten Ausbruch« aus der engen Tradingrange traden, wonach er sich einfach für die obere oder untere Seite entscheiden müsste, oder er könnte, besser noch, so dachte er, doch gleich *beide* Seiten des Kanals traden und dann hoffen, dass er der Erste wäre, wenn es dann hieß: *Ausbruch! Ausbruch! Geld! Geld! Geld!*

Oder er könnte den ersten Ausbruch den anderen überlassen und derweilen, wie von Sabine ohnehin strikt angewiesen, den Rasen mähen.

Was tun? Mhm ...?! – Jerome erinnerte sich an seine unzähligen Trades innerhalb von Seitwärtsphasen ... *Autsch! Autsch! Autsch!* ... und traf daher die Entscheidung: Rasen mähen. Das war zum einen immer gut, und zum anderen dauerte es lange, dachte er zumindest. Aber: Ungeliebte Arbeiten erledigt man nun mal viel zu schnell – leider. Ein Blick auf die Uhr zeigte Jerome, dass er so immerhin knapp eine halbe Stunden im Garten herumgebracht hatte, und umgerechnet auf den 10-Minuten-Chart waren das immerhin drei, vier Bars. Drei, vier Bars, in denen er hätte viel Unfug treiben können.

Yep!

Jerome war irgendwie stolz auf sich. ... Also, das hieß ... wenn er ... *naja* ... ehrlich mit sich und seinen Gefühlen war, so merkte er, dass er eigentlich doch nicht stolz, sondern lediglich heilfroh war, dass in der halben Stunde der erwartete Ausbruch im DAX-Chart doch nicht erfolgte. So bestand nun weiterhin die Möglichkeit, als Erster dabei zu sein, wenn der Markt die Seitwärtsphase verließ und es dann hieß: *Ausbruch! Ausbruch! Ausbruch! Geld! Geld! Geld!*

... 5662; ... 5663; ... 5662

Plötzlich klingelte das Telefon, aber Jerome rührte keinen Finger. Ihm war es egal, wer da anrief. Er war beschäftigt, das heißt: Er lag im gedanklichen Koma. Er war Trader. Der Anrufbeantworter sprang an: »... hier ist der Anschluss von Jerome und Sabine Decker. Bitte hinterlasst nur gute Nachrichten.« – »Hey, Jerome. Ich bin es, Henry. Ich habe heute frei, wenn du Lust hast, komm ich gleich mal ...«

Schon saß Jerome kerzengerade auf seinem Stuhl und überlegte, ob er rangehen sollte. – *Nein. Bloß nicht!* Er war sauer auf den Markt! Er wollte niemanden sehen! – *Hm, oder ist das vielleicht eine klitzekleine Überreaktion?* Gut möglich. Der neueste Tratsch aus der Straße, dachte Jerome, ist ja immerhin noch besser, als die ganze Zeit an DAX & Co. zu denken.

»... Jerome, ruf mich an, wenn du ...«

Jerome grabschte sich das Telefon. »Hallo?«, keuchte er. »Hier ist ... äh ... Jerome.«

»Ich weiß, du Witzbold. Ich habe dich schließlich angerufen ...«

Zehn Minuten später klingelte es an der Haustür. Henry kam hereingeschneit, und nach einer kurzen Begrüßung stellte er – Jerome dabei freundschaftlich auf die Schulter klopfend – Fragen, wieso Jerome nach der Arbeit nicht mehr bei ihm vorbeikomme und weshalb jedes Mal, wenn sie sich treffen wollten, ein neues Hindernis einer längeren Plauderei im Weg stehe.

Mhm, was antwortet man auf so unangenehme Fragen?

Jerome hätte Henry gewiss gern die Wahrheit gesagt, wusste aber nicht, wie er ihm jene neue »Leidenschaft« offenbaren sollte. Sicher würde er es nicht verstehen. Das war wohl auch ganz normal. Er selbst begriff es ja kaum. Auf der anderen Seite: Wie sollte man einem Laien wie Henry jenes Gefühl beschreiben, in eine andere Welt »einzutauchen«? Wiederum auf der anderen Seite stand der Wahrheit als Hindernis entgegen, dass sich Jerome selbst lächerlich fand und sich schämte, schließlich war er – bis vor seiner Kontoeröffnung – für gleichbleibend gute Laune und gesunden Menschenverstand bekannt gewesen. Was sollte Henry nun also von ihm als Freund denken? Oder mit anderen Worten: Jerome belastet der Gedanke, mit anderen Menschen in Kontakt treten zu müssen, und das ging mittlerweile fast schon so weit, dass eine schlichte Einladung zu einem Abendessen mit einem Freund ihn bereits in einen schwer zu beschreibenden Angstzustand versetzte. Der Gedanke an eine gesellschaftliche Verpflichtung, welcher Art auch immer, sei es die Teilnahme an einer Feier, ein Gespräch am Gartenzaun oder ein Gang in die Stadt, um dort jemanden, den er kannte, zu treffen oder einen Besuch abzuholen – allein der Gedanke daran brachte Jerome einen Tag lang, bisweilen bereits am Abend zuvor, aus dem Konzept. Kurzum: Ihm fehlten die Worte, um seine Flucht in die Einsamkeit zu beschreiben. Also schwieg er und webte weiter an einem Kokon von Ausflüchten, fand verschiedene Einwände und strebte kurzerhand einen Themenwechsel an. Doch auch das Getratsche über die Neuigkeiten aus der Stadt und über die Nachbarn gestaltete sich schlussendlich eher als Mono- denn als Dialog, weshalb sich Henry bei seinen Berichten mit recht einsilbigen Antworten – »Ooooh«, »Aaaah«, »Schön« – seines Freundes begnügen musste. Kein Wunder auch, war doch während des Gesprächs das eingetreten, worauf Jerome so lange gewartet hatte: Der DAX-Future knabberte nun endlich am unteren Ende des Tradingkanals herum.

Boah!

… 5631; … 5630; … 5631

Scheinbar stand nun der lang ersehnte Ausbruch im DAX-Future kurz bevor. Folglich blieb Jerome keine Zeit für ausführlichere Antworten oder ein konzentrierteres Nachfragen.

… 5632; … 5631; … 5632

Komm schon, Drecksmarkt, FALL!

Der Jäger in ihm erwachte. Jerome war berauscht, erregt, hier so rasch die richtige Fährte gefunden zu haben, das Wild nun ganz nahe vor dem Schuss zu fühlen. Seine Augen glänzten, das Blut floss ihm leicht durch die Adern, kurzum: Sein Blick galt nur noch den Monitoren. Das musste selbst ein bester Freund verstehen. Henry verstand es aber nicht, und so war Jerome drei Minuten später wieder in trauter Zweisamkeit mit seinen Bildschirmen und hypnotisierte den aktuellen Bar des DAX-Future.

… 5633; … 5632; … 5631

Verdammt noch mal, der macht nix.

… 5631; … 5632; … 5632

Fall endlich!

… 5632; … 5632; … 5631

Steig endlich!

… 5631; … 5631; … 5630

Scheißegal … Aber beweg deinen Arsch!

… 5630; … 5631; … 5630

»Na gut, wenn du es nicht tust, dann tue ich es eben!« – Jerome griff abrupt nach seinem Handy, rief imaginär bei der Börse an und schrie in den Hörer: »Pennt ihr alle dort?« Somit begann nun genau *das*, was immer geschah: Der Börsenverlauf machte Jerome schier verrückt! O Gott, wie er die nun aufkommende Stimmung hasste! Und erst den Kerl, in dem diese Stimmung aufkam. Jerome umkrampfte seine Maus, so sehr schüttelte ihn ohnmächtiger Zorn beim Betrachten der aktuellen zu »lösenden« Marktsituation: »Besser gleich *short*; dann bin ich der *Erste*?« – »Oder besser gleich *long*, für den Fall, dass die Unterstützung hält?« – »Oder doch besser *short*?« – »Scheiße … *long* ist bestimmt besser?« – »Trade *ja*? Trade *nein*? Entscheide dich! *Fuck, WAAAAAAS* soll ich tun?! Entscheide dich!« Jerome konnte sich schon gar nicht vorstellen, wie es wohl ablaufen würde, wenn er, statt zu Hause, mitten auf dem Börsenparkett handeln würde. – *Nein!* Darüber wollte er jetzt lieber erst gar nicht nachdenken:

»*Aha* … der Kursmakler läuft zügig drei Schritte nach rechts und zuckt so komisch. Der weiß doch was!« – Also, rein in die *Long*-Position. »*Ohohaaa* … Die zwei Händler da hinten tuscheln schon wieder, schütteln den Kopf und zeigen auf den großen DAX-Chart an der Wand. Die wissen doch was!« – Vielleicht doch besser raus aus der *Long*-Position. *Flat*. »*Oohh* … Der Kursmakler grinst und schaut auf seine Schirme, macht große Augen und wackelt mit den Ohren.« – *Oha* … nein! Mist! Ich habe die *Long*-Position zu früh geschlossen. Kaufen, kaufen …

… 5633; … 5632; … 5632

Eine Minute später bereitete Jerome dem Warten ein Ende. Da der Markt ohnehin am unteren Ende der Tradingrange rumknabberte, entschied er sich für … *long?* … *short?* … *long?* … schlussendlich doch für *short*, zumal die aktuelle Periode irgendwie danach aussah, als würde der Markt jeden Moment unter die 5625 und damit die Unterstützung rutschen. So ersparte er sich unnötiges Warten.

Order Filled

SELL DAX2@5631 id=7261468.

Die darauffolgenden fünf ansteigenden Punkte wertete Jerome noch als »kurzes Luftholen« vor dem großen Abwärtsknall, während ihn der weitere Marktanstieg um fünf Punkte bereits schon etwas nervöser machte, und auch den danach kommenden Kursanstieg um drei Punkte betrachtete er argwöhnisch, ihn aber zähneknirschend akzeptierend – in der Hoffnung, dass auf ihn ein nun noch … *viel, vieeeel GRÖSSERER Knall!* … folgen würde.

… 5643; … 5642; … 5644

Genervt von der Arroganz des Marktes, legte Jerome den DAX-Chart auf dem rechten Monitor ab, um so den Chart des Euro-FX-Future auf dem Schirm zu haben. – *H-I-M-M-E-L!* Die Vorgabe »umwerfend attraktiv« erfüllte dieser Chart nun aber wirklich allemal! Ehrlich! Jedes Lehrbuch wäre stolz auf solch einen starken Kursverfall des Euro. Der Kursrutsch war einfach sagenhaft ausgeprägt! Jerome kniff seine Augen zusammen. Er fand dieses Setup einfach … *klasse, klasse, klasse!* Na, wenn das mal keine Mega-Party werden würde! Tiefer ging ja wohl noch kaum! Zwei Mausklicks später war die Order im Markt und die *Long*-Position eröffnet.

Order Filled

Buy EUROFX 2@1.3234 id=1745127.

Mit Argusaugen verfolgte Jerome nun jede neue Kursentwicklung seiner zweiten Position, doch in den kommenden Minuten bewegte sich der Euro so wenig wie Möwen, die auf einer Sandbank stocksteif in der Sonne standen.

… 1,3233; … 1,3233; … 1,3233

Drecksmarkt!

Beweg dich.

Doch nichts geschah.

… 1,3233; … 1,3233; … 1,3233

Es tat sich nichts.

… 1,3233; … 1,3233; … 1,3233

Es tat sich nichts.

… 1,3233; … 1,3233; … 1,3233

Es tat sich nichts.

Jerome schwante es plötzlich, dass dieser Trade möglicherweise doch ein Fehlgriff gewesen sein könnte, allerdings kam er nicht dazu, diesen Gedanken weiter auszubauen, denn nun flackerte ein Informationsfeld auf:

Order Filled

LONG DAX@5660 id=7981722.

Seine Augen verengten sich zu Schlitzen. – *Verdammt, Herrgott!* Ausgestoppt. »Hör zu«, begann er den Chart anzubrüllen. »Hör genau zu, du scheiß Markt! Verarschen kann ich mich allein. Da brauche ich dich nicht dazu. Also noch mal so ein schneller Rücksetzer, bei dem ich rausflieg, dann … « – *Ja, was dann?* Jerome zog die Augenbrauen hoch, dachte nach und schloss als Ergebnis seiner Grübelei umgehend den gerade in den Gewinn laufenden Trade des EURO-FX, um mit dessen angelaufenen Betrag die Verluste des DAX-Trades sozusagen »auszugleichen«, um dann aber, Minuten später, festzustellen, dass er mit dem Euro-Trade weit über vierzig Ticks hätte haben können. Und so begannen die kommenden Stunden diesen eigenartigen, aber eigentlich für die letzten Tage ach so typischen Verlauf zu nehmen, bei dem Jerome das Gefühl nicht loswurde, nicht Herr über das zu sein, was er da tat. Seine Mausklicks machten sich im DAX-Chart irgendwie selbstständig, er stammelte irgendwelchen Blödsinn vor sich hin, und sobald er sich dessen bewusst wurde, hätte er sich dafür auch schon wieder selbst in den Hintern beißen können …

Fünfzehn Punkte rauf.

Ergo *long.*

Rumms.

Zwanzig Punkte runter.

Ergo *short.*

Und Krach.

Wieder rauf.

Danach wieder runter.

Jerome war heilfroh, dass niemand seine Trades sah, denn seine Finger balancierten nahezu schwindelfrei zwischen Absicht und Versehen. Zu seinen besten Zeiten drehte er bis zu *fünfmal* die Position, wohlgemerkt binnen *weniger Minuten*: »… huch, es geht runter!« Also raus aus der Long-Position; Kommentar zu den dreihundertfünfzig Euro Minus: »Das hole ich jetzt locker mit der *Short*-Seite wieder rein.« – »Huch, es geht wieder hoch! Mist!« Der erneuten Positionsdrehung, aber auch dem realisierten Minus folgten fürchterliche Vorwürfe an den Markt und an sich selbst, weshalb die vorangegangene *Long*-Position nicht gehalten wurde. »Och nee, schon wieder im Minus! – Raus. Sofort raus!« Erneut einige Hundert Euro eingezahlt. »Jetzt geht's hoch, also wieder *long. Herrje!*« – Kurzum: Jeromes Radar für Positionsdrehungen blinkte unaufhörlich: *Bumm … Bumm … Bumm.* Aber was sollte er tun? Schließlich galt es, das Minus des letzten Trades, des heutigen Tages, des Vortages, des Vorvortages und der Tage zuvor so schnell wie möglich auszugleichen. Und dann, so gegen vierzehn Uhr, war es dann wieder so weit …

Jerome schlich wie ein Bettler die Mauern der Straßen entlang, sein Basecap schief und zerdrückt auf dem Kopf, bei jedem Schritt fast schon sonderbar schwankend und meist halblaut zu sich selbst murmelnd. Grüßte man ihn, so hob er den erschreckten Blick, sprach man ihn an, so starrte er dem Sprechenden leer entgegen und vergaß fast, ihm die Hand zu reichen. Eine flüchtige Bekannte dachte sogar, Jerome sei ertaubt, und wiederholte lauter die Worte. Ertaubt war er natürlich nicht, sondern er brauchte immer Zeit – Zeit, sich selbst aus seinen Erlebnissen des Arbeitszimmers zu holen. Und nach etwaigen Gesprächen verfiel er sofort wieder in eine sonderbare Verlorenheit, ausgelöst von Charts & Co. und dem verwirrten Gefühl seiner … *ja was?* … Unwertigkeit, seiner Nichtigkeit.

Warum haben alle anderen die Millionen und nicht ich?

Wann bekomme ich endlich die Chance, mein im Demohandel bewiesenes Können anzuwenden?

So quälte er sich gedanklich immer und immer wieder. Und gerade dieses qualvoll empfundene Unvermögen, sein im Demohandel gezeigtes Talent irgendwie aufblitzen zu lassen, machte ihn unglücklich. Seine Familie, seine Freunde, seine Hobbys, all diese Dinge, die ihm vor Wochen noch von hoher Bedeutung waren, schienen ihm mit einem Mal entwertet, läppisch und zeitraubend verächtlich. Immer mehr und mehr empfand er die Qual, klein zu sein, etwas Halbes, Unreifes zu sein, und noch nie hatte er sich so stürmisch und so ernsthaft gesehnt, eines Morgens *anders* aufzuwachen, nämlich so, wie er sich träumte: groß und stolz, ein Mann, ein Trader, die Märkte vorhersehend wie all die anderen. Jerome lief … und lief … »Warum gelingt es mir nicht, den Chart vorherzusagen? Warum nur?!« und lief … und lief …

Stunden später – Sabine hatte bereits eine nachfragende SMS geschickt – stand Jerome vor der Haustür, glättete mit dem starken Willen, entspannt zu scheinen, sein Gesicht und trat in die Küche, wo Frau und Tochter am abendlich gedeckten Tisch bereits auf ihn warteten. »Spät, spät«, grüßte Sabine mit sanftem Vorwurf, stand auf und küsste ihn auf die Wange, was in Jerome unwillkürlich ein peinliches Gefühl der Scham erweckte. Kaum hatte er sich gesetzt, fragte Sabine: »Schatz, warum nimmst du nicht dein Basecap ab?«

Jerome schrak zusammen, weil er sich in seiner Verlegenheit ertappt fühlte, stand eilig auf, ging in den Flur und nahm die Mütze vom Kopf. Sein blasses Gesicht im Flurspiegel erblickend, machte er sich Vorwürfe, die noch bitterer waren als die vielen Vorwürfe, die er sich während seines Spaziergangs gemacht hatte und die geradezu wie die Prophezeiung eines bösen Endes klangen. Die Last seiner Gedanken, so meinte er gegenüber seinem Spiegelbild, machte ihn irgendwie noch ängstlicher und besorgter, als er es dank seiner mentalen Ausstattung auszuhalten imstande war. Auch die ersten grauen Strähnen verstimmten ihn, die sich heimtückisch hinter den Ohren und an den Schläfen zeigten. Dieses Grau war, das wurde Jerome langsam klar, offenbar nur die Vorhut einer unerbittlichen widrigen Invasion. Wie viel davon ließ sich wohl auf sein »glückloses« Trading zurückführen? Der Vormarsch der Stunden, Tage, Jahre war unaufhaltsam, wurde aber anscheinend durch den Blick auf den Tick- und Minuten-Chart erheblich beschleunigt. Jerome missfiel alles an seinem Spiegelbild: nicht nur der leichte graue Gezeitenwechsel, nein, auch seine Augen! Doch hier ließ sich Jerome erweichen und blickte mit Nachsicht auf sein Gegenüber. In seinen Augen lebte noch – wenn auch etwas versteckt – die unvergängliche Jugend. Er zwinkerte und nickte sich aufmunternd zu – seinem *wahren Ich*, dem ewig jungen, lustigen Jerome, der sich in diesen Augen beseelte. Heute jedoch grüßte kein junger, lustiger Jerome zurück. Stattdessen blinzelten ihn die Augen seines Großvaters an – alt und müde, versunken in geröteten Lidern. Jerome beobachtete zunehmend schockiert, wie sich die Lippen seines Großvaters zusammenzogen, um die Wörter »*Wann* und *wie* soll ich es Sabine beichten?« zu formen. In letzter Zeit musste Jerome ohnehin häufiger an seinen Großvater denken. Dieser war nun bereits seit mehreren Jahren tot. Er war im Alter von siebenundsechzig Jahren gestorben, fast zweiunddreißig Jahre älter als Jerome jetzt. Unendliche Traurigkeit erfasste ihn: *Noch zweiunddreißig Jahre!* Wie sollte er noch zweiunddreißig Jahre ausharren? Zweiunddreißig Jahre *traden*. Zweiunddreißig Jahre lang in seine alternden und müden Augen starren. Zweiunddreißig Jahre des Wartens darauf, dass die Jahre verstrichen? Gab es kein Entrinnen aus dem Gefängnis der Zeit und vor allem des … *Tradens*? Ach, wieder von vorn beginnen zu können!

Aber wie?

Wo?

Mit welchem Beruf?

Wieder als Trader?

Jerome war sich immer mehr darüber im Klaren, dass es mit dem Trading scheinbar nie wieder ein ruhiges, entspanntes Leben geben würde. Jedes Mal, wenn es ihm gelang, aus dem Teufelskreis der Erinnerungen an seine letzten Trades auszubrechen – den Stunden vor dem Rechner, dem Warten auf einen Trade, der ständigen Frage »Jetzt Position schließen oder warten?« –, immer wenn es ihm gelang, zurückzutreten und sich aus der Ferne zu betrachten, dann sah er seine Blauäugigkeit. Der Gedanke, sich mit dem Trading ein ruhiges Leben zu finanzieren, war von Anfang an eine scheinbar fixe Illusion gewesen.

Über sieben Monatsgehälter im Ars…

O Mann!

Als sein Auge wieder anfing zu zucken, sah er es im Spiegel so lange an, bis der Blick ihm wieder ruhig, sicher und fest schien. Dann kehrte er in die Küche zurück, und wie erwartet kam im weiteren Verlauf des Abendessens die Frage: »Und, wie war der Tag?«

Schluck!

»Heute … *wow* … der Markt ging heute den ganzen Tag stetig nur nach oben«, meinte Jerome, »… ich habe … habe ein paar Euro gemacht …«, ergänzte er und war auch schon zornig über die eigene Unbedachtsamkeit, so schlecht gelogen zu haben, denn aufgrund seines nachmittäglichen Spaziergangs wusste er gar nichts vom *aktuellen* Marktverlauf. Sonst rüstete er sich immer im Voraus mit einer sorgfältig ausgeklügelten, allen Möglichkeiten der Überprüfung trotzenden Lüge, heute aber hatten ihn die Erlebnisse des Handelstages dies vergessen lassen und ihn daher zu einer derart ungeschickten Improvisation gezwungen. Und so wurde es im Weiteren ein Abend wie alle anderen, das hieß: Punkt zwanzig Uhr saß Sabine alleine auf der Couch und schaute stumm einen Fernsehkrimi, während Jerome der Kopf zu zerspringen drohte – Magen, Schultern und die Augen taten weh. Er wusste nicht warum, aber sollte er hier und jetzt »den Löffel abgeben« – es wäre ihm heute schnurzegal. »Ich schau mal im Garten nach dem Rechten«, meinte Jerome leise ins Wohnzimmer gesprochen, und mehr als ein »*Mhm* …« erhielt er nicht als Antwort. Immer noch unruhig vom Verlauf seines heutigen Handelstages, lief er in die dämmernde Pracht des Abends und auf jene Stelle im Garten zu, wo er ganz er selbst sein konnte. Schwer sackte er auf seinem hölzernen Bänkchen zusammen, und langsam ließen die Schmerzen etwas nach, doch die Atemnot, die ihn in regelmäßigen Abständen abends überkam, bereitete ihm langsam Angst. Er schaute gen Himmel, der zwischen den fernen bewaldeten Hügeln als purpurner Streifen sichtbar war. »Ich habe das biblische Alter noch lange nicht erreicht, aber es sieht nicht so aus, als ob ich es je erreichen würde«, murmelte er vor sich hin. Dennoch, stünde er vor der Ärztekommission, käme er sich vor wie ein Simulant. Die Tatsachen aber blieben, und es konnte ihm offensichtlich keiner helfen! Traurig strich Jerome über das in die hölzerne Lehne eingravierte Herz mit der Inschrift: »Jerome + Sabine für immer!« Er trauerte um Sabines Liebe, die jung und schön gewesen war, wie ein spielendes Kind, das sich im Leben verliert, und die Erbärmlichkeit seiner Verfassung wurde nicht geringer durch jene Worte, mit denen Jerome wie jeden Abend Satz um Satz das »Buch seines Nachsinnens«, sprich: sein Tagebuch, gestaltete …

... es gibt als Trader ein so dermaßen subtiles, diffuses inneres Leid nach Trades, sodass sich nicht feststellen lässt, ob es von der Seele oder vom Körper herrührte oder ein Unwohlsein war, weil man die »Nichtigkeit des Lebens als Trader« spürte, oder aber die schlechte Laune, die aus diesem misslungenen Trade aufstieg – aus Magen, Leber oder Gehirn ...

Kurzum: Es gibt Naturen, in denen alle großen Ereignisse und alle überragenden Geschehnisse mit der allgemeinen Erschütterung der Seele auch die verklingende dumpfe Saite einer verborgenen Schmerzlichkeit und innigen Melancholie anschlagen, deren Klingen so laut und drängend wird, dass alle anderen Stimmungen sich in ihr auflösen. Und so war es auch bei Jerome. Die Traurigkeit seiner Seele setzte sich heute bis in die letzte Faser seines Körpers fort.

Über sieben Monatsgehälter im Ars...

O Mann!

Sein ganzes *Ich* schmerzte ihn. Erinnerung. Augen. Arme. Beine. Einfach alles. Es zog wie ein Rheumaschmerz in allem, was er war. Auch die durchsichtige Klarheit des Sommertages, ein Himmel, groß, rein und blau, eine stehengebliebene Flut verschwommenen Lichts, all das besaß auf sein Wesen keinen Einfluss. Der leichte, frische Hauch – sommerlich und an die nahe liegenden Getreidefelder erinnernd – mochte der Luft Persönlichkeit verleihen, doch ihn mochte er nicht heiter stimmen. Nichts bedeutete ihm etwas. Er war traurig, doch seine Traurigkeit war keine bestimmte, geschweige denn eine unbestimmte. Und während Jerome schrieb und schrieb, musste er zugeben, dass keines seiner zu Papier gebrachten Worte genau *das* wiedergab, was er empfand – da zweifellos keine seiner Empfindung genau wiedergegeben werden konnte:

... nach dem heutigen Handelstag komme ich mir nichtig, tot und nutzlos vor wie ein leeres Glas. Ich kenne mich nicht, weil ich denke. Und weiß daher nicht, was ich wirklich denke ...

Irgendwie versuchte er dennoch, seinem Tagebuch den Eindruck seines Empfindens zu vermitteln – eine Mischung verschiedener Arten von *Ichs* und der Charts, die, weil er sie gedanklich vor sich sah, ebenfalls auf eine innere Art und Weise, die er nicht zu analysieren vermochte, ebenfalls zu ihm gehörten und ein Teil von ihm waren.

... wäre ich ein gläubiger Mensch, wäre ich anders, aber auch wenn ich verrückt wäre, wäre ich anders. Oder besser: Wenn ich ein anderer wäre, wäre ich anders ...

Jerome sah auf und erahnte: Was er kaufte, war nur Zeit, eine Atemspanne, ein paar Tage oder Wochen vielleicht, aber eine entsetzlich wertlose Zeit voll Qual und Spannung. Seit Wochen schlief er unruhig, geplagt von Träumen, die schlimmer waren als das Wachsein. Ihm fehlte die Luft, die freie Bewegung, die Ruhe, die Beschäftigung. Er vermochte nicht mehr zu lesen, nichts mehr zu tun, dämonisch gejagt von seiner inneren Angst der kommenden Rechenschaft um den Kontostand. Er fühlte sich krank; es gab sogar manchmal Momente, da musste er sich plötzlich niedersetzen, so heftig überfiel ihn das Herzklopfen, eine unruhige Schwere füllte, gleichsam einer fast schmerzhaften Müdigkeit, alle Glieder, die sich aber dennoch dem Schlaf verwehrten. Seine ganze Existenz war unterhöhlt von der fressenden Angst, und im Innersten sehnte er sich eigentlich danach, dass dieses »Chart-Kranksein« doch endlich herausbrechen möge in einem sichtbaren Schmerz, einem wirklich sichtbaren Schmerz, einem wirklich fassbaren, sichtbaren klinischen Leiden, für das Sabine dann Mitleid hätte und Erbarmen. Würde er Schmerzen leiden, so dürfte er wenigstens laut schreien. So aber musste er unaufhörlich die tragische Komödie eines heiteren Gesundseins und erfolgreichen privaten Traders spielen, die für ihn Tag für Tag und beinahe jede Stunde neue und furchtbare Situationen fand. Mit zuckenden Nerven musste er lächeln und froh scheinen, ohne dass jemand seines näheren Umfeldes die unendliche Anstrengung dieser vorgetäuschten Heiterkeit ahnte, die heroische Kraft, die er verschwendete an solche tägliche und doch nutzlose Selbstvergewaltigung …

So trübte sich auch an diesem Abend Jeromes normales Bewusstsein seiner selbst durch den aufgewühlten Bodensatz einer unruhigen Stagnation …

… wieso … wieso bin immer ich der Idiot, und warum … warum haben alle anderen, nicht aber ich die Millionen? Kann ich … kann ich nicht auch mal der Gewinner sein? …

Stunden später signalisierte das dämmrige Licht im Schlafzimmer, dass Sabine bereits zu Bett gegangen war. Es war Zeit. Jerome raffte sich auf, und als letzte Tat des allabendlichen Rundgangs durchs Haus hieß es, den Fernseher auszuschalten. Aber statt der *Off-* drückte er versehentlich die *Programmtaste*.

»He … was war *das*?«

Jerome schielte zum Fernseher, wo eine Frau um die fünfzig einem Moderator gerade versicherte: »Bei mir sind Sie an der richtigen Adresse, wenn es um *schwierige* Zukunftsfragen geht …«, während das Laufband darüber informierte, dass hier eine gewisse Dagmar, langjährige Hellseherin, an die Nation sprach. Jerome horchte auf, schließlich, so hieß es in dem Gespräch weiter, sei »Medium Dagmar« sehr genau in ihren Angaben und treffsicher in ihren Zukunftsvoraussagen, und als Besonderheit im Vergleich zu ihren Kolleginnen arbeite Dagmar sogar mit einem »Zeitstrahl« …

Einem bitte waaaas?

Pssst … ist doch wurscht, weiter zuhören!!

Seit rund dreißig Jahren entwickelte Dagmar ihren spirituellen Weg, unterstützt durch kluge und fähige Menschen, die ihre seltene »Begabung« förderten.

Begabung!

O-aaaah …

Dieser Begabung – ein spirituelles Erbe ihrer Großmütter – wurde sich Dagmar erstmalig bewusst, als sie als Fünfjährige Tarotkarten und die Astrologie kennenlernte. »… Sie müssen wissen, meine beiden Großmütter waren Schamaninnen, die mich schon in frühen Kindesjahren ausbildeten …«

Im Weiteren erfuhr die Nation, dass Dagmar ihre Begabung für das Übersinnliche im Alter von sieben Jahren entdeckt hatte, als sich ihre Hellsicht ausprägte und sich das von ihr Vorhergesehene bestätigte.

Boah ... »das Vorhergesehene« bestätigt sich bei ihr!

WOW!

»... ich bin in der Lage, genaue Zeitangaben und auch genaue Angaben zu Situationen und Orten zu machen«, meinte Dagmar mit extrem ruhiger Stimme.

Nun ja ... wenn Dagmar mir auch sagt, wo der Schlusskurs im DAX ste...

JEROME, ich bitte dich!

Naja, aber wenn ...

JEROME!!!!

Naja, ich schau mal noch ein Minütchen!

Ja-aa, o-kay ...

Heute, so erfuhr der geneigte Zuschauer jetzt, war die Spiritualität Dagmars Berufung und Leidenschaft, die sie täglich begleitete. »... wenn ich Menschen auf ihrem Weg mit meinen hellsichtigen Fähigkeiten begleiten darf, ist das mein Erfolg!« Auf die Frage des Moderators, wie denn so ein Termin bei ihr vonstattengehe, blinzelte Dagmar lächelnd in die Kamera, nestelte an ihrem scheinbar selbst gehäkelten Pullover herum und meinte: »Zu Beginn der Beratung sorge ich dafür, dass der Ratsuchende sich völlig entspannen und damit vollständig öffnen kann ...«

Oh ja ... mal ENTSPANNEN ...

Sag mal, geht's noch?!

Naja, aber wenn Dagmar doch ...

Nichts mit ›wenn Dagmar doch ...‹!!!

Naja, ich schau mal noch ein Minütchen!

Ja-aa, o-kay ...

Und so erfuhr Jerome, dass Dagmar in einer Beratung Vergangenheit, Gegenwart und Zukunft unter anderem aus den Karten liest und damit kleine und große Zusammenhänge erkennt, und dass Dagmar zur Lokalisierung der eigentlichen Probleme lediglich das Geburtsdatum des Ratsuchenden benötige.

Mein Geburtsdatum ist der 23. ...

JEROME, sag mal, bist zu jetzt völlig durchgeknallt!!!

Oh ... jetzt halt doch mal die Klappe! Nur noch ein Minütchen!

Ja-aa, o-kay ...

»Gemeinsam mit dem Ratsuchenden erarbeite ich Wege für eine glückliche Zukunft und rate zu den besten Möglichkeiten.« Dagmar zupfte ihr Haar zurecht: »... ich möchte erreichen, dass der Ratsuchende weiß, wie er seine Situation besser greifen kann, was zu erwarten ist, und möchte mit dem Klienten gemeinsam seine schwierige Lebenssituationen klären.«

Mein Geburtsdatum ist der 23. ...

JEROME, ich bitte di...

SCHNAUZE!!!

Zum Abschluss des Interviews erklärte der Moderator mit salbungsvoller Stimme, dass es nicht immer leicht sei, die Wahrheit zu kennen, es allerdings trotzdem unendlich wichtig sei, zu wissen, woran man ist. Er verwies darauf, dass Zuschauer, die sich gerade in einer schwierigen Lebenslage befänden, keinerlei Scham und Ängste haben und ruhig mal einen Astrologen oder Schamanen in ihrer unmittelbaren Umgebung aufsuchen sollten.

Schluck! – Jerome stand stumm im ansonsten dunklen Wohnzimmer, die Fernbedienung in der Hand, und die sich an diesen Beitrag nahtlos anschließende Dauerwerbesendung riet all den verbleibenden Zuschauern nun umgehend zum Kauf von »Zellwassermobilisierendem Schmuckdesign«, welches die hellseherischen Fähigkeiten eines jeden Ratsuchenden anregen solle. Besonders beliebt seien beispielsweise die Kristalldiamanten, welche – sofern regelmäßig getragen – alle negativen Energien abstoßen würden. Der Schmuck werde natürlich versandkostenfrei geliefert, und mit ihm komme selbstredend ebenso das Echtheitszertifikat der »Diamonds of Eternity«-Kollektion nach Hause, welches belege, dass dieser Schmuck an einem streng geheimen Kraftort einzeln mit heilender Energie verbunden worden sei.

So, so … hundertvierzig Euro … mhm …

JEROME!!!

Ja-haaaa.

Gerade als Jerome den Fernseher ausschalten wollte, wurde noch eine stilvolle Kette präsentiert, in welcher der Diamant »Reichtum« verarbeitet sei, der die besondere Eigenschaft besäße, die »Reichtumsenergie« zu fördern. – *Boah! So was gibt es?* Jerome schaute nun doch gebannt weiter und erfuhr im Weiteren, dass beispielsweise auch das Armband »Balance« ein unglaublicher Begleiter für den Alltag von Ratsuchenden sei, denn die leuchtenden Edelsteine, die es schmückten, seien nicht nur reine Zierde – *nein, nein* –, vielmehr nehme jeder einzelne Stein Einfluss auf die Seele, sei einem der sieben Chakren des Körpers zugeordnet und beeinflusse damit die Energiezentren des Körpers! Energie für jeden Tag und Stärkung der Seele, lautete die Devise, und für magere zweihundert Euro konnte man sich die Kette unter der Nummer »0180-4344…« binnen zwei Tagen nach Hause liefern lassen.

Dann wäre die also pünktlich zu den EZB-Zahlen am Donnerstag da? 0180-4344…?!

Jetzt knallst du ganz durch!!!

Nun, die Kette aus den großen bunten Steinen erschien Jerome momentan nun doch etwas übertrieben, wenngleich … *gut zu wissen, dass so etwas existierte!*

Zapp.

Jerome schaltete den Fernseher aus, begab sich ins Schlafzimmer, begann sich langsam zu entkleiden und kuschelte sich an Sabine. Er umarmte sie, drückte sie ganz fest, und wie gleichsam bei jedem Zubettgehen kam in Jerome der prüfende Gedanke hoch, ob er nicht *doch* jetzt und hier berichten, sprechen, erklären und das ganze Ergebnis seines Tradings in die kalten und vernichtenden Worte der Tatsächlichkeit kleiden solle.

Soll ich? Soll ich nicht?

Jerome atmete tief durch, blickte um sich in die Dunkelheit und verschlang die schemenhafte Umgebung mit seinen Blicken. Sollte er die Wahrheit sagen? Oder sollte er sich weiterhin gut gelaunt präsentieren und Sabine weismachen, dass es um ihn und das Konto bestens bestellt sei, und sich damit Zeit verschaffen? – *Mhm* … Jerome wählte abermals als Lösung für dieses komplexe Dilemma die zweite Option und entschied, dass heute alles andere als der richtige Zeitpunkt sei, um über *Grundsätzliches* zu reden, zumal er einmal mehr seinen aktuellen Zustand als so dermaßen ungerecht empfand. Schließlich war er jahrelang der Prototyp des liebevollen und treu ergebenen sowie verlässlichen Ehemannes gewesen, und jetzt, jetzt als privater Vollzeittrader, stand, trotz der vielen Mühe und verbrachten Zeit vor den Monitoren, sein Handelskonto im negativen Bereich – Welch Quell eines peinlichen Moments!

»Gab's noch was Spannendes an der Börse?«, fragte Sabine, die ihre Augen bereits geschlossen hatte.

Poch!

Poch!

Poch!

Das Herz klopfte ihm bis zum Hals, und Schauer durchliefen ihn bis in die nackten Zehen. Wie er die Frage verfluchte. Es war, als ob der Tod ihn anrührte. Es schwindelte ihm sogar so sehr, dass ihm der Angstschweiß ausbrach. »Nein, Schatz, alles normal. Der Markt lief nur noch so seitwärts.«

»Na dann.« Sabine kuschelte sich in ihre Bettdecke, meinte noch »Gute Nacht, Schatz!«, bevor sie einschlief und Jerome damit verwirrt im Dunkeln der Nacht alleinließ … Einige Fetzen von Dagmars spirituellen Aussagen flatterten Jerome noch durch den Sinn: »Zeitstrahl … ich möchte erreichen, dass der Ratsuchende weiß, wie er seine Situation besser greifen kann, was zu erwarten ist … ich möchte mit dem Klienten gemeinsam seine schwierige Lebenssituationen klären …«, erklang es ihm wieder und wieder in den Ohren, bevor ein schwerer, dumpfer Schlaf ihn umfing …

*

Auch am kommenden Tag kam sich Jerome wie ein Mensch vor, der große, leidenschaftliche Kämpfe hinter sich hatte. Seine Aufmerksamkeit galt einzig dem Trading und damit seinen betörenden Bars, seinen hingebungsvollen Chartverläufen, der Kälte seines Körpers und seinem beschleunigten Atem, wann immer er die Charts herzzerreißend »analysierte« und im Nachgang verfluchte. – *O Mann* … Es waren Stunden voll von Wandelbarkeit, Ruhelosigkeit und – wie sollte es anders sein – minütlichen Standpunktwechseln. Die Chartverläufe rüttelten an Jerome, sie bliesen durch seinen Kopf, und er spürte es demnach wohl selbst: Er gehörte einer »nervösen Berufsgruppe« an. Einer Berufsgruppe, an der etwas nicht stimmte. Alle zusammen fühlten sie sich bedeutungsvoll, jeder für sich aber irgendwie unfruchtbar … und immer quälte Jerome eine Frage: »Stimmt etwas nicht mit mir? Es muss doch auch in meinem Leben mal einen Trade im DAX geben, der darauf brennt, vor mir auf die Knie zu fallen, oder?«

Und so kam es, dass Jeromes Blick am Mittwoch derselben Woche plötzlich an einer Anzeige in der Tageszeitung hängen blieb: »… Medium Sannyua: Bei schwierigen Fragen über die Zukunft sollte man sich an eine anerkannte Kapazität in Sachen Astrologie wenden ...« Jerome zog die Augenbrauen hoch.

Junge, das ist doch Schwachsinn!

Stimmt!

Jerome faltete die Zeitung zusammen und widmete sich wieder seinen Monitoren. Er sah auf die Charts. Er sah auf die aktuellen Positionen. Er sah auf seinen Kontostand. Er sah auf seinen Wandkalender.

Offene Position: Minus 120 Euro.

Kontostand: 36.850 Euro, inklusive der Einzahlung von 18.500 Euro.

Verbleibende Tage bis zur Rechenschaft des zweiten Handelsmonats: knapp drei Wochen.

Fuck!

Jerome wurschtelte die zerknüllte Zeitung hervor, begann ... *wieso nicht mal die Nase in den Wind der allerneuesten Trends halten* ... den Anzeigentext zu Ende zu lesen und musste schließlich zugeben: Scheinbar verstand die Dame was von ihrem Fach. Außerdem hieß es hier, *Medium Sannyua* sei landesweit anerkannt, sie sei sozusagen eine *Ikone*! Ihr Ziel sei es, den Ratsuchenden auf das vorzubereiten, was in sein Leben kommt: »Ich kann genau aufzeigen, wann, wo und wie etwas in Ihr Leben tritt!«, stand unter ihrem Foto.

Warum nicht zu einer berühmten Astrologin gehen?!

Quatsch!

Warum nicht?!

Ja, bist du jetzt vollkommen irre?!

Ein weiterer Blick auf den Kontostand.

Ja ... nein ... ach, ich weiß doch auch nicht!

Eine Stunde später allerdings siegte doch Jeromes Neugier, denn die fehlende Antwort auf die Frage: »Was ist der Grund, warum mir nicht mehr das gelingt, was mir einst im Demohandel mit Bravour gelungen ist?«, schrie nach einer qualifizierten Entscheidungsfindung, oder zumindest nach einem guten Tipp, um das zerrüttete Gefüge seiner Welt wieder ins Lot zu bringen ...

Am nächsten Tag stand Jerome um die Mittagszeit vor dem Laden – oder sagte man da *Büro*? – der Wahrsagerin. »Medium Sannyua tells you the future.« Neugierig schaute er durchs Fenster, was sich da drinnen so tat, und durch das große Schaufenster sah Jerome als Interieur eine verschlissene Polstersitzgruppe, die ihn an die Zungenkussecke im Partykeller von vor zwanzig Jahren erinnerte. In der Mitte des Raumes befand sich ein Tisch mit bunter Häkeldecke, darauf thronte eine Kristallkugel, umgeben von kreisförmig gelegten Tarotkarten. Vom Ende des Raumes führte geradlinig eine Tür ins Hinterzimmer, wo sich Sannyua offenbar in ihrer Freizeit aufhielt, also scheinbar immer dann, wenn kein Kunde zugegen war. Durch die geöffnete Tür konnte Jerome erkennen, dass der Fernseher lief; sah aus wie eine Talkshow, aber: Schaut man »Talkshows«, wenn man »seherische Fähigkeiten« hat? Die Türklinke in der Hand, hielt Jerome inne.

Ahaaaa ... jetzt bin ich offiziell durchgeknallt!

Aber ... – Jerome erinnerte sich an seinen Trade im DAX-Future heute Morgen: 875 Euro plus. Eine, wenn auch kleine Wohltat für den Kontostand; Balsam für Jeromes geschundene Seele.

Aber die zwei weiteren Trades ... *nun gut* ... es konnte ja keiner ahnen, dass die Trendlinie *nicht* hält! Und als Jerome die Position sodann kurzerhand von *long* auf *short* drehte, war ja auch noch nicht abzusehen, dass es sich bei dem doch so offensichtlichen Bruch der Trendlinie nur um ein kurzes »Durchrutschen« handelte und sich der Markt zwei Perioden später mit einem Affenzahn wieder nach oben bewegte. Mit so was rechnete man als Tradinganfänger ja nicht, und Jerome schmiss schnell noch einen weiteren Trade hinterher, ließ diesen kurzerhand laufen und laufen, verbunden mit der »fachlichsten« aller fachlichen Begründungen: »Der Markt wird in den kommenden Stunden schon nicht noch weiter fallen. Tiefer geht ja nun nicht mehr!« Diese Erklärung sollte für diesen Trade auch völlig ausreichen, schließlich hatte Jerome, nach akuter Telefonnerverei am gestrigen Tag, für heute einen Termin bei der gefragten Koryphäe, dem Medium, der Ikone Sannyua, und demnach würde schon alles gut gehen ...

Ach, was soll's!

Jerome trat ein, und die Erscheinung dieses »Mediums« als auch das schwüle Ambiente mit viel Kräuterduft und »Hexen-Schnickschnack« waren schon mehr als seltsam. Unter anderen Umständen wäre Jerome bestimmt auf dem Absatz umgekehrt, doch er merkte schnell, dass er dieser Frau – einer weiblichen Kopie des *Sehers* aus dem Asterix-Comic – durchaus vertrauen konnte: »Junger Mann – Sie sehen aus, als hätten Sie Sorgen!«

Boah!

Nach einigen kurzen Begrüßungsworten kam Jerome gleich auf den Punkt und bat Madame Sannyua, ihm die Zukunft zu deuten. Wenige Augenblicke später mischte sie die Karten, verbunden mit dem Hinweis, dass sie diese auf ein »Halt« von seiner Seite hin auslegen würde. Sie meinte, ihre Prognosen seien auf diese Art und Weise besonders präzise, treffsicher, und sie würde die Informationen mit *besonderem* Einfühlungsvermögen an den Ratsuchenden weitergeben.

»Okay?«

»Okay, ich sag Bescheid!«

Die Karten glitten geschickt durch Sannyuas Hände.

»Halt!«

Die vor sich ausgelegten Karten studierend, sagte sie umgehend voraus, dass es in der nahen Verwandtschaft einen mehrfachen Kindersegen geben werde. »Echt?!« Das war erfreulich, aber Jerome wollte etwas anderes wissen und sprach das Medium konkret auf etwaige zukünftige Geldsorgen und seinen Beruf an. Madame nickte ohne aufzublicken, zum Zeichen, die Frage verstanden zu haben, und schob die Karten beiseite. Wenige Augenblicke waberten ihre Hände in Ellipsen um die Kristallkugel. Abwechselnd in die Kugel und in Jeromes Handflächen blickend, nahm sie nun, so ihre begleitenden Worte, medial Kontakt mit dem Universum und den Ahnen auf. Plötzlich stoppte die Zeremonie abrupt. Sie warf Jerome skeptische Blicke zu.

O Shit ...!!! Sie hat bestimmt meine Trades gesehen ...

»Nun ja«, ein kontrollierender Blick in die Kugel, »Sie brauchen sich um Geld und Ihren Beruf keine Sorgen machen!«

»Nicht?!«

»Nein!«, beharrte sie auf ihrem Standpunkt.

Jerome sprach Sannyua darauf an, dass sie vielleicht doch noch mal genauer nachsehen sollte, ob es da eventuell zu einer Art »Zahlen- oder Ahnenverwechslung« gekommen sei, da er momentan eben *doch* so manches Problem zu beklagen habe.

»Also gut!« Medium Sannyua kritzelte die Jeromesche Sternzeichenkonstellation auf ein Blatt und rief erneut die Ahnen und den Kosmos um Rat, woraufhin Jerome, irgendwie gequält von einem unangenehmen Vorgefühl, immer nervöser und nervöser wurde: »Und?«

»Pssst!« Wieder schwebten Sannyuas Hände in kreisförmigen Bewegungen über der Kristallkugel. In diesem Moment sah sie diesen manischen Kinofilmtypen, die die Apokalypse heraufbeschworen, ziemlich ähnlich. Dann stoppte die Zeremonie erneut abrupt.

»U-u-u-nd, schlimm?!«

»Ihre aktuellen Störungen haben ihre Ursachen in einer erhöhten Sensibilität gegen die phasische Verschiebung der Deklination Ihres Aszendenten!«

Assi… waaaaaas?

Jerome verstand zwar nicht recht, aber er war schwer beeindruckt von ihrer Kompetenz.

»Zum Glück gibt es da ein *einfaches* Gegenmittel.«

»Einfach« … das klingt schon mal sehr gut!

Sannyua zauberte ein kleines Fläschchen aus einem der überladenen Regale hervor. Offenbar aus Angst, Jerome würde es gar nicht sehen, hielt sie das winzige Ding so nah an sein Gesicht, dass es ihm fast auf die Nase drückte. Und das, wo Trader doch *weitsichtig* sein sollten. Sannyua ließ das Gegenmittel vor Jeromes Augen hin und her pendeln: »Nehmen Sie von dieser Tinktur einige Tropfen, verreiben Sie die zwischen den Händen und verteilen Sie die Lösung auf Ihrem gesamten Kopf. Das sollte umgehend innerhalb von zwei Tagen helfen!«

Wie jetzt?

Keine Minustrades mehr?!

Jerome nahm die Flasche vorsichtig entgegen. – *Wow!* Die hundertfünfzig Euro Honorar übergab er gern, die zwanzig Euro Trinkgeld ebenso.

»Ach, und eines noch«, Sannyua verstaute die Scheine in ihrem Dekolleté, »einen Rat fernab der Sterne hätte ich noch!«

»Ähm … ja?!«

»Nehmen Sie mehr Vitamine zu sich, irgendwie sehen Sie ja ganz blass um die Nase aus!«

Schluck!

Etwas irritiert sah Jerome um sich, schließlich war Sannyua die Erste, die eine deutsame Gefährdung seines Zustandes bemerkte und dies deutlich aussprach. »Okay, versprochen!«

Vor der Tür, das Fläschlein gegen das Sonnenlicht haltend, fragte sich Jerome dann aber doch, ob mit diesen Tropfen und mehr Vitamin C seine Probleme zu lösen wären.

Junge, das ist doch völlig albern …!

Ja …

Nein …

Ja …

Nein …

Ach, Herrgott noch mal … ich weiß doch auch nicht!

Dann erinnerte sich Jerome erneut an seinen Kontostand – und dieses Argument zog! Ohne zu zögern krempelte er noch am selben Nachmittag seinen Ernährungsplan vollständig um: Vitamine, Mineralien, Zusatzstoffe, Ergänzungsstoffe, frisch gepresste Säfte und ansonsten nur noch Bio. Gesundes Input erzeugt gesundes Output, so lautete die neu gefasste Devise, in dem Wissen, dass sein Körper mit der Rache für den in den letzten Tradingwochen an ihm begangenen Raubbau scheinbar nicht lange zögerte. Lebensmittel gab es daher ab heute nur noch vom Öko-Bauern; den kleinen Umweg hinaus über die Felder nahm Jerome gerne in Kauf. Und »gesunde Trades« – das waren ihm die heftigen Preise allemal wert, zumal es dafür die gesunde Landluft völlig gratis gab. Sabine war am Abend zwar durchaus begeistert von der Idee der gesunden Ernährung, weit weniger enthusiastisch äußerte sie sich indessen über die Summen, die Jerome dafür ausgab, aber schließlich war ihr Mann seit geraumer Zeit »Börsenhändler«, und da konnte man auch mal ein paar Euro mehr pro hundert Gramm ausgeben. Ebenso befolgte Jerome – obwohl er es ehrlich gesagt etwas albern fand – noch am selben Abend peinlich genau die Anweisungen des Mediums Sannyua. »Ähm … Vorbeugung gegen Schuppen«, lautete die Antwort auf Sabines etwas irritierten Blicke. – *Nun ja.* Aber was waren schon ein paar teure Tropfen gegen die Ehre, die es zu retten galt …

Und so, das Tonikum in seine Kopfhaut einmassierend, entschied Jerome, dass auch heute ganz und gar nicht der rechte Augenblick sei, um über *Grundsätzliches* zu reden …

7. Kapitel

Siebte Woche Wahrsager versus Arzt. Arzt versus Auszeit

Eine Magnetresonanztomografie und eine Burnout-Warnung; ein frühmorgendlicher, leerer Ostseestrand; ein schlaflos machendes Hotelzimmer; ein Fisch in der Badewanne und eine schön wie Aphrodite auf der Couch liegende Sabine. Und Grundsätzliches, das weiterhin unausgesprochen bleibt ...

Doch bald, genau genommen bereits nach wenigen Tagen, machte sich, wie nicht anders zu erwarten, Ernüchterung breit. Der Inhalt des sündhaft teuren Miniaturfläschleins ging im Eiltempo zur Neige, und – gesunde Ernährung hin, gesunde Ernährung her – die Ergebnisse der Trades behielten trotz Grünzeug und Co. unbeirrt und erbarmungslos ihr »falsches« Vorzeichen bei. Gut, der eine Trade in der Yahoo-Aktie wäre auch ohne Vitamin C und Madame Sannyuas Wunderöl höchst wahrscheinlich schlecht gelaufen. Schließlich konnte ja keiner ahnen, dass wenige Minuten nach dem Einstieg in die Aktie die Quartalszahlen bekannt gegeben wurden, was dem Wert zu einem Kursprung von über zehn Prozent verhalf, hingegen Jerome ein dickes Minus beschert hatte, als dieser aus seiner *Short*-Position gnadenlos hinauskatapultierte wurde. Auch die anderen Trades waren trotz umgestelltem Ernährungsplan und dem »Assi...-Dingsda-Öl« keine Augenweide gewesen. Vor allem die drei Trades im Euro-Stoxx: Jedes Mal hatte sich Jerome gegen den Trend gestellt, schließlich hatte er den ehrenhaften Anspruch, der Erste sein zu wollen, wenn der Markt umkippte ...

Jerome wagte es gar nicht aufzulisten, welche Verluste allein diese Woche zu beklagen waren, und jeder Blick auf das Konto verdeutlichte schmerzlich, dass sich seine von Luxusgütern strotzende Zukunft immer weiter und weiter nach hinten verschob ...

Gnadenlos.

Cent um Cent.

Dollar um Dollar.

Pip um Pip.

Kurzum: Jerome hatte die Nase nun gestrichen voll von dem Vitamin C und dem *Assi...irgendwas-Aszendenten*. Die tagtäglichen Fahrten zum Öko-Bauern blieben aus, im Gegenteil: Aufgrund seiner Erlebnisse vor den Monitoren verließ Jerome in den kommenden Tagen nicht einmal für kurze Wege das Haus, er ging nicht einmal, trotz schönen Wetters, in den Garten hinaus. Stattdessen hatte er die Vorhänge zugezogen und arbeitete im gedämpften Licht wie ein Akrobat, der in einem halbdunklen Zirkus, ehe noch die Zuschauer eingelassen werden, »gefährliche neue Sprünge« vollführt ...

Und so kam es, dass Jerome am Dienstag dieser Woche an seinem Schreibtisch saß und – so wie jeden Morgen – fest entschlossen war, sich ab heute nicht mehr so ungeschickt anzustellen. Er nahm sich vor, sich einfach zu entspannen und fernab von Vitamin C und den Weissagungen Sannyuas ab heute seine angeborenen Talente einzusetzen und es viel, viel besser zu machen. Und während Jerome auf das Anmeldemenü von Windows wartete, interpretierte er frei die Musikstücke, die er am Wochenende im Radio gehört hatte. Dann, mit der Börseneröffnung um Punkt acht Uhr, begann Jerome zu *arbeiten*, das hieß: Er *starrte* jede laufende Periode an und stellte die Fragen aller Fragen: »Geht sie weiter rauf? Weiter runter? Was hat diese scheiß Periode vor?!«

08:15 Uhr

Jerome hatte noch keine Meinung, ob der DAX *steigen* oder *fallen* würde. Aber irgendwie sah es … *mhm?!* … abwärts aus. Zumindest dem Bauchgefühl nach zu urteilen.

08:20 Uhr

Jerome beschlich Langeweile.

08:25 Uhr

Der DAX-Future »merkte« allmählich, dass Jerome nichts tat.

08:28 Uhr

Die aktuelle Periode zappelte auf ihn zu. … *5520* … *5521* … *5522*

08:29 Uhr

Die Periode fiel um weitere *8* … *12* … *14* … *15* … Punkte.

08:30 Uhr

Die Periode schloss als riesige rote Kerze auf Jeromes 10-Minuten-Chart.

08:37 Uhr

Jerome fragte sich, ob er einen Trade eingehen solle. Er malte mit seinem Bleistift einen Punkt auf einem weißen Blatt vor ihm und sagte: »*Short!*«

08:44 Uhr

Jerome lag zwanzig Punkte im Plus. Stopp-Order? … »Entscheide ich live!«

08:51 Uhr

Der Markt fiel um weitere … *5* … *6* … *8* … *11* … *19* … Punkte. Jerome lag um die vierzig Punkte vorn.

08:56 Uhr

Der Markt fiel weiter, und Jerome fühlte seit Langem mal wieder jenes schwindelige Glücksgefühl, dass es die beste aller Entscheidung gewesen war, den sch… Job beim ollen Piechler zu kündigen.

08:57 Uhr

Der Markt fiel um weitere Punkte. Die Position wies nun ein Plus von sage und schreibe *1.225 Euro* auf. – *Wahnsinn!* Noch vor neun Uhr ein halbes Monatsgehalt verdient! Nur halt, *ohne* sich früh rauszuquälen. *Ohne* nervenden Chef. *Ohne* Überstunden. *Ohne* muffiges Büro. *Ohne* übel gelaunte Kollegen. *Ohne* Zickenkrieg auf den Fluren. *Ohne* … *ohne* … *ohne* …

09:01 Uhr

Der Markt stand bei 5460 Punkten. Jeromes *Short*-Position lag immer noch um die fünfzig Punkte vorn.

Danke, lieber Gott.

Danke, Medium Sannyua.

Danke an alle!

Danke. Danke. DANKE!!!

09:02 Uhr

Der Markt stieg um fünf Punkte an.

09:03 Uhr

Der Markt stieg um weitere fünf Punkte.

09:04 Uhr

Der Markt stieg nochmals sieben Punkte an.

09:12 Uhr

Jeromes Position wurde mit nur noch mageren zwanzig Punkten Gewinn ausgewiesen.

09:35 Uhr

Jerome fühlte, wie sich vor Anspannung seine Kopfhaut zusammenzog. Er lag jetzt nur noch drei Punkte vorn. Wütend dachte er daran, dass er für das Geld, das die offene Position nur noch auswies, auch seinen *sch…* *Job* beim ollen Piechler hätte behalten können!

10:07 Uhr

Der Markt stieg mit enormem Momentum weiter und weiter. – *Schluck!* Jerome lag nun … *zwanzig* … *einundzwanzig* … *zweiundzwanzig* … Punkte im Verlust, woraufhin sich der Druck in seinen Schläfen verstärkte.

10:08 Uhr

Jerome fragte sich, wie er nur auf die Idee gekommen war, dass die Kündigung beim ollen Piechler eine gute Idee gewesen sei?

10:19 Uhr

Der Markt sprang mit einem Satz über die lokalen Hochs des vorherigen Abwärtstrends und stand nun bei 5540. Vollkommen erstarrt saß Jerome vor dem Rechner. Er hatte knapp fünfzig Punkte im Gewinn gelegen, um nun knapp vierzig Punkte im Verlust zu sein. Verluste begrenzen? – *Nein!* Begründung? Kein Stopp im Markt, der sollte ja *live* entschieden werden. Hoffnung, dass der Markt wieder fällt? – *Natürlich. Jaaaaaa!*

11:31 Uhr

Der Markt stieg weiter an, in dessen Folge Jerome als rote Zahl am unteren Bildschirmrand ein halbes Monatsgehalt sah.

11.32 Uhr

Jerome setzte einen Stopp für seine Short-Position hundert Punkte höher.

11:33 Uhr

Jerome beschäftigte eine Frage: Wäre es doch besser, wieder normal zu arbeiten? *Oh ja …*

Jerome würde jeden Job annehmen. Sich früh rausquälen. Jedem noch so nervenden Chef die Füße küssen. Unzählige Überstunden machen. Im stinkigsten Büro arbeiten. Jede Laune von Kollegen wohlwollend ertragen. Jeden Zickenkrieg. *Alles ... alles ... ALLES ...!!!*

11:52 Uhr

Die Position lag 87 Punkte im Minus, was 2.175 Euro entsprach. Damit unterlag seine Position einer reinen Wertdifferenz von über 3.000 Euro, und Jerome fragte sich: »Bin *ich* an diesem peinlichen Vorfall schuld?« Er prüfte sich und fand keinen einzigen Einwand gegen sein eigenes Verhalten. »Es ist der gottverdammte Marktverlauf! Der ist die Ursache!«, fuhr er in den Vermutungen einer möglichen Lösung fort.

11:54 Uhr

Der Markt hatte es geschafft! – Völlig genervt sprang Jerome auf, dabei seinen Stuhl krachend umstoßend, und stürmte aus seinem Arbeitszimmer. Wie so oft ging er vor die Tür »frische Luft schnappen«; und als er dreißig Minuten später auf seine Bildschirme blickte, packte ihn die nun schon des Öfteren erlebte Panik einer immer weiter ins Minus laufenden Position ...

Nein, das KANN nicht sein!

Das DARF einfach nicht sein!

Aber dort stand es Schwarz auf Weiß, Jerome konnte es mit eigenen Augen sehen.

Nein, das KANN nicht wahr sein!

Obwohl Jerome den Verlust in seinem Positionsmenü eindeutig sah, zählte er noch einmal im Chart nach: ... 100, 110, 112. Jerome zählte noch mal: mittlerweile 113 Punkte Minus. Er konnte es nicht fassen. Er machte weiter mit seiner Kontrolle: *sein* Konto, *sein* Trade. Blick unter den Tisch: *sein* Computer. *Sein* Arbeitszimmer. *Sein* Haus. Es war kein Zweifel möglich. Jerome kontrollierte, zählte, überprüfte. Doch so oft er dies auch tat, er kam jedes Mal wieder zu demselben niederschmetterndem Ergebnis! Doch plötzlich schöpfte er Mut:

Was sind schon 124 Punkte?!

Man verliert eben auch mal.

Das ist NORMAL als Trader.

Als professioneller Trader muss man sich daran gewöhnen!

Mhm ...

Doch plötzlich stand er vor der Frage: Aber was, wenn er gar kein *normaler Mensch* mit einem »zeitweisen Tief«, sondern ein »Pechvogel in Sachen Trading« war? Eine jener bedauernswerten Kreaturen, denen das Schicksal die übelste Strafe auferlegt hatte, die einem Menschen zuteilwerden kann: im Leben statt Glück nur Pech zu haben. – *O Gott!* Jerome war am Ende. Erst der Blick in den Badezimmerspiegel gab ihm für kurze Zeit den Lebensmut zurück. Mit seinem Kopf war – zumindest äußerlich – alles in Ordnung! Nein, da war nichts zu sehen. Nichts. Gar nichts. Keine Spur. Er sah aus wie ein normaler Mensch. Ganz normal. Immer noch derselbe Kerl. Da fehlte nichts. Absolut nichts. Nichts zu sehen von an ihm klebenden Pech. Zum anderen erinnerte er sich daran, in einer dieser dämlichen Klatschzeitungen einmal gelesen zu haben, dass *Pech* »erblich« sei – das sei sogar gewissermaßen »höchstwissenschaftlich« erwiesen. Na, wie auch immer: In seiner Familie hatte es seines Wissens nie einen Fall von Pechsträhnen gegeben. Keine einzige! Ihm konnte also gar nichts passieren! Jerome wusch sich das Gesicht mit kaltem Wasser und versuchte, sich damit zu beruhigen, dass er sozusagen genetisch immun gegen *Schicksalsschläge* und *Desaster* sei.

Mhm …

Er fasste zusammen: Seit jeher hatten alle in seiner Familie Glück. Die Brüder und Schwestern, die Onkel und Tanten, Großonkel und Tanten, Cousins und Cousinen, die Omas und Opas. Alle, bis ins hohe Alter. Über Generationen hinweg. Da gab es bis heute keine Ausnahme. Keine einzige. Und jeder in seiner Familie trug voller Stolz dieses »Gütesiegel«: das Absurde, das Unlogische, das Widersprüchliche, alles, was den Menschen entband und trennte vom Wirklichen, von praktischen Gedanken, von vernünftigen Gefühlen und dem Verlangen nach nützlichem und zweckmäßigem Handeln, zu vermeiden.

Gut, ich bin also theoretisch gegen Pechsträhnen immun.

Daran besteht gar kein Zweifel!

Jerome stolperte zum offenen Fenster seines Büros und stöhnte gen Himmel: »O Mum, o Dad, danke für meine guten Gene.« Dann betrachtete er seine Position. Aber auch wenn es zu den »unumstößlichen familiären Prinzipien« gehörte – beim Anblick seiner Position kam Jeromes Gedankengang massiv ins Stottern. Denn wenn ein Trader, der in seinem familiären Umfeld *Unvernunft* aufwies, als Trader schlichtweg nicht infrage kam, wie sollte er dann bitte schön seine letzten Trades einordnen? Schließlich standen da gerade 124 Punkte *Minus*. Jerome ging zurück zum Fenster und streckte mit ausladender Handbewegung den Stinkefinger gen Himmel. Dann zwang er sich, nur noch an eines zu denken: an seine »guten Gene«. Und nur die feste Gewissheit, die ihm seine guten Gene gaben, verlieh ihm noch die Kraft, wieder an den Rechner zurückzukehren und dem Schrecken ein Ende zu bereiten.

Order Filled

Position closed

Damit war für Jerome der Tag gelaufen. Und sowieso, wenn man es genau bedachte, dann war das ganze Leben einfach »für'n Arsch«. Und alles nur, weil diese »Drecksbörse« alles daran setzte, ihn zu vernichten. Er war mental zerstört, erledigt. »Leck mich doch!« Wütend fegte er die Tastatur beiseite. »Ich finde Traden sowieso kacke!« Er fuhr den Rechner runter und vermied es in den folgenden Tagen, seinem Arbeitszimmer, dem Rechner, seiner Familie und seinen Freunden zu nahe zu kommen. Wozu auch?

*

Lange hielt Jerome seine Abstinenz allerdings nicht durch. Er beobachtete an sich die ganz offensichtlichen Zeichen einer … *ja was?! … etwa Sucht*?! Zunächst ignorierte er die Gedanken an das Trading, doch dann wurden sie immer lauter in ihm, sodass er sie nicht mehr überhören konnte. Er begann, unruhig zu werden. Seine Hände zitterten. Irgendetwas zog ihn wie magisch zurück zum Rechner, selbst wenn er sich dagegen zur Wehr setzte. Und schließlich konnte er nicht mehr anders. Er kehrte zurück an die Monitore. Zurück an die Kurslisten. Zurück an die Charts. Zurück an die Frage: »Geht der Markt nun rauf oder runter?« Es machte schließlich keinen Sinn, den Kopf in den Sand zu stecken. Schließlich war er *Trader*. Vorher war aber noch die zentrale Frage zu beantworten, weshalb er trotz guter Gene ständig *vom Tradingpech* verfolgt wurde. Es musste endlich etwas geschehen! Seine Gene waren es nicht, da konnte er ja ganz sicher sein. – *Oder etwa doch nicht?!* Eine gewisse Unselbstständigkeit schuf in Jerome immer mehr das Bedürfnis, seinen generellen Zustand von dritter Seite dahin gehend bestätigen zu lassen, dass seine Vermutung richtig war! Diesmal machte Jerome Nägel mit Köpfen. Ohne es Sabine zu sagen, fuhr Jerome am nächsten Morgen in die nächstgrößere Stadt. Dort wandte er sich an einen Fachmann, einen Neurologen.

An wen denn sonst?!

Nach einer gründlichen Untersuchung mit Magnetresonanztomografie und allem Pipapo bat der Arzt Jerome, zur Lagebesprechung auf dem ziemlich unbequemen Sessel Platz zu nehmen. »Junger Mann, Sie können ganz beruhigt sein. Sie sind nicht krank. In Ihrem Kopf ist alles am rechten Platz.«

Das war Balsam für Jeromes geschundene Seele. Doch was er dann erfuhr, traf ihn wie der Blitz.

»Meines Erachtens leiden Sie unter einer Vorstufe des Burn-out-Syndroms, das ist der wissenschaftliche Fachausdruck für extrem ausgeprägte berufliche und familiäre Erschöpfung. Folgen: ständige Frustration durch das Nichterreichen eines Zieles und zu hohe persönliche Erwartungen an eigene Leistungen. Typisch sind auch Schuldgefühle oder Versagensängste«, fuhr er fort, während er Jeromes Untersuchungsergebnisse durchblätterte. »Notwendiger erster Schritt ist die *sofortige* Verringerung der Belastung!«

Aufhören zu traden?!

Warum sollte ich dann noch leben?

Dieser Idiot hat doch keine Ahnung!

Ärzte … tzzz …

Aufgeblasenes Volk.

Schwachköpfe.

Der Arzt klappte seine Akte zu, richtete sich auf und meinte abschließend an Jerome gewandt: »Erschöpfung und Niedergeschlagenheit sind die Vorboten, gefolgt von körperlichen Beschwerden wie Schlafstörungen, Kopfschmerzen, Magenkrämpfen. Schlussendlich kann es zu körperlichen Dysfunktionen kommen …«

Jerome stieß einen leisen Pfiff aus. »Na ja, Schlafstörungen habe ich hin und wieder schon.« Dass er die letzten Tage fast *jede* Nacht wach lag, musste er dem Neurologen ja nicht unbedingt auf die Nase binden. Und nach etwas Nachdenken, ausgelöst vom ernsten Blick des Arztes, gab er schließlich auch zu, dass er in der letzten Zeit etwas viel Stress hatte.

Ja klar, DAS war's!

Natürlich hatte er in der letzten Zeit *viel zu viel* Stress gehabt! Viel mehr als jemals zuvor. Ergo: Das … *Trading selbst* … war die Ursache! Die Diagnose beschied ihm, dass er einfach mal Abstand von *allem* brauchte, das war alles. Aber nicht nur einfach Abstand von den Stopps, den Kursen, den Charts, den roten Zahlen und den langen und einsamen Stunden vor den Monitoren ... *nein, nein!* ... was er brauchte, war *auch* Abstand von der Familie, seinem »Arbeitsplatz«, dem Haus, ja sogar dem ganzen Dorf!

GEEENAU!

Jerome war irgendwie beruhigt. Er schüttelte dem Doktor kräftig die Hand und verließ erleichtert die vornehme Praxis. Noch bevor er den Wagen startete, stand sein Entschluss im Sinne eines steigenden Kontostandes fest: sofort Urlaub machen. Statt stundenlanger Charts einfach stundenlange Wanderungen.

Yep!

Zu Hause ließ Jerome alles stehen und liegen und raffte unter den fragenden Blicken von Sabine und Lilly das Allernötigste zusammen. Seine Verteidigung des Kurzurlaubes war so einfach wie allumfassend: Ein Trader müsse mitunter die Einsamkeit freiwillig wählen, »Nicht-Trader« seien momentan seiner Gesellschaft unwürdig, denn die auf seiner »Genialität« basierende Mission seines Lebens erfordere zur Zeit Einsamkeit, sein Leben müsse jetzt für ein paar Tage ein »Monodrama« sein, und der Kurzurlaub solle nur einem Zweck dienen: still seine geistige Entwicklung als Trader zu fördern. »*Ahhhh* ... du planst, wie du noch besser wirst! Sehr gut!«, war das Einzige, was Sabine daraufhin entgegnen konnte. Schließlich war Jerome aus ihrer Sicht ein *Supertrader*, welcher die Gewinne nur noch verheimlichte. – »*Ähm* ... genau!« ...

*

Noch am selben Tag checkte Jerome spätabends im Strandhotel »Ostseeblick« ein. Trotz der ermüdenden Autobahnfahrt fand er keinen Schlaf, denn es war schon immer ein bekanntes Paradox, dass man die Vergangenheit in die Ferne rücken und vertraute Pfade verlassen konnte, wenn man auf Reisen ging. Die Wahrheit lautet: Es gibt für Erinnerungen keine größere Projektionsfläche als eine Reise! Allein mit sich selbst, starrte Jerome offenen Auges in die grenzenlose Leere der Nacht und ächzte bereits an seinem ersten Urlaubsabend unter der Last seiner freiwilligen Isolation von Sabine und Lilly. Die Beobachtungen und Empfindungen des einsamen Stummen waren schon immer zugleich verschwommener und eindringlicher als die des glücklichen Geselligen, seine Gedanken schwerer, wunderlicher und nie ohne einen Anflug von Traurigkeit. Bilder und Wahrnehmungen, die mit einem Blick, einem Lachen, einem Urteilsaustausch mithin leichthin abzutun wären, beschäftigten ihn über Gebühr, vertieften sich in Schweigen, wurden bedeutsam. Und so war es mittlerweile bereits nach zwei Uhr in der Nacht, und Jerome rotierte in seinem Bett wie ein Hamster in einem Laufrad. Je länger er sich hin und her warf, desto sicherer war er sich, dass er nie wieder in seinem Leben würde schlafen können. Auch die roten Ziffern der Hotelzimmeruhr schienen von Minute zu Minute größer und bedrohlicher zu werden, so wie die Zahlen seines aktuellen Kontostandes. Wenn Jerome nicht aufpasste, fand man ihn am kommenden Morgen tot in seinem Bett: erschlagen von einer riesigen Zahl.

02:06 Uhr ... Seitenlage.

Er zitterte, denn demnächst stand der *zweite* Monatsreport bei Sabine an. – *O Gott, der totale Albtraum.*

02:08 Uhr … Rückenlage.

Um sich abzulenken, rechnete Jerome wie so oft zusammen, wo er eigentlich überall mit wie viel in der Kreide stand. Also: Auf dem Tradingkonto hatte er neben der Ausgangssumme von 35.000 Euro, nach dem dies auf 21.000 gefallen war, weitere 18.500 Euro eingezahlt, und hier war der aktuelle Stand so … *mal überlegen* … so um die 30.300 Euro. Mit der Kreditkarte stand er auch mit 1.100 Euro in der Kreide. Jerome rechnete seine Verluste auf: Das müssten ungefähr … *mal nachdenken* … ungefähr 22.000 Euro sein. *Boah!*

22.000 Euro futsch.

Ihm wurde heiß. Ihm wurde kalt.

02:12 Uhr … Seitenlage.

Wie zum Teufel sollte er denn 22.000 Euro gutmachen? Jerome überlegte, dass er tausend Wochen lang jede Woche zweiundzwanzig Euro sparen könnte. Oder fünfhundert Wochen lang jede Woche vierundvierzig Euro. Oder … oder hundert Wochen lang jede Woche zweihundertzwanzig Euro. Das klang schon besser. Aber von was sollte er selbst »nur« sechzig Euro pro Woche sparen?! *Verdammt!*

02:14 Uhr … Bauchlage.

Jerome sah nur die Zahl vor sich: 22.000 Euro Minus.

Fuck!

Ich wollte doch mit dem Trading der Familie nur was Gutes tun …!

02:15 Uhr … wieder Seitenlage.

Der momentane Schmerz war so durchdringend. Wie jeder Schmerz enthielt er ein entehrendes Element und bedeutete eine solche Erschütterung von Jeromes Nervensystem, dass es ihm den Atem verschlug und er, der erwachsene Mann, bittere Tränen vergoss. Ein lautes Schluchzen. Und dieses Schluchzen riss zu Jeromes Scham alles mit, was sich die letzten Stunden und Tage so gefährlich aufgestaut hatte. Plötzlich fuhr es aus ihm heraus, ein Schluchzen, ein heulender, tobender Krampf – er erbrach einen gurgelnden Schwall von übereinander stürzenden Flüchen, Schimpfwörtern und Stöhnen als eine einzige ineinanderquirlende Masse wirrer Verzweiflung. Er weinte, nein, er schüttelte, er schwemmte in hysterischem Schluchzen die ganze zurückgestaute Qual aus seinem Mund. Dann löschte er das Licht, und es war ihm, als schließe sich ein Sarg. Abgestorben fühlte er alle Welt, und hohl, nur innen in seinem erstarrten Körper, stieß das eigene Herz laut und wild gegen die Brust – Schmerz um Schmerz jeder Schlag.

02:19 Uhr … wieder Rückenlage.

Also gut, Lotto spielen. Es musste ja nicht gleich der Jackpot sein. Viel zu unwahrscheinlich! Aber einer der kleineren Gewinne, das wäre doch nett, dachte Jerome. Von denen gab es doch angeblich so viele. *Mhm … sagen wir, 100.000 Euro!* Das würde ihm ja schon reichen. Damit könnte er alle seine Schulden begleichen, ein größeres Auto kaufen und mit der Familie einen schönen Urlaub machen. – *Obwohl, vielleicht dann doch besser 200.000!* Oder eine Viertelmillion. Oder noch besser, einen von diesen aufgeteilten Jackpots: »… die fünf Gewinner erhalten jeweils zwei Komma drei Millionen Euro.« Jerome liebte es, wie die Moderatoren immer »zwei Komma drei« sagten. So, als wären die zusätzlichen 300.000 Euro nur eine winzige, unbedeutende Summe. Als wenn man es gar nicht weiter bemerken würde, ob sie nun dabei waren oder nicht. – *Na ja!*

02:22 Uhr … Seitenlage.

Jerome erinnerte sich, dass er es doch auch sonst immer wusste, das Absurde, das Unlogische, das Widersprüchliche zu vermeiden, alles, was den Menschen entbindet und trennt vom Wirklichen, von praktischen Gedanken, von vernünftigen Gefühlen und dem Verlangen nach nützlichem und zweckmäßigem Handeln. – *Wieso gelingt mir es nur mit den schei… Charts nicht?!*

02:24 Uhr … Rückenlage.

Erneute Selbstzweifel fraßen ihn von Minute zu Minute mehr auf. Jerome überlegte, ob er überhaupt etwas in Sachen Trading draufhatte. Gestaltlose Welten zogen an ihm vorüber.

02:25 Uhr … immer noch Rückenlage.

Jerome redete sich weiter und tiefer ein, dass er so was von nichts konnte …

02:44 Uhr … Bauchlage.

Seine Fäuste trommelten irr auf das Kissen, und wie ein gereiztes rasendes Kind tobte er das aus, was seit Wochen wie ein Gewitter über ihm hing. Und indes er Erleichterung empfand in diesem tobenden Vorsturz, spürte er zugleich grenzenlose Scham …

02:51 Uhr … wieder Seitenlage.

Er hatte sich wieder gefangen und überlegte, wie es wohl wäre, wenn er Sabine alles beichten würde …

Oaaaahh …

AUSBLENDEN!

A-U-S-B-L-E-N-D-E-N!

Sofort AUSBLENDEN!

02:52 Uhr … Rückenlage.

Vergebens bemühte sich Jerome, sich Sabines Bild vor den Blick zu zaubern; immer drängte sich gleich ein Schatten des Kontostandes dazu, mit seinen tiefen roten Zahlen, und dann verwirrte sich alles, und er musste wieder qualvoll darüber nachsinnen, wie es dazu gekommen war …

02:53 Uhr … Seitenlage.

Jerome klappte nach einer Gute-Nacht-SMS sein Handy zusammen.

02:56 Uhr … Rückenlage.

Jerome nahm eine weitere Aspirin; die Packung hatte er vorsichtshalber auf dem Nachttisch bereitgelegt. Dann wartete er, dass die Kopfschmerzen nachließen. Um endlich einschlafen zu können, versuchte er, seine Gedanken auf schöne Dinge zu lenken. Leider fiel ihm nichts Schönes ein, an das er denken konnte, sondern nur der traurige Blick der stumm neben ihm liegenden Sabine, vergangene Trades und der aktuelle Kontostand …

03:04 Uhr … Rückenlage.

Faustschläge prasselten auf das Kissen. Dann endlich schlief er ein …

Fünf Stunden später stand er endlich am Meer. – *Boah!* Hier konnte man gar nichts anderes als entspannen. Die klare, fast unheimliche Schönheit der brausenden Wellen, so stark, so frisch und lebendig, ließ einen angenehmen Schauer durch Jeromes von Charts und Trades geschundenen Körper rieseln. Die morgendliche Frische sorgte für eine leichte Kühlung, und dann, gierig den frischen Duft nach Algen und Salzwasser einatmend, lief er los. Immer am Strand entlang in Richtung der Granitfelsen. Jerome lief und lief und hoffte, die donnernde Brandung, der Anblick der Felsen und dieses Flair von Schmugglerromantik würden ausreichen, um seine innere Ruhe wiederherzustellen, um Kraft zu schöpfen, und er hoffte vor allem, dass hier nun *neue Ideen* entstehen würden.

Aaaaber … neue Ideen in Bezug auf was eigentlich?

Neue Tradingsignale?

Neue Tradingregeln?

Mmmmm …

Diese schreckliche Ungewissheit erdrückte Jerome so sehr, dass er über diese Frage den ganzen Morgen nicht hinauskam. Stattdessen irrte er in den leeren, unwägbaren Stunden, ohne sein Denken einer »geordneten« Gedankenkette zuzuführen, in träumerischem Verlorensein unstet am Strand entlang und vorbei an kleinen Fischerdörfern, wandte sich den blinkenden Villen und den Dünen zu, die er auf seinem Weg passierte, ging weiter, immer weiter in seinem nachdenklichen Promenadenschritt, ohne zu wissen wohin. Hin und wieder kamen in ihm Bilder hoch, in flüchtigem Fluge, gleich den umherziehenden Möwen. Beispielsweise von jenem verhängnisvollen Tag, als der erste Kontakt mit der Börse ihn in das törichte Abenteuer einer verführerisch wirkenden Zukunft arglistig in das Gewirr der Welt von Charts & Co. gestoßen hatte. Und neben diesen und jenen farbigen Erinnerungen wirbelten während seines stundenlangen Spaziergangs noch weitere Bilder und Erinnerungen vorüber: von den wochenlang rastlosen Mühen um den »Tageslohn« eines Traders, von den immer wieder missglückten Versuchen, bis ihn schließlich nach Wochen des Kampfes die erste große finstere Welle, die man wohl »Schicksal eines Tradinganfängers« nannte, traf, an der sein Stolz zerbrach und ihn an einem unwürdigen Posten stranden ließ. Und schließlich glänzte noch die sanfte Spiegelung seiner letzten Handelstage aus den wachen Erinnerungen; und jählings stießen diese wieder das dunkle Tor der Wirklichkeit auf, das er nun durchschreiten musste.

22.000 Euro Minus!

Die Ersparnisse von Jahren hatten sich durch das Werk weniger Wochen in Schall und Rauch aufgelöst! Jerome sann über alles mehr und mehr nach. Über vergangene Aspekte von Handelstagen, über das Unabwendbare des fallenden Kontostandes und vor allem über seine *verlorene Ehre*.

Schluchz!

Mittlerweile war er auf der Höhe der Felsklippen angekommen. Innerlich viel zu angespannt, um die Pracht der Natur um sich herum richtig wahrzunehmen, schritt er an der Absperrung vorbei, trippelte, den Tanggeruch in der Nase, die sanfte Brandung im Ohr, ganz nah an den Abgrund und sinnierte hier eine Weile über die vielen Wege, die zu einem schnellen Tode eines die

Ehre verlorenen Händlers führen könnten. Er wog mit einem hängenden Lächeln und trüben Sinnen diese Bitterkeit gegeneinander ab – bis ihn plötzlich Gedanken an seine Sabine und die kleine lachende Lilly durchzuckten! Schlagartig verwarf er den Todesgedanken, so wie man wohl noch in den letzten Augenblicken den funkelnden, mit tiefem Auge drohenden Revolver prüfend in der wägenden Hand hält und ihn dann letztendlich doch schlagartig wieder senkt.

Aber nicht genug des Ärgers, stand der plötzlich tief im Süden schwarz heraufziehende Himmel in finsterem Kontrast zu den lebhaft weißen Schwingen der rastlos umherfliegenden Möwen. Der Tag sah plötzlich nach Gewitter aus. Die gesamte Masse des drohenden Regengusses kam angezogen, und in diesem Moment fing es auch schon zu schütten an, als hätte jemand im Himmel den Wasserhahn aufgedreht. Jerome bog, durch den Regen dazu gezwungen, in einem kleinen Dorf ab und betrat stumm ein Café; und als die Straßen, noch feucht von dem heftigen Schauer, vom Boden bis zum Himmel wieder lächelten, trat Jerome erneut auf die Dorfstraße und sah, sich orientierend umblickend, unweit entfernt einen Notarzt im neonfarbigen Overall stehen, der vor seinem Einsatzwagen eine Zigarette rauchte.

Vielleicht sieht er mich ja, wenn ich winke, und verschreibt mir einen Eimer Antidepressiva?!

Jerome, schwach lächelnd, ging zurück durch die engen Dünen zur Bucht und damit ans Ufer der Ostsee, wo ihn die Brandung und das zeitlose Aroma der meersalzdurchwebten Luft beschwichtigten. Er steckte einfach in einer Sackgasse, dachte er grimmig, und vergrub die Hände noch tiefer in den Taschen. Im schwindenden Tageslicht strömte der Wind durch die Dünen und sauste an ihm vorbei, ebenso wie die Stunden seines Lebens als Trader ohne Wärme oder Freude bisher an ihm vorbeisausten …

Als er dann spät am Abend wieder im Bett lag, vermochte er lange nicht einzuschlafen. Ein Gedanke verfolgte ihn unablässig: der an den zu erwartenden Ausdruck von Sabines Gesicht, wie sie mit zusammengezogenen Brauen und den trostlos und finster darunter hervorblickenden Augen vor seinen Monitoren stand und ihm zuhörte, wenn er ihr das Ergebnis des zweiten Monats »beichtete«.

Seufz!

Lebhaft begann sich Jerome an sein männlich festes Gesicht zu erinnern, an diese adelsstolze Ruhe und die aus seinem ganzen Wesen hervorleuchtende Glückseligkeit des dreimonatigen Demohandels, und er dachte an die Liebe zu Sabine. Also erhob er sich wieder und begann mit der enormen Kraft einer einsamen Seele, Seite um Seite weitere Einträge in sein Tagebuch zu schreiben. Silbe um Silbe erlebte er die falsche Magie – doch nicht des von ihm Geschriebenen, sondern dessen, was er glaubte zu schreiben! Unglaublich, dachte er sich, als er sich auf die linke Seite zum Fenster drehte, unglaublich, wie schnell und problemlos man sich mittels einiger Trades aus der Familie und der Gesellschaft katapultieren konnte. Es bedurfte nur eines einzigen Mausklicks, und schon steckte man in einem selbst verschuldeten Eremitentum. Jerome stand auf und öffnete das Fenster. In die Baumwipfel des darunter liegenden Gartens blickend, dessen Wege zwischen den der Wipfel und des Bodens schwarz und glatt dastanden, überkam ihn plötzlich Lust hinunterzugehen; er wollte die Kühle in den Haaren und an den Füßen fühlen. Das einsame Hotelzimmer ertrug er nicht mehr, er musste, das fühlte er, auf die Straße, um nicht wahnsinnig zu werden vor Grauen. Wenige Minuten später stand Jerome in dem kleinen stillen Park des Hotels.

Wieso … wieso bin immer ich der Idiot, und warum haben alle anderen und nicht ich die Millionen?

Kann ich … kann ich nicht auch mal der Gewinner sein?

Warum …?

Warum …?

Warum …?

Durch die Dunkelheit kamen vor dem Zaun des Gartens in diesem Augenblick verspätete Urlauber vorbei, und Jerome hätte ihnen wohl wie ein Narr erscheinen können, wie sich sein Bild, zwischen schwarzen Stämmen, nun von diesen loslöste; daher schlich er nach kurzem Aufenthalt in das Hotel zurück. Auf den Fahrstuhl wartend, nahm er von der gegenüberliegenden Bar noch Musik und fröhliches Gelächter wahr. Aber statt sich an die Bar zu setzen, trat er in den Fahrstuhl. Und so kam es auch an diesem Abend, dass gedankliche Einsamkeit jener Dämon war, der Jerome die letzten Wochen am meisten quälte, und er wurde Experte darin, Schutzwälle gegen sie zu errichten. Am wirkungsvollsten war natürlich die Überzeugung, er sei Opfer des Chartverlaufs, und vor allem: nicht er habe die Einsamkeit, sondern die Einsamkeit habe *ihn* gewählt! Kurzum: Als er sich noch nicht so exzessiv wie in den letzten Wochen den Charts widmete, hatte er eine ausgeprägte Neigung zum geselligen Umgang mit Menschen besessen, doch mit den vergangenen Wochen hatte er allmählich ein »Einsamkeit erblickendes Auge« bekommen und war systematisch ungesellig geworden …

*

Auch am kommenden Tag hatte Jerome bei seiner einsamen Strandwanderung, erneut begleitet vom tosenden Meereswind, wieder nur eines vor Augen: die monoton fallende Kurve seines Kontostandes. »Immer, wenn ich in den Markt gehe, macht dieser genau das Gegenteil von dem, was ich denke!« Seine Gedanken drehten und drehten sich im Kreis … im Kreis … und nochmals im Kreis.

Wie soll ich das jemals Sabine beichten?!

Wann mit ihr über Grundsätzliches reden?

Und zu allem Übel waren inzwischen auch im Spiegel die deutlichen Zeichen seines Tradingdesasters nicht mehr zu verleugnen. Seine Depressionen wuchsen von Stunde zu Stunde ins Unermessliche – ebenso die Augenringe. Vielleicht war es die Weite des Meeres oder der unverstellte Ausblick hinaus auf den Horizont, der mit seiner kühlen Klarheit in Jerome das Empfinden gescheiterter Pläne oder eines falschen Willens hervorrief. Aber es war nicht etwa einfach nur die ungewisse Spur einer nutzlosen Erinnerung, die sich durch dieses Zwischenspiel verlorener Dinge zog. Nein. Es war schmerzhafter als all dies, es war der *Überdruss*, sich an das erinnern zu wollen, was sich nicht erinnern lässt. Seit Langem schon – Jerome selbst wusste nicht, ob seit Tagen, ob seit Wochen – war es ihm, als zeichnete er keinen Eindruck mehr auf. Infolge seines intensiven Tradens geriet er in eine … *ja was?* … eine Art sonderbare »Schläfrigkeit«, war er ein anderer. Mit anderen Worten: Er hatte vergessen, wer er war, weil er nicht zu *sein* vermochte.

Jerome setzte sich auf eine Bank und genoss für einen Moment die Sonne, welche die bewaldeten Kiefernhügel zu dunkelgrünen Farbtupfern in der Ferne verschwimmen ließ. Schnell belebte sich die blaue flache See mit watenden Kindern, Schwimmern, bunten Gestalten, welche, die Arme unter dem Kopf verschränkt, auf Handtüchern lagen. Andere ruderten auf Luftmatratzen und kenterten lachend. Eine vielfältige Sandburg zur Rechten, von Kindern hergestellt, war rings mit Flaggen besteckt, zu deren Linken kleine »Verkäufer« von Muscheln, Sandkuchen und -pudding kniend ihre Waren ausbreiteten. Die Hände in den Schoß gefaltet, ließ Jerome seine Augen sich in den Weiten des Meeres verlieren, seinen Blick entgleiten, verschwimmen, sich brechen im eintönigen Dunst der Raumwüste. Er liebte das Meer aus tiefen Gründen: aus dem Ruheverlangen des schwer Arbeitenden, der vor der anspruchsvollen Vielgestalt der Erscheinungen an der Brust des Einfachen sich zu bergen begehrt; aus dem eben darum verführerischen Hang zum Ungegliederten, Maßlosen, Ewigen, zum Nichts. Am Vollkommenen zu ruhen, ist die Sehnsucht dessen, der sich um das Vortreffliche müht. Und ist nicht das Nichts eine Form des Vollkommenen?

Endlich mal kein Chart.

Endlich mal keine offene Position.

Endlich mal keine Order.

Endlich mal keine Ahnung, wo der Markt steht.

Nichts.

Plötzlich schüttelte Jerome unablässig den Kopf und fragte sich, was er als *Trader* hier eigentlich zu suchen hatte, an diesem winzigen Flecken am Ende der Welt?! Und dann begann er zu ahnen – eine Art Improvisation riss ihn hin –, dass, nüchtern mit sich am Strand und allein mit sich in dem einsamen Hotelzimmer, es jenes Zündstoffs entbehrte, der für ihn, in dieser gepressten Gebanntheit, jene »gedankliche Wand aufsprengte«. Wie die Luft zum Atmen brauchte er … *oh, wie er das fühlte* … den Enthusiasmus der Charts für seinen eigenen und deren Aufgetansein für die Rettung seines Kontos.

Genau!

Kurzum: Für Jerome wurde jede weitere Minute seiner Einsamkeit, in der er, statt mit den gewohnten Klicks in seiner Handelsplattform seine Gefühle aufzuwärmen, hier nun ziellos spazieren ging und mit seinen Gedanken allein war, zur Qual. Schließlich war der Umstand, vierundzwanzig Stunden am Tag *keinen* Chart zu sehen, vergleichbar damit, mit geschlossenen Augen den *Playboy* durchzublättern: Es war erstens sinnlos und zweitens enorme Folter. Und … so lange keinen Chart zu sehen, schürte vor allem die panische Angst, eine »enorme Chartbewegung« zu verpassen, was seine Ehre retten könnte! Jerome entschied daher, dass er ebenso in einem Baumhaus wohnen und aufhören könnte, sich zu waschen. Jede verpasste Stunde hätte den kontorettenden Trade beinhalten können!

Resultat?

Jerome verhandelte mit sich selbst über eine frühzeitige Entlassung aus dem »Onlineknast« wegen … *mhm* … guter Führung?! Und in dieser Stimmung packte er noch vor der Mittagszeit umgehend die Koffer und checkte einen Tag früher als geplant aus. Mit ihm zurück fuhr die Erkenntnis, dass egal, wo er sich aufhielt, seine Probleme einfach immer mitreisten und ihn trotzdem nicht in Ruhe ließen, und wütend dachte er während der Autofahrt an die Worte des Neurologen! »Herr Decker, Sie brauchen *Abstand* und *Ruhe*!«

Tzzz!

Aufgeblasenes Volk, diese Ärzte!

Schwachköpfe.

Von Tuten und Blasen keine Ahnung, vom Trading ganz zu schweigen, aber gelehrt rumlabern.

Konnten sie ihm nicht einfach was verschreiben, was wirkt?

Wieder zu Hause, ließ Jerome nach stundenlanger Autofahrt den Kopf erschöpft in das schwarze Lederpolster seines Bürostuhls zurücksinken und schloss die Augen. Sein »Auf-die-Schnelle-ich-schau-mal-ob-ich-das-Traden-noch-kann«-Trade, die Koffer standen noch unausgepackt im Flur, bescherte ihm – der Hammer im Herzen begann sich wieder zu rühren – dreihundertfünfzig Euro Minus. Gut, es konnte ja keiner ahnen, dass der Markt nach dieser steilen Bewegung nur gerade mal um fünfzehn Punkte korrigierte und nicht, wie angedacht, nach diesem »sooooo weiten Lauf« endlich generell kippte.

Ach, wäre ich doch an die Nordsee gefahren.

Dort hätte mich wenigstens die Flut packen und ins offene Meer hinausreißen können!

Als Jerome abermals sein gewohntes Arbeitszimmer und seine Monitore überblickte, überkam ihn eine Minute lang der Zweifel an der Möglichkeit, jenes neue Leben als erfolgreicher privater Vollzeittrader je zu beginnen, von dem er einmal mehr unterwegs auf der Herfahrt wieder und wieder geträumt hatte. All diese Spuren seines bisherigen Lebens als Trader schienen ihn seltsamerweise gefangen zu halten und ihm zu sagen: »Nein, du entgehst uns nicht und wirst kein anderer, du wirst bleiben, der du warst: mit deinen Zweifeln, deiner ewigen Unzufriedenheit mit dir selbst, mit deinen vergeblichen Versuchen der Besserung und deinen Rückfällen und mit deiner ewigen Erwartung eines Tradingglücks, das dir nicht beschieden und das dir unerreichbar ist.« Eine andere Stimme aber erhob sich in seinem Inneren und sprach zu ihm, dass er sich nicht von der Vergangenheit beherrschen lassen dürfe und dass der Mensch alles aus sich machen könne. Und dieser Stimme lauschend, ging er zu der Ecke, wo eine seiner Zwanzig-Kilo-Hanteln stand, und hob sie in dem Bestreben, sich zu ermuntern, kraftvoll in die Höhe. Da ertönten Schritte im Haus. Jerome stellte das Gewicht hastig wieder hin. Sabine, von einem Tratsch in der Nachbarschaft zurückkehrend, betrat das Arbeitszimmer, ihren »Supertrader« herzlich zur Begrüßung küssend, und meinte, von der frühen Rückkehr überrascht, voller Stolz: »… das nennt man mal Tatendrang, dass man seine guten neuen Ideen *gleich* umsetzen will!«

»*Ähm* … ja, Schatz.«

»Weiter so!« Sabine gab ihrem »Supertrader« gleich noch einen zweiten Kuss. »Du, Lilly schläft heute bei meinen Eltern. Da haben wir«, sie gab ihm einen dritten Kuss, »heute seit Langem wieder mal Zeit nur für uns zwei. Ich lass Badewasser ein.« Bereits am anderen Ende des Flures, fügte sie, beglückt für den Augenblick, mit sanfter und sinnlicher Stimme hinzu: »Stellst du schon mal den Wein raus?!«

»Ja, mach ich. Lass das Wasser drin. Ich schaue noch kurz auf die Märkte«, hörte Jerome sich sagen.

Mo-Moment.

Hallo, bist du doof?

Sabine will heute einen kuscheligen Abend …!!

Aus dem Bad schallte das glockenhelle Lachen Sabines, und Jerome wusste, dass es blöd klang, aber es war einfach so: Er war schon wieder hin und weg; oder anders gesagt: die Entstehung eines neuen Candlestick-*Körpers* war ihm wichtiger geworden als die eigene Frau. Nicht zu vergessen ihr wunderbarer Körper. *Also, welcher jetzt?* Na, der des Candlesticks, der gerade nach unten zappelte.

Endlich!

Der Markt fällt!

Short. S-H-O-R-T.

Jerome überlegte hin und her: Sollte er den Markt weiter beobachten, oder sollte er sich doch lieber zu Sabine in die Badewanne legen? Für den Moment entschied er sich dagegen; schließlich hatte es jetzt Vorrang, die aktuellen 300 Euro Minus »herauszuholen«. Er durfte keinen Tick verpassen. Plötzlich klang Sabines Lachen durch das Haus: »Jeroooooome, ohne dich ist die Wanne so leer …«

»Na ja, da kannst du dich schön ausstrecken«, rief Jerome zurück – zu einer anderen als dieser trockenen Antwort war er gerade nicht imstande, schließlich fiel der DAX gerade um zwanzig Punkte. Schlecht für alle, die *long* waren. Jerome war Gott sei Dank seit wenigen Augenblicken *short.*

»Ich wasch mir noch die Haare, und dann ruf ich dich. Was hältst du davon?«

»Nix!«, wollte Jerome am liebsten zurückschreien, doch sein wohlerzogener Mund sagte mechanisch: »Ja, mach das, bis gleich …«

… 5922; … 5921; … 5920

Da das Minus des vorherigen Trades mit den aktuell laufenden Positionen bereits mehr als ausgeglichen war, schloss Jerome den DAX-Trade, schmiss aber wie ferngesteuert noch einen weiteren *Short*-Trade hinterher, diesmal im Dow-Jones-Future, denn auch hier waren laut Jeromes Analyse jede Sekunde fallende Kursen zu erwarten. Damit stand nun folgende Frage im Raum: *Wie* und *wohin* läuft der Dow während der kommenden zwanzig Minuten, die er nun in der Wanne sitzen würde? *Mhm* … Hunderte Beiträge gab es über das Trading. Aber *wie weit* ein Markt während eines heißen Bades fallen oder steigen konnte, und wie man sich in diesem Falle am besten verhält, so was bekam man nicht zu lesen. *Mist!*

»SCHAAAATZ??!!«

»Jaaaaaa!« – Jerome sprintete in die Küche, stellte zwei Gläser Wein parat, zündete Kerzen an und huschte, alles auf einem Tablett balancierend, ins Badezimmer.

Ganz schön bekloppt!

Ich denke doch sowieso nur an den DOW!

»… hier bin ich, mein Engel.«

»Wird ja auch Zeit …«, maulte Sabine und beklagte sich wie schon so oft zuvor darüber, dass Jerome außerstande sei, die Zeit, die er seinen Charts schenkte, auf ein rationales Maß zu beschränken! Ihm selbst war seine Pflicht gegenüber der Börse in der Tat nun einmal heilig, und war er erst einen Trade eingegangen, dann widmete er diesem alle Zeit und Kraft, die er für erforderlich hielt. Daher glaubte Sabine bisweilen, Jerome vor sich selbst schützen zu müssen – ganz besonders, weil sie ja auch selbst noch etwas von ihm haben wollte. »Für vieles bringe ich Verständnis auf: für dein allabendliches ständiges Betrachten der Märkte zum Beispiel. Ich verstehe auch, dass dir am Trading etwas liegt, dulde oft genug deine … deine Gereiztheit. Doch darüber hinaus? Denk doch nur mal an letzten Freitag. Den ganzen Abend hast du dem Trading geopfert. Und dabei hatten wir uns doch so auf den schönen Film im Fernsehen gefreut.«

Von allen Beispielen, die Sabine hätte wählen können, war ausgerechnet jener Tag am ehesten geeignet, Jerome die Stimmung total zu vermiesen. An diesem Tag hatte er schließlich seinen ganzen Gewinn vom Vormittag verbraten und dazu noch tausend Euro Minus gemacht. – *Mmpfh* …

»Weißt du«, Sabines Miene wurde wieder weicher, »wegen mir kann der Scheck auch etwas kleiner ausfallen, Hauptsache, du gibst nicht immer so viel von dir als Mensch her.«

»Wovon sprichst du? Gerade widme ich dir doch Zeit.« Jerome merkte ganz genau, dass er in diesem Moment mit seiner Verstocktheit fast schon mutwillig eine Auseinandersetzung heraufbeschwor. – *Ablenken! Dalli!* … »Ja, ja … Schatz … Hast ja recht.«

»Na egal. Lass uns nicht streiten.« Sabine spritzte ihm etwas Badeschaum ins Gesicht, kniff die Augen zusammen und lächelte. Sie wollte geküsst werden.

Jerome kannte seine Frau gut und wie sie versuchte, ihn zu umgarnen. Er gab ihr einen sanften Kuss.

»Und wir sollten uns mal wieder über *uns* unterhalten. Über unsere Familie. Oder unser Freunde. Hast du gesehen, die Kaisers haben einen neuen Wagen in der Auffahrt, einen Minivan?!«

Trotz der inneren Anspannung wollte sich Jerome um eine geistreich-sinnliche Konversation bemühen. »Wagen … was? Ach ja.« Aber es gelang ihm nicht. Er war in Gedanken ganz woanders.

Hoffentlich fällt der Dow.

Mhm … und wenn er steigt?

»Und wusstet du, dass man sich in der Nachbarschaft hinter vorgehaltener Hand erzählt, Loffners Tochter sei … schwanger? Bis jetzt sieht man noch nichts, aber das wird sich bald ändern. Schwer zu sagen, wer der Vater ist, denn die treibt sich ja mit jedem rum!« Sabine lauerte auf eine Reaktion, doch Jerome schien die Neuigkeit nicht angemessene zu würdigen:

»Schwanger … ja, das ist doch schön!«, schlussfolgerte Jerome, der in Gedanken nach wie vor ganz woanders war.

Ob der Dow gestiegen ist?

Schließlich gibt es eine Menge Optionen: erst steigen, dann fallen.

Oder erst fallen und dann steigen …

Okay. Nur nichts überbewerten. Ruhig. Ganz ruhig!

Du hast einen Stopp.

Genau! Ich hab einen Stopp von zehn, zwanzig, drei …?!

Moment.

MOMENT.

M-O-M-E-N-T!!

Meine Güte … So bescheuert kann man doch gar nicht sein! – Jerome starrte mit blassem Gesicht in den Badeschaum, als hätte er einen Fisch gesehen … *Shit!* Er hatte vor lauter Familienstress den Stopp vergessen. *O Gott! -A-L-P-T-R-A-U-M.* Denn: Welchen triftigen Grund der Welt konnte es nun geben, hier und jetzt vom Wasser umspült, bei Kerzenschein und einem Glas Wein Sabine gegenübersitzend, die Wanne zu verlassen? *KEINEN*, es sei denn, irgendein finster dreinschauender Alien landete ausgerechnet auf Jeromes Grundstück! Und selbst da wäre es fraglich.

»… was hältst du davon, wenn wir mal ein paar Tage verreisen? Nur wir zwei allein«, säuselte Sabine, während sie verträumt den Badeschaum durch ihre Hände gleiten ließ. »Wir könnten uns wieder mal so wie zwei verliebte Teenager benehmen, bevor unser Leben hektisch und stressig wurde, wie schon einmal vor vier Jahren.« Ihre Stimme schnurrte, sie blinzelte ihn an, als würde eine ungesagte Botschaft in ihren Worten liegen, die er verstehen müsste.

Doch Jerome verstand nur »verreisen«. – *Reisen?* Die Existenz als privater Vollzeittrader war für Jerome *Reise* genug! Er fuhr von Tag zu Tag wie von Bahnhof zu Bahnhof im Zug seines eigenen Körpers und seines Schicksals und blickte auf Charts, auf Perioden und Linien, immer gleich und immer verschieden, so wie auch Landschaften es waren … und so hörte sich Jerome plötzlich sagen: »Warum nicht, klingt gut.«

Was erzählst du da für einen Scheiß?

Halt einfach die Klappe!

»In den Urlaub fahren, *nein*, um Himmels willen, alles, nur jetzt nicht dieses Thema«, schrie es in Jeromes Kopf. »Hallo. H-A-L-L-O. Ich habe keinen Stopp. *KEINEN STOPP!!!*« Am liebsten wollte Jerome die beiden Gläser des teuren Rotweins wieder zurück in die Flasche kippen. Wer wusste schon, ob sie sich diesen Wein und das warme Badewasser überhaupt noch leisten konnten – und Sabine dachte an Urlaub. – *Schluck!*

»Zehn Tage Spanien oder besser noch Italien. Italien wäre doch nett, oder?!«

ZEHN Tage!? Hallo, bist du irre?! – Wie in Trance antwortete Jerome: »Warum denn nicht, wir, und vor allem du, haben es verdient.«

Jetzt wurde sein Kopf langsam rebellisch, er schaltete sich erneut ein und machte Jerome kurzerhand zur Sau: »Sag mal, kann man noch bescheuerter und dämlicher sein als du! Was erzählst du denn da für einen Schwachsinn von wegen: Wir haben es uns *verdient*. Nix hast du *verdient*! Wenn's hoch kommt, kriegst du grad mal eine Thunfischpizza. Näher kommst du nicht an einen Italienurlaub heran.« Wäre Jeromes Kopf selbstständig gewesen und hätte Hände besessen, so hätte er ihn jetzt bestimmt ertränkt: »Du kapierst doch wirklich gar nix, was machst du denn, wenn ihr wirklich fahrt, *he*? Dann kannst du dich unter einen Olivenbaum in der Toskana setzen und Oliven zählen, mehr wirst dann nicht zu tun haben, du taube Nuss.« Die Vorstellung, Oliven zu zählen, erschreckte Jerome nun doch etwas, weshalb er zu Sabine meinte: »Na ja, kann sein, dass so ein Urlaub jetzt doch etwas teuer ist, Schatz.« – *Yeah!* Jetzt war sein Kopf zufrieden. Obgleich das noch keine hundertprozentige Absage war. Aber ein kleiner Dämpfer war in dem Fall besser als eine große Zusage. Im Geheimen hoffte sein Kopf, dass Sabine sich als Geizkragen erweisen und die Urlaubsidee nicht weiter fortsetzen würde. Na, hoffentlich hatte sein Kopf recht. Außerdem würde demnächst ihre fette Zahnarztrechnung kommen. Jerome wünschte niemandem etwas Böses, aber in diesem Moment hoffte er auf eine megadicke Rechnung für seine Frau. Man könnte jetzt sagen, das sei böse und egoistisch. Aber hallo, hatte man nicht auch mal als Trader das Recht, egoistisch zu sein?

»Schaaaatz ...?« Sabines Stimme holte Jerome aus seinen fiesen Träumen zurück. »Wir können ja heute Abend am Rechner nach ein paar Angeboten stöbern?!«

»Prima Idee!« – *Rechner!*

Das war Jeromes Stichwort. Wenige Minuten später war Jerome endlich aus der Wanne, und weitere zehn Minuten später riss ihn eine helle Frauenstimme aus seinen Gedanken rund um den Anblick der Charts: »Schatz, wann kommst du zu mir auf die Couch?!« Vor Schreck ließ Jerome beinahe die Maus fallen. Er wirbelte – das Badetuch um den Bauch gebunden – herum. Vor ihm stand Sabine – auch nur mit einem Badetuch umwickelt – und lächelte sinnlich. Ihre noch feuchten Haare fielen ihr verführerisch auf die Schultern, sie war von Kopf bis Fuß mit einer milden Körperlotion eingecremt, damit ihre Haut, wie die Werbung ebenso lebhaft wie glaubhaft versicherte, zart wurde.

Ahhh!

Jerome war irritiert. Was wollte Sabine jetzt hier? Er hatte wirklich Besseres zu tun; sein Trade lag – Gott sei Dank – nach wie vor im Plus! Er lächelte zerstreut. »Ja, ja, Liebling. Bin gerade mitten in einem wichtigen Geschäft.« Er drehte sich zurück zum Rechner, womit ihm die sich ausbreitende Enttäuschung auf Sabines Gesicht verborgen blieb. »Bin in zehn Minuten da!«

»Zehn Minuten?«

»Zehn!«

Erwartungsvoll ließ sich Sabine auf der Couch nieder, schön wie Aphrodite, und wartete auf ihren Liebsten. Und aus den zehn wurden zwanzig und aus den zwanzig sechzig Minuten und schließlich mehrere Stunden ... – Stunden, in denen Jerome ohne Unterbrechung immer noch nahezu in der gleichen Haltung bis Handelsschluss vor seinen Bildschirmen saß. Ja, großer Gott, wo war die Zeit geblieben?! Verronnen, verflogen, enteilt! Kurzum: Ärger war vorprogrammiert. Aber wie sollte es ein *privater Vollzeittrader* einem »Laien« und noch dazu seiner eigenen Frau beibringen, dass sie es ihm bitte nicht übel nehmen sollte, dass es ihm in den letzten Tagen kraft des Fehlens jeden »Zeitorgans« in seinem Inneren, mithin kraft seiner Unfähigkeit, unmöglich war, den Ablauf der Zeit von sich aus und ohne äußeren Anhalt auch nur mit annähernder Zuverlässigkeit zu bestimmen? Las man beispielsweise hin und wieder Berichte von Bergleuten oder Erdbebenopfern, verschüttet, abgeschnitten von jeder Beobachtung des Wechsels von Tag und Nacht, so veranschlagten diese bei ihrer glücklichen Errettung die Zeit, die sie im Dunklen zwischen Hoffnung und Verzweiflung zugebracht hatten, auf beispielsweise drei Tage. In Wahrheit waren es zehn gewesen. Gleichsam erging es Jerome fast Abend für Abend: Man sollte meinen, dass in der höchst beklemmenden Lage so manchen Trades die Zeit einem Trader hätte lang werden müssen, stattdessen schrumpfte sie auf einen Bruchteil des objektiven Umfangs zusammen.

Es schien folglich, dass des Traders Hilflosigkeit – unter solch verwirrenden Bedingungen! – eher geneigt war, die Zeit in starker Verkürzung zu erleben, als sie zu überschätzen. Freilich bestritt niemand, dass jeder Trader ohne wirkliche Schwierigkeiten aus dem Ungewissen mittels rechnerischer Kraft auf die verflossene Zeit kommen konnte – er musste ja nur auf eine Uhr oder die verstrichenen Perioden schauen. Was Jerome betraf, so war ihm aber vielleicht gerade nicht besonders wohl darin, allein irgendwelche Anstrengungen anzustellen, sich der Verschwommenheit und Versponnenheit zu entrinnen und sich klarzumachen, wie viel Zeit hier erneut vor den Charts verstrichen war. Die Scheu, die ihn daran hinderte, war demnach möglicherweise eine Scheu seines Gewissens – denn es war doch offenbar die schlimmste Gewissenlosigkeit, die familiäre Zeit nicht zu achten …

Kurz vor Börsenschluss schlich sich Jerome, sein Gesicht von Hitze und Aufregung leicht gefleckt, schließlich ins Bett. Nun drohte nur noch jener letzte furchtbare Moment: das Grauen, Sabine gegenüberzutreten und auf die allabendliche vordringliche Frage »Hat deine Abwesenheit der Familie *wenigstens* Geld gebracht?!« Auskunft zu geben. Wie ein Springer beim Anlauf senkte er den Kopf und antwortete auf die allabendliche Frage mit jähem Entschluss: »Ganz gut! Ganz gut. Mach dir keine Gedanken!« Es war für einen Augenblick, als stünde in ihm alles still, sein Herzschlag setzte aus, die Atmung versagte. Aber er log um ihretwillen. Das entschuldigte alles. Denn die Wahrheit war: elf Trades und 430 Euro Minus.

Er schmiegte sich an Sabine und flüsterte: »Gute Nacht.«

»Hm!«, musste als Antwort genügen, und trotz kurzer Aussprache und Jeromes beschwichtigenden Worten klang Sabines Fassungslosigkeit, wie wenig er sich um sie und ihre weiblichen Bedürfnisse kümmerte, noch immer nicht ganz ab.

Jerome lag noch lange wach und sann immer noch Sabines Bemerkungen zur heutigen Abendgestaltung nach. Möglich, dass er die Auswirkungen des Tradings auf das Familien- und vor allem Eheleben doch unterschätzt hatte! – Und so entschied er abermals, dass nach dem heutigen Zwist wirklich nicht der rechte Augenblick war, um über Grundsätzliches zu reden!

Von Minute zu Minute fühlte sich Jerome schwermütiger. Dann schlief er endlich ein. Es war jedoch eine Nacht ohne Ruhe, ohne Mond und ohne Sterne, eine Nacht, als sei alles umgekrempelt – das Unendliche uneingeschränkt nach innen genommen. Jerome wälzte sich von einer auf die andere Seite, und die Erinnerung an die in Kürze anstehende zweite monatliche »Scheck-überreichung« unterhöhlte seinen Schlaf …

8. Kapitel

Achte Woche
Keine Tagebuchaufzeichnungen

Jeromes Gefühlslage ließ *keine* Aufzeichnungen zu …

9. Kapitel
Neunte Woche
Die Wahrheit

Eine angerauchte Zigarette; eine zugeknallte Tür; ein Nachrichtensprecher, der über den niedrigen Börsenwert Jeromes berichtet; ein inniger Kuss auf ein Familienfoto; eine weitere zugeknallte Tür. Und etwas, das sich plötzlich beim Frühstück verändert hatte …

Freitagmorgen. Jerome war heute sehr früh aufgewacht, jäh und verwirrt, und erhob sich sofort aus dem Bett, unbegreifliche Abscheu schnürte ihm die Kehle zu. Kein Traum hatte sie hervorgerufen, keine Wirklichkeit vor den Monitoren hätte sie auslösen können. Eine abgrundtiefe absolute Abscheu, die dennoch ihre Ursache hatte, denn mittlerweile waren zwei weitere Wochen ins Land gezogen, und nun war jener Tag angebrochen, da seine Frist abgelaufen, das lange Seil, von dem Jerome im Bilde sprach, aufgespult war und er sich unweigerlich zur Präsentation seiner Handelsergebnisse für den zweiten Handelsmonat zu stellen hatte.

O Gott …

Wenn er allein an die letzte Handelswoche dachte … *Grrr!* Da waren zunächst beispielsweise mehrere Trades im Euro-FX-Future – nach den vielen grünen Bars wäre ja nun wirklich mal ein Roter drangewesen, konnte ja keiner ahnen, dass es dennoch weiterging. Und dann beispielsweise noch ein Trade im Öl – laut Nachrichtsender hätte der Markt weiter steigen müssen, konnte ja keiner ahnen, dass dieser »Drecksmarkt« vorab erst zwei Dollar zurückkam, Jeromes Trade ausstoppte, um dann sage und schreibe vier Dollar – indes ohne Jerome – zu steigen. Aber auch seine Trades in der einen oder anderen Aktie sahen so aus, als würden sie in gleicher Tradition zum Abschluss kommen; allen voran ein über zwei Tage gehaltener und dann frustriert geschlossener Trade mit der BMW-Aktie. Auch hier konnte ja keiner ahnen, dass der schon »viel zu steile Anstieg« weiter und weiter anhielt. Kurzum: Entsetzlich war ihm diese jähe Steigerung der »Erpressung der Charts«, der er sich emotional wie auch materiell nicht mehr gewachsen fühlte, denn zum einen hatten ihm die Empfindungen und Erlebnisse der letzten Handelstage vollends verbraucht, er hatte nicht einmal die Kraft für einen Tagebucheintrag, und zum anderen war er nicht mehr in der Lage, sich »unauffällig« größere Summen zu beschaffen. Resultat? Durch die Begegnung mit den Charts entstand in ihm immer mehr eine Wandlung. In dem leeren, ganz in den Schatten der Einsamkeit gehüllten Arbeitszimmer, das noch vor Wochen von Gespräch und einer Gemeinsamkeit erfüllt war, die bis an die innerste Seele drangen, verlor sich unwillkürlich die Unterscheidung zwischen körperlicher Trennung und geistiger Gegenwart, und Jerome fühlte sich, während die letzten Tage ohne besondere Merkzeichen dahinglitten, so eindringlich, wie er es noch nie erlebt hatte …

Und heute … heute war jener Tag, an dem der Abend die alles entscheidende Frage mit Fakten beantworten musste: »Schatz, *wo* steht unser Tradingkonto?«

»Bis heute Abend, Schatz!«

»Ja, ciao.«

Jerome sah noch Sabines Wagen um die Ecke biegen, und mit langen, falschen Schritten, die er vergeblich anders zu setzen suchte, durchlief er barfuß den Flur, an dessen Ende sein Arbeitszimmer lag.

07:21 Uhr … noch acht Stunden bis Sabines Heimkehr. Jerome lehnte sich zurück und fragte sich, wie er nur in diesen ganzen Schlamassel hineingeraten war. Er dachte zurück an jene Monate des Demohandels: Hier war ihm zwar klar gewesen, dass mit dem Trading für ihn ein völlig neues Leben beginnen würde. Aber was sich nun inzwischen zeigte, war, dass sich auch seine Gedankenwelt und sogar seine Familienbeziehungen *radikal* geändert hatten. Wie hätte er ahnen sollen, dass sein Dasein nie wieder dasselbe sein würde?

07:27 Uhr … Jerome musste wählen, was er mittlerweile verabscheute: *das Träumen* von einer glorreichen Zukunft als Familienernährer, das seinem Verstand aber mittlerweile verhasst war, oder das *aktive Traden*, das seiner Sensibilität jedoch mittlerweile zuwider war; das Handeln, zu dem er scheinbar nicht geboren war, oder das Träumen, zu dem niemand geboren war. Da er beides verabscheute, wählte er keines; weil Jerome aber, um den Tag zu durchleben, entweder träumen *oder* handeln *musste*, vermischte er das eine mit dem anderen. Das Ergebnis ließ sich auch in einer Zahl ausdrücken: aktueller Kontostand … 28.300 Euro. *28.300!* Wohlgemerkt inklusive jener heimlichen Einzahlung über 18.500 Euro.

07:31 Uhr … Mit fahrigen, ungenauen Bewegungen berührte er die Tastatur und fuhr den Rechner hoch. Zutiefst über das heutige Gespräch beunruhigt, zitterte Jerome bei der geringsten Geste. Kurzum: Es war erstmalig so ein Tag, an dem er fürchtete, den Verstand vollends zu verlieren, aber weniger an den Wahnsinn als vielmehr an die Gesamtsituation.

07:41 Uhr … Jerome betrat die Terrasse, in der Hoffnung, dass frische Luft ihn wiederherstellen und ihm zur Ruhe verhelfen würde. Er lehnte sich gegen das hüfthohe Terrassengeländer. Der Sommer hat seinen Höhepunkt erreicht. Der blaue Himmel lockte sogar den, der sich nichts aus ihm machte. Wäre Jerome *ein anderer*, wäre dies für ihn ein glücklicher Sommertag, denn er spürte ihn, ohne an ihn zu denken. Er würde freudig seiner »Arbeit« nachgehen – jener Arbeit, die ihm alle Tage als normal und befriedigend erschien. Er würde sich mit Freunden verabreden und eine Radtour unternehmen. Er würde bei Sonnenuntergang im Freien, mit der Familie lachend, zu Abend essen und die Erlebnisse des Handelstages berichten. Seine Freude wäre Teil der Landschaft und würde von allen, die ihn sähen, als solche erkannt. Da Jerome jedoch *Jerome* war, genoss er für einen kurzen Moment das, was ihm vorgaukelte, er sei dieser andere. Jawohl, er … er würde sogleich unter Weinranken oder Bäumen doppelt so viel essen, wie er essen konnte, doppelt so viel trinken, wie er zu trinken wagte, doppelt so viel lachen, wie zu lachen er sich vorstellen konnte. Gewiss, einen Augenblick lang war er ein anderer: Er sah und erlebte eine andere

Freude. Die Freude, als »normaler« Mensch mit hochgekrempelten Hemdsärmeln zu existieren. Ein großer Tag, der ihn so träumen ließ! Blau und erhaben stand er in der Höhe – wie sein schon wieder im Schwinden begriffener Traum, an irgendeinem Feierabend ein rundum gesunder, normaler Mensch zu sein, der noch *nie* etwas von Charts & Co. gehört hatte …

07.46 Uhr … noch wenige Minuten bis zur Börseneröffnung. Jerome schleppte sich zurück ins Haus, um sich für das »Dasein als Trader« zu rüsten, das hieß, er ging in seinem Arbeitszimmer auf und ab und träumte, auf die Börseneröffnung wartend, zusammenhanglose, unwirkliche Dinge: Trades, die er unterlassen hatte, unmögliche Trades, die er blindlings ausgeführt hatte, lange intensive Gespräche mit Sabine über Grundsätzliches, die stattgefunden hätten, hätten sie denn stattgefunden …

08:00:01 Uhr

… 5483; … 5484; … 5484

08:00:02 Uhr

… 5484; … 5485; … 5486

…

Acht ununterbrochene Stunden des Chartlesens später hatte Jerome aufgehört zu »arbeiten« und saß, mit einem Glas Wein, wie ein Häufchen Elend auf seiner kleinen Bank. Er dachte kurz darüber nach, ob es durch seine Haftpflicht abgedeckt wäre, wenn er jetzt allen anderen Tradern auf der Welt seine Broker-Abrechnungen ins Maul stopfen und anzünden würde – schämte sich aber augenblicklich für diese Fantasie, denn schließlich hatten ihn seine Eltern zur Gewaltlosigkeit erzogen. Wobei man das Prinzip der Gewaltlosigkeit ernsthaft infrage stellen konnte, wenn man am Tag der Kontoabrechnung nur einen mageren Plus- und den Rest große Minustrades eingebucht bekam. Jerome erinnerte sich, dass es im Börsenhandel um Folgendes ging: »Du musst die Sachen *billig* einkaufen und *teuer* verkaufen.« So ganz hatte er das heute abermals nicht hinbekommen, aber immerhin wenigstens andersherum. Aber teuer einkaufen und billig verkaufen ging auf Dauer wirklich nur, wenn man sehr viel Geld hatte. Und *genau* das war nicht der Fall! Irgendwie war das Ein- und Verkaufen nicht sein Ding – wann immer Jerome in den Markt ging, machte dieser genau das Gegenteil … *seltsam!*

16:04 Uhr … Der Gedanke, Sabine gleich zu begegnen, reduzierte Jeromes ohnehin bereits verringerte Kraft auf ein klägliches Minimum. Er versuchte zu schreiben, zu lesen – nichts gelang. Seine Nerven waren völlig am Boden, jeden Augenblick konnte er ausbrechen in einen erschütternden Krampf, ein Schluchzen, ein Brüllen – sah er doch seine eigenen Finger zittern, fremd, wie längliche Blätter an einem Baum, unfähig, ihnen Ruhe zu gebieten. Die Kniekehlen wankten, als seien ihre Sehnen durchschnitten. – Was tun? Was nur tun? Er durchfragte sich bis zur Erschöpfung; das Blut flirrte ihm schon in den Schläfen und blau unter dem Blick.

16:19 Uhr … noch vierzig Minuten bis zu Sabines Heimkehr. Zitternd schleppte sich Jerome ins Haus und holte eine Zigarette aus seiner letzten Schachtel von vor vier Jahren hervor. Auf Höhe des Flurspiegels kam er nicht umhin, einen Blick in ihn zu werfen. »Geliebter Jerome«, sprach er zu seinem Spiegelbild, »heute ist der Tag, wo du Sabine *alles* beichten musst. Alles ist von begrenzter Dauer, und nun ist es bei dir so weit: Du kannst nicht mehr! Dein Verstand zeigt bereits Ausfälle wegen des fehlenden Schlafs, dein Mund übt sich im Dauergähnen, und Grob- wie Feinmotorik lassen inzwischen sehr zu wünschen übrig. Ich hasse es. Ich hasse das Trading. Hasse, hasse, HASSE es!« Zurück auf seiner Bank, zündete er die Zigarette an, die er im Unterbewusstsein zu Ende rauchte, und erst, als er sah, dass Asche auf die Blumenbete gefallen war – wie eigentlich, wenn er doch gar nicht aufgestanden war? –, begriff er, dass sein Bewusstsein seiner selbst, das er hätte haben müssen, abgrundtief gestört war. Er warf die Zigarette in das ohnehin leere Glas, das ihm nun als Aschenbecher diente, und sah auf die Uhr.

16:30 Uhr … noch dreißig Minuten bis Sabines Heimkehr. Jerome fühlte sein Herz bis an die Kehle schlagen. Mit geschlossenen Augen in sein Inneres blickend, fühlte er, wie Sabine in wenigen Minuten das Haus betrat, wie er das Unfassbare beichtete und wie sie … *O GOTT!*

16:32 Uhr … »Einmal muss es ja doch geschehen, so kann es doch nicht bleiben«, sprach er sich selbst Mut zu. Und wie er so mit verschränkten Armen auf seiner Bank saß, bemerkte er plötzlich, dass ihm eine Träne übers Gesicht lief und seine Schultern zu zucken begannen. Verärgert wischte er sie mit dem Handrücken ab und versuchte verzweifelt, sein Schluchzen zu unterdrücken, und immer und immer wieder leuchtete der Gedanke auf: »… wenn mir der Markt nur endlich mal eine Chance geben würde, zu zeigen, was ich draufhabe!« Und während aus seinen Augen eine weitere Träne quoll, zuckte Jeromes rechte Schulter weiterhin unkontrolliert. In diesem Augenblick bog Henry um die Ecke seines Gartengrundstücks.

Ausgerechnet jetzt!

Jerome wollte auf der Stelle im Erdboden versinken. Seine Augen waren bestimmt verquollen, seine Nase lief, und er hatte noch nicht einmal ein Taschentuch in der Hand, sodass er gezwungen war, geräuschvoll vor sich hin zu schniefen. Jerome senkte den Kopf in der Hoffnung, dass Henry vorüberlief, ohne ihn zu bemerken. Doch vergebens! Als er den Blick hob, kam er direkt auf ihn zu.

O Gott, jämmerlicher geht es ja echt nicht mehr!

Warum lasse ich mir nicht gleich »Heute ist mein beschissenster Tag!« auf die Stirn pinseln?

Echt.

»Hey, Gartennachbar. Was machen die Charts?«

O Gott, wie Jerome diese Frage hasste, schließlich brachte sie ihn jedes Mal in eine Zwickmühle: Antwortete er »Alles gut«, schürte er Erwartungshaltungen, blieb er bei der Wahrheit und sagte »Schlecht«, wurde dies mit blöden Blicken quittiert, die ausdrückten: »Du machst das jetzt schon *soooo* viele Wochen und bekommst es immer noch nicht hin, zumal du doch immer gesagt hast, es wäre so *einfach*! Ja, wie *blöd* bist du denn?« Jerome hatte wenig Lust auf diese Gespräche und legte sich daher als einsilbige Antwort zurecht: »Geht so. Sind gerade schwierige Marktzeiten. Die Märkte weisen extrem große Schwankungen auf. Und dann sind da ja noch die sich immer weiter verschlechternden Wirtschaftsdaten …« Henrys skeptischer Blick war nicht zu übersehen. Jerome verabschiedete sich und ging zurück ins Haus. Auf seiner Brust saß die Angst wie ein schwerer Felsbrocken.

16:41 Uhr … noch zwanzig Minuten bis Sabines Heimkehr. Mühsam das Gleichgewicht haltend, vom Rausch vorwärts und rückwärts gezogen, schleppte sich Jerome ins Haus. Auf der

Wohnzimmercouch liegend, erschien ihm heute hier alles dunkler, fast schon »düsterer« als sonst. Die Sonne kämpfte sich scheinbar nur mühsam von draußen herein, die Schatten waren schwärzer als gewöhnlich. Beinahe bedrohlich wirkte alles. Auch das Farbenspiel der Blumen schien heute einem schwarzweißen Gruselstreifen gewichen zu sein.

16:45 Uhr … noch fünfzehn Minuten bis zu Sabines Heimkehr. Die Zähne in die Kissen verbeißend, versuchte er, gegen Sabines Enttäuschung und die Angst vor der bevorstehenden Aussprache anzukämpfen. Doch es gelang nicht. Um Zerstreuung zu finden, zappte Jerome durch die Fernsehsender und hielt bei irgendeiner Talkshow an. – *Hach* … Talkshows, sein absoluter Alptraum, wenngleich er es liebte, wenn die eingeladenen Gäste einander blamierten. Mitunter war es echt gruselig, daher wäre eine Talkshow für gefrustete Trader doch eine prima Idee. Es wäre wirklich spannend, zu sehen, was da für kaputte Jungs auftauchen würden, so Jerome in Gedanken. Sicherlich nach dem Motto:

> *»Hilfe. Ich werde ständig vom Markt geschlagen …« Der Moderator übergibt in der Vorstellungsrunde das Mikro an den nächsten Trader: »Ich habe vierunddreißig Indikatoren im Chart. Deswegen bin ich doch noch kein kranker Trader, oder?« Der dritte Kandidat legt sogar noch einen drauf: »Mein Leben dreht sich nur ums Trading. Ich schlafe zwei Stunden am Tag, von 23 bis 1 Uhr. Mein Kontostand halbiert sich von Woche zu Woche. Meine Frau schläft nur noch mit anderen Männern und will die Scheidung. Ich suche daher eine neue Trading-Ehefrau«, worauf der Moderator in die Zuschauermenge schreit: »Klar doch! Wir machen alles möglich. Also: W-E-R will D-I-E-S-E-N Trader als M-A-N-N?« Die Naheinblendung zeigt auf ein völlig übermüdetes, dürres, kreidebleiches, in sich zusammengesunkenes, ja fast schon asoziales Männlein, dessen Blick nervös von einer Ecke in die andere huscht. »Buhhhhhhh«, ruft das Publikum, und wie üblich in den Talkshows, meldet sich ein Zuschauer aus den vorderen Reihen zu Wort: »Penner! Du siehst aus, als hättest du noch nie einen Sonnenstrahl gesehen. Deine Frau macht es richtig!«*

Autsch. Jerome erwachte aus seinem Tagtraum, und sein Herz schlug nicht wenig, als er, wiederum zusammen mit allerlei zurechtgelegten Ausreden, sich mit langsamen Atemzügen den kommenden Blicken Sabines entgegengetragen fühlte.

16:55 Uhr … noch fünf Minuten bis zu Sabines Heimkehr. Regungslos blieb Jerome vor dem Fernseher sitzen. Eine Schläfrigkeit, die nichts anderes war als Sehnsucht nach Ruhe und Stabilität, rann durch seine Glieder wie ein sacht erkaltendes, betäubendes Gift …

*

Und dann war es so weit! Sabines Wagen bog in die Einfahrt. Schwer atmend neigte Jerome seinen Kopf immer tiefer und tiefer und wusste plötzlich selbst nicht mehr, was er antworten würde auf das, was jetzt mit jedem Augenblick näher rückte. Er schloss die Augen und massierte sich die pochenden Schläfen. Sein Kopf glühte, als ginge er in Flammen auf. Da hörte er auch schon Schritte auf der Treppe. Alle Nerven schrien Alarm. Sabines Schritte jedoch gingen leicht, unbesorgt, sie nahm zwei Stufen auf einmal in fliegendem Sprung – jetzt rührte eine Hand schon an der Tür. Und dann, nach einer kurzen Begrüßung *die* Frage! »Na, mein *Bill Gates*, wo stehen wir? Der Monat ist rum!« Ein Kuss. »Bekomme ich heute meine neue Küche?! Ich bin schon ganz hibbelig!«

Und wie nicht anders zu erwarten, war es jetzt an Jerome, verlegen zu werden. Er errötete, aber nicht wie erwachsene Menschen, nur leicht und ohne es selbst zu bemerken, sondern wie Jugendliche erröten, die fühlen, dass sie sich durch ihre Verlegenheit lächerlich machen und sich infolgedessen noch mehr schämen, immer stärker, bis sie rot werden und fast in Tränen ausbrechen. Die Erinnerung daran, wie er bei ihren Gesprächen zu Beginn des Demohandels und in der ersten Handelswoche die »Leichtigkeit« des Themas und vor allem seines »Talents« zum Handel gepriesen hatte, ließ ihn hier und jetzt die Lungen zusammenpressen, und als er sich von der Couch erhob, hatte er mit gewissen körperlichen Schwindelanfällen zu kämpfen, die von einem Gefühl der Ausweg- und Aussichtslosigkeit, von dem nicht klar war, ob es sich nur auf seine innere Welt oder auf seine gesamte Existenz bezog, begleitet waren. »Nun … *ähm* … weißt du, Sabine …«, stotterte Jerome mit etwas hängendem Lächeln und vermied den Blickkontakt.

»Na, sag schon!«, forderte ihn Sabine kopfnickend auf, mit jemandes Miene, der eine sehr lobenswerte Antwort erwartet, und zog ihren »Bill Gates« ins Arbeitszimmer. Dort angekommen, führte sie selbstständig, im Kopf bereits die neue Küche planend, die Maus an jenes offene Menü der Kontoübersicht …

Eine Sekunde …

Zwei …

Drei …

Vier …

Fünf …

Sechs Sekunden …

Sabine stand unbeweglich da: »Was ist das? Dies hier?«, fragte sie, indem sie mit dem Zeigefinger auf den Kontostand wies.

Weitere eins …

zwei …

drei …

vier …

fünf Sekunden …

Jerome bekam es nicht geregelt – er fing an zu zittern.

»Jerome, *was* ist hier los?!«

Er drehte sich etwas weg. Sekunden wie Ohrfeigen. Wie es bisweilen Menschen ergeht, die ganz unvermutet einer allzu »schmählichen« Handlung überführt werden, so erging es Jerome in diesem Augenblick: Er hatte es nicht vermocht, sein Mienenspiel so schnell der Situation anzupassen, in der er Sabine gegenüber durch die Entdeckung seiner »Schuld« geraten war. Er hätte den Gekränkten spielen, leugnen, sich strikt fachlich rechtfertigen, um Verzeihung bitten, ja sogar weinend erscheinen sollen – alles dies wäre besser gewesen als das, was er tat: Sein Gesicht nahm völlig unbewusst und unwillkürlich einen gleichgültigen Ausdruck an, den Ausdruck eines gewöhnlichen und darum in dieser Situation einfältigen Lächelns. Und dieses einfältige Lächeln konnte Jerome sich später nicht verzeihen. Als Sabine seinen Gesichtsausdruck bemerkte, fügte dieser, aus tiefer Brust Atem holend, rasch verteidigend hinzu: »Biene, der Markt ließ keine vernünftigen Trades zu!« Und auch hier wurde Jerome nicht so sehr durch den Vorfall an sich peinlich berührt als vielmehr durch die Art, *wie* er Sabine geantwortet hatte. Ein Schweigen stellte sich zwischen beiden ein. Aber natürlich war es nicht, wie von Sabine noch vor sechzig Sekunden angedacht, ein seliges stilles, vereintes Genießen und sympathisches Erfassen des neuen Kontohöchststandes, sondern ein schweres und dunkles Schweigen, das ein *Ver*schweigen war von irgendetwas Drohendem und Drängendem. Und als das Schweigen mehr und mehr drückte wie ein dunkler schwerer Nebel, der sich plötzlich über das Arbeitszimmer gelegt hatte, knüpfte Jerome hastig, um die bisher peinlichste Spannung seines ganzen Lebens abzuschwächen, an die abgerissenen Worte an und antwortete mit sichtlich beflissen gespielter Heiterkeit: »Reg dich doch bitte nicht so auf, Schatz. Das ist halb so wild. Schau, der Markt lief etwas anders als gedacht! Das Minus ist praktisch ganz von allein ausgebrochen, ehrlich. Ist ja Gott sei Dank nur ein kleines Minus. Kaum der Rede wert. Das hole ich«, beschwichtigte er weiter, »alles wieder raus, das weißt du doch!« Jerome schwirrte der Kopf. Er überlegte, ob dies der rechte Augenblick sei, jene Einzahlung von 18.500 Euro zu erwähnen. Sein T-Shirt war plötzlich so durchgeschwitzt, als hätte er damit unter der Dusche gestanden. Er entschied: Nein!

Stille.

Nach weiteren eiskalten Augenblicken abgewandten Dastehens begann Sabine an ihrem Hemd herumzunesteln, was bei ihr, Jerome wusste es, grenzenlose Wut verriet. Dann blickte sie ihn mit Entsetzen und Verzweiflung an: »Ich muss jetzt … Lilly abholen!« Sie wandte sich ab, und die Tür des Arbeitszimmers fiel ins Schloss.

RUMMS!

Zweimal durchschritt Jerome mit festen Tritten das Zimmer, welches ihm wie ein Käfig zu sein schien, blinzelte mit den Augen, um seine Tränen zu verbergen, und setzte sich dann abrupt. Er spürte, wie seine Existenz sich plötzlich auflöste und zerrann, und aus dieser Kraftlosigkeit entwuchs ihm bereits jetzt die Ahnung eines ganzen zertrümmerten Lebens. Diese drei Minuten im Kerker des Arbeitszimmers schienen ihm länger als die acht Jahre seiner Ehe. Er schloss die Augen und spürte mit spitz geschliffenen, fast schon magischen Sinnen Sabine im Haus umherlaufen, er sah, ohne zu sehen, er hörte, ohne zu hören, wie sie in der Küche unruhig auf und ab ging. Noch nie hatte er eine solche Wut und Traurigkeit in ihr gespürt. Aber plötzlich packte ihn Ärger über seine Torheit, denn er hätte Sabine auch diesen Monat belügen und sie in einer weiteren wunderlichen Illusion wiegen sollen! Aber wie nur? Er hatte kein Geld mehr zum »heimlich« Einzahlen. Doch gleichzeitig packte Jerome auch wilde Scham, wenn er bedachte, dass er einst so selbstsicher behauptet hatte, für sich und seine Familie sorgen zu können. Dann wieder erfasste ihn Mitleid mit sich selbst und seinem unendlichen Engagement für die Märkte, welches doch hätte monetär zurückstrahlen müssen wie Feuer!

Warum passiert das alles ausgerechnet mir?!

Unkontrolliert huschten Jeromes Blicke durch das Arbeitszimmer. Er wusste genau, dass er etwas anderes hätte sagen müssen. Er hätte das Gefühl beschreiben müssen, in ein anderes Universum zu tauchen, sobald er vor den Monitoren saß. Er hätte von den Momenten sprechen sollen, da er im Zentrum der Schlacht stand und mit dem Gegner »Chart« zu kämpfen begann, dessen Geschicklichkeit und Kraft enorm waren. Er hätte Sabine von der seltsamen Nähe zu den Charts erzählen können, die ihn vom Rest der Welt trennte. Er hätte von den erstaunlichen Fähigkeiten des Marktes berichten sollen, noch weiter oder doch noch tiefer zu fallen, doch er tat es nicht.

Warum passiert das alles ausgerechnet mir?!

Wirr begann er damit, wahllos Dinge auf seinem Schreibtisch zu ordnen. Er rückte jene Fotografie zurecht, die schräg oberhalb der Tastatur stand. Plötzlich brachte er diesem Bild – Sabine und er gemeinsam auf einem Karussell – eine sonderbare Verehrung entgegen. Er küsste in nahezu glühender Leidenschaft Sabines Mund, dann stellte er das gerahmte Foto wieder vor sich hin und begann wirre und heftige Worte zu sprechen, die er hätte vorhin sagen sollen, dass sie ihm verzeihen möge, wegen dem heimlichen Nachschuss und weil er die letzten Wochen so »kindisch« und unprofessionell getradet hatte. Und dann erzählte er ihr in sich überschlagenden Sätzen von seiner Sehnsucht und wie unendlich er sie liebe, mehr, als sie es jemals werde verstehen können. Aber diese Ekstase befriedigte Jerome nicht, denn er wollte doch Sabine *selbst* sprechen! Augenblicklich begab er sich zu ihr, hielt sie vor der Eingangstür zurück und stammelte mit unruhigen Blicken und gebrochener Stimme, sie möge ihm doch verzeihen. »Biene, deine Küche wird die kommenden Monate noch größer, glaub mir! Wir können uns dann sogar einen knackigen jungen Koch leisten.« Jerome unternahm den Versuch, ihr ein süßes Lächeln zu stibitzen. Ein Lächeln, das er sich in die Tasche stecken und neben seine Monitore stellen wollte.

Sabine aber baute sich vor ihm auf, die Platinohrringe baumelten aufgebracht vor und zurück: »Wie konntest du zulassen, dass das passiert?«, schrie sie. Sie sah ihn fassungslos an. »Ich wusste es! Es war eine scheiß Idee, das mit dem Börsenhandel …«

Wieder Sekunden wie Ohrfeigen.

»Biene, das sind doch nur *Peanuts* …«

Ihr Blick ließ dies jedoch irgendwie bezweifeln, und als sie Jeromes erneutes Lächeln bei dem Wort »Peanuts« sah, zuckte es in ihr wie in körperlichem Schmerz zusammen, und mit der ihr eigenen Heftigkeit brachen aus ihr harte Worte heraus: »Verarschst du mich, Jerome? Hast … hast du mich die ganze Zeit belogen?«

Ach herrje. – »Pssst … leiser, die Nachbarn!«

Sabine schloss, mit erbost malmendem Unterkiefer und ohne ihren forschenden Blick unverwandt auf ihn gerichtet zu halten, hinter sich wieder die Haustür. Einen weiteren Augenblick blieb sie stumm, wie um sich zu besinnen. Dann meinte sie sarkastisch: »*Peanuts?* Genau, du hast ›lediglich‹ etliche Monate Spargeld ruiniert! Davon leben wir fast *ein* halbes Jahr!«

»Dann müssen wir halt die Brote mal dünner schneiden«, wollte Jerome schon entgegnen, verkniff es sich aber und antwortete stattdessen: »*Ohaaa* … also … ganz so wild ist es ja auch nicht! Vielmehr nutzte ich die momentan schwierigen Marktbewegungen zum *Üben*. Schatz, das kommt uns dann *doppelt* und *dreifach* wieder zugute.« Aus seiner Sicht war Sabine – die ohnehin ewig sich Sorgende, und, wie Jerome immer meinte, etwas *zu* vorsichtig ängstlich Agierende – echt »betriebsblind«. Was soll so schlimm daran sein, zu *üben*? Jedes Kind weiß doch, dass noch kein Meister vom Himmel gefallen ist. »Schau, mein Schatz …«, verteidigte er das Geschehene lebhaft weiter und erklärte ausschweifend, dass man seine Fähigkeiten mit den Charts nicht unbedingt immer nach dem Erfolg einzelner Monate beurteilen dürfe.

»So, so!« Sabine schien von Jeromes Argumentation eher nicht überzeugt zu sein. All die Aufregung war wohl ein bisschen viel für sie, denn mehr als »Das ist das *Letzte*, Jerome! Ehrlich, das *Al*lerletzte! Wie konntest du nur?« bekam sie nicht mehr heraus.

Schluck!

Bis ins Innerste durchdrang Jerome der zuckende Ton – ein Ton voll Trauer, voll Zorn. Er schämte sich dermaßen, derart fühllos-frostig vor jener Frau zu schweigen, von der er mehr empfangen hatte als von irgendeinem Menschen sonst. Die Seele brannte ihm, er wollte ihr Tröstliches sagen, aber die Lippe, die zitternde, gehorchte nicht. Und so verlegen, so jämmerlich klein stand Jerome da. »Nur ein klitzekleiner Zwischenfall. Eine Art Unfall. Das wird schon wieder«, versicherte er und wischte sich erneut den Schweiß von der Stirn.

»Ein *Unfall*?« Ein Blitz aus dem Spalt ihrer Augen schlug in das aufgerissene Braun der seinen. »Das nennst du einen Unfall? Du bist dabei, unser ganzes Vermögen zu ruinieren!«

Huch! – Jerome wich ein paar Schritte zurück, weil er ernsthaft befürchtete, dass sie gleich zuschlug. »Ach, so schlimm ist es doch gar nicht«, meinte Jerome hilflos und fragte sich abermals, ob er die Einzahlung des ersten Monats erwähnen solle. Er entschied sich dagegen. Schließlich sollte man ja nicht auch noch Öl ins … *naja*!

»*Nicht schlimm?* Dafür gehe ich fast sieben Monate arbeiten!«

»Bitte beruhige dich.«

»Sag du mir nicht, ich solle mich beruhigen!« Sabine war nun vollends aufgebracht. »Das ist unser *beider* Haus, es ist doch noch unseres, oder? Und ich beruhige mich erst, wenn es mir passt!« Ihre Stimme mutete momentan nur körperlos im Raum an, wie ein unklarer Qualm der Erregung, eine unsichere Andeutung geheimen Geschehens, und doch fühlte Jerome gerade an dieser mühsamen Beherrschung der Leidenschaft ihre kommende Wucht – so wie man an gewissen mit Mühe verlangsamten Takten das *Allegro furioso* schon in den Nerven vorausspürt. Und dann geschah Folgendes: Sabine streckte den Kopf nach vorn, die Augen zu Schlitzen verengt: »Du bringst das wieder in Ordnung«, keifte sie und bohrte ihm ihren blutrot lackierten Fingernagel ins Brustbein. »Mir egal, *wie* du das anstellst, aber ich will, dass unser Geld wieder da ist!«

Jerome starrte sie mit offenem Mund an.

»Hast du nicht gehört? Ich sagte, an die Arbeit! Auf der Stelle!« Damit machte sie auf dem Absatz kehrt, betrachtete sich im Flur einen Augenblick im Spiegel, rückte sich ihr Haar zurecht. Sie sprach kein Wort, nur um ihre Lippen ging ein verhaltenes Wetterspiel, und Jerome spürte, sie bedurfte aller Kraft, nicht noch mehr Zorniges oder Unbedachtes hervorzustoßen. »Ich geh Lilly aus dem Kindergarten holen!« Dann stampfte sie von dannen, und zum zweiten Mal an diesem Tag knallte eine Tür, hinter deren Rückseite ein von sonderbarer Angst erstarrter Jerome stand.

Nach Minuten des Stillstandes wankte er wie ferngesteuert auf die Couch, rückte sich ein Kissen unter den Kopf und suchte Zerstreuung in dem gerade präsentierten Marktbericht auf n-tv, während das Laufband am unteren Ende des Fernsehbildes die Kurse präsentierte:

»Schering –1,2 % … Siemens –3,8 % … Commerzbank –3,8 %«

Und *Jeromes* Kurs?

»… BMW +1,2 % … Jerome –99 % … Telekom –2,1% …«

Und plötzlich hörte Jerome in Gedanken den Nachrichtensprecher sagen:

> *»Der Kurs des von Tradingnöten und persönlichen Problemen geplagten ehemaligen Büroangestellten Jerome Decker hatte dramatisch an Wert verloren. Die Mehrheit der Analysten rät inzwischen dringend, sich von der Jerome-Aktie zu trennen. So warten die Anleger seit Wochen vergebens auf längst überfällige Restrukturierungsmaßnahmen im beruflichen Bereich. Jerome selbst macht auf der heutigen Bilanzpressekonferenz das schwierige Börsenumfeld und, so wörtlich, ›den Marktverlauf‹ für den Kursverfall verantwortlich …«*

Enttäuscht über seinen niedrigen Börsenwert, schaltete Jerome den Fernseher ab. In langsamen, leeren Minuten stieg die Hilflosigkeit seines gesamten Daseins als Vollzeittrader und selbst ernannter Familienernährer von seiner Seele in voller Härte auf: all das bittere Bewusstsein, dass das alles eine Empfindung von ihm und zugleich etwas Äußerliches war, das zu verändern nicht in seiner Macht stand. Seine Gesamtsituation erweckte mit ihrer jähen Gewalt ein Leid, das so furchtbar und tief einschneidend war, dass es Jerome nicht mal mehr als Schmerz empfand, weil er – vielleicht lag es an den vielen vorangegangenen Enttäuschungen der Minustrades? – die Fähigkeit des Begreifens und des bewussten Fühlens in seiner wilden Orderjagd irgendwie … *ja, was?* … irgendwie nahezu *verloren* hatte. Er fühlte sich nur sinken, aus schwindelnden Höhen atemlos, hilflos, willenlos und widerstandsunfähig herabsausen, einem seelischen, familiären und monetären Abgrunde zu, den er bei Weitem noch nicht kannte, den er aber ahnte, näher, näher und immer näher kommen fühlte, mit jeder Sekunde jenem furchtbaren Ende zu, von dem er wusste, dass es ihn zerschmettern und zerbrechen würde.

Sabine – sie ist das Beste, was mir je passieren konnte.

Ich habe alles kaputt gemacht.

SABINE!

Abermals empfand er jene Sekunde, als Sabine den Kontostand sah, als Schmach unermesslichen Ausmaßes! Sie hatte so wütend, so enttäuscht, so verzweifelt ausgesehen. Jerome wischte sich mit der Faust eine einzelne Träne von der Backe, und unaufhaltsam, gleichsam einer aufgeschreckten Taubenschar, flatterten in ihm Gedanken wild umher. Er schaltete den Fernseher wieder ein, zappte planlos durch die Kanäle, versuchte, sich zu entspannen, aber lange hielt er es in seiner »Untätigkeit« nicht aus, denn was musste man tun, damit aus dem bisherigen negativen ein »goldenes« Handelskonto wurde und die eigene Frau einen nicht mehr mit enttäuscht großen Augen anschaute? – Man musste *Geld* verdienen. Und dazu … dazu musste man … *traden!* Das hatte Sabine selbst *befohlen!*

… 5452; … 5453; … 5454

Zwanzig Minuten und zwei Minustrades später stand Jerome verzweifelt auf und begab sich unsicheren Schrittes – einmal schlug seine schaukelnde Hand sogar gegen die kantige Ecke der Kommode – hinaus in den Garten. Ihn überkam die Sehnsucht nach Wald, nach Gehen im Stillen und Freien. Beide Male war er hastig auf kleinster Zeiteinheit *long* gegangen – schließlich galt es, das Konto und damit die Familie zu retten –, um, nach einem kurzen Rücksetzen des Marktes, die Position hastig zu schließen und um dann wiederum zuzusehen, dass seine »analysierte« Marktrichtung doch Bestand hatte … Jerome brauchte daher momentan nur eines: Stille. Insbesondere dort, wo sie im größten Gegensatz zum lärmenden Tagesgewühl der Charts und der heutigen Rechenschaft stand. Ergo: Er brauchte sein kleines Bänkchen. Und da saß er nun, und es war nur mehr Schweigen in ihm, ein dumpfes, atemloses Schweigen, die Stille des langsam nahenden »Kontotodes«. Vieles war in ihm gestorben in den letzten Wochen seines Tradings – sein helles, heiteres Lachen, das doch auch in seinem Leben als Trader geboren sein wollte. Und viel Jugend war gestorben, jenes sehnsüchtige Empfangenwollen, das der Zukunft immer vertraute und Freude sowie Zuversicht hinter allen verschlossenen Pforten ahnte, die sich seinem Verlangen öffnen sollten. Und viele vertraute Empfindungen waren gestorben, etwa die Hingabe an Menschen, an Freunde und an die Natur. Kurzum: Mit diesen Tagen verlor Jeromes Seele so ganz ihre bindenden Kräfte. Das Leben als privater Vollzeittrader suchte ihn heim wie ein Hagelschauer, der Saaten und Blüten mit aller Wucht zerstörte …

Und so kam es, dass Jerome seit Langem einmal wieder sein Tagebuch zur Hand nahm. Und diese seine sorgsamen Zeilen brachte er nicht zu Papier, um dies oder jenes oder was auch immer zu sagen, sondern schlicht, um seine Hoffnungslosigkeit zu beschäftigen. Langsam bedeckte er mit den Strichen seines stumpfen Bleistifts – Jerome war nicht einmal mehr sentimental genug, diesen zu spitzen – die Seiten und lehnte sich hin und wieder zurück. Der Abend ging zur Neige, eintönig und in einem matten, ungewissen Lichtton … und Jerome hörte auf zu schreiben, eben weil er zu schreiben aufhörte …

*

Der Geruch von frisch gebrühtem Kaffee ließ Jerome dann etliche Stunden nach der Kontooffenbarung hoffen, dass das Ende der Nacht gekommen war. Während des Frühstücks herrschte Schweigen zwischen ihm und Sabine. Doch es war keine Unbehilflichkeit, sondern vielleicht nur die unbestimmte Furcht von Menschen, eine Unterhaltung mit Banalitäten zu beginnen. Doch da … da war noch etwas anderes …!

Heeee?!

Shit. Was geht hier ab?!

Am Frühstückstisch fiel Jerome plötzlich auf, dass sich irgendetwas in seinem Haus und in seinem Leben seit der gestrigen Präsentation des Kontostandes verändert hatte. Aufgelöst schaute Jerome sich um: Lilly hatte schon immer vor dem Kindergarten die Trickfilme auf dem Kinderkanal geschaut, sein Nachbar Henry hatte schon immer morgens mit seiner ersten Zigarette seinen Garten abgeschritten, und die schwarze Katze von zwei Straßen weiter ließ sich schon immer von den Fischen im Teich inspirieren. Aber irgendetwas war anders, und es war irgendwo in diesem Raum. Fast ängstlich sah sich Jerome weiter um: die gleiche Grünpflanze auf dem Regal, die gleichen Bilder von gemeinsamen Ausflügen an den Wänden, das gleiche übliche morgendliche Chaos auf dem Küchentisch. Alles war exakt wie immer, und doch hatte er so ein komisches Gefühl im Magen, dass sich *etwas* verändert hatte. Jerome schaute sich noch gründlicher um.

OHHH!

Und mit einem Schlag wurde ihm klar, was es war … es war: *Sabines Blick*! Genau. Er saß jetzt seit vielen Jahren mit ihr gemeinsam am Frühstückstisch, und seitdem hatte sie ihn noch nie so angesehen. Dieser Jerome-du-bist-mein-Held-Blick hatte es einst möglich gemacht, dass sie heute ein Paar waren. Ihr Blick sagte immer, er sei ein Held – also war er auch ein Held. Doch heute schaute Sabine ihn anders an. Es waren Nuancen – ein kurzes Weggucken, oder besser: dieser winzige Augenaufschlag.

Jerome, du spinnst!

N-eeein, ich spinne nicht!!!

Erstmalig dachte Jerome darüber nach, ob er zu Sabine rüberschauen sollte oder nicht. Er hatte noch nie darüber nachgedacht. Er hatte einfach geguckt oder eben nicht geguckt, doch er hatte nie darüber nachgedacht.

Warum zum Teufel denke ich plötzlich darüber nach, ob ich Sabine angucken soll?!

Ich gucke Lilly an.

Ich gucke Henry an – alles normal.

Es war Sabine!

Jerome kontrollierte und vergewisserte sich. Aber die Veränderung war nicht zu leugnen. Jerome wollte diese Veränderung nicht. Er wollte, dass alles so war wie immer. Aber es war nicht so wie immer.

War es etwa …?!

Ja, es war!

Jerome, alter Junge, deine eigene Frau sieht plötzlich in dir den … den … V-E-R-S-A-G-E-R!

Stumm schmierte Jerome Lillys Pausenbrot für den Kindergarten. Er fühlte, wie ihm diese schmerzvollen Sekunden zum Frühstück zum einprägenden Erlebnis wurden, wie mit der ersten großen Enttäuschung Sabines über die Idee des Börsenhandels sich auch das Leid tief in seine Seele einsog, die sich ihm ahnungslos erschloss. Jahrelang hatte sich Jerome gewünscht, dass seine Frau in ihm nicht den »harmlosen Trottel« sähe, den Kumpel-Knuddel-Bärchen-mit-dir-kann-man-ja-soooo-gut-reden-Typen, und jetzt, wo er sein »Glück« als angehender Händler gefunden zu haben schien, wo alles … *na ja, fast alles* … klar war in seinem Leben, sah sie ihn plötzlich als … *VERSAGER!*

BOAH!

Dieser Augenaufschlag stampfte Jerome zu Boden. Alles war in ihm ohnehin schon verkrampft gewesen; hätte Sabine ihn beschimpft, er hätte es ertragen; hätte sie ihn wochenlang auf der Couch schlafen lassen, er hätte es ertragen; hätte sie ihn vor die Tür gesetzt, er hätte es ertragen. Aber dieser Blick! Dieser Blick brach seinem letzten Fünkchen Selbstwertgefühl das Genick …

10. Kapitel
Ende des ersten Tagebuchs

Ein Gast schob sich mit einigen Verrenkungen auf den Stuhl, der sich nur minimal vom Tisch wegbewegen ließ – bevor er an der Lehne des hinter ihm stehenden Sitzmöbels des Nebentisches einen unüberbrückbaren Widerstand fand. *RUMMS!* Neckend knackte Philips Stuhllehne, worauf ihm – Jeromes Tagebuch in der Hand – hastige Schauer durch alle Nerven fuhren.

»I'm sorry.«

»It's okay.« Philip machte dem Neuankömmling etwas Platz und sah sich um. Die Terrasse war mittlerweile, ebenso wie die angrenzende Bar, gut besucht und erstrahlte in Licht und Glanz: Augen strahlten, Schmuck strahlte, Namen strahlten, Geist strahlte. Die starre, grausame Hitze des Tages machte einer dumpfen, lastenden Schwüle Platz, die einen matten Luftzug nur umso fühlbarer machte. Philip, Jeromes Aufzeichnungen nun kurzzeitig beiseitelegend, aber dennoch von dessen Geschichte völlig in den Bann gezogen, bestellte eine Flasche Wein, und während sich die weichen Töne einer rollenden Klavierpassage sanft um seine Seele legten, stiegen in ihm, wie ein altes, stilles, längst vergessenes Lied, ein paar lose, sanft-wehmütige Melodien auf …

Wie … wie war das einst bei mir?

Die exakten Worte und Gedanken aus Jeromes Tagebuch ließen in Philip seine gesamte eigene Vergangenheit erneut lebendig werden. Und so verhielten sich die Tagebuchseiten für Philip so, wie es gleichsam mit einer bestimmte Süßigkeit geschieht: Ein schlichtes Stück Schokolade wirkt mitunter verheerend auf die Nerven durch das erschütternde Übermaß an Erinnerungen. – *Ja, die Kindheit!* Und während man es kaut und kostet, hat man plötzlich das bescheidene Glück, als fröhliches Kind auf dem Spielplatz, auf dem Schulhof zu sein, und zusammen mit der Schokolade schmeckt man einstige Erlebnisse, seine verlorene Kindheit und gibt sich wohlig der Süße hin. Und so war es die Genauigkeit von Jeromes geschriebenen Worten, die in Philip längst Vergangenes plötzlich wieder erschloss und sein Bewusstsein streifte, obwohl für gewöhnlich die Erinnerungen zugleich mit den Menschen altern und die leidenschaftlichsten Vorgänge mit der Zeit … *man könnte sagen* … perspektivisch-konisch werden, als ob man sie am Ende von neunundneunzig hintereinander geöffneten Türen sähe. Aber manchmal, wenn sie mit sehr starken

Gefühlen verknüpft sind, altern einzelne Erinnerungen nicht und halten ganze Schichten des Wesens bei sich fest … Und so ließen die bisher gelesenen Seiten, dicht und intensiv, plötzlich all jene Stunden, die Philip selbst einst als Tradinganfänger zugebracht hatte, sogleich wieder gegenwärtig erscheinen. Auch wenn jene Zeiten länger zurücklagen, umzingelten sie Philip, vergeistigten sich und nahmen Gestalt an, und ihm fielen neben vielen Begebenheiten ebenso seine eigenen einstigen Tradingsünden ein, und Jerome, sein Glas in der Hand haltend, dachte an jenen langwierigen inneren Kampf, den er nun bestanden hatte.

Hiervon inspiriert, erinnerte er sich an eine eigene Tagebuchnotiz, die er die vergangenen Tage hier in Bangkok noch gemacht hatte; er kramte in seiner Tasche und las:

> *… nicht nur das Wissen um Kurse & Charts & Co. und der Erfahrungshorizont ändern sich, sondern auch ICH als Erfahrender ändere mich durch die Erfahrung mit den Kursen & Charts & Co.! Die Besonderheit der Negativität von Tradingerfahrungen liegt daher in der Eröffnung von Freiheit für den erfahrenen Trader …*

Nachdenklich sah sich Philip auf der Terrasse um: Jeder Mensch, gleich ob Familienvater, Kellner, extrovertierter Künstler oder das sinnlich geschminkte Barmädchen, strukturierte durch neue Erfahrung auf Grundlage der alten, bereits gemachten Erfahrung seinen Horizont immer wieder und aufs Neue um, und allen war gemeinsam, dass nicht nur die *Überwindung* der Enttäuschung hierbei ausschlaggebend war, sondern dass das Wesentliche die *Erfahrung* der Enttäuschung war! Philip fügte daher an diesem Abend auf einer neuen Seite hinzu:

> *… nirgends führt eine negative Erfahrung, eine »Enttäuschung«, genauso schnell nicht nur zum Durchstreichen und zur Ausmerzung einer falschen Erwartung oder Herangehensweise, sondern auch zur »Erfahrung über die Erfahrung«! Und auch wenn dies in unzähligen anderen Berufen natürlich unbestritten ebenfalls passiert, kann man trotzdem behaupten, dass das Werk der »negativen Erfahrung« dieses »Sich-seiner-selbst-bewusst-Werden« selten so schnell noch so intensiv vonstattengeht wie beim Trading, sondern oft viel sanfter erfolgt, und dies mitunter sogar so sanft, dass die Wirkung nahezu unreflektiert verpufft … Kurzum: Selten wird man sich seiner selbst und dessen, was man da tut, schneller bewusst als im Börsenhandel …*

Wahllos blätterte er in den bisher gelesenen Seiten von Jeromes Tagebuch und begann nach möglichen Unterschieden zwischen sich und dem privaten Tradinganfänger *Jerome* zu suchen. Wie war es einst bei ihm selbst gewesen? Er erinnerte sich, dass die »Geografie« seines fachlichen Bewusstseins überaus vielfältige Küsten und äußerst vielgestaltige Berge und Seen zeigte, und dennoch wirkte alles – wenn er hier und jetzt nach Jahren darüber nachdachte – auf ihn einst wie eine Landkarte nach Art des *Pays du Tendre* oder aus Gullivers Reisen: eine Art exakte Spielerei, die in ein ironisches oder fantasievolles Fachbuch aufgenommen wurde zum Gaudium der Autoren und erfahrenen Händler, die wissen, wo die »fachlichen Länder« wirklich liegen! Oder anders formuliert: Für sein Denken war alles rund um Charts & Co. einst komplex, und zweifellos machte es das Denken mit der Lust, die er am Denken hatte, noch viel komplexer! *Oh ja!* Und obwohl Philip in Jeromes bisherigen Tagebuchseiten noch nichts von den Abenteuern der stetigen Anhäufung von Fachwissen las, nahm er, in freudiger Erwartung Jeromes anderes Tagebuch in der Hand haltend, an, dass sie sich in diesem Punkt möglicherweise kaum unterscheiden.

Wer weiß!?

Aber eventuell in einem anderen: Damit für Philip, in der »behüteten Glocke« eines Handelsbüros, die »Erfahrung der Negativität« überhaupt ermöglicht wurde, hatte es einst Hofner und Co. gelingen müssen, dass er sich seinen widerspruchsvermeidenden Neigungen widersetzte und damit eine Korrektur seiner falschen Vorwegnahmen zuließ, und genau deshalb – und *das* fiel ihm hier und jetzt beim Blick auf den Fluten des Chao Phraya erstmals deutlichst auf – hatte Hofner zu Recht postuliert, dass für die Entwicklung wahrhafter allgemeiner Erkenntnisse im Trading das Gewicht der positiven und der negativen Erfahrung verstärkt auf der *negativen Seite* liegen müsse! Aber: Deren Bedeutung lag nicht nur im Liquidieren falscher Vorstellungen über den gesamten Börsenhandel … *nein! nein!* … diese hätten Hofner und Co. ja notfalls gleich zu Beginn umfassend richtig lehren können. Aus ihr resultierte vielmehr die dringend erforderliche Einsicht in den Prozess des *Er*fahrens selbst. Im »Zusich-Kommen« aus der einstigen Traumwelt sollte für Philip durch die Konfrontation mit den negativen Instanzen vor den Monitoren die Positivität der Negativität von Erfahrung im Börsenhandel liegen. Oder mit anderen Worten: »Sich der Unbewusstheit des Lebens als Trader bewusst zu sein«, ist der älteste Tribut an die Intelligenz als Trader. Jeder fortgeschrittene Trader weiß rückblickend, dass er einst ein Gefangener der Illusion war, die er für sich schuf. Den *Grund* aber für diese Illusion und *warum* diese oder jene Illusion bestand und warum sie, ebenfalls Illusionen unterworfen, ihm einst die Illusion vermittelte, die sie ihm vermittelte – das wusste zweifellos selbst er nicht mehr …

Mhm?

Yep, das könnte es sein!

Wer weiß!?

Und plötzlich fand Philip noch einen weiteren Unterschied zwischen sich und Jerome: Genau diese Erfahrung, »sich des Unbewussten als Trader bewusst zu werden«, war bei Jerome zu Beginn seiner Tradingkarriere völlig versperrt gewesen. *Warum?* Nur um sein Ego zu schützen – schließlich hatte er … *Achtung* … als Laie gegenüber einem Laien argumentiert: »Es ist einfach, ich schaffe das schon«, und bekam dies vom Demohandel knallhart bestätigt –, wurde Jerome sich der Unbewusstheit des Lebens als Trader kaum bewusst; schließlich galt es, wie gesagt, sein Ego und seine einstige Argumentation zu schützen.

Genau!

Und da Jerome niemand – anders als bei Philip – niemand fachlich an die Hand nahm, folgte nun – abgesehen davon, dass das Konto sicherlich weiter fallen würde – nun was?

Mhm …?

Nicht wissend, dass es die kommenden Tage ohnehin mit Hofner und John hierzu zu einem längeren Gespräch kommen würde, überkam Philip eine Ahnung …

Rasch schlug er Jeromes Aufzeichnung wieder auf und begann Jeromes weitere Tagebuchaufzeichnungen zu lesen …

Ich, Trader

Ich, Trader

____,

stelle mir folgende Fragen:

Sie haben die Chance, ein Ereignis Ihres Lebens als Trader ungeschehen zu machen – welches wäre das?

____

____

Können Sie einschätzen, wie weit Ihre Selbstwahrnehmung dem Bild entspricht, das andere von Ihnen als Trader haben?

____

____

____

In welchem Verhältnis stehen Geld und Glück bei Ihnen zueinander?

____

____

____

____

Ist das Leben als Trader mit 20 einfacher oder mit 60?

____

____

____

____

MICHAEL VOIGT

Der Händler

Band 7&8

Band 7 *Es gibt für einen Trader zwei Standpunkte: Seinen und den Falschen.*

Band 8 *Trading bildet nicht nur den Charakter, es offenbart ihn.*

FBV

Warum bedienen sich eigentlich so viele Vertreter der Trading-»Dienstleistungsbranche« bei jedem Versuch, das Thema »Börsenhandel« zu erörtern, sich statt einer expliziten, eher einer werbenden und vereinfachten Sprache?

Spannende Frage!

Denn: Hat doch genau dies zur Folge, dass man das Trading oftmals ziemlich genau so beschreibt, wie man … sagen wir … einen dreidimensionalen Gegenstand beispielsweise einen Würfel – auf einem zweidimensionalen Papier »beschreibt«: Man zeichnet den Schattenriss eines transzendentalen Gegenstandes in der herkömmlichen Welt auf. Ein Würfel transzendiert die Möglichkeiten einer zweidimensionalen Tafelfläche, und genau so transzendiert die Erfahrung des Tradings die wahren Niederungen und Vorstellungen. Und so »verweist« manch Vortrag, Seminar oder Literatur deshalb lieber auf Regelwerke, statt die Schwierigkeiten bei deren Anwendung zu »beschreiben«, denn das Beschreiben ist kompliziert und langwierig. Die Folge ist, dass sich das Trading-Establishment statt beschreibend lieber werbend gebärdet und jeden einlädt, an der großen Party teilzuhaben …

VORWORT

Freiheit – welch Begriff!

Lassen wir die vielfältigen feinen Unterscheidungen einmal beiseite, so bedeutet dieses Wort ganz schlicht, nicht unterworfen und nicht gebunden, sondern unabhängig von äußeren und inneren Zwängen zu sein. Vielen Menschen gilt daher Freiheit zu Recht als höchstes Ziel; und man könnte sie vielleicht am besten mit dem Bild eines Vogels beschreiben: Ein Vogel ist nur frei, wenn er dahin fliegen kann, wohin er will. In einem Käfig besitzt er zwar auch gewisse Freiheiten, in einem riesigen Zookäfig sogar recht große – und trotzdem ist er eingeschränkt. Die sich hieraus ergebende Frage ist demnach: Lebe ich in echter Freiheit, oder lebe ich in der eingeschränkten Freiheit eines Käfigs?

So weit, so gut.

Hierauf aufbauend ließe sich durchaus behaupten: Wahre Freiheit verschafft einem Menschen die Möglichkeit zur Isolation! Zur »freiwilligen« Isolation.

Eine sehr tiefgreifende Aussage!

Man ist frei, wenn man sich beliebig von Menschen fernhalten kann und nichts einen zwingt, ihre Nähe zu suchen oder zu ertragen, weder Geld noch »Herdentrieb«, weder Liebe, Ruhm noch Neugier, da all das in Stille und Einsamkeit keine Nahrung zu finden vermag. Oder mit anderen Worten:

Ist es einem unmöglich, allein zu sein, ist man sozusagen als Sklave geboren?

Man könnte alle Geistes- und Seelengröße besitzen und wäre doch Sklave, ein nobler und kluger vielleicht, aber dennoch in dieser Hinsicht kein freier Mensch.

Aber wo ist da die Verbindung zum Trading?

Nun, wehe, wenn einen Händler die Charts so knechten, dass er gezwungenermaßen ein Sklave wird. Wehe, wenn der Chart einen Händler, obwohl frei geboren und fähig, sich selbst zu genügen und allein zu sein, zum Aktionismus zwingt. Das, ja, das ist eine Tragödie, und sie verfolgt einen auf Schritt und Tritt, denn frei geboren zu sein, verleiht einem Menschen und damit auch einem Trader eine erhabene Größe, erhebt den »untertänigen Eremiten des Orderbuches« über das Orderbuch.

Wie ist aber leider oft die Realität?

Die Haupttragödie des Lebens vieler Trader ist, wie scheinbar alle Tragödien, bestimmt von einer Ironie des Schicksals. Das heißt: Es werden Theorien aufgestellt, mit Geduld und auf ehrliche Weise durchdacht – nur um sie anschließend zu verwerfen. Das heißt: Handeln und dieses Handeln durch Theorien zu rechtfertigen, die bereits verworfen wurden oder welche genau dieses Handeln verurteilen. Das heißt: Sich einen Weg durch die Charts und den Handelstag vorzunehmen, um dann, während man diesem Weg zu folgen glaubt, genau entgegen diesem Weg zu handeln. Das heißt:

Tätigkeit auszuüben und Haltung einzunehmen in Bezug auf etwas, das man nicht ist, das man nicht sein will und von dem man auch nicht möchte, dass andere denken, man sei es. Das heißt auch: Fachbücher zu kaufen, um sie nicht zu lesen, oder Seminare zu besuchen, um deren Inhalte nicht zu hören.

Das heißt auch: Lange Spaziergänge zwischen Trades zu machen, obwohl man des Laufens schon lange müde ist, oder Stunden vor einem Chart zu verbringen, obwohl einen das Periodenbetrachten schon lange langweilt ... Kurzum: Man träumt einerseits von einem entspannten Leben als Trader und durchlebt andererseits das scheinbar »Schmutzigste« und offenbar doch wiederum so scheinbar »Alltägliche« des wirklichen Lebens als privater Trader; ähnlich einem Sklaven, der sich während der Mittagspause betrinkt: doppeltes Elend in einem einzigen Körper.

Stellt sich also die Frage, warum so viele Trader ihren Realitätssinn und das wirkliche Leben so verstockt ablehnen, als handele es sich dabei um eine Verdammnis oder um eine Verlockung zu ehrlosen Befreiungsversuchen. Und das, wohlgemerkt, obwohl sie wissen müssten, dass sie Gefangene von Illusionen sind, die sie sich selbst geschaffen haben. Den Grund aber für diese Illusionen – oder warum diese oder jene Illusion besteht und nicht etwa andere, und warum diese, selbst wiederum Illusionen unterworfen, ihnen eben jene Illusionen vermitteln, die sie ihnen nun mal vermitteln –, den kennen sie zweifellos selbst nicht. Und so erleben sie tagein, tagaus bestürzt, dass das Trading das Leben – statt es aus seinem Mittelmaß zu erhöhen! – zur Hölle werden lässt.

Zur Hölle? – Richtig: zur Hölle.

Denn die Pression, mit der der Markt dem Tradinganfänger das »benötigte « Verhalten abzwingen will, wird teilweise auf noch subtilere Weise erfolgen als durch »rohe Prügel von Minustrades« oder »körperliche Folterung eines völlig überreizten Rumrutschfaktors[3]« – nämlich durch die denkbar einfachste und grausamste Art der Tortur: die Isolierung. Isolierung? – Ja, Isolierung. Aber Achtung: Hier ist die »unfreiwillige« Isolierung gemeint.

Isolierung ... o ja ... Ich habe viele Trader mit ebenjener »Krankheit« kennengelernt, die mir berichtet haben, diese »unfreiwillige« Isolation, die mit dem privaten Trading teils einhergehe, sei das Allerschlimmste. Und diese Form der Isolation ist dazu noch eine doppelte: Nicht nur isoliert sich der Tradinganfänger, weil er andere nicht mit in seine Verzweiflung hineinziehen will, sondern auch die anderen meiden ihn; teils, weil sie nicht wissen, wie sie mit ihm und seiner Verzweiflung umgehen sollen, teils, weil sie mit dieser Verzweiflung gar nicht erst etwas zu tun haben wollen.

»Unfreiwillige« Isolation. Grausam.

Man tut den »Gefangenen« nichts – man stellt sie nur in das vollkommene Nichts, denn kein Ding auf Erden erzeugt bekanntlich einen solchen Druck auf die menschliche Seele wie die Unendlichkeit und das Nichts. Indem man jemanden allein in einen Raum sperrt, der nahezu von der Außenwelt abgeschlossen ist, soll, statt durch Druck von außen, wie zum Beispiel durch Prügel, ein Druck von innen erzeugt werden, der dem Gefangenen schließlich die Lippen aufsprengt. Die Konstruktion des vollkommenen Nichts um den Körper eines Gefangenen dient also

3 Siehe DER HÄNDLER, Band 4.

nur dem Zweck: auf dessen Ich einzuwirken. Genau dies passiert nun auch so manchem Trader. Wie ein solcher »Gefangener« schwebt er, vielleicht am besten vergleichbar mit einem Taucher unter seiner Glasglocke, in einem schwarzen Ozean des Schweigens; und sogar wie ein Taucher, der schon ahnt, dass das Seil nach oben abgerissen ist und er nie zurückgeholt wird aus der ihn umgebenden lichtlosen, unendlichen Tiefe ... Die Ursachen der unfreiwilligen Isolation? Aktionismus, unnützer Tatendrang, Unvernunft, fehlende Taffheit nach zwei, drei fachlich sauberen Minustrades ... und ... und ... und ... Die Liste ist lang und lässt sich letztendlich so zusammenfassen: Die Welt der Charts gehört dem, der nicht fühlt.

Hui, welch neue Erkenntnis! – Ich weiß.

Gut. Gehen wir gedanklich nun einen Schritt weiter, können wir auch sagen: Die wichtigste Grundvoraussetzung, um als Händler zu bestehen, ist demnach ein Mangel an ... nennen wir es ... Sensibilität, wobei Grundvoraussetzung für die tägliche Praxis des Traderlebens jedoch die Triebkräfte sind, die zu diesen Handeln führen, das heißt der Wille und, diesem vorangestellt, die Einsicht.

Hui, Welch neue Erkenntnis! – Ich weiß.

Gut. Gehen wir gedanklich nun auch hier noch einen Schritt weiter, können wir sagen: Jeder Trade, den er macht, und jede Stunde, die der Trader vor dem Rechner verbringt, ist seiner beziehungsweise ihrer Natur nach die Projektion der Persönlichkeit des Traders auf die Charts. Da die Außenwelt eines Traders jedoch hauptsächlich von widerspenstigen Ereignissen[4] bestimmt wird, folgt daraus, dass diese Projektion der Persönlichkeit eines Händlers ohne Einsicht vor allem bedeutet, dass er sich auf dem eigenen Weg querlegt, ihn hinderlich gestaltet und sie je nach Art des Vorgehens verletzen und erdrücken will.

Kurzum: Zum Handeln und Trading gehört folglich eine gewisse Unfähigkeit, sich einen Handelstag als Leiden und entsprechend auch nicht als Freude vorstellen zu können. Oder anders gesagt: Wer zu viel Sympathie oder Ärgernisse empfindet, kommt nicht weiter.

Hui, welch brandneue Aussage! – Ich weiß.

Aber lassen Sie uns auch hier noch einen Schritt weitergehen und das bisher Gesagte pauschal auf den Alltag umformulieren, beispielsweise so:

Angenommen, ein Mensch der Tat betrachtet die Außenwelt als ausschließlich aus träger Materie zusammengesetzt – so, als trüge diese in sich selbst einen Stein, über den er hinwegschreitet oder den er aus seinem Weg räumt –, dann ist eines der besten Beispiele eines praktischen Menschen demnach tatsächlich ein Trader, da sich in diesem sowohl Konzentration des Handelns als auch größte Wirksamkeit zusammenfinden! Warum? Weil das ganze Leben »Krieg« ist und daher die »Schlacht« mithin die Synthese des Lebens. So weit, so gut!

Nun ist ein Trader aber dennoch ein Mensch. Ein Mensch, der mit Geld auf den Charts »spielt« wie der Schachspieler mit Schachfiguren. Was würde aber nun aus einem solchen »Schach spielenden« Spekulanten werden, wenn er tagein, tagaus daran denken müsste, dass jeder Zug seines Spiels in einem Minustrade enden könnte? Was würde aus seinem Schachspiel »Trading« werden, wenn der Trader allzu sensibel wäre oder allzu menschlich bestrebt, der in vielen anderen

4 Siehe Fachteil von DER HÄNDLER, Band 5.

Berufen in der Sache so notwendigen »Perfektion« nachzueifern? Was dort Voraussetzung sein mag, vergibt sich der Mensch im Trading nämlich leider genau dann, wenn er glaubt, im spekulativ orientierten Trading ebenfalls dem Ruf der Perfektion folgen zu müssen: jede Chance auf Disziplin und Beständigkeit! Hui, welch neue Aussage! – Ich weiß.

Aber wenn der Trader doch auch ein Mensch ist, wo soll er denn dann hin mit seiner sicherlich vorhandenen Sensibilität und seinem ebenso sicherlich vorhandenen Wunsch nach Perfektion[5]?

Spannende Frage!

Gut, gehen wir hier nun gedanklich einen weiteren Schritt, können wir sagen: Der persönliche »Zeitvertreib«, die »Muße«, das »Hobby« neben dem Börsenhandel dient der beim Trading zwangsläufig zu »unterdrückenden« Sensibilität und dem Wunsch nach Perfektion des Traders als … Zuflucht!

Oder besser noch: Das »Hobby« eines Traders ist das wahrhaftige »Aschenputtel «, das aber dem Arbeitszimmer dennoch fernzubleiben hat – weil es nun mal so sein muss!

Das Hobby ist das eigentliche Aschenputtel?! – Wohl wahr! Also noch mal von vorne und trotzdem anders: Im Alltag erkennt man einen Mann der Tat daran, dass er seinem Wesen nach lebhaft und optimistisch und selten schlecht gelaunt ist; weil glücklich ist, wer nicht fühlt. Wer dagegen arbeitet, obwohl er schlecht gelaunt ist, ist kein Handelnder, sondern nur ein Handlanger des Handelns. Mag er im großen Allgemeinen des Lebens auch sonst ein normaler Mensch sein, kann er aber trotzdem niemals »Herrscher« über Mensch und Dinge sein, denn zur »Herrschaft« gehört Gefühllosigkeit. Dies bedeutet im Umkehrschluss, dass nur herrscht, wer heiter ist, denn schlecht gelaunt oder traurig ist nur, wer fühlt.

Und mit hundertprozentiger Sicherheit hat und wird jeder erfahrene Händler Tage oder gar Wochen erleben, die, obwohl sie unterm Strich positiv abschlossen, nur so gespickt waren von aufeinanderfolgenden Minustrades.

Aber vor den Monitoren hat er – über Jahre erlernt – völlig vergessen, dass er auch ein »Mensch« ist, und daher NUR den kommerziellen Aspekt gesehen. Erst wenn der Handelstag, erst wenn die Handelswoche abgeschlossen war, überkam ihn die Sensibilität. Erst dann! Denn hätte sie dies vorher schon getan, wären – Achtung! – notwendige Folgetrades nie zustande gekommen.

»Und das ist alles?«, wird hierauf mit einem Unterton der Ungläubigkeit seit Jahrzehnten immer wieder gefragt.

Ja, das ist alles!

Wohl wahr, es klingt nach wenig, und doch ist es soo viel! Denn: Es ist im Handel beständig nur, wer einzig an das denkt, was er zum Siegen braucht! Alles Übrige – die unbestimmte Fülle der allgemeinen Tradinglehre um Ein- und Ausstiege, mal durchdacht, mal gestaltlos, mal robust und mal zerbrechlich, mal akribisch bis ins Detail gehend, dann wieder fantasievoll das Weltgeschehen betrachtend – ist nur der Vorhang im Hintergrund, vor dem sich die Figuren auf der Bühne abheben, bis das tagtägliche Marionettentheater endet, ist nur der quadratische Unter-

5 Hier ist der Umgang mit dem »fachlich sauberen Minustrade« gemeint; siehe DER HÄNDLER, Band 4 und 5.

grund, auf dem die Schachfiguren stehen, bis sie vom schlauen und daher siegreichen Spieler vom Feld genommen und eingesteckt werden, von einem Spieler, der – indem er sich mit einer Doppelpersönlichkeit austrickst – immer gegen sich selbst spielt und dabei … Achtung: auch noch seinen Spaß hat! Fazit: Ein erfolgreicher Trader ist kein Unmensch, sondern einfach nur ein Tatmensch. Ein echter Mann der Tat eben!

Und DAS ist doch endlich mal eine Aussage, über die es nachzudenken gilt! Bevor wir beginnen, noch ein letzter, wichtiger Hinweis, dann soll es genug der Vorrede sein: Auch in diesem Buch wird es, wie bereits im sechsten und im siebten Band, nur einen Roman- und keinen Fachteil geben.

Der Grund dafür liegt auf der Hand: Es ist schlicht unmöglich, den Inhalt dieser Bände über einen Fachteil zu vermitteln … Und trotzdem wird es sich, wie auch schon zuvor, auch dieses Mal wieder lohnen, mit dem Wissen der letzten Seiten ein wenig später noch einmal von vorne mit der Lektüre zu beginnen.

Doch jetzt lassen Sie uns erneut damit anfangen, das Trading zu erforschen und die seltsame Hartnäckigkeit der Unvernunft verstehen zu lernen, mit der es weltweit die Börsen umspannt, und ihm dabei auf die Schliche kommen. Und vielleicht könnte es sein, dass diese Geschichte auch mit Ihrem Trading, lieber Leser, das eine oder andere zu tun hat …

Michael Voigt

Danksagung

Allen, die bei der Umsetzung des Buches geholfen haben, möchte ich von Herzen danken. Vor allem geht mein Dank an Tina und an meine Familie. Sie haben mich nicht nur jederzeit unterstützt, sondern mir für den Zeitraum des Schreibens auch den Rücken freigehalten. Ein großes Dankeschön geht auch an meine Assistentin Frau Posselt, die sich in unzähligen Stunden mit meiner Handschrift auseinandersetzen musste. Ebenso danke ich Holger für seine vielen Bemühungen und Hinweise. Vielen Dank auch meinen Lektoren A. Braun, H. Aderhold und M. Michel für die freundliche und hilfreiche Unterstützung sowie für die »Leselupe«.

Trading bildet nicht nur den Charakter, es offenbart ihn.
Bleibt die Frage:
»Welche Gefühle müsste ich beim Trading eigentlich haben, wenn mir die Familie und meine Freizeit wirklich das Wichtigste sein sollten ...?«

Auszug aus Hofners Tagebuch:

»Tiefe Lebenswahrheit wird nicht durch Debattieren vermittelt;
der Mensch vernimmt sie
als lebendige Deutung und Erfüllung seiner selbst!
Und so auch im Börsenhandel:
Was den Menschen/Trader wahrhaft frei macht
und was ihm die Freiheit nimmt,
was ihm wahre Seligkeit gibt
und was sie vernichtet –
das unterliegt nicht dem fachlichen Fortschritt eines
wie auch immer definierten fachlichen Regelwerkes.
Das weiß jeder aufrichtig lebende Trader
ganz genau in seinem Herzen, wenn er nur in es hineinhorcht …«

*

»Do you want a dessert?« Ein Kellner neigte sich zu ihm und unterbrach seine Gedanken.

»What can you recommend?«, fragte Philip und schloss sich kurzerhand der Empfehlung des Kellners an. Über die angenehme Mahlzeit und den Wein hinaus sah Philip einem weiteren genussreichen Abend entgegen – schließlich galt es, noch das andere Tagebuch Jeromes zu lesen, und Philip freute sich auf den zweiten Teil seiner niedergeschriebenen Erlebnisse und Eindrücke.

Für einen Moment widmete sich Philip der Aussicht. *Was für eine Pracht!* Und einmal mehr war er an diesem Abend schlicht überwältigt von dem Anblick, der sich ihm von der Terrasse des Oriental Hotel bot. Das Lichtermeer Bangkoks, überspannt von einem funkelnden Firmament. Der große weiße Mond erhellte fröhlich die Stadt, und es schien ihm, als beleuchte ein Licht von oben herab die wahren Geheimnisse der Welt.

Die Geheimnisse der Welt …

Die Geheimnisse der Menschheit …

Philip schmunzelte, fragte er sich doch beim Anblick des vielfältig terrassierten Häusermeers, was denn jener geheimnisvolle Vorgang sei, der es schafft, dass sich der eine Mensch so offensichtlich von einem anderen Menschen in der Welt unterscheidet.

Mhm?!

Der »überlegene« Mensch unterscheidet sich möglicherweise vom »niederen « Menschen schlicht durch das Merkmal der Ironie. Ironie? Ja. Denn die Ironie ist das erste Anzeichen dafür, dass das Bewusstsein bewusst geworden ist und nun zwei Zustände durchläuft: zum einen das durch Sokrates geprägte Stadium, der sagte: »Ich weiß, dass ich nichts weiß«, und zum anderen das durch Francisco Sanches geprägte Stadium, der sagte:

»Ich weiß nicht einmal, ob ich nichts weiß.« Das heißt: Während des ersten Zustandes zweifelt der Mensch dogmatisch an sich selbst – und an diesen Punkt gelangt nahezu jeder »überlegene« Mensch. Während des zweiten Zustandes zweifelt der Mensch jedoch nicht nur an sich selbst, sondern auch … wie sagt man? … an seinen Zweifeln – und an diesen Punkt sind nur wenige gelangt! Warum? Nun, sich kennen heißt: sich irren, und das Orakel, das da erklärte: »Erkenne dich selbst!«, hat dem Menschen eine schwierigere Aufgabe zugewiesen als die des Herkules und ein schwärzeres Rätsel aufgegeben als das der Sphinx. Sich bewusst nicht kennen – das ist der Weg! So gesehen gibt es nichts Größeres, nichts, was einem wahrhaft großen Menschen besser anstünde, als sein Sich-nicht-Kennen geduldig und ausdrucksstark zu analysieren und die Unbewusstheit seines Bewusstseins bewusst aufzuzeichnen, die Metaphysik der autonomen Schatten, die Poesie des Dämmerlichts der Enttäuschung. Doch immer wieder täuscht den Menschen etwas, verliert eine Analyse an Schärfe, wartet die – wenn auch falsche – Wahrheit hinter der nächsten Straßenecke. Und dies ermüdet mehr als das Leben, sofern es denn ermüdet, und mehr als alles Erkennen und Betrachten des Lebens, das den Menschen ohnehin schon immer ermüdet.

Ja, die Ironie!

Eine leichte Wolke schwebt verschwommen über dem Mond, als wolle sie etwas bedecken. Philip erwachte aus seinen Gedanken und ließ die Seiten des ersten Tagebuchs spielerisch durch seine Finger gleiten.

Jerome …

O ja, Jerome!

Wie viel Ironie, wie viel Sich-nicht-Kennen besitzt er? Fakt war bis zu den bisherigen Zeilen eines: Die Chartverläufe rüttelten an ihm, sie bliesen durch seinen Kopf, und Jerome spürte es demnach wohl selbst: Er gehörte einer »nervösen Berufsgruppe« an. Einer Berufsgruppe, bei der etwas nicht stimmte: Alle zusammen hielten sich für bedeutungsvoll, jeder für sich aber irgendwie scheinbar für… wie sagt man?

… »*unfruchtbar*« … Und so geriet Jerome mehr und mehr ins Abseits, isolierte sich, und indem er dies tat, steigerte er seine ohnehin überreizte Sensibilität, die er bei diesem Thema an den Tag legte, noch weiter. Und diese immer größer werdende Isolation und vor allem der fehlende Dialog waren gewiss nicht mehr lange durchzuhalten …

Wie es wohl weitergeht?

Philip nahm das zweite Tagebuch zur Hand, und die Bilder, die bei der Lektüre vor seine Augen traten, machten ihn abermals zum Zeugen von Jeromes ersten Monaten als Tradinganfänger …

TEIL II der TAGEBUCHAUFZEICHNUNGEN des privaten Traders Jerome Decker

11. Kapitel
Zehnte Woche Tage ohne Zeit und Substanz

Zwei freie, umherirrende Elektronen;
ein fliegender Teller; ein sich selbst verstärkendes Paradox und zwei unbeantwortete Fragen …

In den kommenden Tagen nach Jeromes Beichte über den wahren Kontostand wechselten er und Sabine kein Wort miteinander und vermieden jeglichen überflüssigen Kontakt. Diese Lebensweise erwies sich als schwierig, aber machbar. Paradoxerweise musste man dazu den Tagesablauf des anderen besser als zuvor kennen und ihm höchste Aufmerksamkeit widmen, und man musste einander nachspionieren, um zu wissen, wann der andere kam und ging. Beide kommunizierten nur, wenn es unumgänglich war, und auch dann nur über Lilly. Und so verstrichen die Tage in einem feindlichen Schwebezustand, das heißt: Sowohl Sabine als auch Jerome irrten allein durch den Raum wie ein freies Elektron in einem Universum fester Materie, mit schwerem Herzen, vollem Kopf und nach innen gewandtem Blick. Und durch all diese Situationen emportauchend, blickte Jerome immer wieder in das finstere Gesicht Sabines, das wie ein brauner Boxball aussah, auf den diese ihr völlig unverständlichen negativen Kontobewegungen niedergeprasselt waren …

Oh, dieser Blick!

Überbot sich in dessen Folge sein Eifer zu unerbetener Gefälligkeit, so wurden plötzlich mitten im – ohnehin nur kurzen – Gespräch Sabines Lippen schmal, und ein ironisches Wort aus ihrem Mund drängte ihn ab, und er sah sich dann gedemütigt und verwirrt zurückweichen. Und dieses ärgerlich-stumme Abweißende ihres Wesens verwirrte Jerome vollkommen, der sich gerade jetzt, wo seine Gefühle durch die Charts am verworrensten und geradezu »familienfeindlich« waren, unbändig nach Harmonie und Tradingerfolgen sehnte. Immer und immer wieder verwirrte dieses »Wetterwendische« von Neuem sein Gefühl, und er übertrieb gewiss nicht, wenn er selbst sagte, dass er in seiner Überreiztheit oft unsinniger Tat schon nahe war, nur weil Sabine mit lockerer Geste ein Buch oder ein Glas Wein oder aber ein Abendessen gleichgültig beiseitegeschoben hatte oder sie plötzlich, wenn abends ein kurzes Gespräch sie beide eben noch gebunden hatte, mit brüsken Worten aufgestanden war: »Du machst ja jetzt ohnehin gleich noch an den Charts rum. Es ist spät. Gute Nacht.« Solche Nichtigkeiten genügten schon, , um ihn für Stunden, manchmal sogar Tage, zu verstören. Vielleicht sah sein überreiztes Gefühl, unablässig zur Erregung herausgefordert, Kränkungen auch dort, wo sie gar nicht beabsichtigt waren – doch was half alle nachdeutende Selbstbeschwichtigung gegen eine Verstörung des inneren Gemüts als Trader? Nur dies erneuerte sich täglich: Er litt glühend an ihrer Nähe und fröstelnd an ihrer Ferne, immer enttäuscht an seiner Verhaltenheit, von keinem Zeichen beruhigt, von jeder Zufälligkeit verwirrt. So wurde ihm Sabines Nähe niemals nah genug, ihre Gegenwart nie ganz sich enthüllend und erfüllend; selbst wenn er vertrauend alle Fremdheit von sich abwarf, wusste er doch, der nächste Augenblick könnte mit schneidender Geste und scharfem Blick diese Gebundenheit zerteilen. Insgeheim wartete Jerome auf eine liebevolle E-Mail, ein aufmunterndes Wort, eine ermutigende SMS; ja, selbst nach harten, unbarmherzigen Vorwürfen oder zornigen Worten am Telefon sehnte er sich. Egal! Jerome wollte einzig einen Abschluss, ein Ergebnis haben, das sich über den Tag der Beichte um die wahren Kontoergebnisse legte. Aber keine Botschaft kam, kein Zeichen stellte sich zwischen ihn und die quälende Ungewissheit. Alles, was blieb, war dieser Blick! Oh, dieser Blick! Ein Blick, der sagte: Du bist ein Verlierer! Oder sollte vielleicht er eine E-Mail schreiben, mit milden, verstehenden Worten, die vielleicht etwas in Sabines Seele wieder zum Klingen brachten, um diese wieder zurückzuführen in den Reigen der seligen Stunden, aus dem er mit Beginn des Tradings geschieden war? Aber wie sollte das gehen?! Sabine wusste ja nichts von seinen inneren Leiden. Nichts von seinen Ängsten, seinem Tun und Handeln … Und so wurde Jeromes Leben trotz der Beichte um die Wahrheit seiner Handelsergebnisse immer mehr zu einem Paradox: Sabine, ihr lag die Zukunft der Familie am Herzen, fragte nur noch rein rhetorisch, ja fast ironisch, wie es dem Tradingkonto denn gehe; Jerome hingegen, dem ebenfalls die Familie am Herzen lag, antwortete oft, bevor sie richtig zu Ende gesprochen hatte, beschwichtigte und betete, dass sie seine Gedanken und vor allem seine neueren Tradingergebnisse, die sich seit der Offenlegung eingestellt hatten, nicht kennen möge. Schließlich war es sogar so weit gekommen, dass manche Gespräche zwischen ihnen mit »… dein scheiß Börsenhandel ruiniert uns …« und »… die Charts sind dir wichtiger als deine Familie …« begannen – und einmal sogar mit »… wehe, du wirfst jetzt den Teller, Sabine! …« endeten. Früher, das hieß: vor dem Trading, folgte auf einen Streit wenigstens noch die anschließende Versöhnung im Bett, doch in den letzten Wochen hielt Jerome das schlechte Gewissen eben auch davon ab, sich Sabine zu nähern, und so spürten beide deutlich, dass irgendetwas seit der Beichte anders war … Und so verging die Zeit. Leere, inhaltslose Stunden und Tage, die Schicksal in sich bargen, zogen an Jerome vorbei. Sie stiegen auf wie dunkle, aber gleichgültige Wolken, die kamen, um sich wieder zu verlieren; diese jedoch waren hartnäckig und trotzig und blieben mit mattem, schwermütigem Grau unbeweglich über seinem jetzigen Leben als Trader, Ehemann und Vater schweben, ganz wie ein Schatten, der sich unabwendbar an jede Minute seines Daseins heftete und immer wieder seine drohende Faust erhob. Der Lebensmut, jener frohe Impuls, der aus dem Leben eine Notwendigkeit und eine Freude machte, hatte ihn nun vollends im Stich gelassen. Die Folge? Die menschliche Maschine »Jerome« arbeitete in der Verzweiflung des allgemeinen Nichts. Er wollte nun an nichts mehr denken, nur mehr leben, sich betäuben, sein Herz mit leeren und sinnlosen Beschäftigungen füllen. Das Haus ertrug er kaum noch, er musste, das fühlte er, auf die Straße, unter Menschen, um nicht wahnsinnig zu werden vor Grauen. Und so verfiel Jerome in eine vielschichtige, geistige Disziplinlosigkeit, zu dem sich ein langsam, doch stetig einsetzender völliger Gleichmut gesellte. Aber wo suchte man als Tradinganfänger mit negativem Rechenschaftsbericht Zuflucht? Ihm schien nirgendwo! Und von Sabines verändertem Verhalten und vor allem von ihren Blicken bis ins Innerste verletzt, verstand Jerome, den Kopf Abend für Abend in die Kissen gepresst, nun einmal mehr, dass das Leben als Trader ihm somit eindeutig eine Aufgabe gestellt hatte, die er am richtigsten in zwei zutiefst zwiespältige Fragen fassen zu können glaubte:

1. *Welches Maß von Gemeinheit ist notwendig, aber auch zulässig, um es als erfolgreicher privater Trader zu schaffen?*
2. *Wie viel familiären Kummer rechtfertigt ein Trade? Aber wozu über umfassende Antworten nachsinnen? Wozu, wenn doch Nachsinnen Anstrengung bedeutet? Und wer traurig ist, kann sich nicht anstrengen.*

Jerome verzichtete nicht einmal auf die Gesten des tagtäglichen Lebens, auf die er nur zu gerne verzichtet hätte. Verzichten war anstrengend, und nach Sabines vernichtenden Blicken am Frühstückstisch besaß Jerome nicht mehr die Seelenstärke, sich anzustrengen …

12. Kapitel

Elfte Woche Mein Sohn, wie läuft dein Trading?

Eine spannende Frage in geselliger Geburtstagsrunde; strenge Blicke Sabines; eine Zwischenfrage des Cousinchens; ein unbekannter »Saufkumpan«, der nach dem Verlauf des Bundfuture fragt; ein Bericht um einen »Chart-Überlebenden«.
Und Grundsätzliches, das weiterhin unausgesprochen bleibt …

Und so kam es dann, dass sich Jerome plötzlich erinnerte, dass sein Vater demnächst Geburtstag hatte. Diesen Freitag – 66. Geburtstag! Und noch bei grandioser Gesundheit. Gott sei Dank. Ja, sein Vater war ja auch ein normaler Arbeitnehmer und kein Trader. Doch die Freude über den bevorstehenden Geburtstag währte nur kurz. Zurück auf dem Boden der Tatsachen, wurde Jerome die Ausweglosigkeit seiner Lage voll bewusst. Auf der Familienfeier konnte er sich nicht blicken lassen. Er, der sich selbst lauthals eine große Tradingkarriere prophezeit hatte und nur Wochen später von einem Arzt zum anderen gerannt war, von der Wahrsagerin ganz zu schweigen. Auf gar keinen Fall! Das ging einfach nicht! Das war unmöglich! Aber andererseits war eine Familienfeier ein unausweichliches Muss. Da gab es keine Ausrede. Kein Wenn und Aber. Schon gar nicht, wenn es um einen runden Geburtstag ging, und erst recht nicht, wenn der 66. gefeiert wurde. Ein Fehlen wäre nur mit schriftlicher Bescheinigung der Intensivstation des nächsten Klinikums möglich gewesen. Und auch das nur mit notarieller Beglaubigung.

Mhmpf …

In den folgenden Tagen verkroch sich Jerome in seinem Haus. Fest abgeschottet von der Außenwelt, verbrachte er – wie immer – die meiste Zeit im Büro am Rechner. Und so vergingen weiterhin unzählige Stunden vor den Monitoren, und das ergab eine geschlossene Menge von Tagen. Der einzelne Tag trat wohl hervor, wenn er da war, aber er sank schon gegen Handelsschluss wieder in die Menge zurück. Jerome kam demnach wohl mit der Familie, der Innenstadt, dem Supermarkt, mit einem kleinen Stück blauen Himmels, mit ein paar Wolken, die dieses Stück durchquerten, mit Feldern und Wiesen in Berührung und hie und da mit einem Nachbarn oder Freunden, die nach ihm sahen, aber diese Eindrücke waren zu schwach, um sich dauernd durchzusetzen. Wie auch? Jerome hatte weder Uhr noch Sonne, weder »handfeste« Arbeit noch »handfeste« Zeit. Er war – zur Rettung von Konto und Ehre – immer hungrig nach … Charts. Daher war es auch schwierig, einen Ausdruck für diese Einheit seines Wesens zu finden, und man vermochte es, selbst bei hoher Aufmerksamkeit, kaum zu beschreiben, denn: Die Einsamkeit zerstörte ihn, und die Geselligkeit bedrückte ihn. Die Isolation vor seinen Monitoren und den Charts begann ihn Tag für Tag mehr nach ihrem Bild und Gleichnis zu formen. Die Gegenwart einer anderen Person – wer auch immer sie sein mochte – verlangsamte auf merkwürdige Art immer sogleich sein Denken, und während für einen »normalen Menschen« der Kontakt mit anderen wie ein Stimulus auf das Reden oder das Denken wirkt, war dieser Kontakt für Jerome wie ein »Gegen-Stimulus« – und dieser sprachliche Widerspruch in sich selbst entsprach durchaus Jeromes damaligem Wesen. Er wollte immer weniger wissen, was draußen vor sich ging. Irgendwo in der Straße fand ein Gartenfest statt, irgendwo in Bekanntenkreisen wurde eine große Hochzeit gefeiert. Überall existierte Leben. Wenn man abends von der Arbeit kam, waren die Menschen auf den Straßen, in ihren Gärten, hatten Spaß und Freunde. Man erzählte im Kreise der Liebsten einander die Tagesneuigkeiten, und es quoll das Feierabendbier aus den kleinen krummen Hähnen der Bierfässer. Und immer öfter schüttelte Jerome über all dies den Kopf. »Hol's der Teufel«, dachte er, »diese Welt!« Oder mochte der Teufel ihn holen, er verlor nicht viel dabei …

*

Dann war es so weit. Heute stieg Vaters Geburtstagsparty, zwei Dörfer von Jeromes Zuhause entfernt. Es war ein herrlich sonniger Tag – und trotzdem hätte er viel dafür gegeben, hätte er sich diese Feier ersparen können.

Der Geburtstag seines Vaters in allen Ehren, aber nach einem Blick auf die Charts wusste Jerome: Der Nachmittag an der Börse versprach interessant zu werden. Jede Menge Bewegung in den Märkten. Jede Menge Chancen, dem Konto die dringend benötigten Euros zuzuführen. Shit! Sabine bestand jedoch darauf, pünktlich zu erscheinen, und Jerome war, gelinde gesagt, nicht eben begeistert und entsprechend mürrisch.

»… versteh doch, der DAX-Future geht gleich durch die Decke. In wenigen Minuten kommen die Zahlen«, flehte er.

»Du hast nicht mehr alle Tassen im Schrank! Komm jetzt!« Sabine überprüfte ihr Make-up und packte ihre Handtasche, während Jerome sich heimlich zurück ins Arbeitszimmer schlich.

Geburtstag hin, Geburtstag her … In acht Minuten kommen Zahlen … Basta!! »Sag mal, bist du total plemplem?« Sabine stand mit Lilly wartend in der Tür.

O Mann … Ich werd' zum Schwein …!?!

Jerome parkte den Wagen am Ende der von Unkraut und gelben Wildblumen gesäumten Kopfsteinpflasterauffahrt neben dem Auto von Tante Anna. Auf dem Weg ins Haus trug Sabine das kleine, aufwendig verpackte Geschenk und einen Strauß gelber Astern. Anstatt in einem traditionellen Vorstadt-Ziegelbau mit weißen Mauern, umgeben von perfekt getrimmten Hecken, wohnten Jeromes Eltern in einem heimelig anmutenden und leicht schiefen Landhaus, das sie sorgfältig renoviert hatten. Es hatte große Fenster und ein spitzes Dach, das seitlich fast bis auf die Erde reichte und vorn mit Schindeln dekoriert war. Der riesige Holzbalkon über der von Efeu umwucherten Eingangstür erinnerte an eine Hütte auf einer Schweizer Alm, der Rest eher an das Lebkuchenhaus, an dem Hänsel und Gretel knabberten.

»Beeil dich, Jerome!«, mahnte Sabine und zeigte provokativ auf ihre Uhr. Es war bereits kurz nach vier, sie kamen über eine halbe Stunde zu spät. Jeromes schlechtes Gewissen gegenüber Sabine brachte ihn um! Er hatte wirklich nicht vorgehabt, sich bei der Abfahrt so dermaßen zu verspäten, großes Ehrenwort. Aber irgendwie lief einfach nichts nach Plan: Erst konnte er sich partout nicht entscheiden, wohin er den Stopp für seinen noch laufenden DAX-Trade setzen sollte, und dass ihn dann die kleine Korrektur um schlagartig vierzig Ticks in seinem zeitgleichen Bund-Trade – eröffnet gleich nach Bekanntgabe der Wirtschaftszahlen – leicht aus dem Konzept gebracht hatte, gehörte ebenso nicht ausdrücklich erwähnt. Und gerade, als er endlich mit Sabine aufbrechen wollte, begann auch noch die seit Längerem beobachtete Google-Aktie zu fallen. Rrrrhhh! Jerome konnte zu keinem rechten Entschluss kommen, was den Chart anging. Kein Wunder, war der Ärmste doch völlig aufgelöst. Die Aktie fiel, und Jerome wusste nicht, ob er auf einen weiteren Fall oder einen nun anstehenden Anstieg spekulieren sollte. Da konnte er doch unmöglich los! Sabine war fürchterlich aufgebracht, drohte, ohne ihn zu fahren, und machte ständig kryptische Bemerkungen von wegen, die Lage habe sich geändert und er sei nicht mehr derselbe ... *Huiii*!

Erstaunlicherweise fiel die erste Reaktion seiner Mutter recht verhalten aus, als sie ihren Sohnemann seit etlichen Tagen endlich mal wieder sah. Jerome war es nicht gleich bewusst, aber schließlich dachte er sich, dass es durchaus an seinem blassen, nahezu leblosen Aussehen liegen könnte.

»Mama, mach dir keine Sorgen!«, beruhigte er sie, und die Erklärung, die er sich schnell zurechtgelegt hatte, ging ihm dann auch ganz flott über die Lippen. »Ich hatte eine kleine Grippe. Aber nichts Schlimmes, und mittlerweile hab ich sie auch schon voll auskuriert.«

Uff ... das war gerade noch einmal gut gegangen.

»Mein Gott, hast mir einen Schrecken eingejagt! Aber wenn das so ist, dann hast du ja mit der Krankheit richtig Glück gehabt, mein armer Junge. Und ich dachte schon, dass dein neuer Beruf schlecht läuft ...« Schluck! – »I wo!« Sie tätschelte Jeromes Wange. »Ja, mein lieber Sohn. Wie heißt noch mal dein neuer Beruf? – Dräding?« »Ja, so ähnlich, Mama. Gratuliere, Vater ...« Jerome schüttelte dem Geburtstagskind die Hand und überschüttete es mit Glückwünschen.

»Lieb von dir, mein Sohn, danke. Danke.«

Nach und nach traf, ebenfalls mit Verspätung, die restliche Verwandtschaft ein. Auch von dieser wurde Jerome hin und wieder nach seinem Aussehen gefragt. Anscheinend waren die Augenringe doch nicht zu übersehen. Eine Tante mütterlicherseits verglich ihn sogar mit ... he?! ... einer Eule. Jerome hatte ziemliche Mühe, bei seiner Geschichte zu bleiben, obwohl sie ihm mit jedem Bericht immer lebendiger und glaubwürdiger geriet.

Aber am Ende wurde er jedes Mal für seine Tapferkeit bewundert und dafür gelobt, dass er trotz Grippe die Fahrt auf sich genommen hatte. Berauscht von so viel Aufmerksamkeit und der dauernden Wiederholung, vergaß Jerome fast völlig, dass diese Story nur seinem Erfindungsreichtum zu verdanken war.

»Wie läuft's bei der Arbeit, Sohnemann?«, zwitscherte seine Mutter, während die anderen Gäste am Kaffeetisch Platz nahmen. »Hast du in letzter Zeit das große Geld verdient?«, woraufhin sich Sabine prompt verschluckte und – Jerome erriet es an ihren springenden Mundwinkeln – mit Mühe die schon aufzuckenden Worte unterdrückte. Jeromes Magen krampfte sich zusammen, und Sabines beunruhigten Blick ihn übertastend fühlend, würgte er hastig eine der dargereichten Nüsse herunter, während er mit der rechten Hand bereits erneut in die Schale griff. Wie ein Gespenst, ein Wächter des Gewissens, doppelt unerträglich hier in der Enge des Tisches, meinte er schließlich mit schmalen Lippen: »Es läuft gut. Bestens. Alles wunderbar.«

Okay. Themenwechsel, aber dalli!

Zu spät. »Mein Sohn ist nämlich in der Börsenbranche«, verkündete seine Mutter bereits der gesamten Tischgesellschaft. »Wenn ihr Tipps braucht, dann könnt ihr euch vertrauensvoll an Jerome wenden. Er ist der Beste!« Sabines ironisches Kopfnicken blieb Jerome nicht verborgen, hingegen lächelte ein neugieriges Ehepaar aus der Nachbarschaft interessiert. Und auch ein Mann Ende fünfzig, der zu Besuch bei den Müllers, den elterlichen Nachbarn, war und daher ebenfalls als Freund des Hauses galt, nickte verbindlich. Seltsam, fand Jerome, schenkte dem aber weiter keine Beachtung.

»Wo hast du deine Visitenkarten, Jerome?«, flüsterte Mutter. »Das ist
doch die ideale Gelegenheit, um ein bisschen Werbung zu betreiben.«

Herr im Himmel! Sie kann es nicht lassen!

»Ich habe keine dabei«, erwidere Jerome scharf, »schließlich steht Vater heute im Mittelpunkt!« Er hoffte, dass Mama den Wink verstand und endlich Ruhe gab!

Doch weit gefehlt. »Unser Sohnemann ist ein richtiger Profi. Ihr könnt euch jederzeit an ihn wenden. Er ist Träda.«

»Mutter, das heißt T-r-a-d-e-r.«

»Ja, sag ich doch. Träda.«

Egal – es war nur einfach unsäglich peinlich! Jerome lächelte matt in die interessierten Gesichter. Wenn seine Mutter das wüsste, was Sabine wusste, nämlich wie »professionell« er sich die letzten Wochen angestellt hatte, würde sie kein Wort über seinen Job verlieren, geschweige denn zugeben, dass er überhaupt ihr Sohn sei. Vorsichtig drehte er sich zu Sabine. *Mmmpf!* Ihr Blick stach Jerome ins Herz. Wehrlos fühlte er sich gegen die nackte Brutalität dieses Augenaufschlages, und immer wirbeliger fasste ihn der Angstgedanke, Sabine könnte jetzt laut zu sprechen anfangen. *Bitte nicht!*

Endlich legte ein älteres Ehepaar einen Themenwechsel aufs Parkett … *dem Himmel sei Dank!* …, und Minuten später kam es zu dem üblichen Gaudium. Während zum Auftakt die schon tausendmal vernommenen Histörchen um verstorbene Tanten, noch lebende uralten Cousinen und über jene, die weder das eine noch das andere waren, zum Besten gegeben wurden, quälte Jerome die Frage, wo wohl der Markt gerade stand.

Gott, ist das öde ohne Charts.

Ist der Bund schon über die 115,50?

Und vor allem, was macht die Google-Aktie?

Einerseits gelangweilt von der Unterhaltung, andererseits verängstigt von Sabines Blick, puhlte Jerome das Etikett einer Sektflasche ab und dekorierte mit den kleinen Krümeln geistesabwesend das Tischgesteck.

Dann ein erneuter Themenwechsel am Tisch. Es ging nun um die nie steigenden Renten – mal wieder. Jerome nahm hin und wieder einige Satzfetzen wahr. »… Staatskassen leer …« – »… o ja, diese naiven Dummköpfe …« – »… so blöd muss man erst mal sein …« Die übliche Tratscherei nahm kein Ende, das Gelächter wurde immer lauter, und die Meinungen rotierten. Nachdem über alle möglichen Politiker sämtlicher Parteien abgelästert worden war, fiel plötzlich das Stichwort: Benzinpreise. »… noch lächerlicher als diese Politiker sind doch diese Leute von der Börse …«

Jerome horchte auf, und ihm schwante Böses. »… o ja … die scheiß hohen Spritpreise!« – »… deeer Staat sackt aaa-ll-e-s ein …«, wetterte zittrig die 75-jährige Tante Edith. »Nee, nee … das hat was mit dem Öl zu tun«, korrigierte sie der Grundstücksnachbar Dietrich. Aber mit diesem Hinweis konnte die völlig entrüstete Tante, die noch nie im Leben ein Auto besessen hatte und sich immer von ihrer Nichte durch die Gegend kutschieren ließ, überhaupt nichts anfangen. »Öl?«

»Der Ölpreis!«

»… na, Spekulanten!«, tönte es aus einer anderen Ecke.

»Den kenn ich nicht!«, meinte kopfschüttelnd Tante Edith.

Tante Edith, halt am besten einfach den Mund! NICHT REDEN! »Spekulanten: die Verbrecher, die den Preis hochtreiben.« »Sind das diese Träda …?« Irritiert sah Jeromes Mutter zu ihrem Sohn. Jerome war nun die Zielscheibe sämtlicher Blicke. Prompt schnürte ihm die Panik die Kehle zu, er legte den Kopf schief und lächelte unbeholfen. Und legte sich unabsichtlich langsam den eigenen Strick zurecht. Die Beiträge überschlugen sich nun, und Jerome sah, wie nun auch sein Vater ganz langsam seinen Geburtstagssekt abstellte und stumm zu ihm herüberschaute.

»Mein Junge«, in das wohlgefaltete Gesicht des Geburtstagskindes geriet Verständnislosigkeit, »… bist du … bist du etwa daran schuld, dass wir beim Tanken so viel zahlen müssen?« *Heee?*

Was für ein niederschmetternder Gedanke, dass er persönlich an der Preistreiberei der Tankstellen schuld sein könnte. Wenn sein Vater nur wüsste, dass sein Sohn mit dem schei… Öl-Future mehr Geld verloren hatte, als alle Geburtstagsgäste zusammen bis zu ihrem Lebensende – allerdings war das bei den meisten ja nicht mehr allzu weit – jemals beim Tanken bezahlen mussten. Sein letzter positiver Trade im Öl war schon so lange her, dass Jerome sich gar nicht mehr daran erinnern konnte. Jerome rieb sich die Schläfen, lächelte nervös, und schließlich kreuzten sich seine Blicke mit denen Sabines. Ihr Blick war scharf, wie eine Drohung, und ein böser, gefährlicher Spott schien funkelnd zu sagen: »Na, jetzt bin ich mal gespannt …« »Dass ich dran schuld bin, könnt ihr euch gleich wieder aus dem Kopf schlagen«, platzte es schließlich aus Jerome heraus. »Heutzutage ist das alles nicht mehr so leicht zu durchschauen. Der Staat wird immer raffinierter. Und die Ölkonzerne arbeiten immer perfekter zusammen …« »Ja, ja«, plapperte nun Onkel Klaus dazwischen, der überhaupt nicht zugehört hatte. »Die Kerle von der Börse können uns allen gestohlen bleiben, denn das ist erst der Anfang. Gas, das steht jetzt schon fest, wird im Laufe dieses Jahres erheblich teurer werden, weil der Gaspreis irgendwie an den Ölpreis gekoppelt ist. Wir alle müssen uns auf kräftige Erhöhung der Nebenkosten in unseren Wohnungen und Häusern einstellen und schon jetzt Geld dafür zurücklegen. Gleichzeitig wird auch der tägliche Einkauf ständig teurer. Nudeln … habt ihr das schon mitbekommen … kosten ein Drittel mehr als noch vor einem Jahr, ein Becher Quark über die Hälfte mehr!« Tante Gerda erstarrte. »Dann ist es doch nur noch eine Frage der Zeit, bis sich das voll auf die Flugpreise durchschlagen wird?« – und kam damit dem Kern ihrer Bedenken ziemlich nahe, denn ihre einzige wirkliche Sorge war, natürlich unausgesprochen gegenüber der Geburtstagsgesellschaft, ob sie sich auch weiterhin den gewohnten Urlaub in Südspanien leisten könne. Die Äußerung von Onkel Klaus, dass schon jetzt der Lebensstandard vieler Menschen durch diese neue Erfindung des Spekulantentums in Gefahr sei, bald vielleicht sogar der Wohlstand der ganzen Nation, wurde von der Runde mit einem gemeinschaftlichen tiefsinnigen Kopfnicken quittiert. Gern schenkte man sich noch ein Glas Sekt ein, und ein Dutzend Augenpaare hingen gespannt an Jeromes bisher noch stummen Lippen. *Ein Königreich für ein Erdbeben!*

Sabines kalte Blicke ständig spürend, legte Jerome ein gekünsteltes Grinsen auf und setzte zu einer völlig idiotischen Verteidigungsrede an: Von der ersten überlieferten Spekulation … ist im Alten Testament zu lesen … angefacht wurde sie von irgendwelchen Herrschern Ägyptens. Einer … *wie hieß er noch gleich?* … am Hof des Pharaos träumte, dass auf sieben fette Ernten sieben magere folgen würden … Daraufhin betrieb er … *ja, genau, Joseph* … so etwas wie die erste Staatsspekulation der Weltgeschichte … ließ in großem Stil Getreide horten – und trieb so die Preise nach oben …« Jerome war inzwischen zwar leicht beschwipst, aber noch nüchtern genug, um zu wissen, dass er seine eigene Tante standrechtlich erschießen lassen würde, nur damit diese Unterhaltung – oder besser: Rechtfertigung vor versammelter Mannschaft – endlich beendet wäre.

Doch es kam, wie es kommen musste – nämlich schlimmer. Viel schlimmer. Nun rümpfte ein anderer Onkel die Nase, stellt sein Sektglas ab und sagte, dass er sich schon immer gefragt habe, wie es wohl sei, Trader zu sein.

»Erzähl doch mal, Jerome«, er schnalzte mit der Zunge, »wie das so ist?!«

»… wie waas ist?«

Schluck.

Meinte er etwa … O GOTT!

»Na, deine neue Arbeit!«

Jerome ließ den Blick durch den Raum schweifen auf der Suche nach einer Fluchtmöglichkeit.

»Trader. … Tzzz! Den ganzen Tag Türklinken putzen und den Leuten
Anlagen verkaufen«, gackerte auch noch Cousine Lisa-Marie dazwischen.

»Ich meine, für mich wäre das nichts. Ich stelle mir das ziemlich schwierig vor.« Jerome zögerte kurz, als er in die großen Augen einiger der alten Schachteln blickte, die ganz gespannt auf die Antwort waren. »Ich verkaufe nichts!« Jerome räusperte sich. »Ich handle nur für meine Familie und mich.« Nochmals räusperte er sich. Mittlerweile fühlte er sich total in die Enge getrieben. »Der … der … der … Job ernährt uns!« Bist du jetzt total gaga, Jerome! Das ist doch einfach lächerlich!

»Im Grunde genommen ist es ganz einfach, unten kaufen und oben verkaufen«, hörte er sich weiter flöten.

O mein Gott.

»Ach, tatsächlich? Dann fließen also die Millionen?« Onkel Olaf kratzte sich das schlohweiße Haupt.

Jerome verstummte und lächelte etwas verkrampft in die Runde; in Sabines Gesicht zu schauen, traute er sich nicht mehr. Die alten Schachteln wussten ohnehin nicht mehr, wovon hier die Rede war, hingegen das Cousinchen schon, das ungeduldig mit seinen roten Fingernägeln auf die Tischplatte klopfte: »Und, wie viel Geld machst du so im Monat?«

Hiermit verurteile ich Sie zum Tod durch Strangulation.

Henker, schreiten Sie zur Tat!

Krampfhaft hielt Jerome sich zum Fenster hin. Er konnte Sabine nicht mehr ansehen, denn ihre plötzlich besonders teilnehmenden Blicke rissen in ihm etwas auf, als würde man in einer gerade verheilenden Wunde bohren.

Einer Ohnmacht nahe, fühlte er es in sich aufströmen, heiß, ganz heiß, brennend und verbrennend, einen glühenden Guss von Scham, war doch bald ohnehin der neue Monatsscheck für die Familie fällig! Schließlich hatte Jerome jene Trades nach der letzten Rechenschaft, so gut es eben ging, erneut verheimlicht oder eher: beschönigt. Somit bekam Sabine hier und jetzt eine »verfrühte« Möglichkeit, Einblick in das »Familienbudget « für den weiteren Handelsmonat zu nehmen.

Das darf doch alles nicht wahr sein …

Augenblicklich schoss ihm der Schweiß aus allen Poren – er wusste gar nicht, dass sein Körper so viele davon besaß. Denn eines war klar:

Egal, was er jetzt sagte, es würde geradewegs zum Desaster führen! Gab er einen hohen Betrag an, dann klang es für die Familie und seine Ehre gut, war aber für ihn dennoch schlecht, da er Sabine in den Kreis der »Mitwisser« seiner Lüge zog und gleichzeitig Sabines Erwartungen für die kommende Abrechnung ins Unermessliche steigerte. Sagte er hingegen die Wahrheit, so würde er vor seiner gesamten Familie als Versager und Aufschneider dastehen; von der ruinierten Ehre ganz zu schweigen …

Aber sagen musste er etwas!

Sein Blick wagte sich noch immer nicht vom Fenster weg. Doch von der Helligkeit des Tages nahm er nichts mehr wahr, ein dichter, dunkler Schleier stand zwischen ihm und der Welt. Bedächtig wiegte er sein Haupt:

»Na ja … das ist nun wirklich eine … *ähm* … sehr persönliche Frage …« In seinem Kopf drehte es sich, als sitze er in einem wild gewordenen Karussell. Innerlich hoffte er, dass niemand die letzte Frage so richtig registriert hatte, schließlich wusste doch jeder, dass die meisten bei diesem ganzen Party-Smalltalk gar nicht so genau zuhören, nicht? Plötzlich stieß ihn seine Mutter neckisch ihren spitzen Ellenbogen in die Rippe, während sie dabei war, den Gästen Häppchen anzubieten. »Hey, du musst doch nicht so tiefstapeln!« Sie lächelte und blickte stolz zu Jerome auf. »Ach … unser Junge ist immer so bescheiden.«

Mit Gefallen beugte Jerome sich über ihre Häppchenplatte. »*Ähm* … Es läuft …« Jerome drehte sich mit flehendem Blick zu Sabine um: »Es … es … läuft … prima!« – was ihm wiederum eine Sturzflut an bewundernd-schmachtenden »Ahhhs« und »Ohhhs« eintrug.

Ich und erfolgreicher Trader?

Jerome kippte sodann den Rest seines Sektes hinunter und suchte verzweifelt nach einem gelungenen Themenwechsel. Es war nur keiner in Sicht!

»Ja, aber ... Ist es denn nicht unverantwortlich, dass die Behörden hier nicht strenger durchgreifen? Es kann doch nicht sein, dass jeder mal eben so an den Börsen handeln darf«, kam der Einwurf eines ehemaligen Arbeitskollegen seines Vaters.

Was bitte sollte das nun schon wieder heißen?

»Es ist ja nicht nur Jerome. Überall sieht man sie, diese Träda. Auf den Straßen, in Ämtern und in Behörden. Überall, wo man nur hinschaut. Überall das Thema Börse. Ganz ungeniert laufen die rum«, meinte jemand aus der Runde, und erneut überschlugen sich die Beiträge aller selbst ernannten Wirtschaftsexperten. Jeder wollte zu Wort kommen, sogar Tante Uschi klinkte sich ein, und so hoppelten alle fröhlich und mehr oder weniger ahnungslos weiter durch das Thema. Und als die schwerhörige Tante Waltraud, die von dem ganzen Gesprächen nur die Hälfte mitbekommen hatte, meinte: »Stellt euch mal vor: Ich habe dreitausend Euro mit so einem Fonds verloren. Drei-tau-send Euro! Jerome ...« Sie starrte ihren Neffen mit zusammengepressten Lippen an, als wolle sie ihn vor Wut auffressen und hätte ihn schon zwischen den Zähnen. »Hast du die jetzt etwa, Jerome?« Nun gab es überhaupt kein Halten mehr. Alle bogen sich vor Lachen. Nur einer nicht.

Mit versteinerter Miene blickte Jerome zu seiner Tante. *Halt die Klappe!*

Damit schien das Thema zumindest erst mal ins Stocken geraten zu sein. Irgendeine andere Tante ergriff nun die Gelegenheit und gab wieder einmal einige »urkomische« Anekdoten über das Geburtstagskind zum Besten. Einige bogen sich vor Lachen, andere lächelten höflich bis genervt über die Geschichtchen. Jerome hingegen seufzte erleichtert auf, griff nach der Flasche, und während er sich noch ... und noch ... und noch ein Glas Sekt einschenkte, betrachtete ihn die schwerhörige Tante mit funkelnden Augen. *Oh, OLLE, ich habe deine sch... Kohle nicht!* Oder bildete Jerome sich das mit den funkelnden Augen der Tante nur ein? Genau konnte er das in seinem momentanen Zustand beim besten Willen nicht mehr sagen, denn inzwischen sah er alles ein wenig verschwommen, zumal Sabine ihm seit geraumer Zeit sanft übers Knie streichelte – »Klappt wohl diesen Monat dann doch endlich mit der neuen Küche?!« – und Jerome erstmalig seit Tagen wieder mit diesem stolzen »Du bist mein Held«-Blick ansah!

HIMMEL ...

Hört denn der WAHNSINN niemals auf ?!

Was Jerome jetzt brauchte, war ein stärkerer Drink – und zwar dringend! Er war beileibe kein Alkoholiker, aber noch weiter in nüchternem Zustand diesem Geburtstag beizuwohnen – zu allem Überdruss mit einer offenen Position –, das war echt zu viel verlangt. Doch zu seinem grenzenlosen Entsetzen stellte er fest, dass es in unmittelbarer Nähe nichts Stärkeres zu trinken gab. Nicht einen einzigen Tropfen. *Skandal!* Wie es aussah, musste sich Jerome mit dünnem Kaffee, labbriger Bowle und sprudeligem Sekt begnügen. Aber vielleicht hatte ja seine Mutter noch irgendwas im Kühlschrank? »Ich vertrete mir mal kurz die Beine«, verkündete er. »Wie viel Geld hast du denn heute Vormittag nun erarbeitet, mein Junge?

Kannst du Sabine und Lilly ernähren?«, fragte seine Mutter leise, während sie ihn aus dem Wohnzimmer begleitete.

Jerome biss sich auf die Lippe. »Oh-h, so dreihundert Euro.« Das stimmte nicht ganz. Minus vierhundert wäre der Wahrheit schon näher gekommen.

Aber es hatte überhaupt keinen Sinn, Mutter zu erzählen, wie viel er heute als auch bisher in das Trading eingezahlt hatte, weil sie sonst auf der Stelle einen Herzinfarkt bekommen würde. Halt, nein! Erst würde sie es Vater erzählen, und dann würden sie beide einen Herzinfarkt bekommen, und er wäre Vollwaise. Also hatte Jerome zwei getrennte Kreisläufe geschaffen, in denen er sich bewegte: echte Ergebnisse und Familienergebnisse! Besser so, fand er.

»Gut so, mein Junge! Gut so.« Stolz ging Mutter zurück zu den Gästen. Ziellos wanderte Jerome eine Weile durch das große Haus, bis er sich schließlich ziellos an die Küche heranschlich. Dort musste es doch irgendwelchen Alkohol geben – wenigstens ein Bier!

Na, wer sagt es denn!

Mit einer Flasche Wein in der Hand begab er sich Richtung Terrasse, drückte die Tür vorsichtig auf und lugte hinaus. *Gott sei Dank, niemand draußen!* Rasch zog er die Tür hinter sich zu, um frische Luft zu schnappen, abendliche Waldluft. Und während Jerome den Namen seiner Tante wütend zwischen seinen Zähnen zermalmte, stapfte er stocksauer ein paar Meter zum Garten hinab und setzte sich traurig auf einen Mauervorsprung. Er bedeckte seine Stirn mit der Hand und schloss die Augen. Heiß waren sie, denn wie immer hatte er wieder zu wenig geschlafen. Im Geiste fragte er sich, ob das wohl seine letzten Wochen mit seiner Familie sein würden. Verächtlich schnaubte er in die Stille. Nur mehr Öde und Finsternis waren vor seinen inneren Blicken, weite undurchdringliche Finsternis, die alle Wege unter sich verbarg, alle seine Blicke blind werden ließ und die heimlich geflüsterten Angstrufe vor einer unsicheren familiären und monetären Zukunft mitleidslos verschlang. Noch waren Sabine und er Freunde und Lebenspartner, aber würde sie ihn auch später noch kennen wollen, wenn er bankrott war? Oder war sein Aufenthalt bei ihr nur geborgte Zeit?! Trotz stundenlangem Davorsitzen und Dauerobservation schrieb sein Trading nur rote Zahlen, und trotz einiger unbedeutender positiver Handelstage fiel und fiel der Kontostand. Er stand kurz davor, alles zu verlieren. Eines Nachmittags hatte er sogar schon überlegt, ob er das Haus, sein prächtiges Kleinod mit der schönen Terrasse und dem wundervoll angelegten Garten, besser gleich Sabine überschreiben sollte, damit es nicht gepfändet werden könne. *Mhm* … Nach den letzten abendlichen Streitgesprächen waren allerdings Zweifel angebracht, ob das eine besonders gute Idee wäre.

Es war an der Zeit, das Leben komplett neu zu ordnen, dachte er, und nahm einen weiteren Schluck direkt aus der Flasche. Vielleicht sollte er mit Sabine ein paar Tage Urlaub machen. Sie könnten in ein fernes Land fahren und ein paar Tage zusammen über verwinkelte Basare bummeln, am Strand entlangspazieren. Und vielleicht würden sie sich aufs Neue unsterblich ineinander verlieben …

Urlaub?! O jaaaa …

Aber von was den Urlaub bezahlen?! Alleine die heutigen Trades kosteten Jerome knapp 450 Dollar.

Fuck!

Scheiß Trading!

Jerome rieb sich die Augen und genoss für ein paar Minuten die Stille.

»HAALLLO«, ertönte plötzlich eine tiefe Stimme hinter ihm. Huch? – Jerome fuhr zusammen. Hastig drehte er sich um. Oha! Siehe da, der Bekannte der Müllers. »Hast du mich erschreckt!« Erleichtert fasste Jerome sich an die Brust.

»Entschuldige«, sagte der Bekannte, strich sich über sein rückwärts gebürstetes, an den Schläfen ergrautes Haar, befreite sich von seinem Schlips und deutete auf seine Zigarette und damit den Grund für seine Abwesenheit von der Geburtstagrunde. »Ah, ich sehe, du hast das gefunden, was ich auch suchte!«

»Schon möglich«, antwortete Jerome, griff hinter sich, hielt ihm die Flasche Wein hin.

»Du bist auf Besuch bei den Müllers?«

»Ja. Zwei Tage. War auf der Durchfahrt.«

Jerome nickte belanglos, und so saßen sie beide eine Weile auf der Mauer, schlenkerten mit den Beinen und tranken abwechselnd den Wein aus der Flasche.

»Du bist also Börsenhändler. So, so …«

O NEIN … nicht schon wieder!

»Mhm«, stöhnte Jerome.

»Und, wie lief es heute?«

»Ging so«, log Jerome, und das mit einem Tonfall, der kein weiteres Nachfragen zuließ.

Der Bekannte grinste und nahm einen Schluck. »Hast du gestern gesehen, wie der DAX gleich nach der Eröffnung bis an die Vortagestiefs rutschte, um dann diesen sagenhaft schönen Trend auszubilden? Hammer – da waren ein paar schöne Punkte drin! Na ja, der Bund-Future zierte sich die Tage hingegen ein bisschen. Das Scheißding will partout nicht über die verschissene 115,60 … ähm … wie lief der Markt heute überhaupt? Konnte noch nicht reinschauen, da ich heut den ganzen Tag mit den Müllers unterwegs war.« In der Ferne blinkten ein paar Lichter wie winzige flackernde Kerzen. Jerome, seine Augen anstrengend, um die Umrisse ausmachen zu können, meinte völlig geistesabwesend und nahezu mechanisch: »Der Bund dümpelt immer noch bei der 115,20 herum. Aber vielleicht ist ja der DAX heu…« *HEEEE?! Noch mal … WIE war das jetzt?*

Jerome erstarrte. »Wie jetzt?« Er nahm gleich zwei kräftige Schlucke aus der Flasche. »Im … Ernst … du auch?« »Yep, ich auch«, lautete die Antwort, als wäre es das Normalste auf der Welt, dass sich auf einer Geburtstagsparty zwei Händler beim heimlichen »Garten-Saufen« trafen.

»Echt?« Jeromes Augen wurden größer und größer und größer. »Warum haben das die Müllers nie erzählt, dass sie einen Trader kennen?«, fragte Jerome rein rhetorisch, woraufhin sein Gegenüber mit den Schultern zuckte, obgleich er die Antwort genau kannte: Er hatte es kaum jemandem erzählt, denn andere würden es ja doch weder akzeptieren noch respektieren, und solche Szenen wie eben am Geburtstagstisch wollte er partout vermeiden.

»Und du handelst wirklich auch?« Immer noch fassungslos starrte Jerome seinen »Saufkumpanen« an.

Ein Nicken. »Hab ein eigenes kleines Büro.« Der Bekannte nahm einen tiefen Zug von seiner Zigarette. »Mach den ganzen Tag nichts anderes. DAX rauf. DAX runter. Amis long. Amis short. Na, halt das ganze Programm«, und er begann, mit verschiedene Handelsstile definierenden Begriffen um sich zu werfen, die Jerome zwar nicht alle verstand, es schien ihm sogar, als ob der Bekannte gerade Auszüge aus einem Fachbuch vorlesen würde, aber die Präzision und nicht minder die Raschheit der Worte hatten etwas Faszinierendes. »Und du?«, nahm sein neuer Tradingkollege Jerome die Flasche aus der Hand, »machst du den Börsenkram auch hauptberuflich?« *Schluck.*

»Seit knapp drei Monaten.«

»Und, wie läuft es seitdem so ganz generell?«

»Na ja …«, hastig griff Jerome nach der Flasche und gönnte sich einen kräftigen Schluck: »Es läuft so lala.«

»So lala?«

»Zurzeit läuft es nicht so!«

So, nun war es raus! Nun kann keiner auf der Feier sagen, niemand hätte es gewusst.

ER weiß es ja ab jetzt!

»Sei so nett und erwähne drinnen kein Wort, ja?«

Ächz!

Der Bekannte nahm ein weiteren Zug, die Zigarettenspitze leuchtete hell auf, und sagte dann ohne innerliche Betonung, den Blick durch den Garten schweifend: »Hast wohl das Gefühl, zu vorschnell gekündigt zu haben?« Schluck! Hastig griff Jerome nach der Flasche, musste er doch auf diese Frage hin an seine letzten Trades denken: Dreimal hatte er auf den Durchbruch einer Trendlinie spekuliert. Dreimal tat er dasselbe! Aber die Ergebnisse: drei Tradeausgänge, wie sie unterschiedlicher nicht sein können.

Minus 1.100 Euro. Plus/minus null. Plus 900 Euro. Seufz! So was – Jerome schloss die Finger seiner Linken zu einer festen Faust – gab es einst – und er ließ die Finger wieder locker – beim ollen Pichler nicht, zumindest nicht in dieser Bandbreite. Drei gleiche Aktionen ergaben dort nahezu immer drei gleiche Ergebnisse. »Ja, manchmal glaube ich das schon.«

»Kenn ich.«

»Wie jetzt?« Jerome war erstaunt. »Du etwa auch?«

»Nein. Ich nicht. Aber einige meiner Bekannten.«

»Haben die es auch …«

»… ja, sie haben es bereut!«

Na hallo … Etwas sanfter hätte die Antwort ja schon ausfallen können.

»Wieso das?«

Des Bekannten Mundwinkel waren zu einem feinen, gleichermaßen nüchternen wie kritischen Lächeln gespannt. »Die haben nicht gewusst, auf was sie sich da einlassen. Long, short – das alles sah zu Anfang leicht aus, stellte sich dann aber als ein schwieriges Unterfangen heraus. Den meisten hat es ein paar Wochen später das Genick gebrochen.« »Den meisten … heißt das«, hastig nahm Jerome einen weiteren Schluck, »es gab doch einige …«, noch ein Schluck, »Überlebende?« »Einen.« Der Bekannte schielte zu Jerome herüber. »Einen einzigen.« Na bitte! Es geht doch!

»Und was haben die anderen falsch gemacht?«

»Puh ...« Der Bekannte schlug die Hände über dem Kopf zusammen.

»Tausende Sachen ... Aber alles in allem: Sie konnten sich nicht durchsetzen. Ihr Ziel war nicht klar umrissen. Hast du kein Ziel, bist du verloren. Weißt du nicht, wohin du willst, dann wird das nichts. Sie versanken in Fantasien, dachten zu Beginn, dass alles super perfekt sein würde, und ... und alle hatten kein doppeltes Netz!«

»Doppeltes waaaas?«

»Ein doppeltes Netz. Du weißt schon, wie die Trapezkünstler. Obwohl sie das, was sie da in schwindelerregender Höhe fabrizieren, beherrschen, konstruieren sie trotzdem ein Worst-Case-Szenario. Eben ein Netz, damit sie, falls sie doch stürzen, nicht mausetot sind.« Der Bekannte griff nach einer neuen Zigarette. »Doppeltes Netz. Dreizehn Buchstaben. Dreizehn Buchstaben, hinter denen, bei nicht Vorhandensein, der Alptraum steckt. Jungen Tradern würde ich sagen, sie sollen ihre Lehre oder ihr Studium mal schön zu Ende machen. Tradern wie dir würde ich sagen, sie sollen ihren Job in der Hinterhand behalten und nicht ihre gesamte Existenz aufs Spiel setzen. Gut, das geht bei dir nicht mehr. Aber ... naja, sicherlich hast noch genügend Geld als eiserne Reserve, auf das du zurückgreifen kannst, wenn alle Stricke, meistens die mentalen, reißen. Das gibt Selbstvertrauen. Es ist einfach zu heavy, wenn man von Anfang an mit einem Bein am Abgrund steht und man einen nach dem anderen positiven Trade aus dem Hut zaubern muss. Auf die Dauer gehen die Nerven kaputt, und die Privatinsolvenz ist nur noch eine Frage der Zeit, aber so sicher wie das ... kling, klong ... Amen in der Kirche.« Er ließ sein Feuerzeug aufglimmen. »Du hast doch ein Netz?«

Schluck! Zwei Monate oder vielleicht, wenn er sich Geld bei Henry borgen würde, drei, so rechnete Jerome, war das Verhängnis noch fernzuhalten, dann war, bei gleichbleibender Richtung seiner Kurve, das Konto platt, und das künstliche Gebäude seines häuslichen Glückes würde komplett einstürzen. »Natüüürlich!«

Der Bekannte nahm Jerome bei der Schulter und sagte: »Gut!« Beide schwiegen einen Moment. Es schien, als würden beide mit einem höheren Wesen in Verbindung treten: mit dem heiligen Trading-Geist.

»Wir könnten doch hin und wieder mal telefonieren«, schlug Jerome unvermittelt vor.

»Wieso das?« Verwundert, aber mit festem Blick schaute der Bekannte Jerome an, woraufhin dieser verstört blinzelte, kam er sich doch gerade wie ein kleiner Junge vor, der von den Großen abgewiesen wurde. »Na, ich dachte, wir können ... ähm ...«, Jerome bemühte sich, unbekümmert mit den Schultern zu zucken, »uns dann über die ... naja ... halt über die Märkte unterhalten?!«

»Bringt nichts!«, lautete die Antwort, und zwar in einer so trockenen Art, dass Jerome erschrak. »Das stiftet nur Verwirrung!«

Das wollte Jerome nun doch genauer wissen. Der Bekannte zog tief an seiner Zigarette, bevor er begann, eine Geschichte von einem gewissen Robert zu erzählen. Robert, ein blutiger Anfänger in Sachen Trading, hielt es einst ebenfalls für einen Vorteil, dass man miteinander telefonierte und sich gelegentlich traf. Und während Roberts Ausgänge der einzelnen Trades und der Zustand seines Kontos im Lauf der Zeit immer schlimmer geworden waren, hatte er zugleich einen bestimmten Gedanken gefunden, der ihm als »wunderbare Hilfe« diente. Dieser Gedanke war kein anderer, als dass die momentane Volatilität der Märkte als auch die fundamentalen Rahmenbedingungen, in denen er gerade zu traden »gezwungen« war, rettungslos entartet seien.

»Ja, genau!« Jerome nickte zustimmend, sah er doch die Sache genau wie dieser Robert.

»Eben genau deswegen möchte ich nicht, dass wir telefonieren. Solche Fragen wie ›Sag, wohin, denkst du, wird der Markt gehen?‹ leisten nur dem Gedanken Vorschub, dass nicht du, sondern die veränderten Marktbewegungen an deinen Verlusten schuld sind.« Schluck! Jetzt bereute Jerome es, vorschnell dem unbekannten Robert zugestimmt zu haben. Unterdessen fuhr der Bekannte fort, dass zu Beginn einer Tradingkarriere es immer Zeiten geben wird, in denen der Trader nicht in der Lage sein wird, sich geistig weiterzuentwickeln: Zeiten, zerfressen von Ironie, der Geist verödet und gelähmt von fehlenden Erkenntnissen, aufgerieben von den Fiebern und Frösten des eigenen Tradings, haltlos zwischen den krassen Extremen der Gewissensnöte und der eigenen Ehre, verarmt, erschöpft, verirrt, verwüstet, zermartert, krank und schluchzend vor Heimweh nach familiärer Harmonie und dem einstigen allabendlichen inneren Frieden.

»O jaaaaa!!« Jerome bestätigte diesen gerade beschriebenen Zustand, und mit einer sonderbaren Scheu gedachte er selbst der wüsten Abenteuer der Sinne, der Nerven und der tausend Gedanken, die er die letzten Wochen durchlebt hatte, und sah sich, aufgerieben zwischen der Beichte an Sabine und der Verschleierung, um seine Ehre zu retten, in seinem Gefühlsleben hin und her geworfen.

»Gut, dann weißt du ja, was ich meine! Also äußerlich scheint es einem Trader zwar gut zu gehen, aber innerlich fällt er tief in sich selbst zurück. Und in dieser Zeit müsste eigentlich die nächstliegende Frage sein, was man dagegen unternehmen kann. Richtig?« Jerome wollte zu sprechen ansetzen, aber der Bekannte gebot Einhalt. »Achtung, aber jetzt passiert der entscheidende Fehler: Das Gewirr von Ohnmacht, Chaos, Existenzangst ist gerade in solchen schlechten Tradingzeiten so dicht und verwickelt, dass es vielen Tradinganfängern erheblich einfacher erscheint, statt besondere Anstrengungen zu unternehmen, um der Ursachenlösungen gewahr zu werden, an eine externe Macht zu glauben, die sie zu ihrem unaufhaltsamen Niedergang gezwungen hat. Resultat? Man vermeidet es dadurch, sein Trading und sein angebliches Fachwissen einem kritischen Urteil zu unterziehen, und trifft mit der Begründung, ›eine externe Macht hat mich zu Boden gezwungen‹, ein Urteil von feierlicher Ungenauigkeit.« »Ja, aber wenn der Markt gerade so wie in den letzten Tagen nun mal so schnell hin und her springt, dann ist doch klar, dass …«, wollte Jerome entrüstet gegensteuern, wurde aber vehement unterbrochen: »Nein. Eben nicht. Du bist Trader. Das heißt, du musst dich dem Markt anpassen und nicht andersherum! Ende aus. Basta!« Jerome grummelte. Er war mit dieser Aussage nicht so ganz einverstanden, denn er sah sich durchaus hin und wieder als Opfer des Marktverhaltens. Daher gab er zu bedenken, dass beispielsweise die letzten Wochen doch wahrhaft schwierig gewesen seien: Der DAX habe sämtliche kritischen Marken unterschritten, der Ölpreis stieg, als handle es sich um die allerletzten Tropfen, und dann noch die gottverdammte Bankenkrise, das alles brachte viel

Volatilität mit sich. Wie solle man da jemals nur einen Euro aus den Märkten holen? »Schau, erst letzte Woche, die Aktien …« Und als weiteres Beispiel nahm Jerome einen Wert heraus, der so weit gefallen war, das war das Tiefste, was er je gesehen hatte, eine Gletscherspalte, die einen erzittern ließ, wenn man hineinblickte und nach dem Grund suchte.

Und dennoch fiel und fiel das Ding weiter! »Immer weiter!« Und das war noch nicht das Schlimmste – Jerome zauberte weitere Beispielmärkte aus dem Hut, deren Kurse plötzlich ins Schleudern geraten waren und ihm damit tagein, tagaus Peitschenschläge versetzten. »Was soll man da vernünftig handeln können?!«, fragte er in die einsetzende Abenddämmerung hinein. »Alles bewegt sich, und zwar mit Warp-Geschwindigkeit.«

Genüsslich ließ der Bekannte Jerome ausreden. Dann erwiderte er knapp. »Das ist es! Genau das meinte ich!«

»Ja, aber …«

»Ach, du protestierst? Nichts da ›aber‹!« Entschieden gab er zu bedenken, dass es im Grunde ganz gleich sei, ob es sich um die steigende Volatilität, den hohen Dollarkurs, den scheinbar entarteten Ölpreis oder die Bankenkrise handle: »Dem klassischen Tradinganfänger kommt es oft nur darauf an, dass es etwas scheinbar Unentrinnbares ist, woran er sich als »nicht erfolgreicher Händler« halten kann. Das Trading, das zu nichts geführt hat, findet mit einem Mal eine ungeheuerliche Erklärung, eine Rechtfertigung jenseits dieser realen Welt. Sie allein ist würdig, das Scheitern des Traders zu erklären. Und dadurch nimmt dann manch eingegangener Trade geradezu den Anschein einer großen … ich nenne es mal … Opfergabe an, wenn er als Minustrade endet.« Autsch, das war deutlich. »Okay, ich hab's verstanden. Du willst also nicht mein Gejammer anhören«, brachte es Jerome mit trauriger Stimme selbst auf den Punkt – und war dennoch sichtlich erleichtert, denn er hatte zunächst angenommen, dass die Verweigerung eines Telefonats mit ihm als Person zu tun hätte.

»Na, so ungefähr«, meinte der Bekannte, dem Jerome nun doch etwas leidtat. »Na komm, hier meine Karte. Aber bitte …« »… kein Sorgentelefon, schon klar!«, versprach Jerome, nicht wissend, dass er dieses Versprechen nicht einhalten würde.

Beide genossen die kommenden Minuten stumm den Sonnenuntergang, der schöner hätte nicht sein können. Dann brach es aber aus Jerome heraus.

Wenn er schon nicht am Telefon fragen durfte, dann aber wenigstens hier und jetzt: »War es bei dir damals auch so, als du anfingst?« Der Bekannte griff mechanisch nach der Flasche. »Ich? Wie ich einst anfing? « *Schluck.* »Auch ich war begeistert von dem Geld, von der Einfachheit, von der ganzen Romantik der paar Mausklicks, um all das zu erreichen … Welch Fernsicht glänzendes Glückes war das einst. Ja, sie sind zauberhaft, die Charts, wenn man sie im Demohandel, in Zeitschriften, im Fernsehen durchstreift. Ich habe das auch nicht anders gefühlt, als ich zum ersten Mal mit ihnen – vor fünfzehn Jahren – in Berührung kam. Was träumte ich da nicht alles, den Charts wollte ich mit Laptop am Strand meine ganze Zeit widmen, die heiligen Indikatoren erfahren, die Nachrichten studieren, wissenschaftlich arbeiten, die wirtschaftlichen Zusammenhänge ergründen – sozusagen ein Missionar der Vorhersehbarkeit werden. Wow … – Prost!« Er nahm einen enormen Schluck aus der Flasche und schaute auf die untergehende Sonne, dabei schützend die Hand über der Stirn. Sein Blick hatte etwas Verträumtes, und seine Stimme nahm nun ebenfalls eine solche Tonlage an: »Weißt du, Jerome, alle, die kommen, träumen diesen Traum. Aber hat man dann einmal dieses Feld betreten, dann geht einem in diesem unsichtbaren Glashaus die Kraft aus, das Fieber – man kriegt es ja doch, mag man noch so viele Bücher gelesen haben greift einem bis ins Mark, man wird irre, wird weich im Kopf, wie eine Qualle. In dem Glashaus gefangen, ist man als Trader plötzlich irgendwie von seinem wahren Wesen abgeschnitten, und über kurz oder lang kriegen die meistens einen Knacks weg. Die einen saufen, die anderen kiffen. Die dritten werden zu Bestien – irgendeinen Schuss Narrheit kriegt jeder. Man versinkt in dieser verfluchten Sumpfstation. Man sehnt sich nach seiner Vergangenheit, träumt davon, wieder einen Tag … einen einzigen verschissenen Tag … mal normal auf einer Straße zu gehen, in einem hellen Zimmer unter Menschen zu sitzen, ohne an sein Glashaus zu denken. Tag um Tag träumt man davon, und kommt dann die Zeit, wo man keine Charts mehr in sich hat, so sind die meisten schon zu träge, um zu gehen … Zu träge? Ja, zu träge! Denn immer wieder erklangen mit einer Beständigkeit, die aus der Tiefe der Welt kam, mit einer Hartnäckigkeit, die metaphysisch übte, die Tonleitern der Minustrades in der Wirbelsäule der Erinnerung. Schreien möchte man in seinem Kopf. Sie anhalten, zerbrechen, zermalmen, die unausdenkliche Grammophonplatte, die immerfort spielte in einem, wo sie nicht hingehörte, einen folterte, und man konnte nichts tun. Die eigene Seele, ein Gefährt mit fremden Insassen, soll anhalten, einen aussteigen lassen und bitte, bitte ohne einen weiterfahren. Man wurde verrückt bei diesem Zuhören-Müssen! Und doch war man es letztlich selbst, in seinem hassenswert sensiblen Gehirn, in seiner dünnen Haut, seinen blank liegenden Nerven, der diese Tonleitern, diese Tasten spielte, oh entsetzliches, urpersönliches Piano der Erinnerung!« Der Bekannte wusste aus Erfahrung, dass man von der Andersartigkeit des Börsenhandels nicht in die vertraute Welt zurückkehrte wie von einem Waldspaziergang. »Dieses Abenteuer Börse zieht uns in die Ferne«, sagte er nachdenklich, während er sich eine weitere Zigarette anzündete. »Es nimmt uns mit auf seinem Boot, und wenn wir ans Ufer zurück wollen, stellen wir fest, dass es unmöglich ist. Man hätte uns warnen sollen!« Man hätte uns warnen sollen!

Jerome vergaß zu trinken und starrte dem Bekannten die Worte von den Lippen weg. Nie hatte er gehofft, einen Trader wirklich zu sehen, der diese »ungeheuren Dinge« gleichsam ihm erlebt hatte. Er konnte den Blick nicht von seinem neuen Freund wenden, starrte ihn mit angehaltenem Atem an.

»Wie lange … also … ich meine, ab wann warst du erfolgreich?«

»Wie lange? Wie lange ich gebraucht habe, um zu lernen, mich dem Verhalten des Marktes anzupassen?!«

»Yep!«

»… oh, so um die zwei Jahre werden es gewesen sein.«

Zwei Jahre … hui … keine Ahnung wie, aber das schaff' ich schon irgendwie!

»Und dann noch mal …«, er rechnete im Kopf nach.

Eieiei, es geht noch weiter?!

»… noch mal um die zwei Jahre, um zu checken, dass nur Verrückte gegen die Brandung kämpfen!«

Jerome verstand nicht.

Der Bekannte konkretisierte: »Ich brauchte Zeit, um zu verstehen, dass Perfektionismus nicht umsetzbar ist!« Schluck! Jerome versuchte, seine Überraschung zu verbergen. »Perfektionismus, so, so …« »Ja, dieses Scheißwort: Perfektionismus. Es war wie das Ende vom Regenbogen.

In den Legenden heißt es, dass man am Ende des Regenbogens einen Topf mit Gold findet – obwohl allgemein bekannt ist, dass der Regenbogen kein Ende hat. Man läuft hin, und wenn man meint, am Ende angekommen zu sein, ist der Regenbogen schon wieder ein Stück weiter. Man kann laufen wie ein Bekloppter, aber man wird das Ende nie erreichen – und das ist auch gut so, denn man kann ohne Weiteres behaupten, dass dort kein Topf mit Gold steht. Den gibt es durchaus, nur halt nicht so offensichtlich. Ein Tradinganfänger wäre also total traurig, würde er das Ende vom Regenbogen wirklich erreichen …« Der Bekannte sah auf die Uhr und richtete sein Hemd. »Besser, wir gehen mal wieder zu den anderen.«

»Hmm!« Jerome, der vieles von dem Gesagten nicht – noch nicht – in der Tiefe verstehen konnte, stand auf, hielt dann aber plötzlich inne und meinte kurzerhand: »Andererseits könnte ein kleiner Schluck zur weiteren Auflockerung eigentlich nicht schaden. Nur einen noch, damit ich in Feierlaune komme.«

»Hast recht.«

Aus dem einen wurde dann doch ein zweiter … und noch einer … und … Jerome wusste selbst nicht, wie es passiert war, jedenfalls war er am Ende endlich mal wieder beschwipst. Als beide Männer schließlich zur Geburtstagsgesellschaft zurückkehrten, wurde gerade als Höhepunkt der Feier die alljährliche Fotoshow zelebriert. Die ganze Familie verband mit diesem Ritual eine innige Hassliebe, denn hier konnten sich alle im Austausch mit den mitgebrachten Fotos angemessen feiern, Foto um Foto. Und schließlich kam der furchtbarste Augenblick: Zu der Präsentation jener Fotos wurden auch noch die dazugehörigen, schon so oft gehörten Storys zu dem ach soooo erfolgreichen Nachwuchs aufgetischt. »Unser Sohn … schaut her … hat sich ein größeres Häuschen gekauft«, berichtete Tante Anna und nickte dabei in Richtung Jerome. Sie klang bei ihrer Erzählung, als hätte ihr Sprössling den Nobelpreis in Astrophysik bekommen. »Tja, ich kann mir nun mal kein größeres Haus leisten. Und auch keinen größeren Garten. Na ja, noch nicht«, meinte Jerome und griff lieber nach einem weiteren Glas.

… noch nicht! Nicht vor nächste Woche … hicks!

Lange lag Jerome spätabends noch wach in seinem Bett. Er musste immer und immer wieder an das Gespräch mit seinem neuen Freund denken. Vier Jahre Ausbildung?!

Boah! So furchtbar stieß es Jerome die seufzende Qual aus der Brust, dass Sabine an seiner Seite aufwachte. »Was ist?«, fragte sie schlaftrunken.

Jerome rührte sich nicht und hielt den Atem an. Und so lag er regungslos im finsteren Sarg seiner Qual bis weit nach Mitternacht hinein, von seinen Gedanken rund um den Börsenhandel zerfressen wie von Würmern … und er fand: Das war wirklich nicht der rechte Augenblick, um über Grundsätzliches zu reden …

13. Kapitel
Zwölfte Woche Rettungsbojen im Treibsand der Hinterlist des Marktes

Der Versuch, zwei Ordnungshütern zu erklären, weshalb ein Börsenhändler keinen Strafzettel zahlen sollte;
Jerome ergeht es plötzlich wie dem Prinzen im morgenländischen Zaubermärchen;
eine Wandlung zu verschiedenen Persönlichkeiten als Trader;
ein weiterer Rechenschaftsbericht. Und Grundsätzliches, das weiterhin unausgesprochen bleibt …

Jerome stand auf und ging ins Bad. Um einen klaren Kopf zu bekommen, wusch er sein Gesicht mit reichlich kaltem Wasser. Beim Abtrocknen starrte er mit unruhigem Blick auf sein Spiegelbild und zog die Haut um seine Augen glatt. Die Falten waren vor dem Trading gewiss noch nicht dagewesen. Er sah so alt aus! – *Ohooh!* Was war nur mit seinem Körper los?

Von seiner Übellaunigkeit ganz zu schweigen! Es war zum Verzweifeln.

Und abermals dachte er an die Worte seines »Saufkumpans« auf der Geburtstagsparty.

»Sie wussten nicht, auf was sie sich eingelassen haben …

Allen, bis auf einen, hat es das Genick gebrochen!«

Schluck!

Irgendwie geriet die ganze »Tradingsache« langsam, aber sicher komplett außer Kontrolle. Genauer gesagt, schrillten praktisch schon alle Alarmglocken:

Höchste Zeit für …?

Ja, für was?

Nun kann man sich damit abfinden, dass die Welt so ist, wie sie ist, oder man kann dagegen angehen. Jerome für seinen Teil beschloss hier und jetzt, in Erinnerung an den letzten Rechenschaftsbericht, dass es zu wenig war, sich einfach nur über seine Tradingergebnisse aufzuregen. Er beschloss, den Kampf aufzunehmen. Es war kein leichter Kampf, denn sein Gegner war er selbst – und damit ein oftmals vor den Monitoren schneckengleich denkender Irrer, welcher allen Ernstes der Meinung war, dass er im Börsenhandel ohne jeglichen fachlichen Tiefsinn Wohlstand und familiäre Geborgenheit erlangen würde. Aber mit ein wenig Fachlichkeit und ein bisschen Grips mochte er diesen Kampf gewinnen und das Stückchen Tradingwelt um sich herum ein klein bisschen besser machen. Und eines Tages, so nahm er sich vor, würde er sagen können: »Hut ab, was der da erreicht hat, das hätte ich nicht gedacht!« *Jawohl!*

Jerome steuerte in die Küche, schnappte sich von der Ablage einen Notizblock und kritzelte fieberhaft seinen Aktionsplan. Er wollte die Sache geraderücken. Höchste Zeit, sich ans Werk zu machen. Erster Punkt auf seiner Liste: Vernünftige Handelslogiken beschaffen.

Wie?

Eine Stunde und einen offenen DAX-Trade später hielt Jerome mit quietschenden Reifen vor dem Haupteingang des Buchladens und ließ seinen Wagen dort auch gleich stehen. Das absolute Halteverbot übersah er geflissentlich. Bin ja in zwei Minuten wieder da! Energisch stieß er die Glastür auf und marschierte geradewegs in die Wirtschaftsbuch-Abteilung. Die Dame hinten an der Theke kam ihm gleich lächelnd entgegen. Fabelhaft. Das ist mal Service! Jerome kam gleich zur Sache. »Haben Sie Tradingliteratur?« »Allerdings«, antwortete sie und suchte blitzschnell sechs Bücher aus den Regalen heraus. »Diese hier sind zurzeit sehr gefragt.« Hm ... Jerome betrachtete die diversen Werke und überlegte, welches ihm auf der Stelle helfen könnte. »Das hier sieht gut aus.« Er nahm ein Buch mit dem Titel »Technische Indikatoren« in die Hand. Von seinem bunten, reißerisch aufgemachten Cover regnete es lauter mathematische Formeln. »Finde ich auch«, bestätigte die Verkäuferin. Jerome griff nach drei weiteren Büchern: »Tradingstrategien!«, »Strategien selbst entwickeln!«, »Daytrading-Systeme!«.

Und wie Jerome nacheinander deren Seiten durchblätterte, trugen jene Schmerzlichkeiten des Chartverlaufs, die sein Leben in den vergangenen Wochen über erfüllt hatten, plötzlich eine gewisse Form von ... *ja was?* ... seltsamen Glückseligkeitsgefühl in sich. Er spürte: Nun wird alles besser! Ab heute würde er es erfahren, fühlte er, bald würde er es wissen. Die Bücher waren schon in seinen Händen, und er wollte nicht früher ablassen, ehe er nun das Ganze, alle ihre Seiten auch besaß! »Am besten, ich nehme alle! Eine Frage noch: Haben Sie auch dieses Buch.« Jerome reichte der Dame ein Stück Papier mit einer ISBN-Nummer.

Die Buchhändlerin zog die Nase kraus und nahm Jeromes Schmierzettel. »Da muss ich erst nachsehen.« Sie verschwand. Unterdessen begann Jerome, mit den Fingernägeln ungeduldig auf den Tisch zu klopfen, und betete, die Verkäuferin möge sich beeilen, dachte er doch an seinen Wagen draußen vor der Tür und dass er sonst womöglich noch einen Strafzettel bekommen würde. Da war sie auch schon wieder. »Wir haben noch ein Exemplar.« Perfekt! – Jerome hielt nun auch noch »Die zehn besten Tradingsysteme« in der Hand. »Gut«, meinte er mit jener »fachmännischen« kühlen Billigung, in die Künstler zuweilen einem Meisterwerk gegenüber ihr Entzücken, ihre Hingerissenheit kleiden. »Okay. Dann nehme ich dieses und die anderen vier.« Er kratzte sich am Kopf und warf einen Blick auf sein Auto draußen. »Es eilt allerdings ein wenig ...« »Selbstverständlich.« Die Verkäuferin tippte alles in die Kasse. »Das macht dann hundertneunundneunzig Euro und fünfundsiebzig Cent.

Bezahlen Sie bar oder mit Karte?«

Waaaas? – Jerome brach der Schweiß aus. »Pardon, wie viel sagten Sie?« »Hundertneunundneunzig Euro und fünfundsiebzig Cent«, wiederholte die Dame ungerührt und lächelt verbindlich.

Schluck.

Jerome rechnete den Kaufpreis um: Das wäre ein kleiner sauberer Trade im DAX. Acht Pünktchen. Jerome nahm nun an, der Preis sei durchaus angemessen für so viel Fachwissen.

Schließlich ging es um seine Ehre. Er brauchte unbedingt ausgereifte Handelsüberlegungen. Hier und jetzt! Er holte tief Luft und reichte seine Kreditkarte über die Theke. Die Verkäuferin sah nach einigen Momenten bedauernd von der Kasse hoch. »Tut mir leid, aber Ihre Karte wurde nicht angenommen.« Schlagartig wurde Jerome feuerrot. Wie peinlich! Erwartet hatte er das ja schon länger. Ihm wurde schlecht. »Könnten Sie es bitte noch einmal versuchen? «, flüsterte er und schaute über seine Schulter auf die drei Frauen und den jungen Mann hinter ihm.

»Habe ich bereits. Zwei Mal.« Die Dame sah besorgt aus. »Ich könnte es mit einer anderen Karte versuchen?!«

Ich habe aber keine andere Kreditkarte!

Jerome wurde zusehends nervöser. Er wollte unbedingt die Bücher mitnehmen. Er brauchte sie. – O Mann, denk nach! Er überlegte, ob er Sabine anrufen und sie darum bitten sollte, ihm ihre Karte zu geben. Hahaaaaa … »Wie wär's mit Bargeld?«, schlug die Buchhändlerin vor. Ha! Brillanter Einfall! Jerome war so erleichtert, dass er am liebsten über den Tresen gehüpft und seiner lieben, neuen Freundin um den Hals gefallen wäre.

STOPP! – Das Bargeld brauche ich für den Einkauf !

»Also gut, dann bar.« Jerome entschied, dass der Familieneinkauf warten musste. Und dann fiel ihm siedend heiß sein Auto ein. Jerome drehte sich um und sah, wie sich zwei uniformierte Männer mit einem großen gelben Gegenstand am Hinterrad seines Wagens zu schaffen machten. Was treiben die denn da?

Was ist das für ein gelbes … O nein!

EINE PARKKRALLE!

Vor Schreck ließ Jerome eines der Bücher fallen. »Halt!«, brüllte er und stürmte zur Tür. »Halt! Ich bin ja schon da!« Mit Wucht stieß er die Tür auf und war mit einem Satz bei seinem Wagen. Die Leute draußen starrten ihn an, als hätte er den Verstand verloren.

»Ist das Ihr Auto?«, fragte der ältere der beiden Männer, ein schwitzender Typ mit Brille und leichtem Bierbauch. Der Jüngere kniete neben dem Hinterrad.

»Ja, ja, das ist mein Auto«, keuchte Jerome.

Der Ordnungshüter hustete, zog den Bund seiner blauen Hose hoch und zeigte auf das Halteverbotsschild. »Hier ist Parken verboten!« »Das … das wusste ich nicht«, log Jerome. »Ich fahre den Wagen auf der Stelle weg, versprochen.« »Tut mir leid, junger Mann, aber Vorschrift ist Vorschrift. Tim, mach weiter!« »Nein, halt, warten Sie! Bitte nicht! Es reicht doch, wenn Sie mir einen Strafzettel geben, oder?« Jerome packte den Jüngeren verzweifelt am Arm.

»Ich muss doch dringend nach Hause. Ich habe noch einen offenen Trade laufen …«

»WAS haben Sie laufen?«

»Einen Trade. Einen Trade im DAX, um genau zu sein. Ich bin Börsenhändler «, quatschte sich Jerome völlig unbedacht ins Unglück. »Alles klar.« Der Dicke lachte dem jüngeren Parkwächter zu. »Dann können Sie doch mal was von Ihren Millionen abgeben.« Beide lachten.

»Mach weiter, Tim.«

O neeein! Nicht schon wieder!

»Können Sie mir nicht irgendwie helfen, Tim?«, flehte Jerome den Jüngeren an.

Er schüttelte den Kopf.

»Hören Sie, guter Mann.« Der Ältere sah Jerome über den Rand seiner Brille hinweg strafend an. »Ist Ihnen klar, dass Sie dieser Stadt wegen Falschparkens siebzig Euro schulden? Sie behindern hier den Verkehr, das sollten Sie nicht auf die leichte Schulter nehmen!« Jerome sah ratlos von einem zum anderen. »Ich … ich weiß nicht, was ich tun soll. Aber ohne mein Auto bin ich heute total aufgeschmissen.« Das mit dem offenen Trade ließ Jerome diesmal besser weg. »Tja, und wir sind ohne ihre siebzig Euro ›aufgeschmissen‹«, knurrte der Ältere.

»Könnten wir nicht ausnahmsweise mal ein Auge zudrücken?«, wandte Tim ein.

»Vergiss es!« Sein unnachgiebiger Kollege schob sich die Brille auf den schweißglänzenden Schädel. »Ausnahmen gibt es bei mir nicht, mein Junge, nur Strafzettel. Für siebzig Euro sind Sie die Kralle los. Für einen Börsenhändler doch nur Kleingeld – oder?«

Das darf doch nicht wahr sein.

Idiot!

Tim legte die Stirn in Falten. »Haben Sie so viel Geld dabei?« »Das sind doch für einen Börsenhändler nur Peanuts …«, lästerte der Ältere.

»Aber nicht bei mir …«, wollte Jerome schon sagen, aber da fiel ihm etwas ein. »Jungs, gebt mir noch einen Moment. Ich besorge euch das Geld.« »Fünf Minuten und keine Sekunde länger!«, bellte der Ältere. »Sonst sind wir weg.« »Alles klar, fünf Minuten.« Jerome sprintete zurück an die Kasse der Buchhandlung.

»So, nun mal her mit dem Geld. Die anderen Kunden warten.« Die Verkäuferin musterte Jerome fragend und zeigte auf die noch offene Kassenschublade. »Gibt es denn noch andere Möglichkeiten außer Kreditkarte und Bargeld?«, flehte er.

Na, toll. Ich klinge, als wollte ich für das bisschen Fachliteratur meinen Körper verkaufen.

»Dann halt auf Rechnung«, stöhnte die Verkäuferin.

»Das wäre große Klasse!«, quiekte Jerome und ignorierte den jungen Mann hinter ihm: »Börsenbücher kaufen, aber kein Geld haben. Das sind mir die Richtigen!«

Schnauze!

Die Verkäuferin zauberte unter der Kasse ein Formular hervor und reichte es ihm zusammen mit einem Plastekugelschreiber. »Wenn Sie hier bitte Ihre Daten eintragen würden!« »Bis wann muss ich denn gezahlt haben?«, fragte Jerome so beiläufig wie nur irgend möglich, ohne die Dame anzusehen.

»Zehn Tage«, erwidert sie zögernd und widmete sich dem nächsten Kunden, der hörbar aufatmete … Zwanzig Minuten später stand Jerome um siebzig Euro ärmer, dafür aber mit dem eigenen Wagen, wieder auf seinem Grundstück. Er ließ die Einkaufstüte mit seinen Fachbüchern im Flur auf den Boden plumpsen, kehrte hastig zurück an seinen Rechner und sah den DAX-Chart grün vor Bars leuchten. Der Markt ging wie eine Rakete der NASA steil nach oben. – Was tun? Sein einziger Hoffnungsschimmer für seine Short-Position war eine Widerstandslinie, die er schnell über etwaige Hochpunkte halb schräg, halb gerade einmalte. Da müsste … nein, da MUSS! … der Markt abprallen, und sollte der es nicht tun, so würde er, so Jeromes Plan, seine Short-Position kurzerhand aufstocken!

Jerome sah auf die Uhr. Shit! Es war schon fast Mittag! Sabine kam gegen vier, und er wollte, um auf das Familienkonto etwas Positives einzuzahlen, Blumen gießen, Lillys neues Regal aufbauen, Wäsche aufhängen, Rasen mähen und den Kellerschrank umräumen und alle die anderen versprochenen Vorhaben in die Tat umsetzen. Mannomann! Beim Anblick des laufenden Charts ärgerte er sich darüber, dass er sich vor ein paar Wochen so leichtfertig bereit erklärt hatte, als zukünftiger Trader zu Hause alle Pflichten zu übernehmen. Wo, um alles in der Welt, bleibt denn da noch die Zeit, um auf die Charts zu schauen? Mannomann … Zwei Stunden und einen weiteren Short-Trade an seine kreativ gemalte Widerstandslinie später hatte er abgewaschen, den Kellerschrank umgeräumt und Lillys Schrank aufgebaut. Gut, irgendwie stand das Ding total wacklig, aber mehr war gerade einfach nicht drin. Jetzt fehlte nur noch der Rasen! Jerome wuchtete den Mäher die enge Kellertreppe hoch, rannte in Windeseile über die Wiese, dabei waren zwar einige Beete und mehrere Azaleen im Weg, es gab also reichlich Flurschaden – aber das Gras war danach kurz. Dann eilte er zurück ins Haus, um sein Tagwerk zu begutachten. – *Boah, geschafft! Gar nicht so übel, für den zeitlichen Einsatz*. Okay, der Garten hatte ziemlich gelitten – *egal!*

15:33 Uhr. Jerome schlich zurück vor den Rechner, und zufrieden über seinen laufenden Trade – der Markt hatte sich nach zwanzig Punkten oberhalb der Widerstandslinie nun doch wieder unter diese begeben … ha, ich wusste DOCH, dass diese Linie hält! …, begann er sofort, alle die soeben gekauften Fachbücher auszupacken und … huiii! … fix die Preisaufkleber zu entfernen. Schließlich musste Sabine nicht sehen, dass er noch mehr Geld in das Unterfangen Börsenhandel steckte. In ihren Augen hatte das ganze Unternehmen Trading schon genug gekostet. Er sah das anders und war der Meinung, dass er ab nun noch viel mehr in Bücher investieren müsste … 16:09 Uhr. Die Wohnungstür fiel ins Schloss, und ein »Hallo, ich bin zu Hause« tönte schwach durch die Räume.

Schluck!

Erschrocken dachte Jerome daran, dass seine Frau heute um die 150 Euro Gehalt für ihren Job bekommen hatte. Und er? 590 Euro Minus Tagesergebnis, zuzüglich dem noch offenen Short-Trade mit aktuellen 310 Euro Plus. Kurzum: Der aktuelle Zuwachs des Familienvermögens entsprach 130 Euro Minus. Nach einem »Hey« folgte Sabines Frage: »Und, dein Tag?« – Schluck! Die Antwort hätte wahrheitsgemäß lauten müssen: »Ich habe aus Langeweile und daraufhin aufkommendem Aktionismus heute morgen alle Bars totgeschlagen und darauf gewartet, dass die Zeit endlich rumging. Dann hätte ich für ein paar Fachbücher fast meinen Körper verkauft. Und dann habe ich deine Blumenbeete leicht … na ja« Tatsächlich jedoch stammelte er irgendetwas davon, wie fleißig er doch vor den Monitoren gewesen wäre – und das Gespräch verstummte auch schon …

*

Die nächsten Tage verbrachte Jerome in einem leidenschaftlichen Furor des Lesens und – wie er es nannte – des Lernens. Und bereits auf den ersten Seiten überkam ihn eine Ahnung von der weglosen Weite der verführerisch fachlichen Welt, zugleich aber auch die Angst, sein sich selbst auferlegtes Lektürepensum in der kurzen ihm verbleibenden Zeit bis zur nächsten monatlichen »Rechenschaft« nicht bewältigen zu können; und so sparte er mit Schlaf, mit Vergnügen ohnehin, mit Gespräch, mit jeder Form der Ablenkung, nur um die Zeit, die er zum ersten Mal als kostbar verstand, zu nutzen …

> *»… bei einem Kreuzwiderstand trifft eine Abwärtstrendlinie auf eine horizontale Widerstandslinie. Im Kreuzpunkt herrscht ein starker, kaum zu überwindender Widerstand. Sollte er dennoch überwunden werden, so ist mit erheblichen Kurssteigerungen zu rechnen …«*
> *Aaaah – kaum! Zu überwinden … Wenn doch, dann muss! es krachen …*
> *»… wurde von dem italienischen Mathematiker Leonardo da Pisa, auch bekannt als Leonardo Fibonacci, die nach ihm benannte Fibonacci-Zahlenfolge entdeckt. Diese Zahlenreihe bestimmt ein wiederkehrendes Muster von Verhältnissen … und da diese Zahlen in menschlichen Handlungsweisen auch wiederzufinden sind, müssen sie folglich auch in den Aktienkursen enthalten sein, denn: die menschliche Psychologie bestimmt die Aktienkurse …«*

Aaah – Fibonacci muss! sich wiederfinden …

> *»… tritt ein Bearish Belt Hold in einem Aufwärtstrend auf, steht ein Trendwechsel dringend am nächsten Tag bevor …«*

Aaah – der Bearish-Dingsda kommt immer! vor einem Trendwechsel …

Seite um Seite erging es Jerome wie jenem Prinzen im morgenländischen Zaubermärchen, der ein Siegel nach dem anderen von der Tür verschlossener Zimmer lösend, in jedem von ihnen immer mehr und noch schönere Juwelen und noch größere Edelsteine gehäuft fand und immer gieriger nun die ganze Flucht dieser Gemächer nachforschte, ungeduldig, zum letzten zu gelangen. *Inverse V-Formation … Top-Formation … Kreuzwiderstand … Kreuzunterstützung … SKS-Formation … all das beschwingte seine Sinne … Dragonfly Doji … Spinning Tops … Pivot Points …* Und was Jeromes Fleiß von Kapitel zu Kapitel immer mehr erhitzte, war der Drang, vor Sabines Blicken nun endlich zu bestehen, ihr Vertrauen zurückzugewinnen, ein zustimmendes Lächeln zu erobern, das Konto zu retten und von ihr als ehrenhafter Mann und Familienernährer empfunden zu werden. Und so diente ab sofort jeder noch so flüchtige Anlass hierzu auch als Probe; unablässig spornte er sich an, Sabine zu imponieren, sie zu überraschen:

»Wusstest du schon, dass …« – »Und dass …« – »Und wusstest du, dass es eine *Wolfe-Wave-Formation* gibt« – »Eine was?« – »Ein Formation, die sich auf der Annahme begründet, dass die Bewegung in den Märkten nicht anders ist als die in den Ozeanen. Beide folgen den gleichen physikalischen Gesetzen. – *Klingt doch plausibel, findest du nicht?* Diese Formation erst einmal richtig verstanden, sind Hochs und Tiefs mit verblüffender Genauigkeit vorhersagbar, schließlich basiert diese Logik ausschließlich auf dem Gleichgewicht der Märkte, sprich dem Equilibrium – ah, du weißt nicht, was das ist? … ah … dem Zustand der Ruhe, der durch das Zusammenwirken zweier oder mehrerer Kräfte, die sich aufheben …« Und begegnete ihm einmal in den abendlichen Wirtschaftsnachrichten ein fremdes Wort, so warf er sich gleich danach in die Suche, um tags darauf seine neue erworbenen Kenntnisse in das Gespräch mit Sabine einflechten zu können. Jeden Begriff, jede Definition sog Jerome gierig in sich ein, bis tief in die Nacht mit allen Sinnen leidenschaftlich betastend und bewahrend.

*

Nach kurzer Zeit beherrschte Jerome die Definitionen der meisten Chartformationen und Candlestickmuster und machte sich jetzt an die Indikatoren, jene blendenden mathematischen Kompositionen, die anders als die charttechnische Formationslehre noch mehr Flexibilität und Initiative von ihm verlangten – schließlich war er kein Mathematiker.

> *»… technische Indikatoren und Oszillatoren dienen schlussendlich dazu, den Kursverlauf eindeutig zu prognostizieren …«*

Yep! Eindeutigkeit … Genau das, was ich brauche!

Und so kommunizierte Jerome Zeile um Zeile, Absatz um Absatz mit den Autoren dieser mathematischen Kapitel und Bücher. Jeder von ihnen schien ihm auch hier die Lösungen für seine finanziellen und privaten Probleme zuzuflüstern:

> *»… nach fachlicher Sitte sind Indikatoren in mehrere Dutzend Unterkategorien geteilt, als Thema neuerdings sogar in Sentiment- und Marktstruktur-Indikatoren gesetzt …«*

Ah, ja.

Und so lernte Jerome fortan, welche Bewegungen und Einstellungen die verschiedenen Indikatoren ausführen dürfen: Der *Moving Average Convergence/ Divergence*, kurz *MACD*, erschien Jerome in der Einstellung »12, 26« nicht weiter interessant. Die Signale waren in vielen Marktphasen einfach, unveränderlich und ohne … ja, was? … ja, irgendwie ohne Schneid. Der *Relative Volatility Index* mit seinen »launischen« und unvorhersehbaren Signalen war hingegen schon etwas schwieriger zu beherrschen; dreimal musste Jerome den Satz lesen: »… um die grundlegende Volatilität eines Wertpapiers zu ermitteln, verwendet der *Relative Volatility Index* die Standardabweichung über einen Zeitraum von zehn Tagen. Für die Berechnung der Dynamik der Volatilitätsentwicklung wendet er hingegen den *Relative Strength Index* auf das Ergebnis der Volatilitätsberechnung an. Zur Berechnung der RSI verwendet er die üblichen 14 Tage …« Jerome las den Satz ein viertes Mal und wollte schon aufgeben, als er einige Schemata entdeckte, die alle möglichen Beispiele darstellten. Mit einem leisen Seufzer setzte er die Lektüre fort. »Verrückt!«, dachte er. Die nächste Seite präsentierte nun einen Indikator mit zackigen und dann mal geradlinigen Verläufen: den *Directional Movement Index*. Laut Definition eignet dieser sich hervorragend für Trendlinien- und Divergenzanalyse. – Aha! Aber von dem *Efficiency Ratio* hätte Jerome irgendwie mehr erwartet. Zu wenig Signale! Wie konnte ein so unbeweglicher Indikator nur einen der Favoriten des Buches verkörpern? Gut, Jerome war bei Weitem kein Spezialist für Mathematik, aber er hatte sich dennoch immer eine »allmächtige« Formel und traumhaftere Indikationen zur Erkennung von Trendumkehren vorgestellt, deren Signale den Hoch- und den Tiefpunkten des Marktes weit näher kamen. Kurzum:

Dieser *Efficiency Ratio* hatte demnach nichts Majestätisches an sich, schien er doch unfähig, in einer Marktbewegung von hundert Punkten wenigstens neunzig am Stück herauszuholen, von den ständigen »Fehlsignalen« ganz zu schweigen. Und dann, dann gab es da noch so einen Indikator, dessen Name nahezu unaussprechlich war … – Wow! Intraday einerseits unzählige Signale – was dem arbeitsamen Trader in Jerome sehr entgegenkam –, aber andererseits erkaufte man sich dieses Feuerwerk von Signalabfolgen mit weiten Stopps. – *Boah, unmöglich!* Hingegen war Jerome ein paar Seiten weiter von der Flexibilität eines anderen Indikators sehr beeindruckt. Der trug den hübschen Namen Chaikin *Money Flow Index*. Wirklich ein aufregender Indikator, der ebenso mit raschen Signalabfolgen scheinbar über einen Großteil der Marktbewegungen »herrschte« – und daher für Jerome anscheinend die größte Macht der ihm bisher bekannten Indikatoren besaß.

Diese subversive Vorstellung gefiel ihm …

*

Sodann fand Jerome in einem seiner Lehrbücher Berichte über große Strategien mit glänzenden Bezeichnungen, die von bekannten Profis angewandt wurden.

> *»… in diesem Buch macht der Autor genau das, was auch jeder andere Trader gerne täte: Er nimmt die besten Trader der Welt ins Kreuzverhör und versucht, ihrem Erfolgsgeheimnis auf die Schliche zu kommen …«*

Boah!

Jerome las … und las … und las. Einige Absätze schüchterten ihn sogar ein; es schien ihm undenkbar, sich mit all diesen Berühmtheiten zu messen – schließlich wurden in seinen Vorstellungen diese Strategien von Tradern ausgetragen, die schicke Anzüge trugen und in glänzenden Bürotürmen und fünfstöckigen Privatvillen residierten. Weniger überzeugt, daher schnell überblätternd, war Jerome hingegen von jenen beschriebenen berühmten Strategien, denen der Trendhandel zugrunde lag. Es kam nicht infrage, sich auf eine Strategie einzulassen, in der es »lange Rücksetzer« auszuhalten galt – und schon gleich gar nicht, wenn es hieß, das Ganze sogar auf höheren Zeitebenen anzuwenden. Jerome weigerte sich kategorisch! Er hatte seine Prinzipien! Und auch bei manch anderer Seite, wenn das flackernde Licht dieses oder jenes Satzes erlosch, welches Jerome rasch wie ein Blitzstrahl kurzzeitig erhellt hatte, und er wieder im Dunkel saß, glaubte er nicht an deren Worte, weil ihm das für seine Person viel zu bestimmt vorkam!

»… Sie müssen bei dieser Strategie *Geduld* …«

Geduld?!

Als er abends im Bett diese Zeilen las, hätte Jerome beinahe laut aufgelacht – *Geduld?! Der Typ war offensichtlich noch nie Sabines Blick ausgesetzt gewesen!* –, hielt sich jedoch zurück, da er die neben ihm schlafende Sabine nicht wecken wollte, die solche Lächerlichkeit inmitten der Nacht sicher nicht geschätzt hätte. Und so tastete er sich vorsichtig weiter und weiter voran. Seite um Seite. Nacht um Nacht. Buch um Buch. Tag um Tag.

Man konnte sogar sagen, es bereitete Jerome ein gewisses Vergnügen, sich in den auswendig gelernten Aufzählungen der Namen zu verlieren, die die Tradingliteratur den verschiedenen Möglichkeiten gegeben hatte: *Coppock-Indikator, Time Series Forecast, Camarilla-Indikator, Stochastik-Oszillator, Rate of Change, Relative-Stärke-Index, Slow Stochastik, Aroon Directional Movement Index, Buy/Sell Pressure …*

Und wie in jeder der letzten Nächte stand Jerome des Öfteren auf und goss sich Wasser nach, eher er weiterlas. Wenn er dann das Licht löschte, war es weit nach Mitternacht, und in seinen Träumen sah er eine Armee von Minustrades einstürmen, die aber aufgrund seiner bunten Linien und Oszillatoren im Chart in bunte Seifenblasen zerplatzten, ehe sie ihn erreichten …

*

Die Tage gingen ins Land, und seit jener Zeit verließ Jerome tagsüber kaum noch sein Arbeitszimmer, nahm, um keine Zeit zu verlieren, nahezu stehend seine Mahlzeiten ein; er studierte, ohne innezuhalten, ohne Pause, beinahe ohne Schlaf; man könnte sagen: Seine Unbändigkeit war nun ins … naja … ins Geistige gefahren, und da fortan das neue Fachwissen viel Konzentration verlangte, vergaß Jerome darüber hinaus seine bis dato gefühlte Einsamkeit völlig. Interessant war aber Folgendes: Wann immer er die angelesenen Ein- und Ausstiege an seinen Monitoren ausprobierte, tradete er intensiver als vorher. Intensiver? Ja – weil das Leben seiner Gemütsbewegungen von Buchseite zu Buchseite, von Handelsstunde zu Handelsstunde, von Handelstag zu Handelstag plötzlich immer mehr in die Räumlichkeiten des Denkens und Nachdenkens gezogen war. Warum? Weil Jerome dort seine gefühlsmäßige Erkenntnis über sein »neues Tradingverhalten« fortan stets weitgreifender erlebte, denn: Das Denken, wenn es die Emotion beherbergte, wurde anspruchsvoller als die Emotion selbst und machte daher Jeromes Bewusstseinszustand, in dem er Chartstunde für Chartstunde seine Gefühle erlebte, *nahezu … ja was? … irgendwie plastischer!* Oder mit anderen Worten: *Denkend* schuf Jerome sich als Trader Echo und Abgrund. So gesehen »vervielfachte« Jerome sich von Buchseite zu Buchseite, indem er sich und die unzähligen Formationen und Indikatoren Tag für Tag vertiefte. Das kleinste Vorkommnis – eine Veränderung einer einzelnen Periode, eine Nachricht auf dem Laufband des Nachrichtensenders, ein Trend, der sich gerade neu erschuf, ein Trend, der gerade unter der Last eines übergeordneten Trends zusammenbrach, die Stimme des Radiomoderators auf der anderen Seite des Autoradios, wenn dieser den Handelstag zusammenfasste, ein Artikel einer Börsenzeitung, einer der vielen Internetforumeinträge, der allmorgendliche Kontoauszug des Brokers -, all diese Dinge fesselten sein empfindsames Nachdenken mit Banden des Widerhalls und der Sehnsucht, denn in jeder einzelnen dieser Wahrnehmungen war Jerome ein anderer, erneuerte sich schmerzlich in jedem unbestimmten Eindruck, und das ging so weit, dass bereits eine einzige Handelsstunde mit dem vielen Fachwissen so sehr ermüdete, als hätte er gleichsam in dieser kurzen Zeit Landschaften und Städte mehrerer Länder zu Fuß durchquert. In jedem Chart, an dem sein Blick hängen blieb, in jeder Periode, in jedem zappelnden *Bid-* und *Ask-Kurs* fühlte er sich für Augenblicke fachlich lebend, zunächst glücklich, dann gelangweilt und zu guter Letzt müde; doch kaum hatte er einen seiner Trades beendet und die Monitore verlassen, verspürte er bereits die heftige Sehnsucht nach der Zeit, in der er dort »lebte«. Und so wurde jede seiner »fachlichen Buch- und Internetforenreisen« zu einer schmerzlich-glücklichen Ernte großer Freuden, beachtlichen Überdrusses und zahlloser erdachter Sehnsüchte, in deren Folge Jerome viel Zeit der Bewusstmachung und Bestätigung der Tatsache widmete, dass er trotz Kraft der Natur seines Geistes scheinbar unfähig war, sich mit einer beliebigen gewonnenen Formation oder einem Indikator endgültig zufriedenzugeben, und er binnen kürzester

Zeit beziehungsweise nach zwei, drei Minustrades, die er mit diesem Regelwerk erlangt hatte, dieser überdrüssig wurde und etwas anderes wollte … Und so stürzte sich Jerome aus einem Fachbuch ins andere, von jedem berauscht, aber dennoch von keinem gesättigt, und der Strudel des – er nannte es nach wie vor – »Lernens« riss ihn mit sich, aber die Bedeutung dessen, was er fortan in seiner Einsamkeit des Arbeitszimmers erlebte, lag nicht etwa in der Rolle, die ihm psychologisch, als irgendein Hinweis auf meine reizbare oder leicht zerstörbare Persönlichkeit zugekommen wäre, denn es lag überhaupt nicht in der Person, sondern im Allgemeinen … ja, im Allgemeinen! Denn: Mit jedem neuen Buch und Kapitel blieb Jeromes Kopf zunächst bei einem Trade klar, und der grobe, auf wackligen Beinen stehende »neue« Tradingplan schwebte darin gleichsam in einer sehr durchsichtigen und deutlichen Luftblase. Aber dann … dann spaltete sich der Plan, sobald er sich genauer mit den wackelnden Perioden beschäftigte. Es wurden zwei oder mehr Pläne, die um den fachlichen Vorrang hätten streiten können; aber die Verbindung vom Kopf zu den ersten Bewegungen, die zur Ausführung des Trades notwendig gewesen wären, war plötzlich wie abgeschnitten. Der Grund? Jerome war zu voll von fachlichen Eindrücken und Plänen, und wann immer er einen Chart sah, gingen entmutigende Veränderungen in ihm vor: Dass er nachts begann, von Indikatoren zu träumen, die sich gegen ihn verbündeten und sich damit amüsierten, in alle Richtungen des Charts zu springen, dass alles einem Irrgarten glich, war die kleinste jener Veränderungen; ebenso dass, gemessen an den »geistigen Trainings« seines Tagesablaufs … wie seltsam?! …, Gartenarbeit und Hauspflichten plötzlich geradezu zur Entspannung wurden … Und in diesem ganzen Zusammenhang vollzog sich eine noch wichtigere, tragische Veränderung: Sobald Jerome einen Chart sah, erschuf er in sich verschiedene Persönlichkeiten als Trader. Er erschuf immerzu Persönlichkeiten.

Jeder seiner Trades und Charts verkörperte sich, sobald er ihn sah, in einer anderen Person, die ihn dann statt seiner weiterträumte.

Und um erschaffen zu können, hatte er sich zerstört; er hatte sich so sehr in sich selbst veräußerlicht, dass er nur mehr äußerlich in sich existierte. Fazit: Er war die leere Bühne, auf der verschiedene Schauspieler – sprich Regelwerke – verschiedene Stücke spielten, und so entstand eines Abends folgender Tagebucheintrag:

> *… eine mir bis dato unbekannte schauerliche Weite und Leere durchdringt mich plötzlich, eine uferlose Helle verfinstert meinen Geist und versetzt mein Herz in Angst … Welche Art von Angst? Nun, es ist wie ein Haufen fremder Kinder, die man mit anerzogener Freundlichkeit betrachtet, voll wachsender Angst, weil es einem nicht gelingt, das eigene Kind darunter zu erblicken! …*

Gewiss waren die Worte lächerlich. Ein jeder würde lachen. Die Worte waren ja auch so dumm, so nichtssagend hilflos. Aber es war nun mal die Wahrheit! Es war die Wahrheit! Denn: Jerome erschrak vor diesem Zuviel!

Die Folge?

Grausam.

Sehr grausam!

14. Kapitel
13. und 14. Woche Absolute Unterwerfung oder Aufstand?

Die Einfachheit von Regelwerken, von Jerome als Betrug angesehen;
ein neuer Plan; programmiertechnische Alchemie;
die gefundene Zustandsgleichung des Marktes;
ein Abend, der in einem kleinen Fest endet;
und eine gut gelaunte Fliege auf einem Trader-Monitor …

Die Tage entschwanden, hurtig kamen und gingen die Stunden. Das zeitliche Nacheinander der fachlichen Erlebnisse um Charts & Co., das anderen Händlern eine richtige Stütze bot, wurde im Falle Jeromes zu einem Schleier, der seine Falten bald dicht übereinander warf: Gewöhnt, sich im Leben durchzusetzen, und verwöhnt vom faktischen Erolg, war Jerome durch seine angewandte »Fachlichkeit« derart unerschütterlich von seiner Überlegenheit durchdrungen, dass jeder Widerstand der Börse in ihm eine als ungebührlich mpfundene Auflehnung und Beleidigung erregte.

Montag
11:03 – 14:23 Uhr | angelesenes Regelwerk A
Zwei Plustrades. – *Yep!*
Zwei Minustrades. – *Shit!*
14:24 – 15:06 Uhr | angelesenes Regelwerk B
Ein Plustrade. – *Yep!*
Ein Minustrade. – *Ach Gott, was für ein Unsinn!*
15:07 – 16:09 Uhr | angelesenes Regelwerk C
Ein Minustrade. – *Shit!*
…

Mit halb geschlossenen Augen, wie ein Betrunkener, tappte er am Ende des Handelstages hinaus ur Terrassentür. Er atmete auf, als er die kühle Klinke in seiner Hand spürte. Jetzt endlich empand er so etwas wie Sicherheit.

Dienstag
08:00 – 15:45 Uhr | angelesenes Regelwerk D
Drei Plustrades. – *Yep!*

Vier Minustrades. – *Shit!*
15:45 – 15:45 Uhr | angelesenes Regelwerk E
Was – ich soll größere Rücksetzer aushalten? Shit!
15:45 – 16:26 Uhr | angelesenes Regelwerk F
Zwei Minustrades. – *Shit! Shit! Shit!*
...

Und aus der Folge von Eindrücken, die sich nun bei ihm einstellten, bildete sich nun nicht mehr der klar fließende Bach von Geschehnissen, als den man den Handelstag hinnimmt, sondern ein schaumiges Wirbeln, aus dem sich bloß gelegentlich glatte Flächen hervorheben und im Gedächtnis verharren. Und so gerne Jerome auch bereit war, durch das Anlesen und erste Anwendung fremder Ein- und Ausstiege sich selbst »unnütz« zu finden, so trug er doch bereits nach einigen Fehltrades mit diesen die ganze Verachtung des zum Aufruhr geborenen Menschen gegen deren »Schlichtheit«, deren »Einfachheit« in sich. Er erkannte die Regelwerke plötzlich als ... ja als was? ... als eine Art Betrug. Die angeblich voll ausgereiften Chartformationen und -kreationen und mathematischen Kompositionen schienen ihm angesichts seiner dennoch vorhandenen Fehltrades daher in Wahrheit »ungereimt«, es fehlte ihm am Ende immer etwas!

Mittwoch
08:00 – 12:13 Uhr | angelesenes Regelwerk G
Warten. – *Shit!*
Warten. – *Shit!*
Plustrade. – *Yeaaah!*
Warten. – *Shit!*
Zwei Minustrades. – *Shit! Shit!*
12:13 – 15:27 Uhr | angelesenes Regelwerk H
Was – ich soll Rücksetzer aushalten? Shit!
15:27 – 16:26 Uhr | angelesenes Regelwerk I
Zwei Minustrades. – *Shit! Shit! Shit!*
...

Ergebnis der letzten Tage: Minus 2.735 Euro. Tendenz? Weiter fallend. – Und wieder und wieder wurde Jerome gequält von der Frage, was er wohl am Ende dieses Monats zu Sabine sagen würde, ja überhaupt sagen könnte ... Und erst wenn die Sonne sich langsam hinter den Dächern seines Dorfes zu senken begann und immer matter die Widerscheine nachzitterten, wurde alles in Jerome stiller und ruhiger. Dann spürte er auch, dass sein ganzes Denken und Fühlen jetzt anders und fremder werden wollte, und seine Seele empfand all die Gedanken, die lärmten und Einlass begehrten. In solchen Momenten liebte es Jerome, in wachen Träumen sich seinem Tradingtagebuch und damit sich selbst anzuvertrauen, denn seine fast schon überreizte Schamhaftigkeit gestattete ihm nach wie vor nicht, anderen Personen gegenüber auch nur eine Andeutung seiner seelischen

Erlebnisse zu machen, obgleich seine Seele unter dem Druck der unausgesprochenen Worte und der Handelsergebnisse regelrecht bebte, wie ein überreifer Apfelbaumzweig unter der Last seiner Früchte schwankt. Nur ein leichter, fast unmerklicher feiner Zug um seine blassen Lippen verriet, dass ein Kampf in ihm tobte, dass ein heftiges Ringen in ihm war und eine unbändige Sehnsucht, die sich nicht von Worten tragen lassen wollte. Nur manchmal legte sich ein wildes Beben wie von nähem Schluchzen um den fest geschlossenen Mund ... Ja, so lebhaft beherrschte ihn eine solche Stimmung, dass er sich wie ein alter Mann im Spätsommerschein vorkam.

Und so schrieb er:

> *... minütlich denke ich an Lilly, an Sabine und meine »Arbeit«. Die drei Säulen meiner Existenz – aber irgendwie scheint keine der drei zu tragen. Im Gegenteil: Ich habe sogar das Gefühl, auf allen Ebenen versagt zu haben. Als Vater. Als Ehemann. Und als Familienernährer ...*

So etwas wie Glück scheint meilenweit entfernt, unerreichbar wie ein Flug ins Weltall. Eine fürchterliche Zukunftsvision projiziert sich auf meine innere Leinwand, undeutliche Schatten zeichnen sich ab ... So schrieb Jerome Abend für Abend seine Zeilen, sorgfältig und dennoch gleichgültig. Und matt von Enttäuschung, die Nerven zermürbt von seiner ersten Dornenjagd im fachlichen Dickicht, hatte er sich schon gänzlich verschüttet gemeint – da trat mit einem Mal, eines Abends hier allein auf seiner Bank sitzend und angesichts des weiten wundervollen Sternenhimmels, der grenzenlosen Gegenwart und des Rätsels vieler Seelen, der Nacht des unbekannten Abgrunds und seines chaotischen Nichtverstehens und angesichts des im Vergleich zu seinem Arbeitszimmer millionenfach größeren Universums, ein weiterer Gedanke leidenschaftlich auf ihn, den Resignierten und Gealterten, zu: Um sein ehrgeiziges Ziel zu erreichen, nämlich »das Tradingkonto zu retten« – und vor allem: um »vor Sabine zu bestehen« –, würde er ab sofort eigene Strategien und Kombinationen kreieren!

JAWOHL!

Seine geistige Unruhe und Erregbarkeit, die ihn selbst so beunruhigte, ließ plötzlich nach, war diesmal aber nicht, wie es andere Male geschehen, von Missmut, Bedrückung und Aussichtslosigkeit abgelöst worden, sondern von einer außergewöhnlich gespannten Klarheit.

Ich werde ab sofort eigene Strategien und Kombinationen ausprobieren!

JAWOHL!

Jerome hatte sich vorgenommen, den Heiligen Gral eigenhändig zu finden, sprich: das Regelwerk zu ertüfteln und zu finden, welches keine Minustrades mehr produziert ...

*

Fortan verließ er das Haus nicht einmal mehr, um den Garten zu betreten; er hatte wie immer die Vorhänge zugezogen und arbeitete im gedämpften Licht. Die Genauigkeit, Kraft und Sicherheit dieses Denkens, die nirgends in seinem bisherigen im Leben ihresgleichen hatte, erfüllte ihn fast mit Schwermut. Seine Aufmerksamkeit schien nun nicht bei den Sinnen, sondern gleich tief innen im Gemüt geöffnet zu sein, und er meinte, ungeachtet der fehlenden praktischen Programmiererfahrung und mathematischen Kenntnisse, in der Erinnerung der vielen Buchseiten, alles, worauf es ankäme, zu verstehen. Man könnte es laienhafte mathematische Magie oder laienhafte programmiertechnische Alchemie nennen, doch die schmerzliche, fast übersinnliche Empfindung, er würde jeden Augenblick das »höchste Mysterium der Märkte« enträtseln, wirkte auf Jerome wie ein trügerischer, aber lebensnotwendiger Stimulus. Oder anders gesagt: Das Tüfteln, es war das Opium für seine von den Charts und Sabines Blicken geschundene Seele.

[RSI-Indikator in Kombination mit dem Stochastik-Indikator]

Jerome dachte, hierin lag ein großer Gedanke!

Nach zwei Minustrades revidierte er diese Annahme.

[MACD-Indikator in Kombination mit dem ADX]

Bereits nach einem Minustrade meinte Jerome, dass er auch hier mit ausgebreitetem seelischem Gefieder in eine lächerliche Enttäuschung segelte.

[CCI-Indikator in Kombination mit einem schnellen Moving Average]

Zwei Plustrades! Er fühlte große Verlockung. Dann drei Minustrades – und es ekelte Jerome geradezu mit einem unbestimmten Gefühl nahenden Erbrechens vor einem möglichen weiteren Trade mit dieser Kombination!

[RSI-Indikator, gefiltert mit dem RSI-Indikator auf hoher Zeiteinheit]

Die Signalhäufigkeit widersprach seinem Tätigkeitsdrang.

[Relative Momentum Index in Kombination mit der Relative Strength]

Ein leichtes Zusammenfahren konnte wohl kein Trader nach vier Minustrades verbergen. Jerome bezwang sich jedoch zu vollkommener Ruhe. Er schloss ohne Überstürzung das Tradingprogramm, fuhr ebenso gemächlich den Rechner herunter und erhob sich erst dann. Müde und gequält raffte er sich empor – ein alter, erschöpfter Mann ging langsam aus dem Arbeitszimmer.

Tags darauf:

[Stochastic S&C in Kombination mit Weinbergs Range Indicator, gefiltert von einem Donchian Channel]

HAMMER! Drei Plustrades! Das im Nachgang sogar noch optimierte Ergebnis seiner etwaigen Berechnungen ergab: 92 Prozent Trefferquote!

92 Prozent! Nach Tagen wagte sich jetzt, wenn er seiner Trades gedachte, mit all seinen bitteren Wunden, die nun vernarben sollten, ein Lächeln auf seine Lippen.

Und da! Ein weiteres Signal stand an …

Buy DAX-Future 1@5835 id=332572

Und da die Gegenstände des Denkens keineswegs ganz unabhängig von den eigenen Zuständen sind, vermengten sich nach der Positionseröffnung in Jerome nicht nur diese beiden Denkweisen, sondern sie konnten ihm bis zu einem gewissen Grad auch zwei Welten gegenüberstellen – zumindest unmittelbar vor und nach jenem ersten geheimnisvollen und unbeschreiblichen Augenblick, der in jeder sinnlichen Wahrnehmung eines Charts vorkommt, ehe sich »Gefühl« und »fachliche Anschauung« voneinander trennen und die Plätze einnehmen, an denen man sie zu finden gewohnt ist: als ein Ding im Chart und ein Sinnen, das nun in den Betrachter eingeschlossen ist. Und wie immer also das Verhältnis zwischen »fachlichen Dingen« und »Gefühl« im Weltbild eines Händlers auch beschaffen sein mag, kennt doch jeder die überschwänglichen Augenblicke, in denen eine Zweiteilung noch nicht aufgetreten ist, als hätten sich Wasser und Land noch nicht geschieden und als lägen die Wellen des Gefühls im gleichen Horizont mit den Erhöhungen und Tälern, von denen die Gestalt der Dinge gebildet wird.

Es folgte: ein Minustrade.

Es folgte: ein weiterer Minustrade.

Es folgte: stundenlanges Warten.

Es folgte: ein Minustrade.

Shit!

Erst vor der Tür spürte er, wie sehr die letzten Trades ihn ins Herz getroffen hatten. Er betastete seine Hände, die erstarrt und kalt wie abgestorbene Dinge an seinem Körper herabhingen, und begann mit einem Male so zu zittern, dass es ihn schüttelte. In der Kehle glomm etwas Bitteres empor, er spürte einen Brechreiz und zugleich eine sinnlose, dumpfe Wut, die wie ein Krampf das Innere seiner Brust herauswühlen wollte. Am liebsten hätte er noch bis spät in den Abend hinein oder mit den Fäusten getobt, um sich freizumachen von dem Grauen dieser Erinnerung, die fest wie ein Angelhaken in seinem Gehirn saß, von der Erinnerung an diesen wüsten Trade mit seinem höhnischen Verlauf und von diesem Dunst von Gemeinheit.

Ein neues Tüfteln ergab eine neue Kombination, diesmal aus *Awesome Oscillator* und dem *Net Momentum Oscillator*. Kurzum: Jedes Mal, wenn Jerome vor dem Rechner saß, hatte er neue, hatte bessere Ideen im Kopf, streckte ein neuer Plan die Hand nach ihm aus. Er hatte Stunden und Tage zugebracht, sich »Strategien« auszudenken, und wollte sie so schnell wie möglich ausprobieren. Und so wurde nun Jeromes Leben binnen Stunden vom einst Lesenden zum metaphysischen tüftelnd Fiebernden, und er spielte mit dem Feuer von geheimnisvollen Zusammenhängen, um unentwegt einen verborgenen Sinn in den Dingen um Chart & Co. zu finden. Er verlor sich in der Komposition kreativer »Handelssysteme« voll verwirrender Analogien und Fallen für klare mathematische Gedanken. Sogar während des Einschlafens, obwohl müde, dennoch geistig hoch bewegt, unterhielt er sich mit abstrakten Dingen, ja fast schon transzendenten Dingen, sann über »geheimnisvolle« Verbindungen nach, welche das »fachlich Angelesene« mit dem »Individuellen« eingehen müsse, damit zum einen nie wieder Minustrades und zum anderen eine genaue Vorhersehung der Hoch- und Tiefpunkte im Chart entstünden, kam von da aus auf allgemeine Probleme in der Anwendung komplexerer Mathematik – Jerome war nämlich kein Mathematiker, und das wusste er! – und fand kein Ende, sodass seine Gedanken und Funde gewissen »glücklichen« Einflüsterungen eines Traumes glichen, die sich mit nüchternem Sinn als vollständig schal und untauglich erwiesen.

Und dann eines Nachmittags: Jerome schob seine mit Hunderten von Skizzen und Hinweisen bedeckten Skizzen und Chartausdrucke zurück, auf denen er die letzten Tage mittels Kombination von Indikator A mit Logik B und Logik C mit Indikator Z nach einer Art »Zustandsgleichung« des Marktes gesucht hatte.

Treffer!

Zum ersten Mal vermochte eine Kombination von RSI, ein Oszillator, der in einer festen Spanne von 0 bis 100 pendelte, in Kombination mit einer Kaufman Bands Linear Regression Line und noch einem weiteren, in einem Internetforum als vortrefflich gepriesenen Indikator, sein übermütiges Gebaren und seine Leidenschaft für kurze Zeit zu täuschen. Vier Plustrades in Folge – *VIER!* Und diese scheinbare hundertprozentige Trefferquote bezwang Jeromes anfänglichen Widerstand gegen eine höhere Anzahl von Indikatoren im Chart, und in der Hoffnung, dank dieser geraden – eigentlich durch Zufall – erkannten Indikatoren- und Parameterzusammenstellung nun Herr seiner fehlgängerischen Chartanalysen zu werden, löschte Jerome rasch alle vorherigen abgespeicherten Einstellungen. *Endlich!*

ENDLICH!

Nun, den Rückweg in die schreckhaften Zeiten der Minustrades versperrt glaubend, ließen die kommenden Stunden Jerome sorglos erscheinen. Doch bald bewies sich auch diese Konstruktion der »Zustandsgleichung der Märkte« als wirkungslos. Vier Minustrades in Folge – Shit! Mit einer wuchtigen und gleichsam zornigen Geste der losfahrenden Hand zerhieb Jerome seinen gedanklichen Tumult wie mit einem Taktstock und löschte abermals die angedachten Setup-Einstellungen aus seiner Handelssoftware.

Sofort verstummten alle Gedanken um diese RSI & Co.-Kombination, und – das urtümliche Verlangen nach der Suche der »Zustandsgleichung des Marktes« war nach wie vor übermächtig – der kurzzeitig Enttäuschte ging, die rückfälligen Neigungen fortführend, einen neuen Weg und fasste in seiner eigentümlichen »trial and error«-Art alle »fachlichen« Argumente für die Rechtmäßigkeit einer Kombination von diesem oder jenem Handelsansatz neu zusammen, begleitet und ermutigt von dem einen oder anderen halsbrecherischen Tipp am Rande des »fachlich Erlaubten« von so manchem Internetforum …

Und so flüchtete Jerome von vorn in die Kreation, stockte in der Sicherheit, dass es der lang gesuchte Weg war, eilte, erneut geschürt von giftigen Spekulationen, basierend auf dämonischen Logiken, weiter und sah sich doch wieder um. Es war jenes ewige Spiel zwischen Wollen und Fürchten, Sehnsucht und Groll, in dem doch immer die »süße Schwäche von Minustrades« die stärkere war …

*

Und dann! – Endlich, eines weiteren Nachmittags, nach weiteren gewaltsamen Versuchen, das Gespann auf die rechte Bahn zu reißen, biss sich Jerome in eine Indikatorkombination, bestehend aus mehreren Indikatoren und Oszillatoren, fest, die ihm erneut einen Halt gegen die »Gefährlichkeit von Minustrades« zu bieten schien.

Treffer.

Treffer!

TREFFER!!!!

Chaikin Oscillator (CHO) in Kombination mit Demand Index und dem … und dem … und dem …

Und siehe da: Jerome erreichte, dass diese neue Indikatorenkomposition im DAX-Future sechs Gewinntrades in Folge produzierte. Rein in den 3-Minuten-Chart und mittels Gewinnziel sofort nach sieben Punkten raus. *Peng. Peng.* Und das Ganze mit einen Zehn-Punkte-Stopp!

Sechs Plustrades!

Es kam Jerome wie der Gipfel des Ruhms vor; er zitterte vor Freude, denn schließlich verwirrt ja nichts gewalttätiger den inneren Sinn als eines glühenden Wunsches plötzliche Erfüllung. *Ich habe sie, DIE Zustandsgleichung!* Wie ein kostbares Märchengeschenk kamen ihm diese sieben Punkte vor, was er Hunderte andere Male nur als Bettlerlohn angesehen hatte!

Sechs Plustrades!

Sechs!!

Jeromes Herz pochte. Keine Bewegung. Kein Wort. Abwechselnd wurde ihm heiß und kalt. Seine Augen wurden größer, und seine Lippen bewegten sich zitternd auseinander; sein Körper schien bis in das letzte Fingerglied von einem Zauber durchdrungen, für den nur die unbestimmte Bezeichnung »Erscheinung des Heiligen Grals« zutreffend sein mochte. Es war ein Sieg der tieferen Sache, eine der wunderbar klaren, sich selbst lösenden Verwicklungen des Lebens als Trader. – *Endlich! ENDLICH!!* Endlich hielt er ihn in seinen Händen! Alles schien leicht, und wie wohl das tat nach all diesen Tagen des Schweigens, an denen er immer den schneidenden Pflug dieses einen Gedankens sein Hirn unfruchtbar hatte durchgründen fühlen, dass alles in ihm wund war und weh, wie wohl das tat, nun endlich die alles definierende Kombination und Parametrisierung in der Hand zu halten!

Chaikin Oscillator (CHO) in Kombination mit Demand Index und dem … und dem … und dem …

Oh, oh, wie er diese Indikatorenkombination liebte! Jerome stand und starrte, irgendetwas zuckte in seiner Brust unruhig und wollte heraus: Und mit einem Male wusste er, dass es das seit Wochen eingesperrte Lachen war, das sich befreien wollte. Wie ein Pfropfen aus der Champagnerflasche knallte es empor, überschlug sich in kleinen kollernden Koloraturen, er lachte und lachte, schämte sich seines bacchantischen Übermutes und lachte wieder im nächsten Augenblick.

Chaikin Oscillator (CHO) in Kombination mit Demand Index und dem … und dem … und dem …

Und siehe da, auch der neue Trade: prompt ein Plustrade! Elektrizität zuckte aus seinen gelockerten Nerven, alle Sinne waren mit einmal stark, gesund und gereizt, und seit Wochen aß Jerome zum ersten Mal wieder mit wirklichem Appetit zu Mittag! Sogar die Hausarbeit schien sich von selbst zu erledigen! Ein Liedchen trällernd, putzte Jerome freiwillig die Küche und räumte sogar den Keller auf. Der einzige Schatten auf dem Glück, das ihn so schweben ließ, war die Unmöglichkeit, es hier und jetzt mit jemandem zu teilen! Jerome schlurfte in die Küche, um sich noch ein Glas Wasser zu holen, doch dann erspähte er die Flasche … *Campari! Mm?!*

Wie wär's zur Abwechslung mal wieder mit einem »Trader-Cocktail«? Er konnte sich gar nicht mehr erinnern, wann er den letzten getrunken hatte. Henrys Party? Es war jedenfalls schon ein paar Wochen her. Mal sehen, was der Kühlschrank zu bieten hat. Alles hatte Jerome zwar nicht da, aber man konnte ja improvisieren. Ob Apfelsaft oder Orangensaft, das macht doch fast keinen Unterschied, oder? Just, als er sich mit seinem Drink vor seine Monitore setzte, klingelte erneut das Telefon. »Hallo?«, meldete er sich argwöhnisch und betrachtete seine Charts, auf denen sich ein weiteres Signal anzubahnen schien.

»Hallo, Jerome«, hörte er Sabines Stimme im Hörer.

»Ähmm …« Jerome erstarrte und hatte urplötzlich das Sprechen verlernt.

Chaikin Oscillator (CHO) in Kombination mit Demand Index und dem … und dem … und dem …

Peng.
Long-Signal.
Gut?
Gut!
Buy DAX-Future 1@5915 id=2326342.
»*Jerome?* Hörst du mich?«

Name	Position	Traded	P/L Points	P/L	Time	Last Quote	Bid	Ask
FDAX	+1K	5915	+5	+125 EUR	13:15:45	5920	5920	5921

»Äh … ja, ich höre dich! Hi!«, stotterte er. »Kann … kann ich dich … in einer Minute … zurückrufen?!«

»Schon, klar«, kam es zögernd zurück.

»Gut, bis gleich.« Aufgelegt. »O mein Gott!«, kreischte Jerome, als sein achter Trade binnen Sekunden genau wie die sieben vorherigen fünf Punkte vorn lag.

Himmel, Herrgott!

Jerome war außer sich vor Aufregung. Er erfuhr hier und jetzt, da »Minustrades « scheinbar für alle Zeiten vorbei waren, erstmalig in diesem Gedanken eine Art Befreiung, als hätten sich ihm südliche Ozeane mit wunderbaren Inseln zur Entdeckung dargeboten. Die Erholung schlechthin, die Vollendung, die geistige Erfüllung seines Seins als Trader: das Hinter-sich-Lassen aller Gedanken rund um das Thema!

Du hast die Zustandsgleichung gefunden!

Du hast sie!!

Chaikin Oscillator (CHO) in Kombination mit Demand Index und dem … und dem … und dem …

Die Parameter darf NIEMAND erfahren.

Verstecken. Kodieren. Sichern. Verschlüsseln. Verplomben. Vergraben. Chiffrieren. Egal! Jerome richtete sich ruckartig auf.

Tief durchatmen.

Er klickte unter »angenommene Anrufe« Sabines Büronummer an und rief sie zurück: »Hi«, flötete er. »Was gibt's?«

Atmen nicht vergessen, Jerome.

Sag etwas Witziges.

Überleg dir etwas richtig Geistreiches … zum Beispiel … Ach, keine Ahnung!

Ah, sag einfach irgendetwas!

Und während Sabine ihn darin erinnerte, die Wäsche noch aufzuhängen, betrachtete Jerome sein heutiges Tagesergebnis, welches sein ganzes bisheriges Wochenminus nahezu ausglich. »Na klar, Schatz, mach ich!«

Kurz vor dem Auflegen, die Zustandsgleichung des Marktes nach wie vor fest im Blick, tönte er mit sexy-samtiger Stimme durch die Leitung: »Du … ich wollte noch fragen … ob wir … heute Abend … etwas gemeinsam machen können?!«

»Wie ›abends was machen‹?«

»Na, halt Zeit miteinander verbringen?!«

»Zeit?! Wir beide?! Und du bist sicher, dass du abends nicht wieder vor den Charts sitzen willst?!«

Jerome betrachtete seinen heilige Indikatorenkombination und ihre Parametereinstellungen, deren rosige Zukunft tief unter seine brennende Haut drang. »Nein, gewiss nicht!«

Und so kam es, dass Jerome dann abends mit Fröhlichkeit erklärte, dass er die Familie in ein

Restaurant ausführen wolle. Warum sollte sich ein Trader nicht ab und zu eine Abwechslung gönnen? Seine eingetrocknete, nach Menschen lechzende Seele zog es ohnehin nach Leben und Genuss. Sabine staunte zwar immer noch über den an sich für die letzten Wochen eher ungewöhnlichen Vorschlag, wusste jedoch nichts dagegen einzuwenden, und so endete der Abend in einem kleinen Fest: Jerome zog sein schönstes Hemd an und half Sabine in ihr Kleid. Wenn schon, denn schon, und so hatte er vorgeschlagen, zu jenem neuen Italiener im Ort zu gehen. Au dem Weg aus dem Grundstück begrüßte er ausschweifend etwaige Nachbarn, und auf den Weg nahm er Sabine seit Langem wieder fröhlich in den Arm. Im Restaurant angekommen, ließen sie sich auf der Terrasse im Obergeschoss nieder, die einen wunderbaren Ausblick bot. *Du hast die Zustandsgleichung gefunden!*

Stolz berichtete er Sabine von dem Kniff, den er heute angewandt hatte, und wartete auf eine angemessene Reaktion, aber es folgte »nur« ein:

»1.200 Euro, klasse! Wenn ich mich recht erinnere, hattest du im Vorfeld weit mehr verloren …«

Mhm …?!

Was soll man dazu sagen?! Nichts! Denn wie ließe sich jene weite Welt des Denkens, in die er sich seit Tagen wagte, je einem Menschen erklären, der noch nie, trotz zwölfstündigem, hoch konzentrierten Marktanalysierens, den Handelstag dennoch mit einem vierstelligen Minus abgeschlossen hatte.

Kurzum, es war wie beim Schachspiel: Der Einzige, mit dem man sich über eine gewonnene Partie freuen kann, ist ein Schachspieler, dachte Jerome und verstand einmal mehr: Er musste seine Einsamkeit auch an Gewinntagen akzeptieren! Er hatte das Abenteuer allein begonnen, er musste es allein fortsetzen. Also ließ er sich nichts anmerken, im Gegenteil. *Du hast die Zustandsgleichung gefunden, Kopf hoch!*

Sie bestellten gebratene Garnelen und gefüllten Tintenfisch, beobachteten die anderen Gäste, und Jerome tat das, was er schon immer gut konnte:

Er war ein guter, mit sinnlichen Bildern begabter Erzähler gewesen, aber heute – dazwischen trank er ein paar Gläser des besten Weines des Hauses, den er zu Ehren des heutigen Tages bestellt hatte – übertraf er sich selbst: Nach diesem Handelstag und den Plustrades, deren »Verantwortung « allein seiner Logik entsprungen waren, war Jerome plötzlich »doppelt « so gut, »doppelt« charmant, »doppelt« er selbst – wie mancher Schauspieler erst dann feurig wird, wenn er die Hörer, die atmende Masse vor sich ganz im Bann spürt. Er erzählte Lilly einige Geschichten von früher und brachte die ganze Familie zum Lachen, indem er die beteiligten Personen nachahmte. Sabine, die es in den vergangenen Wochen ohnehin nicht mehr gewohnt war, auszugehen, schwebte an diesem Abend im siebten Himmel, das heißt, sie vergaß seit Langem für ein paar Stunden das finanzielle Desaster und spürte erstmals in diesen Stunden wieder eine Art emotionale Verankerung.

Du hast die Zustandsgleichung gefunden!

Auf dem Heimweg schob er sogar seinen Arm unter den ihren, was sie nicht abwehrte. Und sie liefen beisammen, eng aneinandergeschmiegt. Er erzählte Sabine weitere hunderterlei fröhliche Geschichten und wusste in jeder geschickt ein paar Schmeicheleien einzuflechten und ihre Lustigkeit zu erhalten. Er gab ihr komische Namen, die sie zu tollem Lachen zwangen, machte ihr Kindereien vor, die sie und Lilly laut jubeln ließen. Geschichten aus seiner Kindheit, die er lange vergessen hatte, fielen ihm wieder ein, Personen, die er aus dem Gedächtnis verloren hatte, tauchten wieder auf und nahmen in humoristischer Weise erneut Gestalt an. Und auch Sabine, die sonst seit Tagen ihre Selbstbeherrschung einhüllte, war jetzt so übermütig wie schon lange Zeit nicht mehr.

Einfache, stille Seligkeit!

In dieser Nacht liebten sich Jerome und Sabine voller Leidenschaft, was nicht mehr sehr häufig vorkam, und auch am nächsten Morgen war Jerome allerbester Hoffnung …

*

Aber es war dafür gesorgt, dass sich Jerome der freundlichen Hoffnungen nicht allzu lange hingeben sollte. Bereits am Vormittag bekam er wieder mehrere Peitschenhiebe, die seine ermattete Angst aufscheuchten. Noch innerhalb der ersten Handelsstunde gleich zwei Minustrades, die fünfhundert Euro forderten.

Zwei!

Zwei Minustrades!

»Du musst besser aufpassen! Du hast dich einfach übertölpeln lassen«, zischte er mit flatternden Nerven, die Stirn von tiefen Falten zerfurcht, und betrachtete seine geheime Indikatorenkombination. Und auch der aktuell dritte Trade sah schon fragwürdig aus. Kein Wille zuckte in Jerome auf, weder um die aktuelle Position trotz des Gegensignals zu schließen, noch um der »Gerechtigkeit des Kontos« beizuspringen und den mehrfach weggezogenen Stopp wieder näher heranzuziehen. Gegen Letzteres sträubte sich sein Gefühl sogar wie das Haar einer aufgebrachten Katze! *Peng!*

Ausgestoppt!

Wütend warf sich Jerome aus seiner lauschend geduckten Haltung hinein in sein Handelsprogramm und »optimierte« zwei der vielen Parametereinstellungen um jeweils ein paar »Grad«.

Bingo!

Ein Plustrade folgte.

Nächster Trade … ausgestoppt.

Nächster Trade … ausgestoppt.

Nächster Trade … freiwillig ausgelassen.

Shit! Der wäre ein Plustrade gewesen!

Nächster Trade … ausgestoppt.

Ein wildes Zusammenfahren hätte wohl auch kein anderer Trader verbergen können! Jerome zwang sich jedoch zur Ruhe, schloss ohne Überstürzung das Tradingprogramm und fuhr den Rechner herunter. Sich bändigen, die Nerven niederpressen, nichts Unsinniges vor blanker Wut tun! Er erhob sich und lehnte sich an seinen Schreibtisch wie an ein Bollwerk gegen das Leben. Stumm schaute er auf die vielen aufgeschlagenen Fachbücher, die, an vielen Ecken umgeknickt, den Schreibtisch bedeckten. Er sah seine »Studien«, sah die Kritzeleien, die Konzentration und Zerstreutheit, die er auf ihnen hinterlassen hatte. Einige Zahlen hier und dort, und dazwischen ein paar nichtssagende Zeichnungen aus der Feder seiner Unaufmerksamkeit.

Er betrachtete dies alles so aufmerksam wie ein Hinterwäldler, der noch nie ein Fachbuch oder Skizzen gesehen hatte, und er erkannte: Die Tausenden Empfindungen an einem einzigen Handelstag hatten ihn alt werden lassen; das Denken und die vielen Gedankenschleifen hatten ihn verbraucht, womit sein Leben zu einem einzigen metaphysischen Fieber wurde, nur darauf ausgerichtet, unentwegt einen verborgenen Sinn in den Dingen um Charts & Co. zu entdecken und mit dem Feuer der »geheimnisvollen Analogien« zu spielen. Diese ansteigende Macht seines Wissens um Ein- und Ausstieg und die entsprechende Gegenwart der fachlichen Welt waren aber, wenn er sich lächelnd fragte, was er denn nun tue, kaum noch von Abwesenheit, Ohnmacht und tiefer Geistesstummheit zu unterscheiden. Mit nur geringer Übertreibung seines Empfindens hätte Jerome von sich sagen können, dass er nun überhaupt nicht mehr wisse, wo er war. Es war nach allen Seiten in etwas … ja was? … Stillstand darin, wo er sich eben noch durch den Inhalt der vielen Tradingbücher hochgehoben und verschwunden zugleich fühlte. Er hätte sagen können: »Ich bin verliebt, aber ich weiß nicht, in wen!« Ein wenig zurücktretend und das Regal hinaufschauend, wo er die »geheime Formel«, jene »Zustandsgleichung des Marktes«, auf einem Zettel in einem der Bücher gestern Abend noch versteckt hatte, ergriff Jerome aufs Neue Wut bei dem Gedanken, dass er die Börse abermals nicht unterworfen hatte, dass er wieder einmal auf das Pflaster geworfen war. Zwar spürte er einen klaren Willen, der ihn erfüllte, aber er wusste nicht, was er in seiner Klarheit beginnen sollte, denn alles, was es »fachlich richtig « und »fachlich falsch« in seinem Trading gegeben hatte, war angesichts des fallenden Kontostandes irgendwie ohne Bedeutung. Und aus innerster Überzeugung drängte es ihn, er möchte doch, was er sich mit lockerer Hand täglich fachlich hinstreute, endlich in harter Faust festhalten, nicht immer bloß lesen, sondern das Eigene gestaltend bewahren. Aber vergebens! Und mit der Deutlichkeit, die ein Tag, nachdem die Sonne im Zenit gestanden hat, annimmt, wurde Jerome erst mit der Vergeblichkeit seiner stürmischen Bemühungen gewahr, dass das Einzige, dessen er gegenwärtig sicher sein durfte und in der Tat sicher sein konnte, das war: Er hasste die NEINS des Marktes!

*

Und mit der letzten Kraft einer einsamen Seele fuhr Jerome fort, nun allein auf seiner Gartenbank sitzend, weiter Seite um Seite des »einsiedlerischen « Textes seines Händlertagebuches zu schreiben. Gleich Blut in einer aufgerissenen Wunde flossen die Sätze unaufhaltsam dahin, oftmals ohne Interpunktion. Ein Wort überholte, überrannte das andere, und er erlebte Silbe um Silbe die falsche Magie, aber nicht die des von ihm Geschriebenen, sondern dessen, was er glaubte zu schreiben …

… Morgen will Sabine wieder die Ergebnisse sehen … O GOTT! Ich hasse das Ganze!

Ich hasse, hasse es!

Hass bis hin zu Tränen. Für meine Maus, mit der ich all meine Orders bestätige, für die Charts, deren Verlauf ich mich für die sekündliche Antwort »Wo geht's hin?« bediene, für die vielen Fachbücher, die mir so vorkommen, als brächte man mir den fachlichen Glauben wie ein verschnürtes Paket auf einem befremdlichen silbernen Tablett.

Ich hasse das Ganze!

Ich hasse, hasse es!

Und dennoch … seltsam!?! … liebe ich all dies, vielleicht, weil ich sonst nichts zum Lieben mehr habe – oder vielleicht auch deshalb, weil sonst nichts die Liebe meiner Seele mehr wert war?! Und:

Wann immer es etwas Beschämendes hat, sich längere Zeit als »Herr« seines eigenen Körpers und Willens geglaubt zu haben, und auf einmal aber vom Tagesergebnis belehrt zu werden, dass man es nicht war, so verschärfen hier die aktuellen Umstände die Unannehmlichkeit um ein Vielfaches!

… Morgen will Sabine wieder die Ergebnisse sehen … O GOTT!

Und dann tags darauf die Frage: »Jerome, ein weiterer Monat ist rum … Du erinnerst dich, du wolltest die Familie von dem Trading ernähren!« Welch schrecklicher Abend, an dem Sabine erneut erfuhr, dass das Konto noch keinen Cent zugelegt hatte – im Gegenteil! All ihr Schweigen schien nach einem wilden Schrei zu drängen, Dunkelheit war um ihre Stirn, eine düster-herbe Verzweiflung lag in ihren Blicken, während sie gerade diesmal klare Freude erwartet hatte. Schrecklich war abermals jene Anklage in ihren Blicken, dieses furchtbare, gewaltige Gemisch aus Zorn, Qual, Verzweiflung und bitterstem Weh, das er, Jerome, wer weiß wie weit, in ihr Leben hineingeschleudert hatte. Und abermals flog am Ende seiner Rechenschaft eine Tür … und abermals lauschte Jerome in die Stille seines Arbeitsplatzes. Abermals schwang ein einziges Geräusch von den weit entfernten Schienen herbei, ein leises, hypnotisierendes Geräusch eines herannahenden ICE, welches Jeromes Gefühl der Hoffnungslosigkeit noch steigerte und ihn einmal wieder die scheinbare Zwecklosigkeit des Lebens als Vollzeittrader spüren ließ. Sehen, Fühlen, Erinnern, Vergessen – all dies verschmolz in ihm abermals durch einen dumpfen Schmerz an den Ellenbogen mit dem undeutlichen Gemurmel von der nahen Straße und den leisen Arbeitsgeräuschen des Rechners in seinem Arbeitszimmer … Und als er, den Kopf in die Hände gestützt, über das, was da auf seinen Bildschirmen blinkte, seinen Blick schweifen ließ, entdeckte er eine Fliege – das schwache Brummen, das nicht aus dem Büro stammte! –, die auf dem Monitor herumkrabbelte. Er betrachtete sie aus der Tiefe seines momentanen Abgrunds, anonym und wach. – *Sie hatte ein gut gelauntes Leben!*

15. Kapitel

Fünfzehnte Woche Dann halt Plan B …

Eine starke Hand; Strategien gegen die Langeweile des häuslichen Daseins; ein Fleckenknopf auf der Waschmaschine; verpasste Signale; und ein Entschluss zum Abgleich des »Heiligen Grals« …

Nach dem desaströsen Wochenende, das auf den freitagabendlichen Rechenschaftsbericht gefolgt war, entstand Montagmorgen gegen die Mittagszeit folgender Tagebucheintrag:

… Ich weiß manchmal nicht, wovon die Zeit ausgefüllt wird, aber ich entdecke eine tolle Chartgelegenheit – und ehe ich mich versehe, ist der Markt schon zig Punkte in meine Richtung gelaufen. Und da man nach einigen solcher Erfahrungen den Tradingtag bereits mit Angst beginnt, sehe ich zwar die wundervollsten Chartsituationen, aber ich lasse sie verstreichen wie in einem wüsten Halbschlaf … Welch Teufelskreis!
In Unmengen von teuer erworbenen Fachbüchern suche ich Halt. Aber zu nichts kann ich ohne Vorbehalt Ja sagen; ich suche die mögliche Geliebte, aber weiß nicht, ob es die richtige ist … Aber was soll ich tun? Mein Wille meiner eigenen Natur, sich fachlich zu »entwickeln«, verbietet mir, an das »Vollendete« zu glauben; aber alles, was mir entgegentritt, was ich lese und sehe, tut so, als ob es vollendet wäre …

Jerome starrte aus dem Fenster und überlegte … Eine Minute … Zwei Minuten … Fünf Minuten. Dann schob er abrupt das wirre Durcheinander seiner Fachbücher beiseite, googelte längere Zeit hoch konzentriert im Internet, fand, was er suchte, und griff zum Telefon. »Sagen Sie, Sie bieten doch auf Ihrer Website dieses Abonnement von Handelssignalen an, richtig? «, und zwei Stunden und eine Paypal-Überweisung später war Jerome in den »Profi-Signale-für-Trading-Gewinner«-Verteiler aufgenommen.

… 6277; … 6278; … 6278

Er öffnete das Fenster und blickte auf seine Monitore – und atmete von fern den »warmen Duft« der wackelnden Charts ein. Aber dann, dann wandte er sich mit einer lächelnden Gebärde ab. *Nein, nein … das war zu Ende!* Was war ihm noch dieser »Duft«? Ab sofort erhielt er ja alle erforderlichen Orders per SMS und zeitgleich per E-Mail. – *Uff!* Trotz einiger Skepsis, die man ihm aber am Telefon schnell ausredete, war Jerome der Meinung, dass ihm jetzt alles an die Hand gegeben worden sei, was nötig war, um für alle Zeit als privater Vollzeittrader erfolgreich zu sein. Dass ihm zusätzlich zu der Rechnung nicht auch die detaillierten Herleitungen der Signale mitgeteilt wurden, machte ihn nicht weiter stutzig, zeigte doch das ausgewiesene Musterdepot, dass es funktionieren musste! Jerome wandte sich zur Seite, blickte auf die Straße hinaus und genoss ungemein erleichtert nun jenen Vorteil, dass er nicht weiter über die Märkte nachdenken musste. Urplötzlich war es Jerome, als sei es jetzt lebendiger geworden auf der Straße: Dann und wann klang ein vorüberfahrender Wagen auf und hallte vorüber, Gespräche und das Klingeln eines Handys tönten zu ihm herein, zwischen all dem aber war auch das Zwitschern der Vögel zu vernehmen, und vom strahlend blauen Himmel wehte eine weiche, warme Brise bis in sein Arbeitszimmer hinein. Kurzum: Seine Verzweiflung begann sich binnen Sekunden in eine große, sanfte Wehmut aufzulösen. Ein Gefühl von Behaglichkeit und Vertrauen überkam ihn, denn wovor sollte er sich jetzt eigentlich noch ängstigten? Und als er diesen Atemzug tat, fühlte er erstmalig die Frage in sich: *Brauche ich vielleicht einfach nur eine »starke Hand«?*

Jerome antwortete sich selbst mit *JA!*, und darin lag ein gewisses Bedürfnis nach Entschiedenheit, oder besser gesagt: Alles in allem hatte er sich gesagt, dass es ihm eine Beruhigung wäre, wenn jemand anderes die Führung der Chart-Aktion übernehmen könnte.

... 6251; ... 6250; ... 6249

Und siehe da, keine dreißig Minuten später, Jerome war gerade mit seiner Küchenarbeit fertig, kam auch schon – *piep, piep, piep* – das erste Signal:

Bund-Future ... Long@Stoppbuy bei 120,20.

Yeeaahhh!!!

Und Jerome musste zugeben, seine Nerven spielten etwas verrückt, schließlich hatte er nicht die leiseste Ahnung, worauf er sich da einließ. Nun ja, die Website des Anbieters machte zwar einen ganz sympathischen Eindruck oder besser gesagt: einen nicht ganz unsympathischen; und Jerome hatte vor allem die vielen Beispieltrades gesehen. Das sah ganz gut aus! Aber jetzt, jetzt ging es ans Eingemachte. Gleich würde er seinem ersten Trade à la Signalabo gegenübertreten und daher sein Möglichstes tun, um Millionen aus den Märkten zu holen. Jerome war äußerst aufgeregt, und dass der Markt heute extrem schwankte, machte die Sache nicht unbedingt besser.

O Gott.

Ich beiße mir auf die Lippe.

Was, wenn ich versage? Was, wenn ...

»Okay. Entspann dich, Jerome«, sagt er sich. »Es wird bestimmt alles bestens laufen.« Er trank noch hastig einen Schluck, klatschte in die Hände, sprach sich selbst Mut zu und schielte auf seine Bildschirme hinüber. –

Doch Moment: Er starrte auf den Chart, und da ihm nicht das Warum und Wieso des erhaltenen Signals bekannt war, nagte an ihm die Frage: Warum um alles in der Welt sollte er sich bitteschön long positionieren, wo der Markt doch unter diese massive Unterstützung gefallen war? Oder noch deutlicher gesagt: In Jeromes »Tradingwelt« hätte er schon längst eine vermeintlich todsichere Short-Position aufgebaut.

Mhm?!

Na ja, und da es sich bei diesem Trade, nach Ansicht Jeromes, sicherlich um einen Irrtum seitens des Signalanbieters handelte – möglicherweise war er als Neukunde noch nicht korrekt mit dem System »connected« –, entschied er, aufgrund dieses offensichtlichen »Übertragungsfehlers«, den angewiesenen Trade zu unterlassen, nur um dann aber mit einen dummen Lächeln zur fortgeschrittenen Nachmittagsstunde festzustellen, dass der Bund-Future die ganzen Stunden über gestiegen und gestiegen und gestiegen war. Das Ganze blieb ihm schleierhaft.

Die zweite SMS kam prompt und wies Jerome an: Long im Dow Jones. Diesmal brav dem vorgegebenen Handel folgend – in seiner »Tradingwelt« wäre er ebenfalls long gegangen -, ergab dieser Trade 1.800 Dollar.

TAUSENDACHTHUNDERT DOLLAR!

Und das OHNE eigene Analyse!

Jerome erlebte diesen Trade größtenteils in der Küche, in der er stehend am Herd ein Bier trank und sich über den steigenden Markt freute. Alles schien vorüber zu sein und vergessen. Jerome fühlte sich wie elektrisiert, ja nahezu gereinigt. Er strotzte vor Vitalität und familiärem Tatendrang, und ihm schwirrte der Geist vor vortrefflichen Gedanken. Er ließ ein paar gefaltete Papiere wie taumelnde Ufos durch die Küche segeln. Er war bester Laune und konnte gar nicht erwarten, endlich das neue Signal zu sehen.

Aber …

Check Handy […] Kein Signal …

Check Handy […] Kein Signal …

…

Check Handy […] Kein Signal …

Check Handy […] Kein Signal …

…

Check Handy […] Kein Signal …

Check Handy […] Kein Signal …

…

Kein weiteres Signal an diesem Tag.

*

Nach einer ruhigen Nacht verabschiedete sich Sabine am nächsten Morgen mit ihrer üblichen Ermahnung: »Bring das Minus ja in Ordnung!« Schon allein diese Worte sorgten in Jeromes Kopf für den reinsten Aufruhr. Konnte sich Sabine überhaupt in irgendeiner Weise vorstellen, wie lange so ein Tradingtag mit einem Signalabo sein konnte? – *Ich glaube nicht.* Tagsüber kam ein Trader auf die dümmsten Ideen, um die Ungeduld – und die Zeit – totzuschlagen. *Welche Zeit?* Nun, jene Zeit zwischen einem abonnierten Signal und dem nächsten. Gott, konnte das öde sein! Da wurden selbst die Arbeiten, die man sonst verachtete, der beste Zeitvertreib!

Check Handy […] Kein Signal.

Also fing Jerome erst mal an, Wäsche zu bügeln; doch im Gegensatz zu sonst gab es diesmal nicht viel zu bügeln. Außerdem sahen die von ihm gebügelten Sachen hinterher zerknautschter aus als vorher.

Check Handy […] Kein Signal.

Jerome ging zum Briefkasten.

Check Handy […] Kein Signal.

Jerome las die Zeitung. Zweimal.

Check Handy […] Kein Signal.

Unruhe schlich sich an Jerome heran. Er, der bis dato ratlos tätige Trader, dessen Kopf mit tausenderlei Gedanken angefüllt war, duldete sie nicht: Langeweile. Um sich abzulenken, steckte er alle Handtücher, die er finden konnte, in die Waschmaschine und stellte den Temperaturregler auf 60 Grad. Vier Extraprogramme hatte er zur Auswahl: Vorwäsche, Einweichen, Kurz und … *he? … Flecken?!* Den Fleckenknopf kannte er noch gar nicht. Ob das funktioniert? Er öffnete die Trommel, zog ein weißes Handtuch heraus und goss ein wenig Rotwein darüber. Dann stopfte er das Tuch wieder in die Maschine, gab Waschmittel dazu und stellte den Regler auf das Programm Flecken. Zur Belohnung für die tolle Idee machte er sich einen Kaffee.

Check Handy […] Kein Signal.

Jerome las die Zeitung. Ein drittes Mal! Mürrisch ließ er die Blicke über die Zeilen rinnen; aber seine Gedanken waren lahm und stolperten wie betrunken den Worten nach.

Check Handy […] Kein Signal.

Jerome verteilte Handtücher zum Trocknen in der Wohnung. Der Rotweinfleck war tatsächlich rausgegangen!

Check Handy […] Kein Signal.

Inzwischen waren es »nur noch« fünf Stunden, bis Sabine wieder nach Hause kam. Jerome erinnerte sich, dass ihm aufgetragen worden war, einige Belege fürs Finanzamt herauszusuchen. Buchhaltung und Steuer … *ja, das war es. Das dauerte elend lange.* Aber eigentlich hatte er dazu überhaupt keine Lust – wer listete schon gern fürs Finanzamt auf? Also gut, er tat es dann doch,

Check Handy […] Kein Signal.

Nächste Idee: Arbeitszimmer ausmisten. Jerome nahm sich einen Stuhl aus dem Wohnzimmer und machte sich an das oberste Fach des Büroschrankes. Unglaublich, was sich da im Laufe der Jahre angesammelt hatte. Die meisten Sachen mussten weg – unnützer Kram! Er eliminierte eine alte Packung Buntstifte und längst abgelaufene Versicherungsunterlagen. Sein bisheriger Spitzenreiter war ein altes Fotos mit Sabine und ihm. Nach einer weiteren halben Stunde des Sortierens hielt er den Sieger des kleinen Wettbewerbs in seiner Hand, einen Kontoauszug von vor fünf Jahren. Laut Aufdruck hatte Jerome da noch 34.920 Euro Spareinlagen.

Check Handy […] Kein Signal.

Diese Stunden, wie soll man sie schildern? Die schwüle, die Nerven auslaugende Unruhe drückte geradezu elektrisch auf Jeromes ungeduldige Sinne. Gereiztheit machte sich breit, vergleichbar der eines Kartenspielers. Denn keine Gereiztheit ist ärgerlicher als die des Spielers, der mit den Karten in der Hand im Bewusstsein seiner Überlegenheit vor dem grünen Tisch sitzt und vergeblich auf einen Partner wartet!

Check Handy […] Kein Signal.

Glücklicherweise kam Jerome eine Erkenntnis: Er musste sparsam mit den wenigen Aktivitäten umgehen, die ihm als Trader geblieben waren!

Check Handy […] Kein Signal.

Zehn Minuten Rundgang durch den Garten.

Check Handy […] Kein Signal.

Unendlich fühlte Jerome die Zeit auf sich lasten, und die Minuten verloren ohne ihre gewohnte Bestimmung jeden Sinn. Einzig die Küchenuhr, gemächlich mit ihrem Schritt die Zeit durchschreitend, gab seinem Herzen unmerklich wieder etwas von seinem gleichmäßigen, sorglos-sicheren Takt!

Check Handy […] Kein Signal.

Wie zwischen Kerkerwänden, müßig und erregt, ging er auf und ab entlang der Beete. Die Straße, die Menschen, die Autos, die ihm wirkliches Leben waren, waren ihm gesperrt.

Check Handy […] Kein Signal.

Die kommende halbe Stunde bekam Jerome damit herum, dass er im Garten stehend hinab auf die Straße schaute. Zwischen 11:12 Uhr und 11:42 Uhr liefen zwölf Passanten von links am Grundstück vorbei. Interessant! Er holte einen Taschenrechner und rechnete hoch, wie viele Leute das an einem Tag wären, indem er die Zahl mit 48 multiplizierte. Er kam auf 576 Passanten, die täglich von links an seinem Grundstück vorbeiliefen. Plötzlich war ihm klar, dass das so natürlich nicht stimmen konnte, weil nachts kaum Fußgänger hier vorbeikamen, schon gar nicht von links. Er überlegte sich, wie viele es in Wirklichkeit waren. *Muss ich 50 Prozent abziehen von meinem Ergebnis? Oder gar 60 Prozent?* Er beschloss, der Sache auf den Grund zu gehen. Da er keine 24 Stunden lang Passanten zählen konnte, überlegte er sich, jeweils nur die ersten 30 Minuten einer Stunde zu zählen und die Zahl dann zu verdoppeln. So hätte er eine relativ präzise Hochrechnung der tatsächlichen Passantenanzahl, weitaus präziser als Fernseheinschaltquoten oder Wahlhochrechnungen um 18 Uhr.

Check Handy […] Kein Signal.

Mittagessen?! – Weil er so viel »arbeitete«, konnte er natürlich nicht mehr einfach essen, wann er wollte. Er musste umdisponieren, musste flexibel sein und unheimlich spontan. Das erwartete er von sich.

Check Handy […] Kein Signal.

Jerome griff nach einem Buch. Kurz darauf legte er das Buch wieder zurück, denn vor dem Lesen bräuchte er noch ein Buch, in dem stand, wie man die Energie aufbrachte, so ein Buch ganz durchzulesen.

Check Handy […] Kein Signal.

Seine Stimmung stieg, als er sah, dass es schon halb zwölf Uhr durch war. Er heizte den Ofen vor, für eine Pizza!

Check Handy […] Kein Signal.

Er war zufrieden. Die Pizza schmeckte nicht ganz so gut wie am Vorabend.

Dafür beruhigte es ihn, im Vorfeld zu wissen, wie sie schmeckte.

Check Handy [...] Kein Signal.

Mittagszeit. Jerome streckte sich. Ihm blieben noch vier Stunden, um ein paar vernünftige Trades auf die Beine zu stellen. Aber erst mal einen Kaffee! Er ging in die Küche und nahm sich eine frische Tasse.

Check Handy [...] Kein Signal.

Die Zeit streckte breit ihre Stunden. Er war angespannt, gehetzt und verwirrt. In einem so feinen Organismus wie dem seinen drückte jede Unruhe wie in weiches Wachs ihre Spuren. Sogar das nervöse Zittern seiner Augenlider trat wieder auf.

Check Handy [...] Kein Signal.

Jeromes Vertrauen in die erkaufte Signallogik vermutete ein Missverständnis, und geheime Angst quälte ihn, er mochte vielleicht die organisatorischen Details falsch verstanden haben. Ein Anruf beim Signalanbieter versicherte ihm jedoch: Alles bestens.

Check Handy [...] Kein Signal.

Badewanne. Vom Wasser umspült, »genoss« Jerome mit Bitterkeit das absurde Bewusstsein, nicht minütlich Signale bekommen zu können. Den ganzen Tag hatte Jerome das Leben als privater Vollzeittrader als reine Last empfunden, auf seinen Augen, an seinen Schläfen, Druck von innen, und das Bewusstsein von alledem im Magen – all das schaffte eine völlige Niedergeschlagenheit.

Er war völlig überreizt von seiner »Arbeit« und der zeitgleichen »Langeweile« zwischen zwei Trades.

Check Handy [...] Kein Signal.

Jerome hätte sich schrecklich gerne mit seiner Tasse duftenden Kaffees entspannt, kriegte aber keinen einzigen klaren Gedanken zu fassen. Alles kreiste und flatterte um ihn herum: DAX, Dow, seine verlorene Ehre, die Nachbarn, die Eltern und vor allem Sabines Blicke. Lange konnte er sie nicht mehr hinhalten. Sabine will endlich den großen Scheck sehen. Jerome trank ein wenig schneller, um die seltsamen Gedanken zu verjagen.

Check Handy [...] Kein Signal.

Ihn überkam eine tolle Idee: Er maß die Anzahl der Füße, die er brauchte, um von der Terrassentür im Wohnzimmer bis zu seinen Monitoren zu kommen. Ohne Schuhe waren es 83 Fuß. Mit seinen gelben Turnschuhen waren es 80 Fuß. Er wiederholte die Messung mit allen Schuhen, die er hatte. In seinen Lederschuhen brauchte er 79 Fuß, in seinen Badelatschen hingegen nur 78. Seltsam, wo ihm doch alle Schuhe gleich gut passten.

Check Handy [...] Kein Signal.

Sollte er vielleicht ein Nickerchen draußen auf der Bank machen? So lange er schlief, konnte er wenigstens nicht immer sinnlos über das Trading nachdenken. – Aber seine Augenlider zogen sich doch immer und immer wieder hinauf und sehnten sich nach Licht. Und nach dem Blick auf sein Handy.

Check Handy [...] Kein Signal.

Jerome zählte die Blätter am Baum, um die seltsamen Gedanken zu verjagen. … *hunderteinundzwanzig … hundertzweiundzwanzig* … Es klappte, und eine Weile später schlief er ein. Zehn Minuten Gartenschlaf.

Check Handy […] Kein Signal.

Sabine kam nach Hause.

Check Handy […] Kein Signal.

Jerome ging mit Sabine einkaufen und Lilly abholen.

Check Handy … [Zwei verpasste Signale …]

Sabine appellierte an einen ausgedehnten Familienabendspaziergang.

Check Handy … [Ein verpasstes Signal …]

*

Und so kam es, dass Jerome mit den weiteren Handelsstunden und Handelstagen erahnte: Mit seinem Signalabo bezahlte er nicht nur den Erhalt von Signalen, sondern auch noch etwas anderes: das Warten! Und er fühlte einen starken Reiz und ein großes Unbehagen bei diesem Gedanken; es kam ihm schwer vor, hier die Grenze zwischen neuen Ansichten und Verzerrung der gewöhnlichen Ansichten richtig zu ziehen. Immer musste er warten. Schrecklich. Erst riss das Warten Jerome die Nerven auf, ein Signal via SMS oder E-Mail zu erhalten, und dann, wenn er innerlich schon eingestellt war auf den Trade, schon Verstand und Wille gespannt waren und die Order im Markt wie geheißen an Ort und Stelle lag, ließ der Marktverlauf ihn abermals warten, auf sich warten, eine Minute, zehn Minuten, mitunter dreißig Minuten, bevor die eingestellte Order vom Markt getriggert und damit die sehnlich benötigte Position zur Rettung des Kontos eröffnete wurde. Einmal musste Jerome vier Stunden von der Signalbekanntgabe bis zu dessen Ordereröffnung warten. Ein anderes Mal dauerte es, bis überhaupt ein Signal angezeigt wurde, sechs Stunden. Nun – sechs Stunden, das schrieb sich schnell hin, gerade mal ein Dutzend Buchstaben. Das sprach sich auch leicht aus: sechs Stunden – drei Silben. In einer halben Sekunde hatte der Mund diese Laute artikuliert. Sechs Stunden. Aber niemand konnte schildern, konnte messen, konnte veranschaulichen, nicht einem anderen und kaum sich selbst, wie lange so eine Zeit für einen privaten Vollzeittrader mit einem im Minus liegenden Konto währte, und keinem konnte man erklären, wie es einen zerfraß und zerstörte, dieses Warten und vor allem immer diese Gedankenschleife, die im einsamen Arbeitszimmer kreiste, bis man irre wurde: »Warum warten?! Ich hätte hier bereits hier und hier … ah, und auch hier … einen Trade gemacht!«

Aber damit nicht genug! Zu der Irritation des geduldigen Wartens kam nun aber noch verstärkt ein weiterer seltsamer Widerspruch hinzu: Mal wollte der Signalanbieter long, da wollte Jerome aber short. Dann wollte der Anbieter short, da wäre aber Jerome lieber flat geblieben oder hätte die entgegengesetzte Marktseite gehandelt. Kurzum: Das Problem bestand immer deutlicher darin, dass Jerome jedes Signal des teuer erstandenen Abonnements mit seinem bisherigen Wissen über Charts abglich – und sich demnach bei jedem Signal-Update auf eine bis dato noch nie dagewesene Frage konzentrierte, nämlich wer besser sei: er oder das teuer erkaufte Signal.

Der Klassiker lief so ab: Beispielsweise kam es dazu, dass Jerome nach zwei Minustrades in Folge den neuerlichen Marschbefehl für einen DAX-Trade des Signalanbieters absichtlich ausließ, sich dann aber nach einigen Überlegungen in Anbetracht des riesigen entgangenen Gewinns von unzähligen Punkten wiederum auf die Seite des Signalanbieters schlug und sich vornahm, den kommenden Handelsbefehl definitiv zu befolgen, denn schließlich hatte das letzte Signal echt viele Euros gebracht. *So richtig viele!* Mit diesem guten Vorsatz im Gepäck, empfing Jerome tags darauf gleich zu Handelsbeginn ein neues Signal, diesmal: EURO Long Market. Unter heftigem Murren führte er den für teuer Geld abonnierten Marschbefehl aus, wenngleich er auch bei diesem Trade lieber die andere Marktseite gehandelt hätte. – *Sieht doch jeder, dass der Markt runter will! Aber was soll's?* Jerome dachte an den gestrigen verpatzten Trade im DAX-Future, wodurch sich in ihm eine gewisse Ruhe ausbreitete, welche allerdings nicht lange anhielt. Im Gegenteil wurde daraus ganz schnell größte Panik, als er nämlich tatenlos zusehen musste, wie der Euro … fiel … und fiel … und fiel … und seine Long-Position alsbald über vierzig Ticks Minus aufwies. Jerome versuchte, sich zu beruhigen: »Es wird schon gut gehen! Der letzte Tag hat es ja bewiesen!« Das tat es aber nicht. Der Markt fiel weiter. Bei sechzig Ticks Minus zog Jerome manuell – sprich ohne Marschbefehl des Signalanbieters – die Reißleine, was sich im Nachhinein sogar als richtig erwies, denn der Markt fiel noch um weitere dreißig Punkte, ohne dass vonseiten des Signalanbieters ein Stopp generiert wurde. Und ein anderes Mal ging er long statt des Short-Befehls. Aber es kam, wie es kommen musste: Jerome kämpfte fortan mit einer »fiesen« Position, die ihn jeden Moment aus der Bahn zu schießen drohte. Und jedes Mal dachte er mit der gesammelten Aufmerksamkeit seiner Nerven: »Das wird schon, ruhig! Ich bin besser als das Signal« – und schlussendlich wurde er von seinen Positionen in Stücke gehauen, während das Signal um die fünfzig Punkte gewann. Und abermals stand Jerome vor der Frage aller Fragen: »Wer ist nun besser? Ich und meine Analysen zur Wertigkeit des erhaltenen Signals des Anbieters – oder das erhaltene Signal selbst?« Diese Frage stellte sich Jerome die kommenden Handelstage nahezu stündlich und drehte sich dabei ständig im Kreis.

Kurzum: ein ewiges Katz-und-Maus-Spiel, bei dem am Ende sowohl seine ohnehin schon angeschlagene Psyche als auch sein Konto den Kürzeren zogen …

Und so kam es, dass sich Jerome schließlich daran erinnerte, dass in dem einen oder anderen Internetforum von den Erfahrungen mit dem Signalanbieter berichtet wurde.

Genau, Erfahrungsaustausch!

Aber auch das war irritierend! Denn die Lektüre der Forumseinträge klärte Jerome darüber auf, dass der Erfolg von gekauften Signalen von Trader zu Trader sehr unterschiedlich wahrgenommen wurde. Das Glück des einen war das Unglück des anderen, und es gab eine Menge Traderkollegen, die schwärmten von ihren nachgehandelten Trades, mit denen ihnen bereits eine enorme, fast schon unwirklich scheinende Rendite gelungen war, während Jerome Trade für Trade immer größere Mühe hatte, seine scheinbaren nun fachlich gekauften Vorteile in Siege umzumünzen! *Boah!*

Jerome verstand die Welt nicht mehr. Lange dachte er über dieses Paradox nach. Aber dann wurde er sich über eines vage bewusst: Durch den Fakt, dass er bereits eigenständig gehandelt hatte, hatte er eine eigene Meinung zu den Geschehnissen an den Börsen und zu deren Marktverläufen entwickelt. Vielleicht hing das irgendwie miteinander zusammen? Mhmm?! Das Resultat seiner Überlegungen: Er erkannte die Tatsache an, dass er immer den aktuellen Chart zuzüglich zu dem erhaltenen Signal – egal von wem – betrachten und das Signal mit seiner Meinung zur aktuellen Chartsituation abgleichen werde. Nach dem Studium dieser vielen Bücher konnte er keinen Chart der Welt »unschuldig« anschauen und sein ganzes Wissen ausblenden. Jerome fand das ganz normal, denn schließlich wollte er sich ja vergewissern! Aber das war nur das eine. Das andere war: Aufgrund der Tatsache, dass sein Konto nicht mehr so ganz den Anfangsbestand aufwies, lag aus Sicht Jeromes der eine oder andere Stopp von den Signalen viel zu weit entfernt oder wurde erst viel zu spät nachgezogen.

Daher wandte er ohnehin größtenteils eine »parallele« Stopp-Logik an, was er natürlich niemals öffentlich gegenüber den Signalbetreibern zugeben würde. Aber genau an diesen besagten Stellen des »Wartens«, des »inneren Analystens« und des »Stopp-Tunings« fingen die Schwierigkeiten an – und der Glaube an den abonnierten »Heiligen Gral« hörte auf …

16. Kapitel
Sechzehnte Woche Seelenmüll als Leben haben, den die anderen nur im Schlaf kennen

Das übelste aller Rauschmittel;
das grelle Stöhnen einer ICE-Bremse;
eine Frage nach der Schweigepflicht;
eine Checkliste über das Sexualleben;
einen aus schlechtem Gewissen gekauften Blumenstrauß.
Und den Plan eines Wahnsinnigen …

Seit das angelesene Fachwissen, in Form von Regelwerken für Ein- und Ausstiege, ebenso ihren Einfluss verloren hatte wie etwaige erkaufte Signale, existierte keine Autorität mehr in Jeromes Chaos. Es gab kein »Bildungsvorbild « und keine »Bildungsidee« mehr. Kurzum: Jerome war bereit, stets dem Zappeln des Charts zu glauben – und gleichzeitig stets wieder nicht zu glauben. War es unter diesen Umständen nicht nur natürlich, dass Gefühle und Ansichten ankerlos herumzugleiten begannen und dass selbst der festeste Mensch zu wanken anfing? Wo suchte ein Trader, der nicht mehr an Fachbücher noch an erkaufte Fachlichkeit glaubt, Zuflucht? Die Antwort, so schien es Jerome, lautete schlicht: nirgendwo.

Und so schleppte sich Jerome fortan damit hin, zu tun, was er nicht wollte, und zu erträumen, was er nicht haben konnte, das heißt: Jerome gab sich dem *Unbekannten* hin, wodurch er in eine noch weitaus tiefschichtigere geistige Disziplinlosigkeit verfiel, gepaart mit völligem Gleichmut.

Er erlebte damit jene »modifizierte« Erlebnisart von einem, der im Gebirge in einen Schneesturm gerät und nicht mehr heim findet.

Und wollte man das recht verstehen, so brauchte man sich nur zu vergegenwärtigen, dass Jeromes Abkehr von der »fachlichen Ordnung« zurück zu einer »diskretionären« etwas zutiefst Natürliches war, denn in seinem Kopf verschaffte sich neben dem logischen Denken – mit dessen … wie könnte man sagen? … »strengem Ordnungssinn« – nun doch wieder jenes gewisse Bauchgefühl Geltung, dessen Logik, soweit man überhaupt von einer solchen reden durfte, den Eigenheiten seines jeweilig aktuellen Gefühls, seiner Leidenschaften und Stimmungen vor den Charts entsprach, sodass sich die Gesetze dieser beiden ungefähr so zueinander verhielten wie die eines Holzplatzes, wo Balken schon eckig behauen Zentimeter auf Zentimeter aufgestapelt wurden, zu den dunkel verschlungenen Gesetzen des Waldes mit seinen umgeknickten Hölzern und verästelten Bäumen.

Und so kam es, dass Jerome an jenem Dienstagmorgen mit dem physischen Ekel vor dem gesamten Leben als Trader erwachte und sich mit dem Entsetzen, »traden zu müssen«, aus dem Bett erhob, sein altes T-Shirt überwarf, mit den Händen in den Taschen seiner Jeans sein Arbeitszimmer mit langen, entschiedenen Schritten durchmaß und er sich schlussendlich kurz vor der Börseneröffnung jenem Traum hingab, wie ihn alle Tradinganfänger mit sinkendem Kontostand hegen: der Traum vom endlich alles rettenden *Monstertrade!*

Bitte … lass mich heute alles rausreißen!

Bitte, bitte … ich brauch den MONSTERTRADE!

Ein Traum – das übelste aller Rauschmittel, denn er war das natürlichste von allen. Er schlich sich leichter in die Gewohnheiten eines Tradinganfängers als jede andere Droge; man kostete ihn wie ein verabreichtes Gift, ohne es zu wollen. Der Traum vom Monstertrade … der Traum vom Zauberregelwerk … so ein Traum, er tat nicht weh, machte weder bleich noch matt – doch des Traders Seele, die sich seiner bediente, wurde unheilbar krank, kam ohne dieses Gift nicht mehr aus, da sie selbst, die Seele, es war, die erkrankte.

07:52 Uhr … Noch acht Minuten bis zur Börseneröffnung. Jerome setzte sich und tippte wahllos in den Menüs seines Handelsprogramms herum, und unbewusst aktivierte er jene Funktion, welche die rückwärtigen Trades im Chart anzeigte. – Schluck! Stumm betrachtete Jerome die unzähligen Trades der letzten Woche. Es mussten gefühlte fünfzig sein; der Gesamtmarkt verlor mit einem sauberen Trendverlauf die letzten Tage um die vierhundert Punkte.

Schluck!

Jeromes Wochenergebnis: knapp 2.230 Euro Minus.

Shit!

Viele der Trades kamen ihm vor, als stammten sie von einem »fremden Händler«; beim besten Willen konnte er sich in ihnen nicht wiedererkennen. Jemand hatte sie getradet, dieser Jemand aber war *ER*.

Wer also ist dieses ICH?

Was ist dieser Raum zwischen mir und MIR?

Jerome zoomte den Chart mit den markierten Trades weiter auf und zu, und plötzlich erschütterte ihn im besonderen Maße ein nur ganz kurz gehaltener Trade von gestern Nachmittag: Jerome entsann sich noch mit aller Deutlichkeit, dass seine Bedenken zur fachlichen Rechtmäßigkeit dieser gestern angewandten »Handelslogik« bereits mehrere Wochen alt waren. Diesen Zweifel hatte er sogar in einer Tagebuchaufzeichnung festgehalten, in der er diese Bedenken sogar ausdrücklich betonte! Und dennoch hatte er gestern danach getradet. Er hatte sich selbst offenbar gestern nicht gekannt. Aber, wie konnte er gestern zu dem werden, was er schon war?! Wie konnte er sich heute so erkennen, wie er sich gestern verkannt hatte? Jerome ließ seine Gedanken schweifen und war gewiss, dass er das, was er heute über seinen gestrigen Trade dachte, schon bereits vor Wochen gedacht hatte. Er erinnerte sich. Und er fragte den Händler, der vorgab, in ihm zu stecken, warum nicht in den Empfindungen eine andere, ihm zugeneigtere Wiedererinnerung bestand, eine »bessere« Rückerinnerung an frühere Gedanken und Erfahrungen …?!

O Gott!

O Gott, ich dreh gleich durch!

Jerome erhob sich. Durch die offene Frische seines Fensters hörte er die von den Dächern noch vereinzelt fallenden regenschweren Tropfen. Der Regen der letzten Nacht hatte einen Hauch Frische zurückgelassen, und die abziehenden Wolken gaben einen Himmel von einnehmender Bläue frei. Dies ließ Jerome Hoffnung schöpfen. – Ja, Hoffnung! Heute, heute reiß ich alles raus!

Und es waren noch wenige Sekunden bis zur Eröffnung …

… 1,3449; … 1,3448; … 1,3450;

Acht ununterbrochene Stunden des Chartlesens später hatte Jerome aufgehört zu »arbeiten« und saß mit einer Flasche Wein wie ein Häufchen Elend auf seiner kleinen Bank. Er verharrte still – und hasste sich dafür, dass er mit einer Flasche Wein auf seiner kleinen Bank saß und sich hasste!

Und er wollte weder etwas, noch hätte er gerne etwas, noch war da etwas, wovor er fliehen wollte. Jerome empfand einzig seine innere Müdigkeit, die so groß war, dass er ihr kaum Platz bieten konnte …

24 Trades

Tagesergebnis: Minus 540 Euro

1. Trade … Minus 150 Euro. Signal: Kombination von Stochastik und Trendlinienbruch. Stopp war zu eng; Markt lief nach einem kurzen Rücksetzer doch in Jeromes Richtung.

2. Trade … Plus 250 Euro. Signal: MACD mit Candlestickmuster plus Bauchgefühl. Position zu früh glatt gestellt. Markt lief noch höher. Und noch höher …

3. Trade … Minus 750 Euro. Signallogik: Höher kann der Markt doch nicht mehr steigen! Stopp zweimal weggezogen. Dreimal weggezogen. Nochmals weggezogen.

4. Trade … Plus 125 Euro. Signal: Rein, raus. Stopp: Finger am Abzug.

5. Trade … Minus 75 Euro. Signal: Rein, raus. Stopp: Finger am Abzug.

6. Trade … Plus 12,50 Euro. Signal: Rein, raus. Stopp: Finger am Abzug.

7. Trade … Plus 650 Euro. Signal: Bruch Pivotlinie, bei zeitgleichem Signal eines selbstkreierten Candlestickmusters. Stopplogik? Keine, denn Jerome musste an der Haustür zwei Pakete für Nachbarn entgegennehmen.

…

So schön es auch war, »komplexen Gedankengängen« nachzugehen, schlussendlich entschied bei Jerome sowieso der Bauch. Wenn man clever genug war, konnte man danach immer eine passende intellektuelle Begründung nachschieben:

…

14. Trade … Plus 150 Euro. Signal: Seit zwanzig Minuten Untätigkeit. Das war Signal genug! Stopp: Vorperiode und dann doch schlussendlich: Finger am Abzug.

15. Trade … Minus 550 Euro. Signal: Candlestickmuster an zwei Kreuzungswiderständen. Stopp: Erst auf Vortagestief, dann Kreuzung einer kreativen Moving-Average-RSI-Kombination.

…

23. Trade … Minus 850 Euro. Signal: Dachte, Unterstützung wird halten. Stopp: Trailingstopp von 15 Punkten.

24. Trade … Plus 450 Euro. Signal: Vertippt. Wollte eigentlich andere Richtung handeln. Stopp: Der lag vor Zorn 50 Punkte tiefer und damit »unerreichbar«.

Acht Stunden hatte Jerome gebeugt vor seinen Monitoren gesessen und nicht gewusst, ob draußen noch die Sonne schien oder nicht, was draußen auf den Straße vor sich ging, denn selbst die Geräusche aus der Nachbarschaft gingen an ihm vorüber. Acht Stunden! Acht Stunden hatte er wie im Schlaf Charts interpretiert, sprich: analysiert, definiert, zerlegt, zergliedert, dechiffriert und decodiert, hatte Unmengen Orders in den Markt gelegt und entlang seiner Benommenheit Stopps eingestellt, gelöscht, dann doch wieder eingesetzt, wild nachgezogen, wieder gelöscht und ständig über deren Richtigkeit gegrübelt … oder mit anderen Worten: Während Jerome an diesen unzähligen Set-ups und Formationen vorübergesehen hatte, hatte er die Existenzen all ihrer »Perioden« und all das Rattern der Time & Sales-Liste zur gleichen Zeit erlebt; er war long, short, flat gewesen, hatte enge, weite, keine Stopps gezogen, enge, weite und keine Targets gesetzt – und all dies zugleich dank seines besonderen Vermögens, gleichzeitig verschiedene und unterschiedliche fachliche Regelwerke, Ansichten und Dogmen wahrzunehmen, gleichzeitig äußerlich beim Sehen und innerlich beim Fühlen das Leben verschiedener fachlicher Gesichtspunkte mitzuerleben … *Wieso … wieso bin immer ich der Idiot, und warum haben alle anderen und nicht ich die Millionen?*

Kann ich … kann ich nicht auch mal der Gewinner sein?

Jerome, jetzt eingefallen auf seiner Bank sitzend, nahm zwei kräftige Schlucke seines Weines, ergriff sein Tagebuch und erlebte, so wie bereits in den letzten Tagen, einmal mehr mit voller Härte, dass es als »privater Vollzeittrader« demnach Phasen gab, in denen einen alles ermüdete. Das waren jene Dinge, die einen ermüden, da sie wahrhaft ermüdend waren; aber auch erholsame Dinge, die für gewöhnlich als erholsam erschienen, da allein der Gedanke an sie ihn ermüdeten. Es gab demnach auch für einen Trader eine Art seelische Niedergeschlagenheit, welche weitergehender war als die im Alltag bekannte Angst oder Schmerz; obwohl man glauben könnte, jene seelische Niedergeschlagenheit sei nur denen bekannt, die Angst und Schmerz meiden und sich selbst gegenüber so »diplomatisch« waren, ihrem eigenen Überdruss aus dem Weg zu gehen. Die Folge? Ein Mensch wird auf irgendeine Weise gegenüber der Welt zu einer Art »gepanzertem Wesen«, und es verwundert daher nicht, dass in Momenten der Bewusstwerdung plötzlich die ganze Last dieses Panzers wahrgenommen wird – und Jerome befand sich hier und jetzt an einem solchen Punkt, und wenn er, traurig auf seiner Bank sitzend, diese Zeilen hier in sein Tagebuch schrieb, dann nur, um sich wenigstens zu versichern, dass er noch lebte …

Geht es so nicht eigentlich nur in Irrenhäusern zu?

Ist mein Arbeitszimmer ein Irrenhaus?

Aber gerade der leere Gedanke der unvorstellbaren und darum unabwendbaren unendlichen Strafe als Händler, die Voraussetzung einer für alle Gegenanstrengungen unempfindlichen Qual, die Voraussetzung einer für alle Gegenanstrengungen unempfindlichen Veränderung zum Schlechten, hat die Anziehung eines Abgrundes! Und so folgte als weiterer Eintrag:

Wie viele alltägliche Menschen fürchten nebst der Möglichkeit, dass sie ihr Geld verlieren könnten, keine andere so sehr wie die, dass sie eines Tags den Verstand verlieren könnten?

… Ich hingegen werde von der Vorstellung geplagt, plötzlich beides zu verlieren:

Geld und Verstand!

Inzwischen war es später Nachmittag. Die Sonne begann ihren langen Weg, um vereinzelt hinter den Häusern am Rande des Dorfes zu versinken, und das Licht nahm jene warme Tönung eines beginnenden Sommerabends an.

Klack!

Klack! Klack!

Plötzlich drangen aus dem Haus Geräusche. Jerome erschrak. Sabine! Und in seinem jähen Erschrecken erstaunte er, dass er nicht daran, nicht an das Nächstliegende gedacht hatte: dass sie heute eine Stunde früher heimkehren wolle, und er spürte wieder mit einem merkwürdigen Gefühl, wie fremd, wie ungeheuer fern ihm doch Sabine geworden war.

Gleich … gleich treffen mich wieder ihre Blicke!

Ängstlich horchte Jerome auf jedes Geräusch und versuchte, jede noch so leise Klangerregung zu deuten. Da trat Sabine auch schon hinaus auf die Terrasse, und auf ein »Hey!« folgte ein »Hallo!«, und es gab einen kurzen Kuss auf die Stirn. »Wie war der Tag?« Sabine warf ihm einen Blick zu, der alles sagte und seinen Empfänger ins Innere traf. Jerome blieb stumm.

Doch in seinen Augen stand, was er mit Worten nicht ausdrückte, nicht auszudrücken wagte: »Warum quälst du mich? Warum zwingst du mich zu reden? Siehst du, hörst und fühlst du denn nicht, dass ich ein besonderer Mensch bin, der unter seinem äußeren Wesen tiefe Wunden verbirgt, welche das Leben als Trader ihm schlug? Es ist wenig zartfühlend von dir, dass du mich nötigst, meine Scham auch noch offen darzulegen.«

»Also, wie viel haben wir heute verloren?!«

»Sabine, alles wird gut. Glaub mir.«

Und so wie in den letzten Tagen reduzierten sich Jeromes und Sabines weitere Gespräche nur noch auf die anstehenden Tagesaufgaben, die Schulaufgaben von Lilly und die Häufigkeit des Regens. Nach dem gemeinsamen Abendessen und zwei weiteren Trades im Dow-Jones-Future – zwei Plustrades, einer davon lief während des Abendessens –, deren Gewinne das Gesamtergebnis des heutigen Handelstages dennoch nicht verbessern konnten, erzählte Jerome Lilly eine halbherzige Version der »Drei kleinen Schweinchen « und ging dann selbst zu Bett. Und obwohl er nach diesem Handelstag erwartet hatte, sogleich in den Schlaf zu fallen, erwies sich diese Annahme als großer Irrtum. Seine Augen, die er vorhin kaum noch offen zu halten vermocht hatte, wollten jetzt durchaus nicht geschlossen bleiben, sondern öffneten sich unruhig zuckend, sobald er die Lider senkte. Es war eben noch nicht seine gewohnte Schlafenszeit, sagte er sich. Auch wurde draußen ein schwerer Teppich geklopft – was ja wenig wahrscheinlich und in der Tat überhaupt nicht der Fall war; sondern das Klopfen erwies sich als sein Herzschlag – bloß, dass er ihn außer sich und weit fort im Freien hörte, genau so, als würde dort draußen ein Teppich mit einem alten geflochtenen Teppichklopfer bearbeitet. Sabine kam später auch zu Bett, las noch ein paar Seiten ihres Buches und löschte dann nach einem kurzen »Schlaf gut« das Licht. Schweigen lag auf Jerome und erdrückte ihn fast.

Soll ich es Sabine sagen?

Alles!? – Hier und jetzt?

Soll ich sagen, dass das mit dem Börsenhandel eine Scheißidee war? Jerome spürte seinen Kopf auf dem Kissen liegen, aber seine Haut und die des Kissenbezugs blieben sich fremd, und die Erschöpfung des Handelstages und seiner tausend Gedanken machte sich langsam bemerkbar.

Soll ich es Sabine sagen?

Er entschied – wie jeden Abend –, dass jetzt nicht der richtige Zeitpunkt sei, um über Grundsätzliches zur reden. Jerome seufzte leise und blinzelte schwach.

Warum bist du heute nur an dieser Widerstandslinie rein …?!

Wieso hast du heute nicht den Stopp …?!

Wieso hast du …?!

Wieso …?!

Warum …?!

Sein Atemholen geschah einfach – es war nicht sein eigenes. Er litt, ohne zu fühlen oder zu denken. *GOOONG!* Die Kirchturmuhr einige Straßen weiter, für Jerome aber momentan ein Ort mitten im Unendlichen, schlug trocken und nichtig die volle Stunde. Alles war so viel, so tief, so schwarz und so kalt. Dann schlief er ein …

Gooong! – Gooong! – Gooong! – Gooong! – Die Kirchenuhr schlug nun vier Uhr, und als Jerome noch einmal aufstand und die hereinlaufenden Devisenkurse wie auch seinen Kontostand aber- und abermals betrachtete, fürchtete er plötzlich zum ersten Mal, dass sich sein merkwürdiges Traderdasein nicht nur auf die letzten Handelstage bezog, sondern … *O …. O Gott, um … HIMMELS WILLEN … auf sein GANZES weiteres Leben als Trader! NEIN!*

O NEEEEE…IIIIN!

Von diesem Gedanken und dessen verborgener Gewalt völlig verstört, fasste Jerome jäh und völlig unvermittelt einen grausamen Entschluss: So wie die Charts und die Kurse vernichtend über sein Handelskonto und damit über sein privates und familiäres Schicksal hinweggebraust waren, so sollte nun auch sein Körper zermalmt werden. Er wollte nicht mehr, umgeben von dumpfer Müdigkeit und hoffnungsloser Trägheit, mit dem Schicksal der Charts ringen. Er wollte nicht mehr unaufhörlich seine Traurigkeit seinem Tagebuch anvertrauen. Er wollte nicht mehr auf Charts schauen und sie mit der Frage »Wohin geht der Markt als Nächstes?« zergliedern. Er wollte nicht mehr Sabines Blicke ertragen.

O NEIN! –

Er selbst wollte es beenden. Und nun hasteten seine Gedanken mit unheimlicher Sicherheit: In einer knappen Stunde, gegen fünf Uhr, fuhr der ICE am oberen Waldrand des Dorfes vorbei. Dem wollte er sich unter die rasenden Räder werfen, sich zerstampfen lassen von einer dem Chart gleichenden, unsagbaren Gewalt, die ihm den Kontostand und damit seine Ehre und seine Familie entriss. – *Jaaa!* Jeromes Gedanken stürmten und stürmten gleichsam jubelnd einander nach. Er wusste auch schon den genauen Ort. Weiter oben am Waldhang, wo die kleine Lichtung den letzten Blick auf die Dächer des Dorfes bot.

Nie wieder Sabines Blicke!

Jerome sah auf die Uhr. Fast schlugen die Sekunden und sein hämmernder Puls den gleichen Takt. Ein letzter Blick auf den verhassten Chart und seinen kaum noch nennenswerten Kontostand. Hastig schrieb er noch zwei Mails, mit jeweils gleichem Inhalt: »Ich hasse euch! …«, die sein Broker und die Börse am kommenden Morgen gelangweilt in den Papierkorb werfen würden. Und dann war es schon an der Zeit, sich auf den Weg zu machen.

Leise die Haustür hinter sich schließend, stand Jerome eine Minute mit geschlossenen Augen und atmete gierig die dämmrige Kühle ein. Dann lief er unruhig in die dunkle Nacht und jener Stelle zu, wo zwischen den fernen bewaldeten Hügeln der sternenklare Himmel eingebettet war. Er lief und lief, bis er an das Gleis kam, das mit seinen beiden silbernen Linien vor ihm aufglänzte. Schauerlich und schwarz reihten sich die Bäume um ihn. Die Gedanken erstarrten ihm in dieser bangenden Einsamkeit, und er wartete nur, wartete und starrte, ob nicht unten an der Kurve der ersten ansteigenden Serpentine das Licht des Nachtzuges auftauchen wollte. Manchmal sah er nervös auf die Uhr und zählte die Sekunden. Dann wieder horchte er nach dem fernen Geräusch des herannahenden Zuges. Aber es war eine Täuschung. Ganz still wurde es wieder. Die Zeit schien erstarrt zu sein.

Die ständigen Minustrades …!

Die Blicke Sabines …!

Die Blicke, als sei ich ein Versager …!

Ich ertrage es nicht mehr!

Endlich glänzte fern ein Licht. Jerome fühlte in dieser Sekunde einen Stoß im Herzen, wusste aber nicht, ob es Angst oder Freude war. Mit einer jähen Bewegung warf er sich nieder und fühlte zunächst nur die Kühle der Schiene an seiner Schläfe. Dann horchte er. Der ICE war noch weit. Minuten mochte es wohl dauern. Noch hörte man nichts außer dem flüsternden Rauschen der Bäume im Wind. Wild und wirr sprangen seine Gedanken – und plötzlich einer, der blieb und sich wie ein schmerzhafter Pfeil in sein Herz bohrte: Dass er das nicht um der Charts willen, sondern eigentlich um ihretwillen – um Sabines willen – tat und sie es nie erahnen würde! Dass sie nie wissen würde, dass ein ihm »fremdes Leben« an ihrem gehangen, an ihren Blicken zerschmettert war. Und wieder erhoben sich in Jerome die missliebigen Bilder einer langsam zerrütteten Beziehung: Sabine, die sich immer öfter über seine fehlende Aufmerksamkeit beklagte; das schrumpfende Tradingkonto und vor allem seine völlige emotionale Ausgebranntheit. Aber was sollte er tun? Von seinem Kummer und dem Grundsätzlichen sprechen wollte er nicht, und mit diesem Kummer auf der Seele von nebensächlichen Dingen zu sprechen, das vermochte er nicht. Scham war in ihm, heiße brennende Scham, dass er in ein Schweigen entflohen war wie ein stummes hilfloses Wesen, statt ehrlich zu sein und mit Sabine über die Details von Grundsätzlichkeiten des Lebens als Trader zu sprechen, tapfer den fragenden Blicken widerstehend, denen er sich hätte fügen müssen. Und er dachte an sie und an ihre einstige Liebe zurück mit einem so heftigen Schmerz und einer heißen Ängstlichkeit, und alle Bilder kamen wieder und wirbelten durcheinander, aber sie waren nicht mehr hell und froh, sondern dunkel beschattet von der Wehmut der Erinnerung.

… Rrrrrrr … Rrrrrr … Rrrrrr…

Von ferne vibrierte ganz leise der rhythmische Gang des ICE. Aber der Gedanke, wie er tagein, tagaus vor seinen Monitoren stand, die Hand an das keuchende Herz gepresst, immer in der

Angst, dass seine Nerven versagten, und die vielen tiefen Seufzer, halb Beruhigung, einer Gefahr entronnen zu sein, halb Bedauern, brannten in Jerome unvermindert weiter und machten die letzten Minuten des Sterbenden zu einer rechten Tortur. Näher und näher schoss der Zug. Und da schlug Jerome noch einmal die Augen auf. Über ihm der Nachthimmel und ein paar rauschende Baumkronen. Und über dem dunklen Wald der helle Mond … Schon begannen die Schienen unter seinem Kopf stärker zu schwingen … Aber der Gedanke brannte in Jerome wie Feuer, und sein in die Tiefe der Nacht gerichteter Blick umfasste alle Glut und Verzweiflung seiner Liebe zu Sabine: Er hatte seiner Familie mit dem Börsenhandel etwas Gutes tun wollen – und nun lag er auf den kalten Schienen, und keiner … kein Mensch würde es je verstehen! Alle Sehnsucht und dieser letzte schmerzliche Gedanke fluteten über in den vollen weißen Mond, der mild auf Jerome niederschien. Näher und näher schmetterte der ICE, und Jerome umfing noch einmal mit einem letzten unsagbaren Blick den leuchtenden Mond über dem Wald. Dann schloss er die Augen.

Ich hasse dich, Drecksmarkt!

Ich hasse Minustrades!

Ich liebe dich, Sabine!

Ich liebe dich, Lilly!

Die Schienen zitterten und begannen zu wanken, näher und näher stampfte der ratternde Gang des fliegenden Schnellzugs. Der Wald dröhnte.

Die Erde schien zu taumeln. Noch ein betäubendes, sausendes Schwirren, ein wirbelndes Getöse, dann ein schriller, ängstlicher Signalton und das grelle Stöhnen einer vergeblichen Bremse …

»Jerome! Jerome! *AUFWACHEN!!*«

»*Waas?! WAS?!*« Schweißgebadet schlug Jerome die Augen auf und bot ein schreckliches Bild menschlicher Verfassung.

»Du hattest einen Alptraum.« Ein Glas Wasser in der Hand, kniete Sabine vor dem Bett wie ein US-Cop am Tatort.

Du lieber Himmel …

Den Rest der Nacht schlief Jerome schlecht. Es war eine ihm bisher unbekannte Wirrnis in ihm; eine Wirrnis von Wut und kindischer Verzweiflung. Heute Nacht war etwas Neues in seinem Leben geschehen! Zum ersten Mal war seine Verzweiflung so groß, dass er sogar träumte, ernsthaft in sein Schicksal einzugreifen … Stunden später verabschiedete sich Sabine mit den üblichen Worten:

»Mach dir einen schönen Tag zu Hause!« Von »guten Trades« war ohnehin schon gar nicht mehr die Rede. Ohne zu antworten, schaute Jerome sie nur im Spiegel des Hausflures an; aber in dem Blick, den sie im Spiegel miteinander tauschten, hätte man lesen können, dass seine Augen eigentlich fragten: »Warum sagst du das? Als ob du nichts wüsstest.« 07:27 Uhr … noch knapp dreißig Minuten bis zur Markteröffnung. Nachdem Sabine und Lilly das Haus verlassen hatten, kuschelte sich Jerome auf dem Sofa ein, zappte sich durch die Fernsehkanäle und suchte vergeblich nach einer Talkshow, in der Trader und das Trading Thema waren. Aber alles Fehlanzeige.

Jerome hatte bis ganz weit nach hinten gezappt, landete schließlich auf einem dieser obskuren Kanäle. Gerade wollte er umschalten, als er hörte, wie jemand über seine erfolgreiche psychotherapeutische Behandlung berichtete. – Jerome hielt inne! Der Mann erzählte, wie unendlich dankbar er seinem Psychologen sei.

W-waaas?

Jerome fasste es nicht. Die übertragen tatsächlich die Sorgen eines Geschäftsmannes im Fernsehen?! *Den Sender schaute zwar kein Mensch ... aber hey!* ... Jerome blieb weiter dran, denn, so erfuhr er, die Sitzungen beim Psychologen hatten des Mannes Probleme im Umgang mit Menschen und der Arbeit lösen können, und nun war er – endlich, endlich! – ein erfolgreicher Geschäftsmann geworden.

Mo-moment!

MOMENT!

Jerome ahnte, dass hier vielleicht die Lösung für sein Problem liegen könne. Er hielt inne, sein Herz schlug wie wild, und sowohl in Erinnerung an letzte Nacht und die Bilder seines Alptraumes als auch in Erinnerung an die fehlgeschlagenen Versuche mit der Wahrsagerin, die erhöhte Vitamin-C-Dosis, die umfangreiche Durchsicht des Neurologen, endlose Strandwanderungen am Meer, die vielen Fachbücher, mit dem ... O Gott! ... Signalabonnement, fasste er binnen Sekunden den Entschluss:

Ich gehe zum Psychologen.

Ich hole mir professionellen Rat!

Nachdenklich nippte Jerome an seinem Kaffee und malte sich aus, wie es wohl wäre, wenn der heutige anstehende Handelstag, aber auch der heutige familiäre Abend, mithilfe eines Psychologen optimal laufen könnte. *Yep!* Die Lösung lag klar auf der Hand, und nach einigem Stöbern im örtlichen Branchenbuch hatte er einige ansässige Psychologen gefunden.

Blieb lediglich die Frage, ob Mann oder doch lieber eine Frau ...

*

Zwei Tage später ging Jerome die Straße entlang und betrachtete aus den Augenwinkeln sein Spiegelbild in einem Schaufenster. Er hatte nicht gewusst, was er zu diesem Termin am besten anziehen sollte, und sich schließlich für »lässig« entschieden: ein einfaches Sporthemd und Jeans, Turnschuhe sowie eine tief ins Gesicht gezogene Basecap.

Ob das mit der Mütze so klug war?

Wenn mich jemand erkennt, würde er da nicht gleich merken, was da im Busch ist?

Jerome legte lieber einen Zahn zu und konnte es gar nicht glauben, dass er das hier wirklich durchzog. Aber die Aussage der Sendung auf dem obskuren Fernsehkanal war eindeutig: Hilfe durch Selbsthilfe! Und es war so einfach, wie einen Termin zur Autoreparatur zu machen. Jerome hatte lediglich einen unter den vielen Namen ausgeguckt und die Nummer gewählt, die im Branchenbuch stand. Und es gab unzählige von denen! Er hatte sich für Frau Dr. Hähnel entschieden, eine Psychologin mit dem Spezialgebiet rational-emotive Verhaltenstherapie. Klang gut, klang vielversprechend, und zum anderen lag ihre Praxis – oder wie immer man das nannte – ganz in seiner Nähe. Frau Dr. Hähnel hatte auch gerade Zeit und auf die Schnelle ein unverbindliches Erstgespräch vorgeschlagen. Jerome bog in die Seitenstraße ein, die sie ihm als Adresse genannt hatte.

Hausnummer 28 … 26 … 24 …

Da war auch schon das Haus!

Jerome betrachtete es einen Moment, denn irgendwie hatte er sich das anders vorgestellt. Er hatte an einen lichtdurchfluteten Raum gedacht in einer Straße am Waldrand, an Traumfänger, die von der Decke baumelten, und vielleicht sogar an einen Feng-Shui-Garten. Aber dies war ein gepflegtes, kastenförmiges Gebäude, vor dessen Fenstern Lamellenvorhänge angebracht waren, um den Blick in die Behandlungsräume zu verhindern. Auf der kleinen Rasenfläche vor dem Haus informierte ein Schild: »Patienten nur nach Vereinbarung«. Nun ja: Psychologen müssen ja nicht unbedingt am meditativen Waldrand wohnen, oder? Vor dem Eingangstor des Grundstücks blieb Jerome nochmals abrupt stehen.

Was soll ich hier?!

Ich bin doch nicht irre?!

Oder doch?

Bin ich wirklich eine solche Natur?

Plötzlich trugen ihm bisher unbekannte Kräfte in der dunklen Tiefe seiner Seele einen Kampf aus. Sein Wesen war das Schlachtfeld, und der unsichtbare Zusammenprall erschütterte ihn bis ins tiefste Mark: Seine Basecap etwas tiefer ins Gesicht ziehend, erinnerte sich Jerome plötzlich deutlichst an den physischen Ekel vor dem gesamten Leben als Trader. Alles erschien ihm irgendwie hohl, denn er hatte den eisigen Eindruck gewonnen, dass es für all seine Probleme auf der ganzen Welt keine Lösung gab, ob hinsichtlich der Chartinterpretation oder in Hinblick auf das familiäre Zusammenleben und die Erwartungshaltung Sabines an sein Trading.

Kurzum: Die ganze Welt schien ihm nur mehr ein großes, dunkles Gefängnis mit tausend Marterwerkzeugen und erblindeten Scheiben zu sein, die dem Lichte des erfolgreichen privaten Vollzeittraders den Zutritt verwehrten. Und als er das so dachte, gab er zu, dass sich alles zu einem Labyrinth verwirrt hatte, in dem er sich auf seinen eigenen Wegen verirrte und er sich immer öfter fragte: »Ist das alles wirklich so komplex, oder aber bin ich es?« Seine Unfähigkeit, zur rechten Zeit zu klicken, hatte sich mittlerweile zu einem solchen Schmerz ausgewachsen, der oft wie Kopfschmerzen hinter seiner Stirn saß, sobald er sich entschließen wollte, einen Trade zu unternehmen oder einen Stopp zu setzen. Jerome war furchtsam geworden, und die beunruhigenden Erscheinungen, die er an sich wahrnahm, behinderten nicht nur sein tagtägliches Trading. Sie schienen völlig unabhängig von seinem eigenen Willen und Wollen zu sein. Und von Zeit zu Zeit ängstigten sie ihn so sehr, dass er manchmal den Eindruck hatte, es setze ein grundlegender geistiger Verfall bei ihm ein.

Okay, ich geh rein!

Jerome betrat das Grundstück und öffnete dann die schwere Eingangstür. Er sah sich vorsichtig um. An einem gläsernen Schreibtisch saß eine Frau mit blond gefärbten Haaren. Sie sah von ihrem Monitor auf, und Jerome war die Situation plötzlich unheimlich peinlich. Er fühlte sich in seiner … ja was? … Ehre gekränkt und irgendwie … mhm? … würdelos. »Ich möchte gerne zu Frau Dr. Hähnel.« Jerome versuchte, souverän zu bleiben.

»Haben Sie einen Termin?«, erkundigte sich die Blonde. Jerome nickte beklommen. Die Frau blickte auf ihren Kalender, dann auf seine tief ins Gesicht gezogene Basecap: »Ah ja, Herr … Decker. Nehmen Sie bitte Platz.« Jerome setzte sich in einen beigen Schaumpolstersessel und nahm eine Ausgabe von »Psychologie heute« vom Tisch. Einen Augenblick später trat … heiliger Bimbam … eine umwerfend schöne Frau aus der angrenzenden Tür. Sie trug einen taillierten Hosenanzug, eine weiße Seidenbluse, und ihre lange blonde Mähne wurde von einem modischen Haarreifen aus dem Gesicht gehalten. Jerome schätzte sie auf Anfang vierzig, sie sah genauso aus wie dieser Filmstar … Michelle Pfeiffer? Jerome nahm augenblicklich seine dämliche Basecap ab und wäre am liebsten auf der Stelle umgekehrt. Aber es war zu spät. »Doktor Hähnel«, sagte sie, und zwei, drei volle fragende Sekunden überkreiste dieser Glanz Jeromes Gestalt von Kopf bis Fuß. Er mochte wohl errötet sein, doch die Psychologin quittierte Jeromes Verwirrung mit einem geschwinden Lächeln und reichte ihm die Hand.

»Kommen Sie. Kommen Sie herein.«

O shit!

Jerome folgte ihr in ein großes helles Büro, in dem ein weißer Schreibtisch stand und ein Bücherregal, gefüllt mit Büchern von Atkinson, Erwin Levy und anderen psychologischen Klassikern und einer Unmenge von Fachzeitschriften, die in geordneten Haufen aufgetürmt waren. »Also, Herr Decker … Jerome – darf ich Sie so nennen?« Jerome, der immer noch grübelte, welchem Filmstar Frau Dr. Hähnel nun so ähnlich sah, nickte, und die Psychologin führte ihn zu einer Sitzgruppe, die aus drei bequemen Lehnstühlen und einem kleinen, runden Tisch bestand.

»Lieber Jerome«, Dr. Hähnel setzte sich mit dem Rücken zu der großen Fensterfront, durch die das sanft gefilterte Sonnenlicht auf ihr seidig glänzendes Haar fiel, »ich möchte Ihnen zunächst ein bisschen von mir erzählen, damit Sie eine Vorstellung von mir und meiner Arbeit bekommen. Nach meinem Psychologiestudium war ich fast zehn Jahre in vielen großen Wirtschaftsunternehmen als Beraterin tätig und habe vor acht Jahren dann hier meine eigene Praxis eröffnet.« Sie machte eine einladende Handbewegung.

»Zu mir kommen junge Leute, alte Leute, erfolgreiche Geschäftsleute, arbeitslose, junge Paare, geschiedene Paare … und … und … und … – und ich kann Ihnen daher versichern, dass wir auch Ihre mentalen Probleme unter Garantie in den Griff bekommen …« »Okay, gut.« Jerome schluckte. »Ähm … wegen meines … hmm … Anliegens und so, das bleibt doch alles unter uns?!« »Jerome«, sagte Frau Dr. Hähnel, »keine Sorge. Als praktizierende Psychologin unterliege ich selbstverständlich der Schweigepflicht! Von Ihren Problemen wird niemand erfahren.« »Oh, okay«, sagte Jerome etwas beruhigt und versuchte, die Situation mit einen Witz etwas zu entspannen: »Schweigepflicht klingt gut. Bestimmt liegt meine Akte dann im unterirdischen Lagersystem mit codierten Schlössern und Infrarotlasern, die durch die Luft schwirren …« Jerome wischte sich mit seinem Taschentuch die Schweißtropfen von der Stirn.

»Ja, wir schließen jeden Abend ab!«, entgegnete Frau Dr. Hähnel. »Also, legen wir los.« Sie nahm einen Schreibblock von dem kleinen Tisch. »Sie haben also laut Telefonat ein Problem, das Ihre Arbeit betrifft, richtig?« *Autsch!*

Sofort verkrampfte sich Jerome. Am liebsten hätte er laut gerufen:

»Nein! Mein Trading läuft gigantisch, ich kann meine Familie locker hiervon ernähren, und ich habe nie bereut, meinen Job gekündigt zu haben, und meine Frau ist irre stolz auf mich.« Aber dann wäre sein Erscheinen hier ja wohl ziemlich unnütz. »Ich ... weiß nicht«, quetschte er also heraus. »Vielleicht. Also ... *ähm* ... Ich bin seit einigen Wochen Vollzeittrader. Also, Aktien, CFDs, Future und so was hin und her handeln. Ich weiß eigentlich, was ich machen muss«, log er, »habe vor meiner Kündigung auch eine paar Bücher gelesen und unzählige Fachseminare besucht«, log er weiter, »und hatte dann auch ein paar Wochen eine irre Performance!« Dass das der Demohandel war, ließ er weg. Warum der Dame mit unwichtigen Details die Zeit stehlen? »Daraufhin sagte ich meinem alten Job ade und fing an, so richtig Vollzeit zu handeln ... *na ja* ... und seitdem ich mich voll tagsüber auf die Charts konzentriere, geht es irgendwie bergab ...«, seine Stimme verebbte.

»Und nun möchten Sie einfach herausfinden, was da vor sich geht?!« »Genau.« Unruhig rutschte Jerome auf seinem Sessel hin und her. Er fühlte sich richtig unwohl hier. Schlimmer als bei seinem Minustrade heute Morgen. – *Scheiß DAX!* Konnte ja keiner ahnen, dass der sich trotz seines hundertprozentigen Bauchgefühls nicht an seine »Analyse« hielt; zweimal wurde er ausgestoppt. *Zweimal!* Die Folge? Ganz leise, wie ein geprügelter Hund, schlich er aus seinem Arbeitszimmer, nur um dann ohnmächtig mit verzerrtem Gesicht festzustellen, dass durch seine wütende Narrheit ihm der dann doch einsetzende Anstieg entging. Und der Markt lief und lief. *Na ja!*

Jerome blickte in aufmerksame Augen. Er kam sich vor wie damals in der Schule, beim Rektor. Nur dass er heute dreißig Jahre älter war und dass der Rektor nicht so verdammt gut ausgesehen hatte.

»Sie möchten Antworten. Ihr Instinkt sagt Ihnen, dass etwas nicht stimmt, aber Sie wissen nicht genau, was.«

»Ja, ja, genau!«

Die Psychologin nickte und schrieb sich etwas auf. »Sie möchten also Ihre ... ich nenne es vorab einmal ... *Unsicherheit* überwinden und die dadurch ... ich vermute mal ... entstandenen mentalen Schmerzen loswerden?

Korrigieren Sie mich, wenn ich falsch liege.«

»Richtig!« – *O Gott, sie versteht mich ja total!*

Frau Dr. Hähnel tastete sich weiter vor: »Sie möchten detaillierte tiefenpsychologische Hinweise, warum sich Ihr inneres Ich von Ihrem ... ich nenne es mal ... fachlichen Ich abkoppelt und Sie ein Opfer Ihrer eigenen Emotionen sind? Also Antworten darauf, warum Sie von blockierenden Einstellungen und Gefühlen an der Erreichung Ihrer beruflichen Ziele gehindert werden?!« Jerome verstand zwar nicht genau, wovon die Dame da sprach, aber er nickte zustimmend.

Die Psychologin lächelte ihn aufmunternd an: »Kein Problem, ich würde vorschlagen, wir machen eine Verhaltenstherapie.« »Ich ... äh ...« An eine Therapie hatte Jerome, ehrlich gesagt, eigentlich nicht gedacht. Er hatte einfach gehofft, eine kurze schnelle Antwort zu bekommen auf seine Frage, warum sich sein Kopf ausschaltete, sobald er den Rechner einschaltete. Ein einfaches »Probieren Sie es mal damit oder hiermit …« hätte ihm eigentlich gereicht. *Ein Satz. Ein Tipp. Ende. Aus.* Dr. Hähnel nahm Jeromes Zögern war – klar, schließlich war sie ja Psychologin.

»Oder wie wär's mit einer Rational-Emotive-Therapie?« Sie sah ihn fragend an. »Ich kann aber auch eine Analyse mit der Kamera machen.«

»Rational-Emotive-Therapie?« Jerome war schockiert, auch wenn er sich darunter nichts Genaues vorstellen konnte. Vielleicht hatte er sich die Sache doch nicht gründlich durchdacht. Jerome starrte nachdenklich aus dem Fenster und fragte sich, ob er wirklich wollte, dass jemand ihn und seine Trades mit einer Videokamera verfolgte. »Können Sie mir nicht einfach sagen, was ich falsch mache?«, schlug Jerome kleinlaut und verwirrt lächelnd vor. »Ohne Tiefen-Dingsda-Therapie und … ohne Video?« Frau Dr. Hähnel hob die Augenbrauen. »Jerome, glauben Sie mir: Sobald ich etwas über Ihr Inneres herausfinde, werden Sie es sofort bei Ihren … ähm, nennt man es Trades? Ja? … spüren!« »Sie meinen … falls Sie etwas herausfinden. Wahrscheinlich ist alles sowieso nur ein Missverständnis …« Als Jerome ihren Gesichtsausdruck bemerkte, brach er ab.

Junge, jetzt reiß dich zusammen, die Frau ist Expertin!

Sie muss es wissen!

»Sie denken also«, Jeromes Augen huschten nervös von einer Ecke in die andere, »Sie denken wirk…« »Ich denke gar nichts«, unterbrach Frau Dr. Hähnel. »Ich decke Ihr Inneres auf. Egal, ob es sich um selbstschädigende, nicht zielführende Bewertungen handelt oder um eine ganze Armada kognitiver Fehleinstellungen. Ich finde es heraus und liefere Ihnen Ergebnisse.«

»Ich habe keine Armada von Problemen!« Jerome war sichtlich entsetzt. »Das weiß ich! Es ist nur dieses scheiß Trading … sonst bin ich g-a-a-a-n-z normal!« »Lassen Sie es mich herausfinden, okay? Ich brauche so viele Informationen wie möglich. Die Details Ihrer ganzen Lebensgeschichte …«

»… Und die Details meiner Kindheit?«, unterbrach Jerome mit leichter Ironie. »Hey, ich schlage nicht meine Frau oder die Kinder! Ich wollte doch nur mal ein paar scheiß positive Punkte aus dem DAX holen«, wollte Jerome schon entgegensetzen, aber Frau Dr. Hähnel war schneller: »Und alle Details zu Ihren Gewohnheiten. Ich arbeite sehr gründlich. Ich erstelle ein vollständiges Dossier über Sie, inklusive einer Liste aller psychologischen Knackpunkte in Ihrem Leben. Wenn ich fertig bin, gibt es nichts mehr, das Sie nicht über sich wissen.« Au Backe, was sollte denn das nun schon wieder heißen? »Hören Sie, Frau Dr. Hähnel«, Jerome versuchte, ruhig zu bleiben. »Ich weiß doch alles über mich. Immerhin kenne ich mich seit knapp vier Jahrzehnten! Nur diese eine Sache macht mir Sorgen. Nicht meine Kindheit.« »Bekäme ich doch nur jedes Mal einen Euro, wenn ein Klient mir diesen Satz sagt.« Frau Dr. Hähnel lächelte nachsichtig. »Bitte füllen Sie mir das hier aus, und dann erledigen wir den Rest.« Sie reichte ihm einige Unterlagen. Jerome blätterte darin herum, er fühlte sich inzwischen äußerst unwohl.

»Muss ich Ihnen eine Art Lebenslauf geben?«

»Das mache ich dann schon selbst.« Sie deutete auf den Fragebogen.

»Sie beantworten nur fix die Fragen hier. Und lassen Sie keine aus. Die 1 nehmen Sie für gut. Die 5 für schlecht. Die 3 für weiß nicht; 2 und 4 für die Abstufungen.«

Jerome stutzte und zeigte auf Frage fünf: »Aber hier steht … Wie ist Ihr Sexualleben? … Was hat denn das mit meinen ständigen falschen Stopp-Setzungen zu tun?«

Amüsiert schüttelte Frau Dr. Hähnel den Kopf, reichte ihm noch die anderen beiden Fragebögen und referierte einige Details über den Inhalt der Verhaltensanalyse, während Jerome sich mit wachsendem Unbehagen ansah, was die Frau alles von ihm wissen wollte. »Sie würden sich wundern, Jerome. Meine Erfahrung sagt: Wer ein kleines Geheimnis hat, der hat meistens noch mehr davon.« Sie reichte ihm einen Stift und zwinkerte ihm zu. »Keine Sorge, wir machen das schon!«

Scheiße, was mache ich hier bloß?!

Ich habe mangelnde Disziplin und nicht mangelndes Sexualleben.

Obwohl … Seit Jeromes Beginn als Trader hatte auch das rapide nachgelassen. Aber Stopp, das war jetzt nicht das Thema! »Ich kann das nicht.« Jerome ließ den Stift fallen. »Tut mir leid. Ich kann doch nicht mein ganzes Leben auf den Prüfstand stellen, nur weil ich es nicht hinbekomme, mal eine Order zu einem vernünftigen Zeitpunkt im Markt zu platzieren!« Jerome stand entschlossen auf. »Sorry, aber es war eine schlechte Idee hierherzukommen!«

»Sie müssen sich nicht sofort entscheiden.« Frau Dr. Hähnel schien völlig unbeeindruckt. Sie stand auf, angelte eine Gummibärchentüte aus ihrer Schublade und schaute aus dem Fenster. »Die meisten anderen Klienten, die gleich zu Beginn gehen, kommen innerhalb eines Monats wieder. Sie haben dann nur vier Wochen verloren …«

Vier Wochen?

Jerome knetete seine Basecap in den schwitzigen Händen. Die Gedanken wirbelten in seinem Kopf, und er entschied, wenn er sowieso in ein paar Wochen wiederkommen würde, dann könne er eigentlich auch gleich hier bleiben und anfangen. »Aber was, wenn sich herausstellt, dass ich an der ganzen Misere unschuldig bin und Sie gar nichts bei mir finden? Gibt es überhaupt definitiv eine Möglichkeit, dass Sie es herausfinden?«, fragte Jerome nach, um sicherzugehen.

»Also bitte. Ich bin Profi.« Frau Dr. Hähnel ließ einfach nicht locker. »Also gut.« – Es dauerte zehn Minuten, bis Jerome alle Fragebögen ausgefüllt hatte. »So, das war es«, sagte Jerome schließlich. »Mir fällt nun wirklich partout nichts mehr ein.« »Hervorragend.« Frau Dr. Hähnel nahm sich die Bögen und fuhr mit dem Finger die Fragen entlang. »Wir arbeiten in den kommenden Sitzungen zunächst einmal die Liste ab. Aber in der Zwischenzeit erzählen Sie mir zum Auftakt der Sitzungen erst mal, wie denn aus Ihrer Sicht der ideale Tag in Ihrem Beruf … Trader? Richtig? … aussehen müsste.« »Ähm … wie meinen?«, fragte Jerome nervös nach.

Frau Dr. Hähnel blickte auf, und da Jerome anscheinend irritiert über die Frage war, wiederholte sie ihr Ansinnen mit der entscheidenden Frage:

»Nun sagen Sie mir einfach: Wie müsste ein Tag aussehen, an dem Sie mich nicht bräuchten?!« Jerome schüttelte leicht den Kopf. Er hatte noch immer nicht ganz verstanden. Bei einem Honorar von zweihundert Euro pro Sitzung konnte man schon etwas deutlichere Fragen erwarten. *Also ehrlich!* »Na, denken Sie doch mal nach! Gibt es nicht Ungereimtheiten in Ihrem Berufsleben? Eigenschaften, die Sie bei sich vermissen, die Sie gerne wiederfinden würden, um den idealen Tag zu erleben?« Jerome öffnete den Mund und wollte sagen, dass er gern in die Zukunft der Charts schauen würde – schloss ihn aber wieder, woraufhin Frau Dr. Hähnel schnell anmerkte, dass Jerome momentan selbst nicht ganz wisse, wie der ideale Tag als Vollzeittrader auszusehen hätte. »Okay ... Jerome, kein Problem. Fangen wir anders an ...« Und Dr. Hähnel bat Jerome vorerst, einfach über den ganz normalen Tag zu reden.

»Sie wollen wissen, wie das ist, ein privater Vollzeittrader zu sein?« »Genau. Nehmen Sie einen ganz gewöhnlichen Tag, einen Tag dieser oder letzter Woche.«

»Nun, ich erwache früh, das heißt, sofern ich überhaupt geschlafen habe ...«

»Verzeihen Sie, wenn ich gleich zu Beginn unterbreche, Sie sagten, sofern Sie geschlafen haben?« *Ach, was soll's ... Bei dem Stundenlohn wird sie das schon verkraften!*

»Na ja ... Sie müssen wissen, die Nächte ... sie ... sie sind mir ein Graus. Mal sind es Muskelkrämpfe, mal meine endlos sich im Kreis drehenden Gedanken, mal Magenschmerzen, mitunter eine permanente Anspannung, welche mich von Kopf bis Fuß erfasst. Und dann, dann bimmelt der Wecker, der mich für die Dummheit des Lebens als Trader und für meine überreizte Neugier der Nerven weckt ...«, begann Jerome, woraufhin die Psychologin sofort Details forderte, die, wenn auch zu Beginn noch etwas zögerlich, folgten. Jerome erklärte, dass er sich in dem schlimmsten Notstand seines Lebens befände und er sich für seine tagtäglichen Unterlassungen, seine tagtäglich vorgenommenen Absichten das Trading betreffend, nahezu jede Nacht verachte. Wolle man, so Jerome, sich daher vorstellen, wie es als »privater Vollzeittrader«, wenn er allein vor seinen Monitoren saß, denn so sei, so könnte man dies damit zusammenfassen, dass seine Gedanken, nachdem sie gebraucht waren, herumsaßen wie die Klienten im Vorzimmer eines Anwalts, mit dem sie nicht zufrieden waren. Den Blick auf seine Basecap ruhen lassend, fragte er abschließend: »*... verstehen Sie? Ohne es zu wollen, will ich falsch!*«

Dr. Hähnel verstand noch immer nicht recht. »Nur zu, schildern Sie mir in aller Ausführlichkeit weitere Einzelheiten für einen Ihren Lebenswandel typischen Tag. Wir haben noch genügend Zeit!«, bat sie, woraufhin Jerome vorerst stichpunktartig Details seines Tradingalltags berichtete: den steigenden Puls, wenn er den Rechner hochfuhr; seinen Drang, das Konto zu retten; seine Angst vor weiteren Verlusten. Frau Dr. Hähnel hatte anfangs Probleme, das mit dem steigenden Puls bei der Öffnung eines Trades zu verstehen, da sie noch nie getradet hatte. Aber nachdem Jerome ihr alles ganz grob erklärt und am Ende sogar eine Zeichnung zur Illustration seiner übelsten Trades gemacht hatte, schien sie zu erahnen, warum Jerome, wie er meinte, »irre Schiss« hatte, dass jeder neue Trade wieder ein Minustrade würde. Sein Körper, so Jerome, sei wie ein Barometer und reagiere heftig auf jede kleinste Schwankung des Charts und jeder monetären Positionsveränderung. Da er selten einen Trade mit Gewinn abschließe, bedrücke ihn das Hochfahren des Handelsprogramms, Charts & Co. zehrten an seinen Nerven, dieses In-Atem-gehalten-Werden sei eine fast schon schmerzhafte Konzentration auf den Augenblick, daher seien alle Tage für ihn nur noch neblig, bedrohlich, eintönig und: *ohne Grund*. Und genau dieses Gefühl, das Jerome nicht einordnen konnte, schmerzte ihn. Ihm fehlte ein Argument, er wusste schlicht nicht, wofür er den Rechner hochfuhr. Er hatte keinen Willen mehr in seinen Nerven!

In seinem Unterbewusstsein herrschte eine tiefe Traurigkeit, und da er wusste, wie leicht selbst kleinste alltägliche und familiäre Dinge ihn zu quälen vermochten, vermied Jerome bewusst jegliche Berührung mit ihnen.

Kurzum: Wer bereits wie er darunter litt, wenn eine Wolke nur vorübergehend die Sonne verdeckte, wie sollte er da nicht unter dem Dunkel des allzeit verhangenen Handelstages leiden, das sein Leben in den vergangenen Wochen war? »Ach ja, und eines noch …«, und Jerome fügte hinzu, dass ihn nun sogar seit Tagen der süße Giftgeschmack des Mit-sich-selbst-Redens immer mehr ergreife!

Uff! – Nachdem sich wahrhaft der erste Schreck über Jeromes Gemütszustand gelegt hatte, fasste die Psychologin vorsichtshalber, nur um sicherzugehen, das Gehörte nochmals zusammen: »Also, wenn ich das recht verstanden haben, so misshandelt Sie alle Tage die Materie. Richtig? O-okay.« Sie machte einen Haken an den ersten ihrer Notizpunkte. »Sie sind nur noch ein Nomade des Bewusstseins Ihrer selbst, und beim ersten Hüten haben sich die Herden Ihres inneren Reichtums verlaufen? Und daher ist Ihre Sensibilität zu einer … ich sag mal … einer Flamme im Wind geworden? Richtig? O-okay.« Ein weiterer Haken. »Und Ihr bisheriges Leben in den letzten Wochen war ein einziger Versuch, mit dieser Situation zurechtzukommen, ohne allzu sehr unter dem Grausamen und Erniedrigenden, das die Gesamtsituation mit sich bringt, zu leiden. Richtig? Ooo-kay.« Jetzt kritzelte sie einige Gedanken auf ihren Block, dann sah sie auf: »Gut, dann fassen Sie doch bitte im nächsten Schritt genau fünf Punkte zusammen, die Sie an Ihrem neuen Job nicht mögen!«

»Was ich nicht mag?«

»Ja. Fünf Punkte.«

»Nur fünf?«

Verstörte Blicke und eine schnelle Notiz auf dem Block mussten als Antwort reichen.

»Also gut, was mir nicht gefällt … das ist einfach!« Um sich zu sammeln, ließ Jerome seinen Blick durch das Zimmer schweifen und begann damit, dass er beispielsweise Stopps nicht möge, ebenso hasste er den hohen Pulsschlag nach einer Positionseröffnung. Er hasste die lang anhaltenden Trends. Besonders hasste er Trendbrüche. Er hasste die kurzen Trends. Er hasste die schnellen … ach ja … und er hasste auch die ganz langsamen Marktbewegungen. Jerome hasste Indikatoren. Er hasste Eröffnungsstrategien.

Er hasste die Candlestickmuster. Er hasste das Piepsen seines Rechners, wenn er ausgestoppt wurde. Und er hasste das Piepsen, wenn er eingestoppt wurde. Er hasste die täglichen Broker-Abrechnungen. Er hasste die Zeit, die er nicht vor den Rechnern verbringen konnte. Er hasste die Zeit, wenn er vor den Monitoren saß. Er hasste …

»FÜNF!!«

»*Äh*, 'tschuldigung.«

»Okay, und nun würde mich wiederum interessieren«, die Psychologin sah gespannt von ihren Notizen auf, »was Ihnen an Ihrem Beruf gefällt.« Stocken. »Sie meinen …?« »… ja, schon richtig gehört! Ich möchte nicht wissen, was Ihnen nicht, sondern was Ihnen an Ihrem neuen Beruf gefällt!« Abermals Stocken. »Ich könnte tausend Dinge nennen, die ich am Trading nicht mag, aber … was mag ich eigentlich am Trading …« Jerome begann, seine Basecap zu kneten.

»Na, irgendetwas müssen Sie doch mögen. Ich meine«, die Psychologin sah Jerome eindringlich an, »es muss doch einen Grund geben, warum Sie, statt an Ihren alten Arbeitsplatz zurückzukehren, jeden Morgen aufs Neue sich Ihren Charts widmen.« Jerome richtete seinen nachdenklich Blick auf die Schnittlinie von Wand und Zimmerdecke.

Was mag ich?

WAAAS?

Dann fand er eine Antwort: »Na ja … den ganze Tag zu Hause zu sein, ist eigentlich ganz erträglich. Obwohl …«, er überdachte seine Antwort und geriet abermals in Stocken, »den ganzen Tag allein zu sein …« Die Basecap wurde weiter geknetet.

»Was noch?«, forderte die Psychologin.

»Das Lesen und Recherchieren … obwohl … nein … eigentlich viel eher das Tüfteln und Ausprobieren neuer Ein- und Ausstiegssignale bekommt mir. Sie müssen wissen, ich verbringe nahezu jede Stunde an jedem Tag damit.« »Tüfteln?« Die Psychologin sah auf und meinte völlig überrascht, sie habe geglaubt, hierzu gäbe es umfangreiche Literatur und Ausarbeitungen.

»Ja, schon. Aber …«

»Aber?!«

Ach, was soll's … Bei dem Stundenlohn wird sie auch das verstehen!

Jerome sah wieder hinauf zur Decke und bestätigte zunächst, dass es wahrhaft massig Literatur zu dem Thema gäbe, erklärte dann aber, dass er eigentlich die Anwendung eines jeden gelesenen Regelwerkes hasste, und auf die eingeworfene Frage »Warum?« antwortete Jerome nach einem Zögern: »… weil das irgendwie alles fremde Ideen sind«, und fügte rasch hinzu, dass er bisher noch nie ein Regelwerk längere Zeit zuträglich gefunden habe, sondern von Logik zu Logik weiterzog, dem jeweils jüngst gelesenen Thema hinterher, da er … mhm?! … – »Ja was, Jerome? Sprechen Sie es aus!« – »… da ich nur durch meine eigenen Ideen und mein eigenes Talent Geld aus dem Markt ziehen will.«

»Sie haben also den Wunsch, Ihr Geld nicht geschenkt zu bekommen, sondern dank eigener Fähigkeiten zu verdienen. Sie wollen also selbst dafür verantwortlich sein?!«

»Ja, ja, genau.«

Es entstand eine Notiz nach der anderen. »Und, haben Sie eigene Ideen gefunden?« »Ja, schon. So ein paar Vorstellungen habe ich schon.« »Das ist doch prima«, meinte Frau Dr. Hähnel.

»Na ja … nicht ganz!«, erwiderte Jerome etwas einsilbig und verzog das Gesicht.

Fordernde Blicke der Psychologin.

»Na ja … das Umsetzen, das ist ein Fluch!« Jerome erklärte, dass sein Wille als Trader scheinbar Ort und Kampfplatz zweier Mächte sei, und als er erneut begann aufzuzählen, was er alles an seinem neuen Beruf hasste, fuhr die Psychologin vehement dazwischen: »Stopp. Stopp. Jerome, wir waren bei der Frage, was Sie mögen!«

»Stimmt. 'Tschuldigung.«

»Also, was mögen Sie noch?«

Stocken. Eine Basecap wurde geknetet.

»Und?«

»Na ja … eines wäre da schon noch …«

»Ja-aaa?!«

»Das Wochenende!«

»Das Wochenende?«

»Ja.« Jeromes Gesicht nahm einen komischen Ausdruck an, der aus seiner Anstrengung, seine Verlegenheit zu bemeistern, hervorging. »Aber da ist doch die Börse meines Wissens zu?!« Frau Dr. Hähnel verstand nicht ganz und bat zur Ergänzung des Verständnisses um Details, woraufhin Jerome erklärte, das Übel des Lebens als Trader verstöre ihn; das Traden sei, so Jerome, wie geistiger »Starrkrampf«, erst das Wochenende erlöse ihn davon.

»Erlösen?«

»Ja«, meinte Jerome und fügte hinzu, dass das Wochenende, gleichsam dem Ende eines Handelstages, für Jerome eine Art Befreiung sei. – »So so, Befreiung?!« – »Ja!« Wochenende im Börsenhandel hieß, so fügte Jerome hinzu: Die Sieger waren befreit vom Siegen, die Verlierer befreit vom Verlieren. Am Wochenende war er frei. Am Wochenende war er kein »Sklave des Charts« mehr, war er kein Sklave seines einst ersehnten und nun gleichmäßig abwärts verlaufenden Lebens mehr. Dann schloss er die Tür zum Arbeitszimmer, schloss die Welt aus und war für einige Stunden frei. Erst ab Montag würde er wieder »Sklave« sein. Jetzt aber, am Wochenende, erlebte er seine kleine Freiheit, seine Augenblicke *in excelsis*. Zurückgelehnt auf seinem Wohnzimmersessel, vergaß er für einen Moment das ihn knechtende Leben mit Charts & Co. Jerome konnte ausruhen. Er konnte ausruhen, weil keine Charts in »ihm« waren. Er konnte ausschlafen. Er spürte dann seinen Mund selig lächeln und wie leicht die weichen Falten des frischen Kissenbezuges sein Gesicht berührten. Er konnte sich für zwei Tage dem Leben überlassen, er konnte – nein, er durfte – sich und seinen Schmerz ignorieren.

»Sagen Sie, Jerome«, die Psychologin, sie hatte bereits seit Minuten ihre Notizen abgebrochen, nahm jetzt ihre Brille ab und rieb sich die Augen. »Jerome … also verstehen Sie mich jetzt bitte nicht falsch, aber: Warum hören Sie nicht einfach mit dem Trading auf? Also, ich meine … wenn Ihre Seele jeden Tag aufs Neue feststellt, dass Sie den Wunsch vom erfolgreichen Trading nicht verwirklichen können, dass es an Kraft fehlt, alle Teile des Ganzen zu erobern, so erscheint es doch einzig vernünftig, dass Sie …« »… aufhören?!« Jeromes Finger krallten sich in seine Basecap.

»Ja. Der Weg des völligen Verzichts, der vollkommenen und strikten Enthaltung vom Börsenhandel. Ich meine: lieber erhaben nicht traden als unnütz, fragmentarisch und unzureichend traden. Oder?«

Jerome quälte sichtlich die Vision von einer Kapitulation. Oh, wie er den Gedanken hasste! Er raubte ihm den Seelenfrieden. Diese Vision war weder möglich noch wünschenswert! »Wenn ich aufhören würde zu traden«, die Basecap wurde geknetet und geknetet, »da würde … ich … da würde ich mich selbst ausgrenzen!« Er fügte hinzu: »Zum anderen: Deswegen bin ich doch aber hier! Ich möchte wissen, was die Ursachen sein könnten, warum meine Trades in einem Wirbel von Unlogik untergehen?!«

»Ja, ja, schon klar.« Die Psychologin strich sich eine Strähne aus dem Gesicht. »Sie suchen nach der Grenze in absoluter Ausgewogenheit, an die Überwindung jener Kluft zwischen Ihrer

Absicht und Ihrem Verhalten, der unablässig neue Schmerzen entspringen. Schon klar. Aber Ihren eigenen Schilderungen nach kommt es mir so vor, als entfiele letzterer Weg ohnehin, denn auf meine eingangs gestellte Frage, worin Ihre Freude an diesem – wir dürfen nicht vergessen – selbst gewählten Beruf besteht, hörte ich außer einem Schweigen nur, dass Ihnen einzig der Feierabend Freude an Ihrem neuen Beruf bringt. Hingegen überschlugen sich bei der Frage, was Ihnen an dem Beruf nicht gefällt, die Antworten nur so.« Die Psychologin sah Jerome eindringlich an und versuchte, in seinem Gesichtsausdruck zu deuten, ob er denn wisse, worauf sie hinaus wolle. Er wusste es nicht. »Ich sag mal so«, sie ließ ihren Stift durch die rechte Hand gleiten, »der Weg der Ursachenforschung, sprich der Suche nach dem Weg des vollkommenen Gleichgewichts, erfordert im Wesentlichen ein Wirken und nicht ein Leiden, denn Wirken kann doch nur durch Hingabe an ein bestimmendes Thema …

– Sie verstehen, worauf ich hinaus will?«

Jetzt verstand er. Zunächst schwieg er, dann aber erzählte er, dass in ihm nach den großen Erschütterungen der letzten Wochen eigentlich nur jener Rest von Unerschütterlichkeit übrig geblieben war, den alle Helden haben. Aber es war nicht Mut, es war nicht Wille, es war keine Zuversicht, sondern schlicht eine Art zähes Festhalten an sich, das sich so schwer austreiben ließ wie das Leben aus einer Katze, die bekanntlich neun davon hat, selbst wenn sie von den Hunden schon ganz zerfleischt war.

»Sagen Sie, Jerome«, die Psychologin strebte zum Gesamtüberblick der Situation einen Themenwechsel an, »was sagt Ihre Frau, Sabine heißt sie, richtig? … Was sagt sie eigentlich dazu?«

Schluck!

Sichtlich nervös wurde eine Basecap geknetet und geknetet, und das Gespräch ging für den Moment krumm im Kreise, ein Wort stolperte über das andere, und indem Jerome auch die weitere Anspielung auf Sabine gewaltsam vermied, versperrte eben dieses Unausgesprochene jeder weiteren Aussprache den Weg. Eine Notiz folgte, und die brennende Neugier der Psychologin traf heftig auf die Verschlossenheit Jeromes. Mehrere Minuten währte dieser Kampf um Aufschluss und tieferes Erkennen, und hartnäckig schraubte Dr. Hähnel gegen den feurigen Kern, den sie unter dem felsigen Schweigen vulkanisch zu fühlen meinte. Und endlich, als Jerome aufstand, sich abwandte, lange schwieg und schließlich verstört äußerte, dass er mit Sabine kaum noch über das Thema rede, gelang ihr dann der erste Einbruch in Jeromes innere Welt. »Heißt das«, Dr. Hähnel sah leicht irritiert auf, »Ihre Frau weiß nichts von Ihren inneren Sorgen?« Ein kurzes Kopfnicken.

Ein ungewolltes lautes Ausatmen erklang. »Aber, wäre es nicht ratsam, wenn Sie mit Ihrer Frau über die Details Ihres Berufes reden?!« Überrascht sah er zu Dr. Hähnel auf. »Soll ich Rechenschaft ablegen?!« »Ja. Wegen mir nennen Sie es Rechenschaft. Oder Beichte oder einfach nur ein Gespräch über Grundsätzliches …« Natürlich hatte Jerome die letzten Wochen über die Frage einer »grundsätzlichen Beichte« nachgedacht, zumal er ohnehin die dunkle Vorstellung hegte, dass Sabine seine Unehrlichkeit ohnehin auch für den erneuten Monatsreport schon längst ahnte und ihm in dieser Beziehung »durch die Finger sah«. Aber … was sollte er sagen? »Trading ist doch schwerer als gedacht?« Und mit großer Lebhaftigkeit erinnerte sich Jerome daran, wie er zum ersten Mal Sabine ebenso wie seinen Eltern erklärt hatte, dass er diese, sprich seine Börsengeschäfte durch ein »glückliches Händchen und Intuition« hinsichtlich des Börsenhandels mache, was er mit seinen Demo-Trades hinreichend bewies!

Glückliches Händchen und Intuition!

Was für ein Paradoxon habe ich mir damit doch selbst geschaffen!

Sein Gefühl sagte ihm, dass Sabine die Sache niemals so betrachten würde, wie er es sich wünschte! Zögernd begann Jerome, sein Verhalten gegenüber der Psychologin zu rechtfertigen, und startete seine Verteidigung damit, dass ein Tradinglaie, und somit auch Sabine, in jeder Diskussion immer felsenfest glaube, überlegen zu sein ».., long und short, schon klar ... sooo schwer kann das doch nicht sein.« Und auf die fragenden Blicke Dr. Hähnels fügte Jerome hinzu, dass er sich bei einer Aussprache über Grundsätzliches plötzlich mit jenem Argument konfrontiert sähe, mit welchem er einst selbst das Trading angepriesen und dessen Leichtigkeit er als Argument für die Kontoeröffnung und das nun kommende sorgenfreie Leben herangezogen hätte. Und ebenjenes Dilemma, so Jerome, dabei seine Basecap knetend und knetend, grub Tag für Tag und Nacht für Nacht in sein Antlitz die Spuren eines geistigen Abenteuers und erzeugte bei ihm, selbst bei Stille des äußeren Daseins, auf die Dauer eine Überfeinerung der Nerven, Gereiztheit und Müdigkeit, wie ein Leben voll ausschweifender Leidenschaften und Genüsse sie kaum hervorzubringen vermochte!

»Verstehe ich das richtig? Sie meinen, Ihr Fehler war, dass Sie einst, zu Beginn, das Trading Ihrer Familie als zu einfach erklärt haben?!« »Ja und nein.« Jerome verstummte, und seine Augen trübten sich.

»Ja und nein?!«

»Zum einen ja – Ja, es war mein Fehler, dass ich das Trading einst als sooooo einfach angepriesen habe. Und dennoch auch ein NEIN – denn ich habe ja selbst daran geglaubt! Ich wusste es nicht besser! Und nun, wo ich weiß, wie schwer das Ganze zuweilen ist, würde es mir aber niemand mehr glauben, denn ...«, Jerome suchte nach den rechten Worten, die Frau Hähnel bereitwillig ergänzte: »... denn sobald jemand im Rufe steht, ein Napoleon zu sein, gewinnt er auch seine verlorenen Schlachten, meinen Sie das?« Jerome nickte stumm, und während die Psychologin um weitere Präzisierung hinsichtlich des familiären Dilemmas bat und Jerome daraufhin einen langen Exkurs über das Verhältnis zwischen Sabine und sich darbot, betrachtete Dr. Hähnel ihren neuen Klienten genauer: Diese seelische Hochspannung, diese Erhitzung der Miene, die Erweiterung der glänzenden Augen – der Psychologin war im Verlauf des weiteren Gesprächs sehr bald deutlich, dass Jerome mit der Schilderung seiner Lage alles andere als Mitleid erheischen wollte, sondern dass ihr Klient scheinbar in den letzten Wochen und Monaten so wenig Umgang mit Mitmenschen hatte, dass er ein großes Maß an Zeit im Dialog mit seinem eigenen Nervensystem verbrachte, dass er in seinem Alltag komplett gefangen war – und heute möglicherweise zum ersten Mal der Damm brach.

»Eine Frage hätte ich noch zum Abschluss«, die Psychologin atmete tief ein und aus, »Jerome, wie würden Sie sich selbst beschreiben, wenn Sie sich von außen betrachten würden?«

»Bitte waaas?« Jerome richtete sich auf.

»Na ja … Angenommen, Sie würden sowohl sich und Ihren Alltag als auch Ihr Vorhaben, die Familie von den Charts zu ernähren, von außen betrachten – wie würden Sie das beschreiben?«

»Mich betrachten?«

»Ja, wie würden Sie sich sehen?«

Das ist doch albern!, dachte Jerome zunächst, sah dann aber beim Anblick der Psychologin schnell ein: Ihr Ernst forderte Ernst, ihre erzwungene Ruhe Respekt und innere Bereitschaft. Somit tat Jerome wie geheißen und sah sich, wie andere ihn sahen, und … verachtete schließlich sich selbst – doch nicht so sehr, weil er an sich Eigenschaften entdeckte, die diese Verachtung gerechtfertigt hätten, sondern vielmehr, weil er begann, sich mit den Augen der anderen – allen voran Sabine – zu sehen, und daher plötzlich jene Verachtung empfand, die sie wohl möglicherweise für ihn empfand. Und so erfuhr er … ja was?! … die »Demütigung«, sich selbst als privater Vollzeittrader kennenzulernen; denn Jerome begriff, dass wohl niemand ihn in seinem jetzigen Zustand lieben konnte, es sei denn, ihm fehlte jeder »ästhetische« Sinn – und auch dann hätte er ihn verachten müssen, denn ihm entgegengebrachte Sympathie konnte wohl gleichsam nicht mehr sein als nur eine Art »Laune« fremder und völliger Gleichgültigkeit. Und je mehr sich Jerome bemühte, gleichsam im Märchen im Spiegel sein wahres Antlitz zu sehen, umso mehr erkannte er, dass zwischen ihm und dem realen Leben eine dünne Glasscheibe geraten war. So deutlich er das Leben noch erkannte und verstand, berühren konnte er es nicht mehr, womit sich das Gefühl der Separation und Unzugehörigkeit für Sabine breitmachte. Zu beschäftigt mit den Aufgaben, welche sein Ich und seine zerfahrene Seele ihm stellten, zu belastet von der Verpflichtung des Traden-Müssens, der Zerstreuung zu abgeneigt, um zum Liebhaber der bunten Außenwelt noch zu taugen, hatte er sich durchaus mit der Anschauung begnügt, dass sein Dasein sich fast ausschließlich auf sein Arbeitszimmer beschränkte. Aber von außen betrachtet, erkannte Jerome, dass seine Isolation keine Suche nach Glück war, das zu erreichen seine momentane seelische Kraft ohnehin nicht vermochte; auch keine Suche nach Ruhe, die er ohnehin kaum fand, sondern eine Suche nach Schlaf, nach Verlöschen, nach bescheidenem Vergessen. Von außen betrachtet, waren die vier Wände seines Arbeitszimmers für ihn zugleich ärmliche Zelle und Distanz, Bett und Sarg. Seine glücklichsten Stunden waren jene, in denen er an nichts dachte, nichts wollte, nicht einmal träumte, und sich nur in einer Starre verlor. Somit bestand für Jerome eine der großen Tragödien seines Lebens als privater Vollzeittrader – wenn auch eine jener heimlichen, die sich im Schatten abspielen – demnach darin, nichts mehr auf natürliche Weise empfinden zu können. Er war fähig, wie jedermann zu lieben und zu hassen, sich wie jedermann zu ängstigen und zu begeistern; doch weder seine Liebe noch sein Hass, weder sein Angst noch seine Begeisterung waren genau das, was sie waren. Entweder fehlte ihnen etwas, oder aber sie hatten etwas, das nicht zu ihm gehörte. Sicher war nur, dass sie etwas anderes waren und dass das, was er empfand, nicht mehr mit dem bisherigen Leben, so wie er es kannte, übereinstimmte …

Dr. Hähnel, welche mit leicht zuckendem Mund Jeromes Selbstansicht zugehört hatte, reagierte auf diese mit einem dankenden Blick, wusste sie doch, dass es für einen Mann eines gewissen intellektuellen Mutes bedurfte, unerschrocken zu erkennen, dass er nichts als ein menschliches Wrack war, eine Art »Irrer«, aber doch noch nicht irre genug für die Anstalt; und hatte er dies erkannt, bedurfte es noch größeren geistigen Mutes, sich vollkommen in sein momentanes Schicksal zu fügen, ohne auch nur dem ihm von der Natur auferlegten »Fluchtinstinkt« nachzugeben.

»Jerome, mein Beharren auf einer Beantwortung der letzten Frage hat sozusagen eine Bonusfrage abgeworfen.«

»Bonusfrage?« Jerome lächelte verhalten.

»Sozusagen. Sagen Sie, Jerome«, die Psychologin ließ wie schon mehrmals zuvor geschickt ihren Stift durch die Finger gleiten. »Fühlen Sie sich eigentlich schuldig an der momentanen familiären Misere?« Der Ruf eines fernen Vogels zuckte in die plötzlich dumpfe Stille des Zimmers, in der man, wenn man genau hinhörte, tief in Jeromes Inneren ein leises Schluchzen wahrnehmen konnte.

Bin ich schuld?

Und durch die Frage losgetreten, begann tief im Kerker der verdrängten Gefühle etwas an den Ketten zu zerren. Jerome fühlte stärker als sonst den ganzen Ernst und vor allem seelischen Druck seiner Lage und abermals das Ungeheure des Missverständnisses: Um seine eigene Reputation zu retten, musste er ein steigendes Handelskonto vorweisen, hierzu brauchte er aber Zeit für das Trading, welche wiederum das Familienleben nach und nach vergiftete. – O Mann! Würde er sagen, dass das Konto auch diesen Monat erneut im Minus sei, stünde er abermals als Versager dar, und die grausamen Worte würden abermals folgen: »Ich habe es doch von Anfang an gewusst …« Jerome fühlte, wie es dunkler wurde vor seinen Augen und wie das unablässige Sinnen nach einer Antwort allmählich eine kleine Träne löste. Vergebens mühte er sich, wie auch in allen vorherigen Tagen und deren langen einsamen Stunden, Sabines Bild vor den Blick zu zaubern, aber immer drängte sich gleich einem Schatten der Kontostand dazu, mit seinen tiefroten Zahlen, und dann verwirrte sich alles, und es entstanden qualvoll aufs Neue alle Einzelheiten seines ehelichen und familiären Zwistes, die ganze Ausweglosigkeit seiner Lage, und er bedauerte seine Sabine, seine Lilly. Aber: Gerade weil er ehrlich gegen sich war, konnte er sich nicht selbst betrügen und sich einreden, dass er seine »Taten« vor den Monitoren bereue. Wie auch?

Jerome schilderte Frau Hähnel seine Gedanken.

»Das heißt, Sie bereuen nichts?«

»NEIN!!« Und in etwas verwirrt blickende Augen sprach Jerome, dass er keine Reue darüber empfinden könne, dass er, ein Mann im besten Alter, mit einem leicht entzündlichen Herzen, versuchte, tagtäglich sein Handelskonto zu retten! Daher bereute er einzig nur, dass er es nicht von Anfang an verstanden hätte, die Sache mit dem Trading noch besser oder länger vor Sabine geheim zu halten. Mit Sicherheit wäre er viel mehr bemüht gewesen, seine »Tradingsünden« noch besser vor Sabine zu verbergen, wenn er geahnt hätte, dass das Thema solche Folgen auf das Familienleben nach sich ziehen würde. »Schauen Sie«, traurig blickte Jerome hinaus auf die den Garten umgebenden Baumwipfel, seine Basecap war mittlerweile butterweich geknetet, »sie sieht mich als Versager! Also, was sollte ich anderes tun?!« »Nun«, die Psychologin sah auf die Uhr und deutete auf die fortgeschrittene Zeit, »das bereden wir das nächste Mal.« Sie überflog ihre Stichpunkte und erklärte abschließend, dass, wenn sie nicht herausfände, wo und was der

Grund für sein Versagen sei, dann hätte sie nicht das Recht, das beste Abschlussdiplom in rational-emotiver Verhaltenstherapie und dialektisch behavioristischer Therapie ihres Jahrgangs an die Wand zu hängen, schließlich sei Jeromes mutiger Rundumschlag eine Goldgrube an Informationen gewesen; genug, um Zündstoff für einige produktive Sitzungen zu liefern. »Einen Rat würde ich Ihnen aber gern vorab für die nächste Sitzung geben.« »O ja, gern.« In Erwartung auf den teuer bezahlten Tipp nestelte Jerome an seinem Shirt herum.

»Reden Sie mit Ihrer Frau. Reden Sie mit Sabine so, wie Sie heute mit mir geredet haben!«

Schluck!

Dr. Hähnel reichte Jerome zum Abschied die Hand. So war es also abgemacht, Jerome hatte jetzt eine eigene Psychologin. Beide einigten sich auf einen neuen Termin. Der nächste sollte erst in drei Wochen sein. Eher war leider nicht möglich. – *Verdammt!*

Jerome hatte ein flaues Gefühl. Je näher er seinem Haus kam, desto schlimmer wurde es. Er hatte ein schlechtes Gewissen Sabine gegenüber, denn schließlich wusste nun eine andere Frau mehr über ihn als seine eigene!

Er entschied sich daher, im Blumenladen an der Ecke einen großen Strauß Blumen zu kaufen, und während er auf seine Bestellung wartete und die laufeuchten Blumendüfte in seine Nase quollen, stöhnte er auf, da ihm, von den Fragen der Psychologin katalysiert, alles, was die letzten Wochen vorgefallen war, wieder und wieder in allen Einzelheiten einfiel. Soll ich wirklich dem Rat folgen und mit Sabine ausführlich reden? Er entschied sich für: besser nicht. Zu peinlich. Außerdem hatte er fürs Erste genug geredet. Heute war nicht der passende Moment, über Grundsätzliches zu reden. Sich selbst erklärend, fügte er hinzu, dass das daraufhin entstehende düstere, kalte Familienklima ohnehin Gift für ihn sei. »Meine Nerven verlangten nach verständnisvollem Klima.« Aber was tun?

Was nur tun?

Eine schlüssige Antwort darauf gab es für ihn nicht, es sei denn jene allgemeine, die das Leben auf alle, auch die verwickeltsten und schwierigsten Fragen gab: Man muss den Anforderungen des Tages gemäß leben, das heißt … mhm? … Vergessenheit suchen? Im Schlafe alles zu vergessen, ging aber nicht, das war Jerome klar, und es war ebenso nicht mehr möglich, zu seinem alten Angestelltenleben zurückzukehren. »Na, wir werden ja sehen!«, murmelte er leise vor sich hin und bezahlte den Blumenstrauß. In seiner Straße angekommen, nahm er seine alberne Basecap ab, und seinem immer größer werdenden schlechten Gewissen folgend, trat er mit schnellem Schritt noch einmal zurück in den Blumenladen und erhöhte die Anzahl der Blumen. Auf dem erneuten Wegstück nach Hause überlegte er, wo er angeblich gewesen war. Den ganzen Tag beim Trading, das ging ja nicht. Nein, vielleicht hatte Sabine angerufen.

Mhm?!

Jerome nahm sich vor zu sagen, dass er einkaufen war. Irgendwo im Stadtzentrum.

Aber wenn ihn nun jemand auf dem Weg zur Praxis gesehen hatte?

Quatsch jetzt!

Ich war spazieren.

Fertig!

Vor der Haustür angekommen, zog er sein Shirt zurecht, und als er die Haustür aufschloss, klopfte sein Herz wie wild. Schließlich war er jetzt Patient!

Er befand sich in psychologischer Behandlung. Wie ein Wahnsinniger! Doch wie jeder »Wahnsinnige« hatte Jerome plötzlich beim Anblick Sabines und dem Vorwurf »Ich denke, du sitzt vor dem Rechner und bügelst das Minus aus?!« auch … einen »wahnsinnigen« Plan …!

17. Kapitel
Siebzehnte Woche
Das Desaster

Ein Griff nach dem Tafelsilber; eine vergessene To-do-Liste; seltsamer Sex neben den Charts; ein wortkarges Mittagessen; ein Kirchgang; eine abendliche Beichte, gefolgt von stürmischem Kofferpacken …

Jerome fuhr hektisch aus dem Schlaf. Einen Fuß bereits aus dem Bett, mit der Hand panisch nach der Uhr tastend, murmelte er irgendetwas vor sich hin. *Erst 02:20 Uhr!* Genau so war er in den letzten Wochen bereits öfter aufgewacht und hatte sich dabei bereits mehr als einmal gefragt, ob alle Tradinganfänger so »nervöse Schläfer« waren wie er und, wenn ja, ob dies möglicherweise als so etwas wie ein »genetischer Erbschaden« der Familie der Tradinganfänger zu betrachten sei. Leise schwankte Jerome im Dunkeln ins Bad, warf einen Blick in den Spiegel und betrachtete verschlafen sein Spiegelbild. Käsebleich. Wie immer. Er sah einen vom Trading mitgenommenen Kerl, gezeichnet von all seinen Erinnerungen an die vergangenen Handelswochen, in denen ihm das »Geheimnis« des Börsenhandels Schmerzen zugefügt und ihn auf vielfache Weise erschreckt und gedemütigt hatte: Manchmal hatte es ihn wie ein eisiger Hauch durchfahren und seine Seele erzittern lassen vor der schlimmsten aller Ängste – vor der unbestimmten Inkarnation des »Konto-Plattmachens«, des »Würde-Verlierens « und des »Nichts-Seins«. Andere Male schlich es sich wie ein Schatten an Jerome heran, sichtbar nur, wenn er sich nach ihm umsah, und er war in Wahrheit zutiefst entsetzt darüber, dass er es nicht erkannte! Doch neben diesem Schrecken und diesen Ängsten, die Jerome Handelstag für Handelstag psychisch immer mehr vernichteten, zehrte an ihm ein immer größer werdendes Verlangen: ein Verlangen, nicht mehr denken zu müssen, geboren aus dem Wunsch, nie irgendetwas mit den Charts angefangen zu haben. Dieses Verlangen fühlte sich in seinem immer deutlicheren Zutagetreten beinahe an wie ein Widerstand aller Zellen seines Körpers und eine Verzweiflung seiner Seele, deren er sich immer weniger erwehren konnte. Immer unvermittelter verspürte er ein Gefühl, in seine Charts und deren Verläufe eingesperrt zu sein. Aber – wohin die Fluchtgedanken richten, wenn die Charts das Ein und Alles waren? In solchen Momenten packte Jerome der überwältigende, absurde Wunsch, dass sich eines schönen kommenden Handelstages ein »Fluchtweg« aus seinem finanziellen und familiären Dilemma ergeben und das Tiefste in ihm aufhören würde, ein Teil des »Nichts-Seins« zu sein, und … dieser Tag war:

HEUTE!

Ein erst langsam entstehendes, dann schnell immer breiter werdendes Lächeln brachte etwas Farbe in die stoppeligen Wangen seines Spiegelbildes. Heute war es so weit!

Endlich!

Ab heute sollte sich entscheiden, ob Jerome für all sein Chartinterpretieren, die unzähligen erlebten Minustrades, für all die viele Zeit vor den Monitoren, für all die durchwachten Nächte den endlich verdienten Lohn erhielt – oder auch nicht! – Ogottogott! Bei dem letzten Gedanken begann sein Herz plötzlich hart zu schlagen. Sein Puls stieg.

Bloß nicht weiter dran denken!

Jerome hatte die letzten Familienersparnisse, das »Tafelsilber«, sprich: die eiserne Familienreserve, heimlich auf das Tradingkonto überwiesen.

Wohlgemerkt: das ganze Ersparte. Fünf Tage Banklaufzeit. Demnach müsste er ab heute nicht mehr mit der kleinen noch verbliebenen, sondern mit einer großen – sogar einer größeren als einst an seinem allerersten Handelstag Kontraktanzahl traden können. Dieses Geld würde Jerome natürlich umgehend nach wenigen Handelstagen wieder zurücküberweisen, die über Jahre angesparten und nun schnell und heimlich aufgelösten Fonds zurückkaufen – im Idealfall sogar zu billigen Kursen –, und niemand würde je etwas davon merken.

Yep!

Voll neuer Energie tapste Jerome in die Küche und schaute in den Kühlschrank.

Mist! Schon wieder kein Saft mehr im Haus. Er müsste sich als völlig gestresster privater Vollzeittrader wirklich endlich mal einen Dienstleister aussuchen, der ihm sämtliche Einkäufe ins Haus lieferte. Er hat keine Zeit für solchen Kleinkram. Echt! Leicht angenervt betrat Jerome sein Arbeitszimmer, angelte sich einen Stift und kritzelte ans Ende seiner an der Wand über seinen Bildschirmen hängenden To-do-Liste: »39. Lebensmittellieferungen «. Diese Liste sollte ihn an all die kleinen täglichen Pflichten erinnern, die man als hart arbeitender Vollzeittrader seltsamerweise immer wieder irgendwie vergaß. Das Papier war an den Ecken schon ein wenig eingerissen, und die obersten Zeilen waren, wie Jerome nun bemerkte, bereits ein wenig ausgebleicht, und er erinnerte sich, dass er die Liste noch in der einstigen Papertradephase begonnen hatte; also ein paar Wochen, bevor es mit dem scharfen Vollzeittrading losgegangen war.

Na, diese Punkte sind doch inzwischen längst erledigt.

Oder?

In der Erwartung, die ersten Einträge deshalb abhaken zu können, untersuchte Jerome mit konzentriert verengten und dennoch verschlafenen Augen die verblassten obersten Schriftreihen:

Immer einen Stopp setzen.

Vorerst kleine Stückzahlen handeln.

Nicht mehr als acht Stunden am Tag vor der Kiste sitzen.

Fachbücher lesen.

Ähm, na gut … Jerome entschied, dass er diese Punkte anpacken würde, sobald er wieder mit dem Handelskonto im Plus war. Demnach nächste Woche oder so. – *Dann aber! … Ganz ehrlich!* Rasch überflog er die Eintragungen im mittleren Bereich, welche ungefähr sieben Wochen alt waren.

…

Weniger ist mehr!

Weniger ist mehr!

Begreif es doch endlich: Weniger ist mehr!

…

Die Sache war die, dass er ja wirklich vorhatte, weniger Trades zu machen … na ja, zumindest sobald auf dem Konto ein wenig Ruhe eingekehrt war. – Also ab circa Ende nächster Woche! Jerome sah sich die neueren Einträge an, diese waren nicht viel älter als knapp vier Wochen – denn hier war die Tinte noch schön dunkelblau.

…

29. Die Börse ist nur Mittel zum Zweck.

…

Aber was, Herrgott, ist der Zweck …? Ach ja:

…

30. Unbedingt ein neues Hobby zulegen.
31. Mal ein, zwei Tage mit Sabine in den Urlaub fahren.
32. Brauche dringend Abstand von den Charts.
33. Muss auch mal wieder Freunde zum Essen einladen!
34. Mehr Zeit mit der Familie verbringen, nicht nur mit den scheiß Charts.

…

Frustriert und stumm starrte Jerome auf seine eigene Liste und fragte sich, wie es sein konnte, dass er noch gar nichts davon erledigt hatte. Mannhaft widerstand er dem Impuls, diese beschissene Liste einfach in Fetzen zu reißen. Stattdessen pfefferte er verärgert den Stift in die Ecke, stampfte zurück in die Küche und stellte den Wasserkocher an, bereitete sich einen »Heilkräuter-Schlaftee«, ging damit zurück in sein Arbeitszimmer und griff wahllos nach einem der herumliegenden Bücher. Oha … Als Jeromes Blick auf die aufgeschlagenen Seiten fiel, konnte er nur den Kopf schütteln, denn obwohl er permanent damit beschäftigt war, Eselsohren in seine Regelwerk-Fachbücher zu knicken – es mussten mittlerweile schon Hunderte sein –, stolperte er darüber, dass er eigentlich gar nicht mal mehr wusste, ob sich die für seinen Handel infrage kommenden Themen nun auf den Seiten mit oder ohne Knick befanden. Das Regal mit den vielen weiteren Tradingfachbüchern vor Augen, fragte er sich nunmehr:

»Bin ich jetzt mehr an Formationen oder Indikatoren oder mehr an Candlesticks oder an Wellen orientiert?« Da aus der Unmenge an möglichen Antworten aber keine klar hervortrat, entschied er, im Versuch-und-Irrtum-Verfahren das in ihm aufsteigende Unbehagen zu besänftigen, dass er eigentlich doch eher der flexibel schwimmenden »Mitte-Chart-Indikatoren-Wellen-Candle-News-Mehrheit« angehörte. Kurzum: Jerome konstatierte, dass er sich weder aus seiner To-do-Liste noch aus seinen Fachbüchern die Bohne machte. Aber warum auch nach tiefgreifenden Zusammenhängen suchen, wenn er doch ab heute nur noch ein paar Pünktchen brauchte?! – *Also, was soll's?* Seine ganze Aufmerksamkeit fokussierte sich demnach zu einem einzigen Aspekt: so schnell wie möglich sein Tradingkonto wieder auf die Ausgangssumme zu bringen.

Egal wie! Ob mit oder ohne Fachwissen. Ob mit wenigen oder mit vielen Kontrakten. Ob mit einem oder hundert Trades. – *Egal. Scheißegal!* Hauptsache, nicht mehr im Minus sein. Hauptsache, nicht mehr Sabines Blicke ertragen müssen. Und dann … dann, wenn all das erledigt wäre, dann könnte er von vorn anfangen! So richtig von vorn, unter Beachtung aller Regeln, aller Tipps und aller Tricks. Jerome redete sich sogar ein, dass er dann auch Zeit und Lust haben würde, um sich an alle seine Stichpunkte von der To-do-Liste zu halten. Aber jetzt, jetzt war die bescheuerte Liste nur reine Rhetorik. Nur zu Papier gebrachte Behinderung! Sein Bestreben lag hier und jetzt einzig und allein darin, die Ausgangssituation wiederherzustellen. Und heute … Heute war der Tag gekommen, alles wieder zum Guten zu wenden!

Ogottogott.

Aufhören! – Bloß nicht dran denken!

Nachdem er das Buch zugeklappt und weggelegt hatte, saß Jerome noch eine Weile still vor den dunklen Bildschirmen, vor denen er tagein, tagaus kämpfte, und genoss die Ruhe. Dann ging er zurück ins Bett und schlief mit jenem Gefühl ein und wachte mit dem selbigen auf, ähnlich dem, welches ein Jüngling vor der Schulhofschlacht empfinden mag: Sein Herz schlug heftig, und seine Gedanken konnten keinen Ruhepunkt finden. Er fühlte, dass der heutige Handelstag, an dem er seinen »Rivalen« zum ersten Male begegnen sollte, für ihn schicksalsentscheidend werden musste. Und unaufhörlich stellte er sich daher den »Gegner« und sich mit diesem »kämpfend« vor, bald jeden für sich, bald wieder beide zusammen … Nach ein paar derart wild durchträumten Stunden wachte Jerome mit heftigem Herzschlag und wirren, ruhelosen Gedanken wieder auf. Wild entschlossen, sich in keiner Weise anmerken zu lassen, dass heute ein besonderer Tag für ihn war, ging Jerome erst ins Bad und traf dann in der Küche ein. Er nahm sich vor, einfach einen Tunnelblick aufzusetzen – schließlich wusste niemand etwas von seiner Überweisung – und sich umgehend in die Arbeit zu stürzen. Aber weder war Sabine in der Küche, noch war der Kaffee bereits fertig. – Egal! Jerome belebte auch ohne Kaffee der schöne sonnige Morgen, schließlich hatten sich seine Seelenkräfte etwas ausgeruht, und klar leuchtete vor seinem Geist die Gewissheit, dass heute jener Augenblick gekommen war, um den Bann, der auf ihm und seinem Trading gelegen hatte, zu brechen! Eilig schlüpfte er in sein Arbeitszimmer, zog die Tür hinter sich zu und öffnete, derweilen sich der Rechner hochfuhr, weit das Fenster.

»Jerome?!«

Erschrocken blickte er auf. Sabine stand im Türrahmen, zwei Kaffeetassen in der Hand. Eine davon stellte sie ihm auf den Schreibtisch. Voll vergessen, Sabine hatte heute ihren freien Tag.

»Na, wie steht der Markt? – Sind wir endlich wieder im Plus?« Sabine stellte sich hinter ihn, und um zu zeigen, wie wenig ihn ihre Anwesenheit kratzte, wiegelte Jerome die Frage mit einem »Hier ist alles prima« ab und blätterte mit gespielter Coolness die Seite einer seiner unzähligen Finanzzeitungen um. »Der Markt sieht ganz gut aus!«, fügte er noch geschwind hinzu, während sein Blick und sein leichtes Schulterzucken dabei ausdrücken sollten: »Mir ist schleierhaft, warum du immer so einen Aufstand machst, wenn ich hier vor den Charts sitze!« »Okay, also dann bis später.« Sabine prostete ihm mit ihrer Kaffeetasse zu und ging.

Schnell warf Jerome einen Blick auf seine Uhr. Erst 07:54 Uhr. Er loggte sich in sein Handelskonto ein, und … *Boah!* … da stand sie, die erwartete Zahl, … die Zahl, die ihn aus seiner Misere retten sollte: *47.700 Euro!* 8.100 Euro des bisherigen Kontostandes zuzüglich nun der 39.600 Euro aus den Fondsverkäufen. Das ganze Ersparte: Tage, Wochen, Jahre langer und harter Arbeit, unzähliger Überstunden, tagelanger Dienstreisen, verplanter Wochenenden, unzähliger Sitzungen mit dem Chef, konzentriert auf eine einzige Zahl in winziger schwarzer Schrift. Das überwiesene Fondsvermögen war seit Jahren für zweierlei bestimmt: zum einen, um das Haus im kommenden Jahr abzuzahlen, und zum anderen, um einen romantischen Wintergarten an die Nordseite des Hauses anzubauen. Sabine wollte dazu unbedingt auch eines dieser automatischen Rollos eingebaut wissen, damit sich der Garten aus Glas im Sommer nicht so aufheizte. – *Wurscht!* Hypothek und Rollos mussten warten. Ab jetzt musste das Geld kurzzeitig einer anderen Bestimmung dienen. Nur ein, zwei Handelstage. Maximal eine kleine Woche. Das müsste allemal reichen, so Jerome, um das Handelskonto wieder hochzufahren. Danach würde es für Sabine gewiss sogar noch viel bessere Rollos geben, beispielsweise mit Fernbedienung und etwaigem Schnickschnack … 07:58 Uhr … noch zwei Minuten bis zur Eröffnung der Eurex. Kurzer Chartcheck:

Der Dow-Jones-Future war die Nacht um weitere siebzig

Punkte gestiegen, und der Öl-Future dümpelte in einer engen Spanne von fünfzig Cent um die 125 Dollar so vor sich hin; nach dem Anstieg gestern Abend gegen neun Uhr auch kein Wunder. Fast fünf Dollar in einer halben Stunde. Jerome hatte nur fassungslos daneben gestanden. Er wollte long gehen.

Er wollte! Wirklich! Warum hatte er es nicht getan? – Weiß der Himmel!

Konzentrier dich, gleich geht's los!

Ruhig.

Ganz ruhig.

Einfach einatmen … ausatmen … einatmen … ausatmen … Irgendwie schaffte Jerome es schließlich, sich zu beruhigen. Sieben, acht, vielleicht zehn Trades! Peng – fertig! Dann Geld fix zurücküberweisen. So der Plan. Er wäre dann endlich wieder der Held, und keiner bekäme etwas mit. Kurzum: Der neue Kontostand verhieß Hoffnungsvolles, und Jerome war der festen Überzeugung, dass es daher nun ein Kinderspiel sei, das Minus der bisherigen Tradingergebnisse auszugleichen, sprich: Das Konto würde nach der Rückführung der Fondseinzahlung wieder Minimum die ursprüngliche Summe von 35.000 Euro ausweisen – von der Einzahlung der 18.500 Euro vor der Rechenschaftslegung des ersten Monats wusste Sabine ohnehin –, und ab da würde er dann endlich wieder ein ruhiges Leben führen können.

07:59:50 Uhr

Ganz ruhig.

Einatmen … ausatmen …

Einatmen … ausatmen …

Mit dem gestrigen Kontostand hatte Jerome gerade mal noch einen DAXFuture intraday handeln können. Sein Konto gab das nicht mehr her. Aber ab heute, da konnte er … Moment:

47.700 Euro dividiert durch die 4.200 Euro Intraday-Margin … o Mann, … elf DAX-Futures handeln. Elf! – Elfmal mehr als bisher!

Einatmen … ausatmen …

07:59:57 Uhr

Einatmen … ausatmen …

07:59:59 Uhr

Ruhig!

08:00:00 Uhr

Ganz ruhig!

Eine unspektakuläre Eröffnung – der DAX-Future eröffnete nahezu punktgenau am Vortagesschlusskurs. Eine Minute verstrich. Zwei Minuten. Drei Minuten … Und dann? … Dann passierte, was immer passierte: Jerome fühlte sich, als er die Betrachtungen des Marktes aufnahm, durch dieses Warten zunehmend ungeduldig und geriet in eine unbestimmte Gereiztheit.

… 6345; … 6343; … 6344

Jerome wartete eine weitere Minute, dann begann er mit einem Long-Trade, bestehend aus … *hmmm?!* Mal überlegen … sechs Kontrakten?

Oha, das klingt für den Anfang ganz gut! … seine neue, seine himmlische, seine endlich zu ihm passende Tradingära.

Buy DAX-Future 6@6345 id=1126462.

Sein Blick fiel auf die To-do-Liste über seinen Bildschirmen. Einer der letzten Punkte lautete: »37. Eine Position nur eingehen, wenn es ein tolles Signal gibt. Alles andere ist doch scheiße!«

Signal?

SIGNAL?

Mann, ich scheiß jetzt auf ein Signal! Basta!

Was er brauchte, war kein Signal, sondern einzig ein Markt, der ein paar Pünktchen stieg. Ein paar lächerliche Pünktchen! Das war alles! Das musste vorerst reichen, schließlich hatte er nur wenige Tage, um alles rauszureißen und seine Ehre wiederherzustellen!

… 6346; … 6349; … 6352

Na bitte, es ging auch ohne Signal! Der Markt stand binnen weniger Sekunden bei 6355 Punkten und Jeromes Position somit zehn Punkte im Plus. – *Eiii, das ging ja fix!* Die Tage noch wiesen diese zehn Punkte nur »magere« 250 Euro Gewinn oder Minus aus; aber heute … heute handelte Jerome statt mit einem, mit sechs Kontrakten!

Name	Position	Traded	P/L Points	P/L	Time	Last Quote	Bid	Ask
FDAX	+6K	6345	+10	+1500 EUR	08:04:58	6355	6355	6356

Ein wonniges Gefühl waberte in Jerome auf. Entspannt lehnte er sich in seinen Stuhl zurück und streckte, stolz auf die Durchführung seines Plans, die Beine aus.

… 6358; … 6359; … 6361

Der DAX-Future hatte im Fünf-Minuten-Chart kaum den ersten Bar nach der Positionseröffnung beendet, als plötzlich Sabine durch die Tür. »Na, Jerome, noch Kaffee?« Mit einem großen Schritt kam Jerome auf sie zu.

Oh! – »Na, mein Engel!«, Jerome herzte und umschwärmte sie mit einem ungewöhnlich langen Kuss.

»Alles okay?«, fragte Sabine völlig irritiert.

»Aber klaro!« Jerome zog sie für einen weiteren innigen Kuss zu sich und riskierte währenddessen einen kurzen Blick an Sabine vorbei auf den Chart. – *6362 … Yep!* Seine Position stand damit siebzehn Punkte im Plus. Der Check des Positionsfensters ergab ein Plus von 2.550 Euro.

Boah!

Ach, wenn Sabine nur wüsste, so Jerome in Gedanken, dass sie sich ab heute keinerlei Gedanken mehr machen musste … Und in glücklich wiedergefundener Natürlichkeit flüsterte Jerome Sabine ins Ohr. »Wenn du willst, Schatz, dann habe ich zehn Minuten Zeit …«

»Oh, was ist denn mit dir heute los?«, meinte Sabine immer noch sichtlich überrascht, aber dennoch von Jeromes Techtelmechtel angetan. Und während Jerome ihr – den Chart im halben Blick – zärtlich den Nacken küsste, wurden beide vom Läuten des Telefons unterbrochen. »Warte, Schatz, ich geh schnell ran.« Sabine befreite sich aus Jeromes Umarmung:

»Ja, Decker! … Ah, Astrid … Warte einen Moment.« Sabine gab Jerome ein Zeichen, dass dieses Gespräch mit ihrer Arbeitskollegin ein paar Minütchen dauern würde, und warf ihrem Adonis einen zärtlichen Luftkuss zu, der andeuten sollte, dass sie anschließend da weitermachen würden, wo sie gerade hatten aufhören müssen. Und während Sabine leise Tür die schloss, »… so, Astrid, jetzt … erzähl!«, betrachtete Jerome seine Position …

Name	Position	Traded	P/L Points	P/L	Time	Last Quote	Bid	Ask
FDAX	+6K	6345	+33	+4950 EUR	08:13:12	6378	6379	6380

HOLLA!!

Jeromes Hirn explodierte förmlich, und um nicht vor sich selbst »zu gierig « zu erscheinen, nahm er erst mal Hals über Kopf den Gewinn vom Tisch. 5.075 Euro! In sage und schreibe knapp fünf Minuten! Eine Art von Übermut begann Jerome zu erfüllen. Er sprang auf und lehnte sich gut gelaunt aus dem Fenster.

5-0-7-5 E-u-r-o!

Was für eine Luft das war, und wie die Vögel zwitscherten! Heute war sein Tag! Tolles Wetter! Toller Trade! Tolle Frau! Gleich toller Sex! Glückshormone, wohin das Auge schaute …

5-0-7-5 E-u-r-o!

Während Jerome überlegte, wie es denn wäre, wenn er mit Sabine wie einst vor Beginn seiner Tradingkarriere Hand in Hand ein wenig durchs Dorf spazieren ginge, stieg plötzlich, ohne einen Nebengedanken, mit einem süßen Schrecken, der Gedanke in ihm auf: Los, komm, noch fix einen weiteren Trade?! Und indem Jerome, förmlich mit einer Muskelanstrengung, alles in sich unterdrückte, was angstvoll warnte, fügte er mit einer glückseligen Entschlossenheit hinzu: Genau!

… 1,3914; … 1,3913; … 1,3914

Jerome schaute auf die Monitore: Wow … der EURO! Ein enormer Anstieg und vor allem: der Durchbruch durch … die und die und die … gedanklich fix gezogenen Trendlinien … *Woooooow* … Gar keine Frage. Jerome hatte das sichere Gefühl: *Geld – Geld – Geld.*

… 1,3915; … 1,3916; … 1,3917

Noch ein letztes Mal betrachtete Jerome prüfend den Chart des Währungs-Future und spürte förmlich, wie er an unsichtbaren Fäden zu diesem Trade hingezogen wurde. – Himmel! Er hatte noch nie so etwas Schönes gesehen. In diesen Momenten gab es für ihn nur ein Gesetz:

DURCHZIEHEN. Nicht nach links, nicht nach rechts, nirgendwo anders hinschauen als einfach nur geradeaus. Augen zu, auf niemanden hören, nicht aufhalten lassen! Er musste diesen Trade haben. Er musste an dieser Party im Euro dabei sein. Er musste long gehen.

… 1,3917; … 1,3916 … 1,3917

In Erwartung einer Wiederholung seines ersten Trades schnappte sich Jerome die Maus und öffnete einen weiteren Trade. – *Zehn Kontrakte?! … Klaro!* Bei dem aktuellen Kontostand von etwas über 52.000 Euro konnte Jerome die erforderliche Intraday-Margin von 1.800 Dollar pro Kontrakt … *tzzz* … »locker« aufbringen.

Buy Euro-Future 10@1,3918 id=3233461

Jeromes Puls stieg erneut an. Eins, zwei, drei … Megatrade, komm schnell herbei! – Und schwupp war Jerome abermals im Plus! Und abermals wallte ein wonniges Gefühl in ihm auf. Und abermals lehnte er sich entspannt in seinen Stuhl zurück und streckte, wie gehabt, nämlich stolz auf die Durchführung seines Plans, die Beine aus.

Endlich kann ich mal zeigen, was ich drauf habe!

ENDLICH!

Jerome nahm sich vor, noch vier, fünf solcher Trades durchzuführen, um sein Konto wieder auf den Originalzustand zu hieven.

Yep!

Und wie er das so dachte, betrat auch Sabine – sie hatte das Telefonat mittlerweile beendet – wieder das Arbeitszimmer und stellte Jerome ein Glas Wasser hin. An ihrem eigenen Glas atemberaubend sinnlich schlürfend, zwinkerte sie Jerome, offensichtlich in Erwartung einer Fortsetzung des leidenschaftlichen Techtelmechtels, schelmisch zu. »So kühl … ein himmlisches Gefühl, nicht? Bei der Hitze!« Jerome verstand den Wink und warf schnell noch einen abschließenden Blick auf den Kontostand und seine Long-Position:

Name	Position	Traded	P/L Points	P/L	Time	Last Quote	Bid	Ask
EUROFX	+10K	1,3918	+0,0009	1125,00$	08:23:45	1,3927	1,3927	1,3928

Jupp, jetzt komme ich!

Alle aus dem Weg und ab an die Seite!

Jeromes Trüffel-Monstertrade-Warnsystem blinkte und gab ihm zu verstehen, dass er erneut einen dicken Fisch an der Angel hatte, und der war mindestens »zehn Meter« groß. Jerome fühlte sich in Höchstform und begann, mit langsamen Kreisen Sabines Nacken zu massieren und zu küssen und ließ sie jene bereits durch den ersten Plustrade »glücklich wiedergefundene Natürlichkeit« und angestachelte Zuneigung spüren.

... *Ohahohowww* ....

Die kommenden Minuten waren nicht jugendfrei, zumindest bis zu jenem Moment, als ... *peng!* ... ein durch den Erotiknebel schlagender Funke Jerome, obwohl er in Gedanken noch dem Gefühl der völligen Leidenschaft hinterher stürmte, wieder in die irdische Beziehung zum Hier und Jetzt brachte, denn zufällig war sein Blick auf seine Bildschirme gefallen.

Mo-Moment?! Aufgrund seines gerade etwas eingeschränkten Sichtfeldes waren Kursdetails nicht sichtbar, doch es genügte bereits die Farbe der aktuellen Periode, um Jeromes Aufmerksamkeit auf sich zu ziehen:

Rot!

ROT!

Und ... LAAAAAANG!!

Jerome versuchte, mit einem weiterhin sinnlichen Lächeln seine von Sekunde zu Sekunde wachsende Unsicherheit vor Sabine zu verbergen, doch hielt dies nicht lange durch.

»Alles okay?«, reagierte Sabine auf die sich bemerkbar vergrößernde Anspannung ihres Mannes.

»Ähm ... joo...«

O Mann! Jerome überlegte, warum solche Situationen wie »Wie verhalte ich mich bei einer Position, die der optischen Entfernung nach im roten Bereich liegt, aber bei der ich aufgrund einer Unpässlichkeit keine Details abfragen kann?!« eigentlich nicht in Tradinglehrbüchern beschrieben wurden. Trotzdem riskierte er einen weiteren Blick. *Sch... immer noch rot!* Aber was soll's, dachte er, sein Stopp lag im Markt, zwar etwas pauschal kurz unter einer »todsicheren« Unterstützungslinie, aber solange es nicht »PIEP ... PIEP ... PIEP« machte, war weiterhin berechtigte Hoffnung angesagt. Jerome entspannte sich also wieder – denn schließlich fand er es schade, diese Situation, die genießenswerteste, die er kannte, so im Geiste zu verlassen – und widmete seine ganze Aufmerksamkeit wieder Sabine und der seit Langem vernachlässigten, gemeinsamen Leidenschaft.

... *Ohahohowww* ...

Die kommenden Minuten waren abermals nicht jugendfrei, zumindest bis zu jenem Moment, als ein deutliches »PIEP ... PIEP ... PIEP« Sabine dazu brachte, in Jeromes Ohr zu keuchen: »War ... das ... wichtig ... was ... da ... gerade ... gepiepst ... hat?« »Ähm ... i wo ... wahrscheinlich nur ... eine ... E-Mail«, log Jerome und konnte sich, während Sabine weiter leidenschaftlich bei der Sache war, kaum noch auf den Höhepunkt des gemeinsamen Techtelmechtels konzentrieren, denn statt weiter erotisches Verlangen vorzutäuschen, war das Lächeln in seinem Gesicht von einem Augenblick zum anderen gefroren. Als Sabine etwas später gut gelaunt ins Bad verschwand, prüfte Jerome, ohne sich erst groß um anderes zu kümmern, den Grund für das vorherige Gepiepse, und sein Herz begann plötzlich so heftig zu pochen, als wollte es ihm gleich zu den Ohren herausquellen:

Umgerechnet 6.350 Euro!

MINUS!

Seine Glücksblase war geplatzt wie ein Luftballon, und in diesem Augenblick konnte sich Jerome nicht anders benehmen, als es ein großer Hund tat, der ein ungewöhnlich kleines Tier vor sich hatte, das er sich nicht anzufallen traute, etwa eine Kröte, Schlange oder dergleichen: Er richtete sich immer höher auf, verzog die Lippen und den Rücken und sah sich plötzlich durch die Ströme des Unbehagens von dem Ort fortgezogen, wo sie ihre Quelle hatten. Jerome erhob sich und schaute völlig desillusioniert aus dem Fenster. Passend zu seiner Stimmung hatte ihm Gottes Grafikabteilung den blauen Himmel mittels einer großen Wolke grau eingefärbt.

6.350 Euro!

MINUS!

»Hallo Süßer …«, erklang plötzlich Sabines Stimme, mit immer noch deutlich erotischem Ton. Jerome, dessen Gefühle und Gedanken sich gerade nur um die Zahl 6.350 Euro drehten, fuhr mit einem barschen »WAAAS?« herum, und versuchte, auf sein Gesicht ein überlegenes Lächeln zu bekommen, das ihn davor schützen sollte, seine Unsicherheit zu verraten; diese wuchs aber von Sekunde zu Sekunde aus etwas scheinbar Unbegreiflichem. Denn es gibt bei jeder unter Zweifeln verantworteten Tat eine Zeitspanne der Schwäche, die den Augenblicken der Reue nach der Tat entspricht, wenngleich sie im natürlichen Verlauf des Geschehens kaum in Erscheinung tritt. Die Überzeugungen und heftigen Einbildungen, von denen der fertige Trade geschützt und gutgeheißen wird, haben zu diesem Zeitpunkt noch nicht die volle Ausbildung erreicht und schwanken in der zusammenströmenden Leidenschaft ähnlich unsicher, wie sie vielleicht später in der rückströmenden Leidenschaft der Reue zittern oder zusammenbrechen werden. Und genau in diesem Zustand seiner Absichten war Jerome durch Sabine überrascht worden; es war ihm daher doppelt peinlich, aus Gründen der Vergangenheit und auch des Ansehens, das er jetzt bei Sabine genoss. Und so kam es, dass das Lächeln, statt überlegene Ruhe vorzutäuschen, in seinem Gesicht von einem Augenblick zum anderen etwas Starres annahm, ja etwas steif Schwebendes, und schließlich sogar steif wie auf Stelzen davonzuschweben schien.

Überrascht von Jeromes unerwarteter Reaktion und dem plötzlichen Wechsel des Tonfalls, stellte Sabine die Flasche Wasser neben Jeromes Glas.

»Hier, nur was zu trinken für dich.«

Jerome griff nach dem dargebotenen Wasser, hielt, ohne davon zu trinken, das kalte Glas zerstreut fest und brachte weder Ton noch Geste heraus.

Sabine deutete mit einem schelmischen Grinsen auf Jeromes rund um den Schreibtisch verstreute Sachen und gab ihm damit zu verstehen, dass er sich besser wieder ankleiden solle. »Gut. Also bis nachher. Ich mach dann mal Mittag. Dann können wir ja gemeinsam spazieren gehen und über den Kontostand reden. Mal sehen, wie fleißig mein Adonis so die letzten Wochen war!« Sie gab Jerome einen flüchtigen Kuss, und schon war sie in Richtung Küche verschwunden.

Äh … was … hä …?

Jeromes blinder Blick durchmaß starr sein Arbeitszimmer.

Sie will WORÜBER reden …?!

Äußerlich ganz ruhig, hob er seine Sachen auf und kleidete sich mechanisch wieder an – obwohl er in dem Moment am liebsten schreiend durchs Haus getobt wäre, dabei laut »FUCK!!« brüllend. Wie um alles in der Welt sollte er nun bloß die kommenden Stunden durchstehen? Er konnte doch ab jetzt nicht einfach ruhig sitzen bleiben, was ihm nach kurzer Überlegung beim Trading ja eigentlich noch nie gelungen war.

Rechenschaft ablegen?!

Unruhig begann Jerome vor dem Schreibtisch auf und ab zu gehen; er suchte die übergeordnete Logik in dem Geschehenen. Aber wie kann etwas Einzelnes einleuchten, wo alles leuchtete? Jerome setzte sich wieder und betrachtete voll inneren Aufruhrs die letzten Perioden des DAX-Future. Und da Gedanken schnell waren und Jerome ohnehin keine Zeit hatte, fiel ihm beim Anblick des DAX etwas ein. Diesmal war es eine kleine Theorie; sie war einfach, aber dennoch für ihn einleuchtend: Anscheinend war der DAX doch – anders als der Euro-Future –, wie sich eben gezeigt hatte, sein »Liebling«, für dessen Verlauf er ein »Händchen« hatte, und wenn er demzufolge bei seinem »Liebling« statt wie beim letzten Trade nur sechs, diesmal acht Kontrakte nähme … *tzzz* … sein Konto gab das ja locker her, dann wäre das mit den letzten Trades angelaufene Minus bereits nach … hmmm?! … Jerome griff nach dem Taschenrechner … *wow* … wenigen Pünktchen ausgeglichen.

…6361; …6362; … 6364

Und da der Markt, während Jerome dies dachte, nach einem kurzen Rücksetzer um weitere Punkte nach oben schoss, war für ihn klar, dass der aktuelle Chartverlauf und damit der neue bevorstehende Trade die Vorgabe »umwerfend attraktiv« allemal erfüllte. Jedes Fachbuch wäre sicherlich stolz auf ihn. Der Markt war einfach gut ausgeprägt! – Obwohl … Jerome erinnerte sich an Sabines letzte Worte und Blicke und entschied sich um: Der Markt war nicht nur »gut« … nein … der Markt war einfach »sagenhaft ausgeprägt«! Bestimmt! Und damit nicht genug: Der DAX-Future stand auch noch kurz vor einem Durchbruch durch diese … Moment, schnell einzeichnen … Trendlinie. Jerome fand dieses Set-up einfach nur noch klasse, klasse, klasse, und vor Freude rief er laut: »Wer da nicht dabei sein will, ist entweder blind, blöd oder unverbesserlich!« Dann legte er los. *Na, wenn das mal keine Party wird!*

Buy DAX-Future 8@6371 id=7261468

Name	Position	Traded	P/L Points	P/L	Time	Last Quote	Bid	Ask
FDAX	+8K	6371	+1	+200 EUR	09:12:09	6373	6373,5	6374

Weitere zehn Sekunden später:

Name	Position	Traded	P/L Points	P/L	Time	Last Quote	Bid	Ask
FDAX	+8K	6371	–9	–1800 EUR	09:12:19	6362	6361,5	6362

Weitere zehn Sekunden später dachte Jerome ernsthaft darüber nach, ob das Trading nicht auch auf die lange Liste der Herz-Kreislauf-Krankheiten fördernden Maßnahmen gehören müsste:

Name	Position	Traded	P/L Points	P/L	Time	Last Quote	Bid	Ask
FDAX	+8K	6371	–14	–2800 EUR	09:12:29	6357	6356	6357

Weitere zwei Minuten später:

Name	Position	Traded	P/L Points	P/L	Time	Last Quote	Bid	Ask
FDAX	+8K	6371	–18	–3600 EUR	09:14:41	6353	6352	6353

Die gerade noch maßlose Freude über den eingegangenen Trade war zu einer sonderbaren Angst geworden, die Jerome eisige Schauer über den Rücken jagte. »Scheiße!«, jammerte er entsetzt und wankte völlig benommen zum noch offen stehenden Fenster.

3.600 Euro Minus!

Die Dinge bei Chart & Co. schienen für Jerome plötzlich eine unendliche … ja was? … eine Art Immoralität und Indifferenz aufzuweisen, die in dem Augenblick, wo sie ihn berührten, zu tiefer gedanklicher Erschütterung führten. Denn: Obwohl Jerome als rationales Wesen versuchte, die Bewegungen des Charts und sein darauf reagierendes Handeln zu verstehen, schienen leider alle seine Disziplinen – die fundamentale und ebenso die technische Analyse sowie mitunter alle selbst erdachten Logiken und Handelskombinationen als auch der eigene »diskretionäre« Handel – für ihn hier und jetzt den Schluss nahezulegen, dass der Marktverlauf und daher das eigene Trading bar jeder endgültigen Bedeutung, jedes Zwecks oder Sinns sei. Alle Kursbewegungen, sei es nun nach oben, sei es nach unten, schienen nicht mehr zu sein als kurzlebige Zufallsprodukte der Evolution des Orderbuchs, nur geboren, um zu sterben; oder noch besser: wie Irrlichter im Moor, nur dazu nütze, den Reisenden zu verwirren und womöglich ins Verderben zu führen …

3.600 Euro Minus!

»Shit!«, jammerte Jerome abermals entsetzt. Völlig benommen, ging sein Blick zum immer noch offen stehenden Fenster.

O Gott!

3.600 Euro Minus!

Nach wenigen Augenblicken der »geistigen Starre« wandte er sich wieder seinen Monitoren zu und … *Heeee?!?!?!?*

Name	Position	Traded	P/L Points	P/L	Time	Last Quote	Bid	Ask
FDAX	+8K	6371	+5	+1300 EUR	09:22:02	6376	6376,5	6377

Binnen der wenigen Augenblicke am Fenster war das Minus dahingeschmolzen wie Butter in der Sonne. – *HA!* Jerome lehnte sich, erleichtert und binnen Sekunden von »schlecht« auf »völlig gut« gelaunt, erneut aus dem Fenster: Was für eine Luft das war, und wie die Vögel zwitscherten!

Heute war doch sein Tag! Tolles Wetter! Toller Trade! Tolle Frau!

Kurzum: abermals Anlässe für Glückshormone, wohin das Auge schaute! Missbilligend belächelte er sich und seine offensichtlich völlig unangebrachten Zweifel und rief halblaut aus: »Meine Analysen sind gut! Richtig gut! Ich kenn mich also doch aus!« – »Ruhig. Ruhig! Bring erst mal diesen Trade nach Hause!«, ermahnte er sich dann selbst, den Schreck von eben noch in den Glieder fühlend.

Zurück an die Monitore … – Aber … Scheiße, was soll DAS denn? Der DAX-Future drehte soeben wieder und fiel binnen Sekunden um achtzehn Punkte, was dazu führte, dass Jeromes Position plötzlich dreizehn Punkte im Minus lag. Eben noch über tausend Euro im Plus, wies seine Long-Position nun ein Minus von stolzen 2.600 Euro auf.

… *6356;* … *6355;* … *6354*

Jeromes Wangen glühten. Wie ein Echo hallten in ihm Sabines Worte nach: »Mal sehen, was mein Adonis so drauf hat!« Regungslos, wie von einem tonnenschweren Hammer getroffen, blieb er sitzen, nur durch die Finger sprang ein wildes Zucken und rüttelte den Arm bis zu den Schultern hinauf, aber nichts in seinem Körper vermochte sich zu wehren gegen diese aufstürmende Gewalt des entfesselten Grauens.

… *6353;* … *6352;* … *6353*

Jerome schloss die Augen und presste – fieberhaft überlegend, was um Himmels willen er nun tun sollte – seine Finger an Stirn und Wangenknochen. *Position schließen? Besser nicht!* Denn genau dann drehte der Markt meistens! Das hatte er schließlich schon unzählige Male erlebt.

Stopp setzen?

Klingt gut.

Aber wohin?

Egal, wo er ihn hinsetzen würde, würde der Markt ja doch nur den Stopp triggern, um, sobald er ausgestoppt war, auf der Stelle kehrtzumachen. Auch das hatte er schon unzählige Mal erlebt.

Alternativen?

Ja. Besser keinen Stopp und den Finger direkt am Abzug!

Ohhh, da muss ich ja doch wieder hinschauen …

Der Markt fiel um weitere vier Punkte. Jerome stand leichenblass vor seinen Monitoren und bestand ganz und gar aus panischen Empfindungen und deren Bestimmtheiten. Und so ergab sich für ihn die unbefriedigende Erkenntnis, dass es gerade die Fähigkeit zum vernünftigen Denken war – mit der er das Trading, seine eigenen »Analysen« und den damit angestrebten Erfolg durchleuchten wollte –, die ihm deutlich vor Augen führte, dass scheinbar die meisten seiner Trades letztlich missglückten und sein Kontostand mithin äußerst vergänglich war. Um sich wenigstens irgendwie sinnvoll zu betätigen, stand er auf und besah sich seinen Schreibtisch. Nachdem er dazu noch alle Schubladen geöffnet und hineingesehen hatte, stellte er fest, dass Sabine recht hatte: der reinste Saustall! So sah doch kein Schreibtisch eines privaten Vollzeittraders aus.

Was bedeutete: Hier muss mal Klarschiff gemacht werden! Genau das Richtige, um … *puh, Gott sei Dank* … ein paar Perioden rumzukriegen.

Yep!

Die Ansage lautete also: 09:36 bis 09:54 Uhr Schreibtischadministration.

Jerome hatte dabei ganz vergessen, wie sehr er Aufräumen hasste. Und was da alles zum Vorschein kam: alte Firmenschreiben und Versicherungsverträge, die längst hätten abgelegt werden müssen, Einladungen, Notizzettel, eine Computer-Werbebroschüre, eine CD mit Meditationsmusik, die er sich vor Monaten gekauft und dann wie verrückt gesucht hatte, eine Weihnachtskarte vom letzten Jahr, auf der Kerstin, eine Freundin der Familie, in einem komischen Weihnachtsmannkostüm abgebildet war, aber dabei schoss ihm, ähnlich einem ganzen Strauß Feuerwerksraketen, ständig eines durch den Kopf:

… DAX-Stand?! … DAX-Stand?! … DAX-Stand?!

»Jetzt reiß dich aber mal zusammen«, befahl er sich halblaut selbst, »und konzentrier dich aufs Aufräumen!« Die Weihnachtskarte noch in der Hand, entschied Jerome mit einem Lächeln: Die kommt auf den Stapel mit Dingen, für die man endlich mal einen geeigneten Platz suchen müsste. Diverse weitere »Grabsteine« in Form alter Broker-Abrechnungen traten zutage. *O mein Gott* … Jerome hielt eine Tagesabrechnung in der Hand mit 2.300 Euro Minus. Er blätterte weiter. Dort war eine mit 1.760 Euro Plus. –

Na bitte, geht doch! Mit einem Seufzer wandte er sich dem nächsten Stapel zu. Nicht zu fassen, was sich alles für Kram ansammeln konnte! Warum gab es aber auch derart riesige Schreibtische?! Im Weiteren stolperte Jerome über eine uralte Ausgabe einer Börsenzeitschrift, die zu seinem Riesenarsenal abonnierter Zeitungen und Newsletter rund um den Börsenhandel gehörte, und fragte sich kopfschüttelnd, ob er diese wegen des aufgeschlagenen Artikels über den Unterschied zwischen einem professionellen Berufshändler und einem privaten Tradinganfänger aufgehoben hatte. Wenn er sich recht erinnerte, hatte er das damals bloß für einen weiteren öden Artikel über Psychologie und Trading und deren untrennbar verbundenes Zusammenspiel gehalten, also einen von diesen Artikeln, die von der einschlägigen Literaturszene ständig auf den Markt geworfen werden und in denen beschrieben wird, welch schwieriges Unterfangen es darstellt, vom Börsenhandel leben zu können. Um seine Erinnerung aufzufrischen, überflog Jerome den Inhalt kurz und entschied dann, ihn gleich an ein anderes armes Schwein weiterzureichen. Er faxte den Artikel ohne weitere Zusätze direkt an seinen Broker und fühlte sich dabei wie der Initiator eines Trading-Ketten-Faxes. – Wenigstens eine gute Tat am heutigen Tage. *Aber … heee?! … was ist denn DAS?!*

Ein paar mit einer Heftklammer zusammengeklammerte Notizblätter flatterten zu Boden. Mit den Gedanken schon beim nächsten Stapel, sammelte Jerome die Blätter auf und überflog sie. Unter anderem stand da:

»… vor der Kündigung bei der Firma unbedingt mindestens drei Monate hintereinander positiv – und vor allem scharf – getradet haben …«, was er jedoch ohne großes Interesse las, denn schließlich half das jetzt auch nichts mehr. Weitere Minuten vergingen, dann fiel sein Blick doch auf den Markt!

Schluck!

O Mann, hätte er dies doch nur gelassen. Denn die Unheimlichkeit, in der sich Jerome mit einem Mal befand, machte ihm das ganze Thema Trading ... ja was ?! ... irgendwie unheimlich; und die aufkommende Angst gab seiner Person etwas Furchtbares, und der Versuch, sich nüchtern auf die Wahrheit zu besinnen, vermehrte bloß Jeromes Ohnmacht und Bestürzung.

Name	Position	Traded	P/L Points	P/L	Time	Last Quote	Bid	Ask
FDAX	+8K	6371	–21	–4200 EUR	09:54:15	6350	6349	6350

Scheiße, wie das ...?

4.200 Euro M-i-n-u-s.

Nein, das konnte nicht sein!

Wie gelähmt starrte Jerome sein Konto an: *Das würde ja heißen* ... Es würde heißen, dass der Markt während seiner Aufräumaktion unendlich gefallen war. Ein gigantischer Kloß saß in seinem Hals.

Hab ich vielleicht etwas falsch gesehen?

Nein!

Er konnte unmöglich irgendeinen dämlichen Fehler gemacht haben. Er konnte doch unmöglich irgendwas übersehen haben. Vielleicht ein Übertragungsfehler? Jerome schloss die Augen, atmete tief durch. Es musste ein Irrtum sein. Wahrscheinlich hatte er sich vor Aufregung über die hohe Kontraktanzahl schlicht verlesen? Ja, das musste es sein! Also schaute er sich »die Sache« noch einmal in aller Ruhe an. Er öffnete die Augen und blickte auf das Konto – aber da stand immer noch: ein Minus. Mittlerweile nur noch viel höher. Schwarz auf Weiß.

Name	Position	Traded	P/L Points	P/L	Time	Last Quote	Bid	Ask
FDAX	+8K	6371	–23	–4600 EUR	09:54:37	6348	6348	6349

Klamme Kälte kroch ihm das Rückgrat hinauf. Jerome war überzeugt gewesen, die finstere Gewalt des Lebens als privater Vollzeittrader die letzten Monate schon getragen zu haben, und auf dieses Bewusstsein baute seine starke Sicherheit für den heutigen Handelstag auf. Doch diese Sicherheit brach jetzt zusammen unter der Wirklichkeit wie ein Spielzeug in der Faust eines ungeratenen Kindes. Verwirrt zoomte Jerome den Chart auf. Weiter auf. Noch weiter auf. Sein Kopf suchte nach der übergeordneten Logik hinter dem Geschehen, und nach kurzem Grübeln gelang es ihm, die Situation und vor allem jene daraus resultierenden Auswirkungen auf sein Nervenkostüm zu erahnen, vor denen jeder erfahrene Trader in dieser Situation höllische Angst hätte: Um ein größeres Minus auf dem Konto auszugleichen, konnte ein Trader einfach eine höhere Stück- oder Kontraktanzahl als die bisherige handeln. Wenn man beispielsweise zwanzig Punkte mit einem Kontrakt verlor, dann reichten bei einem Trade mit zehn Kontrakten demnach logischerweise zwei Punkte, und alles war wieder »beim Alten«. So weit, so gut. Einfachste Mathematik. Dazu musste man kein langjähriger Trader sein; einfaches Kopfrechnen sollte genügen.

Das war aber nur die eine Seite. Die andere Seite, nämliche jene, vor der ein erfahrener Trader Angst hat, war: Wenn ein Händler ein Minus aus dem vorherigen Trade beziehungsweise Kontoverlauf wettmachen will, heißt das, er hat einen definitiven Betrag im Kopf: 100 Euro. 500 Euro. 3.000 Dollar. 10.000 Dollar ... je nachdem! Und genau jener Betrag, der nun als Grund seines weiteren Bemühens dient, kann dem Trader bei dem erneuten Trade mit höherer Kontraktanzahl deutlich schneller mit negativen Vorzeichen präsentiert werden. Kurzum: Will der Trader ein Minus von 500 Euro ausgleichen, ursprünglich entstanden durch zwanzig Punkte mit einem Kontrakt, und handelt nun stattdessen zehn Kontrakte, sieht er jenen »verhassten Betrag« ja nun schon bereits nach zwei Punkten, die gegen ihn laufen. – Resultat? In diesem Fall entsteht jene Schraube, vor welcher sich Händler zu Recht fürchten, nämlich die Frage: »Scheiße ... WAS TUN?«

Nun reicht eine viel kleinere als die ursprünglich gegen ihn laufende Marktbewegung aus, um jenes Minus erheblich auszuweiten, das der Händler durch den erneuten Trade eigentlich ausgleichen will. Die Tragik ist nur, dass der rasante Positionsverlust ja nun nicht mehr mit einer deutlichen Marktbewegung zu vergleichen ist!

Name	Position	Traded	P/L Points	P/L	Time	Last Quote	Bid	Ask
FDAX	+8K	6371	–25	–5000 EUR	09:56:21	6346	6346	6347

Herrgott, das war kein Crash! Das war nichts! Dass der Betrag nun so hoch war, lag lediglich an der Kontraktanzahl, vergewisserte sich Jerome. – Also *RUHIG!* Tief durchatmend, zog er den Chart auf. Weiter auf. Noch weiter auf. Dabei zermarterte er sich das Gehirn nach der übergeordneten Logik hinter dem Geschehen, denn sobald er die erkannt hatte, würde sofort klar sein, was zu tun wäre.

... 6345; ... 6344; ... 6343

Raus?

... 6343; ... 6344; ... 6344

Stopp setzen?

... 6343; ... 6342; ... 6341

Aber wenn ja, wohin?

... 6341; ... 6342; ... 6343

WAAAAAS ist richtig, was ist falsch?

... 6342; ... 6340; ... 6339

Hektisch begann Jerome, Charts anderer Märkte aufzurufen. Irgendwo musste sich doch ein Anzeichen dafür finden, dass er an seiner Long-Position festhalten sollte. Irgendwo musste sich doch ein Schlupfloch, ein Ausweg finden lassen; irgendetwas, bei dem er erleichtert würde ausrufen können: »Yeah, der Euro-Stoxx-, der CAC-Future steigt massiv, also wird der DAX-Future auch gleich nach oben sausen!« Aber nichts dergleichen war in Sicht! Wie betäubt umklammerte Jerome die Maus und fragte sich, wie dies alles nur hatte passieren können. Wie hatte er diesen »Kursrutsch« nur übersehen können?

Name	Position	Traded	P/L Points	P/L	Time	Last Quote	Bid	Ask
FDAX	+8K	6371	–33	–6600 EUR	09:59:56	6338	6338	6339,5

Jerome war natürlich davon ausgegangen, dass er alles irgendwie Mögliche unternehmen musste, um sein Konto aus dem Dreck zu ziehen, damit er Sabine endlich wieder als »strahlender Held« unter die Augen treten konnte. Daher war ihm die Auflösung der Familienfonds als eine gute Idee erschienen, denn ein größeres Konto ermöglichte eine höhere Stückzahl, und eine größere Stückzahl bedeutete weniger Punkte, die er als Profit erhandeln musste. Das Einzige, was eindeutig klar war, war folgende Erkenntnis:

Hätte er von vornherein ein größeres Konto gehabt, aber zu Anfang dennoch nur mit wenigen Kontrakten gehandelt, so hätte er zwar keine Fonds auflösen müssen, wäre aber schlussendlich auf dieselbe Idee gekommen, nämlich einfach nur größere Stückzahlen zu traden. Deswegen handelte er ja gerade mit acht statt wie bisher »nur« mit ein oder zwei Kontrakten und hatte dabei keinerlei Schimmer, was jetzt die richtige Entscheidung wäre.

… 6338; … 6338; … 6339

Verzweifelt versuchte Jerome, sich zu erinnern, ob er bereits einmal etwas über die Vorgehensweise für Privatanleger zum Ausgleich eines Verlustes mit höheren als der ursprünglichen Stückzahl gelesen hatte. – Mmmh?! Aber in seinem Kopf ging es drunter und drüber, er konnte sich kaum an seinen Namen erinnern, geschweige denn daran, ob diese Sache überhaupt irgendwo jemals erwähnt worden war. Und warum sollte es auch? Es war eine simple Sache. So was machten die Profis doch im Schlaf. Oder um präzise zu sein: Profis machten so etwas im Traum – und nicht in der Realität.

… 6337; … 6338; … 6338

Gleichwohl, was der Markt machte, das war für Jerome das eine. Was der Markt auf seinem Konto anrichtete, das war das andere. Und die aktuelle Entwicklung war für das Konto nicht gerade gut. Überhaupt nicht gut. Um nicht zu sagen, verdammt scheiße. Und als sich Jerome vorstellte, welche Konsequenzen das haben könnte, keimte weitere Panik in ihm auf. Er rekapitulierte daher abermals: Jene Frau, mit welcher er gerade leidenschaftlichen Sex gehabt und welche ihn vor Wochen sogar Bill Gates genannt hatte, wollte heute erneut Ergebnisse sehen. Er hatte eine Long-Position von acht Kontrakten und sah nun ein Positionsminus, das fast einem Viertel jenes Verlustes entsprach, das er eigentlich durch das ganze Hin und Her hatte ausgleichen wollen. Wenn der DAX-Future jetzt also noch weiter in die Knie gehen sollte, stünde er ganz am Ende der Familien-Gläubigerkette und verlöre neben dem Geld und der Familie auch seine Ehre. – *Ohooooohh!!* Jerome legte den Kopf in die Hände. Es half nichts, er musste den Tatsachen ins Auge blicken: Der DAX fiel, und er hatte eine für seine Verhältnisse riesige Long-Position, mit der er nicht umzugehen wusste.

… 6338; … 6338; … 6337

Ihm war, als müsste er aufschreien und auf den Bildschirm einschlagen, so erschrak er. Aber er bezähmte seinen Schrecken vor dieser unsinnigen Vision und schloss die Augen. »Du bist wahnsinnig … du träumst … du fieberst«, sagte er sich. »Es ist ja unmöglich, du halluzinierst … Der Markt ist nicht so weit gefallen.« Dann erst öffnete er wieder die Augen. Wut überschwemmte ihn, rasende, rot glühende Wut, den Drecksmarkt, der sein Vertrauen, sein Gefühl, seine Hingabe so schändlich »betrogen« hatte, an »der Gurgel« zu fassen. Aber er bezwang sich. Mit gewollter Langsamkeit, was viel Kraft kostete, trat er einen Schritt zurück. Sein Blick glitt nur hin zum Monitor, flackerte unstet mit der wackelnden Periode. In diesem einen »Auf und Ab« waren alle seine Sinne eingeschlossen und hetzten hin und zurück. Die ganze Welt war zusammengeschmolzen in diesem viereckigen Fleck aus Bit und Bytes. Und er wusste, dass er hier Stunden und Stunden stehen konnte, ohne dass er eine Ahnung seiner Gegenwart in seine Sinne nehmen würde.

… 6338; … 6336; … 6337

Jerome versuchte, seine Gedanken zu ordnen, und rekapitulierte erneut:

Was ist in diesem Moment zu tun? – *Keine Ahnung.* Was ist mit der Position? *Eindeutig ein Desaster!* Warum? – *Weil das Minus mittlerweile einen Großteil von dem beträgt, was ich durch die Auflösung der Fonds zusätzlich eingezahlt habe und ich damit mittlerweile fast den ursprünglichen Kontostand verloren habe.* Wie sieht der Chart aus? – *Das ist ja das Problem, eigentlich kaum Bewegung.* Aber trotzdem … Was schlägt das Tradergenie vor? – … *Nächste Frage?* Es gibt keine weitere Frage! Also noch mal: Was schlägt das Tradergenie vor? … *Ja, keine Ahnung. Warten vielleicht? Raus aus der Position? Position drehen? Stopp ranziehen, oder doch sogar besser weiter weg? Was weiß denn ich?!* Der DAX-Future hüpfte derweilen munter weiter gen Süden und stand nun bei 6331 Punkten: für Jerome bedeutete dies also weitere fünf Punkte und damit weitere tausend Euro minus. Seine Position wies nun ein stolzes Minus von 8.000 Euro aus. Darüber hinaus war der Markt, was Jerome in seinem emotionalen Aufruhr gar nicht registriert hatte, damit auf sieben Punkte an den lokalen Tiefpunkt eines untergeordneten Trends herangekommen, genau genommen: gefährlich nahe herangekommen.

Scheiße …

Was soll ich bloß tun?!

Scheiße … Scheiße …

Scheiße … Scheiße … Scheiße!

Er müsste es Sabine beichten! Oder vielleicht doch nicht? Oder besser doch? *Mhm* … aber das würde wirklich schlimm werden, entschied er, denn er würde mit dem Wissen leben müssen, dass alle erfuhren, was für ein Trader er war – so, als wäre er ein blutiger Anfänger. Wenn er es Sabine jetzt sagen würde, dann könnte das aber auch das endgültige Ende ihrer Toleranz bedeuten, schoss es Jerome durch den Kopf. – Was also tun? Um einen Aufschub der Rechenschaft betteln? Unvermittelt wurde ihm speiübel. Plötzlich fiel ihm aber ein, was er sich einst immer bei der Arbeit gesagt hatte.

Ein Fehler ist erst dann ein Fehler, wenn er sich nicht wiedergutmachen lässt.« Erleichterung durchchoss ihn. – *Das war es!* Rasch rief er die verschiedenen Börsen-Webpages auf und studierte in Eile die neuesten Analysen zum heutigen Tag. Das Ganze hatte etwas von dem menschlichen Wunsch eines Tradinganfängers, einer Wahrsagung nachzuhelfen, ihr Zutreffendes abzugewinnen:

09:50:52 Uhr, Frankfurt

Die Marktexperten der Commerzbank kommentieren die aktuelle Entwicklung beim DAX-Future (FDAX).

Der DAX-Future hat gestern erneut die Oberseite der Konsolidierungszone getestet und ein neues Wochenhoch markiert, dann haben jedoch Gewinnmitnahmen eingesetzt. Der Markt schloss mit 14 Zählern über Vortagesniveau. Der negative Ausblick hat jedoch unverändert Bestand, und nach Angaben des Marktbeobachters haben sich die Aussichten auf eine Erholung weiter verschlechtert. Die Indikatoren im Tageschart scheinen im übergekauften Bereich eine Umkehr auszubilden, negative Anzeichen liefern Stochastik und vor allem der RSI. Die zu erwartende nachhaltige Korrektur kann ab 6310 Punkten (Bruch Aufwärtstrend) an Fahrt gewinnen und sich dann bis 6145 (38,2 % Fibonacci) ausdehnen. Unterstützungen werden bei 6230 und im Bereich von 6190 gesehen.

erome sah sich die Zeilen einen Augenblick lang an. Es war doch so, dachte er sich: Im Grunde sollte man die Ratschläge aus dem Internet nicht sklavisch befolgen. Das stand ja sogar so oder so ähnlich in jedem Disclaimer. »Sie müssen nicht jeden Rat befolgen, den Ihnen jemand gibt. eder Trader ist anders, verlassen Sie sich auf Ihren Instinkt.« Und Jeromes Instinkt sagte ihm, er solle nach einer »besseren« Analyse schauen. *Klick. Klick. Klick.* Eilig surfte er durch die Schlagzeilen und sah sich weiter aktuelle Marktanalysen an.

…

…

09:26 Uhr HSBC Trinkaus & Burkhardt: *Bund-Future, die aktuelle Handelsspanne.*
09:57 Uhr DZ BANK: *Käufe zurückstellen*
10:12 Uhr Commerzbank: *EUR/USD, ein neues Kaufsignal*

…

…

Da. Da war noch eine Analyse auf den DAX. *Doppelklick.*

09:58 Uhr, Frankfurt

Die Marktexperten der Deutschen Bank kommentieren die aktuelle Entwicklung beim DAX-Future (FDAX)

Der DAX-Future zeigt einen charttechnisch intakten Aufwärtstrend auf Tagesbasis, welcher aktuell jedoch intraday in eine Dreiecksformation mündet. Markttechnisch weist der Markt im unteren strategischen Zeitfenster ein positives Set-up aus. Aus dem Blickwinkel der Schwungkraft wird die bullishe Ausrichtung ebenfalls weitestgehend bestätigt. Die mittelfristig relevante Bewegungsdynamik, eine der wichtigsten markttechnischen Beurteilungskriterien, nimmt zu – was von Marktanalysten allgemein als die Stabilität des Primärtrends bestätigend und die Gefahr eines negativen Handelstages reduzierend betrachtet wird. Die Strategen erwarten, dass ein begrenzter Rücksetzer auf massive Unterstützung treffen wird. Demnach ist der Ausblick bullish. Wer diese Situation ausnutzen möchte, um Long-Positionen einzugehen oder auszubauen, kann hierzu kleinere Rücksetzer ausnutzen. Die Handelsexperten empfehlen dementsprechend, bei 6300 zu kaufen, Positionen auszubauen, sobald 6270 erreicht werden, und diese mit einem Kursziel bei 6560, bzw. im Verlustfall bei 6220, zu schließen.

Puh! – Na bitte. Ging doch. »Rücksetzer kaufen« heißt schließlich: Die Position passt. »Kursziel 6560.« – *Na, umso besser!* Jerome würden ja schon 6420 reichen, aber wenn die Bank es sagte?! Die mussten es ja wissen. Und gerade die *Deutsche Bank* würde sich ja nicht irren. Schließlich betrieben die ja mehr Jahre Trading als er Tage. Etwas erleichtert klickte Jerome in der Taskleiste wieder sein Tradingprogramm an. – Besser, er hätte es nicht getan!

Oh … äh … wa…?!?!?

Nun – es gibt Wahrnehmungen als Tradinganfänger, die wie *Schlaf* anmuten, denn sie nehmen wie Nebel den Horizont des Geistes ein und hindern diesen am Denken, hindern ihn am Handeln, verhindern, dass jener Trader klaren Sinnes ist. Als hätte Jerome nicht geschlafen, lebte in ihm urplötzlich etwas Seltsames, nahezu Traumhaftes fort, und jeder weitere Blick auf den Chart erwärmte die stillstehende Oberfläche seiner Sinne. – *Hoffnung!* Es war wie ein Rausch, und der Wille zur Vernunft glich einem Mülleimer, im Vorbeigehen mit einem lässigen Tritt entleert.

Name	Position	Traded	P/L Points	P/L	Time	Last Quote	Bid	Ask
FDAX	+8K	6371	–47	–9400 EUR	10:24:56	6324	6324	6325

»Hey, Jerome!« Sabine tauchte in der Tür auf – »Was? Wie?« Jerome fuhr vor Schreck herum und legte hastig die Hand auf den rechten Bildschirm, um damit die Kontoinformationen verdecken. Es war eine reine Instinkthandlung, aber da Sabine sowieso keine Ahnung hatte, schaute sie nicht einmal hin. »Mann, du bist heute aber ganz schön nervös!« Kopfschüttelnd, aber mit einem Lächeln auf den Lippen näherte Sabine sich dem Schreibtisch und war offensichtlich auf einen kleinen Plausch aus, wenn nicht gar auf eine Fortsetzung von eben. »Alles okay bei dir?«, hauchte sie. »Äh … ähm … ja, danke!« Jerome sprang auf, sodass er mehr oder weniger mit dem Rücken vor den Monitoren stand. »Mir geht's gut, okay?

Und nein, ich brauche nichts!« Irgendwie schaffte Jeromes es, seine steifen Lippen zu einem Lächeln zu verziehen. Seine Augen waren feucht und gerötet, seine Hände zu wütenden Fäusten geballt.

»Sicher?!« Sabine musterte ihn mit belustigter Miene. »Bloß gut, dass du überhaupt nicht nervös bist, oder so.« »Ja, gut, nicht?« Jerome ließ diese kleine, ironische Spitze einfach ins Leere laufen. »Mittag ist bald fertig. Schon Hunger?« Sabine hatte ein doppeldeutiges Glitzern in den Augen.

»Ähm … *Hunger?!* Ja, denk schon.« Jerome lehnte sich, den rechten Monitor verdeckend, an den Schreibtisch, und während Sabine mit belanglosen Dingen ein Gespräch anzufangen suchte, drehten sich Jeromes Gedanken nur um eines:

Stopp ran?

Stopp weg?

Stopp raus?

Position schließen?

Sabine fragen?

Genau! – Noch besser, soll sie es doch entscheiden!

Bei dem Gedanken wurde Jerome aber dann doch ganz anders. Er konnte nicht. Er konnte doch nicht hergehen und zugeben, dass er gerade nicht wusste, was zu tun war, und so unglaublich bescheuert war, das gesamte Familienvermögen leichtsinnig mit einem einzigen Trade aufs Spiel zu setzen! – *Seufz!* Bei Sabines Anblick fragte sich Jerome, ob das jetzt nicht endgültig der *richtige Zeitpunkt* sei, um über *Grundsätzliches* zu reden. »Ähm, Sabine …« Jerome presste die Worte mit möglichst normaler Stimme hervor.

»Ja?!«

Jerome fand jedoch nicht die Kraft, die Wahrheit auszusprechen. Mit einem kleinen Seufzer zog er Sabine ganz nah an sich heran; gerade durch die größere körperliche Nähe gewann er innerlich wieder Abstand: »Ähm, … ach nichts!« Sabine merkte, dass ihr Mann weder auf ein Gespräch noch anderweitig auf sie eingehen wollte, und seufzte etwas traurig. »Gut. Okay. Ich lasse Sie dann wieder in Ruhe, *Herr Trader*. In einer halben Stunde gibt es Essen.« Ein bisschen beleidigt rauschte sie ab, woraufhin sich, als Sabine die Tür des Arbeitszimmers von außen schloss, eine Mischung aus Missmut, Niedergeschlagenheit und Anteilnahme Jeromes bemächtigte. *Jetzt hält sie mich sicher für den dümmsten Heini der Welt!*

Schließlich ist heute ihr erster freier Tag seit Wochen!

Shit!

Doch Jerome hatte keine Zeit für familiäre Sentimentalitäten. Es war genügend an der »Konto-Front« zu tun. Es musste was getan werden. So schnell wie möglich, bevor der Markt noch weitere Tausender des Familienvermögens verschlang. Und plötzlich wusste Jerome auch, was zu tun war! Es galt nun, keine Sekunde mehr zu verlieren. Jerome musste … er musste Gleichgesinnte, musste »Kollegen« fragen. Kurzum: Er musste jetzt unbedingt die Marktmeinung der Intraday-Profis abfragen. Vielleicht würde Jerome ihnen den Tag verderben, und vielleicht würde er ihnen sogar gestehen, dass er Mist gebaut hatte. Fix überflog er die klassischen Internet-Daytrader-Foren, bis er schließlich ein passendes fand. Kurz darauf war er im Online-Chat eingeloggt.

Jerome D.	Hallo an alle!
DAX-MAX	Hey! Was verschafft uns die Ehre? J … Hast du auch den Euro-Dollar vor dir? Wahnsinn!
Jerome D.	Nee, den Chart hab ich grad nicht offen. Es geht mir grad eher um … folgende Angelegenheit …

Mist, das kann ich so nicht abschicken!
Das muss ich anders schreiben …

Jerome D.	Nee, den Chart hatte ich vorhin offen. Im Moment sitze ich vor dem Future.
DAX-MAX	Future? Geht's genauer??
Jerome D.	DAX-Future. Ich rede vom DAX-Future.
DAX-MAX	Gute Entscheidung. Da sind, glaub ich, wir hier alle bis über die Ohren LONG drin.
Jack-Trader	Was denn auch sonst außer long!?!
SWING-Inge	Bei den Analysen gestern und heute ja auch kein Wunder. Alle Anzeichen waren ja wohl deutlich genug.

GOTT sei Dank!
Damit hab ich doch eigentlich alles, was ich an Infos brauche.

DAX-MAX	Du auch, Jerome? Auf welcher Zeiteinheit bist du unterwegs?
Jerome D.	Auf dem 10-Minuten-Chart.
Jack-Trader	Aaah … alles nur Korrekturen! Der Trend ist bilderbuchmäßig.
Jerome D.	Echt? Ihr meint also, es geht wieder rauf?
SWING-Inge	Yepppp!
DAX-MAX	Logisch, was denn sonst!

Logisch, was denn sonst …!

Etwas beruhigt von den Aussagen der »Profis«, saß Jerome einfach nur so da und betrachtete wort- und fast regungslos das Schauspiel des Charts, als vierzig Minuten später ein »*ESSEN* steht auf dem Tisch. – Kommst du?« aus der Küche erklang. Jerome wusste im ersten Moment überhaupt nicht, wovon Sabine redete, schließlich konnte er nur noch daran denken, was der Markt und seine offene Long-Position machten und wie sich das ganze Schlamassel, wenigstens teilweise, wiedergutmachen ließ. »Ja, ich komme …« Verstohlen wischte er seine schweißnassen Hände mit seinem Taschentuch ab, raffte sich mit äußerster Anstrengung auf und schleppte sich in die Küche mit automatischen Bewegungen und entseelten Sinnen.

»Lass es dir schmecken, Schatz!«

»Ähm … du dir auch.« Und während er, Sabines fröhliches Gesicht im Blick, bedrückt zu essen begann, fühlte er den kalten Klammergriff des Grauens an der Kehle; und plötzlich nahm eine Frage in ihm Gestalt an, die ihm vorher noch nie so deutlich in den Sinn gekommen war: Sind ein wenig Ausgeglichenheit, Ruhe, Demut und vor allem Vernunft und freiwilliger Verzicht womöglich gar nicht so schlecht im Börsenhandel?! Jerome schreckte vor seinen eigenen Gedanken zurück, als hätte er sich am Essen verbrannt. Bisher hatte er sich schließlich der als unabwendbar empfundenen Pflicht verschrieben, keinen Trade auszulassen, der sich ihm anbot. Gleichzeitig fragte er sich aber, ob er vielleicht deswegen so deutlich spürte, dass der Hauch des Todes über seinem Tradingkonto wehte und sein Name immer näher an jene Aufstellung heranrückte, auf der die so oft erwähnten 95 Prozent Verlierer im Börsenhandel aufgelistet waren. Unter Umständen lag es aber auch daran, dass seine bisherigen Reaktionen auf den Ausgang jedes einzelnen Bars und der Umgang mit seinem Konto möglicherweise von einer Vehemenz waren, die jedes normale, vernünftige Maß weit überschritt.

Wenn ich irgendwelche Warnschilder überfahren habe, wüsste ich nur zu gern, wann und welche?!

»Schmeckt's?«, fragte Sabine und unterbrach damit Jeromes Überlegungen. »Ja, klar. Schmeckt super!« Hätte Sabine ihm aufgetragen, die Augen zu schließen, und dann gefragt, was er gerade esse, er hätte nicht gewusst, was er antworten sollte. Um seine Augen herum herrschte ein Druck in seinem Kopf, als hätte er die Finger in den Ohren. Er fieberte beim Essen. Seine Hände waren wirr, tasteten ratlos hin und her, wie verfolgt. Seine Augen verbargen sich scheu unter den Lidern. Das Kauen fiel ihm schwer. Aber: indes verspürte er nicht Schmerz. Nein! Sondern einzig den Wunsch, am Küchentisch einzuschlafen und mit einer anderen, einen ruhigen, einer ausgeglichenen Persönlichkeit aufzuwachen.

O jaaaa …

Wenige Minuten und etliche missglückte Versuche eines fröhlichen Grinsens später nahm Jerome sein Dessertschälchen, stand auf und meinte:

»Äh … tolles Essen! Ach, Schatz, tut mir leid, aber ich muss jetzt leider … ähm, die Charts … und so …« »Ja klar, Schatz«, meinte Sabine, ihn über ihren Löffel verständnisvoll ansehend. »Lass nur, ich räume das schon weg.« »Lieb von dir!« In voller Hoffnung, dass der Markt in der Zwischenzeit den Griff an seine Kehle gelockert hatte, begab sich Jerome in sein Arbeitszimmer und deaktivierte den Bildschirmschoner. Sein erster Blick fiel auf das noch aktive Chat-Fenster und dessen letzten Beitrag:

DAX-MAX >> Geil, nur noch ein kleines bisschen weiter runter, und meine tiefer liegenden Limit-Orders zur Positionserweiterung greifen. Was für eine wunderschöne Korrektur!

W… a… ah…?! – Ein Blick auf den Chart – und vor Jeromes Augen drehte sich alles. Wie betäubt umklammerte er die Maus. »Nur eine WAAAAS …?«, murmelte er. Seine Stimme klang piepsiger, als ihm lieb sein konnte. Schnell schrieb er an DAX-MAX.

Jerome D.	Und du bist dir also sicher, dass es wieder hoch geht?
DAX-MAX	Natürlich! Alles nur eine Korrektur der mittleren Trendgrößen.
Jerome D.	Weißt du … ich hänge mit meiner Position nämlich ganz schön in den Seilen!

So! Nun ist es raus.
Jetzt weiß es wenigstens einer!

DAX-MAX	Sag, Jerome …

DAX-MAX schrieb noch etliche Zeilen, doch Jerome las sie nicht mehr; ein jähes Schwindelgefühl hatte ihn erfasst, denn: Der DAX-Future sprang mit einem Satz um weitere zwölf Punkte gen Süden. Jerome ließ seine Hände sinken.

Name	Position	Traded	P/L Points	P/L	Time	Last Quote	Bid	Ask
FDAX	+8K	6371	–68	–13.600 EUR	12:12:08	6303	6303	6304

Vor seinen Augen tanzten schwarze Flecken. Durch seine Schuld verlor seine Familie in diesem Augenblick weitere etliche Tausend Euro. – *O Scheiße* …! Jetzt konnte er sich alles an den Hut stecken. Das konnte er Sabine nie und nimmer mehr erklären. Er konnte nichts mehr tun. In Jeromes Kopf schwirrte es. Am liebsten würde er wimmern vor Panik. Am liebsten würde er die Tastatur zertreten und auf Nimmerwiedersehen davonlaufen, aber ein neuer Chat-Eintrag von DAX-MAX drang in sein Bewusstsein:

DAX-MAX Jerome?! … LIEST DU NOCH MIT? Wenn ja, Achtung: Der Markt ist nun an einem charttechnisch bedeutsamen Punkt, zum anderen kommt gerade noch eine wichtige Nachricht zur Eurozone …

Häh?

Welchen Punkt meint er?

Obwohl etwaige Wirtschaftszahlen erst später kamen, sprang der DAX-Future plötzlich … *Heeee?!* … nach oben. Der eben noch große rote Candlestick entwickelte eine immer längere Lunte, während sein Körper immer kleiner wurde, bis dieser plötzlich seine Farbe auf Grün änderte und größer … und größer … und größer … wurde.

HIMMEL!

Noch nie hatte sich ein Trader auf dieser Welt diesen schnellen Kursanstieg so sehnlichst herbeigesehnt wie Jerome. Der Trade, der schon längst beantwortet schien, wurde in dieser Minute noch einmal zur Frage, ein weiteres Mal zitterte die magische Nadel des Willens zwischen der Hoffnung auf den Monstertrade und der endgültigen Resignation. Mit jedem Punkt nach oben wurde Jerome wieder mehr und mehr zu einem … *Menschen!*

… 12:13:19 … 6336 … Lauf, Baby … LAUF!

… 12:13:23 … 6349 … Ja, ja, genau so! Licht am Himmel.

… 12:13:28 … 6356 … Nicht mehr viel, und dieser Trade läuft tatsächlich ins Plus!

… 12:13:34 … 6373 … WOW … im Plus …. Ich bin tatsächlich im Plus!

… 12:13:35 … 6375 … Danke, lieber Gott. Ich wusste, dass es dich gibt.

… 12:13:39 … 6379 … Und nun zeig, was du drauf hast! Wo das herkommt, gibt's doch sicher noch mehr …

… 12:13:45 … 6383 … Ja, weiter, weiter! Weeeeeeiter. … 12:13:48 … 6387 … Ich werde auch nie wieder so viele Kontrakte handeln. Versprochen. Ehrlich!

… 12:13:50 … 6390 … Weiter so, lieber Markt!

… *12:13:51* … *6391* … *Und ich kaufe nachher gleich für Sabine einen Blumenstrauß.*
… *12:13:52* … *6392* … *Komm, komm, kooooomm …!*
… *12:13:54* … *6394* … *Unglaublich! Der Kontostand ist bald wieder da, wo ich heute Morgen angefangen habe!*
… *12:13:58* … *6398* … *Komm, komm, kooooomm …!*
… *12:14:02* … *6405* … *JA!! Familie für heute gerettet!*
… *12:14:04* … *6407* … *Ich hocke auch nie wieder so lange vor der Kiste!*
… *12:14:05* … *6408* … *Ich lese ganz viele Fachbücher.*
… *12:14:06* … *6409* … *Ich halte mich auch an deren Inhalte.*
… *12:14:07* … *6411* … *Ich gehe auch mal auf ein Seminar.*
… *12:14:09* … *6412* … *Ein Fitzelchen nur noch …!*
… *12:14:10* … *6413* … *Wie geil ist das denn? 8.200 Euro Plus.*
… *12:14:11* … *6414* … *Boah!*
… *12:14:14* … *6415* … *Noch zwei, drei solche Trades, und die Ehre ist wiederhergestellt!*
… *12:14:19* … *6419* … *Ich liebe meine Frau und verbringe mehr Zeit mit ihr.*
… *12:14:22* … *6419* … *Na, wer wird denn anhalten?*
… *12:14:25* … *6415* … *Aaaaber?!*
… *12:14:26* … *6410* … *He?*
… *12:14:28* … *6402* … *HEEE?*
… *12:14:31* … *6393* … *HEEEEEEEE?!*
… *12:14:43* … *6382* … *Was soll denn das jetzt?!*
… *12:14:56* … *6377* … *Mo … Moment …*

Dann ging es abwärts. *Ging* war eine schamlose Untertreibung – das Ding flog förmlich. Jerome schaute, sah aber nichts, denn die Charts glichen riesigen Hinweisschildern mit beweglichen Buchstaben, die keinen Sinn ergaben. Kurzum: Jerome war nicht länger imstande, dem, was er sah, einen Sinn beizumessen.
… *12:15:02* … *6371* … *Ja, aber …*
… *12:15:04* … *6367* … *Ja, aber … Aaaaber …*
… *12:15:06* … *6364* … *Scheiße, was läuft hier?*
… *12:15:07* … *6362* … *Hallo?!*
… *12:15:09* … *6360* … *Aufhören!*
… *12:15:12* … *6358*… *Sofort aufhören damit!!*
… *12:15:13* … *6351* … *Minus 4.000 Euro?! Ehre wieder kaputt?!*
… *12:15:19* … *6341* … *Konto wieder im Notzustand!*
… *12:15:20* … *6340* … *Das kann ich Sabine nie … niemals erklären!*
… *12:15:22* … *6339* … *Brauch nichts mehr zu erklären, sie wird mich gleich so umbringen …*
… *12:15:23* … *6334* … *Es gibt keinen Gott!*
… *12:25:26* … *6331* … *Falls doch, dann trete ich ihm kräftig in den Ars…*

Nachdem seine Position ein Minus von über 8.000 Euro auswies, tat Jerome »seine Pflicht« wie ein verwirrter kleiner Automat … das hieß: Man geht bewusst an jener Tür vorbei, durch die man treten sollte, man geht wie im Schlaf und vermag dem Körper keine andere Richtung zu geben.

Man geht an allem vorüber. Kurzum: Jerome strebte schleunigst einfach eine Positionsdrehung an!

Sell DAX-Future 13@6331 id=7391461.

Jerome realisierte damit das Minus und war nun, statt bisher acht Kontrakte long, fünf Kontrakte – für acht reichte die Margin nicht mehr aus – short. Und der DAX-Future flog weiter nach unten. Richtig weit.

… 12:25:35 … P/L +750 Euro

… 12:25:38 … P/L +1.250 Euro

… 12:25:41 … P/L +2.000 Euro

BOAH! – Und abermals hatte sich noch nie ein Trader auf dieser Welt diesen weiter anhaltenden Kursrutsch so sehnlichst herbeigesehnt wie Jerome.

Mit jedem weiteren Punkt wurde er wieder mehr … zu einem … Menschen!

… 12:25:44 … 6313 … Lauf, Baby … LAUF!

… 12:25:45 … 6312 … Jaaaaaa, genau so!

… 12:25:46 … 6311 … Boah! Ich glaub, ich sehe Licht am Ende des Tunnels!

… 12:25:47 … 6310 … Ja, weiter, weiter!

… 12:25:48 … 6308 … Nicht mehr viel, und das Minus vom vorherigen Trade ist einigermaßen ausgeglichen!

… 12:25:49 … 6305 … Wenigstens ein Teil meiner Ehre wäre damit wiederhergestellt!

… 12:25:50 … 6306 … Weiter so, lieber Markt!

… 12:25:52 … 6305 … Wenn das so weitergeht, kann ich bald wieder mehr Kontrakte handeln!

… 12:25:53 … 6304 … Sorry, lieber Gott, dass ich dir vorhin in den Ar… treten wollte.

… 12:25:57 … 6302 … Ich kaufe Sabine nachher einen noch viel größeren Blumenstrauß.

… 12:25:59 … 6300 … Ich fange am besten gleich heute Abend mit den Fachbüchern an.

… 12:26:03 … 6297 … Und ich halte mich auch an deren Inhalte. Versprochen!

… 12:26:04 … 6293 … Auf, komm, komm, komm, Baby …!

… 12:26:06 … 6292 … Oder ich buche gleich nachher ein Fachseminar.

… 12:26:09 … 6291 … Ich liebe Sabine und verbringe ab sofort vieeeeel Zeit mit ihr.

… 12:26:11 … 6290 … Ich hock nie wieder so lange vor der Kiste!

… 12:26:12 … 6298 … He?!

… 12:26:13 … 6298 … Na, wer wird denn anhalten?

… 12:26:16 … 6305 … He?

… 12:26:19 … 6309 … HE?

… 12:26:22 … 6316 … HEEE?

… 12:26:23 … 6321 … HEEEEEEEE?!

… 12:26:24 … 6329 … Was soll denn das jetzt?!

… 12:26:27 … 6331 … Mo … Moment …

Der Markt ging plötzlich aufwärts. *Ging* war aber abermals eine schamlose Untertreibung für das, was geschah – das Ding flog förmlich. Jerome schaute, sah aber nichts, denn erneut glichen die Charts riesigen Hinweisschildern mit beweglichen Buchstaben, die keinen Sinn ergaben. Jerome war nicht länger imstande, dem, was er sah, einen Sinn beizumessen, doch sah er genau, was es war, das er sah.

... 12:26:32 ... 6334 ... Ja, aber ... aber ...

... 12:26:33 ... 6336... Scheiße, was läuft hier?

... 12:26:36 ... 6337 ... Hallo?!

... 12:26:37 ... 6339 ... Scheiße, ich steh das nicht durch!

... 12:26:39 ... 6341 ... Aufhören!

... 12:26:40 ... 6344 ... Sofort aufhören damit!!

... 12:26:41 ... 6349 ... Das kann ich niemals mehr irgendjemandem erklären!

... 12:26:42 ... 6351 ... Ach, wozu noch was erklären wollen. Jetzt ist eh alles verloren ...

... 12:26:43 ... 6352 ... Und einen Gott gibt es auch nicht! Zumindest nicht für mich!

... 12:26:46 ... 6358 ... Und falls doch, dann werde ich ihm hierfür diesmal wirklich satt in den Ar... treten!

Jerome schaute auf. Keine Miene verschob sich von ihrem Platz, aber innen, innen schien kein Atom an seiner Stelle zu bleiben. Jeromes Sinne waren klar, doch wurde jede weitere Kursstellung vom Auge anders – als sonst – aufgenommen. Man konnte nicht sagen schärfer, eigentlich auch nicht tiefer, nicht weicher, nicht natürlicher oder unnatürlicher. Jerome konnte gar nichts sagen, aber er dachte in diesem Augenblick an das sonderbare Erlebnis von Vernunft und freiwilligem Verzicht – wie an eine Geliebte, von der man zeitlebens betrogen wird, ohne sie weniger zu lieben. Das verband ihn mit allem, was ihm begegnete. Denn wenn man liebt, ist alles Liebe, auch wenn es Schmerz und Abscheu darstellt.

Name	Position	Traded	P/L Points	P/L	Time	Last Quote	Bid	Ask
FDAX	-5K	6331	–43	-5.375 Euro	12:27:12	6377	6377	6378

Wer hat bloß eben die Position gedreht?

... 6377; ... 6376; ... 6375

Wer war das?

... 6377; ... 6376; ... 6375

WELCHER IDIOT WAR DAS?

... 6377; ... 6376; ... 6375

Hätte ich die Position nicht gedreht, dann wäre ich jetzt sogar im Plus!

... 6377; ... 6376; ... 6375

IM PLUS!

Jerome betrachtete den aktuellen Kontostand: 38.300 Euro. Zog er hiervon nun noch den aktuellen offenen Buchverlust ab, verblieben: 32.000 Euro. – Jeromes Kehle war wie zugeschnürt; er fing an, am ganzen Körper zu zittern. Damit war seine Tradingkarriere endgültig gestorben.

… 6374; … 6377; … 6378

Jerome fühlte sich seltsam fremd. Nicht nur ortsfremd, auch seelenfremd.

Er fühlte sich, als würde er zu Besuch bei seinem eigenen Leben vorbeischauen. Leider war es die Sorte von Besuch, bei der man am liebsten gleich wieder gehen würde, aus Höflichkeit aber bleibt. Kurzum: Jerome wusste, dass sein Zustand nun mit einem ganz simplen Bild zu beschreiben war: Er war irgendwie … *AM ARSCH!*

Fünfzehntausend Euro Gesamtverlust!

An einem einzigen Tag!

Die Zahl hämmerte sich in seinen Schädel. Jerome begriff nicht, wie das hatte passieren können. Er begriff es einfach nicht! Könnte er nicht einfach aufwachen und feststellen, dass alles nur ein böser Traum war? Dass es jemand anderem passiert war, wie in einem dieser Kinofilme? Dass er die Geschichte am Abend zuvor in einer Kneipe gehört hatte – heilfroh darüber, dass das Schicksal nicht auch zu ihm so grausam war?

… 6378; … 6377; … 6379

Und der Markt stieg weiter. Jerome, der in jenen Minuten schon die mächtige Pranke des Schicksals zu verspüren glaubte, nicht ahnend, dass es vorerst doch nur ein Schatten seiner drohend ausgestreckten Hand war, starrte fassungslos auf den Monitor, während sein ganzer Körper sich zusammenkrampfte und sein Herz so grässlich schwer klopfte, dass ihm der Atem stockte. Noch eine Minute saß er regungslos da, dann schob er, ohne zu wissen, was er tat, den Stuhl zurück, stand auf und ging leise hinaus. Er blickte zu Boden, blickte noch einmal drohend zurück, tat dann mit der Schulter eine heftig sich abwendende Bewegung und ließ den »Feind« im Rücken. Er musste hier raus. – *Bloß weg hier!* Wie auf Autopilot wankte Jerome an der Küche vorbei und aus dem Haus. Hinaus auf die in der Nachmittagshitze brütende Straße. Kurzum: ein Trader unter vielen anderen Tradern, die nach so manchem übertriebenen Trade zum Frische-Luft-Schnappen eilen.

Fünfzehntausend Euro Minus!

Jerome lief und lief und lief. Wirr vermengte sich in seinem Kopf das Gefühl der Schuld mit einem törichten Wahn, dass jeder, der ihm auf der Straße begegnete, den heutigen Trade von ihm abzulesen vermochte. Er senkte den Blick und spürte nichts; seine Beine schienen einem Automatismus zu gehorchen und setzten von alleine den Weg weiter und weiter fort. Doch vielleicht spürte er das nicht einmal so richtig. Betäubt, innerlich vollkommen abgeschottet und fast wie blind stolperte er die Gehsteige, Straßen, Gassen und Wege entlang, während die Sonne unbarmherzig auf ihn niederbrannte. Egal. Jerome lief und lief, bis er unwillkürlich anfing zu keuchen, ihm schwindlig wurde und er das Gefühl hatte, gleich ersticken zu müssen. Höchstwahrscheinlich eine akute Trader-Panikattacke. Er ließ sich auf die nächste Bank sinken und wartete, bis es ihm wieder besser ging. Wenige Augenblicke und einige verstörte Blicke vorübergehender Passanten später bekam er wieder etwas Luft, aber es wurde nicht besser. Im Gegenteil, es ging ihm nun noch schlechter, denn plötzlich begann sein Herz zu vibrieren. Jerome machte einen erschrockenen Satz, sank dann aber erleichtert zurück auf die Bank: sein Handy! Er zog das Telefon aus der Tasche und schaute aufs Display. – *Sabine!* Er konnte unmöglich mit ihr reden. Jetzt nicht. Kurz darauf teilte ihm das Handy mit, dass eine Nachricht hinterlassen worden war. Jerome hob das Telefon ans Ohr und drückte die Kurzwahl zum Abhören. »Jerome!«, ertönte Sabines fröhliche Stimme. »Wo steckst du? – Was ist los? Wir wollten doch spazieren gehen und über das Konto reden. Bist du vielleicht … *ahhh* … du … bist du mir ein Geschenk kaufen? Wie süß!« Die Familie – In seinem Kopf hämmerte es wie verrückt. Er könnte heulen.

Doch nein, dafür war die Sache … zu schlimm. Er steckte das Handy wieder weg und rappelte sich auf die Beine. Dann lief er erneut los, einfach los, schneller, immer schneller, an irgendwelchen Passanten vorbei, ohne auf die seltsamen Blicke zu achten, die sie ihm zuwarfen. Er hatte keine Ahnung, wohin sein Weg ihn führte. Es galt nur eines: nicht stehen bleiben!

Fünfzehntausend Euro Minus!

Irgendwann vibrierte sein Handy erneut, aber er achtete nicht mehr darauf. Als ihm die Beine schließlich den Dienst versagten, verlangsamte er seine Schritte und blieb schließlich ganz stehen. Sein Mund war staubtrocken, er brauchte unbedingt einen Schluck Wasser.

Dong … Dong … Dong … Dong …

Plötzlich – Die Glockenschläge der vollen Stunde klangen seltsam nah und hallten in großen Abständen wider. Aber auch sie waren für Jerome nur nutzlose Echos. Er blickte auf, versuchte, sich zu orientieren. Irgendwie schien er ausgerechnet vor der Kirche gelandet zu sein. Jerome durchschritt die Pforte der Kirchenmauer und blickte sich in der schweigenden, unendlich gleichgültigen Ruhe des großen Vorgartens um: In den Bäumen ringsumher, zwischen denen ein samtblauer Himmel leuchtete, zwitscherten Vögel. Er sah, wie am Rand des Kirchgartens ein kleiner Bach in der Sonne glitzernd seines Weges zog, sah das sich in der leichten Sommerbrise bewegende Gras und die in voller Blüte stehenden Blumen, die noch nichts davon ahnten, dass auch sie irgendwann welken und vergehen mussten. Er sah, wie sich alles mit stummer Ergebenheit dem unausweichlichen Dasein beugte. Wie ein Roboter lenkte er seine Schritte zum Kircheingang: Die großen Flügel der Mitteltür standen weit geöffnet, und in der geweihten Dämmerung, kühl, dumpfig und weihrauchgeschwängert, war irgendwo fern ein schwaches, rötliches Glühen bemerkbar. Eine alte Frau erhob sich von einer Betbank und schleppte sich zwischen den Säulen hindurch. Sonst war die Kirche leer. Müde und abgehetzt von seinem qualvollen inneren Aufruhr, setzte sich Jerome auf eine der harten Bänke, seinen Kopf vornübergebeugt, die Stirn in beide Hände gestützt.

Fünfzehntausend Euro Minus!

Und wie er so minutenlang verweilte, musste er plötzlich an jenen Nachmittag seines vorletzten Geburtstages denken, als er, glücklich und im Besitz des inneren Friedens, ohne Furcht und Hoffnung über den Rest seines Lebens hinzublicken geglaubt hatte. Toller Job. Ein schönes Haus, dessen Raten immer pünktlich bezahlt wurden. Mittwochs immer der Abend mit den Jungs. Wochenende, die endlosen Spaziergänge und Wanderungen mit Sabine und Lilly. Kein grelles Licht und keinen dumpfen Schatten hatte er da gesehen, sondern in mildem Dämmerschein hatte alles vor ihm gelegen, und mit einem ruhigen und zufriedenen Lächeln hatte er den kommenden Lebensjahren entgegengesehen! Und dann, dann war da dieser Börsenhandel gekommen, er musste kommen, es war ... sein Schicksal?! ... *Oder war er selbst sein Schicksal, er allein?!*

Jerome seufzte leise auf: »Welch Dummheit, welch Torheit, welcher Wahn zu glauben, ich könnte den Börsenhandel mal eben so umsetzen, damit er mir seinerseits ... *was ... ja WAS ...* schenke?« – *Ja ... WAS eigentlich?* Das war die Frage, die ihm durch den Kopf ging. Was erhoffte er sich vom Trading? Was fehlte ihm? Führte er nicht bereits ein erfülltes Leben? Hatte er denn nicht alles, was man sich nur wünschen konnte: etwas Geld, Freunde, Familie, eine wunderschöne, liebreizende Frau, Reputation, Ansehen, Stolz, Würde und Ehre? Wem läge nicht die Frage auf den Lippen: »Was wolltest du mehr ...?« Wem wollte er daher vorhalten, dass sein Leben, seitdem er überstürzt mit dem Börsenhandel begonnen hatte, unaufhaltsam seinen Weg in einen sich stetig verengenden Trichters fortsetzte? Zum anderen: Wer und vor allem wie sollte je jemand Verständnis für seine Qualen, die schlaflosen Nächte aufbringen? Oder anders: Wer wüsste ihn bei solchen offenen Fragen zu trösten?

Seufz!

Jerome überlegte: Hatte er es nicht gefühlt, vom ersten Augenblick an? Das Trading war gekommen, und auch wenn er versucht hatte, seinen inneren Frieden zu verteidigen – für ihn musste sich alles in ihm empören, weil er bereits unausgesprochen fühlte, dass es für ihn Qual und Untergang bedeutete; die Charts hatten ihn mit furchtbarer, unwiderstehlicher Gewalt ergriffen und richteten ihn zugrunde! Plustrades. Minustrades. Entgangene Gewinne. Denken. Langweile. Neue Orders ... all das, es richtete ihn zugrunde, das fühlte er! Jerome hob seinen Blick und sah die Figur der Maria, die gütig auf ihn hinabschaute. Vielleicht, so hoffte Jerome, ließ der Schmerz über den heutigen Tag und die letzten Wochen und Monate irgendwann nach gefühlten tausend Monaten ein bisschen, ein ganz kleines bisschen nach. Vielleicht würde er dann allmählich zur Besinnung kommen.

O ... lieber Gott, bitte hilf mir!

Mach das alles bitte irgendwie rückgängig!

Jerome wandte seinen Augen von der Muttergottes ab, senkte seinen Blick und erging sich in verschiedenen Racheszenarien gegen die Börsen der Welt: Zum einen malte er sich aus, wie er eine Pumpgun kaufte, die Börse betrat und alles niedermetzelte. Im nächsten Szenario dachte er darüber nach, ob er doch nicht besser einfach allen Angestellten der Börse Särge bestellen und frei Haus anliefern lassen sollte. Nach weiteren Minuten des Überlegens entschied Jerome, dass doch ein zufälliger »Unfall« das Beste wäre. Er wollte einfach mit seinem Auto in die Börse direkt vor die Maklerschranken rasen und schreien: »Ich will mein Geld zurück ... *IHR HALSABSCHNEIDER!*« Das wäre gar nicht schlecht, befand er, brachte aber sicherlich einige Jahre Gefängnis und sonst nichts. – Dann, beim erneuten Anblick der Jungfrau Maria, überkam Jerome die Erkenntnis, die er darauf leise aussprach: »Nix, rein gar nix, mein lieber Jerome, bringt dir das schöne Geld zurück!« Und während alles, was vorgefallen war, wieder und wieder den Weg in seinen Kopf fand, stöhnte er: »Was hab ich da nur angerichtet!« Und in seiner Fantasie entstanden aufs Neue alle Einzelheiten seines ehelichen Zwistes, die ganze Ausweglosigkeit seiner Lage und, am quälendsten von allem, das Bewusstsein seiner eigenen Schuld.

Fünfzehntausend Euro Minus!

Seine ganze Liebe zum Leben und vor allem seine Liebe zu seiner Familie als auch die tiefe Sehnsucht nach seinem scheinbar nun für immer verlorenen Glück durchzitterten ihn in diesem Augenblick! Der Schiffbruch aller Träume, die Scham über das Verfehlte, das Elend, ein Leben als privater Vollzeittrader zu leben, unwürdig, mit anderen geteilt zu werden, und bei anderen kein Leben zu finden, das er teilen wollte. Jerome sah hinüber zum gekreuzigten Jesus, und sein Puls verlangsamte sich. Der Hafen des völligen Gleichmuts hieß ihn für einen Moment willkommen. Wozu noch kämpfen und sich quälen? Mochte alles seinen Lauf nehmen?! Mochte nun alles seinen Weg gehen, hin zu dem Abgrund, dem er ohnehin nicht mehr zu entgehen vermochte. War es vielleicht nicht das Beste, noch ein letztes Mal um sich zu blicken und dann – wie einst in seinem kürzlichen Alptraum – hinunter zu den Bahngleisen zu gehen, um nach einem kurzen Leiden befreit und hinübergerettet zu sein in der unendlichen Ruhe?

Oh ja … R-u-h-e … RUHE!

Nur Ruhe war es, was Jerome wollte! Doch Jerome – den Gekreuzigten fest im Blick behaltend – wurde bewusst, dass er nicht die Ruhe im leeren und tauben Nichts wollte, sondern doch eher einen sanften, besonnenen Frieden, erfüllt von guten und vor allem stillen Gedanken fernab von Charts, Marktberichten und Kontoständen. Augenblicklich verwarf Jerome die Liebäugelei mit dem möglichen Selbstmord, und während er die Augen schloss und seinen Kopf auf die vordere Bank lehnte, kam Pfarrer Kretschmann, der Jerome bereits eine ganze Weile diskret beobachtet hatte, auf ihn zu und sagte: »Ja, lieber Gott, in Christus Jesus, mit deinem Sohn, hast du uns Menschen auf Erden alles geschenkt, was wir zum Glauben und Leben brauchen: Er ist das A und O allen Wissens; er ist der Anfang und das Ziel allen Tuns und aller Liebe!«

Jerome öffnete langsam die Augen und erwiderte verstört: »Wie bitte? … Ähm … entschuldigen Sie, ich war gerade tief in Gedanken!«

»Vor dem Angesicht Gottes in sich zu gehen, ist niemals falsch und kann nur Gutes bewirken. Ich hoffe nur, ich habe Ihre Andacht nicht an einer wichtigen Stelle unterbrochen, mein Sohn«, antwortete der Pfarrer mit einem kleinen Lächeln.

Jerome musste unwillkürlich ebenfalls lächeln und schüttelte den Kopf. »Meine inneren Turbulenzen sind so groß, da kommt es darauf auch nicht mehr an.« »Wissen Sie, mein Sohn«, meinte der Pfarrer, »gedankliche Arbeit beginnt oftmals damit, dass man sich das ganze Leben als vorüberziehendes Schauspiel vorstellt, als einen Strom, der alle Objekte, jede Erfahrung, alle Wünsche an sich vorbeiträgt!« Jerome setzte sich aufrecht auf die harte Holzbank, stellte sich das Bild eines dahinrauschenden Flusses vor und konzentrierte sich auf den lautlosen »Film«, der sich dabei vor seinem geistigen Auge abspielte: Alles war im Fluss. Sein ganzes Leben mit all seinen Erfahrungen glitt so sicher und unwiderruflich dahin wie eine durch ein Zugfenster gesehene Landschaft. Und plötzlich merkte Jerome, dass er von dem Verlangen, sein altes Leben wiederzuhaben, überflutet wurde: Er sehnte sich zurück nach den Tagen, an denen er kurz nach vier Uhr gelassen von der Arbeit nach Hause schlenderte, nicht wissend, dass es Charts, Orders und die

Qual der Wahl zwischen Handeln und Nichthandeln, zwischen purer Aktion und freiwilligem Verzicht gab.

Fünfzehntausend Euro Minus!

»Diese Kirche steht dem Rat- und Heilsuchenden immer offen. Gott segne Sie.« Mit diesen Worten verabschiedete sich der Pfarrer und schlug, bevor er sich Richtung Sakristei entfernte, noch ein Kreuz über Jerome.

Fünfzehntausend Euro Minus!

Jerome stand auf, warf fünf Euro in den Opferstock, zündete eine Kerze an und murmelte vor dem im flackernden Licht hängenden Jesus: »Ich erkenne heute, dass ich gescheitert bin! Nur wundere ich mich, dass ich mein Scheitern nicht vorhergesehen habe. Was war es nur in mir, das einst den Sieg prophezeite?« Jerome schlug ein Kreuz und machte sich auf den Weg zum Ausgang. An der Kirchentür drehte er sich noch mal um und warf Jesus einen letzten Blick zu: »Ich möchte dir gerne noch etwas sagen: Ich werde diesen Tag gewiss lange in Erinnerung behalten. *Gewiss!*«

Gerade hatte er den kleinen Vorgarten durchschritten und die kleine Pforte erreicht, die zu dem öffentlichen Platz vor der Kirche führte, als sein Handy erneut vibrierte. Jerome holte es hervor und schaute aufs Display – weitere Anrufe und eine weitere Nachricht von Sabine, die sie vor zwanzig Minuten hinterlassen hatte. – *Die Familie!* Doch plötzlich drängte sich aus den Augenwinkeln eine Bewegung in sein Bewusstsein. Ein bekanntes Gesicht.

Jerome drehte den Kopf und spähte zu dem Mann hinüber.

Ist das nicht …?!

Ein Schrecken durchzuckte ihn. Alex. Der Nachbar von der anderen Straßenseite. Teurer Anzug, das Handy am Ohr, die Stirn besorgt gerunzelt, durchmaß er mit langen Schritten den Kirchenvorplatz. »Oje … und was mache ich jetzt?«, hörte Jerome sich vor der großen schweren Kirchentür sagen. Neuerliche Panik durchzuckte ihn wie ein Blitzschlag. Er musste sich verstecken – sofort! –, bevor ihn Alex in seinem momentanen Zustand sah und ihn wieder mit seinen nervenden Fragen in Verlegenheit brachte. Verstohlen duckte er sich hinter einen dicken Mann, der sich mit mindestens sechs bunten Einkaufstüten abschleppte und in diesem Moment direkt vor Jerome keuchend stehen geblieben war.

Ja, guck es dir genau an, der hat noch Geld zum Einkaufen!

Ein erstes selbstironisches Lächeln durchzuckte Jerome am heutigen Tage!

Leider blieb der dicke Mann nicht lange stehen, und da Jerome unbedingt in Deckung bleiben wollte, wurde es ein kleines Tänzchen – der Mann einen Schritt, Jerome einen Schritt. Schließlich fuhr der dicke Konsumprotz irritiert zu ihm herum und musterte Jerome aus misstrauisch verengten Äuglein. »Was wollen Sie von mir? Betteln Sie, oder was?« »Nein«, erwiderte Jerome schockiert. Obwohl, etwas Geld könnte er gebrauchen.

Um genau zu sein: so ungefähr fünfzehntausend Euro. »Ich … ähm … entschuldigen Sie«, stotterte er, schließlich konnte er ja schlecht sagen: »Ich verstecke mich hinter Ihnen, da dort mein Nachbar steht und dieser immer nach mir, nach meinem neuen Beruf als Trader und meine aktuellen Trades fragt und immer stichelt, wann denn der Pool, die Pferde und das Cabrio ange-

liefert werden. Und das wäre gerade besonders unpassend, weil ich allein heute so viel Kohle verloren habe, dass nun meine ganze Karriere und mein weiteres Leben extrem gefährdet sind.«
»Dann lassen Sie mich gefälligst in Ruhe!« Zornig watschelte der dicke Mann weiter.

Das Herz schlug Jerome bis zum Hals, denn jetzt stand er mitten auf dem großen Platz wie auf einem Präsentierteller. – Oh, oh! Alex hatte, weiterhin eifrig mit seinem Telefonat beschäftigt, ebenfalls angehalten und befand sich jetzt keine zwanzig Meter mehr von Jerome entfernt.

Wenn ich mich rühre, sieht er mich.

Wenn ich mich nicht rühre … sieht er mich irgendwann auch.

»Erfrischung gefällig?« Aus einem kleinen Imbissstand heraus, den Jerome vor lauter Fixierung auf Alex glatt übersehen hatte, fragte eine junge Frau strahlend weiter: »Bratwurst, Hotdogs, Kaffee, alkoholfreie oder alkoholische Getränke?« »Letzteres!« Jerome versuchte, nicht allzu gierig zu klingen. »Einen Doppelten.

Egal von was!«

Die Augen vor der einfallenden Sonne abschirmend, gleichzeitig damit aber das Gesicht etwas verdeckend, beobachtete Jerome, dass Alex sich langsam Richtung einer der auf den Platz mündenden Straßen entfernte. –

Puh! Auf seine Bestellung wartend, stand Jerome hilflos herum, als sein Handy schon wieder zu vibrieren begann. – *Oooh!* Wieder Sabine. Insgesamt hatte sie nun wohl schon um die zwanzig Mal angerufen. Und jedes Mal die Nachricht hinterlassen, er solle doch endlich zurückrufen. – *Mmmpfh!* Plötzlich vibrierte es erneut, und Jerome starrte sein Telefon sekundenlang an. – *Henry*! Er drückte auf den Sprechknopf. Sein Magen war ein einziger Knoten. »Hallo?« Seine Stimme klang kratzig.

»Jerome?« Henrys aufgewühlte Stimme dröhnte in sein Ohr. »Endlich!

Himmel, wo zum Teufel steckst du denn?«

»*Ähm* … ich … ich musste, also … ähm … ich … ich stehe gerade etwas unter Schock!« »Jerome, Sabine versucht andauernd, dich zu erreichen. Sie war schon ein paarmal hier und hat nach dir gefragt!« »Ich weiß.« Jerome legte etwas Geld auf den Tresen des Imbisswagens und sank neben der Imbissbude auf eine alte Bank, der eine Strebe fehlte und von der die weiße Farbe abbröckelte. Er schloss die Augen und versuchte, die hämmernden Kopfschmerzen zu ignorieren. »Ich weiß!« »Alter Schwede, was ist denn los?« Jerome konnte nicht mehr. Der Damm aus Anspannung und Schmerz brach, und alles floss aus ihm heraus. In Stakkatoform legte er eine Beichte ab und schilderte die ganze Misere. Über das Auflösen der Fonds konnte Henry noch schmunzeln, über das Handeln mit der hohen Kontraktanzahl schon nicht mehr so sehr. Als er Jeromes monetären Gegenwert pro DAX-Punkt hörte, war er regungslos, und als er die Höhe des ersten realisierten Verlustes vernahm, war ihm bereits zum Weinen zumute. Als er dann noch erfuhr, dass Jeromes letzte Position noch ohne Stopp, quasi »ungeschützt«, im Markt hing, heulte er wirklich auf.

»Wie zum Teufel kannst du so einen Scheiß machen? Ich meine … Menschenskind!«

»Ich weiß nicht«, stieß Jerome wie betäubt hervor. »Ich hab's … einfach nicht geblickt. Es war ein Fehler!« Henry hörte, wie Jerome mit den Tränen rang, fragte aber trotzdem:

»Aber du machst doch sonst keine solchen Riesenfehler!«

»In Sachen Börsenhandel offensichtlich schon!«

»Und nun? Wie geht's weiter?«, setzte Henry nach.

Jerome stieß geräuschvoll den Atem aus. »Null Plan!«

»Hast du schon mit Sabine gesprochen und, vor allem, mit deiner Bank? Wegen des Stopps?«

Ach ja, Sabine. ... und der Stopp.

Jerome wurde jäh von wilder Hoffnung gepackt. Wenn der Broker einen Stopp für seine Short-Position setzte und der Markt in seiner Abwesenheit doch noch weiter fiel ... vielleicht wurde doch alles nicht so schlimm, wie er dachte. Im Grunde allerdings war ihm klar, dass dies naive Hirngespinste waren. – *Tja* ... Traderversicherungen gab es leider bis dato noch nicht. Und wenn doch, dann würden sie so einen Trade wie diesen sowieso niemals ersetzen. »Grob fahrlässig« würde garantiert der Grund für die Verweigerung der Schadensregulierung lauten. Jerome musste wehmütig schmunzeln – das zweite Mal seit Stunden. »Ich habe mit noch niemandem gesprochen.« Er wischte sich den Schweiß von der Stirn, nahm all seinen Mut zusammen und stellte Henry die Frage: »Und was wird nun aus ... mir? Was meinst du, Henry, ist *der Börsenhandel* wirklich das Richtige für mich?« Doch was sollte Jerome einem Laien auf diese Frage antworten? Henry schwieg. Und das war Antwort genug. Jerome spürte, wie er wankte, als würde er jeden Moment in Ohnmacht fallen. Er öffnete die Augen und sah eine vorübergehende Frau, die ihn besorgt anstarrte. »Es ist aus, nicht?« Jerome bemühte sich um einen möglichst ruhigen Ton, konnte aber das Zittern in seiner Stimme beim besten Willen nicht mehr verbergen. »Meine Karriere als Trader ... ist aus und vorbei, oder?! Und die Familie auch?!« »Das ... das weiß ich nicht! Hör zu, du bist durchgedreht. Völlig verständlich.

Aber du kannst dich nicht verstecken. Du musst zurück!«, entgegnete Henry mit Nachdruck.

»Ich kann nicht.«

Jeromes Stimme quiekte förmlich. »Ich kann das nicht ... mich vor allen hinstellen! Sabine denkt, dass wir mit dem Geld der Fonds bald das Haus komplett abzahlen werden. Gar nicht zu reden von dem Wintergarten, den sie sich schon länger wünscht, verstehst du? Sie hat mir vertraut! Verstehst du ...«

»Jerome, sei vernünftig!«

»Ich kann nicht! Ich kann einfach nicht! Ich ... brauche ein bisschen

Zeit!«

»Junge, sei doch vernünf...«

Jerome klappte sein Handy zu. Er fühlte sich ganz schwach.

O Mann ...

»Darf's denn noch was sein?«, fragte die Dame aus der Imbissbude, und Jerome schaute benommen zu ihr hoch.

»*Äh*«, sein Kopf war ganz leer. »*Äh* ... einen Kaffee. Oder halt, lieber doch noch einen Schnaps, bitte.« Die Verkäuferin stellte ihm den Schnaps hin und sah ihn prüfend an.

»Kopf hoch«, sagte sie dann, »so schlimm kann es doch gar nicht sein!«

»Danke«, sagte Jerome aufatmend und setzte sich, mit seinem Schnaps in der Hand, wieder auf die Bank und ließ sich von dem traumhaften Gedanken an ein romantisches Wochenende mit Sabine trösten. Wie ihr Haar im Sonnenlicht glänzte und wie sie immer lächelte! Und wie beide Hand in Hand …

Sabine.

Meine Frau.

Sie wird es verstehen.

Sie ist nicht nur einfach irgendeine Frau.

Sie ist eine starke, verdammt gut aussehende und intelligente Frau.

Noch dazu ist sie ein Freund – ein wunderbarer, ein rücksichtsvoller Freund.

Sie wird es schon verstehen!

Und mit einem Freund ist alles schon nicht mehr ganz so beschissen.

Jerome strich sich durchs Haar und schaute auf die Uhr: 17:23 Uhr! Ihm rutschte das Herz in die Hose, und seine Haut – als würden lauter kleine Insekten auf ihm herumkrabbeln – fing plötzlich an zu prickeln. Er leerte das Fläschchen mit einem großen Schluck. »Wird schon gehen«, machte er sich zum wiederholten Male Mut.

Kopf hoch!

Er könnte ja behaupten, er wäre urplötzlich krank geworden, ein schwerer Fall von … was auch immer …, solange er Sabine nur nicht unter die Augen treten musste. – *Nein. Vergiss es, Jerome!* Es wurde Zeit, den Tatsachen ins Auge zu blicken! Der Tag war gekommen, an dem er sich mit dem konfrontieren musste, was eigentlich geschehen war: der Offenbarung eines Riesenfehlers auf seiner Lebensbühne. Jerome fühlte sich, als würde er selbst im Zuschauerraum sitzen, aber was war das für eine triviale Darbietung: Die Vorhänge wurden langsam aufgezogen, und wer kam zum Vorschein? Eine Serie verlustreicher, nervenaufreibender Wochen und Monate. Und die Schlussszene? Höchstwahrscheinlich ebenso banal. Als Kostüm würde er Handschellen tragen … zugedrückt von seiner eigenen Frau. – Die Kulisse? Ein friedliches Einfamilienhaus, das in wenigen Monaten hätte abgezahlt sein können, mit einem »Zu Verkaufen«-Schild im Garten, einem schluchzenden Kind mit Teddy im Arm, zerknüllten Broker- Abrechnungen auf dem Fußboden des ehemaligen Arbeitszimmers und auf dem Tisch ein Stapel ungelesener Börsen-Fachbücher, die nicht wussten, dass ihre Zeit jetzt nie mehr kommen würde. Ein jämmerliches, enttäuschendes Finale als privater Vollzeittrader.

Wird schon gutgehen.

Sabine wird es verstehen.

Außerdem habe ich doch keine Angst vor meiner eigenen Frau!

Ich habe nur … ich habe nur … Okay. Scheiße, ich habe Angst!

Eine HEIDEN-SCHEISS-ANGST!

Seufzend erhob sich Jerome, das hieß mit anderen Worten: Der befürchtete und stetig aufgeschobene Zeitpunkt hatte ihn nun eingeholt. Nun war es so weit, über Grundsätzliches zu reden! Schweren Herzens trat Jerome den Weg nach Hause an.

*

Dreißig Minuten später kramte Jerome in Gedanken versunken nach dem Haustürschlüssel, schloss auf, begab sich ins Haus und drückte die Tür leise hinter sich zu. Sabine stand in der Küche. Als sie Jerome wahrnahm, richtete sie ihren Blick wieder in die Schublade des Küchenschrankes, als ob sie darin etwas suche.

»Hi«, murmelte Jerome gesenkten Hauptes. Er wusste, dass er während der bevorstehenden Unterredung die Tränen würde zurückhalten müssen; aber seine Ehre verloren zu haben, war ihm nun mal unsagbar peinlich. »Schatz … ich muss dir etwas sagen!«, begann er mit leiser, zaghafter Stimme, zog dabei den Kopf zwischen die Schultern und versuchte, sich ein frisches, indes auch unterwürfiges Aussehen zu geben. »Sabine, ich hab Mist gebaut!« – So. Jetzt gab es kein Zurück mehr.

Sabine sah sich erst nach ihm um, als er schon ganz dicht an sie herangetreten war, trat einen Schritt zurück und maß Jeromes Gestalt mit einem raschen Blick von Kopf bis Fuß. »Das ist wohl wahr!«, meinte sie hastig in einem Jerome völlig fremden Ton. Ihr Mund presste sich zusammen, die Wangenmuskeln ihres bleichen Gesichts zitterten nervös.

Heee?!

»Ich …« Jerome hob den Kopf und schnitt eine beschwichtigend gestellte Grimasse. »Na ja … also ich …« Er brachte es nicht fertig!

»Sag es einfach. Ich weiß es eh schon!«

Wie jetzt … ich weiß es schon? – Vor seinen Augen begannen Schleier zu kreisen.

»Hast du es jetzt geschafft?!« Sabine beugte sich vor und fauchte: »Hast du jetzt alles auf dem Tradingkonto?« Sie winkte mit einem doppelt gefalteten Anschreiben der Fondsgesellschaft.

Jerome blieb fast das Herz stehen. – *O Heiliger*! Er hatte an alle Eventualitäten gedacht, nur nicht an den Postboten um 15:00 Uhr, das blöde Anschreiben der Bank und dass Sabine heute ihren freien Tag hatte.

Und schon gleich gar nicht, dass das alles an einem Tag zusammenfallen könnte. – *IDIOT*! Natürlich bestätigte die »schei… Bank« den Verkauf der Fondsanteile! Natürlich bedauerte die Bank zutiefst, ihn und seine Frau als Kunden verloren zu haben! Und natürlich wurde dieser Brief von der Post gebracht! Und ja, natürlich machte Sabine an ihrem freien Tag die Post auf. Jerome sackte in sich zusammen.

Es gibt keinen Gott!

Zumindest nicht in meiner Welt …

»Du musst ja verdammt erfolgreich sein, dass du dich nun auch noch an unser Tafelsilber wagst!« Sabine lehnte sich vor ihm an den Küchentisch und versuchte vergebens, ihr Gefühlspotpourri hinter einer unbewegten Pokermiene zu verstecken. »Demnach ist wohl unser Tradingkonto, das die letzten Wochen in den Miesen lag, wieder *oben*?!« Sie blickte Jerome nun mit einem Ausdruck an, wie er ihn noch nie, wirklich noch nie bei ihr gesehen hatte. Der Blick war eine Mischung aus höchster Verärgerung, Mitleid, aber auch irgendwie aus Stolz, Zuneigung – und auch: Belustigung.

Wiee … wa… heee?

Große Schweißperlen bildeten sich auf Jeromes Stirn. Er rang nach Luft, denn innerhalb eines Sekundenbruchteils wurde ihm klar, dass Sabine ihn mit ihrer zur Schau gestellten Verärgerung nur aufziehen wollte, weil sie irrtümlicherweise annahm, dass er das Tradingkonto wieder in grüne Zahlen getradet und sich nur *deshalb* an das Tafelsilber gewagt hatte, weil er mittels größerer Summen nun noch mehr für das Familieneinkommen sorgen wollte. – Jeromes Schweißtropfen wurden größer. Größer. Und größer.

»Aber meinen Segen hast du nicht, verstanden?« Ein Grinsen huschte über Sabines Gesicht und bestätigte Jeromes Vermutung. »Wehe … hörst du, *WEHE*, du verlierst noch mal unser Geld!« »Versprochen!«, wäre eine der möglichen richtigen Antworten auf diese Forderung gewesen, aber statt zu antworten, wischte sich Jerome mit der einen Hand die Schweißperlen aus den Augen, während er mit der anderen nach einer Stuhllehne griff, um sich zu stützen.

»Also, wo steht denn unser Konto nun?!«, fragte Sabine nun mit heiterer Stimme, und noch bevor Jerome antworten konnte, fuhr sie fort: »Schau mal, hier!« Sie griff nach einem Blatt Papier, offensichtlich der Ausdruck einer Internetseite, welches ein romantisches Hotel am Meer zeigte. »Lilly geht so lange zu Oma und Opa. Alles schon geklärt.« In Erwartung seiner freudigen Zustimmung gab sie Jerome einen Kuss auf die Wange. »Nur wir zwei alleine. Freust du dich?«

Jerome brachte kein Wort heraus.

Sag es!

Jetzt!

Früher oder später kriegt sie dich doch.

Das heißt, du bist so oder so geliefert!

Jerome saß vor Sabine, die Augen abwesend, den Mund gewaltsam zum Sprechen gezwungen. Er hatte das Gefühl, nicht bei sich, sondern eigentlich hinter sich zurückgeblieben zu sein, und rufe sich das selbst nach, was er sagte: »Sabine … die Trades heute Morgen liefen nicht so ganz«, stieß er hervor.

Sabine, die gedanklich bereits die Koffer packte und immer noch verträumt die Hotelbeschreibung las, meinte nur: »Schau mal, das Hotel hat sogar einen riesigen Spa-Bereich.« Jerome schloss die Augen und öffnete sie nach einem langen Atemzug wieder. »Sabine! Die Trades. Heute Morgen …« Jetzt blickte sie ihn endlich an, verstand aber offensichtlich nicht, worauf er hinaus wollte.

»Also … also … *ähm* … Das war nämlich so, dass sich die Märkte etwas anders verhalten haben …«, stotterte Jerome unter ihrem zunehmend fragenden Blick. Er konnte förmlich sehen, wie Sabine das Blut in die Wangen stieg.

»Was heißt: *Der Markt verhielt sich anders?*«

»Sabine. Bitte … setz dich doch …«, bat Jerome.

»Jerome, du machst mir Angst!«

»Setz dich. Bitte, setz dich, Schatz.« Jerome brauchte unbedingt einen Schluck Wasser. Er stählte sich für das Schlimmste.

»Hast du unser Geld schon … schon wieder *verspielt*?« In Sabines Stimme schwang plötzlich eine unangenehme Schärfe mit.

Verspielt? – Das tat weh!

Jeromes Zögern ließ Sabines Stimme schlagartig eisig werden. »Du hast unser ganzes Geld verspielt?!« Sabine schlug die Hände über dem Kopf zusammen.

»Sag mir auf der Stelle, wie viel Geld noch auf dem Handelskonto ist!«

»Jetzt? Also … jetzt gleich?«

»Sofort!«

Ein Blitz aus dem Spalt ihrer Augen schlug in das feuchte, aufgerissene Braun der seinen, und Jerome spürte, wie ihm der Puls in den Schläfen pochte. Diesem Blick konnte er nicht standhalten. Die Augen niedergeschlagen, antwortete er leise: »Nicht so recht viel …« »… *nicht viel!*?« Ihre Stimme bebte. »*Wie viel ist nicht viel*?« Schweigen. Sabine warf ihm einen Blick zu, der wohl sprechend gewesen sein und seinen Empfänger ins Innere getroffen haben musste. Jerome fühlte, wie etwas Feuchtes sich den Weg in seine Augen bahnte. Vorsichtig legte er den Kopf zur Seite, sodass Sabine die Träne sah, die jetzt schon ganz nah an den Lidern sein musste, die sich selbst unter größter Anstrengung nicht zurückzwingen ließ und die jetzt ganz, ganz langsam über die Wange rollte.

Jerome mochte etwas sagen, hatte aber Angst, dass seine Stimme brechen könnte unter dem steigenden Druck des Schluchzens. »Ich will wissen, wie viel ist *nicht viel*?«, wiederholte Sabine ihre Frage.

»Sofort!« Ihre Stimme hätte eisiger nicht sein können. Alles in Jerome schrie nach Flucht, aber dafür war es nun zu spät. Ganz wie an seinen Handelstagen fühlte er, dass ihn die Ohnmacht hinwarf, aber er biss die Zähne zusammen, er wollte nicht die Gedanken verlieren. Blitzartig flog alles vorbei, eingepresst in eine Sekunde: das Staunen Sabines, als er das erste Mal von seinem Berufswunsch erzählte, sein Hochmut im Demohandel, das Lächeln … Jerome schloss die Augen und zwang sich, die Wahrheit ans Licht zu bringen. »Ich … ich hab eine ganze Menge verloren.« – *So, nun ist es raus!*

»Wie jetzt? Das ist ein Scherz, oder?!« Barsch strich sich Sabine eine blonde Haarsträhne von der Schulter. »Jerome … *Wo ist unser Geld*?! Wie viel ist noch da?«

»Es … es … ist …«, stammelte sich Jerome voran, »es ist eine ganze

Menge weg. Es tut mir leid!«

Stille.

Seltsame Blicke.

Sekunde um Sekunde.

Beide schwiegen sie, einer den anderen ängstlich belauernd. Sabines Züge, denen sie einen strengen Ausdruck verleihen wollte, zeugten aber nur von Fassungslosigkeit und Schmerz. »Du hast die anfänglichen 35.000 Euro und auch noch die«, sie griff nach dem Schreiben der Fondsgesellschaft und überflog es kurz, »40.000 Euro der Fonds ko… komp…«, Sabine rang nach Luft, »*komplett verspielt*?!«

Verspielt? Das tat erneut weh.

»Das … *ähm* … ist sehr unpräzise formuliert. Also erst mal kann man das nicht spielen nennen, und zweitens ist *komplett* wirklich übertrieben. Ich … also wir … haben noch circa …«, Jerome zog vorsorglich das noch nicht genau festgestellte Minus der offenen *Short*-Position ab, »30.000 Euro auf dem Konto!« Sabine stockte. »Aber die 18.000 Euro auf deinem privaten Konto haben wir doch noch?!« »Also …« Jerome versuchte, ganz professionell zu klingen, hielt aber ihrem durchdringenden Blick nicht stand, und als Sabine ihn daraufhin immer noch anstarrte, ergänzte er: »Na ja, also …«

Das ist das Fatale an Ehefrauen: Sie kennen einen zu gut.

»ICH HASSE DICH!«, brüllte Sabine ihn an.

»Sabine, es tut mir wirklich leid«, stotterte Jerome und begann abermals das Geschehene nun lebhaft zu verteidigen. Ausschweifend erklärte er, dass die Kampferlebnisse mit den Charts nicht unbedingt immer nach dem Erfolg beurteilt werden dürften. »Sieh doch«, begütigte er, »der Markt lief anders als gedacht …« Er stockte, weil er sich von der »Genauigkeit« seiner erheischten Begründung plötzlich selbst überrascht sah. Gerade eben merkte er zum ersten Mal, dass er sich jeden Handelstag etwas vorgemacht hatte. Denn wie anders kann die einleitende wie erläuternde Äußerung auf den enormen Kontoverlust lauten als: »Der Markt verlief anders«?

Sabine, nun ein Glas Wasser in der Hand, hatte sich wieder gesetzt. Jerome hörte ihr schweres, lautes Atmen. Sie tat ihm unaussprechlich leid. Sie hatte die Augen niedergeschlagen und horchte auf in Erwartung dessen, was Jerome noch sagen würde, ihn gleichsam wortlos anflehend, dass er ihr auf irgendeine Weise den Glauben an die traurige Wahrheit nehmen und sie vom Gegenteil überzeugen würde.

»Es tut mir wirklich, wirklich leid, Schatz«, stammelte Jerome.

Mehrmals wollte Sabine zu sprechen beginnen, aber sie vermochte es nicht. Dann jedoch kreischte sie plötzlich auf: »*Es tut dir leid?*« Ihre Augen verengten sich erneut zu Schlitzen. »Hast du eine Ahnung, was ich hier durchmachen muss? Deine Mutter, deine ganze Verwandtschaft und die Nachbarschaft lassen mich keine Sekunde aus den Augen, deine Tante verbreitet Gerüchte, dass wir bald einen Pool bauen … EINEN POOL … und unsere verrückte Nachbarin erzählt jedem, wir würden bald in die Schweiz auswandern, wegen der Millionen und so! Es ist weiß Gott schon schlimm genug, dass ich den ganzen Tag nur noch mit einer geistig abwesenden Hülle rede, die zwar so aussieht wie mein Ehemann, aber kaum noch ansprechbar ist! Aber dass du mir jetzt noch erzählst, dass du nach so vielen Wochen immer noch überhaupt kein Geld verdient hast!« Sie fing an zu weinen. »*Alles weg*!«, hob sie abermals an und wollte weitersprechen, doch bei diesen Worten pressten sich ihre Lippen wie in körperlichem Schmerz aufeinander. Wieder erzitterten ihre Wangenmuskeln.

»Sabine«, Jeromes Gesicht wurde breiter, seine Lippen schwollen, und seine Augen füllten sich mit Tränen, »was soll ich sagen? Nur das eine, *verzeih*!« Sowohl trostspendend als auch solchen empfangen wollend, machte er eine Bewegung, um ihre Hand zu ergreifen; aber sie wandte sich mit Abscheu von ihm ab.

»Sag ja nicht mehr, dass es dir leidtut«, schrie sie durchdringend. »Deine scheiß *Spielerei*! – Ich habe es gewusst, dass es eine scheiß Idee ist mit dem Börsenhandel!« Sie sprang auf und wandte sich zur Tür.

»Wo willst du hin?«

»Ich werde etwas gegen den Wahnsinn tun, der hier im Hause herrscht!« Und damit schlug Sabine die Küchentür hinter sich zu. »Sabine!« Jerome erhob sich, um ihr zu folgen.

Im Schlafzimmer sah er, wie Sabine ihren Koffer aufs Bett hob. »Geh, geh, geh!«, fuhr sie fort, ohne Jerome anzusehen, als wäre dieser Aufschrei durch einen physischen Schmerz hervorgerufen. »Raus hier! RAUS MIT DIR! Ich will dich heute nicht mehr sehen!« Sie räumte die Schränke aus, wie ein Jäger ein Tier ausweidet, schlug die Schranktür zu und blickte sodann Jerome an. »Ich fahre für ein paar Tage zu meinen Eltern!«

»Sabine!«, flehte Jerome schluchzend und wischte sich das Gesicht ab.

»Um Gottes willen, denke bitte an Lilly! Sabine, bitte! Ich hab das alles nicht mit Absicht getan!«

»*Ich* soll an Lilly denken? Dass ich nicht lache! Eben weil *ich* an Lilly denke, werde ich alles in der Welt tun, um sie nicht bei einem vernunftlosen *Zocker* und *Spieler* zu lassen!« Schmerzvoll und feindselig sprach sie diese für sie selbst so entsetzlichen Worte aus.

Jerome starrte sie verständnislos an. »Sabine, denk doch mal zurück:

Die paar Wochen können doch nicht neun Jahre aufwiegen …!?« Sabine fasste sich an den Kopf. »Nun, nach allem, was geschehen ist, möchte ich Abstand haben! Abstand, verstehst du?«, wiederholte sie mit erhobener Stimme. »Nachdem mein Mann, der Vater meiner Tochter, heimlich all unser Geld *verspielt* hat, brauche ich das!« Wahllos stopfte sie Sachen aus den Kommoden in den Koffer und geriet immer mehr und mehr in Rage: »Fremd bist du mir. Ja. Hörst du? Völlig fremd!« Sabine warf ihm einen Blick zu, in dem ihr ganzer Schmerz, ihr ganzes Leid enthalten war. Nach Lilly rufend, rauschte sie, so gut es die schweren Koffer zuließen, aus dem Schlafzimmer.

O Scheiße!

Es stockte Jerome der Atem, und es stieg ihm heiß in die Kehle. Langsam ließ er sich auf die Bettkante sinken. Die Enttäuschung, die er in Sabines Zügen gelesen hatte, überraschte und erschreckte ihn, und er begriff noch nicht, was Sabine intuitiv erkannt hatte: dass eine aus der Kombination von Selbstüberschätzung und Schönfärberei geborene Feigheit für seine Handlungen verantwortlich war und dass Jeromes eben geäußerte Mitleidskundgebungen viel eher von Selbstmitleid zeugten als von echter Reue oder gar Einsicht in die eigene Situation. Und dies war es, was Sabine gerade so sehr gegen ihn aufgebracht hatte.

Nein, sie hasst mich nicht!

Gewiss nicht!

In seinen Augen schimmerten Tränen. »Sabine, noch ein Wort!«, begann er, ihr nacheilend. »Ich tat es doch wirklich nicht mit Absicht!« Doch Sabine wollte ihn nichts mehr sagen lassen: »Ich wusste, dass es eine scheiß Idee ist! Verdammte zügellose Spielerei!«, rief sie als Antwort. Damit ging sie hinaus, ein trauriges »Tschüss, Papa« hörte er noch aus Lillys Mund, dann schlug Sabine die Haustür hinter sich zu …

*

Die Kirchturmuhr schlug langsam drei helle Schläge durch die tiefschwarze Nacht. Der Regen prasselte mit kurzen Unterbrechungen in großen warmen Tropfen nieder. Das ganze Dorf schlief, die Straßen waren wie ausgestorben. Auf freiem Feld konnte man keinen Schritt weit sehen, und im umliegenden Wald war es so stockfinster wie in einem Keller.

Sabine … Lilly … Sabine … Lilly …

Jerome schlief noch immer nicht und erwartete auch nicht, in dieser Nacht noch Schlaf zu finden. Im starren Schweigen seines ihm irgendwie »fremden« Körpers lag er im Dunkeln, allein im großen, ehelichen Bett. »… und wie sie geflucht hat!«, wiederholte er immer und immer wieder, indem er sich Sabines Aufschrei und die Worte »Spielerei« und »zügellos« des abendlichen Streites wenige Stunden zuvor ins Gedächtnis zurückrief.

Sabine … Lilly … Sabine … Lilly …

Bisweilen erlahmten seine Gedanken, dann trieben formlose, unzusammenhängende Einzelheiten des alltäglichen Tradings an die Oberfläche seines Bewusstseins, und er führte in seinem schlaflosen Dämmerzustand virtuelle Trades durch. Ein anderes Mal erwachte er aus dem Halbschlaf, und vage Bilder zogen unfreiwillig in lautlosem Spiel durch seine geistesabwesenden Gedanken. Jeromes matten Blick umflog von fern ein Licht, es kam vom Widerschein der stummen Straßenlaternen, am Rand der verlassenen Straße. Alles um ihn herum war ein abstraktes, nacktes Universum, und völlig übermüdet, völlig unruhig trieben seine Gedanken dahin wie der stille Schaum eines schmutzigen Meeres.

Sabine … Lilly … Sabine … Lilly …

Aber er war außerstande zu denken, so schläfrig war er; er war außerstande zu fühlen, so sehr fehlte ihm der Schlaf, und unter seinen bleischweren Augenlidern fiel er in einen Dämmerzustand, den man weder Ruhe noch Schlaf, sondern vielleicht am besten vegetative Fantasie nennen konnte und der ihm einen *absolut grotesken* Traum bescherte:

Eine (alp)traumhafte Gerichtsverhandlung

Ein Traum von: fünf Angeklagten; eine Verhandlungsunterbrechung; Jeromes letzte Niederschrift; Obduktionshinweise zur Kontoleiche; einen schlagfertigen Verteidiger; und Stricke, die leicht vom Winde getrieben baumeln …

Sich nähernde Schritte, ihrem unregelmäßigen Klang nach von mehreren Personen stammend, warfen dumpfe Echos in den im Halbdunkeln liegenden Raum. Erwartungsgeladene Unruhe machte sich breit. Körper strafften sich, Bewegungen erstarrten, fragende Blicke wanderten in der Runde, geflüsterte Unterhaltungen, welche versuchten, den letzten Anschein des Privaten aufrechtzuerhalten, verstummten.

Jetzt hörten auch die im Flur widerhallenden Schritte auf, und alle Blicke der im Raum Anwesenden richteten sich auf die metallene Tür. Eine trotz der in ihr mitschwingenden Härte eindeutig weibliche Stimme verkündete:

»Hier. Zelle 277!« – »Öffnen!«, befahl die Oberaufseherin und trat mit der diensthabenden Wächterin vor die schwere Tür. Die Oberaufseherin schloss, laut mit den Schlüsseln rasselnd, die Zelle auf, aus der einem eine beklemmende Luft, ein ekelhafter Geruch nach Fäulnis, durchsetzt von Menschenschweiß und Abfällen, entgegenschlug. Die Oberaufseherin schaute auf das Klemmbrett in ihrer linken Hand, und mit mitschwingender Härte rief die korpulente Frau in die Zelle hinein: »Nummer 12, Nummer 23, Nummer 45, Nummer 88, Nummer 234 … Raustreten!«

Dann lehnte sie die Tür wieder an und blieb wartend vor ihr stehen.

Doch nichts geschah.

Auf einen Wink der Oberaufseherin trat eine der beiden Wärterinnen an die Tür und schlug mit ihrer Faust an die Metalltür, dass es nur so schepperte. Dann warf sie einen grimmigen Blick in das im Halbdunkel liegende Loch von Raum, in dem es weder Pritschen noch Tische noch Stühle gab; die darin Eingesperrten hockten und schliefen direkt auf dem schmutzigen, nackten Fußboden. Wie zuvor die Oberaufseherin brüllte sie: »12, 23, 45, 88, 234 … Raustreten! Oder muss ich nachhelfen?« Beim letzten Wort schlug sie erneut und mit ohrenbetäubender Wirkung gegen die Zellentür. Nun kam es in der Zelle zu Bewegung; ein Gewirr von halblauten Männerstimmen und das Klatschen und Schlurfen teils bloßer, teils beschuhter Füße erklang.

»Tempo! Tempo!«

Kurz darauf trat langsamen Schrittes Nummer 12 aus der Zelle: ein mittelgroßer Mann in blauweiß gestreifter Jacke, die auf Vorder- und Rückseite mit einer großen schwarzen Zahl versehen war, und kurzen, kaum bis über die Waden reichenden grauen Hosen. – *Jerome*! Er wandte sich rasch zur Seite und stellte sich, die Fußspitzen exakt an der roten Linie auf dem Boden ausgerichtet, welche sich durch den gesamten Korridor zog, vor die Wand neben die Tür. Seine Füße waren mit Gefängnisschuhen bekleidet, und um den Kopf hatte er, in Ermangelung einer sonstigen Kopfbedeckung, aus zerfetzten Stoffresten ein Tuch geschlungen, unter dem sein seit Wochen ungeschnittenes Haar wild hervorlugte. Sowohl das ganze Gesicht Jeromes als auch seine Hände und der aus dem weiten Kragen herausragende abgemagerte Hals waren von jener besonderen Blässe, die lange von der Außenwelt abgeschlossenen Gefangenen eigen ist. Nachdem er als Erster den Flur betreten hatte, blieb er mit so aufrecht wie nur möglich gehaltenem Kopfe stehen und sah den Aufseherinnen erwartungsvoll in die Augen – bereit, alles zu tun, was man von ihm verlangen würde.

»Weiter! Tempo!«, rief die eine Wärterin in die Zelle hinein und unterstrich ihre Aufforderung mit erneuten Schlägen an die Tür. Die Nummern 23, 45, 88 und 234, alles Männer mit mittlerweile langen Bärten, über deren stumpfe Augen müde die Lider herabhingen, traten nun ebenfalls auf den Flur und richteten sich sofort an der roten Linie aus. Plötzlich – die Aufseherin war bereits im Begriff, die schwere Tür zu schließen – schaute aus der Zelle das blasse, strenge, von Runzeln durchfurchte Gesicht eines anderen Gefangenen heraus. Er wollte Jerome noch etwas sagen, doch die Aufseherin drückte die Tür gewaltsam gegen seinen Kopf. Laute Flüche waren daraufhin aus der Zelle zu hören, und Jerome trat einen Schritt an die Tür heran und wandte sich dem vergitterten Guckloch in der Tür zu. Der Alte kam von der Innenseite an das Guckloch heran und redete mit heiserer Stimme leise auf Jerome ein: »Vor allem, mein Freund, vergiss nie: Sie wissen nicht, wovon sie sprechen!« Der Alte streckte seine kleine, bleiche Hand durch die Gitter und winkte ihm zum Abschied zu. »Du weißt, bis jetzt kam keiner lebend aus diesem Gerichtssaal.« Er stockte. »Sei tapfer, mein Freund! Sei tapfer! Wir sehen uns auf der anderen Seite!« »Hauptsache, es geht bloß irgendwie schnell zu Ende«, erwiderte Jerome und warf seinem Zellengenossen einen letzten freundschaftlichen Blick zu. »Für eure Straftaten solltet ihr *langsam*, nicht schnell *büßen*!«, bemerkte die Oberaufseherin lapidar und schob Jerome beiseite.

»Alles Gute, mein Freund!« Das am Guckloch aufgetauchte Auge verschwand wieder, und Jerome trat zurück in die Mitte des Flurs. Den Häftlingen wurden Beinfesseln angelegt; nun waren sie bereit zum Gehen, wobei Jeromes mageres, ausdrucksloses Gesicht weder Hoffnung noch die Intensität von Angst noch etwas anderes ausstrahlte, das es über die Ebbe der übrigen Gesichter erheben könnte. »Vorwärts, Marsch!« Behindert durch die schwere, kurze Kette an ihren engen Fußfesseln, setzte sich der Trupp, die mageren Gesichter schicksalsergeben und leer, in kurzen, stolpernden Schritten in Gang. Die beiden Wächterinnen folgten ihm und der allen vorausgehenden Oberaufseherin. Eine steile Steintreppe passierend, kamen sie – immer der roten Linie entlang und aus sämtlichen Luken von den leeren Blicken der Häftlinge verfolgt – an weiteren Zellen vorüber, wo es noch widerwärtiger roch und noch geräuschvoller zuging. Schließlich gelangten sie zu einem großen Büroraum, der von mehreren Aufseherinnen bevölkert wurde. Der

Trupp hielt, weiter beaufsichtigt von den beiden Wärterinnen, draußen im Flur an, während die Oberaufseherin den Raum betrat. »Die fünf angeforderten Versager stehen, gesichert wie befohlen, zum weiteren Transport bereit!« Durch die offen stehende Tür konnte Jerome beobachten, wie sie salutierend einer an einem Schreibtisch sitzenden anderen Uniformierten ein zerknittertes Schriftstück übergab. »Danke«, die Frau am Schreibtisch winkte eine andere Aufseherin zu sich und übergab ihr das Schriftstück. Die Herbeigeholte blickte kurz darauf und winkte drei weitere uniformierte Frauen heran, die sodann den Flur betraten. Die Anführerin steckte den Marschbefehl in den Aufschlag ihres Jackenärmels und nickte kurz, worauf sich das Trüppchen erneut in Bewegung setzte, weitere lange Gänge und Treppen passierte und schließlich durch den Haupteingang das Gebäude verließ, und dann – OHH!

Plötzlich … Sonne!

Jerome atmete nach dem langen Aufenthalt in der stickigen Zelle die frische Sommerluft mit einem tiefen Atemzug ein und genoss ihren Geschmack. *Wundervoll!* Schmerzhaft indessen war es für ihn, mit seinen gänzlich laufentwöhnten und in plumpen Gefängnisschuhen steckenden Füßen über die groben Pflastersteine zu gehen, sodass er immer wieder auf den Boden blickte und sich bemühte, möglichst vorsichtig aufzutreten. Nachdem der ummauerte Hof überquert und er über die Schwelle der im großen Eisentor eingelassenen Pforte getreten war, führten die Aufseherinnen den Gefangenentrupp entlang der Straße mitten durch das Dorf. Was für eine Pein! Die Eindrücke des Weges und die Blicke derer, denen sie begegneten, schaukelten in Jerome wie eine leichte Seekrankheit. Anwohner, Bauarbeiter, Postboten und sogar vorbeifahrende Autos blieben stehen und musterten neugierig den langsamen Trupp. Ein junges Mädchen zog ihre Mutter am Arm und flüsterte, als diese sich ihr zuwendete, ihr etwas ins Ohr, worauf die Mutter laut antwortete: »Ja, genau! Dazu kommt es, wenn man mit dem Börsenkram anfängt!« Eine Frau, die gerade aus einem Geschäft trat, trat sogar auf die Gefangenen zu, bekreuzigte sich, spuckte ihnen vor die Füße und fing an, auf die Gefangenen einzureden, ging zu Redewendungen und schändlichsten Schimpfworten über, die nicht wiederzugeben sind. Jerome wurde rot, senkte den Kopf und murmelte etwas vor sich hin; andere Gefangene schäumten und stießen mit geborstener Stimme hervor, indes die Raserei ihres Körpers sich immer mehr verstärkte. Der Trupp passierte im Weiteren zwei Straßenkreuzungen, und dann – Jeromes Herz verkrampfte sich – schritten sie an einem Kindergarten vorbei. – *O nein!* Es war Lillys Kindergarten. Teils neugierig, teils entsetzt durch den Zaun starrend, betrachteten die Kinder, ihr Spiel unterbrechend, die verwahrlosten Gefangenen und beruhigten sich nur bei dem Gedanken, dass sie von Aufsehern begleitet waren und daher nichts mehr anstellen konnten. Jerome schielte, ohne den Kopf zu wenden, unauffällig zu den sie anstarrenden Kindern hinüber. Er wollte … *seine Lilly* … noch ein letztes Mal sehen. – *Bitte, lieber Gott, zeig mir ihr Gesicht!* Doch seine Augen waren nicht an das grelle Tageslicht gewöhnt. Jerome blieb nichts anderes übrig, als abrupt stehen zu bleiben, um so krampfhaft zu versuchen, seine Lilly ausfindig zu machen. Aber vergebens, die Aufseherin schubste ihn mit einem heftigen Schlag vorwärts, woraufhin sich der Trupp wieder in Bewegung setzte und Jerome sich auf sein Schicksal besinnen musste. Aus seinen Augenwinkeln verschwand der Kindergarten und mit ihm die Hoffnung, seine kleine Lilly ein letztes Mal zu sehen. Sein Herz stieß einen stummen, verzweifelten Schrei aus.

Wo ist Gott, wenn man ihn braucht?!

Bei der Ankunft im Gerichtsgebäude herrschte in den Gängen bereits lebhaftes Treiben. Angestellte liefen schwer atmend in Erledigung ihrer Aufträge und mit Akten unter dem Arm hin und her; Polizisten, Rechtsanwälte und Gerichtsbeamte kamen bald aus der einen, bald aus der anderen Richtung;

Zeugen suchten nach den richtigen Gerichtssälen; Staatsanwälte und Richter schlenderten, in leise Gespräche vertieft, über Flure, Treppen und Gänge; Antragsteller und noch nicht in Haft befindliche Angeklagte schlichen niedergeschlagen die Wände entlang oder saßen wartend herum. »Wie kommen wir zu Saal 23A?« Die dem Trupp vorangehende Aufseherin wandte sich an einen der Gerichtsdiener.

»Na, mit wem haben wir denn das Vergnügen?!« Der große, beleibte Mann mit gutmütigem Gesicht befand sich in allerbester Gemütsverfassung und sichtete die ihm überreichten Papiere.

»Es geht um dieses private *Traderpack*!«, meinte die Aufseherin mit missbilligendem Blick auf die Gefangenen.

»Ahh! Hervorragend! – Das hätten Sie gleich sagen sollen. Auf die wird schon gewartet.« Der Gerichtsdiener zeigte, die Papiere zurückgebend, beiläufig auf ein zum Innenhof abgehendes Fenster. »Dort vorne nach links und dann rechts die dritte Tür.« Der Trupp schlurfte langsamen Schrittes und in dem ihm eigenen Takt der rasselnden Fußfesseln in die angegebene Richtung, und Jerome, als Erster an der Kette, blickte mit einer leichten Kopfneigung in Richtung des genannten Fensters. – … *A… Wa …???* Was er sah, ließ ihm das Blut in den Adern stocken: Mehrere Männer richteten in dem Innenhof zwei große Pfosten mit einem rechtwinklig eingelassenen Querholz auf, in dessen Mitte mehrere geflochtene Stricke baumelten. – Aber … das können die doch nicht tun?! Nie hatte Jerome in seinem Leben eine ähnliche Angst vor etwas Furchtbarem, noch Unsichtbarem, Grausamem sein Herz umklammern gefühlt als in diesem Augenblick verständlichen Grauens und unbegreiflicher Angst!

Der Trupp bog wie angegeben ab. Vor der bezeichneten Tür standen mehrere ebenfalls uniformierte und bewaffnete Frauen. Sie warteten bereits und unterhielten sich gerade über die heute sicherlich anstehenden Hinrichtungen, als die Aufseherin hinzutrat und sich erkundigte, ob hier der Saal für jenes »Traderpack« sei. »Jawohl, hier sind Sie richtig!« Man hielt dem Trupp die schwere Holztür auf, doch nachdem die Oberaufseherin als Erste eingetreten war und Jerome im Begriff stand, ihr zu folgen, versperrte eine der Wächterinnen ihm mittels quer gestelltem Fuß den Durchtritt. Ein kalter, herablassender Blick musterte ihn. »Na warte nur, Freundchen!«, sagte sie, ihm geringschätzig zublinzelnd, dann gab sie den Weg frei. Der Trupp setzte sich wieder in Bewegung, und die Gefangenen traten, einander an der Tür den Vortritt lassend, mit rasendem Herzklopfen – schlimmer als bei ihren gewagtesten Trades – in den Raum.

Oh …

Nein!

NEIN!

N-E-I-N-!

In dem riesigen Saal, der annähernd die Form und die Ausmaße eines Amphitheaters aufwies, hatten sich bereits Hunderte Menschen verschiedensten Alters, Aussehens und gesellschaftlichen Status versammelt. Einige saßen, andere gingen auf und ab, musterten einander, und die Anwesenden, die sich zum Teil kannten oder gerade gegenseitig vorgestellt hatten, unterhielten sich über die bevorstehende Gerichtsverhandlung, sodass eine Kulisse ununterscheidbarer Geräusche den Raum beherrschte. Und obwohl die meisten von der Ausübung ihrer Berufe und Geschäfte abgehalten wurden, war doch allen eine gewisse Befriedigung anzumerken, die durch das Bewusstsein hervorgerufen wurde, einer wichtigen, der Allgemeinheit dienenden Verhandlung beizuwohnen. »Sie kommen!« Die Information verbreitete sich wellenförmig durch das Publikum. Überall dort, wo sie anlangte, wandten sich voll Neugier und Verachtung die Köpfe den Ankömmlingen zu. Diejenigen, die mit Jerome oder einem der anderen Gefangenen bekannt waren, beeilten sich, an den Trupp heranzutreten, um mit abschätzigem Blick eine unausgesprochene Begrüßung loszuwerden. Auf dem Weg zu seinem Platz, zu dem er von den Aufseherinnen geführt wurde, sah Jerome sich ein wenig um.

Oh …

Nein!

NEEEIIIINNNN!

Auf einer der vorderen Bänke saßen mehrere seiner Nachbarn, die leise miteinander tuschelten und ihn dabei verächtlich ansahen.

Und da … O Gott!

N-E-I-N-!

Was für eine Pein! – Unter den Anwesenden befand sich neben dem großmäuligen Nachbar Alex auch Jeromes bester Freund Henry. »Hey, Jerome. Hab ich dir nicht immer gesagt, dass du früher oder später würdest dran glauben müssen?!«, rief er laut lachend, als der Angeklagte gesenkten Hauptes an ihm vorbeigeführt wurde.

»Ach, sei doch einfach still«, antwortete der Angesprochene missmutig und würdigte Henry keines weiteren Blickes.

»Na warte nur, wenn man dich erst mal in den Innenhof führt, dann wirst du schon ein anderes Lied anstimmen!«, rief nun Alex, zeigte auf eines der Fenster und brach zusammen mit den anderen Anwohnern der Straße in noch lauteres Gelächter aus.

Begleitet vom Rasseln der Fußfesseln, schlurfte der Trupp langsam weiter durch den riesigen Sitzungsraum, an dessen Ende sich eine podiumsartige Erhöhung befand, zu der drei Stufen hinaufführten. In der Mitte des Podiums stand ein großer Tisch, hinter dem sich die Lehnen von vier hohen Sesseln erhoben, über denen im goldenen Rahmen ein prächtiges, lebensgroßes Bildnis von Justitia, der römischen Göttin des Rechts, prangte. Jerome betrachtete das Gemälde: *Justitia* – in der linken Hand eine Waage, in der rechten Hand ein zweischneidiges Schwert haltend; mittels verbundener Augen, also ohne Ansehen der vor ihr stehenden Personen, erwog sie das Recht mit dem Blick nach innen. Das ohne Ansehen der Person. Das Schwert in ihrer Rechten wies auf die untrennbare Verbindung des *Rechts* mit der *Macht* hin, da die Schärfe des Gesetzes nicht immer friedlich durchgesetzt werden kann!

Die Gerechtigkeit wird siegen.

Gewiss!

Jeromes Hoffnung währte jedoch nur kurz, kamen ihm doch plötzlich die Worte des Alten in der Zelle wieder in den Sinn »... sie wissen nicht, wovon sie reden!«

Ohooo!

Jerome sah sich weiter um: Rechter Hand hing ein Gemälde, welches das dornengekrönte Haupt Christi zeigte, darunter befand sich das Pult des *Staatsanwaltes*, wie eine geschwungene Gravur besagte. Auf der linken Seite, genau jenem Pult gegenüber, stand im Hintergrund der Tisch des Gerichtssekretärs und etwas weiter vorn die im Augenblick noch leere Anklagebank. Abgetrennt von einer hölzernen Barriere, wurde die gesamte hintere Hälfte des Saales von Bänken und Stühlen eingenommen. Ängstlich sah sich Jerome weiter um: Auf der linken und rechten Seite des Podiums waren lange Reihen Stühle mit ebenfalls hohen Rückenlehnen für die Zeugen und Gutachter aufgestellt, etwas darunter die Tische für etwaige Rechtsanwälte der Angeklagten, deren Stühle im Gegensatz zu den anderen allerdings nicht mit Namensschildern versehen waren.

Kein Anwalt?!

Ja, aaabbbber ...?!

Zeitgleich mit dem Einzug der Gefangenen und deren Platznahme auf der harten Anklagebank trat eine junge Frau, eine der vielen Gerichtsdienerinnen, in die Mitte des Saales und rief mit lauter Stimme: »*A-ch-tung!* Das ehrenwerte *Gericht*!« Alle Anwesenden erhoben sich, mehrere griesgrämig blickende Personen betraten das Podium und setzten sich – den mittleren Stuhl mit der höchsten Lehne dabei auslassend. Wenige Augenblicke später, nachdem die Eintretenden ihre Plätze eingenommen hatten, wurde die große Doppeltür an der rechten Seite des Podiums erneut aufgestoßen, und die Uniformierte rief: »Der ehrenwerte Vorsitz des Gerichtshofs betritt den Saal!«

Aaaaber ... Auf der Bildfläche erschien jedoch nicht etwa ein Richter ... Jerome blinzelte zur Richterbank und sah eine *weibliche* Person. Sie war groß und hatte ihr Haar zu einem Pferdeschwanz gebunden, und über ihrem Zopf trug sie eine dieser weiß gelockten Perücken.

Eine Frau?!

Aaab... aaaaber ...

Das ... das war ... nicht nur *eine Frau*, es war *SEINE Frau*! Jerome traute seinen Augen nicht. – *SABINE!* Die eigene Frau als Richterin!

O ... mein ... Gott!

O ... mein ... Gott!

Ein geheimes Gefühl war es, das Jerome nun aufriss: Er fühlte einen dumpfen schmerzlichen Druck, und ein jäher, unverständlicher Schmerz umklammerte sein Herz. – O Gott. Sie ist doch befangen! Der Schmerz in seinem Inneren marterte ihn umso mehr, als sich sein Blick mit dem ihrigen für einen Bruchteil einer Sekunde kreuzte und er eine unsägliche Kälte spürte.

Das ist dein Ende, Jerome ...

Nein ... ist es nicht!

Ein plötzliches Verlangen, den Schwung und die Dramatik des heutigen Tages – seines möglicherweisen letzten Tages – hemmen zu können, ihn zurückzureißen von dem dunklen Ende, dem er scheinbar hoffnungslos entgegenstürmte, packte ihn. Er sprang auf: »Sabine, Sabine … was soll denn der ganze Scheiß hier?!«

»*RUHE!*«, herrschte Sabine in Person der Richterin im strengen und ärgerlichen Ton einer Lehrerin. »Diese Verhandlung leite *ICH*. Und in Zukunft sprechen Sie nur, wenn Sie gefragt werden. – Habe ich mich unmissverständlich ausgedrückt?!«

Aufhorchend nahm Jerome zur Kenntnis, dass in der Stimme seiner Frau, die zwar hart und unnachgiebig klang, kein Unterton sadistischen Vergnügens mitschwang. Sie würde sich vielleicht schwerer damit tun, ihn öffentlich zu peinigen – hoffte er!

»Setzen!«, verlangte die Richterin.

Jerome setzte sich gleichzeitig mit dem Publikum. Das Rascheln von Kleidung und geflüsterter Unterhaltung erfüllte kurz den Raum, dann kehrte erwartungsvolle Stille ein.

Sabine klopfte mehrmals mit dem hölzernen Richterhammer auf den Tisch. »Die Sitzung ist eröffnet!« Sie überflog die vor sich liegenden Akten und begann: »Die Angeklagten werden beschuldigt …« Sie stockte. »Ach … *bla, bla, bla!* Ich mag mich wirklich nicht mit diesem ganzen Zeug aufhalten! « Gelangweilt warf sie den Ordner zur Seite und starrte die entsetzt dreinschauenden fünf Häftlinge an. »Wir kommen direkt zur Sache, ja?« Sie stand auf und fixierte die Angeklagten mit einem strengen und abschätzigen Blick. »Klartext: Ich spreche Sie alle SCHULDIG! – *Warum?* Weil ihr extrem jämmerliche Versager seid! – *Das reicht, okay?!*« Mehrere verstörte Augenpaare starrten sie an.

Die Richterin hob den Hammer und setzte an, das Urteil offiziell zu verkünden:

»Hiermit verurteile ich alle Angeklagten zum …«, da wurde sie von ihrem Nachbarn unterbrochen, der ihr aufgeregt etwas zuflüsterte. Gelangweilt rollte die Richterin mit den Augen. »O Mann, dann machen wir es eben halt ganz nach Vorschrift!« Genervt gab sie der Gerichtsdienerin ein Handzeichen, woraufhin diese den Gefangenen bedeutete, sich zu erheben: »Zur Verlesung der Anklageschrift … Aufstehen! – *Na los, dalli!*« Jerome und ein Mitangeklagter namens George, ein Typ Mitte vierzig, kamen mühsam auf die Beine. Die drei anderen lähmte die Angst vor dem, was kommen würde. Die Richterin ignorierte achselzuckend die Langsamkeit der Ehrbezeugung, erhob sich von ihrem Stuhl und las in sehr förmlicher Aussprache und doch mit gelangweiltem Unterton aus den Akten vor: »Hiermit erkläre ich als Richterin diese Sitzung der Verhandlung für eröffnet. Die Anklage lautet in der Hauptsache ›Tod mehrerer Tradingkonten‹. Dem Gericht für familiäre Gerechtigkeit und Moral liegen in dieser Verhandlung jedoch weitere Nebenklagen vor, betreffend die Vernachlässigung des Familienlebens.« Sie blätterte in den Akten herum. »Sie alle«, sie sah die Gefangenen an, »sind daher ebenso angeklagt, dass Sie dem Trading den absoluten Vorrang gaben und neben dem Tod Ihres Kontos Ihr Trading Ihnen derart zur zweiten Natur geworden ist, dass die dadurch entstandene Ablenkung von der Realität ihren Familien- und Freundeskreis zu Bruch gehen ließ. Hauptangeklagter ist Jerome Decker. Im laufenden Prozess der Traderfamilien gegen die hier ansässigen Trader rufe ich zunächst die Zeugen auf …«

Die Verhandlung wurde mit dem Aufruf der Zeugen und deren Belehrung durch die Vorsitzende des Gerichts hinsichtlich ihrer Aussagepflicht sowie über die Bedeutung ihres Eides fortgesetzt. Dann verließen die Zeugen, allesamt Partner und Familienangehörige der Angeklagten, den Sitzungssaal. Nun traten die Angeklagten in den Mittelpunkt. »Ich rufe nun den ersten Beklagten auf …«, die Richterin warf einen Blick auf ihre Papiere.

»Kindermann!« Als keine Reaktion erfolgte, näherte sich die Aufseherin der Anklagebank und zeigte auf eine schmächtige Person, die teilnahmslos sitzen blieb.

»Verzeihung«, sagte einer der Angeklagten und deutete auf die Gestalt neben sich, »er scheint irgendwie unter Schock zu stehen.« Die Richterin schaute von ihren Akten hoch. »So, so, nicht ganz auf dem Posten, der Ärmste?!« Mit einem maliziösen Lächeln fuhr sie fort:

»Gut, wenn er nicht ganz auf dem Posten ist, kann er die Beweisführung von dort aus vornehmen.« Die Richterin beugte sich über ihre Akten: »Sie sind Kindermann, der Trader?«

»Nein. Ich bin *kein* Trader!«, stotterte der kleine, untersetzte Mann ängstlich. »Ich bin Banker, genauer Anlageberater. Ich trade nicht selbst. Ich habe bereits mehrfach versucht, dies Ihrer Kollegin hier mitzuteilen! Aber bisher hat das ja niemand zur Kenntnis nehmen wollen!« Es folgte, während die Beisitzer und die Staatsanwältin, eine Frau Ende zwanzig, aufgeregt in ihren Akten zu blättern begannen, ein verständnisloses Staunen der Richterin. »Und Sie sind … sind *Anlageberater*?!« »Jawohl!«, bestätigte der kleine Mann, nun stehend.

»Kein Trader?«

Energisches Kopfschütteln.

Sekundenlang stand die Oberaufseherin sprachlos da. Dann rannte sie zum Richterpult. Obwohl sie leise sprach, konnten die Angeklagten so gut wie alles verstehen. »Richterin?! Da gibt's anscheinend ein Kuddelmuddel. Möglich, dass wir den falschen Typen erwischt haben. – Mist!« »Den Falschen? – Auf keinen Fall«, sagte die Richterin lautstark und fuhr streng erbost fort: »Solche Typen sind an all dem Schlamassel in den Familien mit beteiligt. Der bleibt schön hier!« »Aaa-aber …«, entgegnete der Angeklagte hastig und mit schnarrender Stimme. »Ich trade doch gar nicht! Ich habe noch nie an den Börsen gehandelt. Ich bin pünktlich kurz nach fünf Uhr zu Hause und kümmere mich um meine Frau und meine beiden Kinder. Ehrlich! Wie wollen Sie mich da wegen dem ›Tod eines Kontos‹ oder der ›Verletzung der familiären Pflichten‹ anklagen?« »Habe ich das jetzt richtig verstanden? Sie haben noch nie getradet?«, fragte die Richterin ungläubig von ihrem erhöhten Pult. »Nein. Ja. Nein. Ich meine … ich habe wirklich noch *nie* selbst gehandelt.«

Total verweichlicht, flehte Kindermann die Richterin an, ihm doch zu glauben.

Er stand kurz vor einer Ohnmacht. Die Richterin kniff die Augen zusammen: »Wenn Sie selbst nicht handeln, wieso um alles in der Welt animieren Sie dann andere dazu, dies zu tun?«

Alle sahen gespannt auf den Angeklagten.

Kindermann, total aufgelöst, stammelte, dies sei doch sein Job. Dafür werde er bezahlt. Er solle seinen Kunden die eine oder andere Aktie, einen Fonds oder Anlagen verkaufen. So sei das doch nun mal bei einer Bank. Die Richterin schaute auf ihn herab, und jeder konnte deutlich das Funkeln in ihren Augen sehen. »Und warum handeln Sie nicht selbst?« Mit einem Raunen schwenkten nun alle Beteiligten die Blicke von der Richterin zu dem verängstigten Banker. Der stotterte unverfänglich, dass er einfach nicht handeln wolle, worauf die Richterin sofort »Warum nicht? Jeder Mensch will doch mehr Geld!« nachhakte. Der Banker tappte abwechselnd mit den gefesselten Füßen auf den harten Steinfußboden, und jeder im Saal spürte, dass er sich um die Antwort drücken wollte. In einem gruseligen Ton und mit einschüchternder Langsamkeit wiederholte die Richterin ihre Frage: »W-a-r-u-m?«

»Na, ich ...«

»Jaaah?«

»Nun«, immer stärker schnürte sich die Kehle des Bankers zu, »ich sehe doch, wie meine Kunden reihenweise ihr Geld verlieren. Ich habe es doch tagtäglich schwarz auf weiß vor mir. Wieso soll ich da mein mühsam verdientes und erspartes Geld ebenfalls an der Börse einbüßen«, gab er zu bedenken.

»Ich habe doch Familie und deswegen Verantwortung«, fügte er als Begründung schließlich noch hinzu.

»Moment mal«, unterbrach ihn nun die Staatsanwältin mit einem fragenden Blick zur Richterin. Als diese nickte, fuhr sie fort, während die Richterin eifrig Notizen in ihre Akte kritzelte. »Soll das etwas heißen, Sie verkaufen Ihren Kunden Anlagen oder Tipps, von denen Sie selbst nicht überzeugt sind?!«

Erneutes Raunen brauste durch den Saal.

»Ähm ... also ... ähm ... «, Kindermann schüttelte den Kopf. »Naja, also so meinte ich das nicht!« »So, und wie meinten Sie es stattdessen?« Die Staatsanwältin zog die Augenbrauen hoch, und auch die Richterin wandte ihre Aufmerksamkeit wieder dem Angeklagten zu, woraufhin der Banker versicherte, dass die Analysen seiner Kollegen nach bestem Wissen und Gewissen erstellt würden, zumindest nehme er das an. Allerdings erlebe er zu oft, dass eine Analyse, obgleich sicherlich gut begründet, vom Markt keine Beachtung finde und dieser sich anders als erwartet verhalte, was wiederum zulasten der analysenkonformen Anleger ginge. Im Weiteren berichtete er, dass er bereits zu viele Depotleichen gesehen habe, deren Tod er nicht verursacht habe.

Auf den Hinweis, dass er deren Tod aber gebilligt habe, gab Kindermann zur Antwort, dass jeder Anleger selbst entscheiden müsse, wann er einen kränkelnden Wert aus seinem Depot nehme. Und andererseits vollziehe sich der Tod eines Depotwertes ja meistens nicht sofort, sondern schleichend, und deswegen könne auch nur der Anleger selbst, und niemals der Banker, die erforderliche »Erste Hilfe« leisten. »Genug!« Die Richterin schlug wütend mit dem Hammer auf das Holz. Offensichtlich waren die Anklagepunkte gegen Kindermann irgendwie schwer darstellbar. Unwirsch fuhr sie mit der rechten Hand durch die Luft und fragte sicherheitshalber noch die anderen Anklagten: »Ist hier noch irgendjemand kein Trader?«, woraufhin ein dünner, dunkelhaarige Mann Mitte zwanzig durch wilde Handzeichen auf sich aufmerksam machte:

»Hier, ich!! Hier ...«

»Sie sind also ebenfalls kein Trader?«

Der Mann nickte mehrfach und hoffte, dem strengen Gericht auf diese Weise zu entkommen.

»Und wer oder was sind Sie?«, fragte die Richterin sichtlich genervt.

»Ich arbeite bei einem Broker.«

»So, so. Bei einem Broker.« Die Richterin wurde hellhörig: »Und was machen Sie da?«

»Ich arbeite dort.«

»Ja, das hatten wir bereits. Geht es also ein bisschen genauer?« Durch eine hastige Handgeste gab die Richterin zu verstehen, dass der Angeklagte mehr erzählen solle.

»... ähm, also, ich bin hier völlig fehl am Platz! Ich trade auch nicht.« Offensichtlich versuchte der junge Mann, der laut Gerichtsakte über fünf Jahre Investmenterfahrung verfügte, abermals die Frage nach seinem Tätigkeitsfeld zu umgehen. »Ich widme all meine freie Zeit meiner Freundin und niemals den Charts«, verkündete er und fügte als Bonus für seinen nun sicher geglaubten Freispruch noch hinzu: »Wir wollen in diesem Jahr sogar Zuwachs bekommen, und daher spare ich jeden Cent.« »*WAS Sie bei der Arbeit machen*, lautete meine Frage!« »Ich bin bei einem Broker tätig. Das ... das sagte ich doch bereits!« Noch war der Angeklagte einigermaßen selbstsicher.

»Und dort tun Sie *W-A-S*?«, zischte die Richterin nun in echt gruseligem Ton.

»Ich bin im Kundenbereich tätig.«

Die Richterin atmete tief ein. »Junger Mann, Sie scheinen sich des Ernstes Ihrer Lage nicht recht bewusst zu sein. Wenn Sie zu den bereits vorhandenen Anklagepunkten nicht auch noch Missachtung des Gerichts hinzufügen wollen – beantworten Sie besser die soeben an Sie gestellte Frage. Ein allerletztes Mal also: *WAS MACHEN SIE BEI DER ARBEIT?*« Nun doch etwas nervös, schaute der Mann zur Richterin hinauf: »Ich bin Salesmanager«, und als ihn ein Augenblitzen der Richterin traf, fügte er noch schnell hinzu, dass er ebenso im Seminarbereich tätig sei. »*O-oooh!*« Die Richterin lächelte gefährlich, schließlich erwies sich ihr Verdacht als richtig. »Okay. Das ist ja interessant.« Sie kritzelte einige Bemerkungen in die Akte und schnalzte mit der Zunge. »Das ist höchst, höchst interessant!« »Finde ich nicht!«, versuchte der junge Mann sich an einem dreisten Abwiegelungsversuch.

»So, finden Sie nicht«, schaltete sich nun die Staatsanwältin ein und rekapitulierte: »Vor Ihren Kunden präsentieren Sie sich als Durchblicker, und wenn es ums eigene Trading geht, machen Sie hier einen auf Messdiener, der den Schwanz einklemmt?!« Angesichts dieser beißenden Tonlage rechnete ab diesem Moment keiner der Anwesenden mehr mit einem Freispruch dem Blick des jungen Manns zu urteilen, auch er nicht mehr.

Er hatte sich mit der Antwort selbst die Schlinge um den Hals gelegt. Hätte er sich doch lieber als Programmierer oder einfach nur als Buchhalter zu erkennen gegeben. Aber als Mitarbeiter im Verkauf, das kam wohl bei dieser Gerichtsverhandlung eher einem Todesurteil denn einem Freispruch gleich, wie sich noch herausstellen sollte. »Erklären Sie mir doch mal, was Sie den ganzen Tag bei der Arbeit so treiben?!« Die Staatsanwältin legte ihren Stift beiseite und lehnte sich mit erwartungsvoller Langsamkeit zurück, worauf sich im Saal gespannte Ruhe ausbreitete.

Der junge Mann kratzte sich an den Mundwinkeln und schwieg. Ihm begann der Schweiß von der Stirn zu tropfen.

»Hören Sie mal, da hinten warten noch weitere Angeklagte. Also, wenn Sie die Güte hätten und etwas schneller antworten könnten …«, forderte die Richterin diesmal ruhig, aber dennoch bestimmt.

»Ich … ich versuche es.« Der junge Mann wischte seine schwitzigen Hände an der Hose ab und erklärte: »Also, ich … ähm … ich helfe den Tradern bei ihrem Trading!«

Für ein, zwei Sekunden herrschte im Saal vollkommene Stille. Gespannt wartete das Publikum auf eine Reaktion. »Sie helfen beim WAS?«, hakten die Richterin und die Staatsanwältin verblüfft gleichzeitig nach. »Ich helfe beim Trading«, stotterte der junge Mann, woraufhin auf der Richterbank ein lautes Gelächter ausbrach. Die Richterin beugte sich vor, griff nach ihrem Hammer und blickte in ein eingeschüchtertes Gesicht. »Wie wollen Sie das anstellen, wenn Sie selbst nicht traden? Wenn ich mich als Rettungsschwimmer ausgebe, dann möchte ich doch wenigstens schwimmen und das Seepferdchen-Abzeichen vorzeigen können. – ODER?!« Jetzt brandete Gelächter im ganzen Saal auf.

Weitere große Schweißperlen erschienen auf der Stirn des jungen Mannes.

Er wusste, worauf die Richterin hinaus wollte, und die Richterin wusste, dass er es wusste. »Nun, ich … ich meinte ja auch eher … dass ich … in Sachen …«, er kam erneut ins Stocken.

Die Richterin ergriff das Wort und half mit einer Frage nach: »Lassen Sie uns raten: in Sachen Kontoeröffnung helfen?!« – TOCK! Sie schlug mit dem Hammer erneut heftig auf das Holz. »JA oder NEIN?« Ein das Todesurteil unterschreibende »Ja« klang dem Schlag des Hammers nach.

»… *oh, oh* … das wird jetzt spannend«, murmelte einer der anwesenden Besucher zu seinem Nachbarn.

Nun erhob sich die Staatsanwältin und übernahm die weitere Befragung. »Erklären Sie uns doch mal bitte, wie die ersten Phasen vor so einer Kontoeröffnung ablaufen!« Der Angeklagte starrte die Staatsanwältin fragend an, überlegte, worauf diese Frage abzielen mochte, fand allerdings keine befriedigende Antwort.

»Nun, die Interessenten kommen zu uns, und wir füllen mit ihnen gemeinsa…«

»Halt, halt!«, stoppte sie ihn. »Das scheint mir viel zu weit hinten anzusetzen. Worauf ich hinaus wollte, war: Wie werden die Interessenten denn auf Sie aufmerksam?!« »Ja, was weiß ich denn?!« Der Angeklagte zuckte mit den Achseln.

»Internet, Printmedien, Messen, keine Ahnung.«

»Also über Werbung«, fasste die Staatsanwältin zusammen.

Der junge Mann nickte.

Nachdem die Staatsanwältin nun fragte, wie denn diese Werbung aufgebaut sei, schwante es dem jungen Mann, worin ihre Taktik bestand, und ihm war irgendwie klar, dass er ihren Versuch, die Werbung als viel zu aggressiv anzuklagen, entschärfen oder noch besser: ganz und gar vereiteln musste. Schlagartig kam ihm ein Plan in den Sinn, für den er darum bat, kurz mit dem neben ihm an der Fußfessel angeschlossenen Nachbarn zwei Worte wechseln zu dürfen. Über diesen hatte er bereits während des gemeinsamen Aufenthaltes in der Gefängniszelle erfahren, dass er Vater von zwei Kindern und erfolgreicher selbstständiger Handwerker war. Als ihm ein kurzes Gespräch gewährt wurde, erfuhr der junge Mann von dem Handwerker, dass auch er, wie vermutet, von seiner eigenen Frau – der untersetzten Schwarzhaarigen in der hinter der Staatsanwältin aufgestellten zweiten Reihe der Zeugenstühle – wegen des Todes des Tradingkontos und der Vernachlässigung des Familienlebens angeklagt worden war. Diese Information genügte dem jungen Mann, und er wandte sich nun wieder dem hohen Gericht zu. »Eine Frage vorab: Ich bin hier angeklagt, richtig?« »Der Schein trügt nicht. Nach einem gemütlichen Treffen sieht das Ganze hier wohl ja eher nicht aus«, zischte die Richterin ungehalten. Der junge Mann nahm seinen ganzen Mut zusammen: »Nun, somit steht mir doch eine … Verteidigung zu«, forderte er.

Die Richterin verdrehte die Augen. »Wenn Sie meinen, dass Ihnen das etwas hilft.« »Gut, dann möchte ich mich selbst verteidigen!« Er nahm das gelangweilte Schulterzucken der Richterin als Zustimmung und rief, zum Erstaunen aller Anwesenden, einschließlich der anderen Angeklagten, die Frau des mitangeklagten Handwerkers in den Zeugenstand. So amüsiert wie gespannt auf seinen weiteren Vortrag, gestattete die Richterin diese Vorgehensweise. Völlig aufgelöst nahm die Frau wenige Augenblicke später auf der Zeugenbank Platz, und der junge Brokermitarbeiter schien sich plötzlich im Gericht wie zu Hause zu fühlen. Er hoffte dabei auf eine erstaunliche Wendung, wie dies berühmten Rechtsanwälten wohl schon häufig in einem Prozess gelungen sein mochte: Die eine Partei – nämlich diejenige, die sich im Recht zu befinden glaubt – wird plötzlich ebenfalls angeklagt und in einem anderen Prozess dazu verurteilt, der gegnerischen Partei – mithin derjenigen, die sich scheinbar im Unrecht befand – eine hohe Schadensersatzsumme zu zahlen. Der junge Brokermitarbeiter räusperte sich, schaute die Staatsanwältin und dann die Richterin prüfend an und begann sodann, an die Zeugin gewandt, mit seiner Verteidigung:

»Würden Sie mir zustimmen, wenn ich behaupte, dass Ihr Mann ein erfolgreicher Handwerker ist und Ihnen durch seine Aufträge Ihr Haus, Ihr angenehmes Leben und das sorgenfreie Leben Ihrer beiden Kinder finanziert?« Nachdem die Zeugin die Frage bejaht hatte, wandte sich der junge Mann an die Richterin: »Wie viele Handwerker wird es in Deutschland wohl geben?« Doch diese belehrte ihn: »Junger Mann, richten Sie ihre Fragen an die Zeugin, nicht an das Hohe Gericht!« Trotzdem schaute der junge Mann mit fragendem Blick zur Staatsanwältin, die nur mit den Schultern zuckte, und dann zu seiner Zeugin.

»Keine Ahnung. Ich habe sie nicht gezählt,« antwortete diese wahrheitsgemäß und mit erstauntem Gesichtsausdruck. Die Richterin beobachtete das Schauspiel aufmerksam, wusste sie doch noch nicht, worauf der selbst ernannte Verteidiger abzielte. Sie blieb jedoch auf der Hut, jederzeit zu einem vernichtenden Gegenschlag bereit. »Also gibt es mehr als zwei, drei Handwerker!«, fuhr der sich selbst verteidigende Angeklagte fort. »Sagen Sie, wie werden denn die Kunden auf Ihren Mann aufmerksam? Schließlich gibt es, wie eben festgestellt, nicht nur Ihren Mann als Handwerker.«

»Mein Mann schaltet Annoncen im Regionalblatt. Ach ja, und er hat auch noch den Mario …«

»Mario?«

»Seinen Außendienstmitarbeiter.«

Der junge Mann grinste breit, und es hatte immer mehr den Anschein, als gefiele er sich in der Rolle als Verteidiger, denn er wollte nun fordernd wissen, was denn so in einer dieser Annoncen stehe und was der Außendienstmitarbeiter auf seinen Touren zu den Kunden sage.

»Beide, der Außendienstmitarbeiter als auch die Annoncen, verweisen auf den Leistungskatalog meines Mannes und dass er schnell, zuverlässig und sauber arbeitet.« »Gut.« Sichtlich stolz auf seine sauber herausgearbeitete Antwort, dankte der junge Mann seiner Zeugin durch ein Kopfnicken und drehte sich zu der Richterin.

Diese hatte aber, das Vorhaben blitzschnell durchschauend, nur ein gelangweiltes Lächeln übrig. »Sie wollen uns also sagen«, kam sie ihm zuvor, »dass Klappern zum Handwerk gehört und dass das Hohe Gericht Sie demnach nicht verurteilen könne, da, täten wir es, wir nicht nur Sie, sondern jeden Handwerker, jeden Selbstständigen, genau wie jeden Arbeiter oder Angestellten, der sich auf eine Stelle bewirbt – letztlich mehr oder weniger alle hier im Saal – anklagen müssten. – Richtig?« Der junge Mann nickte, sah sich in seinem Vorhaben bestätigt, packte gedanklich bereits seine Sachen, da er nach seiner Meinung in weniger als fünf Minuten pfeifend und als freier Mann aus dem Gerichtssaal schlendern würde.

»*Psst* …«, die Richterin, ein Gähnen unterdrückend, winkte den sich selbst verteidigenden Angeklagten zu sich heran, und nachdem, mit kleinen Schritten und einem siegreichen Lächeln bewaffnet, der junge Mann vor ihrer Richterbank stand, begann sie ganz sacht: »Sagen Sie mal …«, bevor sie ihn anbrüllte: »Wollen Sie mich *v-e-r-a-r-s-c-h-e-n*?« Das selbstsichere Grinsen erstarb und machte einem verstörten Gesichtsausdruck Platz. Die Richterin war offensichtlich stinksauer angesichts der Arroganz des jungen Mannes sowie der billigen Zeugenvernehmung, mit der er ihr wohl hatte zeigen wollen, dass sie zwischen der Werbung eines Handwerkers und der eines Brokers nicht unterscheiden könne und daher auf seinen billigen Plan hereinfallen würde. Mit nunmehr angemessenem Ton wies sie den jungen Mann darauf hin, dass sein Vergleich hinke.

»Wie das?«

»Wie das?« Die Richterin beugte sich vor. »Ein Handwerker verkauft eine Leistung, zu deren Erbringung der Kunde in der Regel selbst nicht in der Lage ist, der Broker hingegen animiert den Kunden dazu, mit etwas eigenständig zu beginnen, zu dem der Kunde aber selbst gar nicht in der Lage ist. – Zumindest als Anfänger!«

Ein ängstliches und verschwitztes, aber dennoch irgendwie energisches Kopfschütteln des jungen Mannes folgte, woraufhin die Staatsanwältin übernahm.

Und auch ihrer heiligen Überzeugung nach tat sie die Zeugenvernehmung des jungen Mannes nur als demagogisches Gerede, gebrandmarkt von wieglerischen Elementen, ab. »Junger Mann, Sie verleiten die Menschen durch die von Ihnen dargestellte Einfachheit dazu, mit dem Börsenhandel zu beginnen, was diese dann auch mit einem leidenschaftlichen Auftritt tun, und wenn es mit der Euphorie nach den ersten vergeigten Trades vorbei ist, lassen Sie die Kunden allein, während diese sich mit Vorwürfen und Beteuerungen in das dadurch entstandene Vakuum stürzen.« Ein weiteres Kopfschütteln vonseiten des jungen Mannes. Die Staatsanwältin nahm ihre Brille ab und ließ nun, zur Untermauerung ihrer Worte, mit einem lauten Fingerschnippen – wie in einem Traum so üblich, wie von Geisterhand – eine riesige Kinoleinwand aus der Decke herunterfahren, auf der die vielen Besucher und das Treiben an den Ständen einer Finanzmesse zu erkennen waren. »Junger Mann«, die Staatsanwältin zeigte auf die Leinwand, »soll ich Ihnen sagen, wie das bei euch vonstattengeht? – Ja?!«

Eine Antwort gar nicht erst abwartend, fragte sie: »Hohes Gericht?« Als die Richterin nickte, schnippte die Staatsanwältin mit den Fingern, und das Bild schwenkte – abermals wie von Geisterhand – zu einem Brokerstand und zoomte diesen näher heran: Man erkannte nun einen gut gekleideten, etwas älteren Mitarbeiter, der einem fast genauso gut gekleideten jungen Kollegen gerade etwas erklärte. Mit einem weiteren Fingerschnippen der Staatsanwältin schaltete sich der Ton zu, und das Gespräch der beiden wurde nun deutlich hörbar:

»… weißt du … du musst nur eines wissen: Mindestens zwei Drittel der Besucher hier sind Möchtegern-Trader und total bekloppt! Manchmal sind es auch gut und gern um die 90 Prozent, das hängt vom Wetter ab und vom DAX-Stand. – Glaubst du nicht? Vielleicht kannst du mir dann erklären, warum so viele Trader, wenn ein Trade ins Minus läuft, sofort ein unfassbar blödes Gesicht machen, die Schultern hochziehen und nun den Trade unendlich weiter ins Minus laufen lassen? Glauben die Trader im Ernst, der Markt würde durch eine dämliche Grimasse und hochgezogene Schultern einen Grund haben, auch nur einen einzigen Punkt in die gewünschte Richtung zu laufen? Du musst nicht antworten, das ist nur eine rhetorische Frage mit einer sehr, sehr traurigen Antwort: Sie glauben es tatsächlich! Aber auch ohne eine Minusposition ist die Beklopptenquote auf so einer Messe bedenklich hoch. Wer, wenn nicht ein Bekloppter, kommt zum Beispiel auf die Idee, ständig seine Handelsregeln vor, während und nach einem Trade zu ändern? Oder wer, wenn nicht ein Bekloppter, tradet überhaupt ohne Regelwerk? Aber noch viel besser: Wer, wenn nicht ein Bekloppter, fällt ständig auf unsere bescheuerten Werbesprüche herein: ›Sie haben keine Perspektive? Dann eröffnen Sie bei uns ein Konto, und Sie dürfen mit 1.000 Euro Einlage Ihr Konto auf 100.000 Euro aufblasen und werden nun gaaaanz schnell stinkreich. Bisschen long und bisschen short. Ganz einfach. Und macht auch noch Spaß. Sie werden sehen. Ist ganz einfach …‹ – Psst … Achtung … ein Messebesucher steuert unseren Stand an, da kann ich dir gleich mal zeigen, was ich meine … Pass also mal schön auf!« Auf der Leinwand war nun zu sehen, wie der ältere Brokermitarbeiter einen mit Werbematerial bepackten und offensichtlich ohne bestimmtes Ziel vorbeischlendernden Messebesucher ansprach: »Hey, du da, Anlegerchen, ja, genau du! Wir beide sollten uns unbedingt mal unsere neuen Produkte und unsere Software ansehen. Unsere Plattform hat ein paar coole Tools, die sind hammermäßig, oberste Sahne! Wenn du die nimmst, laufen deine Trades todsicher, und dann gibt es fette Zahlen auf deinem kleinen Bankkontochen, mein Lieber. Komm, ein kleines Gläschen auf deine zukünftige Kontoeröffnung, mein zukünftiger Startrader. Ach so, du hast schon getradet? Wow, du bist ein Genie, dass du das kannst! Sieht man dir überhaupt nicht an, dass du selbst tradest. Ist ja der Wahnsinn! Wie lange machst du das denn schon? Huiii, was, wirklich schon seit vier Wochen? Und du meinst wirklich, ich meine ja nur mal so, also rein hypothetisch – hahaha, du darfst das jetzt nicht als Zweifel an deinen Fähigkeiten verstehen –, du meinst also wirklich, dein Broker und dessen Software sind viel besser als unsere? Zeig doch mal, was du kannst, mein Teuerster. Und dann zeig ich dir mal, was wir so alles können. Ach, du willst gleich weiter? Na, dann sehen wir uns ganz bestimmt aber nächstes Jahr wieder! Versprochen? Prima.«

Und während dieser Besucher nun genervt weiterzog, sah man auf der riesigen Leinwand, dass sich derweilen weitere Messebesucher an dem Brokerstand versammelt hatten. Einer von ihnen erklärte den umherstehenden Wissbegierigen, wie er den aktuellen Markt denn so sehe. Der ältere Brokerangestellte stellte sich linksseitig dazu und lauschte gelangweilt dessen Ausführungen, und als die Menschentraube sich langsam verflüchtigte und der »Einäugige unter den Blinden« noch gebannt an der Software der zur Verfügung gestellten Terminals herumspielte, begann der Mitarbeiter ein Gespräch: »Wow, da kann aber einer genau das Flüstern des Charts hören? Sind Sie nicht …? Ah, Sie sind der Herr Mayer! Ich habe mich schon gefragt, warum ich so ein großes Talent nicht kenne, aber das ist ja unser großer Superstar hier, den wir alle so lieben. Hahaha. War natürlich nur ein Witz, mein Lieber, ich habe dein supergeniales Charttalent natürlich sofort erkannt. Das ist ja so was von affengeil! Oh, Verzeihung, aber immer, wenn ich deine ›Markt- und Chartanalysen‹ hier an diesem Monitor höre, mein kleiner Börsenstar, verliere ich voll die Contenance! Ich meine, du siehst auf den Chart – ich darf doch Du sagen – und kommst sofort zu der Aussage, dass der Markt rauf- oder eben runtergeht. Rauf- oder runtergehen muss. – Mann, das ist doch der Hammer. Ich meine, da muss man erst mal draufkommen! Aber dennoch, du, eine Frage, wann kommt denn der fachliche Höhepunkt deiner ›Chartanalyse-Nummer‹, mein Überschatzi, da, wo man die Einstiege und Stopps und deren Nachziehen festmacht? Wie? – Ach so, die Stopps entscheidest du live? Das ist ja super geschickt von dir, mein Schatzi, eine Stopp-Logik, die nur der Bauch weiß! Da kann ab-so-lut keiner deine Stopps abfischen! Mensch, geilomat, das ist ja mal eine Neuerfindung! Das ist so endgeil. Hahaha. Oh, Entschuldigung, ich glaube, der viele Champagner am Messestand fängt an zu wirken, mein Allerliebster, mein kleines Chart-Supergenie, mein hypergroßer Börsen-Superstar. Nur eine Frage noch, meinst du nicht, wir beide sollten uns noch mal so ganz kurz, ich meine, so ganz nebenbei, über ein neues Konto unterhalten? Also … ähm … meinst du nicht auch, wir sollten uns diesen Müll der ganzen Anfänger nicht weiter anhören und stattdessen einfach beschließen, gemeinsam gegen die großen Marktteilnehmer anzukämpfen? Das meinst du auch? Yes?! Okidoki. Dann lass uns das jetzt hier und heute beschließen, mein Schatz. Ich habe auch keine Lust mehr, mir hier stundenlang das Gedudel von den ganzen anderen Laien anzuhören, die dir, mein Börsen-Superstar, nicht das Wasser reichen können!

Da haben wir beiden Hübschen doch was Besseres zu tun. Sag mal, dieses Fachwissen, dass du auf Anhieb siehst und sagst, dass der Markt nicht mehr tiefer gehen oder nicht mehr weiter steigen kann, das ist doch der Hammer, mein Liebster, also ehrlich! Ach, du hast mal ein paar Forumseinträge gelesen, nachdem deine Bank deine Fonds vergeigt hat! Richtig, da hattest du aber vollkommen recht, die Fonds aufzulösen. Das geschieht dieser, dieser … Drecksbank doch völlig recht. Wie konnten diese Idioten es nur wagen zu behaupten, du seiest ein mittelmäßiger Trader?

Siehst du mal, die schaffen ja mit ihrem völligen Kackwissen auch nur so mickrige Prozente. So einen Scheiß machen wir nicht mit dir. Wir bauen hier richtige Profi-Chartkiller auf. Leute wie dich. Leute, die das Orderbuch beherrschen und ihre Trades selbst durch die Märkte knallen.

Denn nur das ist wirklich authentisch! Selbst sein Geld zu managen, ist sowieso das Größte.« Man sah, wie sich beide an einen der bereitstehenden Tische setzten – auf dem schon eine Mappe mit Kontoeröffnungsunterlagen bereitlag – und der ältere dem jüngeren Mitarbeiter aus dem Augenwinkel zuzwinkerte. »Guck dir mal den Warren Buffett an, der verwaltet seine Kohle auch selbst. Siehst du mal, auf diesem Weg sind wir jetzt mit dir. – Wie, du findest Buffett scheiße? Da hast du den Nagel aber auch mal wieder voll auf den Kopf getroffen! Wie der immer rumseiert, und verstehen tut den auch kein Mensch, und seine besten Tage hat der eh hinter sich. Der hat ja auch sein Konto nicht bei uns und unserer supi Mega-Plattform, der wird schon sehen, was er davon hat! Ah, wo du unterschreiben musst? – Nur hier unten rechts. Peng, fertig. Da schau, das war's schon! Jetzt kann ich dir nur noch viel Spaß mit unseren Produkten und unseren gestellten Kursen wünschen. Ach, ich bin ja so glücklich, dass wir ein so starkes Team sind, wir und du, Müllers Esel, der bis du … Nein, was rede ich denn hier, du bist der Fachmann. Der Profi. Der Chartterminator, und wir alle sind deine Sklaven, mein Sugarbaby. Mach mit unserer Orderplattform, was du willst! Auf uns als Broker, das schwöre ich dir bei meinem Leben, kannst du dich verlassen. Wenn es mal mit deinen Trades bergab geht, was nie, aber auch nie passieren wird, doch ich sage es dir nur mal so, also, wenn es mal wirklich mit deinem Konto bergab geht, wozu du eigentlich zu perfekt bist, du würdest doch nie einen Minustrade machen, mein Sugarbaby, also noch mal, wenn es mit dir bergab geht, stehen wir hinter dir wie eine Armee! Echt! Wir betreuen und beraten dich. Wir schulen dich. Ach was, schulen, schau mal, wie du den Chart analysiert, da können wir dir ohnehin nichts mehr beibringen! Du siehst im Ansatz schon geheime Widerstände und Unterstützungslinien, wo noch gar keine sind! Das ist so endgeil. Du hast den Markt voll im Griff. Du weißt jetzt schon, was der Markt macht! Du hast … und i wo, ich schleim dich jetzt nicht voll, nein, ehrlich, ja, du hast Talent. Also noch mal von vorn: Du kannst dich auf uns verlassen, dein ganzes kurzes, ähm, ich meine natürlich langes, langes Tradingleben lang! Das schwöre ich dir beim Leben meiner riesigen Familie. Wir lassen niemanden hängen, wenn es mal nicht so läuft, mein Schnuckiputzi. Du musst wissen – wir Trader sind wie eine große Familie. Eine ganz nette noch dazu. Den ganzen Tag ist nur Kuscheln angesagt. Wir stehen daher auch mal eine Durststrecke durch. Du hast es hier mit Menschen zu tun, die dich lieben und vergöttern. Das ist die Wahrheit, mein Schatz, das ist nicht geschleimt. – Was, oh, du musst schon los? Oooooh, das tut mir jetzt aber leid, mein Chartterminator.

Ich weiß gar nicht, wie ich das ohne dich aushalten soll. Melde dich, ich bin rund um die Uhr für dich da, wenn du mich brauchst, du hast ja alle meine Nummern, du musst nur Bescheid geben. Wenn du willst, kannst du mich auch um Mitternacht anrufen, wenn es um deine Orders geht, oder wenn ich gerade auf dem Töpfchen sitze, ich springe und laufe, wohin du willst, mein Teuerster. – Ach, du willst gleich nach Hause, um Geld zu überweisen? Super! Das nenne ich Engagement. Na dann, viel Spaß, mein Chartstar! Lass es richtig krachen! Wer jeden Tag so hart arbeitet wie du, der hat es verdient, dass er sein schwer verdientes Geld an der Böse richtig satt vermehrt. Ciaaooo! Küsschen, ach, du fehlst mir jetzt schon. *Ciaaaoooooo!*«

Die Leinwand zeigte, dass der Kunde sich auf den Weg machte und der ältere den jüngeren Mitarbeiter zu sich winkte: »Na, hast du gesehen, wie ich die Pfeife überzeugt habe?!«

»Gut, ich probiere es auch mal.«

»Fein, da kommt schon der nächste Depp.«

Die Staatsanwältin schnippte mit den Fingern, worauf die Leinwand wieder Richtung Decke verschwand. Der junge Mann, immer noch vor der Richterbank stehend, verstand die etwas überzogene

Ironie des gezeigten Gesprächs, wies aber dennoch alle Vorwürfe vehement von sich, da dies zum einen in seinem Haus niemals so abliefe und da es zum anderen schließlich genügend Trader gäbe, die ihr Tradingkonto gleich zu Beginn verdoppeln und verdreifachen würden, und er hatte seinen Satz noch nicht ganz beendet, da hob die Richterin ihre Hand. »Wiederholen Sie die letzte Aussage noch mal! Sofort!« Er tat wie geheißen: » … es gibt schließlich genügend Trader, die ihr Konto gleich zu Beginn verdoppeln und verdreifachen …« »Moment!« Die Richterin winkte den jungen Mann noch näher zu sich heran und schrie: »Sie wollen mich wohl schon wieder VERARSCHEN! Von wegen ›Konto verdoppeln und verdreifachen‹ … Sie meinen doch wohl eher: Die Trader hatten Glück!« »Glück? Wie meinen Sie das?« Der junge Mann verstand nicht, worauf die Richterin ihrerseits plötzlich irgendwie in Erklärungsnotstand und damit ins Stocken geriet. Sekunden des Schweigens begannen sich auszubreiten, bis plötzlich Jeromes Sitznachbar und Mitangeklagter George, ein erfahrener Berufshändler, Ende vierzig, der bereits zu Beginn des Verhandlungsverlauf der Richterin einen großen Irrtum erkannte, der Richterin aushalf: »Hohes Gericht, Sie meinen damit doch bestimmt, dass der Angeklagte die Menschen dazu animiert, ›zu schnell mit dem Trading zu beginnen‹, einige Tradinganfänger daraufhin zu Beginn halt Glück haben, das sich aber als Geschick tarnt und als ein solches natürlich von den Anfängern wahrgenommen wird?« Die Richterin wollte schon dankend nicken, unterließ es aber, denn irgendetwas in ihrem tieferen Inneren nahm George plötzlich als gefährlichen Gegner deutlich wahr. Stattdessen wandte sie sich wieder dem angeklagten jungen Mann zu, sah sie diesen doch bereits gedanklich taumeln, und setzte auf Georges Worte noch eins drauf: »Sie unterstützen nur Zufälligkeiten, die sich als gewollte Gewinntrades zu erkennen geben und von den unwissenden Tradinganfängern für Bestimmung gehalten werden.

Aber wer von euch hilft denen eigentlich im Nachgang? Wo ist die Lobby, die sich um jene Trader kümmert, denen von solchen Typen wie Ihnen etwas vorgemacht wurde und die kurze Zeit darauf scheitern, weil sie den heuchlerischen Lobgesängen à la Trading ist *sooo* einfach … Glauben geschenkt haben?

Für deren große Enttäuschung, wenn in der freien Wildbahn der Charts und Orders alles gar nicht mehr so rosig aussieht, wie es der Onkel Broker immer vorgemacht hat? Ist es nicht eher so, dass sich von Typen wie Ihnen dann keiner mehr für deren Herumwurschteln und Scheitern interessiert …?« Mitten in ihren Ausführungen vernahm die Richterin ein lautstarkes Räuspern und sah erneut Georges Augenaufschlag und vehementes Kopfschütteln. »Keine Angst, Sie kommen auch gleich dran!«, meinte sie doppeldeutig ihm zugewandt. George, der völlig in sich ruhte und weder Angst noch Panik bei dieser Verhandlung spürte, erwiderte in ruhigem, der Würde des Gerichts angemessenem Ton: »Wenn Sie Ihre Verhandlungstaktik so weiter beibehalten, dann denke ich das eher nicht!« Die Richterin spürte erneut, dass sie hier einen ebenbürtigen und würdevollen Gegner vor sich hatte. »*PSSST* … Vorkommen! Aber dalli!«, wies sie ihn an.

George quetschte sich an den anderen Angeklagten vorbei. »Was meinen Sie damit? Was soll an meiner Verhandlungstaktik falsch sein?«, zischte die Richterin, als George vor ihr stand.

George hielt nichts von Flüstereien, sondern sprach mit normalem Tonfall:

»Im Moment werfen Sie einem Broker vor, dass er Anfänger mit Werbung einfängt, welche das Trading als vollkommen einfach darstellt, und dass diese Anfänger dann teilweise durch den Zufall zum Narren gehalten werden, weil sie mit unverhältnismäßig viel Glück ihr Konto zu Beginn vermehren, ihren Erfolg aber sich und präzisen Gründen zuschreiben und dann einige Zeit später all ihr Geld verspielen.«

»Ja, genau!«

»Aber wenn Sie ihn«, George sah zu dem neben ihm stehenden Brokermitarbeiter, der bis vor wenigen Minuten Mittelpunkt der Aufmerksamkeit gewesen war, »verurteilen, werden der Handwerksmeister und vor allem Ihr Hauptangeklagter Jerome automatisch vom Angeklagten zum Opfer! Dann können wir die Verhandlung beenden, und es können, mit Ausnahme des jungen Mannes dort drüben, alle nach Hause gehen.« Die Richterin schaute ihrem Widersacher lange und ohne ein Zwinkern in die Augen und erkannte nach einem Überdenken der Gesamtsituation, dass George recht hatte. Verurteilte sie den Brokermitarbeiter, wurde der private Trader zum »Opferlamm«, welches durch die Werbemaschinerie zu Markte getragen wurde. Kam sie hingegen ihrem innersten Bedürfnis nach, nämlich der Verurteilung Jeromes, fungierte der Broker lediglich als Dienstleister, welcher nur die Mittel und Möglichkeiten bereitgestellt und keinen Einfluss auf die Arbeitsweise seiner Kunden hatte. Es warf sich mithin die Frage auf, von welcher Seite aus man den Sachverhalt betrachten wollte. Die Richterin presste ihre Lippen zu einem schmalen Strich zusammen, bis sie fast unsichtbar waren.

Jedermann konnte deutlich sehen, dass sie gegen verhaltenen Ärger ankämpfte, daraufhin sich in den Zuschauerreihen ein von ihrem Zögern ausgelöster Geräuschteppich von leise geflüsterten Worten bildete. Zornig erhob die Richterin die Hand und brüllte: »Was für ein Spektakel! *RUHE!*« Um Zeit zu schinden, blätterte sie unruhig die Akten durch. Sie war so stolz gewesen, dass man ihr den Vorsitz übertragen hatte, und es ging ihr gegen den Strich, dass ausgerechnet ihr nun so ein gravierender Fehler unterlaufen war. Nach Sekunden der Überlegungen stand sie abrupt auf: »Dass der Banker und der Brokermitarbeiter in dieser Verhandlung aufkreuzten, ist ein Missverständnis seitens der Aufseher, das noch untersucht werden muss, jetzt und an dieser Stelle aber nicht weiter untersucht werden soll. Das Gericht wird daher vorerst weitere Verhöre der beiden Angeklagten einstellen.« Sie griff zum Hammer. *TOCK!*

»Die Verhandlung ist für zwei Stunden vertagt.« Dann schlug die große Doppeltür heftig ins Schloss, und in der Luft lag das Schweigen eines Punktes, der an der richtigen Stelle hinter einen Satz gesetzt worden war.

*

Die links und rechts der Anklagebank postierten Aufseherinnen machten sich bereit und beugten ihre Köpfe über die Gefangenen. »Los, aufstehen. Ab ins Dachgeschoss!« Stimmengewirr erhob sich, und erneut vernahm man das Geschlurfe der pantoffelartigen Schuhe und das leise Geklirre der Fußfesseln, als die Gefangenen durch eine Seitentür in einen weiteren Flur geführt wurden. Über mehrere Stockwerke mussten sie eine Treppe emporsteigen, was von den Aneinandergeketteten einige Aufmerksamkeit erforderte; an die Treppe schloss sich ein langer Flur an. Dieser Gang in der oberen Etage des Gerichtsgebäudes war gesäumt von einer Reihe von außen schwer verriegelter Stahltüren. Eine von ihnen wurde nun geöffnet und gab den Blick in eine große, extrem verdreckte Zelle frei. Auch hier fehlten Tische und Stühle, ebenso mangelte es an Betten, sodass die Häftlinge wiederum auf dem nackten Fußboden hocken und liegen mussten. Sodann im oberen Flur angekommen, stellten sich die Gefangenen zur Kontrolle auf und wurden, nachdem ihnen die Beinfesseln abgenommen worden waren, weggesperrt. Der von seiner Frau angeklagte Handwerker des traurigen Trupps weigerte sich, die Kammer zu betreten, da er, wie er meinte, doch nichts verbrochen habe. Ein kräftiger Tritt beförderte ihn daraufhin hinein in die Zelle, aus deren Inneren ein widerwärtiger Gestank strömte und die Luft des Korridors verpestete. Mitunter liefen Ratten über die Insassen hinweg, die hier oben in großen Mengen hausten und sogar so dreist waren, dass man vor ihnen kaum das Brot schützen konnte, sie fraßen es den Gefangenen unter den Händen weg und fielen sie sogar an, wenn sie sich nicht bewegten.

Klack! – schwere Riegel verschlossen die Tür. Während der Handwerker sofort in der hinteren Ecke der Zelle verschwand, um sich an dem tropfenden Wasserhahn über dem rostigen Becken seinen Körper zu waschen – der weniger wegen der Hitze als vielmehr wegen der Angst so verschwitzt war –, wandte sich Jerome dem Guckloch zu, wich jedoch schnell zurück, als er dem Blick eines großen Auges begegnete, das von der anderen Seite streng durch den Spion starrte. Ängstlich sah sich Jerome in der Zelle um: In einer Ecke lag auf dem schmutzigen Boden zusammengekauert ein Mann, der sich bis über den Kopf mit seiner Gefängniskluft zugedeckt hatte. In der anderen Ecke gerieten mehrere Gefangene in einen Streit; gegenseitige Beschimpfungen, Geschrei und Klagen flogen durch die Zelle.

Zwei seiner Zellengenossen standen vor dem Fenster, das, nach allem, was Jerome von seinem Platz aus erkennen konnte, einen Ausblick auf den Innenhof des Gerichtshofes gewährte, und umfassten die dicken eisernen Gitterstäbe, während sie mit obszönen Gesten und Worten die sich im Innenhof aufhaltenden oder vorbeistrebenden Personen wüst beschimpften.

Einer von ihnen war ein großer, dunkelhaariger Mann mit überhängendem Bauch und einem dicken Hals, der aus einem zerrissenen T-Shirt ragte. Als er Jerome bemerkte, wandte er sich von den Leuten unten auf dem Hof ab und fragte mit verächtlichem Grinsen: »Na, auch wegen ›plötzlichem Kontotod‹ hier?«, und ohne eine Antwort abzuwarten, deutete der Dicke auf den neben ihm Stehenden, einen blonden Mann schwer zu bestimmenden Alters mit übermäßig langem Oberkörper über ziemlich kurzen Beinen und einem mit roten Flecken bedeckten Gesicht, in dem sich weit auseinanderstehende Augen befanden. »Der hier ist Finanzberater und hat angeblich die Gelder seiner Kunden veruntreut. Und der hier«, dabei deutete er auf den links am Fenster knienden Gefangenen, der beim Anblick dessen, was sich im Hof abspielte, gerade in Gelächter ausbrach, »der ist von seinen eigenen Kunden wegen des Verkaufs von Börsensignalen, von denen scheinbar keines funktioniert hat, angeklagt worden. Und der andere da, der dürre Lumpenhund, hat sich wegen angeblicher Falschberatung bei einer Depoteröffnung zu verantworten.«

Jerome überlegte einen Moment, ob es sich lohnen würde, mit dem Dicken oder den anderen in der Zelle über ihre Erlebnisse zu reden. Doch was würde er dabei an Lohnenswertem oder Nützlichem erfahren können? Was einem Trader widerfahren war, war entweder allen widerfahren oder ihm allein; im dem einen Fall war es nichts Neues, im anderen unbegreiflich. Jerome nickte daher dem Dicken und den anderen am vergitterten Fenster höflich zu und begann, ohne dem, was um ihn herum vor sich ging, noch irgendwelche weitere Beachtung zu schenken, in seinem schmutzigen grauen Hemd in der Zelle auf und ab zu gehen und drehte sich jedes Mal mit einem scharfen Ruck um, wenn er bis zur Wand gekommen war. Sein ganzes Gesicht und besonders seine Augen drückten namenlose Verzweiflung aus, und er wirkte wie ein einzelner Soldat eines im Stich gelassenen Heeres, dessen Anführer einen ruhmreichen Traum hegte, von dem den in den Schützengräben versprengten Soldaten nur die unbestimmte Vorstellung von Größe geblieben war, das Bewusstsein, einem Heer von »Tradern« angehört zu haben, und das Vakuum, nicht einmal gewusst zu haben, was die Anführer, die sie nie zu Gesicht bekamen, eigentlich taten. *Seufz!*

Voller Traurigkeit zog Jerome nun aus seiner Gefängniskleidung das hervor, was ihm einzig über seine Kleidung hinaus noch an Eigentum geblieben war: sein Tagebuch; und beim nochmaligen Lesen seiner Aufzeichnungen nahm er mit jeder Seite seine »Hampelmänner« wahr, wie es sie zerriss, das Stroh aus ihnen quoll – ausgeweidet, ohne je gewesen zu sein. *Seufz!*

Jerome zog den im Buchrücken eingeklemmten Stift heraus. Und obwohl er wusste, dass das, was er nun als letzten Eintrag schriftlich bekannte, nicht mehr von Bedeutung war – denn nichts war mehr von Bedeutung –, setzte sich Jerome auf den harten, nassen Boden und notierte, was er empfand.

Nur auf diese Weise konnte er das Fieber seines Empfindens in seinen letzten Stunden senken:

> *… Abschnitt für Abschnitt lese ich nochmals langsam und hellwach alles, was ich die letzten Tage und Wochen auf diesen Seiten niedergeschrieben habe. Aber alle Seiten erscheinen mir plötzlich völlig belanglos, so als wäre es besser gewesen, ich hätte sie nie geschrieben. Doch nicht das empfinde ich als schmerzlich in diesen Augenblicken erneuten Lesens, sondern mich schmerzt, dass diese Seiten nicht der Mühe lohnten und dass die Illusion, sie täten es, die ich in der mit diesem Tun verlorenen Zeit gewonnen habe, sich nunmehr zerschlagen hat!*

Jerome stoppte, denn er verfing sich in seinen Gedanken – und jeder, der nachdenkt, kennt eben jene Augenblicke, in denen einem alles irgendwie verbraucht, alles alt und alles wie eine Art Déjà-vu-Erlebnis erscheint, obgleich man es noch nie gesehen hatte. – Seufz! Jerome schrieb weiter:

> *… mich schmerzt, dass mein Bestes vor den Charts nicht gut genug war und ein anderer Händler, wenn er denn so wäre, wie ich ihn mir erträume, Besseres zustande gebracht hätte. Alles, was ich vor den Monitoren tat, war nur die unvollkommene Kopie dessen, was ich vermeinte zu tun. Ich erreichte weder die äußere noch die innere Vollkommenheit; ich verstieß nicht nur gegen die Regeln dessen, was fachlich hätte sein müssen, sondern auch gegen die Regeln dessen, was ich für möglich hielt!*

Unzählige solcher Déjà-vus vergangener Handelstage erschienen in seinem Kopf und verblassten ebenso rasch wieder, woraufhin eine unsagbare Müdigkeit Jerome überkam. Er war müde; müde von all seinen Illusionen um sein Trading, müde von all dem, was das Trading mit sich brachte: ihren eigenen Verlust, die Nutzlosigkeit, sie zu haben, die Vormüdigkeit, sie haben zu müssen, um sie zu verlieren, dem Kummer, sie gehabt zu haben, die intellektuelle Scham, sie gehabt zu haben, wohl wissend, dass sie ein solches schmerzhaftes Ende nehmen würden.

»Ach, es gibt keine schmerzlichere Sehnsucht als die nach Dingen, die nie waren! Stimmt's?« Ein mittelgroßer, stämmiger Mann mit gutmütigem Gesichtsausdruck nahm neben Jerome Platz.

Jerome sah ihn an. Es war nicht derselbe Typ wie Jerome, er war ihm nicht einmal ähnlich, aber er leistete dennoch, wie sich zeigte, den »gleichen Dienst«: Auch er war von seiner Frau wegen des Todes des Familienvermögens angeklagt worden. Heimlich hatte er einen Kredit auf das Haus aufgenommen und dann mittels kurz laufender Optionsscheine versucht, den Finanzhelden zu spielen. Resultat? 120.000 Euro binnen drei Wochen ruiniert – eine dunkle Geschichte, ein grauenhafter Mord, für Außenstehende die Tat eines Unzurechnungsfähigen und Wahnsinnigen, eine Begegnung, vor der sich eigentlich jeder Mensch in Acht nehmen musste; ein demnach befriedigendes Zugreifen der Justiz. Und auch bei ihm vergaß man bei der Verhandlung seinen Namen, man vergaß die Einzelheiten; er war nur noch ein »Kontoverbrecher«, ein »Mörder«, ein »Wahnsinniger«, ein »Spieler« oder ein »Zocker« – die genauere Unterscheidung hatte für das Hohe Gericht an Wert verloren. Kurzum: Das Bewusstsein der Öffentlichkeit und das seiner eigenen Familie bewahrte keinen bestimmten Begriff von ihm, sondern nur die matten, weiten Felder sich vermengender allgemeiner Begriffe, die so waren wie der Blick durch ein Fernglas, das auf eine zu große Entfernung eingestellt ist und nur schemenhafte, verwaschene, milchige Helligkeit zeigt … »Ach, es gibt keine schmerzlichere Sehnsucht als die nach Dingen, die nie waren!«, wiederholte immer und immer wieder der Gefangene, der nicht aufhörte, an seinem Hemd zu zupfen und jedes Mal die Augen schloss und unwillig das Gesicht verzog, wenn die auf dem Hof Vorübergehenden den Inhaftierten Schimpfworte zuriefen.

Jerome, den Kopf tief gesenkt und die Ellbogen auf die Knie gestützt, nickte seinem Zellengenossen stumm zu und blickte mit gequältem Gesichtsausdruck hinauf zu den über ihn befindlichen Fenstern, von denen aus der einfallende Lichtkegel das Blau des Himmels erahnen ließ.

Freiheit!

Was Jerome in diesem schmerzhaften Augenblick fühlte, als er an seine eigene Vergangenheit als privater Vollzeittrader dachte und bei dem Gedanken an den Leichnam seines Tradingkontos eine Träne vergoss, war nichts im Vergleich mit der bebenden Inbrunst, mit der er die Unwirklichkeit seiner Traumgestalten vom zukünftigen Leben als Vollzeittrader beweinte, selbst jener Traumgestalten nicht, die er meinte, nur hin und wieder gesehen zu haben in seinem »Pseudoleben als erfolgreicher Familienernährer«, als sie in seiner erschauten Tradingwelt um die Monitore bogen, die er in seinem Traum hinauf- und hinunterging. Auch richtete sich Jeromes plötzlicher Schmerz nicht darauf, seine Sehnsucht, »ein erfolgreicher Trader zu sein«, nicht wieder aufleben lassen zu können, und auch nicht gegen »Gott«, den möglichen Schöpfer jener Unmöglichkeiten, sondern vielmehr schmerzte jenes urplötzliche Bewusstsein, dass seine Traumfreunde, mit denen er einst so vieles geteilt hatte in seinem Scheinleben als erfolgreich tradender Familienernährer, mit denen er so viele anregende Trades geführt hatte an imaginären Handelstagen, letztlich nie einer Sphäre angehörten, in der er wirklich hätte existieren können, unabhängig von dem Bewusstsein, das er von ihnen hatte! Jerome stand auf und schaute – allem Anschein nach letztmalig – aus einem der kleinen Fenster hinaus in den blauen Himmel. Ein frischer Luftzug von den Feldern am Ortsrand wehte in die muffige Zelle, und Jerome fragte sich leise: »Hätte ich wirklich die weitere Existenz meiner Familie auf meinem wackligen Willen und meinem wackligen Fachwissen bauen können?«

Mhm … ?!

Im Ernst, wie hat mein Trading denn ausgesehen?

Jerome war ehrlich zu sich, vielleicht erstmalig: Da waren jene zur Genüge angelesenen fachlichen sauberen Einstiege, die das geduldige Warten auf erstklassige Set-ups erforderten – die nur ein Traum von ihm gewesen waren! Da war jene fachlich saubere Stopp-Setzung mit durchdachtem Geldmanagement – die nur in ihm existiert hatte! Da war seine lediglich imaginäre Leichtigkeit beim Ertragen eines Minustrades – die es nie gegeben hatte! Da waren seine angedachten tagtäglichen Spaziergänge während eines Handelstages durch die ländliche Landschaft – zu denen er aber nie gekommen war! Aus den Tiefen seiner Erinnerung stiegen schmerzhaft weitere Träume auf: von den monatlichen Schecks, den freudigen und dankbaren Blicken Sabines, der inneren Ruhe, der vielen freien Zeit für Lilly, den vielen Urlauben und geruhsamen Abenden, an denen er im Kerzenschein in den Armen seiner Frau liegen wollte … All das war eingeprägt in Jeromes Erinnerung, wo es schmerzte, und er, der seine letzten Stunden damit verbrachte, sich zu erinnern, all dies geträumt zu haben, verspürte Sehnsucht und beweinte eine Vergangenheit, betrachtete sein wirkliches Leben, zum Tode verurteilt.

Seufz!

Wie ein Gebet stöhnte in Jerome der Gedanke, dass der Tag bitte anhalten möge. Mit hartem Griff umfasste er die rostig-braunen Gitterstäbe des Fensters und spürte abermals einen frischen, belebenden Luftzug, der von den Feldern in den Ort wehte.

FREIHEIT!

Weshalb konnte er nicht wenigstens ein »halbwegs« vorbildlicher Trader sein? Warum nur? – Warum gelang es ihm nicht, wenigstens ein kleiner Trader im Orderbuch, am Rande der fachlichen und emotionalen Genialität, zu sein? Warum nur? – Weshalb war es undenkbar, dass er, wenn auch nicht immer perfekt, aber dennoch wenigstens keine sinnlosen Trades vor seinen Monitoren startete? Warum nur? – Warum hatte es nicht funktioniert, dass er seinem Aktionismus nachgab? Warum nur? – Es schmerzte Jerome, seinen einst angedachten Traum vom erfolgreichen privaten Börsenhändler nun nicht mehr leben oder zumindest ganz zu Ende träumen zu können, und seine durch diese Unmöglichkeit hergerufene quälende Verzweiflung erzeugte nun plötzlich eine andere Form der Angst. Hätten all diese Trades und all die verbrachten Stunden zumindest einen Sinn in Gottes Augen und könnten Verwirklichung finden gemäß seinen Wünschen, in einer Art vertikalen Zeit! Gäbe es doch wenigstens ein Paradies aus alldem, wenn auch nur für ihn allein! Könnte er doch, und sei es nur ein einziges Mal, sein erträumtes Leben als erfolgreicher, die Familie ernährender Vollzeittrader leben, entspannt erwachend beim Gegacker von Hühnern und dem morgendlichen Rauschen der Meereswellen, die sanft nahe des

Hauses ankamen, in dem er sich wohnen sah, und sein ganzer Handelstag gewollt und eingerichtet, in der perfekten erforderlichen fachlichen Form. »Ach, weshalb gibt es keine Inseln für leidende Trader, keine Messen, keine Vorträge oder Bücher, die nur den Traumverlorenen vorbehalten bleiben?«, seufzte Jerome beim Blick in die Weite des blauen Himmels …

FREIHEIT!

Doch während Jerome weiterhin seinem einstigen Traum vom beständig erfolgreichen Händler nachhing, wurde dieser mit einem Mal durch ein unangenehmes Gefühl getrübt: Jerome spürte, dass ihm dieser Traum dennoch schwerfiel. Ja, schwerfiel! Und Jerome sagte das, als befände er sich tatsächlich in dieser Situation: Es fiele ihm »schwer«, die viele Freizeit auszufüllen, es fiele ihm »schwer«, keine Gedanken um den Handel zu haben, all diese Stunden, die viele Zeit vor den Monitoren, die dienstbaren Gehilfen der zahlreichen Internetforen, die vielen Analysen, mit denen er Zeit verbrachte – sie alle waren in den vergangenen Wochen feste Bestandteile seines Lebens geworden; er konnte sich all dies gar nicht so recht wegdenken, ohne die Einsicht, dass ein Teil von ihm, ob er es wollte oder nicht, bei ihnen allen zurückbliebe, dass eine Trennung von ihnen einer gewissen … ja was? … »Leere« gleichkäme. Angenommen, er sagte wirklich morgen allem »Tüfteln« und sämtlichen Gedankenschleifen Lebewohl und legte sein »Observations-und-Tüftel-Gewand« ab – was täte er dann? Was machte ihn dann noch als »Trader und Händler« aus? Hm, was? Und vor allem: Was sollte er stattdessen den ganzen Handelstag tun? Denn schließlich müsste er ja etwas anderes tun, und zwar den ganzen lieben langen Tag! Was für ein »anderes Gewand« würde er sich dann tagsüber zulegen?

Denn er müsste sich doch wohl ein anderes zulegen? Oder nicht? Kurzum: Ohne sich dessen so recht bewusst zu sein, rührte Jerome, gefangen in dieser dreckigen, kahlen Zelle, mit seiner Empfindung wohl an den wahrsten, geheimsten Kern des »erfolgreichen Börsenhandels«:

Indem man sich einmal mehr fragte, weshalb man sich statt der oftmals »plan- und würdelosen Träumereien«, die einen Großteil der geistigen Substanz eines Lebens als Tradinganfänger ausmachten, zu selten vorgestellt habe, man sei für immer »frei«: »frei« von all dem Getüftel, »frei« von dem Drang, mehr und mehr zu lesen, »frei«, sich stets von dritter Seite die vorgefasste eigene Meinung zu den Charts bestätigen zu lassen, »frei« von den morgendlichen Gedanken, die jene des Vorabends wieder infrage stellten, »frei« von dem Mangel, Folgetrades durchzusetzen, »frei« von dem Gedanken, dass ein fachlich sauberer Minustrade im Gegensatz zum klassischen Fehltrade etwas grundsätzlich Falsches sei. Seufzend blätterte Jerome auf eine neue Seite seines Tagebuchs …

> *… wie lange habe ich als Trader gelebt, ohne gelebt zu haben! Wie viel habe ich gedacht, ohne gedacht zu haben! Auf mir lasten ganze Welten richtungslosen, statischen Ungetüms und sinnlos durchlebter Chartabenteuer.*

Jerome schloss das Tagebuch und widmete sich jenem Gefangenen, der auf der rechten Fensterseite kniete, ein hagerer, durch offensichtlich bereits lange Haft erbärmlich aussehender Mann. Nur mit einem schmutzigen Hemd und einer zerrissenen Hose bekleidet, schwieg dieser die ganze Zeit, lächelte allerdings unaufhörlich beifällig und sanft über das, was er vor sich gehen sah. Jerome kam mit ihm ins Gespräch und erfuhr, dass er der Letzte seiner Gruppe war, die, ebenso wie Jerome, wegen des Todes des Handelskontos angeklagt worden war, und dass sich die Verhandlung bereits über mehrere Tage hinzog.

»Sag … was wurde aus den anderen?«, wollte Jerome wissen.

Der Mann senkte die Augen und bekreuzigte sich mehrmals.

O Gott!

Unfähig, noch ein Wort hervorzubringen, bemühte Jerome sich, das seine Brust erschütternde Schluchzen zu unterdrücken. – Das würde Sabine doch nicht ernsthaft durchziehen!

Doch, sie würde! – Denn mit dem nächsten Heben seines Kopfes schallte ein greller Pfiff der Oberaufseherin durch die Korridore. »Die Verhandlung geht weiter!« Jerome wurde von der kalten Hand des Grauens gepackt.

Eine Aufseherin schloss die Tür auf. Die meisten Gefangenen interessierte offenbar gar nicht, wer zu ihnen in die Zelle blickte, denn etwas Gutes war ohnehin von niemandem zu erwarten. »Die Gefangenen Nummer 12, 23, 45 … Raustreten! Aber dalli!« Kurz darauf wurde die eisenbeschlagene Zellentür mit einem lauten Quietschen wieder geschlossen, und das übliche Schlurfen von teils nackten, teils mit Pantoffeln bekleideten Füßen und Kettenrasseln war zu hören – weitere zehn Minuten später saß Jerome erneut auf der Anklagebank.

*

Zugleich mit den Gerichtsdienern erschienen auch die Staatsanwältin und die beisitzenden Richter. Sie stiegen die Stufen zum Podium hinauf, und in ihren schwarzen Roben erweckten sie einen außerordentlich Respekt einflößenden Eindruck. Sie fühlten das auch selbst und beeilten sich alle, gleichsam stolz auf ihre Erhabenheit, mit gesenkten Augen auf ihren Sesseln Platz zu nehmen. Als Letztes betrat Sabine in der Rolle der Richterin den Saal. Sie ging, ihre Haare sauber unter der Perücke zurechtgelegt und unter den einen Arm eine dicke Aktenmappe geklemmt, schnell an ihren Platz, und während ihre Kollegen, umgeben von Schreibpapier und frisch angespitzten Bleistiften verschiedener Länge und Dicke, sich sofort in die Akten vertieften, um jeden Augenblick zur Vorbereitung für die Verhandlung zu nutzen, tippte Sabine mit einem Bleistift gelangweilt auf die Tischkante und wartete ungeduldig, dass Ruhe im Saal einkehrte. Als dies in ausreichendem Maß erreicht war, stand die Richterin auf und verkündete:

»Die Verhandlung gegen Jerome Decker und die beiden anderen Zocker und Versager wird nun fortgesetzt! Damit keine weiteren Peinlichkeiten wie heute Morgen entstehen können, beginnen wir zunächst mit der Erhebung der Personendaten!« Sie wandte sich dem ersten Angeklagten zu: »Jerome, erheben Sie sich!« Jeromes Gesicht wurde glühend rot. Ohne zu wissen, wohin er sich wenden sollte, völlig ratlos und außer sich, ließ er seinen Kopf ganz zwischen die Schultern sinken und starrte fassungslos auf den Boden. Wie ein kurzer Schauer durchrieselte ihn wieder jene ohnmächtige, peinigende Wut: Er hatte doch nur das Richtige für seine Familie und sich tun und die Balance zwischen dem Trading einerseits und allem anderen in seinem Leben andererseits finden wollen. Irgendwie hatte er schon zu Beginn des tagtäglichen Tradings geahnt, dass das, was er »Trading« nannte, genau wie sein Lebenswandel irgendwann auf den Tisch kommen würde.

Er hatte damals schon, wenn auch nur unscharf, empfunden, dass sein Wille, »Geld zu verdienen«, und seine Tradingbegierde seinem »richtigen« Leben im Weg standen. Was ihn hier und jetzt jedoch gerade völlig aus der Bahn warf, war die Tatsache, dass er nun von jemandem angeklagt wurde, den er liebte und von dem er geglaubt hatte, dass dieser ihn genauso zurückliebe nämlich von seiner eigenen Frau –, und er genau wusste, dass er auf die nun anstehenden Fragen des Gerichts keine befriedigenden Antworten geben konnte.

Seufz!

Als Jerome seinen Blick wieder erhob, hatte sich der Ausdruck in Sabines Gesicht verändert. Jerome sah, wie es sich in einen kaum merklichen grausamen Spott verzerrt hatte, wie ihre Augen sich wieder mit jenem unheimlichen Zittern fest und forschend auf ihn richteten, wie bereits während der ersten Hälfte der Gerichtsverhandlung: »*AUFSTEHEN!*«, brüllte sie ihn an. Jerome sprang nervös auf die Füße und begann lautlos die Backenmuskeln zu bewegen.

»*Name?*«

»*Alter?*«

Jerome wurde von seiner Frau befragt, was ihn glauben machen ließ, in eine Maschinerie geraten zu sein, die ihn in unpersönliche, allgemeine Bestandteile zergliederte, noch ehe von seiner Schuld oder Unschuld auch nur die Rede war. Sein Name, »Jerome Decker«, diese zwei vorstellungsärmsten, indes gefühlsreichsten Worte sagten seiner Frau in Gestalt der Richterin plötzlich gar nichts mehr. Ebenso wenig wie sein Gesicht, das nicht mehr als ein Teil der Personendaten zu sein schien: Seine Haare waren »schwarz«, seine Gestalt »groß«, und besondere Kennzeichen hatte er »keine«, obgleich Jerome selbst eine andere Meinung davon besaß. Nach seinem Gefühl war er groß, seine Schultern waren breit, sein Brustkorb saß wie ein gewölbtes Segel am Mast, sobald er sich beispielsweise über einen Nachbarn ärgerte, sich stritt oder Sabine sich an ihn schmiegte; sobald er jedoch von einem Chart ergriffen wurde oder ihn das Ereignis einer Minusposition berührte, deren spontanes »In-die-Welt-Treten« er niemals ganz begreifen konnte, war er hingegen schmal, zart und weich wie ein im Wind schwebendes Blatt.

»*Wo geboren? …*«

»*In? …*«

»*Ihr Geburtsjahr?*«

»*Welchen Glaubens?*«

»Keines Glau…« Jerome unterbrach sich und korrigierte: »Ich bin *rechtgläubig*!«, meinte er, woraufhin auf der Richterbank nur gelangweiltes Achselzucken folgte und die Richterin ihre Befragung fortsetzte: »*Familienstand?*«

Jerome stockte. Er blickte behutsam um sich und richtete die Augen wieder auf Sabine, in Form der zornigen Richterin. »Wie Familienstand? – Sabine … Biene … das weißt du doch selbst?!«, stotterte er, und es lag etwas derart Ergreifendes in seinem Gesichtsausdruck, eine so furchtbar mitleiderregende Bedeutung in seinen Worten, in seinem Lächeln, seinem Blick, den er dabei in Richtung der Richterbank warf, dass die Richterin für einen Moment die Augen senkte und im Saal für einige Augenblicke Raunen auftrat.

»Also verheiratet!«

Boah!

Na endlich! – Jetzt erkennt sie mich wieder!

ENDLICH!

Aber Jerome irrte. Ohne auf diesen Zwischenfall näher einzugehen, befragte ihn die Richterin gefühllos weiter zu seiner Person. »Wo wohnen Sie?«

»Wo ich wohne?«

»Ja, Ihre Anschrift!«

Jerome stellte sich vor, welche Wirkung es haben würde, wenn er jetzt, wo er als ehemaliger privater Vollzeittrader nach seiner Anschrift gefragt, antworten wollte: »Meine Anschrift ist die einer mir fremden Person?« Tatsächlich aber gab er brav Straße und Hausnummer an und versuchte gedanklich bereits, eine entschuldigende Darstellung seines Verhaltens zu erfinden.

»Womit sind Sie beschäftigt?«

Schluck!

»Welcher Beschäftigung Sie nachgehen?«, wiederholte die Vorsitzende streng ihre Frage.

Als Jerome, so nach seinem Beruf gefragt, vorerst schlicht »selbstständig« angab – privater Vollzeittrader brachte er nicht über die Lippen –, hatte er einen Blick auf sich ruhen gefühlt, der nicht schlimmer hätte sein können, wenn er »arbeitslos und obdachlos« geantwortet hätte.

»Sind Sie vorbestraft?«

»Nein, niemals, denn ich habe …«

»Also *nicht* vorbestraft!«, kürzte die Richterin ab.

»Nein, Gott behüte.«

»Haben Sie sich anderweitig schon einmal vor Gericht verantworten müssen?«

»Nein, noch nie.«

»Haben Sie eine Kopie der Anklageschrift bekommen?« »Nein.« Die Richterin hob den Kopf und schaute mit gespieltem Mitleid auf Jerome herab. »Ach, was soll's, auch egal«, entschied sie, den Angeklagten ohnehin bereits vor ihrem inneren Auge am Galgen baumeln sehend.

»Setzen!«

Jerome, ohnmächtig gegen den Hochmut seiner Frau, blieb wie versteinert stehen.

»SETZEN!« Die Vorsitzende legte das Aktenstück, welches sie in der Hand hielt, beiseite, womit sie offenbar zu verstehen gab, dass sie den Punkt »Erhebung der Personendaten« als erledigt betrachtete.

Jerome rührte sich nicht. »Sabine …«

»SETZEN!«

Doch Jerome stand immer noch da und setzte sich erst, als eine der Aufseherinnen mit zur Seite geneigtem Kopf und weit aufgerissenen Augen auf ihn zugestürzt kam und ihn entgeistert anzischte: »Hinsetzen, *sofort!*«

TOCK!! – Ein gewaltiger Hammerschlag ließ den Gerichtssaal erzittern, woraufhin sich die Staatsanwältin erhob. Es war heute erst ihr zweites Auftreten als Anklägerin, und da sie sehr ehrgeizig und fest entschlossen war, Karriere zu machen, hielt sie es für notwendig, in diesem Prozess eine Verurteilung der Beschuldigten zu erreichen. Sie wandte sich daher an den Saal, mit einer Miene, die augenscheinlich besagen sollte: Jetzt werden wir alles gleich ganz genau erfahren. »Lesung der Anklageschrift!« Die Staatsanwältin hatte ihre Brille aufgesetzt, und Jeromes bis dahin in Bewegung befindliche Backenmuskeln begannen sich zu verkrampfen. »Jerome Decker, Sie sind angeklagt, das Tradingkonto in kürzester Zeit grausam getötet und damit bewusst und mutwillig die Zukunft Ihrer Familie aufs Spiel gesetzt und in direktem Zusammenhang damit den guten Ruf Ihrer Familie geschädigt zu haben!« Sie blätterte in den Akten. »Die Anklageschrift hat im Weiteren den folgenden Wortlaut:

Fast auf den Tag genau vor einer Woche verstarb Jerome Deckers Tradingkonto. Der Gutachter stellte bei der routinemäßigen Leichenschau als Todesursache unvernünftiges Trading infolge übermäßiger begeisterter Naivität vor den Monitoren fest.
Aufgrund dieses ersten Befundes wurde die Kontoleiche an die zuständige gerichtsmedizinische Stelle überführt und dort eingehend untersucht. Der Befund ist den Akten beigefügt und wird hier nur in Auszügen und nur so weit wiedergegeben, wie es der Wahrheitsfindung dienlich ist. Der gerichtsmedizinische Befund bei der Obduktion der Kontoleiche ergab, dass diese große Mengen viel zu hoher und damit für einen Metabolismus dieser Größenordnung giftiger Positionsgrößen enthielt. Des Weiteren wurden in den Muskeln Ablagerungen festgestellt, wie sie typisch sind für in kurzer Zeitabfolge aufgetretene starke Dosen von Spieltrieb und Aktionismus. Der vorgefundene und für das jugendliche Alter der Leiche extrem hohe Abnutzungsgrad sämtlicher Fingernägel lässt auf so gut wie ständige Konfrontationen mit Frustrationsereignissen schließen, wie sie aus unserer Erfahrung fast immer mangelnder Stopp-Versetzung zugeordnet werden können. Dies erklärt gleichzeitig die festgestellte und aufgrund der sonstigen Erscheinung des Opfers sonst nicht erklärbare Hypertrophie des Herzmuskels in Verbindung mit einem erhöhten Blutzuckerspiegel bei gleichzeitig vermindertem Kalium- und Magnesiumspiegel. Von den aufgeführten Symptomen ist bekannt, dass sie erhöhten Speichelfluss, Schwitzen bei gleichzeitigem Kältegefühl in den Extremitäten, Übelkeit, Erbrechen, Schwindel und Kopfschmerz bei gleichzeitigem Empfinden gesteigerter Ruhelosigkeit und Nervosität bis zu anhaltenden Angstzuständen, Halluzinationen und Krämpfen bis hin zu ausgewachsenen Psychosen bewirken können.
Aus dem Genannten lässt sich also mit Sicherheit schließen, dass dieses Konto durch wiederholte äußere Einwirkung und in geradezu sadistisch anmutender Absicht vergiftet wurde und daran auf qualvollste Art und Weise zugrunde gegangen ist. Die Verdachtsgründe des heimtückischen und qualvollen Mordes finden ferner Bestätigung durch eine in diesem Zusammenhang eingeleitete Voruntersuchung, bei der Folgendes ermittelt wurde:
Erstens: Obwohl bei der zur Sicherstellung seiner Haben-Seite erfolgten Bestandsaufnahme von seiner Familie belegt werden konnte, dass nur 35.000 Euro für das Tradingkonto vereinbart worden waren, hat der Angeklagte noch kurz vor dem Ableben seines Kontos wider besseren Wissens aus Fondsvermögen knapp 40.000 Euro aufgelöst und dem Tradingkonto zugeführt. Der zugehörige Beleg wird vorgelegt als Beweisstück A.

Die Staatsanwältin hielt das Fondsanschreiben, in welchem der Verkauf der Familienersparnisse bestätigt wurde, für alle sichtbar in die Höhe. Jerome zuckte zusammen, feuerrot, und wollte aufstehen, um sein Verhalten zu rechtfertigen, doch eine der Aufseherinnen hielt ihn mittels eines kräftigen Drucks auf die Schulter zurück.

Zweitens: Dem Angeklagten wird vorgeworfen, sich vor seiner ihm wohlbekannten Verantwortlichkeit als Ehemann und Familienvater gedrückt zu haben, denn statt bei Hausarbeit und Kindererziehung unterstützend tätig zu sein, verbrachte der Angeklagte die letzten Wochen und nahezu die gesamten Abende vor dem Kontotod in seinem Arbeitszimmer. Dies bewirkte außerdem, dass er seiner Ehefrau durch seine permanente Abwesenheit die ihr zustehenden ehelichen Rechte vorenthielt und damit das Eheleben zusätzlich unnötig belastete. Als Alibi gab er an, er müsse Geld erhandeln, um die Familie zu ernähren. Dem Kontostand nach erwies sich dies demzufolge als niederträchtige Schutzbehauptung. Als die Ehefrau mehrfach nach dem Stand des Tradingkontos fragte, wurde sie von dem Angeklagten lediglich beschwichtigt und einmal sogar mittels Falschaussage in die Irre geführt, ohne dass sich der Angeklagte um Leid und Leben der Familie gekümmert hätte. Als Beweisstück B legen wir die Kontoauszüge über die von dem Angeklagten zur Tarnung des Siechtums seines Tradingkontos von seinem privaten Konto zusätzlich eingezahlten Gelder vor.

Die Staatsanwältin präsentierte nun dem Gericht und dem Publikum die Kontoauszüge von Jeromes privatem Bankkonto. Jerome verzog schmerzlich sein Gesicht und versuchte, Sabines Blick zu erheischen, während die Staatsanwältin nun einen gehefteten Stapel Blätter in die Hand nahm.

Drittens: Als weiteres Beweisstück liegen seitenweise Brokeraussagen vor, aus denen der Handelsstil des Angeklagten klar hervorgeht: Der Angeklagte bezeichnete seine Vorgehensweise als fachliche Arbeit, der Broker hingegen als Zockerei und Dilettantismus. Aber nicht nur das; die gedankliche Trägheit des Angeklagten ließ ihn glauben, beides für ein und dasselbe halten zu können, während sein Trading vielmehr – insofern man es überhaupt als Traden bezeichnen sollte – laut Kontoauszügen eher einer Fliegenklatsche glich, die niemals traf!

An dieser Stelle zuckte Jerome erneut zusammen und blickte zu Boden, während er betreten seine Hände knetete. Die Staatsanwältin las indes weiter:

Viertens: Es liegen mehrere Gutachten von Fachbuchautoren vor, deren Werke der Angeklagte vorgab, gelesen zu haben, die beweisen, dass bei den Trades des Angeklagten keinerlei fachliche Hinweise und Vorgaben der besagten Werke Beachtung fanden. Diese fachliche Zusammenhangsschwäche und die damit verbundene Lieblosigkeit seines Denkens vor und während eines Trades beweisen also, dass der Angeklagte mutwillig und vorsätzlich den Tod des Kontos herbeigeführt hat. Dem Angeklagten ging es einzig darum, seine Zeit zu vertreiben und sich zu unterhalten – denn nichts ist so unterhaltsam wie die Beschäftigung mit Dingen, die, bei genauer Betrachtung, keinen Zweck verfolgen, dennoch aber bei anderen den Anschein von Wissenschaftlichkeit oder Emsigkeit erwecken.

Es folgten ferner Angaben über stattgefundene Konfrontationen, Zusammenfassungen der vorhandenen Zeugenaussagen sowie die verschriftlichten Ausarbeitungen und Meinungen der Sachverständigen, bevor die Anklageschrift zum Schluss kam:

> *In Anbetracht aller angeführten Umstände hat sich der aus dieser Gemeinde stammende Jerome Decker dafür zu verantworten, dass er entgegen der vorherigen Verabredung sein Tradingkonto mit einem weit höheren Betrag als dem ursprünglich vereinbarten ausgestattet und in der Folge dieses, unter anderem seiner Ehefrau gehörende Geld verspielt hat, wobei er den Tod seines Tradingkontos mindestens billigend in Kauf genommen, der Aktenlage nach jedoch sogar absichtlich herbeigeführt und damit seine Familie wesentlicher Teile ihres Vermögens mutwillig beraubt hat!*

Während der kurzen Pause, welche die Staatsanwältin machte, bevor sie fortfuhr, zuckten in Sekundenbruchteilen Trauer, Zorn und Angst, Liebe und Hass, Begierde und Überdruss blitzartig und wie ein gewaltiger Stromstoß durch Jerome. Er verstand nicht, weshalb die Staatsanwältin in der Anklageschrift so oft und so betont die Begriffe *Tod des Tradingkontos* und mutwillig benutzt hatte, kam aber auch nicht dazu, weiter darüber nachzudenken, da sie im Folgenden noch einmal ausdrücklich auf die anderen Jerome zur Last gelegten Punkte zu sprechen kam: die – nach ihrer Auffassung – unzureichende Teilnahme am Eheleben, die massive Vernachlässigung von Haushaltspflichten und die ständige geistige Abwesenheit. Nachdem die Staatsanwältin die Verlesung der umfangreichen Anklageschrift beendet hatte, legte sie die Aktenbogen zusammen, strich mit beiden Händen ihr Haar zurecht und kam endlich zur Beantragung des Strafmaßes: »Die angeführten Handlungen fallen nach Auffassung der Staatsanwaltschaft eindeutig unter die in § 989, Absätze 4 und 5 des Strafgesetzbuchs definierten Straftaten. Der Angeklagte Jerome Decker ist unter Anwendung von § 676 der Strafprozessordnung der schärfsten Aburteilung des Gerichts zu unterziehen!« Die Staatsanwältin wandte sich zur Richterin. »Hohes Gericht, hiermit beantrage ich die Verhängung der *Todesstrafe*!«

Die Verlesung der Anklageschrift war damit beendet, und während die Staatsanwältin sich gesetzt hatte und damit begann, ihre Akte zu sortieren, übernahm wieder die Richterin: »Angeklagter, erheben Sie sich!« Jerome stand auf. Durch den Saal ging ein erwartungsvolles Raunen – in dem angenehmen Gefühl, dass nun bald alles aufgeklärt und der Gerechtigkeit Genüge getan sein würde. Einzig Jerome teilte dieses Gefühl nicht; er war starr vor Entsetzen über das, was ihm von seiner Frau alles zur Last gelegt wurde, seiner Frau, die er vor zehn Jahren als reizendes, unschuldiges Mädchen kennengelernt hatte.

»Aufgrund der Schwere des Ihnen vorgeworfenen Verbrechens hat die Staatsanwaltschaft die Verhängung der Todesstrafe beantragt! Bekennen Sie sich schuldig?«, fragte die Richterin nun mit gelangweiltem Unterton.

TOCK!

Jerome schrak auf, als der Hammer erklang: »Bekennen Sie sich schuldig?

JA oder NEIN?!«

In diesem Moment erlosch in ihm der letzte verbliebene Funke des Glaubens an Gerechtigkeit. Dass man die Wahrheit so einfach mit dem Fuß austreten konnte wie ein brennendes Zündholz, das wollte er nicht begreifen. Eisig zog es sich in ihm zusammen, alles wurde spitz und ungefasst! Doch mit einem Mal begriff er, dass er nur durch äußerste Klugheit seiner Misere würde entkommen können, in die er durch sein verfluchtes, emotional geladenes Trading geraten war. – Wie jedoch stellte man das an? Denn die innere Autorität seines Geistes war in einer äußerst peinlichen Weise nahezu ohnmächtig gegenüber der strengen Autorität, die der Staatsanwältin und der Richterin zu eigen war.

»Dürfen wir heute noch mit einer Antwort rechnen?«, hakte die Richterin nach und setzte hinzu: »Ich warne Sie: Vor diesem Gericht hat noch keinem Nichtsnutz ein Spiel auf Zeit genutzt. Rechnen Sie lieber mit dem Gegenteil!« Die Zuschauer quittierten das auf Jeromes Kosten gehende Wortspiel mit deutlicher Belustigung, indessen Jerome sich mit seinem schwachen Körper leicht nach vorn neigte und lautlos die Backenmuskeln bewegte.

»Das alles war doch ganz anders …«

»Das können Sie später vorbringen! Bekennen Sie sich schuldig, das Konto umgebracht und damit Ihre Familie in den Ruin gestürzt zu haben?« »Ja, aber … so einfach kann man das doch nicht …« »Darüber reden wir später! Bekennen Sie sich schuldig?«, wiederholte die Staatsanwältin in ruhigem, festem Ton.

»Wie kann ich was zugeben, was ich …«

Die Richterin gab der immer noch hinter den Angeklagten stehenden Aufseherin ein Zeichen, woraufhin diese einen Schritt auf Jerome zutat und ihn wütend anzischte: »Nur die Frage beantworten, verstanden!« »*Ähm* … also …«, Jeromes Stimme klang matt und zaghaft, wie die eines Menschen, der nichts erwartet, weil es vollkommen nutzlos ist, etwas zu erwarten.

»*JA oder NEIN?!*«, rief die Staatsanwältin und wandte sich mit einem hilflosen Blick an die Richterin, welche sofort übernahm: »Angeklagter, wie lautet Ihr Bekenntnis?« – *TOCK!!* »Ich warne Sie: Falls Sie auf nicht schuldig plädieren und für schuldig befunden werden, klagen wir Sie zusätzlich an, und Ihre Todesstrafe wird dementsprechend verschärft!«

Hallo, geht's noch?! Was konnte die Todesstrafe wohl noch verschärfen?

Jerome war nun vollkommen irritiert, merkte aber sehr wohl, dass er durch eine Verstocktheit mutwillig weitere böse Auseinandersetzungen heraufbeschwor.

Doch eingeschüchtert durch die Strenge der Anklage, brachte er nun erst recht kein Wort heraus und betrachtete sich als erledigt, als bereits jetzt toter Mann. Kurzum: Er würde in den kommenden Minuten seine Familie, sein Haus, sein Leben und – was noch viel schlimmer war für einen Mann – seine Ehre verlieren. Und alles nur wegen dieses Börsenhandels! Er atmete tief ein. Seine Gedanken rasten.

Wenn du in der Klemme steckst, dann beruhige dich erst mal!
Stell dir die Situation vor, in der du jetzt lieber wärest …!
Dann überlege dir, wie du sie erreichst!

Jerome versuchte, sich kurz zu entspannen, und dachte nach: Wo war er? Im Gerichtssaal. Umzingelt. Eingekeilt. Angeklagt. Wo wäre er lieber? Am besten am sonnigen Strand, umgeben von Palmen. Was musste er tun, um dorthin zu kommen?

Fliehen. Sich bewegen. Laufen. Mhm … mit Fußfesseln?!

Scheiße!

Also, Plan B!

Ich muss mich also verteidigen und die Kläger von meiner Unschuld überzeugen.

Genau!

»Nicht schuldig«, plädierte Jerome, während er bereits nach einem Ausweg und vor allem fieberhaft nach einer griffigen – der griffigsten – Begründung suchte.

»Nicht schuldig. Aha! Sehr witzig. Hohes Gericht, wenn Sie erlauben …?« Die Staatsanwältin blätterte in den Akten und verwies nochmals auf die Beweisstücke:

»Hier haben wir eine Aussage Ihres Brokers, belegt mit Aufzeichnungen über Ihre Trades, aus denen eindeutig hervorgeht, dass Sie in den letzten Monaten Ihr Konto täglich so drangsaliert haben, dass es schließlich trotz weiterer Einzahlungen verstarb. Aus diesen Aufzeichnungen geht weiterhin in aller Deutlichkeit Ihr Handel mit ständig überhöhten Kontraktanzahlen hervor. Nachdem Sie angegeben haben, Ihren Handel an den Vorgaben der von Ihnen gelesenen Fachbücher ausgerichtet zu haben, haben wir Ihre Trades mit den Hinweisen in diesen Fachbüchern vergleichen lassen. Dieser Vergleich belegt eindeutig, dass die von Ihnen verwendeten Ein- und Ausstiegslogiken mit jenen aus den Fachbüchern nicht wirklich etwas gemein haben. Und«, die Staatsanwältin klopfte mehrfach auf die Akte, »die Orderzeiten überführen Sie eindeutig des Abendhandels, womit die Vernachlässigung des Familienlebens bewiesen ist. Ihre Frau war außerdem so freundlich, uns eine Auflistung der von Ihnen während der Dauer Ihrer ›Traderkarriere‹ durchgeführten Hausarbeiten zukommen zu lassen, aus der glasklar hervorgeht, dass Sie, obwohl Sie den ganzen Tag Zeit dazu gehabt hätten, so gut wie keinerlei häusliche Aufgaben mehr übernommen haben. Ebenso liegen uns die Aussagen Ihrer Freunde beziehungsweise Ihrer Familie vor, welche recht eindeutig Ihr Desinteresse an gemeinsam verbrachter Freizeit belegen: Kinobesuche? Gemeinsame Abendessen? Sportliche Aktivitäten? Alles Fehlanzeige! …« Und auf die Frage, warum er getan habe, was er getan hatte, erwiderte Jerome stotternd und abgehackt, die Börse hätte ihn so sehr im Würgegriff gehabt, dass er immer etwas anderes getan habe als das, worauf es ihm wirklich angekommen sei. »Angeklagter! Mehr haben Sie nicht zu sagen?« Die Staatsanwältin lachte auf und vollführte mit ihrer Rechten die Geste des Halsabschneidens. »Na, umso schneller werden Sie Ihrer gerechten Strafe zugeführt!«

Stille.

Hatten Jeromes Gesichtszüge bis eben noch Niedergeschlagenheit verhüllt, so packte ihn nun die pure Angst. Unfähig, noch ein Wort hervorzubringen, trat er einen halben Schritt zurück und bemühte sich, ein aufkommendes Schluchzen zu unterdrücken. Er sah sich in dem großen Gerichtssaal verzweifelt um – fiel ihm noch irgendetwas zu seiner Verteidigung ein? Nein – er konnte nichts entdecken.

»Also gut! Angeklagter, haben Sie noch etwas gegen die an Sie gerichteten Vorwürfe einzuwenden?« Völlig verängstigt kramte Jerome in seinen Erinnerungen, stieß allerdings nur auf ein paar Abrisse, Fragmente vergangener Trades – sicher zu wenig, um sich hier überzeugend zu entlasten..

»Nichts mehr? Gut. Ganz so, wie zu erwarten war! Angeklagter, setzen Sie sich!« Die Staatsanwältin rief nun Sabine in den Zeugenstand, woraufhin sich ein lautstarkes Getuschel breitmachte, welches durch ein mehrfaches *Tock! … Tock! … Tock! …* jäh beendet wurde. Sabine nahm ihre Richterperücke ab, stieg die Stufen hinab und betrat den Zeugenstand. »Erheben Sie die rechte Hand«, sagte der Gerichtsdiener langsam mit greisenhafter Stimme. »Und nun wiederholen Sie, was ich Ihnen vorsprechen werde«, fuhr er fort und begann, nach jedem Satz eine Pause einlegend, die Eidesformel zu sprechen: »Ich gelobe und schwöre bei Gott, dass ich in dem Prozess nur die Wahrheit …« Sabine hielt die Hand anscheinend mit besonderer Genugtuung übertrieben hoch, und nachdem der Gerichtsdiener, überzeugt davon, eine höchst wichtige und nützliche Aufgabe erfüllt zu haben, den Gerichtsstand verlassen hatte, neigte Sabine den Kopf zur Seite und wandte sich, nachdem sie ihr blondes Haar zurechtgestrichen hatte, an die Staatsanwältin und stellte sich der Befragung.

»Bitte erklären Sie den hier Anwesenden, wie Ihr bisheriges Leben finanziert wurde.« Geduldig schilderte Sabine, dass es neben ihrem eigenen Gehalt Jeromes Arbeit von einst war, die all die Rechnungen der Familie bezahlt, ihnen die schönen Ferien und das kuschelige Haus ermöglicht hatte, ganz zu schweigen von den sonstigen Annehmlichkeiten, die es mit sich brachte, wenn man einen gut bezahlten Job hatte. Sabine sprach hastig und fügte am Ende ihrer Aussage noch ungefragt ironisch hinzu: »Der menschliche Geist ist das wendigste und fähigste Werkzeug, das bislang erfunden wurde!

Doch der menschliche Geist hat sich, wie alle Merkmale des Menschen, in Wechselwirkung mit seiner Umgebung gemäß dem Prinzip der natürlichen Selektion entwickelt. Daher haben wir ein großes Gehirn und einen hochkomplexen Geist aus genau demselben Grund, aus dem unsere Daumen den vier Fingern gegenüberstehen: weil das besonders nützlich ist! – Und was macht er?!«, zischte sie, dabei auf Jerome deutend. »Statt ebenjenen Geist auch einzusetzen, verzockt und verspielt er ohne zu überlegen unser ganzes Geld!« »Ich danke Ihnen zunächst«, unterbrach die Staatsanwältin die Zeugin, die durch die Anklage das erste Mal die Möglichkeit hatte, ihrem Herzen Luft zu machen und ihrem Zorn freien Lauf zu lassen. Die Staatsanwältin fasste die Vorwürfe kurz zusammen: Jeromes neues Hobby, als nichts anderes erachtete sie dies, halte den Angeklagten von der Familie fern und schaffe nichts als Ärger, beraube die Familie nicht nur ihres Geldes, sondern strafe sie überdies mit teuflischer Nichtbeachtung. Darüber hinaus liefe Jerome bei jeder weiteren Erwähnung seiner angeblichen Unschuld Gefahr, mit den eindeutigen Zahlen der Kontoauszüge konfrontiert zu werden.

»Richtig, Frau Decker?«

»Richtig!«

Die Staatsanwältin fuhr mit der Befragung fort: »Wie lief denn so ein klassischer Familientag bei Ihnen ab?« Sabine zögerte, indes nicht, weil es so wenig, sondern vermutlich aus dem Grund, weil es so viel zu berichten gab, sodass diese Frage unter ihrem eigenen Gewicht ächzte. »Nun, der morgendliche Ablauf war stets gleich: Erst holte ich beim Bäcker um die Ecke ofenfrische Semmeln, dann kochte ich Kaffee und deckte den Tisch. Während mein Mann … äh, ich meine der Angeklagte, sich ankleidete, kümmerte ich mich, wie sonst auch, um unsere gemeinsame Tochter Lilly. Der Angeklagte war dann – wie übrigens auch zu allen anderen Tageszeiten – bereits so mit seinen Märkten und seinen Trades beschäftigt, dass er kaum aufblickte, wenn man ihm sein Essen hinstellte, und in der Regel schweigend frühstückte. Wenn er wirklich mal was sagte, war das meistens nur so ein Gemurmel über irgendwelche ›Trendlinien und Indikatoren‹ oder irgendwelche ›wichtige bevorstehende Nachrichten‹.« Mit jedem Wort wurde Sabines Tonfall ärgerlicher »Ständig hatte er irgendwelche Ausreden! Es war von nichts anderem mehr die Rede als der Zeit vor den Charts!« Sabine unterbrach sich selbst, erhob sich, ging zum Fenster, blickte hinaus und blieb dort lange unbewegt stehen. An ihrem Rücken bemerkte Jerome ein leichtes, zitterndes Schwanken. Mit einem Mal wandte sie sich entschlossen um, ihre Hände, bisher ruhig und unbeteiligt, machten plötzlich eine heftige Bewegung, als wollten sie etwas zerreißen. Dann sah sie ihn hart, beinahe kühn an und begann wieder mit einem Ruck: »Das ging sogar so weit, dass er tatsächlich einmal vergessen hat, Lilly vom Kindergarten abzuholen!« Von allen Beispielen, die Sabine hätte wählen können, war ausgerechnet dieses am ehesten geeignet, Jerome die Schamesröte ins Gesicht zu treiben. »Abends ist er oft gar nicht mehr aus seinem Arbeitszimmer gekommen. Lilly und ich mussten alleine zu Abend essen. Selbst die Gute-Nacht-Geschichte ist an mir hängen geblieben.

Nicht, dass ich meiner Tochter nicht gerne vorlese, aber Lilly will ihren Vater doch auch mal zu Gesicht bekommen!« »Das stimmte Sie sicherlich ärgerlich?« Die Staatsanwältin schaute erst mitfühlend auf die Zeugin und dann herablassend auf den Angeklagten. »Ja, natürlich. Es war von nichts anderem mehr die Rede als von diesem scheiß Trading; allmählich nervte mich das!« Zum ersten Mal wandte Sabine ihren Blick direkt an Jerome. »Mit anderen Tradern chattete er stundenlang! Bei mir reichte es nur für ein ›Guten Morgen‹ und ein › Gute Nacht‹. Und fragte man ihn nach seinem Tag, so antwortete er oft ungeschickt und war völlig genervt, wurde hart und ungerecht. Man solle ihn nicht immer mit Fragen belästigen. Und außerdem habe er jetzt Kopfschmerzen und brauche seine Ruhe. – Ja, Sie haben ganz recht gehört! Letzte Woche hat er nicht einmal Mittag gemacht, und letzten Freitag …«, Sabine war jetzt richtig außer sich und wandte sich wieder der Staatsanwältin zu, »da ist er bis zehn Uhr abends vor dem Rechner geblieben und hat die Märkte studiert. Herrgott, es war Freitag! Das ist doch der Übergang ins Wochenende, aber nein, mein Mann … äh, der Angeklagte … saß vor dem Rechner, wartete, bis das Essen auf dem Tisch stand, hockte dann einfach nur da und las in irgendwelchen Internetausdrucken und verschwand dann wieder in seinem Arbeitszimmer.« Wütend strich sie sich eine Haarsträhne von der Schulter »Für so vieles habe ich in unserer Ehe Verständnis aufgebracht: die früheren Stammtischabende zum Beispiel oder die Besuche irgendwelcher Sportevents; denn ich kann gut verstehen, dass man sich regelmäßig mit seinen Freunden treffen möchte. Doch muss man darüber hinaus so unnötig viel von sich hergeben? Wenn man nur an die viele Zeit denkt, welche den Charts geopfert wurde! Nehmen wir nur vergangene Woche«, sie wandte ihren Kopf kurz in Richtung Jerome, »da hatte ich mich beispielsweise mal gegen vier Uhr morgens auf einen Schluck Wasser in die Küche geschlichen – und war prompt in den Angeklagten reingerannt. Der hatte dort im Morgenmantel herumgestanden und am Laptop bereits Charts gelesen. Nachts! Der Fernseher war an, und er hatte sich mit einer Dose Bier in der Hand über den aktuellen Stand des Hang-Sing-Ding-Dongs-was-weiß-ich informiert. – Nachts um vier!!« »Ja … aber … ich tat das doch für den Familienunterhalt«, rief Jerome, sich aufbäumend, dazwischen. Doch während seine eigene Frau – als zornige Zeugin – ihn nicht mal eines Blickes würdigte, starrte ihn die Staatsanwältin ungläubig an: »Schon klar!« Sie wedelte als schlagenden Beweis mit den Kontoauszügen. »Hat ja auch gut funktioniert!« Ein sarkastisches Grinsen folgte, und die Staatsanwältin krönte das Ganze mit: »Herrgott noch mal, Ihre Tochter Lilly wollte ihren Dad auch mal zu Gesicht bekommen!«

»Papa, die Tante hat recht!«, erklang es mit trauriger Stimme, in der schon ein verhaltenes Schluchzen zitterte.

Lilly?! LILLY?! – Sie ist hier?!

Jerome wandte sich den Zuschauerreihen zu, die er bisher, so gut es eben ging, ignoriert hatte. Tatsächlich, Lilly! Sie saß in der ersten Bankreihe, ihre Augen mit Tränen gefüllt. Mit ihrem semmelblonden offenen Haar sprang sie nun von ihrem Platz auf, rannte vor zu ihrem Papa und klammerte sich mit ihren kleinen schmächtigen Händen an dessen Arm. Das traf Jerome bis ins Mark. So sehr, dass er anfing, unkontrolliert zu zittern. Verunsichert streichelte er – so gut es mit Handschellen ging – Lilly über die Haare: »Ich schwöre dir hoch und heilig, mein Liebling, wir werden uns bald einen ganz tollen Tag machen!«

Die Staatsanwältin, der das zu bunt wurde, setzte dazu an, Jeromes unangebrachten Optimismus zurechtzustutzen, doch dieser warf ihr – da sie die dumme Rolle eines Menschen spielte, der in einem Tierpark ein gefangenes Tier reizt – über Lillys Kopf einen solch durchdringenden Blick zu, dass sie beschloss, davon Abstand zu nehmen. Jerome drückte seine Tochter fest an sich, und plötzlich kamen in ihm die vielen Abende hoch, an denen er seine Lilly und seine Sabine allein gelassen hatte, jene unzähligen Stunden, in denen der Chart bedeutsamer schien als die eigene Frau – jener Mensch, der ihm vor dem Trading das Wichtigste im Leben gewesen war. Jerome atmete kräftig durch und wandte sich, da der Anblick seiner Lilly ihn Hoffnung schöpfen ließ, an die Staatsanwältin. »Gut, ich gebe zu, ich hatte in den letzten Monaten …«, er suchte nach den rechten Worten, »besondere Fähigkeit darin gezeigt, heftig zu traden und mich diesem Thema intensiv zu widmen …« Ohne ihn eines Blickes zu würdigen, nickte Sabine zustimmend. »Aber macht das nicht jeder Tradinganfänger?«, setzte er verständnisheischend hinzu.

Während sowohl seine Frau im Zeugenstand als auch die Staatsanwältin belanglos nur mit den Schultern zuckten, nickte – von allen im Saal zu sehen, aber ohne dass Jerome es bemerkte – voll Zustimmung einer der Mitangeklagten … *George*!

Das Gefühl, seine Tochter bei sich zu spüren, ließ Jerome all seinen Mut zusammennehmen und laut in Richtung Zuschauer rufen: »Was wird mir hier eigentlich vorgeworfen? Wart ihr denn noch nie in einer Situation, in der ihr nicht zu dem kamt, was ihr eigentlich wolltet, weil ihr …«, Jerome geriet kurz ins Stocken, »weil ihr … weil ihr so viel empfunden habt?!« Plötzliche Stille.

Und in diesem Moment kollektiven Nachdenkens hinein hob George einen Daumen und nickte Jerome, offensichtlich in Anerkennung seiner Wortwahl, deutlich zu. Im Saal hingegen kam ein Raunen auf, dieses Mal mit einem nicht zu überhörenden Unterton der Empörung, was Jerome, der durch Georges aufmunternde Geste für ein oder zwei Sekunden neue Zuversicht geschöpft hatte, erneut verzagen und annehmen ließ, dass sich keiner der Zuschauer und Richter jemals in einer derartigen Situation befunden hatte.

O Mann!

Jerome war den Tränen nahe. »Ich ... ich ... tat es doch nicht mit Absicht!«, rief er verzweifelt. Zumindest war er selbst davon überzeugt. Lilly, immer noch an seiner Seite stehend, lächelte schwach, denn sie horchte gespannt auf die Worte, die daraufhin zwischen der Staatsanwältin und Jerome gewechselt wurden, und wiederholte sie leise, als wolle sie sie auswendig lernen.

»*Nicht mit Absicht?!*«, die Staatsanwältin lachte. »So, so ... Wissen Sie, was ich denke? Ich glaube eher, dass es sich bei Ihren Ausführungen um den genauso billigen wie blödsinnigen Versuch handelt, sich herauszureden und sich über Wasser zu halten!« Eine Flut von Anschuldigungen, in denen Jerome etwa als »Spieler«, »Zocker« oder als »Möchtegern-Börsenexperte« bezeichnet wurde, stürzte nun auf ihn herab, und während er sein Tradingmissgeschick mit einer »fortgesetzten Pechsträhne« zu erklären versuchte, bezeichnete die Staatsanwältin es »als Experiment eines Egomanen, der sich selbst einfach enorm vergrößern und erhöhen wollte – und letztendlich an genau dieser Großmannssucht gescheitert ist!«. Und sie setzte noch eins drauf: »Die Allgegenwärtigkeit der Spielernatur von Männern ist ja allgemein und leider nur zu gut bekannt, und auch, dass Männer sich selbst nur zu gern für allmächtig halten! Dass aber selbstverständlich kein Mensch, und damit auch nicht der Angeklagte, wirklich allmächtig ist ...«, sie legte eine Kunstpause ein, »beweist eindrucksvoll das Minus auf Ihrem Konto!«

Nach außen tat Jerome diese Vorwürfe nur noch mittels Kopfschütteln ab, weil er dachte, die Staatsanwältin wolle ihn vor allem einschüchtern, aber insgeheim musste er zugeben, dass sie teils den Nagel auf den Kopf getroffen hatte; denn insgeheim wusste er wahrlich nicht recht, ob er es aus dem reinen Wunsch heraus tat, sein Tradingkonto zu einem »Erfolg« zu machen, oder wegen der Dynamik, die entstand, wenn man gefragt war, oder einfach nur, weil er den familiären Ruhm à la »Da schaut mal, was euer Familienoberhaupt euch damit so alles ermöglicht« haben wollte, den er möglicherweise erreichen konnte. Jerome versuchte sich dann dennoch an einer Verteidigung: »Wie falsch kann es denn sein, das zu tun, was das Leben vereinfacht? Insbesondere wenn ich dachte, ich könnte meiner Familie zu mehr Geld verhelfen? Und was ist falsch daran, aus der Welt der ›üblichen‹ obskuren Geldverwaltung herauszutreten«, er wollte auf den mitangeklagten Banker deuten, aber der saß ja nicht mehr mit auf der Anklagebank, und so zeigte er stattdessen Richtung Publikum, »und das Ganze in der Erwartung, dass am Ende etwas viel Größeres herauskommen würde, selbst in die Hand zu nehmen?«

»Unsinn!«, entgegnete die Staatsanwältin und meinte, Jerome habe bloß nicht mehr seiner bisherigen Arbeit nachgehen wollen und Gefallen daran gefunden, den ganzen Tag zu Hause »rumzulungern«. Das solle man hier im Saal nicht vergessen!

Jerome konnte sich nicht mehr wehren. Er konnte nicht verstehen, wie das Hohe Gericht solche Sätze zulassen konnte. Es war anstrengend, Trader zu sein, zumal Jerome als Trader intensiver nachdenken musste, als er es an seinem ehemaligen Arbeitsplatz je getan hatte. Er wusste nur eines:

Es erschien ihm unmöglich, mit dem Trading zu pausieren. Er wusste, dass er zwar damit seine Familie im Stich ließ, aber man konnte Futures, die bald verfielen, Minuten- und Sekundentrades in CFDs nun mal nicht einfach untätig »herumliegen« lassen. Das wäre unverantwortlich: Wenn sie wirklich etwas bringen sollten, dann musste man mit ihnen handeln. Aber wem sollte er das erklären?!

Während er noch überlegte, ob die Staatsanwältin oder das Hohe Gericht das überhaupt verstehen würde, wurde Sabine aus dem Zeugenstand entlassen. Jerome sah ihr ängstlich nach. Sie setzte ihr Perücke wieder auf, bat Lilly ebenso, wieder Platz zu nehmen, und die Taktik, die Sabine – nun in Personalunion als *Klägerin*, *Zeugin* und *Richterin* – anwandte, war die übliche eines *Nicht-Traders* und *Außenstehenden*, in jedem Tradingtag nur die plumpen, unüberlegten Anstrengungen einer unfähigen Spielernatur zu erkennen, die sich einst als »Händler« berufen fühlte und sich nun ihrer Verantwortung entziehen wollte. Anders gesagt: Jerome wurde nun mit Verhörmethoden in die Zange genommen: »Warum haben Sie den Gewinn nicht einfach mitgenommen?« – »Warum mussten Sie immer noch einen weiteren Trade machen?« – »Warum haben Sie nicht mal mehr überlegt?« – »Haben Sie doch? Ach, und warum sitzen wir dann hier?« – »Weshalb konnten Sie sich nicht emotional in den Griff bekommen?« – »Haben Sie überhaupt Reue empfunden, während Sie die Zukunft der Familie Trade für Trade in den Sand setzten?« ... Die niederprasselnden Vorwürfe nahmen und nahmen kein Ende.

»Kommen Sie. Rechtfertigen Sie sich!«, tönte nun auch noch die Staatsanwältin. Benommen blickte Jerome abwechselnd zur Staatsanwältin, dann zur Richterin auf. So unglaublich es schien: Ein Alptraum hatte sich materialisiert. *Geschieht das alles wirklich?*

»Warum haben Sie das Konto umgebracht? – Los! Sagen Sie es! ... Warum?«, schrie die Staatsanwältin jetzt und feuerte die Akte mit den Kontoauszügen mit einem lauten Knall auf den Tisch. »Wie kamen die vielen Minustrades zustande? Warum hatten Sie sich nicht im Griff?« »Das ... das ... das ist alles einzeln nicht so einfach darstellbar ...« Jerome rieb sich, so gut es gefesselt ging, die Schläfen.

Und während sich in Jeromes Kopf alles zu drehen begann, prasselten erneut unzählige Vorhaltungen auf ihn nieder, und die Richterin fing noch mal und noch mal von vorne an: »Also geben Sie Ihre Schuld endlich zu, *JA*?« Wie aus weiter Ferne drangen Sabines Worte an seine Ohren, und sie ergaben für ihn keinerlei Sinn. Wie nur konnte er schuldig sein, wo er doch mit keinem der Trades etwas Negatives oder Schädigendes hatte bewirken wollen? »Ich verstehe das Ganze hier einfach nicht!«, ächzte er. »So, so, Sie verstehen das Ganze hier nicht?! Entweder sind Sie einfach nur dreist und stellen sich dümmer, als Sie sind, oder Sie sind tatsächlich so dumm, wie Sie sich geben, was mir für alle Beteiligten allerdings sehr leidtun würde. Aber ganz egal, was davon nun zutrifft, gilt auch für Sie das alte Sprichwort: Torheit schützt vor Strafe nicht. Nichtsdestotrotz will ich für den letzteren Fall gerne erneut wiederholen, was gegen Sie vorliegt.« Mit unheilvoller Langsamkeit beugte sich die Richterin vor und fasste alles noch einmal zusammen, ausgehend von ihren eigenen Zeugenaussagen als Ehefrau und den verschiedenen Beweisstücken, und wies Jerome die alleinige Schuld zu. Jerome widersprach vehement, war für ihn doch der Tod des Kontos lauter einzelnen Vorfällen geschuldet, von denen jeder auf eine andere Ursache zurückzuführen war, welche jeweils außerhalb seiner selbst und irgendwo vollumfänglich im Universum des Börsenhandels lag … Doch in der Sprache der Richterin klang dies anders: »Sie versuchen also immer noch, allem anderen die Schuld zu geben? Der Börse? Den Charts? Den Programmen? Dem Broker?« Sie lehnte sich gelassen zurück. »Aber keine Angst«, sie tippte auf die vor ihr liegende Akte, »wir werden Sie dafür bestrafen!« Jeromes Kiefernmuskeln begannen erneut zu mahlen, während er gebannt das Gesicht der Richterin betrachtete.

Wie redet sie denn mit mir?

Hi, Sabine, ich bin's, dein Jerome!

Erinnerst du dich an mich?

Ich habe dir damals im Studium die Haare zurückgehalten, als du dir die Seele aus dem Leib geko… hast!

Ich habe dich in die Notaufnahme gefahren, als deine Eltern über Ostern in Venedig waren und du dir deinen Fuß gebrochen hattest!

Hab ich nicht stundenlang deine Hand gehalten, als Lilly geboren wurde?!

Und das hier ist der Dank dafür?

*

Der weitere Verlauf der Verhandlung war nun der genaueren Betrachtung der den Vorwürfen zugrunde liegenden Beweise gewidmet. Dabei prallten immer und immer wieder dieselben beiden Taktiken – Sabines und Jeromes: Anklagende und Angeklagter – mit denselben Fragen und Antworten, aber mit verschiedenen Sichtweisen und Folgerichtigkeiten aufeinander. Doch Jerome hatte den ungünstigeren Stand, denn seine hauptsächlich emotional getriebenen Beweggründe liefen letztendlich alle auf dasselbe Prinzip hinaus: Sie entsprangen unmittelbar den verworrenen Chartverläufen eines Handelstages und entsprachen Vorwegnahmen und Andeutungen, welche sich jedoch ständig veränderten und von Periode zu Periode Gestalt und Aussage wechselten. Für Sabine als Klägerin hingegen lag alles, was aus Sicht eines Traders wie Jerome sich nacheinander so »natürlich« ergeben hatte, einfach nur »zusammenhanglos« und »sinnlos« nebeneinander, und Jerome bemühte sich mit den größten Anstrengungen, sein tagtägliches Tradingverhalten einem Sinn zuzuführen, welcher der Würde seiner anklagenden Frau in nichts nachstehen und ihre Interpretation entkräften sollte.

Die Staatsanwältin, die auf der gegenüberliegenden Seite des Podiums saß, blätterte indes in den weiteren bereitgelegten Schriftstücken und forderte zur schnelleren Urteilsfindung, dass endlich Jeromes Freunde in den Zeugenstand gerufen wurden. Und wie nicht anders zu erwarten, bestätigten diese nacheinander die kaum noch gemeinsam verbrachte Zeit und bemängelten Jeromes ständige geistige Abwesenheit und sein geringeres Interesse an spontanen Aktivitäten, die sie einst so gern und zahlreich unternommen hatten. Dabei wurde jeder einzelne Tag seiner Tradingzeit bis zum Tod des Kontos auf sämtliche Versuche seiner Freunde und seiner Familie, mit ihm in Kontakt zu treten oder gemeinsame Aktivitäten anzubieten, untersucht und jede »Verfehlung« bis ins kleinste Detail durchgesprochen, jede einzelne betonend, gleichsam fast herausfordernd mit überlauter Stimme, als wollten alle seine Freunde damit sagen: »Wenn es deine Frau nicht tut, dann werden wir halt das Todesurteil vollstrecken!«

Nach Abschluss der Zeugenvernehmung, in der alle Vorwürfe bestätigt wurden, hielt die Staatsanwältin ihr Schlussplädoyer, in dem sie nochmals erklärte, dass Jerome als allein verantwortlich für den vorsätzlichen und damit mutwilligen Tod seines Tradingkontos betrachtet werden musste und allein dafür schon mit der Höchststrafe abzuurteilen war. Üblicherweise hätte nun der Verteidiger sein Plädoyer gehalten, in Ermangelung eines solchen erhob sich unter Aufbietung seiner letzten gesammelten Reserven nun Jerome selbst. – Der kalte Stahl der Handschellen rieb an seinen Händen, doch selbst das bemerkte er nicht: »Ich war beim Eingehen eines jeden Trades mit den ihm zugrunde liegenden Überlegungen stets zufrieden und bin damit meinem Zweck gefolgt, der darin bestand, das Konto zu mehren oder wenigstens am Leben zu erhalten!« Spöttischer Unglaube in den Augen der Richterin und den anderen Traderfrauen rings umher antwortete ihm, und er fügte daher schnell hinzu, wie denn von Vorsatz und Mutwille die Rede sein könne, wenn er sich doch, als er merkte, dass dem Tradingkonto Unheil drohte, umso mehr anstrengte, selbiges am Leben zu erhalten, er folglich mit jedem weiteren und darauffolgenden Trade und den ihm zugrunde liegenden Überlegungen umso zufriedener war.

Die Richterin, deren Gesicht nach dieser Aussage einen noch strengeren Ausdruck angenommen hatte, bemerkte lediglich, dass es dem Gericht nicht auf »seine Zufriedenheit« ankomme.

Bitte?! Was soll man da noch sagen?

Jerome verstand die Welt nicht mehr und stotterte verzweifelt in den Gerichtssaal, dass es ihm leidtäte, er wüsste auch nicht, wie es dazu kommen konnte, versprach, jeden Job, und sei es der schlimmste Job der Welt, anzunehmen, das verlorene Geld mit seiner eigenen Hände Arbeit wieder zu erwirtschaften, und schwor, nie wieder auch nur in die Nähe eines Charts zu kommen, Hauptsache, die ganze Verhandlung würde hier und jetzt abgeblasen.

»Also geben Sie Ihre Schuld nun doch zu?«

Jerome schwieg, denn es war scheinbar wie der Kampf eines Schattens mit der Wand – an dessen Schluss sein Schatten nur noch grässlicher flackerte.

»Bringen wir es auf den Punkt.« Die Richterin beugte sich vor. »Ihr Trading war schlecht und erbrachte nur Verluste. Somit ist die Beweislage klar! *Basta!*« Den Hammer schon erhoben und bereit, Jeromes Todesurteil rechtskräftig zu verkünden, hielt sie mitten in der Bewegung inne, erkannte sie doch plötzlich, dass George hartnäckig ihren Blick suchte und schon wieder vehement den Kopf schüttelte. »Läuft schon wieder etwas nicht zu Ihrer Zufriedenheit?«, zischte sie feindselig in seine Richtung. »Stimmt wieder etwas an meinen Worten und Fragen nicht?«

George erhob sich und schaute der Richterin direkt in die Augen. »Hohes Gericht, bei allem Respekt: An jeder der hier gestellten Fragen und allen Vorwürfen hängen mindestens so viele Antworten, wie Bienen in einem Stock sind. Oder anders gesagt: Die ganze seelische Unordnung eines Tradinganfängers mit seinen niemals erledigten Fragen hängt in einer geradezu widerlichen Art und Weise an jedem einzelnen Trade.«

Damit sagte George nun freilich nichts anderes, als es Jerome an diesem Tage schon einige Male gedacht hatte, aber hier und jetzt – gefesselt, von der eigenen Frau angeklagt und nur einen einzigen Hammerschlag vom Todesurteil entfernt – nie hatte gescheit formulieren können.

»Ein einfaches Ja oder Nein hätte als Antwort vollkommen genügt«, erwiderte die Richterin bissig.

»Aber es ist doch tatsächlich so, wie er es sagt!«, quasselte nun Jerome dazwischen und dankte George mit einem Kopfnicken für sein Eingreifen. »Wer redet jetzt, er oder Sie?« Die Richterin blickte Jerome scharf an und wies ihn an, nur zu reden, wenn er etwas gefragt wurde. George überlegte einen Augenblick, dann fuhr er, auf Jerome deutend, fort: »Sagen Sie, Hohes Gericht ... dieser Mann hat keinen Verteidiger?!« »Ach«, die Richterin nahm Georges Gedanken vorweg, »... und diesen Job wollen wohl ausgerechnet Sie erledigen?« Die Richterin lachte gekünstelt, ahnte sie doch, dass mit George an Jeromes Seite eine schnelle Verurteilung in die Ferne rücken konnte.

»Nun, er hat ja wohl kaum Auswahl.« Für George war Jerome, welcher zusammengefaltet auf der Bank saß und ins Nichts starrte, stellvertretend für alle anderen Tradinganfänger ein besonderer Fall, denn der Börsenhandel war eine in sich geschlossene Welt, und es war sehr schwer, als Anfänger etwas Überzeugendes über eine Welt zu sagen, der man erst seit Kurzem angehörte.

Die Richterin musste sich Recht und Gesetz fügen und ließ George zähneknirschend als Verteidiger zu, nachdem Jerome dem ganzen Kuddelmuddel zugestimmt hatte – was blieb ihm auch anderes übrig? Zum einen bekam er aufgrund des drohenden Todesurteils ohnehin kaum ein vernünftiges Wort heraus; zum anderen: Selbst wenn ihm die Worte nur so raussprudeln würden, so wären sie doch meist ohne handfesten Inhalt und würden einem flüchtigen Gestammel gleichen, daher war es ja sowieso egal, selbst wenn George es vermasseln sollte. Aber obwohl Georges ebenfalls unrasierter und zerlumpter Zustand einen nur bedingt vertrauenerweckenden Eindruck auf Jerome machte, gab ihm irgendetwas an George trotzdem jenes Gefühl, das gleichsam ein von Meereswogen hin und her geworfener Schiffbrüchiger bei der Berührung festen Grundes mit der großen Zehe haben mochte ... »Also gut, Mister Oberschlau! Dann beschreiben Sie uns doch mal das, was Jerome nie hinbekam: einen erfolgreichen Trade!«, forderte die Richterin George provokant auf und fügte ironisch hinzu: »Schließlich sind Sie laut Akte doch der Fachmann mit der – an Jahren gemessen – größten Erfahrung von uns allen hier!« Und während die Richterin, um nicht nochmals öffentlich in Verlegenheit zu geraten, verschwieg, dass George, wie der Banker und der Brokermitarbeiter, laut Akte völlig zu Unrecht angeklagt wurde, sammelte dieser seine Gedanken.

Bereit, alle haltlosen Behauptungen in Sachen Trading sogleich wieder zu verreden, falls man ihm aus ihnen die Schlinge der heischenden Fragezeichen drehen sollte, fing George sodann an: »Es ist leicht zu erklären, worin die jeweilige fachliche Idee eines erfolgreichen Trades besteht, während das eigentlich Wichtige daran, nämlich dessen emotionale Bedeutung ...«, George machte eine Pause, um die Wirkung seiner Worte zu verstärken, »von keinem Trader der Welt weder mal eben so beschrieben noch ...«, eine weitere Pause, »von kaum einem Außenstehenden mal eben so verstanden werden kann.« »Was soll denn das nun wieder heißen? Dass wir zu doof sind?« Die Richterin war außer sich.

»Nein, das heißt es natürlich nicht«, beschwichtigte George und erklärte in ausgesucht höflichem Ton, dass ein Trade nun mal keine gewöhnliche Alltagssache sei, denn gerade jene schwer in Worte zu fassende emotionale Bedeutung sei es, die eine ergreifende Idee für einen Trade und dessen Verwirklichung von einer gewöhnlichen Idee oder Handlung des Alltags unterscheide; und dies manchmal sogar bis zur Unbegreiflichkeit. Das vom Hohen Gericht abgefragte Trading zeige sich, und dies leider gänzlich unabhängig von dessen Erfolg oder Misserfolg, viel verwickelter, als es mit den üblichen Lebenswahrheiten und deren »schöner Einfachheit der Überlieferung« erklärt werden könne. Da es aber ohne diese Klärung an der zu erlangenden Erkenntnis mangeln würde und ein sich aus mangelhafter Erkenntnis ergebendes Urteil zwangsläufig weder fehlerfrei noch gerecht sein könne, sei es, so George, von allergrößter Wichtigkeit, dass das Hohe Gericht anerkenne, dass im vorliegenden Falle eine Wahrheitsfindung nur gelingen könne, wenn man sich mit den tiefen Emotionen beschäftige, welche das Trading im Allgemeinen begleiten und dementsprechend auch im Trading des Angeklagten zu finden sein müssten. *Wow … Chapeau!*

Jeromes Physiognomie, eben noch von Angst und Hoffnungslosigkeit beseelt, erblühte bei Georges Worten, sogar ein Grübchen zeigte sich auf seinen Wangen. Ganz anders hingegen die Staatsanwältin: »Jetzt aber mal halblang!« Ihr war das ganze emotionale Gefasel eindeutig zuwider, und auch die Richterin schrie: »Das ist ja wohl die Höhe!« Sie knallte ihren Stift auf den Tisch. »Schluss jetzt! Wir haben keine Zeit für diesen Kram. Die Verhandlung muss zu einem Ende kommen. Beantworten Sie meine Ausgangsfrage, eventuell nehmen wir Sie dann ernst. Jedoch: Nur eine weitere falsche Antwort, und es wird heiß für Sie – buchstäblich!«

George ignorierte sowohl die herablassenden Einwürfe als auch die ausgesprochenen Drohungen und startete einen weiteren Versuch, das Hohe Gericht von der Rechtmäßigkeit seiner Worte zu überzeugen, obwohl es ihm aufgrund seiner Erfahrung und seines Verständnisses für die »architektonischen Feinheiten« des Tradings bewusst war, dass es leichter war, ein Kamel durch ein Nadelöhr zu bekommen, als einem Nicht-Trader das Trading zu erläutern. »Die Idee zu einem Trade, welche sich bei einem Tradinganfänger in einer Art Schmelzzustand befindet und mit der das Ich des Traders in unendliche Weiten der Kursverläufe gerät – und umgekehrt die Weiten des Charts in das Ich des Traders eindringen und davon Besitz ergreifen –, führt dazu, dass man nicht mehr erkennen kann, was zum eigenen Fachwissen und was zum unendlichen Fachlichen des Börsenuniversums gehört.« George pausierte erneut, um seine Worte wirken zu lassen, und tatsächlich trat eine beeindruckende Stille ein. Nur Jerome – die rettende Wendung erspähend – hätte am liebsten laut und kräftig applaudiert, denn Georges Auftritt schwächte in seinen Augen alles ab, was das Protokoll als Anklagepunkte auswies. Derweilen fuhr George fort in seinem Bemühen, die Angeklagten, allen voran den Hauptangeklagten Jerome, zu unterstützen, indem er ihnen Begrifflichkeiten für ihre Situation zur Verfügung stellte: »… deshalb bestehen Trades, welche den Menschen ergreifen, erstens aus einem Stoff, der kompakt erscheint, aber dennoch nicht greifbar ist, und zweitens wie beim Menschen aus einer Seele, die ihre Bedeutung ausmacht, welche aber weder kompakt ist, noch sich mit kalten, wissenschaftlichen Begriffen erfassen lässt, sondern sich bei jedem Versuch, sie in kalte Worte zu fassen, in Nichts auflöst.«

»*Bla, Bla, Bla* …«, winkte die Richterin ab und fächerte sich provokativ gelangweilt mit Beweisstück B, Jeromes Kontoauszügen, Luft zu. *Ohohaaa* – Jerome sackte wieder in sich zusammen, erkannte er doch, dass jegliche Versuche von Rechtfertigung durch die nackten Zahlen eben jener Kontoauszüge erdrückt wurden.

Die Richterin unterdessen strebte einen Themenwechsel an. »Was machte Sie denn dann eigentlich zum erfolgreichen Trader?«, wollte sie argwöhnisch wissen und verwies auf die Akte, laut derer George schon seit mehreren Jahrzehnten beständig Gewinne aus den Märkten zog. »Jetzt aber mal konkret und ohne Ihr Blabla!«

Aller Augen richteten sich gespannt auf George.

»Was mich von Jerome unterscheidet?«

»Genau.«

»Nun … es ist einfach nur die Zeit, die ich mehr mit dem Trading zugebracht habe. Also die Zeit, die ich mehr vor dem Rechner gesessen, und die Zeit, während der ich mich dabei mehr mit dem Thema auseinandergesetzt habe. Die Zeit, in der ich mehr Minustrades erlebt habe. Die Zeit, in der ich mehr Plustrades erlebt habe. Einfach nur die Zeit.«

Während Jerome nicht umhin konnte, Georges bescheidene Art zu bewundern, stellte seine Erklärung für die Richterin keine befriedigende Antwort dar.

Also holte George weiter aus: »Nun, ich habe von allem mehr erfahren und mich damit mehr verändert und mehr verbessert. Aber: Dies ist nicht quantifizierbar, denn es handelt sich dabei um etwas … ich nenne es mal … Unwägbares, gleichsam wie wenn ein Magnet Eisenspäne loslässt und diese wieder durcheinandergeraten. Es würden sich schlechterdings keine Einzelheiten in den vielen kleinen Eisenspänen nachweisen lassen, die nicht auch früher möglich gewesen wären, aber alle Verhältnisse hätten sich dennoch ein wenig verschoben. Setzen wir nun an die Stelle von ›Magnet‹ und ›Eisenspäne‹ deren Entsprechung aus dem Börsenuniversum, so stehen die Eisenspäne für die Zielrichtung meines Handelns und der Magnet für die von außen auf mein Handeln einwirkenden Kräfte aus dem Börsenuniversum, aber auch aus dem alltäglichen Leben. Kurzum: Es wurden mir durch und mit dem Mehr an Zeit Erfahrungen ermöglicht, welche meine Vorstellungen vom und meine Einstellung zum Trading nach und nach gleichzeitig immer geradliniger, aber auch immer widerstandsfähiger werden ließen. Sprich: Meine Vorstellungen zum Trading, deren Geltung früher mager gewesen waren, wurden durch und mit dem Mehr an Zeit … ich nenne es mal … kräftiger. Gedanken, die ich früher nicht für ›voll genommen‹ hätte, ernteten plötzlich Ruhm. Dummheit milderte sich, Getrenntes lief zusammen, unabhängige Sachverhalte und Themen zollten den Zusammenhängen Beifall, woraufhin abermals der neu gebildete Geschmack vom Trading von neuen Unsicherheiten erfüllt wurde. Die scharfen Grenzen begannen sich mit den Monaten und Jahren zu verwischen; voneinander als unabhängig verstandene Sachverhalte und Themen zeigten plötzlich Zusammenhänge, und ehemals Zusammenhängendes trennte sich in Verschiedenes auf. Die nicht zu beschreibende Fähigkeit, dass sich neue mit alten Überzeugungen ›versippen‹, hob abermals neue Gedanken und Handelsüberlegungen empor.« George deutete auf Jerome und brachte es auf den Punkt: »Wenn man im Trading also nur über die Zeit erkennt, dass die alten Ideen gar nicht so schlecht waren, sondern bei diesen nur ein wenig zu viel Schlechtes ins Gute, ein wenig zu viel Irrtum in die Wahrheit und etwas zu wenig Anpassung in die Bedeutung gemengt war, findet sich genau hierin die Antwort auf die Frage des Hohen Gerichts nach dem Unterschied zwischen dem Angeklagten Jerome und meiner Wenigkeit.

Und wenn das Hohe Gericht es gestattet, möchte ich dies gerne noch ein wenig tiefergehender ausführen, denn ein wichtiges Ergebnis dieser Erkenntnis, welches gleichzeitig ein außerordentlich wichtiges Regulativ darstellt, konnte bisher noch nicht erwähnt werden!« George hielt kurz inne und wartete auf die Antwort der Richterin, welche in Form eines bedächtigen Nickens erging. »Soweit mir dies aus eigener Erkenntnis und aus Gesprächen mit ›altgedienten‹ Kollegen bekannt ist, kann man sagen, dass etwas, was man ›Meisterschaft‹ im Trading nennen kann, ungeheuren und hingebungsvollen Einsatz sowie langes Einüben verlangt, denn nur so wird man die zwingend notwendige Erfordernis der Unterwerfung unter eine Autorität namens freiwilliger Verzicht erkennen und – viel wichtiger! – verinnerlichen können. Und diese besondere ›Erleuchtung‹ kann nur durch Hingabe und die ungeteilte Absicht, sie zu erlangen, erreicht werden, was schlichtweg Zeit erfordert. Einfach nur Zeit! Nun, und um es also gleich vorwegzunehmen: Auch ich wusste zu Beginn meiner Karriere eigentlich nichts vom Börsenhandel. Was man mir darüber erzählte, etwaige vorhandene Bücher, die Vorträge – das waren alles nur klappernde Worte: ganz gut und schön, aber ich konnte mir nicht aneignen, was sie sagten. Bei mir dauerte es einige Jahre, bis jener Tag kam, von dem an mir alles ›eigen‹ war. Und von jenem Tag an war mit einem Mal mein Handel kein wüstes, regelloses, zerbrochenes Herumwerken, kein blinder Aktionismus mehr, sondern ein schimmernder Stern in einem Universum von Möglichkeiten – und ich bildete seinen Mittelpunkt.« Jerome fiel plötzlich auf, wie sehr diese bildliche Erklärung alle Zuhörer in ihren Bann gezogen hatte. Selbst Richterin und Staatsanwältin lauschten gespannt, als George fortfuhr:

»Metaphorisch gesprochen hatte mein ›geistiger Ball‹ in der ausgedehnten Hügellandschaft aller möglichen fachlichen Vorgehensweisen eine sichere, weil tiefe Mulde gefunden, aus der ihn bis heute so schnell nichts mehr herausgebracht hat. Candlesticks, Indikatoren, abfallende und ansteigende Formationen, Trendlinien und mathematische Regelwerke … die ganze Qual der Anfänge … vor einem Chart zu sitzen, bei dessen Anblick die Endlosigkeit der Möglichkeiten bloß schmerzt, als ob man mit dem Finger über eine scharfe Linealkante fährt … aus solchen Dingen hat mein Dasein jahrelang bestanden, bis mir irgendwann bewusst wurde: Die Realität als eine Form der Illusion und die Illusion als eine Form der Realität zu erkennen, ist so notwendig wie nutzlos! Aus dieser Erkenntnis ergab sich nun zweierlei: Um überhaupt weiter als Trader existieren zu können, wurde es notwendig, auf der einen Seite zwar alle möglichen Akzidenzien, sprich: all das Nicht-Wesentliche und das sich Verändernde, als weit verstreute Prämissen für meine Folgerungen zu betrachten und akzeptieren zu lernen, dass ich mich diesen nicht entziehen konnte. Auf der anderen Seite wurde es jedoch notwendig, meinen Traum, ›ein erfolgreicher Trader sein zu wollen‹, sowohl selbst als Wert zu erachten als auch der wahren Beschaffenheit dieses Traumes die notwendige hohe Aufmerksamkeit zu widmen – was mich in der Konsequenz zu einem kontemplativen und damit sich selbst betrachtenden Menschen werden ließ. Das Ergebnis dieser Veränderung, dieser ebenso Seins- wie Herangehensweise, war, dass jedes Ding oder Thema im Trading, je nachdem, wie ich es betrachtete, zu einem Wunder oder einem Hemmnis, einem Alles oder Nichts, einem zielführenden Weg oder einem irreführenden Problem werden konnte. Es immer wieder anders zu betrachten, hieß, ›es‹ zu erneuern und zu vervielfältigen, und verstärkte wiederum meinen sich aus der Kontemplation entwickelnden Gleichmut. Aus dieser Erkenntnis kann nun mit Fug und Recht Folgendes geschlossen werden: Einem sich bereits zu Beginn seines Tradens selbst betrachtenden und damit kontemplativen Menschen steht, auch ohne dass er je ein Buch über das Traden gelesen oder ein Seminar darüber besucht hat, das ganze Tradinguniversum zur Verfügung, woraus wiederum zwingend folgt, dass das Unendliche des Tradings sich in einem einzigen Chart genauso finden lässt wie in einem Turm von Büchern oder unzähligen Seminaren. Oder anders: Ein erfahrener Trader kann auf einem einzigen Chart nahezu ›kosmisch schlafen!‹«

Wow!

Jerome blickte voller Bewunderung zu seinem »Verteidiger«, hatte dieser es doch tatsächlich auszudrücken verstanden, welche Schmerzen Jerome durch sein eigenes unzureichendes Nervenkostüm erleiden musste, welches ihn tagtäglich beim Trading daran hinderte, dieses aus Gier und Angst geknotete Netz zu entflechten. Jerome seufzte auf. Erstmalig fühlte er sich in dieser Gerichtsverhandlung verstanden!

Anders hingegen die Staatsanwältin. Sie verstand nicht, und im Versuch, Georges Vortrag ad absurdum führen zu können, hakte sie mit maliziösem Lächeln nach: »Wenn ich Sie richtig verstanden habe, meinen Sie also, dass es ein Privileg weniger Auserwählter ist, im Börsenhandel auf lange Sicht voranzukommen?!« George überlegte. »Man braucht im Trading eine ausreichende Beimengung von Durchtriebenheit, die ein latentes Talent als Hoffnung hervortreten und das Genie erst genial erscheinen lässt; ganz so, wie ein gewisser Zusatz von Salz nach Ansicht mancher Leute der Suppe erst die rechte Würze verleiht. Kurzum: Der eine kommt sehr weit, der andere kehrt auf halbem Weg um, und es gibt nichts, was man dafür verantwortlich machen könnte; denn weder muss es dazu an Begabung oder gutem Willen noch an Charakter fehlen, sondern es kann ebenso gut an allem wie an nichts davon liegen. Auch als erfahrener Trader kann man letztendlich nicht sagen, wie alles so gekommen ist, wie es gekommen ist, denn man kann als Trader genauso wenig erfolgreich gegen sein eigenes Menschsein noch gegen aufkeimende Ideen oder bestimmte Charterscheinungen kämpfen. Es ist nur so, dass es sich, je mehr man sich mit dem Thema Börsenhandel beschäftigt, so verhält, als ob sich die Umgebung eines Traders mit der Zeit verändert: Anfangs funkelt alles nur so vor Neuheit – und zum Schluss weiß man nicht, ob man selbst wirklich besser oder – Achtung! – bloß in den Gedanken einfacher geworden ist, wobei das Bewusstwerden dieses Zweifels eben jene Zeit kennzeichnet, in der man den Kinderschuhen des Tradens entwachsen ist!« Kurzum: George schrieb es somit einfach der Zeit zu, dass diese die Ursache der positiven Veränderungen eines Traders sei.

»Na, dann ist doch alles klar!«, unterbrach ihn nun die Staatsanwältin. »Eine ausreichende Beimengung von Durchtriebenheit finden wir bei dem Angeklagten Jerome Decker, wie die Beweismittel deutlich aufzeigen, ja wohl zur Genüge, sodass wir …«, aber hier wurde die Staatsanwältin wiederum von George vehement unterbrochen, der sich an die Richterin wandte:

»Hohes Gericht, ich bitte um die Erlaubnis, meine Ausführungen beenden zu dürfen, da eine angemessene Würdigung sonst nicht möglich sein wird.«

Zu gerne wäre die Richterin dem spontanen Einwurf der Staatsanwältin gefolgt, statt Georges Bitte stattzugeben, aber aufgrund der auf ihr lastenden Möglichkeit einer Urteilsanfechtung wegen fehlerhafter Verfahrensführung erteilte sie ihm die Erlaubnis fortzufahren. »Also los, machen Sie weiter mit Ihrem Blabla …« George spürte deutlichst, dass er, um seine Ausführungen zum Trading noch besser vertiefen zu können, diese mit etwas vergleichen musste, das dem Hohen Gericht bekannt war. Schließlich brachte es nichts, im tiefsten Afrika von Schnee zu berichten. Kein Einheimischer könnte dort mit den Worten »eingefrorene Hände«, »Füße wie Eiszapfen« und »klare Luft einer Schneewanderung« etwas anfangen, geschweige denn sie nachempfinden. George entschied sich dafür, das Trading mit dem Älterwerden eines Menschen zu vergleichen, denn mit diesem Bild sollte nun wirklich jeder etwas anfangen können: »Im Grunde wissen in den Jahren der Lebensmitte nur wenige Menschen, wie sie eigentlich zu sich selbst gekommen sind, zu ihrem Job, ihren Vergnügungen, ihrer Weltanschauung, ihrem Mann oder ihrer Frau, ihrem Charakter und ihren Erfolgen, aber fast alle haben ein Gefühl, als ob alles irgendwie ganz richtig an seinem Platz ist und sich nun nicht mehr viel ändern kann und wird.« Er kniff kurz die Augen zusammen und überlegte seine weitere Wortwahl, denn es war unklar, wie viel Deutlichkeit das Hohe Gericht vertragen könne, und es war ihm bewusst, dass er nur noch diesen einen Versuch hatte. »Genau so, wie man dies glauben kann, kann man aber auch behaupten, dass diese Menschen betrogen worden seien, denn selbst bei genauerer Betrachtung lässt sich oft nirgends ein zureichender Grund dafür entdecken, dass alles ganz folgerichtig so kam, wie es gekommen ist. Im Gegenteil, es hätte ganz leicht auch völlig anders kommen können, denn die erlebten Ereignisse sind oft am wenigsten von den Erlebenden selbst ausgegangen, sondern hingen meistens von allerhand anderen Umständen ab, zum Beispiel von der Laune, dem Leben, mitunter sogar dem Tod anderer Menschen, und sind sozusagen bloß im gegebenen Zeitpunkt auf sie zugeeilt …« George hatte nun seinen Faden gefunden und fuhr fort: »In der Jugend liegt das Leben noch wie ein unerschöpflicher Morgen vor uns, nach allen Seiten voll von unendlichen Möglichkeiten.

Doch schon am Mittag ist mit einem Mal etwas da, das beanspruchen darf, nun unser Leben zu sein. Und das wirkt auf die Betroffenen im Ganzen genauso überraschend wie die plötzliche Begegnung mit einem Menschen, mit dem man jahrelang korrespondiert hat, ohne diesen je persönlich getroffen zu haben. Und nun stellt man fest, dass die Vorstellung, die man sich von dem anderen gemacht hatte, mit der nun erlebten Wirklichkeit nicht übereinstimmt. Wirklich sonderbar wird dies jedoch erst durch den bemerkenswerten Umstand, dass die allermeisten Menschen diesen Unterschied, diese Abweichung gar nicht zu bemerken scheinen, sondern diese ihnen eigentlich fremde Erscheinung ohne zu zögern oder nachzudenken annehmen. Sie … ich nenne es mal so … ›adoptieren‹ quasi die Person, die zu ihnen gekommen ist, deren Leben sich in sie eingelebt hat; ihre Erlebnisse erscheinen ihnen jetzt als der Ausdruck ihrer Eigenschaften, und ihr Schicksal ist ihr Verdienst oder aber ihr Unglück. Es ist – wie man so schön und oft sagt – etwas mit ihnen umgegangen, wie etwa ein Fliegenpapier mit einer Fliege: Es hat sie an einem

Härchen dort in ihrer Bewegung festgehalten und sie allmählich eingewickelt, bis sie in einem dicken Überzug verwickelt ist, der ihrer ursprünglichen Form nur noch entfernt entspricht.« Ja, ja, genau! – Jerome, gleichsam der angeklagte Handwerker, hörten Georges Worten aufmerksam und mit applaudierenden Blicken zu, fanden sie sich doch in dieser Analogie – erstmalig in dieser Gerichtsverhandlung – spiegelgleich wieder. Auf der Richterbank hingegen wurde keinerlei Miene verzogen.

George fuhr daher schnell fort: »... und der erwachsene, reifere Mensch denkt dann nur noch unklar an die vergangene Jugend, erinnert sich nur noch nebelhaft, dass etwas wie eine Art Gegenkraft in ihm gewesen ist.

Diese Kraft ist zerrend, schwirrend, nirgends bleiben wollend und Stürme zielloser Handlungen und Richtungswechsel auslösend. Spottlust und Auflehnung gegen das Bestehende, die Bereitschaft zu allem, was heroisch scheint, Selbstaufopferung und feuriger Ernst, dabei als einzig Beständiges die Unbeständigkeit – alles das bedeutet nichts anderes als Fluchtbewegungen. Im Grunde drücken diese bloß aus, dass nichts von alledem, was der junge Mensch unternimmt, aus seinem eigenen Inneren heraus eindeutig und notwendig erscheint, obwohl es in einer Weise Ausdruck findet, als ob alles, worauf sich da gerade gestürzt wird, zwingend erforderlich und unaufschiebbar wäre.« George deutete auf seine Mitangeklagten. »Es mag durchaus sein, dass es den meisten Tradinganfängern sowohl Annehmlichkeit als auch Unterstützung bedeutet, das Thema Trading bis auf ein paar kleine persönliche Besonderheiten und Vorlieben fertig vorzufinden. Demnach meinen sie, nach ein, zwei oder drei Büchern und ein paar abonnierten Handelssignalen nun alles zum Thema zu wissen – und es soll hier in keiner Weise in Zweifel gezogen werden, dass das furchtbar naiv ist –, aber dennoch, das Fundament allen geistigen Fortschrittes und ... ich nenne es mal ... aller mentalen Revolutionen im Börsenhandel ist und bleibt das erste Buch, das erste abonnierte Handelssignal, der erste Newsletter, kurz: der erste Trade, egal, ob nun durch eigene oder fremde Logik initiiert.« Nun wandte sich George direkt an die Richterbank. »Irgendjemand liest, hört, sieht eine neue Handelslogik, aus der die Gewinne nur so sprudeln sollen ... und was passiert? Das neue Wissen breitet sich in den Tradinganfängern aus, wie Gas in das Innere eines Ballons strömt. Eine neue Indikatorenkombination oder eine bestimmte Formation zu gewissen Handelszeiten ... Egal, was immer es auch sei, es ergreift Besitz von den jungen Traderseelen. Und diese stürzen sich darauf wie Motten auf das Licht. Was kein Wunder ist, wenn wir uns das Sein des Tradinganfängers vorstellen: Als Es das Außen der schweren Welt des Gelddrucks, als Über-Ich der unbedingte Anspruch auf Perfektionismus und als Ich? Das mentale Äquivalent haltlosen Durcheinanders und purer Ungewissheit! Welches Glück muss es da bedeuten, plötzlich ein fertiges Regelwerk in die Hand zu bekommen, an dem man sich festhalten kann und dem man nur zu folgen braucht – und alles wird entspannter, einfacher und klarer. Ist also irgendetwas natürlicher, als dass jeder leidenschaftliche Tradinganfänger sich dieser neuer ›Erkenntnis‹ bemächtigt? Schließlich verspricht sie ihm doch durch die Herstellung des Spannungsgleichgewichts zwischen innen und außen, zwischen Zerpresst-Werden und Zerfliegen und damit für die Zukunft reine Augenblicke absoluten Seins. Trading stellt also nichts anderes dar als die auf einen speziellen Teilbereich angewandte, immerwährende Erscheinung, die man im Alltag geistige Umwälzung, Stilwechsel, Entwicklung, wegen mir auch Mode und Erneuerung nennt. Kurzum: Trading ist ein Prozess!« »So, soooo …« Die Richterin gähnte übertrieben lange und hoffte abermals, dass George mit dem »Geschwafel« bald fertig werde, wohingegen Jerome weiterhin stumm flehte, George würde nie damit aufhören. »Was diese ›Renovierungssucht‹ des Daseins eines Tradinganfängers daher zu Beginn zu einem sich ständig wiederholenden Ereignis, quasi zu einem Perpetuum mobile, werden lässt, ist somit nichts als das Ungemach, das zwischen dem nebelhaften eigenen Ich-Handelsstil und dem von fremder Handelslogik geprägten Fremd-Handelsstil einen neuen Schein-Handelsstil entstehen lässt: eine nur ungefähr passende Logik, welche irgendwo zwischen Ich- und Fremdhandelsstil eingeschoben wird. Und wenn man bloß ein bisschen Acht gibt, kann man wohl immer in der so entstehenden ›allerneuesten Ahnung einer Zukunft‹ bereits das Ungemach erkennen, dass – so wie in den jugendfrischen Gesichtszügen eines Mädchens bereits das ältere Gesicht der Mutter enthalten ist – die neue Idee, ist sie nur erst ein paar Wochen oder Monate älter, verbraucht und durch eine neue ›allerneueste Ahnung einer Zukunft‹, einen neuen Schein-Handelsstil verdrängt werden wird!« Damit war George am Ende seiner Rede angelangt, und auf seinem Gesicht lag ein Ausdruck von Zufriedenheit und Glück, als wärme er sich in den Sonnenstrahlen, die in den Gerichtssaal hineinschienen.

Ganz anders hingegen die Richterin: Heftig mit den Augen rollend, schlug sie nun mit der flachen Hand fest auf den Tisch. »Ahnung einer Zukunft, Schein-Handelsstil, Perpetuum mobile … was für ein Quatsch! Für mich zählen nur Fakten. Und diese belegen, dass Jerome in wenigen Wochen das gesamte Familienvermögen verspielt hat. Oder können Sie sich vorstellen, dass eine beliebige Firma dauerhaft nach emotionalen Grundsätzen oder Ihrem Stil-Gefasel zu leiten wäre, ganz zu schweigen davon, dass so aus einer Firma ein großes Unternehmen, vielleicht sogar ein internationaler Konzern werden kann? Selbst bei den kleinsten Vereinen oder gemeinnützigen Organisationen, ja auch bei Staaten funktioniert das sicherlich nicht, denn sachliche Zusammenhänge unterliegen ihrer eigenen Vernunft, der man sich nicht einfach nach momentaner Gefühlslage entgegenstellen oder entziehen kann! Und so ist es doch auch bei dem Angeklagten, nur halt im Kleinen. – *Basta!*« Die Richterin ließ die Kontoauszüge durch ihre Finger gleiten: »Minus 560 Euro … Minus 1.430 Euro … Plus 230 Euro … Minus 2.180 Euro … tzzz … Da ist nur eine klare Linie zu erkennen: Der Angeklagte hätte sich besser zusammenreißen und mehr überlegen sollen! Hier«, sie hielt bei einem der Auszüge inne, »vier Mal hintereinander über fünfhundert Euro Minus … an einem Tag!« Schluck! – So schön George die Worte auch formte, Jerome sah sich beim Anblick seiner Kontoauszüge wieder den fürchterlichsten Folgen ausgeliefert.

Aber was war das? – Jeromes Verteidiger hatte anscheinend noch nicht aufgegeben, denn nun hob er zu einer Erwiderung an! »Das hat wohl gewiss seine Berechtigung, dass sich ein Außenstehender und Nicht-Trader unter einem erfolgreichen und deswegen bewunderungswürdigen Trader ein ›Wesen‹ vorstellt, dessen treibende Kraft über den gesamten Handelstag hinweg einer freiwilligen Überzeugung entspringt, dessen emotionale Festigkeit eine des Herzens und der Tugend ist und das bei jedem Trade heroischen Mut beweist, während es Dilettantismus während des Handels für etwas bestenfalls … ich nenne es mal … Knabenhaftes, psychologische Finten für etwas Unerlaubtes, hektische Beweglichkeit und von Aktionismus bereicherten Schwung für etwas der Würde eines Traders und seiner Trades vollkommen Zuwiderlaufendes hält …«

»Genau!«, unterbrach ihn die Richterin, nickend wie viele der Zuschauer, »so schwer kann das doch nicht sein!« George schnalzte mit der Zunge. »Schon klar. Aber exakt betrachtet ist diese Vorstellung genau nur das: eine Imagination, eine überhöhte Fantasie, um nicht zu sagen die Zusammenfassung, die Essenz all solcher Fantasien. In die Welt gesetzt von so manchen Möchtegern-Trading-Fachbüchern, unterstützt von aufputschender Werbung und auf den fruchtbaren Boden der Heldensagen unserer Kindheit und der Enttäuschung über die uns umgebende Wirklichkeit als Erwachsene fallend, versucht unser Unterbewusstsein damit, die heute nicht mehr oder nur mangelhaft besetzte Stelle des Ideals heldenhafter Männlichkeit auszufüllen.« »Moment mal! Aber Sie haben es doch anscheinend geschafft?!« Die Richterin ließ ihren Blick langsam zwischen George und Jerome hin und her wandern.

»Stimmt!«, pflichtete George ihr bei und erklärte, dass einer der entscheidendsten Gründe hierfür darin liege, dass er zu Beginn seiner Handelstätigkeit keine ihm stumme Blicke zuwerfende Familie hatte, er sich daher tagtäglich mit dem mentalen Trading auseinandersetzen konnte, wozu er sich jahrelang bei Kollegen und natürlich bei sich selbst umsah und dabei jene – Jerome bisher versagte – Entdeckung machen konnte, dass die Gedanken und Reaktionen, die ein langjähriger Trader in seinem logischen Kalkül anwandte, beispielsweise nicht sehr verschieden von den Kampfgriffen eines hart geschulten Körpers waren. Es gab also scheinbar eine allgemeine »seelische Kampfkraft«, wie George es auf die Schnelle nannte, die von Schwierigkeiten, Wahrscheinlichkeiten und Unwahrscheinlichkeiten gestählt wird, ganz gleich, ob sie nun dem Angriff eines körperlichen Feindes oder dem »Angriff eines Charts« standzuhalten gewohnt war. Die Analysen eines Traders und beispielsweise eines Boxers zeigten in der Tat, dass ihre Klugheit, ihr Mut, ihre Genauigkeit und vor allem Kombinatorik sowie die Geschwindigkeiten der Reaktionen auf dem Gebiet, das ihnen wichtig war, sich sehr ähnelten. Die Tugenden und Fähigkeiten, die ihren besonderen Erfolg ausmachten, würden sich im Übrigen auch nicht wesentlich von einem Zirkustier unterscheiden, denn man dürfe nicht unterschätzen, so George, wie viele bedeutende Fähigkeiten aktiviert werden müssten, nur um über ein hohes Hindernis zu springen. Was der Meisterboxer und das Zirkustier aber einem Trader voraushaben, sei, dass sich ihre Leistung und ihre Bedeutung einwandfrei messen ließen, denn der Beste unter ihnen würde auch wirklich als der Beste erkannt und anerkannt werden. Beispielsweise würde im Bereich des Sports die erbrachte Leistung mit einem feststehenden Rekord verglichen, der im besten Fall um einen Zentimeter oder eine Sekunde verbessert oder eben entsprechend verfehlt werde. Auf diese Weise könne es gekommen sein, dass die veralteten Begriffe von Charakterstärke, Tugend, Genie und menschlicher Größe hauptsächlich im Zusammenhang mit dem Erbringen sportlicher Höchstleistungen verbunden werden; auch wenn sie in vielen anderen Lebensbereichen, besonders aber in diesem einen notwendig und zum Einsatz kommen müssen: beim Trading! Was ihn, so George, demnach anginge, müsste demnach festgestellt werden, dass er in dieser Sache jedem Tradinganfänger einfach dadurch voraus sei, dass er gerade im Bereich der »seelischen Kampfkraft«, welche sich eben nicht wie im Sport exakt messen ließe, intensive Überlegungen betrieben habe, woraufhin sein Geist über die Jahre des Tradings »360 Grad wendbar« geworden und dadurch im Laufe der Zeit in seiner Stärke und Zuverlässigkeit immer mehr gewachsen und immer belastbarer geworden sei.

»So, so, Ihr Geist ist also um 360 Grad wendbar …«, erklang es gelangweilt von der Richterbank, »in meinen Augen zeugt das eher von einer gewissen Beliebigkeit.«

»*Ähm* … Hohes Gericht, wenn Sie gerade mein Belieben ansprechen … da gibt es noch etwas, was ich, bevor ich die Verteidigung fortsetze, gerne noch loswerden würde«, meinte George, zwar weiter höflich, doch mit süffisantem Lächeln. »Aus eben genannten Gründen und weil ich weder ›mein aktuelles Konto‹ noch ›eine Familie‹ ruiniert habe, noch man mir zu keiner Zeit zu viel verbrachte Zeit mit den Charts vorwerfen kann, denke ich, dass die heute Morgen vorgetragene Anklage auf mich ebenfalls nicht zutrifft und das Hohe Gericht mich deswegen nicht verurteilen kann! – Auch ich bin hier fehl am Platz!« Den Einwand innerlich mürrisch zugebend, verstand es die Richterin gut, dieser Wortmeldung die Schärfe zu nehmen: »Dass ich Sie nicht verurteile, muss aber nicht unbedingt ein Kompliment sein! Es handelt sich eher um das gleichgültige Gefühl, ich würde mir gar nicht erst die Mühe machen, Ihnen so nahe zu kommen oder mich mit Ihnen näher zu beschäftigen, um Sie überhaupt vollends beurteilen zu können. – Tja, aber was den Angeklagten angeht …«, die Richterin hielt inne und musterte Jerome, »hier mache ich mir durchaus die Mühe! Daher: zurück zur Verhandlung!« George entschied nun, dass er in der Verteidigung Jeromes noch fordernder auftreten müsse, stand daher auf und sah sich im überfüllten Gerichtssaal um, bis sich schließlich wieder erneut seine Blicke mit denen der Richterin kreuzten: »Ihrer Auffassung nach stehen also die Emotionen und die Unvernunft des Angeklagten und die Fachlichkeit von Regelwerken im Gegensatz zueinander. Meiner Meinung nach hingegen ergänzen sie sich sogar gegenseitig, und zwar so, dass das eine das andere einschließt.«

George sah kurz zu dem total verängstigten Jerome und forderte mit deutlichen Worten: »Ich würde daher das Hohe Gericht bitten, die Verhandlung ab nun so fortzusetzen, dass sich die wahre Tür zum Trading auftut, und hoffe, dass sich dann meine Worte zugänglicher und verständnisvoller erweisen als das, was Ihre Anklagepunkte und die herkömmliche Literatur und das mediale Halbwissen bieten, nämlich impressionistische Tupfer vom Trading und endlose Kreisbewegungen um das Eigentliche!«

»So, so … um impressionistische Tupfer zu umgehen, wünschen Sie eine Öffnung der ›wahren Tür‹?!«, wiederholte die Richterin mit einem kleinen Lächeln, denn vor ihrem inneren Auge sah sie tatsächlich eine Tür aufgehen … nämlich jene zum Hof, die Jerome durchschreiten würde, bevor … anschließend das Todesurteil vollstreckt wurde.

»Ja, impressionistische Tupfer. Denn: Weil ein Tradinganfänger mehr emotionale, ja fast schon mystische Erfahrungen mit dem Trading erlebt, welche das allgemein Übliche des Alltags weit übersteigen, ist es folglich sehr schwierig, die wahren Schwerpunkte, wie etwa die Psyche eines Traders, zu erklären, die Ihrer Definition nach nur mit Regelwerken und Logiken umgehen. Kurzum: Einem Nicht-Trader das Trading eines Tradinganfängers als ›logisch‹ zu erklären, hieße daher ungefähr das Gleiche, wie einem Blinden das Sehen zu erklären: Letztlich kann man das nicht, und zwar aus dem einleuchtenden Grund, weil sich das Sehen nicht auf die übrigen vier Sinne zurückführen lässt, das heißt also: weil es sie übersteigt. Folglich neigen viele Gespräche, aber auch oftmals manche Börsenliteratur oder manches Möchtegern-Fachseminar – und im Übrigen auch diese Gerichtsverhandlung bisher! – dazu, ziemlich verschwommen zu bleiben, weil man nicht an der Tatsache vorbeikommt, dass oft nicht das geeignete rhetorische und didaktische Handwerkszeug vorhanden ist, um das Thema präzise und sinnvoll anzugehen, was das Emotionale betrifft.« Das übliche in den Gerichtssaal hineingegähnte »So, so …« erklang von der Richterbank.

»Ich fordere daher das Gericht auf, die …«

»Wie war das: Sie fordern mich auf?!« Die Richterin schüttelte belustigt den Kopf.

»Ja, ich fordere das Hohe Gericht auf, die Logik genau des Weges zu untersuchen, der den Angeklagten zu seiner ganz eigenen und unmittelbaren emotionalen Erfahrung des Tradings führte, sowie die persönlichen Konsequenzen, die sich aus jener Erfahrung ergaben. Oder anders formuliert: Selbst mir als erfahrenem Händler ist es aufgrund meiner begrenzten sprachlichen Mittel nicht möglich, Ihnen als Nicht-Traderin das Trading an sich angemessen zu beschreiben, wohl aber das, was man in Ermangelung eines besseren Begriffs als ›die Logik des Tradings‹ bezeichnen kann. Gemeint ist damit der Prozess rationalen Argumentierens für einen Trade, durch den der Trader einen intuitiven Sprung ins emotionale Trading hinein wagen kann und wird!«

Die Folge dieser Sätze war, dass die Richterin George erzürnt musterte, denn seine Anhörung als Verteidiger war irgendwie suboptimal gelaufen. *Was tun?* George präsentierte da komische Details, welche nicht in den Kommentaren von Gesetzestexten nachzulesen waren. Zum anderen, was jedoch weithin schlimmer war, ahnte die Richterin, dass George von etwas sprach, was, den Blicken und Gesten nach zu urteilen, für die anderen angeklagten Trader ganz und gar nachvollziehbar war. Getuschel machte sich im Saal breit, doch ein lauter Hammerschlag sorgte augenblicklich für Ruhe. »Also noch mal zu Ihnen, Angeklagter …« Die Richterin wollte endlich das Urteil sprechen und entnahm daher der Akte die Kontoauszüge der letzten Handelswoche, es waren um die zwanzig Blätter, und hielt sie vor sich wie einen Fächer. »Ihr Verteidiger«, sie schaute kurz und verächtlich zu George, »ist der Meinung, ich solle ›den Weg‹ untersuchen! Na gut. Ich zeige Ihnen jetzt mal, wie ich den Weg *untersuche*!« Mit spöttischem Lächeln blickte sie auf Jerome und entschied sich, »den Weg« stattdessen lieber abzukürzen: »*ANGEKLAGTER*«, schrie sie hart aus, »waren Sie es, der die letzten Trades hier durchgeführt hat? – *JA* oder *NEIN?!*« Sie wedelte mit den Kontoauszügen, und ihre Stimme überschlug sich vor Zorn.

Schluck! – Jerome sah sich ängstlich um. Auf ein Zeichen einer der Aufseherinnen stand er leise seufzend auf und nickte langsam.

»Gut!« Die Richterin deutete auf die von ihr hochgehaltenen Kontoauszüge, um ihrer nun folgenden Frage noch mehr Gewicht zu verleihen.

»Es war also Ihr *freier Wille*, die hier verzeichneten Trades einzugehen?«

Heee …

WIE war das jetzt?

In den Augen der Richterin gingen Jeromes Trades von ihm und seinem *freien Willen* aus, in seinen Augen aber waren sie auf ihn zugekommen wie herbeifliegende Vögel. Jerome versuchte, seine Gedanken rund um seinen freien Willen aus dem ganzen Wirrwarr zu ziehen, und überlegte, ob er damit der sich verengenden Schere der Anklage entkommen könnte.

Hmm …?!

Er fand keine klare Antwort. Hoffnungslos! Die Frage, ob es denn sein freier Wille gewesen sei, all diese Trades einzugehen, klang aus dem Mund der Richterin zu hinterhältig und heimtückisch. Da ihm nichts einfiel, schaute er fragend und hilfesuchend zu George.

»Ja!«, George stand abrupt auf, »ja, es war Jeromes eigener Wille.« Aber noch ehe die Richterin darauf einsteigen konnte, fügte er hinzu: »Sie haben sicherlich gemerkt, ich habe gerade das Wort ›frei‹ weggelassen!« Die Richterin blätterte gelangweilt in ihren Akten. »Und? Was ändert das?«, fragte sie kalt und herablassend. Sie würdigte George keines Blickes.

»Was das ändert? – Nun, es bleibt nur noch Wille. Einfach nur Wille. Wille zum Trading.« George warf Jerome einen Blick zu und gab ihm durch ein kleines Handzeichen zu verstehen, dass er Ruhe bewahren solle. Dann wandte er sich wieder an die Richterin: »Das Hohe Gericht stimmt mir doch zu, dass Jerome ein Anfänger in Sachen Trading ist?« Die Richterin wedelte erneut mit den Kontoauszügen, deren Zahlen für sich selbst sprachen und aus ihrer Sicht keiner Antwort bedurften.

George deutete das als ein Ja. »Gut, wir sollten daher einfach in der weiteren Verhandlung den Versuch unternehmen, wann immer wir über den ›freien Willen‹ im Trading sprechen, das Wörtchen ›frei‹ bei dem Angeklagten wegzulassen, und wir werden sehen, dass uns fast nichts verloren geht.«

»Nun ja, wie auch immer«, wiegelte die Richterin mit einer raschen Armbewegung ab und fügte hinzu, dass sie keine Lust auf Wortklaubereien habe.

»Frei hin, frei her«, was sollte das schon, Hauptsache, Jerome tat es willentlich, denn schließlich definiere sich der Wille dadurch, dass etwas aufgrund einer bewussten Absicht geschehe und diese Handlung nicht unter Zwang erfolge. Dies sei bei Jerome wohl eindeutig der Fall, denn niemand habe ihn zu seinen Trades gezwungen. Somit seien seine Trades rein nach Definition seinerseits kontrolliert, steuerbar und bewusst und mithin eine willentliche Handlung gewesen, weshalb der Angeklagte eindeutig dem Mord an dem Handelskonto überführt zu betrachten sei! »Bei meinem Richterspruch wird das Wörtchen ›frei‹ ohnehin nicht vorkommen«, fuhr sie süffisant lächelnd fort und hielt jegliche Diskussionen damit für endgültig beendet. Sie hob ihren Hammer, um nun endlich den Urteilsspruch zu verkünden.

»STOPP!« George nahm diese Definition dankend zum Anlass, um kurz vor dem vernichtenden Aufschlag des Hammers zu fragen, ob denn grundsätzlich jede Handlung wirklich willentlich sei oder ob es denn Ausnahmen gäbe, worauf die Richterin verdutzt innehielt und fragte, was er denn nun schon wieder damit meine, woraufhin George anmerkte, dass es doch auch Handlungen gäbe, die nicht willentlich seien. »Beispiele!«, forderte die Richterin.

»Zum Beispiel Ihr ständiges Achselzucken.«

»Mein Achselzucken?!«

In den Augen der Richterin und der Staatsanwältin las George, dass beide noch nicht recht verstanden, daher entschied er sich für ein weiteres Beispiel: »Wenn Sie sich vornehmen: ›Ich will heute Mittag mit Kollegen essen gehen‹, dann ist das eine willentliche Entscheidung. Doch wenn dann zu Mittag ein Glas Wasser auf dem Tisch steht und Sie, mit Ihren Kollegen ins Gespräch vertieft, danach greifen, dann ist das eine automatische Handlung.

Dazu brauchen Sie Ihren Willen gar nicht. Oder nehmen wir ein anderes Beispiel: das Gleichgewichtshalten beim Radfahren. Das machen Sie auch nicht aktiv.« »Und was hat Ihr Exkurs zu meinen Essgewohnheiten oder unser aller Verhaltensweise beim Radfahren mit dem bevorstehenden Urteil zu tun?« Der übliche gelangweilte Blick folgte, begleitet von einem unwilligen Kopfschütteln. »Nun«, George sah der Richterin fest in die Augen, »ich sage es mal so:

Manch einer könnte ja nun während dieser Verhandlung die Frage nach der Existenz einer absoluten Freiheit stellen, demnach jener Freiheit, die unabhängig vom Zustand der Dinge, von den eigenen Motiven und dem Zustand der eigenen Gedanken ist. Absolute Freiheit meint, dass es möglich wäre, unabhängig vom Zustand der Dinge, von den eigenen Motiven und dem Zustand der eigenen Gedanken immer so oder auch ganz anders zu handeln. Problem: Diese Form der Freiheit kann es jedoch nicht geben!« »Weshalb nicht?«, hakte nun die Staatsanwältin nach, was ihr wiederum einen giftigen Blick der Richterin einbrachte.

»Nun, es gibt zunächst eine Voraussetzung, die wir zur Beantwortung kennen müssen: Was immer Gedanken und Geist genau sein mögen – beide beruhen letztendlich auf physikalischen, biologischen und chemischen Prozessen, die im Gehirn ablaufen, und zwar in Interaktion mit der Umwelt. Diese Prozesse müssen mit dem, was wir von der Physik, der Biologie und der Neurowissenschaft über die Welt wissen, verträglich sein ...« »Ja, ja, weiter, kommen Sie endlich zur Sache!«, rief die Richterin barsch dazwischen.

»Aber gerne. Alles in allem entsteht in deren Folge die Frage: Ist diese Welt deterministisch oder indetermins...«

»Hören Sie mal«, fauchte die Richterin abermals dazwischen, sichtlich genervt, dass George versuchte, die Schuld des Angeklagten am Tod des Kontos über die Frage des Willens ins Wanken zu bringen. »Ich bin hier, um den Angeklagten zu verurteilen, und nicht, um mit Ihnen einen Exkurs in die Philosophie zu unternehmen! Für solche Spielereien habe ich weder Lust noch Zeit. – Ist das KLAR?!«

»Ja, aber ...«

»OB DAS KLAR IST?!«

George wusste zwar, dass dieser Weg ohne Weiteres zum Ziel führen würde, kam aber mit diesem beim Hohen Gericht nicht weiter. Beherzt versuchte er, über einen kurzen, aber durchdachten Umweg trotzdem sein Ziel zu erreichen. Mit leicht unterwürfigem Ton fragte er: »Frau Richterin?«

Ein genervtes »Ja, was ist denn noch?«, schlug ihm entgegen.

»Und was, wenn Jeromes Trades zufällig waren?!«

PENG!

Stutzen auf der Richterbank.

Mit dieser Frage hatte George blitzschnell die Aufmerksamkeit der Richterin, und sie ließ ihn in einem Satz erklären, was er damit sagen wolle, woraufhin er zu verstehen gab, dass es an jedem Punkt in der Geschichte eines jeden Menschen, sei er nun Trader oder eben nicht, immer nur einen Weg gebe. Es gebe keine echten Alternativen für Entscheidungen. Indeterminismus bezeichne die Existenz des echten Zufalls, das heißt der echten Unvorhersagbarkeit von Ereignissen, hingegen gehe der Determinismus davon aus, dass alle Ereignisse nach feststehenden Gesetzen abliefen und sie durch diese vollständig bestimmt, sprich determiniert seien und damit bei vollständig bekanntem Zustand eines Systems der weitere Ablauf aller Ereignisse prinzipiell vorherbestimmt sei. Folglich würde weder ein echter Zufall noch ein Wunder beziehungsweise ähnliche nichtphysische Phänomene existieren, indeterministisch dagegen bedeute, dass echte Verzweigungen existierten, und wenn man der gültigen Physik folge, sei das so etwas wie »absoluter Zufall«.

»Und was hat das mit dem freien Willen des Angeklagten bei seinen erbärmlichen Trades zu tun?« Bei ihrer Frage wirkte die Richterin, als bereute sie bereits zutiefst ihre George erteilte Erlaubnis.

»Wenn es einen absoluten freien Willen gäbe, dann ginge das nur, wenn die Welt an Punkten der Entscheidungen indeterminiert wäre. Aber – und hier kommt nun das schlagende Argument – damit gewinnen wir in dieser Verhandlung gar nichts!« »So, tun wir das nicht?!« Die Augen der Richterin blitzten auf, und es konnte nur noch eine Frage der Zeit sein, bis sie George das Wort wieder entziehen würde.

»Nein. Das Einzige, was wir hierdurch dazugewinnen könnten, wäre die Gewissheit, dass die Handlungen des Angeklagten also doch zufällig waren. Doch der Zufall kann uns Tradern nicht mehr Freiheit geben. Viel eher wird er stattdessen die Freiheit einschränken! Denn wenn wir die Ausdrücke ›freier Wille‹ oder ›eigener Wille‹ gebrauchen, dann doch vor allem in solchen Situationen, in denen wir uns für etwas verantwortlich erklären oder von anderen für etwas verantwortlich gemacht werden. Oder anders gesagt: Wir wollen doch nicht, dass eine Entscheidung vom puren Stolpern eines Gedankens im Gehirn abhängt, sondern allein von unseren Motiven. Von unseren Gründen, die irgendwie im Gehirn realisiert sind. – Richtig?! Gut! Da hilft uns der Zufall aber nicht weiter. Im Gegenteil, wir müssen ihn aussperren.« »Na, das ist aber mal ein merkwürdiger Standpunkt! Tagaus, tagein jammern uns hier die Verteidiger die Ohren voll über die ›verminderte Schuldfähigkeit‹ ihrer Mandanten wegen irgendwelcher Fehlfunktionen in deren Gehirn, und nun kommen Sie daher und behaupten, dass Sie das nicht gebrauchen können, weil es schädlich sei? Das hätte ich gerne etwas ausführlicher erklärt!«, hakte die Staatsanwältin nach, was ihr einen weiteren vernichtenden Blick der Richterin einbrachte.

Jerome versuchte, sein Schmunzeln darüber zu verbergen, indem er seinen Kopf senkte und auf seine Fußfesseln starrte, erwartete aber Georges weitere Ausführungen genauso gespannt wie fast alle anderen Anwesenden. Mit ernster Stimme fuhr er fort: »Gerne zu Diensten, Frau Staatsanwältin, obwohl ich fürchte, dass Sie eine falsche Schlussfolgerung aus meinen Worten gezogen haben! Denn: Ein Tradinganfänger hat ein Regelwerk, ein Wissen, aber trotzdem, sobald er voll von Eindrücken und Plänen, die vielleicht so reif und neu sind wie nie zuvor, vor den Monitoren sitzt, geht eine entmutigende Veränderung mit ihm vor; er braucht nur einen Chart anzusehen oder einen Börsenkurs auf n-tv. Sein Kopf bleibt zunächst klar, und der Tradingplan darin schwebt, bildlich gesprochen, gleichsam in einer sehr durchsichtigen und klaren Atmosphäre, doch binnen Sekunden spaltet sich der Plan und wird zu zwei oder mehr Plänen, die um den Vorrang streiten – aber die Verbindung vom Kopf zu den erforderlichen disziplinierten Aktionen, die zur fachlich korrekten Ausführung des Trades notwendig sind, sind plötzlich wie abgeschnitten. Einem fremden Gesetz der Erregung gehorchend, glüht der Körper eines Tradinganfängers beim Betrachten eines Charts bis zum Durchschimmern der tiefsten Punkte der Seele, und es dringt zu ihm erschreckend herüber: Trading ist hart und farblos, denn beim Anblick der Kurse, der Positionen reißt sich etwas Unbestimmtes, etwas Unbekanntes in ihm los und droht mit seinen Emotionen und seinem Geist davonzufliegen. Durch diesen inneren Kampf um den Vorrang, und damit um die Beseitigung dieser Blockade, wird die Aufmerksamkeit des Tradinganfängers so in Anspruch genommen, dass sich etwas Unbekanntes, etwas Unbestimmtes aus – was ich der Einfachheit halber so nennen möchte – einem geheimen Hohlraum in seinem Wesen losreißen kann und nun droht, ihn zu überwältigen und völlig seinen Emotionen auszuliefern. Den Anfänger peinigen deshalb eine undefinierbare und unaussprechliche Angst und ein schier unbezähmbares Bedürfnis, irgendetwas Entscheidendes zu unternehmen, damit dieses unangenehme Gefühl verschwindet. Das einzige Mittel, welches ihm in diesem Stadium einzufallen scheint, ist die wahllose – und damit zufällige – Entscheidung für einen der sich ihm durch die verschiedenen Planvarianten scheinbar anbietenden Trades. Woraus folgt, dass auch Jeromes Trades sehr wahrscheinlich rein zufällig zustande gekommen sind, was angesichts seines ›Tradingerfolges‹ meine These über die Schädlichkeit des Zufalls dahin gehend unterstützt, dass der Zufall, will man erfolgreich handeln, tatsächlich ausgesperrt werden muss.«

»Wenn der Zufall ausgeschlossen wird, bleibt als Alternative die deterministische Sicht, die jedoch besagt: Alles ist vorherbestimmt. – Das klingt doch ziemlich albern!«, warf die Staatsanwältin ungehalten ein.

»Das glauben zumindest die meisten Nicht-Trader! Aber die Frage ist doch, ob Freiheit, das heißt die Wirksamkeit des eigenen Willens, und der Determinismus im Trading überhaupt miteinander vereinbar sind?! Genau darüber streiten sich Trader und Philosophen und …«, er deutete auf die Zeugenbank, »… und Ehefrauen schon, seit die Börse existiert. Und viele nehmen eine solche Vereinbarkeit an. Dann aber kann man nicht mehr an der absoluten Freiheit festhalten, sondern muss einen anderen Begriff des freien Willens entwickeln. ›Freier Wille‹ heißt dann nicht ›Ich kann unter genau den gleichen Umständen so oder auch anders handeln‹, sondern: ›Meine Handlungen gehen auf meine eigenen, selbst bestimmten Absichten zurück‹. Frei in einem absoluten Sinn heißt dann also: ›Gleichgültig, was ist, ich kann so oder so entscheiden.‹«

»Und diese absolute Form der Willensfreiheit kann es ja Ihrer Ansicht zufolge nicht geben, oder? Und was könnte die Alternative dazu sein?« Die Staatsanwältin hatte nun scheinbar Gefallen an der Diskussion gefunden, was die Richterin mittels scharfer Blicke mehrfach – aber vergeblich – zu unterbinden versuchte.

George strich nachdenklich mit den Händen über das Holz der Barriere, welche die Anklagebank vom Rest des Gerichtssaals trennte. »Freiheit im Börsenhandel ist ein verhältnismäßig moderater Begriff und bedeutet, dass man Freiheitsgrade und damit Reaktionsmöglichkeiten unterscheiden muss. Viele Tradinganfänger sind in diesem Sinne dahin gehend relativ unfrei, als dass sie nur zwei Alternativen zu erkennen scheinen: hier und jetzt handeln zu müssen und das Ergebnis eines solchen Trades anschließend zum Anlass zu nehmen, hier und jetzt erneut long oder short zu gehen, wobei sie unter Alternativen die Wahl der ›Richtung‹ verstehen. Ein fortgeschrittener Trader ist in seiner Reaktion schon etwas freier, da er noch anderweitig argumentieren kann: Völlig losgelöst vom Ergebnis der letzten Trades oder des ausgewiesenen Kontostandes, kann er überlegen, also auch bei vorangegangenem Minustrade, weitere Alternativen erwägen und beispielsweise auf das beste Signal beziehungsweise die Großwetterlage warten, was nichts anderes bedeutet, als auch die Position Flat einnehmen zu können.

In diesem Sinne bedeutet ›Freiheit‹ für einen Trader, über eine flexiblere Auswahl von Kontrollmechanismen und vor allem Handlungsmöglichkeiten zu verfügen und allem voran dabei: über eine größere Anzahl von Märkten!«

»Also sind nach Ihrer Auffassung Trader unterschiedlich ›frei‹?« Die Richterin lächelte herablassend. »Und Sie wollen mir suggerieren, ich müsste demnach diese auch unterschiedlich zur Verantwortung ziehen?«

Nun hatte George die Richterin da, wo er sie haben wollte: »Im Prinzip ja. Nicht umsonst gibt es im Strafrecht zwei Kriterien, um eine Schuldfähigkeit festzustellen: nämlich Einsichtsfähigkeit und Steuerungsfähigkeit. Einsichtsfähigkeit meint, jemand kann erkennen, was richtig und was falsch ist …«

»Danke für die Nachhilfe!«, unterbrach die Richterin Georges juristische Vorlesung. Aber der da«, sie zeigte mit ihrem Hammer in Jeromes Richtung, »dürfte ja wohl die Einsichtsfähigkeit besessen haben!«

»Ach ja?!«

»Ach ja, was?!«

Selbstbewusst wich George den durchdringenden Blicken der Richterin nicht aus, sondern stellte nun vielmehr die entscheidende Frage: »Wusste der Angeklagte denn – und ich bitte, dies besonders zu beachten! –, bevor er einen Trade einging, wirklich, dass dieser Trade mit einen Minus enden würde?!« ABRUPTES Stocken.

Getuschel machte sich im Gerichtssaal breit.

Der Angeklagte hätte, so die lapidare Antwort der Richterin, seinen Stopp doch nicht so weit weg setzen müssen, dann wäre zwangsläufig das Minus geringer ausgefallen.

Doch George konnte diesen Einwand aushebeln: »Hätte er seine Stopps tatsächlich enger gesetzt, hätte dies im einzelnen Trade tatsächlich jeweils ein geringeres Minus zur Folge gehabt. Stimmt. Nur leider hätte Jerome, in logischer Konsequenz und mit an Sicherheit grenzender Wahrscheinlichkeit, genau deswegen noch mehr getradet, da er so gezwungenermaßen in einer kürzeren Zeit wieder über erneute Einstiege und Trades hätte nachdenken müssen. Die so erhöhte Handelsfrequenz hätte dann unterm Strich unzweifelhaft ein ähnliches Minus ergeben wie die hier angeklagte Ausgangssituation. Zum anderen«, George wandte sich an Jerome, »hätte der Angeklagte in keinem Fall auch bei einer engeren Stopp-Setzung im Voraus wissen können, ob ein Trade im Plus oder im Minus enden wird!«

Und während Jerome um sich herum bemerkte, dass Georges Worte jenes ernstere Nachdenken über sein Wesen bewirkten, das ihm bisher von Außenstehenden – von Nicht-Tradern – immer versagt geblieben war, wiegelte die Richterin mit gereizter Stimme ab und mahnte George, endlich fertig zu werden.

»Ich soll auf den Punkt kommen? – Sehr gern. Meine Worte sollen einen außenstehenden Nicht-Trader daran erinnern, dass selbst die schlechtesten Trades in den schrecklichsten Zeiten nach genau denselben ehrenhaften Grundsätzen durchgeführt werden wie gute Trades in besseren Zeiten – nämlich um einen Gewinn zu erzielen! Gleichsam dem im Alltag oft zu beobachtenden Phänomen, dass viele Leute, die daran beteiligt sind, die Erfolge einer bestimmten Sache zunichte zu machen, oft das Gefühl haben, sie im Gegenteil sogar zu verbessern.« George holte tief Luft und kam dann auf die zwei Kriterien der Schuldfähigkeit, nämlich Einsichts- und Steuerungsfähigkeit, zurück: »Wenn die Einsichtsfähigkeit nicht gegeben war, dann entwickelten sich für den Angeklagten keine Wahlmöglichkeiten und also auch kein freier Willen, sondern seine Handlungen geschahen auf die ihm einzig mögliche Art und damit zwangsläufig, was ihn im gesuchten Sinne nicht schuldfähig macht. Darüber dürfte doch nunmehr kaum noch eine Kontroverse bestehen! Aber das wahrhaft Schwierige bei diesem Fall ist doch die Steuerungsfähigkeit …«

George hielt erneut kurz inne, und während seine Lippen ein feines Lächeln umspielte, saß die Richterin buchstäblich mit offenem Mund da, ahnte sie doch, was George im Begriff war, nun vorzubringen, und wusste, auf welches Spielfeld er die Verhandlung ziehen würde.

»Und«, setzte George seinen Triumphzug fort, »um auch hier gleich auf den Punkt zu kommen: Es gibt Menschen, die sich sehr wohl steuern können, von denen die Psychiater aber dennoch sagen, sie seien krank. Diese speziellen Menschen sind uns üblicherweise bekannt als Psychopathen!«

Wie bitte …?!

Jerome horchte völlig entsetzt auf, schließlich war er der Hauptangeklagte, George sein Verteidiger – und in diesem Szenario fiel der Begriff Psychopath. Während sich in ihm plötzlich leise Zweifel um die Fähigkeiten seines Verteidigers meldeten – schließlich war Psychopathie eine besondere Form der Persönlichkeitsstörung, die mit sozial verantwortungslosem, aggressivem und häufig kriminellem Verhalten einherging –, fuhr George gleichwohl seelenruhig fort: »Psychopathen nutzen oft Gewalt, um etwas durchzusetzen, und empfinden dabei weder Reue noch Schuld, noch haben sie Mitgefühl für andere. Ein Strafrechtler könnte zu Recht argumentieren: Ein Psychopath handelt in böser Absicht. Er kann erkennen, was richtig und was falsch ist, und er kann sich im Prinzip selbst steuern, allerdings tut er es nicht. Demnach ist ein Psychopath voll für seine Taten verantwortlich.«

George schaute in Jeromes völlig entsetztes Gesicht, zwinkerte ihm zu und gab ihm so zu verstehen, dass er ruhig bleiben solle. »

Aus neurowissenschaftlicher Sicht sieht die Sache jedoch schon anders aus! Denn wenn wir einen Psychopathen mit einem Gesunden vergleichen, hat der Gesunde in dem vorhin definierten Sinn mehr Freiheit, weil er sein Verhalten flexibler gestalten kann …« »Und was folgt Ihrer Meinung nach daraus im Fall des Angeklagten?«, kürzte die Richterin das Ganze ab.

»Nun, um im angesprochenen Vergleich zu bleiben, könnte ein Neurowissenschaftler etwa sagen, Tradinganfänger, die diese Freiheit in geringerem Maße besitzen, haben deswegen nur eine bedingte Freiheit und damit automatisch einen größeren Hang zu Fehlverhalten und sind deswegen weniger verantwortlich. Das herkömmliche Strafrecht sagt wiederum das Gegenteil: Wenn jemand einen Hang zu Straftaten hat, dann muss er sogar noch härter bestraft werden; ganz so, wie dies bei Wiederholungstätern geschieht.« Die Richterin lächelte geringschätzig. »Was sind Sie denn für ein Spinner? Wenn wir Psychopathen anders bestraften, indem wir ihre Veranlagung berücksichtigten, hätten wir dann nicht einen Freibrief für ihre Gewalttätigkeit? Und wenn wir, dem logisch folgend, Tradinganfänger leichter bestraften, eben weil sie Anfänger sind, stellten wir ihnen dadurch nicht einen Freibrief für ihre Leichtfertigkeit aus?« George respektierte den Einwand und zog in seiner weiteren Argumentation das Beispiel Alkohol heran: »Früher galt Alkoholabhängigkeit als ein, sagen wir mal so, eher moralisches Versagen. So wurde es in der Gesellschaft behandelt, und so sehen es viele noch heute. Inzwischen aber weiß man, dass sowohl genetische als auch starke soziale Faktoren zur Alkoholkrankheit beitragen und dass sich im Laufe der Zeit die Gehirnstrukturen der Betroffenen stark verändern. Kann der Alkoholabhängige, gleichgültig, ob aus eigener Kraft oder mit fremder Hilfe, den Weg zur Verringerung seiner Abhängigkeit beschreiten, kann die Krankheit durch Abstinenz zwar gestoppt werden; Heilung, wie man sie bei sonstigen Erkrankungen kennt, gibt es jedoch nicht wirklich. Man bleibt, ist man erst einmal alkoholabhängig, zeitlebens gefährdet. Deswegen ist Alkoholismus heute sogar als chronische Erkrankung anerkannt.« George sah in aufblitzende Augen und setzte noch einen drauf: »Die Therapie wird sogar … –

Achtung – von der Krankenkasse bezahlt. Jetzt könnte man sich natürlich fragen:

Ist das ein Freibrief für besagtes Fehlverhalten? Denn: Die meisten Alkoholkranken werden rückfällig, und eine nicht geringe Anzahl Alkoholkranker neigt zur Gewalttätigkeit. Müssten wir demnach nicht alle Alkoholkranken einsperren, um zu verhindern, dass Unschuldige dieser Gewalttätigkeit zum Opfer fallen? Das ist eine Frage, für die unsere Gesellschaft eine eindeutige Antwort bereithält: Nein! Und dafür hat sie gute Gründe. Erstens ist Alkoholismus eine Krankheit. Zweitens müssten wir dann konsequenterweise auch alle einsperren, die psychopathische Veranlagungen besitzen, und Hohes Gericht, wie Sie wissen, sind das mehr als nur die klassischen Mörder. Psychopathische Persönlichkeitsstörungen haben eine Auftretungshäufigkeit von etwa einem Prozent der Bevölkerung. Grob geschätzt gäbe es demnach in unserem Land Hunderttausende Menschen mit einer solchen Persönlichkeitsstörung. – Wollen wir die alle einsperren?« Teils bedrücktes, teils erstauntes Kopfschütteln im Saal folgte dieser Frage.

»Aber keine Angst«, George drehte sich breitschultrig in Richtung der Besucherreihen, »nicht jeder Psychopath ist ein Mörder. Die weniger intelligenten Psychopathen landen zwar oft im Gefängnis, die klugen jedoch eher in Politik und Wirtschaft. Wir müssten also eine Grundsatzentscheidung treffen: Wie viel an Kontrolle und prophylaktischen Maßnahmen sind wir bereit in Kauf zu nehmen, um Risiken möglichst klein zu halten? Es geht dabei um Fragen, die weit über die Neurowissenschaft hinausgehen, soll aber … nicht Gegenstand dieser Verhandlung sein!«

Die Richterin nickte dankend.

»Kommen wir zurück zum Angeklagten und seinen Trades.« George wandte sich Jerome zu und fragte ihn, wie oft ihm die Frage des freien Willens während seiner Handelstage in den Sinn gekommen sei. Und da Jerome auf diese Frage nur mit verständnislosem Blick reagierte, konkretisierte George seine Frage, dabei vorab vehement betonend, dass Nachfolgendes nur für einen Tradinganfänger gelte: »Jerome, Achtung, bitte konzentrieren Sie sich auf die kommende Frage: Wachen Sie morgens auf und überlegen sich beim Zähneputzen: Hui … Ich hab heute einen ›freien Willen‹, daher handle ich heute mal … ähm … den DAX statt … ähm … Öl oder … ähm … irgendeine Aktie?‹«

»Na ja … eigentlich eher nicht«, stotterte Jerome.

»Genau. Das spielt nämlich auch so gut wie keine Rolle, weil kaum ein Tradinganfänger sich morgens wirklich fragt: Mein Gott, habe ich wirklich einen freien Willen vor den Monitoren? Stattdessen überlegt er sich: Was ist heute wohl besser? Soll ich im DAX long gehen oder besser short im Öl? Dann wartet er noch einige Minuten, macht sich vielleicht einen Kaffee, und dann tradet er das eine oder das andere – oder beides. Vom Ergebnis dieses Trades hängt dann bei einem Anfänger aber in aller Regel die Gestaltung des nachfolgenden Trades ab. Kurzum: Ein Tradinganfänger trifft über den Tag hinweg recht viele Entscheidungen, macht sich aber, was völlig nachvollziehbar ist, selten darüber Gedanken, ob diese frei sind oder nicht. Vergleichen wir dies mit unserem normalen Alltag, können wir feststellen, dass dort die meisten unserer Handlungen sogar automatisiert sind: Man steht morgens auf, macht sich einen Kaffee, putzt sich die Zähne, zieht sich an und fährt mit dem Auto oder dem Bus zur Arbeit und ist dabei in Gedanken ganz woanders …« Der Blick der Richterin sagte George, dass er endlich zum Punkt kommen sollte, was er dann auch tat:

»Ist es daher nicht so, dass wir, wenn wir von willentlichen Entscheidungen sprechen, doch vielmehr von unbewussten Motiven reden? Jeder erfahrene Trader weiß, dass die Menge an unbewussten Prozessen, welche sein Trading und seine Stopp-Entscheidungen steuern, viel größer ist, als ein Außenstehender und Nicht-Trader zu glauben vermag! – Kurzum: Ein Tradinganfänger hat einen langen Strick um den Hals, kann allerdings nicht sehen, wer alles daran zieht.«

Jerome erwachte aus seiner Lethargie. Wild aufspringend, rief er aus: »GENAU! Der bewusste, der kontrollierte Teil ist winzig …« Umgehend wurde er von einer Aufseherin, die einen Fluchtversuch annahm, auf seinen Platz zurückgedrückt. »Bitte! Ich will doch nur sagen … genau so war es! Ich konnte mich einfach nicht wehren gegen diese ganzen unbewussten Motive und Einflüsse. Das versuche ich doch die ganze Zeit schon zu erklären! Aber mir glaubt ja hier keiner!«, rief er aus und vergrub das Gesicht so gut es eben ging in den Händen.

Auf den Angeklagten zeigend, meinte George, dieser habe weder mit der Absicht gehandelt, sein Konto zu töten, noch dürfe man seiner Würde halber von »psychisch krank« reden. Von reiner Lust am Verlieren könne überhaupt nicht gesprochen werden, sondern einzig von Zwang und mentalem Druck. Der Ausgang eines Trades dränge als »Reaktion auf dessen Ergebnis«, wie George sich ausdrückte, den Angeklagten zu weiteren Trades. Kurzum: Es müsse also beim Angeklagten jeder Trade als die »Notwehr« auf den vorherigen Trade angesehen und eingestuft werden.

»Notwehr?!«

Die Richterin ahnte plötzlich, dass Georges Verteidigung offenbar ein gewisser, wenngleich nur schattenhaft kenntlicher Plan zugrunde lag. Ihre Ahnung fand Bestätigung, als George plötzlich sogar postulierte, man müsse den Börsenhandel sogar als Anschlag auf den freien Willen eines Tradinganfängers ansehen – Jerome sei somit eher Opfer als Täter!

»Schluss!!« Die Richterin wies George an, sich sofort zu setzen, und tippte nervös mit ihrem Stift auf den Akten herum. Ihr reichte es jetzt: »So, haben wir nun alle unsere Sprüchlein aufgesagt? Wunderbar, dann kann ich ja jetzt mit dem Urteilsspruch beginnen!« »Das Ich eines Trader ist so etwas wie die Spitze des Eisberges, und alles darunter ist das unbewusste Es …«, rief George noch, bevor er von zwei Aufseherinnen vehement auf seinen Platz gedrückt wurde.

Die Richterin lachte laut auf: »Also sind wir jetzt auch noch bei Sigmund Freud angekommen?!«

»Vorhin habe ich das Es nur in seiner äußeren und noch nicht in seiner inneren Wirkform beschrieben, aber eines ist gewiss: Hätte es zu Freuds Zeiten bereits private Trader gegeben, so hätte er in diesen die besten Probanden gehabt!«

Die Richterin äffte George nach: »Ohne Unterbewusstsein funktioniert kein Geist und daher kein Trade … blablabla …« Doch George blieb hartnäckig: »Ein Tradinganfänger ist so gestrickt, dass ihm nur wenige Dinge gleichzeitig bewusst sind. Sein Unterbewusstsein jongliert mit der Menge aller Informationen um einen Trade und einen Chart so geschickt, dass er immer nur das gerade Wichtigste im Bewusstsein hat. Oder anders: Damit sein Geist funktioniert, ist er entsprechend darauf angewiesen, dass diese ganze unbewusste Maschinerie richtig arbeitet.«

»SCHLUSS! Ich will von dem ganzen Psychokram nichts mehr hören! Wir kürzen das jetzt alles ab! Sie wollen uns also zusammenfassend sagen, dass ein Tradinganfänger nur das Gefühl hat, er entscheide bewusst?« George erhob sich wieder und nickte. »Genau! Das Gefühl, ich bin Herr über mich selbst und entscheide ständig bewusst etwas, ist bei den meisten eine reine Illusion. Diese Illusion ist aber gleichsam wiederum ein Vorteil, denn auch wenn sich streng logisch beweisen lässt, dass es keine Freiheit im Trading geben kann, ist diese scheinbare Willensfreiheit notwendig, um im Börsenhandel handlungsfähig zu sein und vernünftig handeln zu können. Da die Beweisführung hierfür uns jedoch überweit ins philosophische Extrem entführen würde, verzichte ich mit Ihrem Einverständnis hierauf und führe stattdessen meine Verteidigung fort!« »Hallelujah!«, seufzte die Richterin halb spöttisch, halb erleichtert.

Gelächter kam im Saal auf, und erst ein Schlag mit dem Richterhammer stellte die Ruhe wieder her. George zog sein zerrissenes Hemd zurecht, strich sich durchs Haar, und noch bevor die am Rande stehende Aufseherin ihn davon abhalten konnte, stellte er sich erneut zwischen Richterin und Jerome und schaute abwechselnd beide an. Dann rief er so laut, als sollte es die ganze Welt hören: »Bringen wir meine Verteidigung auf den Punkt!« Mit lang gedehnten Silben begann George: »Könnte ein Trader …« »Könnte ein Trader was?!«, hakte die Staatsanwältin nach ein paar Sekunden und einem Seitenblick auf die Richterin nach.

»Könnte ein Trader aus freien Stücken beschließen, sein Konto zu vernichten und umzubringen? – Wäre das möglich?« Erwartungsvolle Stille herrschte jetzt unter den Zuschauern. Die

Richterin kniff die Augen zu Schlitzen zusammen. Sollte George diese Frage noch mit einem gewissen Zusatz versehen, so wusste sie, dass die Anklage in arge Bedrängnis geraten würde – was auch prompt geschah:

»Der erste Gedanke mag sein: Na klar geht das, schließlich laufen genug Verrückte in der Welt herum! Aber das wäre zu kurz und vor allem zu wenig erkenntnisorientiert gedacht. Vielleicht hilft es, sich zu überlegen, wer eine solche Frage beantworten könnte. Einer, der sein Konto bereits vernichtet hat? Sicher eine gute Idee, aber wie objektiv fiele dessen Antwort aus? Und damit: Wie verallgemeinerbar und daher übertragbar auf diesen Fall hier wäre dies? Ich denke daher, die Beantwortung dieser Frage liegt bei einem unparteiischen Kenner der menschlichen Motivationen, also einem Psychologen oder Psychiater, in besseren Händen – wobei ich voraussetze, dass die zu führende Untersuchung sich aus bereits erwähnten Gründen der Vergleichbarkeit auf eine Person im ›Vollbesitz ihrer geistigen und körperlichen Kräfte‹ beziehen sollte.«

Jerome schüttelte verblüfft den Kopf, was das Publikum zu weiterem Gelächter animierte. Aber George bat mit entsprechender Geste um Ruhe:

»Da von der biologischen Seite keine entsprechenden Einschränkungen vorzuliegen scheinen, wird eine Untersuchung der Motivationen sich mit diesen extremen Fragen zu beschäftigen haben: Empfand der Trader bezüglich seines Tradingkontos eine geheime Todessehnsucht oder gar offene Mordgelüste? Hat er deswegen immer wieder Minustrades herbeigeführt, bis das Konto letztendlich daran ›gestorben‹ ist? Kann man also das freiwillige wiederkehrende Herbeiführen oder die freiwillige Akzeptanz von Minustrades als Zeichen für eine solche Sehnsucht oder solche Absicht werten und damit per definitionem als gestört oder krank betrachten? Ich denke, es bedarf keiner groß angelegten Untersuchungen zur Bestätigung des allgemeinen Konsens, nach dem 99,9 Prozent der Menschen, die ihr Geld freiwillig zerreißen oder dies versuchen, als gesellschaftlich dysfunktional bis psychisch erkrankt gelten können. Was ist jedoch mit dem restlichen Promille? Was bedeutet hier Tötung des Kontos aus freien Stücken? Wenn man darunter versteht, dass sich jemand ohne eine psychische Erkrankung und wohlüberlegt dazu entschließt, Geld zu vernichten: Klar, das kann es geben. Beispielsweise durch kriminelle Energie, etwa wenn jemand beschließt, eine Firma zu ruinieren. Kann es aber sein, dass sich jemand ohne eine solche Dysfunktionalität oder Erkrankung dazu entschließt, sein Geld zu vernichten? Wiederum ist die Antwort darauf einfach:

Klar kann es das geben! Beispielsweise durch Hass. Man denke nur an den gehörnten Ehemann, der im Scheidungskrieg lieber seine Firma ruiniert, als seiner zukünftigen Ehemaligen Unterhalt zahlen zu müssen.« George pausierte kurz, was Jerome die Gelegenheit bot, einen Blick auf die Gesichter im Saal zu werfen. Das Schmunzeln der Männer und die missbilligenden Mienen der Frauen waren deutliche Zeugen dafür, dass George die volle Aufmerksamkeit der Zuhörerschaft sicher war, ganz so, wie es sich für eine gute Verteidigung gehört. »Damit sind wir jedoch bei Weitem noch nicht am Ende der Erkenntnis angelangt. Einen Schritt – einen wichtigen Schritt! – müssen wir noch tun und uns die alles entscheidende Frage stellen …« George nahm Anlauf zum Höhepunkt seiner Verteidigungsrede und bat alle Anwesenden, genau auf seine Worte zu achten: »Also, Achtung: Ist es tatsächlich vorstellbar, dass jemand im Vollbesitz all seiner Kräfte und ohne wie auch immer geartete sonstige Gründe dafür zu haben, also ›völlig frei‹, den Tod seines Handelskontos wählt, einfach nur um sich und dem Rest der Welt zu beweisen, dass er ebendiesen freien Willen hat?! – Na? … – Ich denke nicht! Das würden sicherlich auch alle anderen hier im Saal als unvernünftig ansehen.« Er drehte sich in Richtung der Zuschauer. »ODER?!«

Heftiges Getuschel.

George wandte sich wieder um, richtete sich auf, so gut es in seinem gefesselten Zustand ging, und sprach jetzt würdevoll und betont direkt zur Richterin: »Hohes Gericht, ich plädiere folglich auf einen Freispruch und beantrage sogar … eine angemessene Kur für den Angeklagten!« Ein lautes Raunen ging durch die Bankreihen.

»Bitte *WAAAS*?!« Die Richterin lockerte belustigt den eisernen Griff, mit dem sie immer noch den Hammer umfasste. »Habe ich gerade *K-U-R* verstanden?«

Georges Nicken ließ die Richterin herzhaft auflachen. Auch die Staatsanwältin konnte ihre Tränen kaum zurückhalten: »Kur? Wovon soll der Kerl geheilt werden, wenn ich fragen darf?«

»Eine verständliche Frage für einen Nicht-Trader. Und doch stellt man sie als Trader unentwegt. Ich möchte Sie bitten, dazu beizutragen, den Angeklagten von seiner Verzweiflung zu heilen.«

Die Richterin wurde plötzlich wieder ernst und beugte sich verächtlich vor: »Welche Art von Verzweiflung denn? – Ich kann da keinerlei Verzweiflung bei dem Angeklagten erkennen!« »Nein, anzusehen ist diese dem Angeklagten wohl kaum. Äußerlich betrachtet führt er, gleichsam nahezu jedem Tradinganfänger, ein scheinbar ›normales‹ Leben. Doch in seinem Herzen regiert die Verzweiflung. – Sie fragen, was für eine Verzweiflung? Ich will es mal so ausdrücken: Des Angeklagten Geist ist nicht frei, er gehört nicht ihm; er wird permanent von fremden Gedanken rund um das Trading belagert und kann sich aus eigener Kraft so gut wie nicht aus dieser Umklammerung lösen!«

»Belagert? Er? … *tzzz* … Wenn des Angeklagten Geist sich wirklich nur um das Trading drehen würde, warum dann das hier …«, die Richterin fächelte sich zur theatralischen Beendigung des Satzes mit den Kontoauszügen Luft zu.

George verstand die Geste der Richterin. Er musste etwas Adäquates entgegensetzen und wandte sich direkt an den Angeklagten: »Jerome, führen Sie eigentlich Tagebuch?« Der Angesprochene nickte und kramte zum Erstaunen aller Anwesenden aus seinem Hosenbund seinen stillen Wegbegleiter und stummen Zeugen hervor – das Letzte, was ihm, außer den Fetzen an seinem Leib, noch an Eigentum geblieben war.

»Sehen Sie, Frau Vorsitzende, der Angeklagte versucht, sie – ich meine die Verzweiflung – zu heilen, indem er sie zu Papier bringt! Ein alter Trick und einer der besten: Für jede wirklich tiefe Trübsal, sofern es nicht nur Gefühl ist, sondern auch Ausdruck des Verstandes, gibt es immer das Heilmittel, sie in Worte zu kleiden. Und hätten ein Stift und ein weißes Blatt Papier auch sonst für einen Tradinganfänger keinen Nutzen, dann zumindest diesen – wenngleich leider immer noch viel zu wenige dies erkennen oder beherzigen!« George wandte sich erneut dem Angeklagten zu: »Jerome, haben Sie diese Tagebuchseiten oder Auszüge davon jemals Ihrer Frau gezeigt?«

Ein verschämtes Kopfschütteln war die Antwort.

»Erlauben Sie mir, Ihr Tagebuch hier als Beweisstück zu verwenden?« Jerome zögerte und hielt sein an den Ecken ziemlich zerfleddertes Tagebuch fest an seine Brust gedrückt.

Meine geheimsten Gedanken, hier verwenden und öffentlich machen? Vor all diesen Leuten?

»Jerome, darf ich?!« George hielt ihm die offene Hand entgegen. Für jedermann war deutlich zu erkennen, wie sehr Jerome mit sich kämpfte. Erst ein leichtes Nicken und der freundliche Blick Georges beendeten dieses innere Ringen, und mit einem Ruck reichte Jerome ihm das Tagebuch.

»Danke, Jerome! Also, nehmen wir für jene eben von mir erwähnte Verzweiflung «, George sah der Richterin, dabei die Seiten des Tagebuchs durch seine Finger gleiten lassend, fest in die Augen und stoppte völlig wahllos bei einer der Seiten, »als Beispiel diese Notiz von vor ungefähr zwei Monaten, 18:45 Uhr.«

> *… aufs Erregteste fuhr ich auch heute fort, »hundertprozentige« und »ach so todsichere« Gelegenheiten im Chart auszumachen, und bot mir so in jeder Minute die Möglichkeit, mit dem Chart in kontotreibende Beziehungen zu treten, von denen ich mir mein Herz pressen und jagen ließ, ohne schlussendlich den Zweck, »Geld« ins Wirkliche übertreten zu lassen, zu erfüllen …*
>
> *Meine Vernunft wie auch die von mir gelesenen Fachbücher mahnten mich freilich, von meinen leidenschaftlichen Gefühlen beim Trading selbst keine Notiz zu nehmen. Es ist aber, als wohnten zwei Wesen in mir, nebeneinander, vollkommen unabhängig voneinander, als wären die Freuden und Leiden, die das Trading mit seiner bloßen Existenz verursacht, bloße Spielereien, keinerlei Beachtung wert, denn der eine Teil meines Ichs hasst und verachtet das Trading genauso, wie der andere es bewundert und liebt; und da ich mich bemühe, weder dem Hass noch der Liebe irgendeinen sichtbaren Ausdruck zu verleihen, bin es ICH, der manchmal den Eindruck erweckt, als wäre es ein mir völlig gleichgültiger Zeitvertreib. Mein Trading ist aber so inbrünstig und leidenschaftlich, mehr sogar, als ich bereit wäre, es einzugestehen, denn damit würde ich zugeben, dass ich diesem völlig ausgeliefert bin. Mein Hass hierzu aber treibt mich wiederum in so entwürdigende Trades, die zu überdenken ich mich fürchte.*
>
> *Gleichsam einer stehengebliebenen menschlichen Uhr schleppe ich mich so damit hin, zu tun, was ich nicht will, und zu erträumen, was ich nicht haben kann. Völlig absurd! Ich tue daher tagein, tagaus so, als wäre ich unnahbar und selbst gegen die fragenden Blicke der eigenen Frau unempfindlich … Absurd!*

»Möchten Sie Ihre Worte dem Hohen Gericht erklären?«, fragte George den Angeklagten, und da er merkte, dass es Jerome schwerfiel, seine Gedanken zu dem vorgelesenen Eintrag selbst in Worte fassen zu können, blickte er auf und übersetzte die vorgelesenen Zeilen für alle Nicht-Trader:

»Der Angeklagte macht mit der größten Energie immer nur das, was er nicht für notwendig hält! Das heißt, dass der Angeklagte seine größte Energie ständig in Unternehmungen steckt, die er im tiefsten Inneren für genau das hält, was sie tatsächlich sind, nämlich … *Unfug*, welcher sich schließlich auch im Kontostand widerspiegelt. Eine derartige Lage der Dinge – das Gros seiner Tage unter ›Qualen‹ zu verleben, begrenzt auf eine Handvoll schmerzfreier Handelstage und Trades – muss für einen Tradinganfänger eine ideale Brutstätte der Verzweiflung sein, die in eine zutiefst pessimistische Beurteilung des Daseinszweckes als Trader mündet. Aber in einem irrt Jerome in seiner Selbstwahrnehmung allerdings. Keine zwei-, sondern eine dreigeteilte ›Persona‹ kennzeichnet die meisten Tradinganfänger, bestehend aus, erstens, dem Spieler, zweitens, dem selbstlos Nutzen bringen wollenden Familienmenschen, und, drittens, dem nachdenklich Vernunftvollen. Und das Leidvolle daran ist, dass sich Anziehung und Abstoßung zwischen diesen Anteilen zu einem sonderbaren ›Bann‹ vermengen, zu einer immerwährenden wachsenden Unruhe, welche ihn während eines Handelstages dazu drängt, voranzuschreiten, immer weiter und weiter zu gehen und etwas anderes zu werden, ohne dass er wüsste, was dieses ›andere‹ sein sollte. Alles fesselt einen Tradinganfänger an den Bildschirmen, und nichts hält ihn!« Während seiner Rede hatte George weder den Richtern noch dem Publikum Beachtung geschenkt, und auch jetzt blickte er aufmerksam in des Angeklagten Tagebuch. Nochmals überflog er die vorgelesenen Zeilen, dann fuhr er mit einem Seufzer fort:

»Man kann dies auch so ausdrücken: Den Handelstagen des Angeklagten stehen die üblichen Ansichten und Hemmungen eines Tradinganfängers entgegen, die teils sinnloser, teils trivialer Natur sind, wie beispielsweise die selbst auferlegte ›ehrenhafte Pflicht‹, als Händler Märkte ›kontrollieren‹ zu müssen, genauso wie das Gefühl, als Trader gegen anerkannten ›Arbeitsethos‹ zu verstoßen, wenn er Geld ohne Stress erhält. Denkbar ist auch, dass die gehandelten Geldbeträge nicht zu seinem mentalen Mäntelchen passen oder, was allem Anschein nach sicherlich auch der Fall sein wird, dass grundlegende Fachlichkeiten nicht beachtet werden. Anders formuliert: Als Tradinganfänger in seiner jetzigen Situation kann Jerome noch nicht recht begreifen, dass dort, wo die substanzielle Wirklichkeit nur einen Knopfdruck long und short entfernt liegt, es um so ›kompliziert einfache Dinge‹ geht wie das Verständnis um fachliche Duplizierbarkeit und Beständigkeit! Auch wenn er den damit verbundenen Schmerz deutlich spürt, bleibt ihm dennoch unverständlich, dass er, der doch angeblich der Idee der Wahrheit zugewandt ist, nichts anderes ist als ein Narr, solange er seinem Ehrgeiz folgt, ein erfolgreicher Trader sein zu wollen, ohne sich mit diesen einfachen Dingen zu beschäftigen.« George blickte kurz auf und blätterte sodann – die ungläubigen Augen der Richterbank als auch das Erstaunen in Jeromes Blick ignorierend – wahllos zu einem neuen Eintrag. »Hier, eine Notiz von vor einigen Wochen, 22:16 Uhr.«

… ich achte auf alles und träume beständig. Ich bemerke jedes noch so winzige Mienenspiel des Charts, nehme die kleinste Veränderung in dessen Ablauf wahr, und während ich dies sehe, überlege ich schon den nächsten Trade und denke an nichts anderes.
Am allerwenigsten aber erinnere ich mich an das, was ich mir jeden Morgen an Regelwerken und Verhalten vorgenommen oder neu ausgedacht oder wieder ins Gedächtnis gerufen habe. Meine Trades entstehen unabhängig von irgendeiner fachlichen Natur oder inneren Notwendigkeit. Und so machte ich auch diese Handelswoche stets aufs Neue Fehler! Aber wie oft ich mir auch Fragen über Fragen stelle, so oft ich auch glaube, mir diese eigentlich

schon vor Längerem beantwortet zu haben, so wenig kann ich mich daran erinnern, wie die Antworten lauteten. Und wenn ich nachzulesen versuche, was ich früher aufgeschrieben habe, finde ich nichts, was mir weiterhilft … Wie seltsam wohl tagtäglich mein Gesichtsausdruck aussieht, mit dem ich mir sage, woran ich mich nicht mehr erinnere, oder mit dem ich aufnehme, an was ich mich nicht erinnern kann, mir gesagt zu haben …

George blickte auf und übersetzte auch diesen Eintrag: »Man merkt, dass der Angeklagte sich der Wirrheit seiner Gedankengänge rund um das Thema ›Trading‹ bereits bewusst zu werden beginnt, diese umschreitet und einzugrenzen versucht. Doch der Angeklagte ist noch nicht lange genug dabei, daher mangelt es ihm an Empfindungsschärfe, um es wiederzugeben, also was er denkt oder dachte, und es fehlt ihm noch der gedankliche Scharfsinn, um wirklich zu fühlen, was er fühlt. Kurzum: Was dem Angeklagten noch fehlte, war, dass er das, was er bei sich zu erkennen glaubte, nicht deutlich sehen konnte. Das Problem liegt also nicht an dem, was er bei sich zu erkennen meinte, sondern an dessen fehlender Deutlichkeit, um nicht zu sagen Verschwommenheit.« George tat einen Schritt auf Jerome zu. »Nur leider schmerzen die Leiden des Verstandes weniger als die des Gefühls und die des Gefühls wiederum weniger als die des Körpers. Ich sage ›leider‹, weil die Würde des Angeklagten eigentlich das Gegenteil verlangt. Nichts kann so schmerzen wie die Ohnmacht und hoffnungslose Verzweiflung angesichts eines unlösbar scheinenden Geheimnisses. Nichts kann so erstickend wirken wie die intensive und körperlich erschütternde Angst vor dem drohenden Verlust der Ehre und der Familie. Nichts kann die Persönlichkeit eines Menschen so sehr verwandeln wie Verzweiflung oder ungestillter Ehrgeiz«, kommentierte George abschließend jenen Tagebucheintrag und machte sich, während Jerome mit gesenktem Kopf dasaß, daran, sein Netz aus Beweisen für dessen »Unschuld« weiterzuweben: »Hier, ein weiterer Eintrag, eine Woche später, 00:19 Uhr.«

… zuweilen überkommt mich die letzten Tage – und dann meist urplötzlich – angesichts meines sinkenden Kontostandes und der stummen Anklage in Sabines Blicken eine furchtbare Lebensmüdigkeit, von der ich in diesen Momenten nicht glauben kann, sie jemals wieder zu überwinden.
Aber Selbstmord erscheint mir ein zweifelhaftes Mittel und der Tod, auch wenn er Bewusstlosigkeit bringen mag, als bei Weitem nicht ausreichend! Denn der Tod brächte nur das Ende meines Daseins als Trader. Diese besondere Müdigkeit erfüllt mich jedoch mit einer Sehnsucht nach etwas noch Tiefergehendem, etwas noch weit Schrecklicherem: nämlich aufgrund meiner verlorenen Ehre niemals existiert zu haben!

George blickte auf. »Stellt irgendetwas die Eindeutigkeit dieser Aussage infrage?« Die Staatsanwältin und einige Geschworene wechselten einen kurzen Blick. Keiner schien große Lust zu verspüren, das Offensichtliche noch zu bestätigen, und auch die Richterin, die gelangweilt in den Akten blätterte, antwortete lediglich mit einem belanglosen Schulterzucken. Nach kurzer Pause fuhr George daher fort: »Auch dieser Eintrag ist ein Beweis dafür, dass des Angeklagten Bewusstsein mit jedem einzelnen Handelstag immer mehr durcheinandergeriet und damit zu einer idea-

len Brutstätte der Verzweiflung wurde. Der Grund hierfür ist schnell ausgemacht:
Wohl nahezu jeder Tradinganfänger ahnt, wenn er an diese Dinge denkt, einen Fehler in alldem, weiß jedoch nicht, wo er liegt und wo er suchen muss. Es ist, als sähe man einem Taschenspieler bei seiner Arbeit zu, wohl wissend, dass man getäuscht wird, aber unfähig, die Technik oder den Mechanismus der Täuschung herauszufinden. Gewiss erkannte und las der Angeklagte hin und wieder mit der Klarheit, mit der sich die Blitze der Vernunft von der Finsternis der Unvernunft abheben, die nahe gelegenen ›Objekte‹, welche die wahren Fundamente als erfolgreicher privater Vollzeittrader ausmachen, und gewiss sah der Angeklagte damit auch hin und wieder das, was an Niedertracht, Trägheit, an Unterlassung und Falschheit in seinen eigenen Taten und Ansichten vor und mit den Charts steckte.

Gleichwohl: Für den Angeklagten stellte und stellt das Trading alles in allem ein Riesendrama dar, das nur aus einem unaufgeräumten Bühnenbild besteht, welches zu allem Übel auch noch völlig falsch herum steht. Doch warum falsch herum? Nun, weil sein Bewusstsein sein Trading automatisch mit seinen anderen, bisher angestrebten Lebensprojekten zu vergleichen versucht und dabei eine mangelnde Übereinstimmung feststellt, welche darauf hinzudeuten scheint, dass Denken und Fühlen irgendwie verrutscht beziehungsweise anderswie dabei sind, ihre Rollen zu vertauschen.«

»*Heeee*? Bitte *WAAAAASSS*?«, platzte die Staatsanwältin voller Unverständnis dazwischen. »Wer, was, wie ist vertauscht?« George fasste die Quintessenz seiner letzten Aussage noch einmal anders zusammen: »Der normale Alltagsmensch versteht fühlen als ›leben‹, und denken heißt, ›zu leben verstehen‹. Für einen Trader bedeutet jedoch das Denken ›zu leben‹, und das Fühlen ist nur die Nahrung für sein Denken!« »Das ist doch lächerlich!« Die Richterin winkte ab.

»Nein, das ist es nicht! Denn aus diesen und vielen weiteren noch nicht verinnerlichten Grundgesetzmäßigkeiten erwachsen bei dem Angeklagten genauso viel Selbsthass wie auch Zweifel an seiner Integrität. Glauben Sie mir: Der Angeklagte hängt an seiner Frau und seiner Tochter, aber er kommt kaum noch dazu, an sie zu denken! Und das geht jedem Tradinganfänger so! Dieser erbärmliche Schreibtisch, dieses Arbeitszimmer, worin nichts geschieht, außer dass darin ein Toter lebt, die arbeitsame Nutzlosigkeit all seiner Trades, die klebrige Wiederholung der gleichen Persönlichkeit das alles zusammen ist und bedeutet für den Angeklagten seit Monaten das ganze Leben und damit … Verzweiflung pur!« Erneut begann George, in Jeromes Tagebuch zu blättern, um einen weiteren, seiner Beweisführung dienlichen Eintrag vorzulesen, jedoch ließ dies die Richterin nicht zu: »Sie reden fortgesetzt Überflüssiges!«, wiederholte sie mehrfach. Und während sie sich schon wieder mit den Kontounterlagen Luft zufächelte, erklärte sie die Untersuchung nun endgültig für beendet und dass sie nun zur Urteilsverkündung kommen wolle.

Sie ergriff ihren Hammer.

TOCK!

Die Richterin erhob sich, nahm ein vor ihr liegendes Blatt und begann, unbeeindruckt von Georges Verteidigungsrede und Jeromes Rechtfertigungen – als ob sie nur zum Vergnügen der Anwesenden gehalten und vorgebracht worden wären –, mit der Verlesung des Urteils: »Dieser Gerichtshof hat sich auf der Grundlage der vorliegenden Beweise und der hierzu gehörten Rechtfertigungsversuche und Widerlegungen derselben folgendes Urteil gebildet: Die dem Angeklagten Jerome Decker vorgeworfenen Taten können diesem einwandfrei zugeordnet werden. Die Möglichkeiten, sich über die Folgen seiner Handlungen und Unterlassungen vorher ausreichend zu informieren, hat der Angeklagte entweder nicht genutzt oder nicht ausgeschöpft. Einmal in der Schieflage, hat der Angeklagte, statt sich mit der Situation zu befassen und die Verantwortung für sein Handeln zu übernehmen, nicht nur den Weg des geringsten Widerstandes gewählt und mit seinen weiteren Handlungen die finanzielle Zukunft seiner Familie aufs Spiel gesetzt – und damit letztendlich seinem aufgeblasenen Ego geopfert –, sondern hat, um seine Missetaten zu verschleiern, das in ihn gesetzte Vertrauen seiner Ehefrau sowie seine Integrität als elterliches Vorbild ausgenutzt und seine Familie in feigster und schamlosester Weise bewusst betrogen und belogen. Deutlicher kann man es nicht ausdrücken, als dass Jerome Decker ein planloser Spieler und Zocker ist. Strafmildernde Gründe konnten dem Gericht nicht glaubhaft vorgelegt werden. Es ist also davon auszugehen, dass der Angeklagte Jerome Decker seine Taten im Vollbesitz seiner geistigen Kräfte begangen hat. Aus diesem Grund erkennt dieser Gerichtshof für Recht und verkündet im Namen des Volkes nun folgendes Urteil …« Der gesamte Gerichtssaal erhob sich.

»Der Angeklagte Jerome Decker wird für vollumfänglich schuldig befunden, die ihm zur Last gelegten Taten begangen zu haben. Dem Hinweis des Gerichts zu Beginn der Verhandlung ist der Angeklagte nicht gefolgt, sondern hat sich für ›unschuldig‹ erklärt, was den sonstigen Beschuldigungen noch die Beschwernis des Meineids hinzufügt hat. Ich verurteile daher den Angeklagten Jerome Decker«, die Richterin klopfte mit elegantem Schwung … TOCK! … erneut auf den Tisch, »zum Tode! Das scheint angemessen.«

Ein überwiegend Zustimmung und Erleichterung ausdrückendes Raunen ging durch den Saal, doch die Richterin gebot Ruhe durch ein Heben der Hand und einen weiteren Hammerschlag – *TOCK!* »Um diese leidige Angelegenheit ein für alle Mal abzuschließen, scheint es – und zwar wegen Ihrer sinnlosen Herumdiskutiererei – ebenso angemessen zu sein, das gleiche Urteil auch über die beiden anderen Angeklagten zu verkünden!« – *TOCK!*

Zum Tode verurteilt?!

Zum Urteilsspruch selbst sagte Jerome nichts, damit es nicht wie ein Schreck aussah, aber seine Erregung sauste und drehte in Knien, Händen und Kehlkopf. Er hielt seine Finger krampfhaft zusammengepresst und hatte keinerlei Vorstellung von sich selbst mehr – nicht einmal mehr eine Vorstellung, die auf der fehlenden Vorstellung von sich beruhte. Er war nur noch ein Nomade des Bewusstseins seiner selbst … und noch bevor seine beiden Mitangeklagten gegen diese Ausweitung des Urteils auch nur ansatzweise protestieren konnten, hörte er die Richterin sagen: »Die Beweise gegen den Handwerksmeister, der seine Geschäfte für das Traden vernachlässigt hat, führen inhaltlich zu keinem wesentlich anderen Ergebnis als die gegen den Angeklagten Decker vorgelegten. Auch wenn die Merkmale des Betruges der Familie hier nicht so scharf zum Tragen kommen, so wäre dies nach unserer Ansicht nur noch eine Frage der Zeit, sodass auch hier zur Abschreckung aufs Schärfste durchzugreifen ist. Und was den ›ehrenwerten Verteidiger‹ des Angeklagten Decker angeht, so verdient der seine Strafe alleine schon durch den Versuch, dieses Gericht mit – aus unserer Sicht – billigster Westentaschenpsychologie bezüglich der Motivationen der gemeinen Lumpereien des Angeklagten Decker in die Irre führen und diesen vom Täter zum ... Achtung ... Opfer umdeuten zu wollen – und wenn wir ihn gelassen hätten, hätte er ihn vielleicht gar noch zum Helden inneren Widerstandes hochzustilisieren versucht!«

TOCK!

Erste Hochrufe auf die Richterin erklangen.

»Das Urteil ist sofort zu vollstrecken!«, donnerte sie in den Saal und ließ ihren Hammer erneut sausen.

TOCK!!

*

Damit war die Verhandlung geschlossen, und alles war vorbei. Während Jerome und seine beiden Leidensgenossen sich schreckensbleich ansahen, kannte der lautstarke Jubel der Zuschauer keine Grenzen mehr. Sie strömten nun rasch aus dem Gerichtssaal, jeder mit dem Vorsatz, einen guten Platz für die folgende Hinrichtung der Angeklagten zu bekommen. Jerome, George und der Handwerksmeister wurden als Letzte aus dem Saal geführt und, umgeben von mehreren Aufseherinnen, durch die Gänge des Gerichtsgebäudes zum Innenhof gebracht, wo der große Galgen aufgebaut war. Entlang der Fenster zum Hof standen Gerichtsangestellte und betrachteten die Menschenmenge, die sich dort bereits versammelt hatte. Die Schaulustigen lärmten und taten sich groß, lehnten sich gegen die Steinmauern und redeten mit aufgesetzter Kaltschnäuzigkeit über den Tod am Galgen. »Wenn die Angeklagten Glück haben, bricht das Genick gleich beim Fall«, sagte einer, »das ist kurz und schmerzlos. Doch wenn sie Pech haben, und es bricht nicht sofort, dann hängen sie am Strick, werden puterrot im Gesicht und schnappen nach Luft wie ein Fisch auf dem Trockenen. Bis sie dann endlich ersticken.« – »Und das kann so lange dauern, wie ein Mann braucht, um eine Meile zurückzulegen!«, fiel ein anderer ein, und ein Dritter meinte, es könnte alles noch viel schlimmer kommen, er selbst hätte schon einmal im Fernsehen gesehen, wie ein Gehenkter erst gestorben sei, als sein Hals schon mehrere Zentimeter in die Länge gezogen worden war!

Doch Jerome und seine Leidensgenossen hatten keine Zeit, sich mit den Diskussionen der besserwisserischen Gaffer näher zu beschäftigen, denn die Aufseherinnen drängten sie unerbittlich weiter. »Vorwärts!«

Beim Betreten des Innenhofs wurde Jerome gewahr, dass bereits zwei weitere Grüppchen Verurteilter auf dem Hof standen und soeben aus der gegenüberliegenden Tür noch ein weiterer, gleichsam aus drei Häftlingen bestehender Trupp – ebenfalls verurteilte Trader – auf den Hof geführt wurde. »Ich bin unschuldig!« Beim Anblick der Stricke, die leicht vom Winde getrieben baumelten, begann sich einer jener Gefangenen massiv zu wehren, woraufhin einige Jugendliche lautstark jubelten; sie wären enttäuscht gewesen, hätten die Delinquenten alles widerstandslos über sich ergehen lassen. Der Gefangene, durch Hand- und Fußfesseln in seiner Bewegungsfreiheit erheblich eingeschränkt, verstand es dennoch, durch heftige Stöße und Tritte nach links und rechts die ganze Gruppe zum Stehen zu bringen. Eine der begleitenden Aufseherinnen trat einen

Schritt zurück, holte aus und versetzte dem »Störenfried« einen kräftigen Hieb. Eine dem Tumult genüsslich zusehende Frau mittleren Alters sagte lautstark zu ihrem Mann: »Schau, diese Gier, buchstäblich schnell reich zu werden, ist der wichtigste Grund für die Faszination, die der Börsenhandel auf diese Kerle ausübte – und damit haben sie dann alles verloren! Sie haben ihre Familien ruiniert. – Zum Teufel mit denen!«

Eine andere Anwesende meinte: »Was für armselige Kreaturen, die meinen, mittels Geld könnte man einen tieferen Sinn oder ein umfassendes Geheimnis des Lebens erschließen!«, worauf ein weiterer Zuschauer rief: »Man kann es auch so ausdrücken, dass jemand, der unbedingt hundert oder mehr Prozent Gewinn machen will, obwohl er doch eine glückliche Familie und einen guten Job hat, offensichtlich ein menschliches Problem hat!«

Höhnisches Gelächter machte sich breit, und Jerome wurde schaudernd klar, dass auch die stilleren unter den Zuschauern das sich bietende Schauspiel genossen. Sodann mussten alle Gefangenen der Reihe nach Aufstellung nehmen, und der Dorfpfarrer, der gleichzeitig als Gefängnisgeistlicher fungierte, sprach ein kurzes Gebet, schlug über jedem Einzelnen ein Kreuz und murmelte, in verängstigte Augen blickend, ein »Gott steh dir bei!«. Den Verurteilten wurden die Fußfesseln abgenommen, während die Aufseherinnen, auf alles gefasst, zu beiden Seiten der Hinrichtungsstätte Position bezogen. »Vorwärts!« Nun ließ man die Verurteilten einzeln, die Hände auf den Rücken gebunden, die steile Treppe zum Galgen hinaufsteigen. Der Erste von ihnen flehte Gott um Vergebung an, ein anderer brach in wüste Verwünschungen des Henkers aus.

Schluck! – Dann war Jerome an der Reihe. Schweren Schrittes stieg er die ersten Stufen hinauf, blieb dann aber abrupt auf der fünften Treppenstufe stehen. Seine Gedanken bäumten sich auf, er wich zurück, drehte sich um und blickte in die ihn verächtlich anschauenden Gesichter. Tja – so hatte sich also die Zeit schlagartig geändert, wie ein Tag, der strahlend blau begann und sich sachte verschleierte und nicht die Freundlichkeit besaß, auf ihn zu warten! Der, der er niemals war, wird nun sterben. Der, der er hätte sein sollen, war von Gott vergessen.

Lohnt es, noch einmal aufzubegehren?

Er entschied … Nein! Es hätte nur lächerlich gewirkt! Sein letztes bisschen Stolz verbot es, irgendeine Regung zu zeigen, obgleich ihm sterbenselend war. Auch wenn er Furcht fühlte, so wollte er sie doch nicht öffentlich zugeben. Nicht vor der geifernden Meute, in deren Augen deutlich zu lesen war: »Tja, wir haben es dir ja gesagt!«

Au Mann!

»Vorwärts!«, hörte er eine Aufseherin befehlen. Doch er blieb weiterhin stehen, denn all seine Gefühle stürzten plötzlich über ihn herein: Auf der einen Seite fühlte er, dass seine Existenz als Trader wirklich war, fand aber keine Worte, die die Komplexität dieses Gefühls auch nur annähernd hätten beschreiben können. Gleichzeitig kam er sich vor wie jemand, der sich plötzlich an einem fremden Ort befindet, ohne zu wissen, wie er dorthin gelangt war. Oder fieberte er etwa und träumte nur, dass er ein Leben als privater Vollzeittrader geführt hatte? Oder hatte er durch einen Unfall sein Gedächtnis verloren und deswegen über lange Zeit als ein »anderer« weitergelebt und war vor einigen Monaten mitten in seinem Arbeitszimmer, über Monitore und Charts gebeugt, erwacht? Die Stadt und ihre Straßen, die Freunde, die Familie waren ihm so bekannt gewesen; unbekannt und

fremd waren ihm dagegen sein eigenes Verhalten und sein Denken vorgekommen.
Und so hatte er tagein, tagaus über den Schreibtisch gelehnt darauf gewartet, dass eine der beiden Seiten sich endlich bewahrheiten und er wieder zu einem denkfähigen und logischen Wesen genesen würde …

»Zum letzten Mal: VORWÄRTS!« Eine zweite Aufseherin kam auf Jerome zu, zog ihn die verbliebenen Stufen hinauf und stieß ihn zu seinem Platz. Da stand er nun, vor seinem Strick, den ihm das Trading eingebracht hatte. Ach, könnte er, so Jerome in verzweifelten Gedanken, doch in den sich nun unermesslichen Abgrund aller Dinge zumindest den Glorienschein seiner Enttäuschung mitnehmen wie den eines großen Traumes und den Glanz des Tradings wie ein Banner der Niederlage – ein Banner in kraftlosen Händen zwar, doch getragen durch den Schlamm seiner sinnlosen, von Aktionismus getriebenen fachlichen unsauberen Minustrades hochgehalten, während er im Treibsand der Anschuldigungen versank ob aus Protest, als Herausforderung oder Geste der Verzweiflung, niemand würde es je wissen!

»Vorwärts!« Auch der Handwerksmeister und George wurden hoch auf das Schafott gebracht. Nun platzierte der Henker, ein breitschultriger Mann mit Maske vor seinem Gesicht, jeden Verurteilten auf einer der bereitstehenden Kisten. Dann begann er, jedem eine Schlinge um den Hals zu legen.

»Los, Kopf hoch!«

Wenige Atemzüge später packte der Henker auch Jerome, brachte seinen Kopf in die richtige Stellung, streifte ihm die Schlinge über und zog den Knoten fest zu. Jerome schluckte, als der raue Hanf an seiner Haut scheuerte; seine gefesselten Hände ballten sich zu Fäusten, sein Herz schlug, als wolle es zerspringen. Sein Körper war ein einziger stummer Schrei. Wenn er jetzt zappelte, schnürte ihm der Strick, gleichsam einem Minustrade mit zu hoher Positionsgröße, die Luft ab, und zwar umso stärker, je mehr er sich bewegte. Um sich zu beruhigen, atmete Jerome schneller, doch seine Lippen zitterten – in diesem Moment wurde ihm bewusst, dass allem Verwirklichten, sei es ein Imperium, ein Trade oder eben auch ein Todesurteil, eben wenn es verwirklicht ist, das Schlimmste anhaftete: die Gewissheit der mit allem Existierenden verbundenen Vergänglichkeit.

Der Henker, nun für seine eigentliche Tat bereit, warf der Richterin einen Blick zu, woraufhin diese den Verurteilten zurief: »Wenn Sie noch etwas zu sagen haben, dann sagen Sie es jetzt!« Schlagartig legte sich Totenstille über den Innenhof. Es verstummten die Zuschauer, die eben noch eifrig über die Dummheit der Trader geschwätzt oder leise flüsternd gemeint hatten, für deren Schandtaten an den Familien sei selbst die Bestrafung mit einem schnellen Tod noch zu gut. Sogar die Halbwüchsigen, die Spottlieder gesungen und den Henker eifrig angefeuert hatten, wurden nun ganz ruhig. Nur vereinzelt kam es, wie bei Hinrichtungen wohl üblich, zu gelegentlichem Schluchzen der einen oder anderen verzweifelten Mutter eines Verurteilten.

Als Jerome sodann an der Reihe war, holte er tief Luft. Er nahm alle Energie zusammen, die noch in seinen Adern und seinen Lungen war. Er reckte seinen Kopf empor und rief mit gleichzeitig sich überschlagender wie brechender Stimme über die Köpfe der Zuschauermasse: »Ich habe mein Konto nie absichtlich umbringen wollen. Im Gegenteil, ich wollte, dass es lebt. All mein Bemühen, jeder Trade galt dessen Erhaltung!« Lautstarkes Gelächter. – »Ja, schon klar!«, rief die Richterin. »Ja, ich gebe zu«, ächzte Jerome, »dass meine emotionalen Entscheidungen zwar nicht so fest und sicher wie auf den Dogmen sachlicher und fachlicher Argumente fußten, aber deswegen waren meine Trades nicht weniger verantwortungsvoll, und aus diesem Grunde bin ich kein Straftäter, sondern ein …« »… ein was?!«, gähnte die Richterin Jerome entgegen. »… ein … ein … leidenschaftlicher Idealist. Ich tat mein Bestes!«

»Ooooch, wie süß«, die Richterin fächelte sich erneut mit den Kontoauszügen Luft zu. »Ihr Bestes hat Ihre Familie ruiniert! Wie sähe dann wohl Ihr Schlechtestes aus?«

Abermals lautstarkes Gelächter!

Plötzlich, durch das Hohnlachen der Menge, hörte Jerome George neben sich sagen: »Jerome, es tut mir leid, dass ich dir nicht helfen konnte.« »Was kann ich noch für Argumente anbringen?«, fragte ihn Jerome flüsternd, Todesangst in den Augen.

»Ach, Jerome, alles vergebliche Worte«, antwortete George niedergeschlagen. »Vergeblich?! Wir erleben den nächsten Schlag der Turmuhr nicht, und du weißt als mein ›Verteidiger‹ nichts Besseres zu sagen als: ›Lass es‹?!« In Jeromes Stimme schwang mittlerweile nackte Panik mit. George seufzte, holte tief Luft und unternahm sodann einen letzten Versuch der Verteidigung. Er rief so laut, dass es über den ganzen Innenhof schallte und die Menge damit zum Verstummen brachte – und es schien, als spräche er in diesem Moment nicht nur für Jerome und sich, sondern für alle Trader dieser Welt, egal ob Anfänger oder Fortgeschrittener:

»Jerome, sieh dich um! Wer sind hier die Richter?«

Jerome schaute auf die sich rund um das Schafott drängende Masse und verstand, dass fast alle der Versammelten ihn für das verurteilten, was er während seiner Handelswochen getan hatte. »Jeder hier ist Richter!« »Jeder gleichermaßen? Jerome, gehe jeden Einzelnen durch. Wer ist der schärfste Richter?!«, hakte George nach.

Jerome hielt seinen Blick nicht nur auf Sabine gerichtet, sondern erkannte in der Menge auch etliche Personen, die er früher »Freunde« und »nahe Bekannte« genannt hatte. George nickte zustimmend.

»Jerome, schau dich um!«, rief er. »Freilich hätten wir während der Verhandlung die Richterin, aber auch manch Anwesenden fragen können, ob deren Trading – angenommen, sie würden hier und jetzt damit beginnen! – denn im Wesen anders verlaufen würde als das deine. Aber so etwas dürfen wir weder denken, geschweige denn aussprechen, denn jene, die anklagen und richten, sind selten jene, welche selbst je auch nur einen einzigen Handelstag bestreiten mussten – und sei es auch nur einen einzigen Trade!« So gut es der um seinen Hals gezogene Strick zuließ, machte George eine weit ausladende Kopfbewegung und setzte seine an die gaffende Menge gerichtete Erklärung fort: »Jeder … jeder, der da unten steht, nimmt an, er sei besser als wir, die hier Verurteilten. Sie halten einen Tradinganfänger für schwach, für unfair gegenüber der Familie und was auch immer alles noch an ihm für verkehrt gehalten werden kann! Und dennoch bleiben all diese Argumente nur halbseiden, denn sie heucheln jene Moral und Vernunft nur, sofern der Kontostand fällt – ausgegeben hätten die lieben Angehörigen und Besserwisser das Geld im Gewinnfall nämlich schon! Oder glaubt jemand allen Ernstes, irgendeiner hier würde wirklich Nein zu einem luxuriösen Urlaub, Nein zu den neuen Klamotten, Nein zu dem neuen Schmuck oder der neuen Küche sagen, solange er oder sie dies nicht aus eigener Tasche bezahlen muss?!«

Die versammelten Zuschauer hörten George an, wobei einige den Versuch machten, sich Gehör zu verschaffen und auch ihrerseits eine Bemerkung einzuflechten.

Jedoch, die nun ebenfalls das Schafott hinaufgestiegene Sabine, die Richterin, unterbrach sie sofort, und begleitet von einer entsprechenden Geste ihrer Hand gab sie den Verurteilten wie den Schaulustigen zu verstehen, dass sie allein die passende Antwort auf diese freche Frage kenne: »Ich … ich würde mich anders verhalten! Ich würde das Geld nicht verzocken und verspielen! Ich würde definitiv klug, konsequent und allzeit vernünftig mit den Charts umgehen!«

»Und woher …«, ein Wind kam auf, gegen den Jerome seine Stimme mit allerletzter Kraft erheben musste. »Und woher willst du das wissen?!«

Jerome atmete schwer. »Woher nimmst du diese verdammte Sicherheit, dass du besser mit dem Trading umgehen würdest als ich?«

»Tzzz, … das bisschen long und short und der Wille zur Vernunft!«, wiegelte Sabine nonchalant ab. »So schwer kann das schließlich nicht sein!«

Und im Folgenden argumentierte sie – zu Jeromes großer Verblüffung! – genauso wie er einst, als er erfolgreich versucht hatte, seine Sabine zu überzeugen, mit dem Trading beginnen zu dürfen. Nämlich, dass sie schon immer, seit sie denken könne, das Absurde, das Unlogische, das Widersprüchliche kurz: alles, was den Menschen entbindet und trennt vom Wirklichen, von praktischen Gedanken, von vernünftigen Gefühlen und dem Verlangen nach nützlichem und zweckmäßigem Handeln – zu vermeiden wisse! »Und jetzt …«, sie gab dem Henker mit einem Kopfnicken das Zeichen, »ist genug diskutiert!«

Die Menge hielt den Atem an.

»Aber diesen hier …«, die Richterin legte Jerome die Hand auf den Arm, »erledige ich selbst!«

»Frag!«, rief George. »Los, frag es! Wenn nicht jetzt, fragst du es nie!« Jerome, völlig verängstigt zu George blickend, las in dessen Blick, dass es auf Sabines Argument nur noch eine letzte Gegenfrage gab. Jerome – der zwar Laie war, aber nicht mehr Laie genug, um einen anderen Laien nicht auf Anhieb zu erkennen – versuchte, Sabine mit letzter Kraft zu unterbrechen:

»Sabine, bitte, wenn es soooo einfach ist, warum machst du es dann nicht selb-«

Rumms!

Totenstille herrschte, als Sabine mit all ihrer Kraft gegen die Kiste trat, die unter Jeromes Füßen davonflog …

*

18. Kapitel

Ende des zweiten Tagebuchs

Kaum war der Motor verstummt und das Boot zum Stillstand gekommen, begann der Prachak zu fluchen. Einen Moment hatte er nicht aufgepasst und war prompt bei der Abkürzung durch einen nur drei Meter breiten Klong in einem dichten Teppich aus Wasserhyazinthen steckengeblieben. Mit einer Art Machete musste er sich mächtig anstrengen, um die Schraube des Außenborders von den Pflanzen zu befreien. »Dieses scheiß Kraut immer macht viel zu schaffen uns«, klagte er in gebrochenem Englisch. Und während er wütend auf das Grünzeug einhackte, sah sich Philip um. – Ja, Bangkok. Einst waren es die lotusbewachsenen Klongs mit ihren verträumten Pfahlhäusern und einem romantischen, amphibischen Gemeinschaftsleben, die Bangkok seinen Ruf als »Venedig des Fernen Ostens « beschert hatten. Spätestens durch den James-Bond-Thriller »Der Mann mit dem goldenen Colt«, in dem 007 Mitte der Siebziger Jahre über die schwimmenden Märkte gejagt wurde, war das Flair der Wasserstadt in aller Welt bekannt geworden. Allerdings: Die größte Gemeinsamkeit mit Venedig dürfte heute einzig darin bestehen, dass Bangkok ebenfalls im Meer zu versinken droht, und zwar, laut Experten, sogar noch viel schneller als die italienische Lagunenstadt, denn die Millionenmetropole, die sich zurzeit nur noch durchschnittlich zwei Meter über dem mittleren Meeresspiegel erhebt, sinkt mit einer Geschwindigkeit von jährlich rund zehn Zentimetern ab.

Na ja, die wenigen Tage, die ich noch hier bin, wird es schon nicht untergehen. Eine knappe Stunde später war Philip am Ziel und betrat den großzügig mit Bambus, Orchideen, Rotstielpalmen und einem trotz all dieser Pracht natürlich nicht zu übersehenden San Phra Phum – dem Geisterhäuschen – geschmückten Garten der Familie Decker. Nach der herzlichen Begrüßung genoss Philip auf der Terrasse den angebotenen Tee und den herrlichen Blick über Garten und Fluss. Nach einer Weile angenehmer und zwangloser Plauderei erinnerte Sabine ihre Tochter an die noch zu erledigenden Hausaufgaben, und während Lilly augenverdrehend aufstand, um ihre Bücher und Hefte zu holen, kramte Philip in seiner Tasche und legte voller Respekt über das entgegengebrachte Vertrauen die Tagebücher vor ihren Verfasser auf den Tisch.

»Ah, meine Erlebnisse …« Ohne Scham, dass ein ihm eigentlich fremder Mensch nun einen Teil seiner größten Geheimnisse kannte und dadurch einen tiefen Einblick in seine Seele hatte nehmen können, ergriff Jerome die beiden Bände mit dankendem Lächeln und bat Philip ins Haus und in sein Arbeitszimmer. Hier verstaute er die Tagebücher wieder an ihrem angestammten Platz und zeigte auf die anderen ihrer Art. »Eine wahrhaftige Biografie ist es mittlerweile geworden. Keine Handelswoche fehlt, kein Trade, kein noch so nichtiger Gedanke – mein ganzer Werdegang, säuberlich klar, Stufe um Stufe, einer wohlgefegten Treppe gleich, aufgebaut bis zur gegenwärtigen Stunde.« Liebevoll strich er mit den Fingern über die Rücken der teils zerfledderten Bücher; es waren Seiten, wie ein Mensch sie nur einmal im Leben schreibt. Er wandte sich seinem Gast zu: »Du kennst dies sicherlich auch von deinen Tagebüchern: Wenn ich hin und wieder meine Aufzeichnungen durchblättere, dann kehrt das, was ich selbst verlebt und verloren gemeint, in diesen Seiten geeint und geordnet zurück …«

»O jaaaa …«, antwortete Philip lang gedehnt und trotzdem aufs Kürzeste.

»Aber dennoch: Das, was ich in meinen ersten Handelsmonaten erlebte, schien derart lächerlich und kindisch, dass ich mich lange Zeit geschämt habe, daran zu denken oder darüber in meinen Büchern zu lesen ja, dass eine innere Zensur mir jedes Erinnern daran sofort hastig abblendete. Nun, heute aber, viele Jahre später, schäme ich mich jener ungeschickten Tölpeleien in den Charts nicht mehr – im Gegenteil, wie sehr verstehe ich heute den unbändigen, wirren und leidenschaftlichen jungen Trader in Kinderschuhen, der sich gewaltsam hinüberturnen wollte über die eigene Unsicherheit seiner fehlenden Fachlichkeit und unkontrollierten Emotionen.« Und nach einer Weile fügte er hinzu, ohne dabei den Blick von seinen Büchern abzuwenden: »Weißt du, Philip, jetzt, viele Jahre später … suche ich sie mir sogar oftmals wieder … das heißt, ich suche mir absichtlich jene Augenblicke zurück, die ich als Anfänger erlebt habe. Es zieht mich dann gedanklich regelrecht zurück zu all den Charts und Erlebnissen und«, Jerome deutete auf ein gerahmtes Foto zu seiner Rechten, »zu jener Bank in unserem einstigen Garten, wo ich einst nahezu täglich meine ersten Zeilen schrieb. Ja sogar in jene verschlungenen Waldwege – nur, um noch einmal, noch einmal das Vergangene zu erleben. Auch gehe ich dann oft in Gedanken jene Straße zum Gerichtssaal entlang, jenen Weg, damit jedes Wort, jede Geste des Traumes«, er tippte auf jene beiden an Philip ausgeliehenen Tagebücher, »noch einmal in mir erneuert seien. Albern, oder?! Aber man muss bedenken, wie blitzhaft jene Geschehnisse mich einst vor Jahren überstürmten – ich hatte kaum anderes gefühlt als einen einzigen betäubenden Schlag. Und wenn ich nun meine einstigen Aufzeichnungen durchblättere und dabei meinem Spiegelbild von damals quasi Auge in Auge gegenüberstehe, muss ich jedes Mal lächeln: War das einst wirklich mein Leben? Mir geht es dann genauso wie jemandem, der zum ersten Mal seine eigene Stimme auf einer Tonaufzeichnung hört: Man erkennt sie zunächst gar nicht. Zwar ist es die eigene Stimme, aber doch nur so, wie die anderen sie vernehmen, nicht in der Ausformung, wie man selbst sie gleichsam durch sein Blut und im inneren Gehäuse seines Seins hört.«

Philip lächelte und gestand Jerome, dass auch er seine zahlreichen Tagebücher des Öfteren hervorhole, liebend gern wahllos darin blättere und beim Überfliegen an jene Handelswochen zurückdenke, wie man eines Toten gedenke: Die Erinnerungen bekamen milde, fast schon versöhnliche Farben, vergessene »Kampfepisoden« tauchten wieder auf – mit Charts, deren »Fachlichkeit« bestenfalls, aber dies auch nur mit äußerstem Wohlwollen, als »sanfte Träumereien« bezeichnet werden konnte. »Und beim Betrachten dieses Teils meiner Vergangenheit, ja selbst beim Überfliegen meiner schlimmsten ›Kämpfe mit den Charts‹, empfand ich nicht nur Milde und Versöhnung, sondern … auch Stolz!« Und über Jeromes verblüfften Gesichtsausdruck schmunzelnd, fuhr er fort: »Ganz ernsthaft: Du und ich, genau wie auch jeder andere erfahrene Trader, wären uns selbst gegenüber doch abgrundtief undankbar, wenn wir uns an der rührenden Gründlichkeit gerade unserer frühen Tagebücher nicht erfreuen würden!«

»Stimmt!« Jerome füllte zwei Gläser, die beiden Männer stießen an.

PIEP!

PIEP!

PIEP!

Auf Jeromes Laptop blendeten sich einige Pop-ups seines Handelsprogramms ein. »Sekunde, Philip, ich muss mal kurz …« Und während Jerome sich stehend den Charts zuwandte, beobachtete Philip Haltung und Mienenspiel seines Freundes: Jerome hatte sein Gesicht über den Laptop geneigt, und der Ausdruck darin schien entschlossen zu sein, wie er sich entscheiden solle; da war keinerlei Anzeichen mehr für Ernst, Kummer, Spott oder Verachtung so wie einst und wie es in den Tagebücher nachzulesen war. Er stand vor seinen Charts wie einer, den nichts mehr verwirrt und betrügt. Kein schweres Gewicht senkte sich auf ihn; nichts zu spüren von diesem so oft niedergeschriebenen typischen, von allen Seiten eindringenden Flimmern in der Luft, als verdichte sich die Atmosphäre um einen zu unerträglicher Dumpfheit, nachdem zuvor noch eine unnatürliche köstliche Leichtigkeit geherrscht hatte. Kurz: Philip bemerkte an Jerome den gleichen Gestus und Habitus, den er von Hofner und John, aber auch von anderen langjährigen Tradern, wie etwa Nick, bereits zur Genüge kannte:

So sah es aus, wenn Können vereint mit Routine am Werk war! Philip war, trotz der Vorführung bei seinem letzten Besuch hier, erneut auf das Angenehmste überrascht, dass Jerome als privater Trader den Rubikon seines emotionalen Durcheinanders offensichtlich ebenfalls hatte überwinden können, und wie in einer Vision sah er Jerome als privaten Vollzeittrader plötzlich in völliger Entspannung aller Beziehungen meditierend auf der Spitze eines Berges sitzend, über ihm und um ihn herum nur noch das weite Blau des Himmels. Oder Jerome spazierte täglich zu seinem Vergnügen ein wenig durch die Straßen, pflegte seinen Buddha, las Unmengen von Büchern, erfüllte liebevoll seine familiären Pflichten und empfand seine Tätigkeit als Trader und die Sanftheit, mit der er sie lebte, mit dankbarem Genuss. Nichts bedrängte seinen Zustand, kein Festhalten an der Vergangenheit, keine Anstrengung für die Zukunft; und wenn sein Blick hin und wieder auf seine nach Marktphasen sortierten Charts fiel, so war das so, als locke er ein junges Lamm: Entweder kam es sanft heran, oder es kümmerte sich eben nicht um ihn. Aber nie ergriff er es, nur weil er die Fähigkeit dazu besaß, mit Absicht, mit jener Bewegung des inneren Zugreifens, die allem kalten Verständnis etwas »Gewalttätiges« und doch Vergebliches gab, da sie das Fachliche verscheuchte, welches allen Dingen innewohnte …

Philip kniff kurz die Augen zusammen und kehrte in die Realität zurück. »Wie … ging es damals eigentlich nach dem Traum um die Gerichtsverhandlung weiter?«, forschte Philip, während Jerome die Überprüfung und Eingabe einiger Orders beendet hatte.

Eine Pause trat ein. – Eine Pause, in der Jerome die Eiswürfel, die vom Boden seines Glases aus nach mehr Eistee verlangten, Runde um Runde drehen ließ. »Komm, Philip«, sagte Jerome, sein Glas auf den Tisch stellend, »solche Dinge besprechen sich besser beim Gehen!« Und so schritten beide, hinter dem Haus links abbiegend, einen staubigen Weg entlang, überschattet von den ewigen Bambuswäldern, zwischen deren Zweigen sich einige der umliegenden Tümpel spiegelten. Hoch oben lagen weiße Wolken, sanft getönt von der Mittagssonne. Die Wärme war leicht schwül und doch nicht lastend. »Du willst wissen«, setzte Jerome an, »wie es nach Sabines Auszug und jenem Traum um die Gerichtsverhandlung weiterging? O ja, die Verhandlung … «, wiederholte Jerome mit einem Seufzer, in Erinnerung an jenen Traum, an dessen Ende sein Todesurteil verkündet und vollstreckt worden war. »Nun … an sich hat es wenig Sinn, über die anschließende Zeit detaillierter zu berichten …« »Nicht?« Philip zog seine Augenbraunen zusammen und sah seinen Freund erwartend an.

»Na ja, was soll ich sagen …« Jerome hielt im Laufen inne, neigte den Kopf auf die Seite und meinte sodann, dass er auf der einen Seite zwar von der freudigen Empfindung erfüllt gewesen sei, dass durch seine Beichte seine peinliche Lage ein Ende genommen habe, und zwar in einer Weise, durch die er der Notwendigkeit, weiterhin zur Lüge zu greifen, ein für alle Mal enthoben worden sei; andererseits aber sei er jetzt erst recht nervös und mit noch größeren Kopf- und Magenschmerzen von Handels- zu Handelsstunde gegangen, denn er habe nur noch eines gefühlt: das Verlangen, unbedingt in sich siegreich zu werden, damit Sabine ihn wieder als vertrauenswürdigen Ehemann und zuverlässigen Familienernährer sehen würde, und sei es vorerst auch nur aus der Ferne. »… und was musste demnach geschehen?« Er setzte sich wieder in Bewegung. »Na?«

»Trade … Trade … Trade …?!«, erwiderte Philip mit hüpfender Betonung und teilnehmendem Blick.

Jerome nickte zustimmend und ließ im Vorübergehen einige Blätter von verworrenen Sträuchern, die nichts mehr von der in unmittelbarer Nähe atmenden und stöhnenden Millionenstadt wussten, durch seine Finger rauschen. Er erzählte weiter, dass dadurch in kürzester Zeit weitere heftige Verluste aufgetreten waren. Ausgelöst von dem immer weiter fallenden Kontostand, war es zu solch grausamen privaten, sprich: sozialen Störungen und Spannungen gekommen – welche selbst wiederum weiteren Druck erzeugt und damit dieses Abenteurertum zusätzlich verstärkt und gefördert hatten –, dass es ihm damals erschienen war, als hätte er jedes Verhältnis zu sich und seiner Familie, zum Trading wie ganz allgemein zum Geld verloren. Was ihn erdrutschartig in ein Häufchen Elend verwandelt hatte. »Umgeben von Charts, schien ich namenlos, alterslos, haltlos im leeren Raume zu schweben. In einer Empfindung von … tja, wie soll ich sagen …« Jerome blieb erneut stehen.

»… von einer existenziellen Werte- und Sinnkrise?!«, wusste Philip treffend zu formulieren; schließlich klangen Jeromes Worte für ihn nicht fremd, nicht sonderbar, daher schämte er sich auch nicht, Jerome so Trübes und Trauriges reden zu hören. Wieso auch? Kannte er doch den Inhalt jener Worte einst von sich selbst.

Nachdenklich scharrte sein Freund mit einer Fußspitze im Sand. »Ja, genau, das passt gut: existenzielle Werte- und Sinnkrise.« Philip spürte, dass Jerome dabei war, seine Worte abzuwägen. Sie gingen drei, vier Minuten schweigend nebeneinander her, einige fahrradfahrende Kinder kamen ihnen entgegen, sie mussten zur Seite treten, und die Kinder starrten die beiden Europäer neugierig an. Sie ließen die Mädchen und Jungs vorbei, dann wandte sich Jerome wieder an Philip: »Du kannst dir kaum vorstellen, was für ein gewaltiger Druck damals auf meinen Schultern lastete. Schließlich galt es nicht nur, die eigenen Erwartungen an ›Haus, Pferd und den Luxusflitzer‹ zu erfüllen, sondern bei den Unmengen von Verlusten musste ich obendrauf bald täglich auch noch die maximalen, noch verfügbaren Kontraktgrößen opfern. Aber im Nachgang betrachtet, machte es bei meiner – wie nanntest du es? – persönlichen Werte- und Sinnkrise auch keinerlei Unterschied, mit welchem der vielen Tradingfehler die erdrutschartige Talfahrt meines Vertrauens in mich als Person und in mein Fachwissen immer weiter verstärkt wurde, denn das Resultat wäre so oder so dasselbe gewesen: Über mich stülpte sich der sich spiralförmig öffnende Schlund namens Overtrading, Wahnsinn oder Durchgeknalltheit … und die weiteren Handelstage … nun, diese endeten somit selbstverständlich, wie sie enden mussten: mit einer totalen Niederlage! Und dass Futures, oder aber eine größere Anzahl von diesen CFDs, einen jeden Tradinganfänger mit angeschlagenem Konto sozusagen mit der linken Hand niederfegen, ist an sich wenig erstaunlich. Verdrießlich wirkte jedoch«, Jerome schien bei diesen Worten den alten Schmerz erneut zu spüren, »die präpotente Art, mit der der Markt mich einst allzu deutlich spüren ließ, dass er mich eben mit der linken Hand erledigt hatte. Der Markt machte nur eine flüchtige Korrektur, und alles geriet aus den Fugen. Hin und wieder gab es natürlich auch Plustrades, aber das kam mir damals eher vor wie diese impertinente Geste, mit der man einem räudigen Hund abgewendeten Blickes einen Brocken zuwirft. – O Mann!« Die nächsten Meter des Weges schwieg Jerome, in Gedanken versunken.

Dann wandte er sich Philip zu: »Wie soll man einen vernünftigen Gedanken fassen, Philip, wie soll man die kleinste fachliche Pointe und Wirkung in Gelassenheit ausarbeiten, wenn einem bei jedem Blick auf den Monitor das Blut auf unanständigste Weise kribbelt und jede Menge unzusammenhängender Chart- und Kontosensationen einen beunruhigen, welche sich, sobald man sie prüft, bestenfalls als triviales, meist aber als gänzlich unbrauchbares Zeug entpuppen?« Jeromes Blick richtete sich wieder auf den Weg. »Weißt du, Philip, in jedem Ding fernab der Charts vermutete ich damals eine verborgene Feindseligkeit und eine trotzige Absicht, mich verletzen zu wollen. Jeder Handelstag wurde mir daher furchtbarer als der vorangegangene, weil ich alles Falsche und vor allem Unharmonische von Tag zu Tag immer schärfer spürte. Der auf mir lastende familiäre, soziale und monetäre Druck wurde so stark, dass mir die Außenwelt in ihrem lauten Hasten und ständigen Drängen unerträglich wurde. Ja, jedes noch so belanglose Geräusch irritierte mich. Dazu verloren meine anfänglichen Gedanken an eine rosige Zukunft als erfolgreicher privater Händler und Familienernährer angesichts meiner Kontokurve ihre früher so wohltuende Tröstlichkeit und verwandelten sich stattdessen in scharfe, einschneidende Spitzen, die mir zusätzliche Schmerzen verursachten!« Er seufzte kurz und sprach dann weiter: »Nie vorher und nie nachher habe ich Ähnliches an wütender Machtlosigkeit erlebt als in diesen Monaten, in denen ich mich – obwohl zum Verwegensten bereit, nämlich mein ganzes bisheriges und zukünftiges Leben den Charts zu opfern – ohnmächtig vor einer Mauer von Sinnlosigkeit wiederfand, gegen die meine sämtlichen Anstrengungen völlig vergeblich anrannten. Aber zu meiner entscheidenden Erschütterung bedurfte es eines weiteren wuchtigen Schlages des Schicksals: Sabine stellte mich vor die Wahl …«

»… sie oder die Charts?«

»Familie oder Börse! Genau.«

»Und wie fiel deine Entscheidung aus?!«

»Die Entscheidung?« Jerome schnalzte mit der Zunge und erklärte, dass er vom Trading eine Pause einlegte. Eine lange Pause. Sabine hatte angeregt, bei seiner alten Firma nachzufragen, aber das hatte er nicht über sich bringen können. Stattdessen hatte er einen kläglichen Nebenjob über eine Zeitarbeitsfirma bekommen, bis er dann, als Schwangerschaftsvertretung, eine zwar zeitlich befristete, aber immerhin etwas besser bezahlte Anstellung gefunden hatte. »Und da stand ich nun und büßte in größter Verlegenheit jenen Irrtum meiner einst begeisterten Naivität und meines überreizten Ich-Gefühls und musste von nun ab die Blicke der Eltern, der Nachbarn, der Bekannten und Freunde ertragen. Die Blicke! Kaum auszuhalten! Grausam. GRAUSAM … Aber wenn ich ehrlich bin«, fügte er betonend hinzu, »bin ich froh, dass mich Sabine vor diese harte Wahl stellte!« »Froh? Wieso das denn?« Philip war verblüfft.

»Na ja …« Jerome sann nach den rechten Worten. »Sabine hat mir damit abgenommen, von allein erkennen zu müssen, was mich eigentlich schon eine geraume Weile beschäftigt hatte, nämlich: dass ich dieses Thema leid war, einfach nur leid! Schau, Philip … ich weiß nicht, ob du das verstehst: Ich hatte mehr und mehr die Empfindung, dass meine ganzen früheren Gedanken über den Börsenhandel und die Fantasien darüber, wie ich mein Leben als Trader hatte gestalten wollen, irgendwie kindisch waren. Ich fühlte, dass hier etwas geschehen war, wofür ich bisher gar kein Verständnis gehabt hatte und was ich einst noch weniger zu beweisen imstande war, obwohl es in diesem Augenblick an mir selbst tagein, tagaus vollzogen wurde … und jeden Tag«, fuhr Jerome fort, »stellte ich mir aufs Neue die Fragen: ›Soll das mein Los als privater Vollzeittrader sein? Bin ich dazu verdammt, die Bühne zu sein, auf der sich die Erinnerungen an meine letzten Trades bis in alle Ewigkeit in Szene setzen? Wie soll ich die kommenden Jahre die ganze Spannkraft meines Denkens immer und immer wieder dazu verwenden, eine Order zehn oder doch besser zwölf Punkte zu versetzen, ohne dabei wahnsinnig zu werden? Ist das, was sich hier momentan vor mir auftürmt, wirklich das Leben, welches ich künftig führen will?‹ – Am liebsten hätte ich alles hingeschmissen, aber ich durfte doch nicht aufgeben! Verstehst du, Philip«, schloss er, »ich war das ganze Scheißtrading deswegen unsäglich leid!«

Jerome war das Trading »leid«?

Ist da etwas in den Büchern, was ich überlesen habe?

Philip verstand nicht ganz; da aber Jerome wirkte, als würde er dieses Gefühl gerade erneut durchleben, wollte er nicht unhöflich sein und nahm sich vor, zu einem anderen Zeitpunkt darüber nachzudenken, nicht wissend, dass bereits auf dem morgigen Segeltörn mit John, Hofner und Nick erklärende Worte folgen sollten.

Beide Männer passierten eine kleine Brücke. Die Kläglichkeit seiner Gesamtsituation seit Beginn seines Nebenjobs hatte ihn, so fuhr Jerome fort, irgendwann erkennen lassen, dass der Börsenhandel ihm somit eine eindeutige Aufgabe stellte, die er am richtigsten in die zutiefst zwiespältige Frage fassen zu können glaubte: »Welches Maß an Sinn und Zweck war notwendig und zulässig, um im Trading die Größe der Vernunft zu schaffen?« Monatelang währte dieser Kampf um Aufschluss und tieferes Erkennen, so Jerome, und sobald seine Wachsamkeit nachließ, strahlte jene Frage sogar in sein Unterbewusstsein und usurpierte seine Traumvorstellungen. Jeden Tag – und manchmal auch des Nachts im Traum – sah er sich selbst, als stünde er am Ende eines ungeheuer langen Ganges, von dem aus er wiederum auf sein anderes Ich blickte. Wie durch ein Teleskop sah er sich, den zerfahrenen, verzweifelten Tradinganfänger, der sich tagein, tagaus in sein Arbeitszimmer schleppte und nicht wusste, was er gegen sich selbst beginnen sollte, und der dann plötzlich in sein Handelsprogramm klickte, einen nach dem anderen Trade in Angriff nahm, wild entschlossene Gesten aus sich holte, um dann schlussendlich mit gewaltsam energischem Schritt auf die Straße zum »Luftholen« zu gehen.

»Ein einziges feiges Davonlaufen vor der Erkenntnis! Ja, ein Davonlaufen vor Erkenntnis, so eine Art Erkenntnis-Ekel!«, meinte Jerome und wurde noch konkreter: »Ja, das war ich, ich erkenne mich! Ich weiß jeden Gedanken dieses dummen, verquälten, armen Tradinganfängers von damals. Ich weiß: Jeden Morgen habe ich mich aufgerafft, vor dem Spiegel sogar, und mir gesagt: ›Das wird schon! Heut kommt der alles rettende Monstertrade.‹ Ich spüre noch genau, wie ich jeden Tag den Rechner hochfuhr, die Maus fest in der Hand, scharf jede Periode fixierend; in mir wütete eine gefährliche Lust, sofort mit einem Trade den Tag zu beginnen, um den ohne Ausweg umherirrenden Zorn des fehlenden Erfolgs und die fiebrige Gereiztheit vor Sabine in den erstbesten Trade hineinzuprügeln, der sich mir anbot. So steuerte ich tagein, tagaus zu jenen Charts, bereit, mich unaufgefordert – sprich ohne jegliche Vernunft – ins Orderbuch zu stürzen und die geringste Stichelei einer laufenden Periode zum Anlass einer Provokation zu nehmen, in deren Folge meine rauferische Bereitschaft wieder und wieder ins Leere stieß!«

Philip, den der Inhalt von Jeromes Worten an die intensiven Gespräche mit Torbach6 erinnerte, dachte kurz nach und versuchte sich dann an einer Zusammenfassung des bisher Gehörten: »Irgendwie scheint alles auf die Frage hinauszulaufen: ›Welche Gefühle muss ich beim Trading also eigentlich haben, wenn mir die Familie und meine Freizeit wirklich am wichtigsten sind?‹«

Jerome nickte, dann deutete er auf ein Haus, welches zwischen den Blättern der Büsche hinter der nächsten Wegbiegung erkennbar war. »Dort ist eine kleine Bar. Ich glaube, etwas zu trinken wäre jetzt genau das Richtige.«

Dankbar stimmte Philip diesem Vorschlag zu. Die beiden verließen die Dorfstraße, ließen sich nieder und bestellten eine Erfrischung. »Und dann? Wie kamst du zurück zu den Charts?«, griff Philip das Thema wieder auf. »Durch diese einschneidenden Erlebnisse, sprich: weil durch mein

6 Siehe Roman und Fachteil von DER HÄNDLER, Band 5 sowie Band 6.

durchlebtes Desaster der finanzielle, mentale, familiäre und soziale Ruin mit hartem Fußtritt an meine Tür geklopft und eingetreten war, war ich bereit für …« »Für?« Philip, sein Glas Wasser in der Nähe des Mundes, schielte zu Jerome.

»Na ja … bei dem einen Trader ist es das Buch, bei einem anderen das Seminar, bei mir waren es die Gespräche«, erläuterte Jerome und verwies auf jenen Bekannten, den er auf der Geburtstagsfeier seines Vaters kennengelernt hatte. »Ich schrieb von ihm in meinem Tagebuch! Du erinnerst dich? Gut. Gut, ich traf ihn während meiner Auszeit von den Charts des Öfteren, und mit jedem Gespräch kam mir mehr und mehr zu Bewusstsein, dass rechts und links von meinem Leben als Trader Abgründe tief ins Dunkel hineingeklafft hatten, an die mein Blick nie gerührt hatte. Verstehst du, Philip. Ich war auf einmal … ich nenn es mal … sozusagen reif dafür zu bemerken, dass rings um mein Leben als Trader Geheimnisse und Bestimmungen geschart waren, an sich gedanklich nah zum Greifen und doch nie beachtet!« Bedächtig strich er sich durchs Haar und ließ Philip dann wissen, dass er von diesen Tagen an viel gelernt hatte: Nun ohne Konto dastehend und wieder einem »normalen« Broterwerb nachgehend, hatte er begonnen, vieles außerhalb dieses »engen Abteils mit seinen winzigen Fenstern ins Freie« heraus zu betrachten. Und nach und nach hatte in seiner dunklen Angst etwas aufzublühen begonnen, das noch nicht »Glück« oder »Erfahrung« oder »umfassendes Fachwissen« gewesen war, aber doch schon ein Staunen über die Einfachheit der wahren Stellschrauben für ein erfolgreiches Trading.

»Dennoch brauchte ich ab da noch Jahre. Ja, du hast richtig gehört: Jahre. Aber durch die Gespräche kam ich auf den richtigen Weg!«, bekräftigte Jerome und erzählte davon, dass er mit vorsichtigen Versuchen wieder ein Demokonto betrieben hatte – nur diesmal mit dem Unterschied: Diesmal hatte er Sabine vollends mit einbezogen. Und nach einigen Monaten hatte er dann auch wieder ein »scharfes« Konto.

»Und Sabine hat das wieder zugelassen?«

»Ja, aber nur ein sehr gering kapitalisiertes Konto.« Jerome schob seine Sonnenbrille nach oben, sah einem wackeligen, staubigen Schulbus nach, der in plumper Eilfertigkeit vorübertuckerte, winkte beiläufig den Kindern und gab zu, dass er trotz dieser zweiten Chance natürlich weiter nach dem »hundertprozentigen« Regelwerk suchte und natürlich weiterhin in keinem dieser Stadien seiner Suche nach Wahrheit weder Erleichterung noch gar Sicherheit fand. Natürlich demnach weiterhin mehr und mehr las. Natürlich weiterhin Forum um Forum durchforstete. Natürlich ermüdete ihn das, all diese vielen widersprüchlichen Theorien, die alle gleichermaßen »wissenschaftlich« begründet waren, alle gleichermaßen sehr »wahrscheinlich « klangen und mit einer bestimmten Auswahl von Fakten übereinstimmten, die stets so wirkten, als beinhalteten sie sämtliche Fakten …

Philip bemerkte, dass Jerome, obwohl ihm dies im ersten Augenblick so vorgekommen war, ohne ironischen Unterton erzählte. Oder anders gesagt: Die zunächst vermutete Ironie ging lediglich von der schlichten Sachlichkeit aus, mit der Jerome davon berichtete, dass er – nach dem Blick mit müden Augen in die Börsenliteratur und die unendliche Menge der Forenbeiträge oder nach der verstörten Aufmerksamkeitslenkung seiner Gedanken auf seine Charts – natürlich nur etwas gesehen hatte, was jeden Nutzen seiner Lektüre und seines Denkens Lügen gestraft und Blütenblatt um Blütenblatt von seiner Vorstellung von dem, was »Lernen« und »Bemühen« um das »wahre« Regelwerk für ihn gewesen war, abgerissen hatte: die unendliche Komplexität der fachlichen Dinge in ihrer unermesslichen Gesamtheit und die schier unmögliche Überprüfbarkeit selbst weniger fachlicher Fakten – wie sie jedoch unerlässlich wäre, wollte er darauf eine »hundertprozentige«, Minustrades endlich und ein für alle Mal umgehende, Handelsregel begründen.

»Also wurde aus dem neuen Konto auch nicht gleich ein ›goldenes‹?« Philip sah ihn an. Aufgerichtet und aufmerksam saß Jerome da.

»Und aus dem nächsten auch nicht«, lachte er und holte zur Beantwortung weiter aus: »Aber: Durch und mit dem Mehr an Zeit wurden mir Erfahrungen ermöglicht, welche sowohl meine alten Vorstellungen zum Trading nach und nach gleichzeitig immer geradliniger, aber auch immer widerstandsfähiger werden ließen!« Somit vergalt es Jerome einfach nur die Zeit, in der er von allem mehr erfahren und sich damit mehr verändert und mehr gewandelt und mehr verbessert hat. Sprich: Seine Vorstellungen zum Trading, deren Geltung früher mager gewesen waren, wurden durch und mit dem Mehr an Zeit … Jerome nannte es in Erinnerung an den Traum und der Verteidigungsrede von George »kräftiger«. Sprich: Gedanken ernteten plötzlich Ruhm, die er früher nicht für »voll genommen« hätte. Dummheit milderte sich, Getrenntes lief zusammen. Die scharfen Grenzen begannen sich mit den Monaten und Jahren allenthalben wieder neu zu verwischen; voneinander als unabhängig verstandene Sachverhalte und Themen zeigten plötzlich Zusammenhänge; ehemals Zusammenhängendes trennte sich in Verschiedenes auf, und die nicht zu beschreibende Fähigkeit, dass sich neue mit alten Überzeugungen »versippen«, gebar abermals neue Gedanken und Handelsüberlegungen.

Und somit kam Jerome im weiteren Gespräch mit Philip darüber überein, dass eines der entscheidendsten Kriterien auf dem Weg zum erfolgreichen Händler die Zeit war. Aber es war nicht einfach nur die verstreichende Zeit, sondern die Zeit, die man mehr mit dem Trading zugebracht hatte. Also die Zeit, die man mehr vor dem Rechner gesessen, und die Zeit, die man sich dabei mehr mit dem Thema auseinandergesetzt hatte. Die Zeit, in der man mehr Minustrades erlebt hatte. Die Zeit, in der man mehr Plustrades erlebt hatte. Einfach nur die Zeit …

Inzwischen neigte sich der Nachmittag seinem Ende zu. Es war noch nicht Abend, aber das scharfe Licht ging allmählich in eine weiche, verhauchende Mattigkeit über, die sein Nahen ankündigte. In der Luft zitterte ein leichter, blassrosa Ton.

Jerome, seinerseits mit seinem Drink fertig, klopfte Philip auf die Schulter und rundete das über die Zeit Gesagte dahin gehend weiter ab, dass er fortan mit anderen Blicken auf seine Bildschirme gesehen habe: Orderbuch … Marktteilnehmer … verschachtelte Trendabläufe … persönlicher Rumrutschfaktor und Geldmanagement … Großwetterlage … Überlegungen zum Wiedereinstieg … charttechnische Kippbilder … fachliche Unschärfe – all diese und einige weitere Punkte, die mit »wehenden Fahnen« schon immer in den Charts erkennbar gewesen waren, schienen ihm zum ersten Male nicht mehr, wie früher, als banale, themenlose »Auf-und-ab-Dinge«, hingestellt vom gleichgültigen Zufall der Marktteilnehmer, sondern er hatte verstanden, dass es seine Aufgabe war, die in sich verschachtelte Architektur dieser Themen auszunutzen. Immer rascher rollten die Räder, nun führten die Serpentinen den »fachlichen Zug« zum Tale nieder, immer sanfter wurden die Berge, immer ferner, schon war die Ebene erreicht. Hin und wieder noch warf Jerome einen Blick zurück, und ihm war, als lägen dort, wo sich langsam der fachlich neblige Himmel auflöste, seine eigene Kindheit und Jugend als Trader. Vor ihm dagegen – und als ob ein Schleier von den Dingen gefallen war, die sich ihm nun in ihrer wahren Gestalt offenbarten, wodurch er zum ersten Male alles »Wirkliche« sehen konnte – hatte das Innerste seiner Absicht, der geheime Nerv seiner Tätigkeit als Vollzeittrader gelegen. Falsches Fachwissen flog vorbei wie vom Wind weggerissen, und er musste an die vielen Trades denken, die »drinnen wohnten«, gleich ob Plus- oder Minustrades, gleich ob nervlich angespannt oder naiv glücklich. Nun endlich war er in der Lage gewesen, wirklich »360 Grad fachlich« zu handeln, hatte endlich wirklich etwas erlebt von dem Wirklichen, an dem er bis dahin vorbeigegangen war. Endlich hatte er sich nicht mehr in der Lage eines Traders befunden, der bis an die Zähne mit allem Möglichen bewaffnet in einen Kampf zieht. Denn um zu siegen, musste er doch nur eine einzige Waffe sein Eigen nennen und beherrschen: die Erinnerung. Ja, die Erinnerung an seine Sinn- und Wertekrise! Die Erinnerung an sein persönliches Desaster, seine persönliche Apokalypse. Jenes Erlebnis war so heftig in ihm lebendig geworden, dass es niemals wieder welken würde! Er konnte und würde sich daher auch in Zukunft immer vorhalten, dass er eine Straße der höchsten Gefahren beträte, sollte er den Bruch mit einigen Grundregeln des Tradings zulassen. Eine Straße, zu deren Begehen nicht etwa Mut, sondern nur naive, um nicht zu sagen: dumme Abenteuerlust erforderlich sei. Kurzum: Jerome würde sich zum Zeitpunkt neu eintretenden Wankelmuts also immer lieber wieder auf die Seite seiner Erinnerungen schlagen als auf die des Chartreizes… Jerome schaute Philip an und begegnete seinem Blick. Und aus dem Ausdruck schloss er, dass seine Gedanken auch die seinen waren. »Und weißt du«, meinte Jerome wie beiläufig und begann, seine Sonnenbrille an dem Ärmel seines Hemdes zu putzen, »was ich nach Jahren entdeckte?

Nun – ich entdeckte die Enttäuschung, nichts zu entdecken!« Wie war das noch mal? Ich entdeckte die Enttäuschung, nichts zu entdecken!

»Das bringt es auf den Punkt!« Auf Philip machte diese Mitteilung in ihrer Einfachheit einen tiefen Eindruck.

»Ja, ich erkannte mit der Zeit, dass die Genauigkeit, mit der ich, als sonderbarer Geist, die Einstiegs- und Regelwerkskombination für alleinig wichtig hielt, einem Narren glich, der mit pedantisch-absurden Anstrengungen einen frei umherflatternden Vogel mit einer Nadel aufzuspießen versucht! Kurzum: Ich stieß daher auf die für mich das Trading zusammenfassende Frage: Ist das alles wirklich so komplex – oder aber bin ich es? Aber freilich:

Das sind Dinge, die begreift man entweder, oder man begreift sie nicht.« Und eines war klar: Philip begriff sie.

*

»*Jerome entdeckte, dass es nichts zu entdecken gab!* Wunderbar. Wunderbar.« John warf einen Blick auf Philip, der, nachdem er die Eindrücke von und mit Jerome der Mannschaft zum Besten gegeben hatte, mit halb geschlossenen Augen die milden Strahlen der Nachmittagssonne genoss. Das

Rauschen der Wellen, die sanft an den Bug der »Mary« getauften Ketch Stefini Mostes 62-Segeljacht rollten, drang gedämpft an Deck, und der leichte Seewind ließ das gespannte Sonnensegel träge flattern. »Wirklich ausgezeichnet!«, freute sich John. »Jerome hat damit bewiesen, dass ihm etwas gelungen ist, was nicht vielen, die sich das Thema autodidaktisch beizubringen versuchen, gelingt: Er hat sich dem Überdruss entziehen können.«

»Dem bitte waaas?« Philip wusste nicht, was er damit meinte.

»Überdruss.« John, dem die Haare in alle Richtungen abstanden, denn er liebte das Segeln und den damit verbundenen wilden Schwung, den leidenschaftlichen Anflug des Windes, der an den Haaren zieht und zerrt, das unbeschreibliche Gefühl des Vorwärtssausens im scharfen Wind, schüttelte die linke Hand aus und massierte nach dem harten Segeltörn die Fingergelenke, auf denen das getrocknete Salz des Meerwassers weiße Muster gebildet hatte.

»Überdruss – das ist tatsächlich genau das richtige Wort.«

Er sah hinüber, um Philips Gesichtsausdruck zu betrachten. »Es heißt zwar, Überdruss sei üblicherweise nur eine Krankheit der Trägen oder ereile nur jene alltäglichen Menschen, die nichts zu tun haben. Aber nein ... «, fügte er erklärend hinzu, »nein, nein ... diese Plage gibt es auch bei Tradern, allen voran den privaten; nur ist es hier allerdings etwas subtiler: Überdruss sucht zwar auch hier all jene Seelen heim, die dafür anfällig sind, aber verschont dabei die ›Arbeitsamen‹ oder jene, die vorgeben, dies zu sein – was in diesem Fall auf das Gleiche herauskommt – weniger als die wirklich Untätigen.«

Um etwas Zeit zum Nachdenken zu gewinnen, nahm Philip einen Schluck aus seinem Glas. »Wenn ich dich richtig verstehe, heißt das, dass der Überdruss scheinbar ›umso schwerer wiegt‹, je weniger Entschuldigung es für diese Tätigkeit gibt?!«

»Genau so ist es«, erwiderte John.

Hofner, der schräg gegenüber sitzend ein Buch las und das Gespräch beiläufig verfolgt hatte, hob jetzt den Kopf. Für einen Augenblick gruben sich oberhalb der scharfen Augenbrauen kleine Falten ein, ein Zeichen seines angestrengten Nachdenkens, und dann spielte plötzlich ein fröhlicher Schimmer über sein ganzes Gesicht. »Philip«, begann er an das bisher Gesagte anzuknüpfen, »denk doch mal an unseren Besuch in Hannes' Restaurant und die dort geführten Gespräche zurück.« – Hofner erinnerte an jenes »Duell der Gegensätze« und dessen anschließende ausführliche Diskussion über die Ansätze »Selbstausbildung« und »Ausbildung durch Ausbilder« und fügte hinzu: »Du erinnerst dich? An diesem Abend habe ich absichtlich nur zwei Unterschiede erwähnt, da ich mich, soweit es den dritten betrifft, aus zwei Gründen für einen denkbar schlechten Vermittler halte: Zum einen habe ich diesen wesentlichen Unterschied nie selbst erlebt, zum anderen käme diese grundlegende Schwierigkeit eines sich das Trading ›auf eigene Faust‹ beibringenden, privaten Händlers in einem Handelsbüro nicht mal im Ansatz zum Tragen!«

»Wesentliche Unterschiede? Von welchen Unterschieden sprecht ihr?« Nick, ein frisches Glas in der Hand, kam den Niedergang herauf.

»Ja, drei wesentliche Unterschiede ...«, fuhr Hofner fort und fasste die beiden damals ausführlich hergeleiteten Unterschiede[7] zur Auffrischung nochmals kurz so zusammen, dass die

7 Siehe Roman und Fachteil von DER HÄNDLER, Band 6.

Bedeutung negativer Erfahrung vor den Monitoren nicht nur im Ausmerzen bisher als positiv empfundener, aber fachlich dennoch falscher Handlungen lag, sondern dass aus dieser die Einsicht in den Prozess des Erfahrens selbst resultierte. Die Erfahrung von negativen Erlebnissen während des Tradings stellte so den für das folgende »Zu-sich-Kommen aus der Befangenheit« eines Traders dar. Dies war der Grund, warum die Negativität von Erfahrung als solche tatsächlich als etwas anzustrebend Positives betrachtet werden musste, wobei sich dieser Zusammenhang einem Trader, der sich den Handel »auf eigene Faust« beibrachte, jedoch nur schwer offenbarte.

Neben dieser ersten – und vielen anderen – Schwierigkeiten im Trading sticht dann aber, so Hofner kurz Revue passierend, noch eine zweite besonders hervor: der fachlich saubere Minustrade. Sprich: Obwohl fachlich alles richtig gemacht wurde, wird dennoch eingezahlt. Das Geldergebnis lautet damit: Geld verloren. Und wie stand es mit dem inneren Ergebnis? Antwort: negative Erfahrung: ja, Lerngrund: nein! Und hier findet sich jener zweite Unterschied zwischen »Selbstausbildung« und »Ausbildung durch Ausbilder«, den Hofner so ausdrückte: »An unzähligen Stellen unterlässt es ein ›Tradinganfänger zu Hause‹, sich Wissen anzueignen, wo es sinnvoll wäre, und bringt sich stattdessen an angeblich zu überwindenden Störfällen stunden-, wochen-, monatelang ›angebliches‹ Wissen bei, wo es völlig unnütz ist; denn eine ›Störung‹ ist zwar tatsächlich häufig sowohl Ursache als auch Wirkung aus einem gedanklichen Ungleichgewicht zwischen Realität und eigener Erfahrung, nur gibt es im Trading auch eine ›Störung‹, die keiner Überwindung bedarf, und das ist: der fachlich saubere Minustrade!« Hofner nickte Philip und Nick zu. »Auch als bereits etwas erfahrenere Tradinganfänger wart selbst ihr beiden damals der Meinung gewesen, die ›Störfaktoren‹ eines fachlich richtigen Minustrades durch weiteres Lernen beseitigen zu können, was zeigte, dass ihr euch der Bedeutung und damit der Nichtigkeit beziehungsweise der Normalität eines solchen Störfalls nicht bewusst wart und deswegen natürlich auch nicht die Widerspenstigkeit eures Vorhabens erkennen konntet; denn egal, was ihr dazu neu auszutüfteln versucht habt, konnte euch eines damit jedoch nie gelingen: die anderen Marktteilnehmer ›weg‹-zutüfteln! Mit anderen Worten: Wie viele Trader erfahren Unglück und Leid durch – trotz fachlich perfekter Ausführung – im Minus endende Trades, weil sie nicht erkennen, dass dies allein der Existenz der anderen Marktteilnehmer geschuldet ist? Wer sich also einbildet, alle Schwierigkeiten im Trading mit Leichtigkeit durch souveränes Mehr-Erlernen bezwingen und sich so vor allen ›Gefahren‹ des Charts schützen oder durch pure Eigenleistung die ›unendliche Serie von Plustrades‹ erreichen zu können, erliegt einer Allmachtsfantasie! Und so etwas wird – anders als beim Lernen auf ›eigene Faust‹ – beim Lernen unter der Aufsicht eines erfahrenen Händlers viel schneller und klarer herausgehoben und anschließend strikt unterbunden!«

»Und *Überdruss* … das soll der fehlende dritte Unterschied sein?« Philip schaute fragend in die Runde. Sein Erstaunen war groß und heischte nach einer Erklärung, daraufhin Hofner, indem er den Kopf wie neckend schräg vorwärts stieß, lächelnd nickte und zu erläutern begann, worauf sich seine Annahme stützte: »O jaaaa … der Überdruss des ›angestrengt arbeitenden‹ privaten Traders ist der schlimmste von allen – und gleichzeitig das Schlimmste, was ihn befallen kann! Überdruss als privater – und damit per Definition: einsamer – Trader ist daher nicht etwa der krankhafte Ärger über mangelndes Tun, sondern das sehr viel krankhaftere und niederschmetternde Gefühl, dass es nicht lohnt, auch nur irgendetwas zu tun. Und dies bedeutet, dass sich der Überdruss, je mehr zu tun ist – und einige Charts sind ja bekanntlich vierundzwanzig Stunden handelbar –, umso deutlicher bemerkbar macht. Wie sagtest du, stand es sinngemäß in Jeromes Tagebuch: ›Wenn ich von meinen Charts aufsah, war mein Kopf weltleer …!‹ Es wäre besser für ihn, passiv zu sein, nichts zu tun und nichts zu tun zu haben, dann hätte er diesen – weil nämlich echten – Überdruss zumindest genießen können.« Hofner schüttelte kurz den Kopf. »Fazit ist: Der Überdruss vieler Tradinganfänger entbehrt stattdessen jeglicher Ruhe, jeglicher Noblesse und jeglichen Wohlseins, gepaart mit Unwohlsein: Er ist ein umfassendes Verlöschen dessen, was er getan hat, und entspricht nicht etwa einer Müdigkeit aufgrund noch fehlenden Tuns, sondern einem umfassenden ›Auslöschen-und-vergessen-Wollen‹ dessen, was bereits getan wurde.« Hofner blickte kurz zu John und Nick, dann fixierte er Philip: »Aber die spannende – und wichtige! – Frage ist doch: Was war bei dir, lieber Philip, im Vergleich mit Jerome anders?«

»Ähm … Jungs!« John, der wohl wusste, worauf Hofner aus war, zeigte auf den Horizont und stand auf. »Was haltet ihr davon, alles zusammenzuräumen und die Unterhaltung besser unter Deck fortzuführen?« Schwarze Regenwolken hatten den Einbruch des Abends um einige Stunden vorverlegt, und die Palmen am unweit entfernten Strand schwankten im plötzlich aufkommenden Wind. Das Meer unter der Wolkendecke schimmerte blaugrau, und draußen am vorgelagerten Riff brachen die Wellen in hohen Gischtfontänen. Erste schwere Regentropfen begannen stumpfe Krater in die Meeresoberfläche zu reißen.

Stan, Claudia, Kim und Sander, die den Nachmittag des heutigen Ausflugs dazu genutzt hatten, um mit dem Beiboot auf eine kleine Tauchtour zu gehen, hatten die näher rückende Regenfront ebenso rechtzeitig bemerkt und befanden sich auf dem Rückweg, und noch bevor die erste heftige Regenböe die Ketch erreichte, war alles an Deck verzurrt und verstaut, und die komplette Mannschaft drängte sich mit großem Hallo in die Kajüte.

Während Nick Kim und Claudia bei der Zubereitung ein paar weiterer Getränke half und anschließend mit John eine Kleinigkeit zu essen vorbereitete, saß Philip zwischen Stan und Sander eingezwängt in einer Ecke und dachte über Hofners Frage nach: Was zum Thema Überdruss bei ihm selbst anders gelaufen sei als bei Jerome … Mhm, mal sehen:

Was Philip einst vor den Monitoren gähnen machte, war das geduldige Warten auf ein Signal, sprich: Langeweile. Was ihn einst vor den Monitoren nach drei, vier Minustrades zappelig werden ließ, war Unbehagen. Was Philip vor den Monitoren mitunter vor Jahren Elan nahm, war Ermüdung. Aber nichts von alledem war das vereinzelte Empfinden von der »produktiven « Leere der Dinge um Charts & Co., und schon gleich gar nicht:

Überdruss! Nein, Überdruss – so wie ihn Hofner beschrieb –, das kannte Philip nicht …

Später warf Philip seinen Gedanken in die Runde, daraufhin meinte Hofner: »Genau. Überdruss am Trading, das ist ein Thema, das du nicht kennst! Jerome hingegen schon! Hier war der Überdruss als Trader zweifellos die Langeweile an der eigenen Gestaltung des Alltags als Trader, das Unbehagen am gesamten Leben als Trader, das Des-Tradings-müde-Sein. Jeromes Überdruss war hier folglich in der Tat die, ich nenn es mal, ›fleischliche Wahrnehmung‹ der übergroßen

Leere der Dinge im selbst gestalteten Leben als Händler.« Er ließ eine Zigarette aus dem Päckchen in den Mund wandern. Geschafft vom Tag, rauchte er dem Abend entgegen und fuhr fort: »Doch mehr noch als all dies entsprang sein Überdruss auch einer Langeweile an allen alltäglichen Welten; ein Unbehagen, leben und traden zu müssen; ein Müde-Sein nicht nur des Gestern und des Heute, sondern auch des Morgen und der kommenden Handelswochen, sofern es sie denn noch gäbe. Aber nicht allein die Leere des eigenen Handelns schmerzte die überdrüssige Händlerseele, sondern darüber hinaus auch die Leere von etwas anderem, etwas nicht ... ja, wie sagt man? ... Ding- und Wesenhaftem. Die Leere der Seele selbst empfand diese Leere, fühlte sich leer und war in dieser Leere von sich selbst angewidert, entmutigt und abgestoßen. Oder in anderen Worten: Einer wie du, Philip, ein Wartender, ein sich unbehaglich Fühlender, ein sich müde Fühlender, mag sich wie in einer engen Zelle gefangen fühlen; wobei ein solcherart die Enge seines Lebens Verabscheuender sich selbst in der großen Zelle eines Arbeitszimmers gefesselt fühlen wird. Die, welche nervendes Warten, Unbehagen oder Müdigkeit vor den Charts empfinden, können sich entweder mit der Situation arrangieren oder versuchen, die Mauern ihrer Zelle – oder ihres Arbeitszimmers einzureißen und zu fliehen, oder sie werden schmerzhaft darunter begraben. Aber einer, der wie Jerome als Trader an Überdruss leidet, fühlt sich in der scheinbar wertlosen Freiheit einer unendlichen Zelle gefangen! Und die Mauern einer unendlichen Zelle können, da diese per Definition schließlich nicht existieren, weder eingerissen werden noch einen Trader bei diesem Versuch schmerzhaft unter sich begraben. Und da er sich schließlich keiner Fessel entledigen kann, die gar nicht vorhanden ist, bleibt einem Überdrüssigen nicht einmal der Schmerz beim Scheitern seines Fluchtversuches vergönnt! Welch eine Qual ...!«

Hofner suchte Philips Gesicht.

»Überdruss ist also nichts anderes als die körperliche Empfindung des über einen hereingebrochenen Chaos ... und dazu eines vollkommenen und allumfassenden Chaos!«

»Aber«, Philip machte eine nachdenkliche Gebärde, »dem privaten Tradinganfänger steht doch mittlerweile so vieles zur Verfügung: Bücher, Foren, Seminare, Webinare, Vorträge.«

»Stimmt. Und es wird von Monat zu Monat mehr. Noch mehr Bücher. Noch mehr Seminare, noch mehr Webinare. Die Foren platzen bereits jetzt vor Einträgen. Und: Wenn du zurückdenkst, hat es auch bei dir schon Bücher, Seminare und Gespräche gegeben. Aber: Beleuchten wir einmal, und zwar mit absoluter Ehrlichkeit vor uns selbst, den wesentlichen Punkt«, schränkte Hofner ein und verwies darauf, dass er, ebenso Sander oder John, genau wusste, dass Philip einst, wie auch Stan aktuell, so wie jeder andere Tradinganfänger zu allen Zeiten, zu oft eher aus Furcht als aus Verlangen nach Wachstum sich geändert hatte! Er hob mahnend den Arm.

»Sonst würde der Tradinganfänger ja seinen langen Weg, nachdem die erste Euphorie verflogen ist, in überströmender Freude und nicht – wie es öfter der Fall ist – in Schmerz und innerer Aufruhr antreten. Hier dürfte auch der Grund zu finden sein«, so Hofner weiter, »wieso der Weg so manch privaten Traders zu einem Psychotherapeuten führt, wenn seine gewohnte risikofreundliche, sich selbst nicht beschränkende Art zu handeln ihn nicht weiterbringt, sondern Zerrissenheit und Erschöpfung in sein Leben trägt.« Hofner nahm einen langen Zug von seiner Zigarette und betrachtete mit einem weiten Blick aus dem Fenster die sich auf Deck bildenden

Pfützen. »Die meisten Trader behaupten daher – trotz aller Möglichkeiten von Büchern, Seminaren und Webinaren – zu Beginn meistens nur, ›dass sie sich ändern möchten‹, aber in Wahrheit wollen sie so bleiben, wie sie sind, und das Fachbuch, das Seminar oder die Worte des erfahrenen Händlers sollen nur dazu führen, dass der Tradinganfänger sich besser fühlt. Man will einfach ein erfolgreicher Neurotiker werden und bekommen, was man sich wünscht, ohne das Risiko des Neuen, des Überdenkens auf sich nehmen zu müssen. Die Sicherheit des bekannten Elends ist – und wer kennt dies nicht aus unglücklichen Liebesbeziehungen – lieber als die ungewohnte Blöße der Ungewissheit einer Änderung! Und mit genau dieser – leider nur allzu menschlichen! – Schwäche behaftet, nähert sich so mancher › Trading-Pilger‹ zu Anfang mit dem gleichen Verlangen einem Buch oder einem Seminar, mit dem sich ein kleines Kind an seine Eltern wendet: ›Kümmert euch um mich! Meine Welt ist gerade zerbrochen, und ihr müsst sie mir wieder zusammenfügen!‹ – Verstehst du, Philip? Sie möchten etwas lernen, aber sie verwechseln Lernen mit Unterrichtet-Werden, und deshalb haben auch all die Börsengurus so einen Zulauf. Und hier«, Hofner sah prüfend in die Runde, »liegt wohl auch jener fragliche Unterschied im Lernen, denn: Bei uns bezog sich die treibende Kraft jeglicher Interaktion immer nur auf dich, lieber Philip! Verstehst du den Unterschied?« Philip schob nachdenklich mit dem Fingernagel einen Krümel hin und her. In seinem Kopf begann ein Film abzulaufen, der eigentlich nur aus einer einzigen Szene bestand: Es war, als stünde Hofner jahrelang im Türrahmen seines Büros und wartete. Philip kommt herein, stürzt auf ihn los und versucht verzweifelt, ihn in sein Hirngespinst über Charts & Co. hineinzuziehen und dazu zu bringen, sich um ihn zu »kümmern«. Hofner tritt jedoch elegant zur Seite. Philip fällt hin, enttäuscht und verwirrt und sich selbst leidtuend – aber jetzt hat er die Möglichkeit, aufzustehen und etwas Überdachteres zu versuchen. Hofner ist in diesem … wie sagt man? … »psychotherapeutischen Judo« sehr geschickt, und mit einiger Ausdauer ermutigt(!)[8] er den auf dem Boden liegenden Philip, dass er vielleicht neugierig auf sich selbst werde, sprich: lernt, sich zu sehen, wie er ist, und anfängt, seine Probleme im Handel selbst zu lösen, um damit seine Halsstarrigkeit in zielstrebige und einsichtige Entschlossenheit als Händler zu verwandeln.

Das ist tatsächlich die bildliche Quintessenz dessen, was anfänglich bei mir passiert ist …?!

Plötzlich wurde Philip von dem Gedanken ergriffen, wie es wohl ausgegangen wäre, hätte er sich das Trading selbst erschließen müssen. Er griff sich ins Haar, denn er verstand einmal mehr den ganzen Wirrwarr, welchen Hofner angedeutet hatte, und rief überwältigt aus: »Der ›Private‹ schwimmt wie ein Fisch im Wasser oder fliegt wie ein Vogel durch die Luft, doch da, egal, wie weit er schwimmt oder fliegt, weder Ufer noch Ast jemals in Sicht kommen, bleibt ihm nichts anderes übrig, als weiter und weiter zu schwimmen oder zu fliegen!« John nickte mehrmals, holte nun gleichfalls seinerseits eine Zigarette hervor, widmete sich zunächst in aller Ruhe dem Anzünden und ergänzte dann Philips Worte: »Ganz genau, Philip! Als privater Tradinganfänger denkst du an tausenderlei Sachen, aber doch nie im Leben daran, dich eben von jenem ›ansteigenden Fachwissen‹ zu ›heilen‹! Warum solltest du auch? Gesund sein, gesund werden oder gesund bleiben als Trader, was heißt das denn? Wie solltest du als privater Tradinganfänger ohne

8 Dies ist meine einzige Klammer mit Ausrufezeichen in neun Büchern – warum wohl?

Gedankenaustausch mit Erfahrenen denn überhaupt zu der Vermutung gelangen, dass dein aktueller Drang nach Fachwissen ein ›Zuviel‹ darstellt und daher auf eine Art ›Krankheit‹ hindeutet? Und wenn dem so ist: Wer garantiert dir denn, dass diese Art Krankheit nicht viel wünschens- und erstrebenswerter ist als ihr ›gesundes‹ Gegenteil, sprich: die Absage an zu viel Fachwissen? Und wenn diese Art Gesundheit so sehr vorzuziehen ist: Warum bist du dann überhaupt krank, wenn du es nicht ›von Natur aus‹ bist? Und wieso gegen die eigene Natur angehen, wenn diese dich zu irgendeinem Zweck – sofern es denn überhaupt einen Zweck gibt – anscheinend lieber ›krank‹ haben will?« Hofner lauschte all diesen delikaten Gedanken Johns und ergriff selbst wieder das Wort: »Um in dem Bild von ›Krankheit und Gesundheit‹ zu bleiben: Die Erfahrung lehrt, dass man weder der Anlage noch der Erkenntnis, als Trader von sich aus ›gesund‹ werden zu wollen, etwas hinzufügen darf; wer dies versucht, stößt nur auf hartnäckigsten Widerstand und verzögert damit nur eine mögliche ›Genesung‹. Daher waren wir«, Hofner deutete auf John, Sander und Nick, die mittlerweile dem Gespräch folgten und Philip nun grinsend zunickten, »alle einzig und allein: Beobachter und Katalysatoren. Da es weder in unserer Macht lag, dich zu ›heilen‹ – du hattest ja bereits alles in dir, was du brauchtest, um erfolgreich zu werden –, noch irgendeiner von uns für deine ›Heilung‹ verantwortlich war, konnten wir uns also in aller Ruhe an dem Schauspiel deiner fortschreitenden ›Gesundung‹ erfreuen und mussten einzig dafür sorgen, dass –« »– ihr musstet dafür sorgen«, unterbrach Philip und erkannte nun deutlichst den Unterschied zu Jerome, der als Einzelkämpfer beinahe lähmende Konflikte durchzustehen hatte, »ob das, wovon ihr wusstet, dass es da ist, auch auftaucht: die dem Trader eigene Sehnsucht nach dem eigenen Ich ...« Über Hofners Gesicht huschte ein Ausdruck von Stolz auf seinen Schützling, als John bestätigte: »Ja, aber das ist alles nicht so leicht! Denn: Wenn man jemals seine wahre Natur verwirklicht und den Kampf hinter sich gelassen hat, wird man sich vielleicht fragen, warum einem der erfahrene Händler die einfachen, befreienden Wahrheiten nicht gleich verraten hat!« John nahm einen tiefen Zug, schwieg gedankenversunken eine Zeit, bevor er ergänzte: »Warum das so ist, hat Hofner ja bereits gesagt. Aber es fehlt hierzu noch die Begründung, Philip! Auf dieselbe Frage hat ein Zen-Meister seinem Schüler, als dieser selbst die Schwelle der Meisterschaft überschritten hatte, geantwortet:

> *... hätte ich dich nicht dazu gebracht, auf jede erdenkliche Art zu kämpfen, um den Sinn des Zen zu finden, hätte ich dich nicht endlich zum Nicht-Kämpfen und zum Nicht-Streben geführt, von wo aus du mit deinen eigenen Augen sehen kannst, du hättest jede Aussicht, dich selbst zu entdecken, verloren ...*

Der Gedanke schien Philip getroffen zu haben, und er glaubte fortan zu verstehen, was Johns Betonung meinte: »Was gelernt werden soll, ist so unbegreiflich einfach, dass man es nicht zu fassen bekommt, ohne es vorher durch Kampf, Aufgabe und Erfahrung kennengelernt zu haben?!« Alle nickten ihm verständnisvoll zu.

»Unbeantwortet ist allerdings die Frage geblieben«, hakte Philip nach, dabei Hofner fixierend, »wie die Anwesenheit eines erfahrenen Händlers einen solchen Trader bei seiner Suche unterstützen kann.« »Gute Frage! Sehr gute Frage sogar«, rief Hofer. »Und hier müssen wir wieder den Fokus scharf stellen, denn es geht ja nicht nur darum, dass der erfahrene Trader einfach schlaue Regelwerke preisgibt. Nein! Nein! Er kann auf viele Arten nützlich sein!« Und weiter warf er in die Runde, dass ein erfahrener Trader nicht nur dem ›selbstzentrierten‹ Tradinganfänger, sondern durchaus auch noch dem bereits fortgeschrittenen Händler zunächst so begegnet, dass er diesen als ein sich mühsam durchkämpfendes menschliches Wesen behandelt, welches vorerst nur seine eigenen Probleme zu sehen vermag. »Er kann dahin gehend interpretieren und beraten, dass er dem Betreffenden für dessen inneres Wachstum als Händler die lebensnotwendige emotionale Bejahung gibt, und er kann zuhören! Aber: Der Erfahrene nimmt nicht einfach nur auf, sondern da er das Gesagte nachvollziehen kann, hört er aktiv und damit zielbewusst zu! Und was passiert dadurch nun? Damit erleichtert er es seinem Gegenüber, die eigene Geschichte zu erzählen und sich dadurch vielleicht selbst zu befreien. Wie ein guter Psychologe! Verstehst du, Philip? Ein guter erfahrener Trader schafft auf diese Art eine ›traumähnliche Atmosphäre‹; und in dieser hat der Tradinganfänger nichts, auf das er sich stützen kann – außer …«, Hofner zwinkerte Philip bedeutsam zu, »… der eigenen, so fehlbaren Urteilskraft!« … nichts, auf das er sich stützen kann – außer seiner eigenen fehlbaren Urteilskraft! Genau!

Nick und Sander hatten diese Unterhaltung ebenfalls mit großem Interesse verfolgt, und nun warf Nick ein: »Ebenfalls noch offen ist die Frage, was Jerome zu Beginn passiert ist und warum er solche bisweilen widersprüchlichen bis unvereinbaren Methoden des Tradens und Tradenlernens entwickelt hat.« Woraufhin Sander mit einem Augenzwinkern sofort antwortete:

»Weil er sich mangels qualifizierter Zwiegespräche wahrscheinlich so sehr daran gewöhnt hat, das Falsche als das Richtige wahrzunehmen und das Geträumte für das Vorhandene zu halten, dass ihm darüber die Unterscheidungsfähigkeit zwischen Wahrheit und Lüge verloren gegangen ist.« John überlegte einen Moment, und da es hier mittlerweile um höchst bedeutsame Themen ging, stand er auf, kehrte einen Augenblick sein Gesicht dem Meer zu und betrachtete, wie der Regen auf das Boot herunterprasselte, langsam schwächer wurde und schließlich mit ein paar letzten Tropfen versiegte. Dann fügte er hinzu: »Oder anders gesagt: An der Grenze zwischen den Vorgängen im Außen und denen in seinem Inneren fehlte irgendeine Vermittlung! Wie auch? Denn Tatsache ist, dass ein Trader auf seinem ›Pilgerweg zur Wahrheit‹ immer wieder mit sich selbst im Streit liegt, immer wieder mit seiner eigenen Natur kämpft, weswegen er alle wirklich bedeutenden Schlachten in und mit sich selbst auszutragen hat. Aber wie sieht das bei einem privaten Trader aus? Nur Monologe; von Dialog keine Spur! Aber wie auch? Und diese Situation wird noch dadurch verschärft, dass sich der private Trader, wo eigentlich Dialog stattfinden müsste, entweder dem Desinteresse oder, schlimmer noch, den fordernden Blicken seines privaten Umfeldes ausgesetzt sieht!« Die aufschäumende Gischt brach mehr und mehr zusammen, die vom Wind gebeugten Palmen entspannten sich wieder in ihre ursprüngliche Lage, die untergehende Sonne sank aus der sich lichtenden Wolkendecke herauf aufs Meer. Über dem nassen Deck bildete sich ein feiner Nebel, als das Wasser zu verdampfen begann.

Nick, den Niedergang öffnend, brachte es auf den Punkt: »Der private Trader muss sich an dieser Stelle seiner Reise fühlen, als stünde er auf einer Brücke, auf der von hinten der Teufel nach ihm greift und drüben schon der Sensenmann sein Werkzeug schärft.« Hofner gab Nick recht. »Dazu passt noch ein anderes schönes Bild, nämlich: Der Tradinganfänger scheint sich in seinem Traderdasein als Reiter auf einem Pferd zu betrachten. Das Pferd verkörpert das kraftvolle, animalische Leben, das kein Verstand behindert und kein Zweck leitet; der Reiter steht hingegen für das selbstständige, unvoreingenommene Denken, sprich in unserem Fall: das Fachwissen und reine, kühle Intelligenz. Dieses Bild ist ja in vielerlei Hinsicht im Alltag ein Bekanntes. Ursprünglich hatte Jerome sich sowohl vom Animalischen der Börse als auch von deren Beherrschung durch intelligente Anwendung von Fachwissen angezogen gefühlt und sich bereits darauf gefreut, den Willen seines Pferdes zu brechen, um es ganz in seine Gewalt zu bekommen, sodass er – unter den strengen Augen seiner Familie – sicher und bequem hätte reiten können, wohin er will. In Laufe seines Traderdaseins fühlte er also zum einen die Herausforderung, diesem wilden Pferd endlich seinen Willen aufzuzwingen, auch wenn er von dem zuzureitenden Gaul immer wieder abgeworfen wurde und dann sinnbildlich allein auf weiter Flur stand. Zum anderen verspürte er immer wieder die größte Hochachtung vor dem Freiheitsdrang und dem ungezügelten Leben des wilden Pferdes und unterließ es im Zuge dieses Gefühls immer wieder, sich Gehorsam erzwingen zu wollen. Da er sich aber dauerhaft weder mit dem Zustand des reiterlosen Pferdes noch dem des pferdelosen Reiters abfinden konnte, blieb ihm nichts anderes übrig, als der Reiter zu sein, der immer wieder aufsteigt und mit seinem störrischen Pferd gewaltsam um die Herrschaft kämpft!« Philip nickte nachdenklich, als er diese Worte auf sich einwirken ließ. »Du dagegen hast bei uns erfahren können«, sagte Hofner, indem er nach seiner Gewohnheit die Worte dehnte und Philip die Hand auf die Schulter legte, »dass dieser Kampf aufhört, sobald du begreifst, dass du …«, er schaute mit einem Schmunzeln jeden Einzelnen in der Runde fragend an, »… weder Reiter noch Pferd bist, sondern ein … Zentaur!«

*

Der Steuerstand lag verlassen da. Der Verklicker surrte leise, die Windrichtung angebend, während die Mannschaft nach dem gemeinsamen Abendessen auf unterschiedliche Art den Abend genoss. Hofner, John, Philip, Sander und Kim spielten Karten; Laura hingegen, ihr Haar zum Pferdeschwanz gebunden, blätterte in Zeitschriften und alberte mit Nick herum, und Stan … Stan hielt sich überwiegend in seiner Kajüte auf, stürmte aber in regelmäßigen Abständen, sein iPad in die Höhe haltend, an Deck. So auch jetzt: »NICK! Nick, schau her!« Der Angesprochene wandte die Augen von Kim und Laura ab, deren vor Sonnencreme glänzende Haut wahrlich attraktiv wirkte, und dennoch hoffte Stan vergebens auf einen Kommentar zu seinem Herumgefuchtel:

»… hier … hier … NICK! Hey, schau doch mal! Schau, der Kniff hier ist noch besser!« Nick sah zwar hin, doch ohne seine Stellung zu ändern, wie eine Katze, die in einem blendenden, warm flutenden Sonnenlicht gebadet liegt und nur träge mit den phosphoreszierenden Augen dem Hinzutretenden entgegenblinzelt. »Hör zu, Stan …« »Ja?!« Stan dehnte die Arme, um die darin aufgestaute Spannung zu beruhigen.

»Wie immer du den Chart auch mit kreativen Linien bepflasterst; und egal, welch hervorsprießenden neuen Indikator du ausgräbst und zu den anderen zehn hinzufügst; und genauso egal, wie du die Perioden auch mittels neumodischer Periodenaufbaulogiken ›verstümmeltst‹ – der Ablauf von Bewegung und Korrektur bleibt dennoch immer der Ablauf von Bewegung und Korrektur!« Von dem nicht geteilten Enthusiasmus enttäuscht, lächelte Stan verhalten und wandte sich mit leicht verärgerter Stimme an die Kartenspieler:

»John, dann schau du doch mal!«

John blickte mit einem Auge von seinen Karten auf und betrachtete das hingehaltene iPad. Auch sein Kommentar fiel trocken aus: »Stan! Ein Trend bleibt ein Trend, selbst … auf deinen zusammengedrängten Charts auf dem engen Raum eines iPad!« Dann widmete er sich wieder seinem Kartenspiel. »Och, Mann! Das gibt's doch nicht! … Will denn wenigstens einer den aktuellen Marktbericht ansehen? Der DAX ging heute bereits um fünfzig Punkte in die Knie.« Stan zeigte auf die App eines Nachrichtensenders.

»Willst du mal?«

Aber sowohl Sander als auch Hofner winkten gelangweilt ab, denn schließlich geschahen Tag für Tag in der Welt Dinge, die sich nicht erklären ließen mit den »Gesetzmäßigkeiten«, die man von den Dingen eben kannte. Tag für Tag wurden sie redaktionell erwähnt und wieder vergessen, und dasselbe Rätsel, das sie brachte, nahm sie wieder mit und verwandelte ihr Geheimnis in Vergessen. So lautete das Gesetz, demnach alle nicht erklärbaren Dinge im Börsenhandel dem Vergessen anheimfallen müssen. Die sichtbare Welt nimmt im Sonnenlicht ihren Lauf. Das Fremde aber beobachtet uns aus dem Schatten der Charts heraus. »Na, euch scheint ja heute gar nichts mehr zu interessieren … Gut, dann hole ich mir halt alleine, was der Markt heute hergibt. Ihr werdet schon sehen!«, fauchte Stan und stapfte beleidigt den Niedergang hinab zurück in seine Kajüte.

»Gewiss, gewiss! Tob dich nur aus!«, erklang es von allen Seiten fröhlich. »O Mann, man müsste ein Buch über das Ganze schreiben«, meinte John, den Kopf schüttelnd, beiläufig, während er begann, die Karten neu zu mischen. »Ein Buch?«, fragte es aus der Runde.

»Ein Buch.«

»Ein Buch über Börsenhandel? Wozu soll das gut sein?«, hakte Philip nach und erinnerte an Johns vorherige Ausführungen, wie schwierig es doch sei, einem Händler, der sich den Börsenhandel auf eigene Faust beibringen wollte, Wissen zu vermitteln!

»Ah, du hast recht«, bestätigte Hofner und nahm sein dargebotenes neues Kartenblatt auf. »Alle Erkenntnis ist alt und langweilig. Sprich auf den Buchseiten eine Wahrheit aus, an deren Eroberung und Besitz du vielleicht eine gewisse jugendliche Freude hattest, und man wird deiner ordinären Aufgeklärtheit mit einem kurzen, schnaubenden Entlassen der Luft durch die Nase beantworten … Du hast recht! Keine gute Idee.« Doch plötzlich legte Hofner seine Karten verdeckt auf dem Tisch ab, neigte seinen Kopf schräg nach hinten, und der Schein der Öllampe tauchte ihn in ein gelbliches Zwielicht. »Andererseits wiederum …«, fügte er mit einem wissenden Lächeln und bedeutsamer Betonung hinzu, »gibt es Tätigkeiten, wo nicht die großen Bauwerke, sondern die kleinen geistigen Abhandlungen und Zeilen den Stolz eines Mannes ausmachen!

Wenn jemand beispielsweise entdecken würde, dass die Steine unter bisher noch nicht beobachteten Umständen zu sprechen vermögen, er würde nur wenige Zeilen zur Darstellung und Erklärung einer so umwälzenden Erscheinung brauchen. Wohl wahr. Aber: Über die ›Irrwege‹ und ›die Vernunft‹ eines Traders dagegen kann man Buch um Buch füllen, ohne je fertig zu werden, denn dies ist durchaus nicht bloß eine gelehrte Angelegenheit, denn es handelt sich dabei um ein Thema, bei dem man mit den wichtigsten Lebensfragen scheinbar niemals abschließend ins Klare und Reine kommt. Mal ehrlich und im Ernst: Alle fachlichen Erkenntnisse, durch die ein Trader vom Anfänger zum erfolgreichen Trader geführt worden ist, würden samt ihren Beweisen in fertigem Zustand nicht mehr als eine kleine Handzettelsammlung füllen; wogegen ein einziges Buch gewiss nicht genügen möchte, um alles Übrige aufzunehmen, ganz abgesehen von den umfangreichen Diskussion, die nicht mit Papier und Tinte, sondern fern der Charts bei einem Glas Wein geführt wurden … Nicht wahr … Philip.«

Hofner ließ seine Zigarrenspitze aufglühen, und wissend lächelnd blickte er hinaus in die Ferne …

*

Mittlerweile war es schon spät, die Besatzung bereits zu Bett. Nur Philip saß, sein Tagebuch auf dem Schoß, noch an Deck und blickte hinaus aufs Meer. Die entspannte Müdigkeit, die sonst von der Wärme der weichen Nächte Philip befing, war heute zerstreut durch jene Erregung, die im Blut aufklang, wenn einem Seltsames widerfährt oder wenn man Fremdes für einen Augenblick wie Eigenes erlebt.

Wunderbar war diese Nacht!

Bei solchen Gelegenheiten konnte man spüren, dass man nicht nur Person war, sondern mehr als das: eine Erscheinung. Als säße man im Theater gleichzeitig im Publikum und stünde auf der Bühne, wäre gleichzeitig Zuschauer und Akteur, war man gleichzeitig Empfänger und Auslöser dieser fantastischen Geschichte und wurde so ein Teil von etwas, das größer wirkte als die Summe seiner Einzelteile: Man war nicht nur ein Teil einer Geschichte, sondern deren Geist. Man war nicht nur Zuschauer oder Darsteller zum Beispiel des Hamlet, sondern war Hamlet, war Dänemark, war Rosenzweig und Güldenstern, war Geist des Königs, Onkel, Mutter … »Wie glücklich kann man sein!«, dachte Philip und genoss die Brise, die ihm vergönnt war, und die Seele, die er sich über Jahre angeeignet hatte, um sie zu genießen.

Und sowohl von den letzten Worten des Abends wie auch von Jeromes Zeilen inspiriert, erinnerte sich Philip, mit den Jahren immer öfter sein Verhältnis zum Handel so empfunden zu haben wie einen Nebenkrater, an dem man die Unheimlichkeit der Vorgänge erkennt, die sich im Hauptkrater vorbereiten – und nun war es zum Ausbruch gekommen, denn die Erfahrungen waren nun ausgeflossen und bahnten sich ihren Weg ins Tradingleben.

Es war ein Sieg der tieferen Sache, eine der wunderbar klaren, sich selbst lösenden Verwicklungen des Lebens. Stolz betrachtete er sein Tagebuch, dessen Seiten das flackernde Feuer der Öllampe färbte und deren Zeilen weiterzulodern schienen. Und plötzlich hatte seine Feder, ehe er es selbst wusste, begonnen, in charaktervollen Bewegungen über das Papier zu eilen. Und nach einer Weile schloss er – ohne in diesem Moment auch nur im Entferntesten zu ahnen, dass dies sein letzter Eintrag in dieses Buch als ein Tagebuch sein würde – mit den Worten:

> *… und was ist das Resultat all der furchtbaren Sekunden und Minuten, all der Stunden und Tage, der Wochen, Monate und Jahre dieses meines Traderlebens? Ich erkannte, ich habe als Tradinganfänger auch ohne Stürme Schiffbruch erlitten, auf einem Meer, in dem ich durchaus sicher stehen konnte …*

Als Philip das alles gelesen hatte, geschah das Wunderliche, dass der Inhalt dieser letzten Ausführungen nicht ohne Eindruck auf ihn blieb. Er bemerkte, dass die letzten Worte viel mehr waren als »nur« eine Randbemerkung in einem Notizbuch, es war eine Erfahrung, war geradezu die Formel seines Lebens; es war der Schlüssel zu seinem zukünftigen Werk.

Zukünftiges Werk?

Wieso eigentlich »zukünftig«?

Philip blätterte eine neue Seite auf und überschrieb sie mit Erstes Buch. Ohne den Blick von dem grandiosen Schauspiel abzuwenden, das der gewaltige Sternenhimmel bot, ging er in seinem Kopf verschiedene Titel durch. Dann … dann hatte er den passenden, vier kurze Wörter flogen aufs Papier. Doch der einmal angelaufene Prozess der Titelfindung ließ sich nicht so einfach stoppen, und schließlich schrieb er einen zweiten darunter und strich den ersten durch. Er betrachtete die beiden Zeilen und entschied mit einem Lächeln: Auf das Cover müssen – vielleicht nicht als Titel, so aber doch als Bild – beide Zeilen, und zwar genau so:

~~»Wohin geht der Markt?«~~
»Wo entsteht Bewegung?«

Doch wie geht es nun weiter?

Was steht am Anfang des Buches?

Nachdenklich ließ Philip seinen Blick schweifen. Die Lichter des kleinen Dorfes in der Nähe der Bucht, die wie Leuchtkäfer zwischen den Bäumen funkelten, schienen unendlich fern über dem Wasser. Langsam fielen sie, eins nach dem anderen, in das Dunkel der Wellen zurück. Und wie weiße Hände auf hellen Tasten, so griffen die plätschernden Wellen mit leisem Schwall die Stufen auf und nieder. Hin und wieder löste sich ein Licht jäh los und stürzte scheinbar in die Sommernacht hinein, hinein in das Dunkel, ahnungslos und von blinder Kraft geschleudert wie ein Leben in die jähe Tiefe unbekannter Geschicke … Mhm …Warum nicht so:

PROLOG

Ich verlange von den Lesern nicht, dass sie mir ähnlich werden, sondern sich selbst. Ich biete ihnen keine unumstößlichen Wahrheiten an, sondern sich selbst. Ich habe keine Lehre, ich war die Lehre. Die Geschichten, mit denen ich sie lehre, legen keine Lebensregeln fest; sie geben jedem Suchenden nur das, was er bereits mitbrachte.
...

Mit anderen Worten: Das Leben als Börsenhändler ist eine unfreiwillige Reise, ein Experiment. Eine Reise des Geistes durch die Materie von Kursen und Charts, und da der eigene Geist der Reisende ist, reist man im Geiste. Auf diese Weise hat so manche Händlerseele in der Kontemplation intensiver und stürmischer gelebt als andere in der »normalen« äußeren Welt. Aber trotzdem gilt: Einzig das Ergebnis zählt. Das Gefühlte ist das Gelebte. Demnach kann eine »Geistreise« genauso ermüden wie sichtbare Arbeit. Oder: Nie lebt man so sehr als in Zeiten hochgradigen Denkens!

Diese Zeilen las Philip wieder und wieder und fand sie in der Erfassung noch etwas unvollständig, aber er änderte nichts mehr an ihnen, außer dass er eine nahezu ritterliche Wendung dieser Seite einfügte: Dort, wo das Wort »Prolog« stand, schrieb er als Notiz: »*Das soll der Leser auf der letzten Seite aller meiner zukünftigen Bücher lesen!*«, und fügte dem bisher Geschriebenen noch als letzten Satz hinzu:

Wenn das, was ich in meinem Reisetagebuch als Trader schreibe, eines Tages vielleicht von anderen gelesen wird und sie während ihrer Rast unterhält, soll es gut sein. Lesen sie es aber nicht oder finden kein Vergnügen daran, ist es auch gut ...!

*

Und damit endet nach neun Büchern die Geschichte um Philip, Hofner, Sander, John, Nick, Torbach, Stan und wie sie alle heißen ... Nationen wie Menschen, so sagt man, haben ihr eigenes Schicksal; aber was aus Philip wurde, weiß bis heute niemand. Manche sagen, er sei von den Charts letztlich doch so fasziniert, dass er unablässig vor diesen säße, andere, er würde Börsenbriefe schreiben und Signaldienste verkaufen. Mir hingegen gefiele der Gedanke, er hätte die Höhen und Tiefen des Händlerlebens auf höheren Trendgrößen weiter ausgeschöpft, sich dabei noch mehrere Jahre dem Schreiben gewidmet, die richtige Partnerin gefunden und sich zur Ruhe gesetzt, um sich ausschließlich seiner Familie zu widmen und letztendlich jenen Frieden gefunden, den alle anstreben, aber leider nur die wenigsten finden ...

Ihr Michael Voigt

EPILOG

Zugegebenermaßen ist die Hintertreppe nicht der übliche Zugang zu einer Wohnung oder anderen Räumlichkeiten, denn sie ist weder so hell noch so feierlich herausgeputzt wie die Vordertreppe, stattdessen wirkt sie oft eher nüchtern und in ihrer Zweckmäßigkeit kahl bis gelegentlich sogar vernachlässigt. Aber dafür braucht man sich für ihre Benutzung auch nicht besonders vornehm zu kleiden, oder anders gesagt: Man kommt, wie man ist, und man gibt sich, wie man ist. Und doch gelangt man auch über die Hintertreppe zum gleichen Ziel wie über die Vordertreppe: zu jenen Leuten, die »oben« wohnen. – Auch dem Börsenhandel kann man sich genau so nähern: feierlich über gepflegte Läufer und entlang blank geputzter Geländer oder über die Hintertreppe; und für einen Besuch über Letztere gilt dann ebenso: »Man kommt, wie man ist, und man gibt sich, wie man ist.« Wenn man Glück hat, trifft man über die Hintertreppe – wenn sie nicht gerade an der Vordertreppe einen respektablen Gast erwarten – auch die Händler so an, wie sie in Wahrheit sind, ohne Schlips und Anzug und ohne vornehmes Getue. Da wird man ihnen in all ihrer Menschlichkeit begegnen und in ihren großartigen, zugleich oft ein wenig rührenden Versuchen, über das bloße Menschliche hinauszugelangen. Wenn das geschieht, dann ist die Unverbindlichkeit des Aufstiegs über die Hintertreppe freilich vorbei. Dann gilt es, zu einem ernsthaften Gespräch mit den Händlern bereit zu sein.

Nun, gewiss gibt es nicht wenige Verkünder eines »vornehmen Tones im Börsenhandel« – und hin und wieder auch diejenigen, die mein Unternehmen »Teaching Novel«, sprich Fachroman, aufs Strengste verdammen, wenn sie es nicht überhaupt für »unter ihrer Würde« halten, davon Kenntnis zu nehmen. Ihnen sei es unbenommen, den Vorderaufgang zum Börsenhandel zu benutzen. Wenn ich aber in den neun Büchern die Hintertreppe benutzte, so wohl deshalb, weil hier eine Gefahr ausbleibt, die der Vordertreppe eigentümlich ist: dass man nämlich unversehens, statt in die Wohnungen der erfahrenen Händler zu gelangen, bei den blanken Theorien hängen bleibt, die den Treppenaufgang »schmücken«. Die Hintertreppe ist in der Regel »schmucklos« und führt mangels Ablenkung zuweilen umso eher zum Ziel. Aber: Obwohl in meinen Büchern die Hintertreppe begangen worden ist und auf diesem Weg die Begegnung mit unzähligen fachlichen Themen stattgefunden hat, aber auch der dahinterstehende philosophische Geist aufgesucht wurde, konnte zwar ein Großteil der Etagen in Augenschein genommen werden, auf der die verschiedenen Händler so hausen, doch eben sicherlich unbestritten nicht alle.

Sollte der eine oder andere Leser daher das eine oder andere Fachthema möglicherweise vermissen, so bitte ich um Nachsicht, denn wie jedes Buch trägt auch diese Story zu Recht die Zeichen der Unvollendung … Aber vielleicht war die Lektüre dennoch nicht ganz unnütz. Die fachliche und gedankliche Hintertreppe betreten und die vielen Aufstiege in all ihrer Unvollständigkeit in Augenschein genommen zu haben, wird dem einen oder anderen Leser vielleicht Hinweise auf eine Möglichkeit geben, sich dem, was an Großem geschehen muss, um zum erfolgreichen Börsenhändler zu werden, unmittelbarer nähern zu können als über die gebräuchlichen Vordertreppen. Dass aber die Hintertreppe, so wie sie in diesem und den vorangehenden Büchern beschritten worden ist, an der einen oder anderen Stelle unvollkommen bleibt, liegt am Ende selbstredend in der Sache selbst begründet. Denn wie könnte das Philosophieren um den Börsenhandel zum Vollkommenen gelangen, wenn dieses doch im Dasein des Menschen selbst nie und nirgends erreicht wird …?

Lieber Leser, sodann wünsche ich Ihnen, dass sich die Einsichten, die auf den Etagen der Händler gewonnen wurden, auch für das Erdgeschoss Ihres »alltäglichen Lebens« als Trader und für das Parterre Ihrer »Wirklichkeit vor den eigenen Monitoren« als fruchtbar erweisen. Kurzum:

Wenn Ihr »Rückweg« von der Hintertreppe ebenso gedankenreich ist wie der gemeinsame Aufstieg, dann bewahrheitet sich auf der Hintertreppe einmal mehr die offenkundige Lebensweisheit: »Der Weg hinauf und der Weg hinab? Derselbe …« Ich wünsche Ihnen alles Gute. Allem voran: Gesundheit!

Sonnige Grüße

Ihr Michael Voigt

Kontaktdaten

Michael Voigt, Berufshändler und Autor

Publikationen:

Das große Buch der Markttechnik

Die Buchreihe DER HÄNDLER Band 1 bis 8

Das große Arbeitsbuch der Markttechnik

Bücher:	www.der-haendler.com
Hörbücher und E-Books:	www.hoerbuch-der-haendler.com
Seminare und Vorträge:	www.der-haendler.com
E-Mail Büro:	info@der-haendler.com
Telefon:	0049.3681.4544-69

Trader-Store

Zur privaten Tradingumgebung abgestimmte Panoramabilder wecken Denkanstöße und ... Fragen!

Verbessern Sie Ihr Trading, indem Sie Ihre Visionen und Gedanken visualisieren. Wecken Sie Ihren Geist!

Die Motive passen wunderbar zur heimischen Tradingumgebung und sorgen für frische Ideen, die helfen, Ihr Trading zu verbessern.
Sie können auch Ihr Wunschmotiv mit Ihrem persönlichen Trading-Slogan versehen. Ganz individuell! Ganz einzigartig!

Tipp: Der Trading-Store bietet noch viele weitere Produkte, die das Trading-Herz höher schlagen lassen. Einfach mal reinschauen - es lohnt sich!

Alle Motive und Details unter: www.campello-store.com

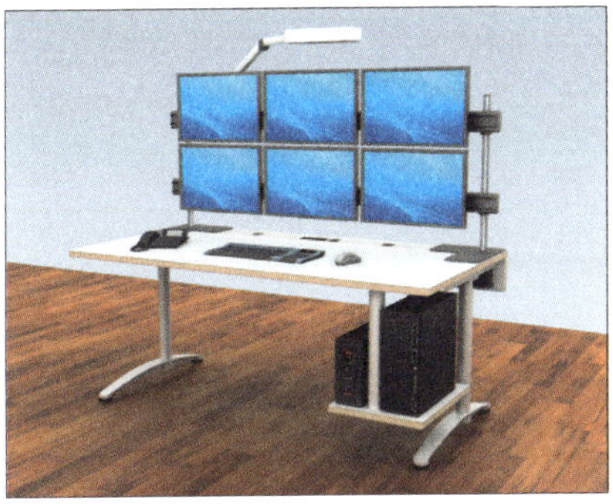

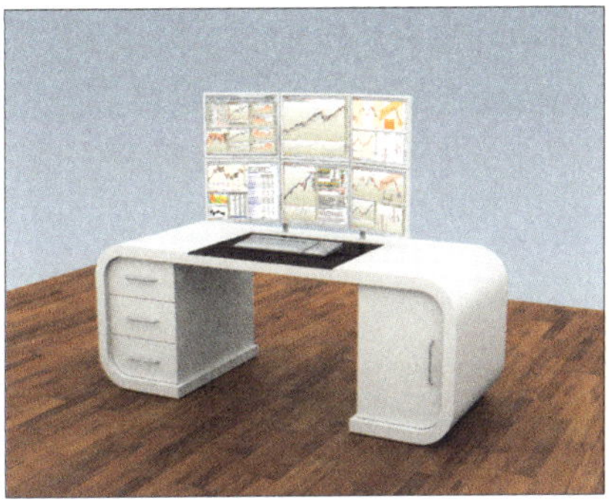

Meine Trading-Fachseminare

stehen ganz unter dem Motto: Was ist Markttechnik und wie wird diese im Trading angewandt?

Kurz: Die gängige Frage: ‚Wohin geht der Markt?' wird gegen die bedeutendere, weil praxisorientierte, Frage „Wo könnte Bewegung entstehen?" ausgetauscht. Damit richten sich meine Fachseminare an alle Trader, die sich speziell mit dem Aktien-, CFD- oder Future-Handel -als eine Art des Börsenhandels- eine beständige Verdienstmöglichkeit verschaffen möchten.

Und wenn Sie noch Fragen habe - kein Problem. Rufen Sie uns einfach an:
Telefon: 00 49/(0) 36 81/45 44 69 oder schreiben Sie eine Email an
info@der-haendler.com

Alle Details und Termine: www.der-haendler.com

Das große Buch der Markttechnik

Michael Voigt

»Das große Buch der Markttechnik« beschreitet einen neuen Weg: Es kombiniert die Darbietung von Fachwissen mit der Schilderung des Werdegangs eines jungen Traders in Gestalt eines Romans. Auf diese Weise führt Michael Voigt Schritt für Schritt in die Welt des markttechnisch orientierten Tradings ein. Die humorvolle Schilderung von Alltagssituationen beim Börsenhandel und der feine Wortwitz lassen den Leser die schwierige Materie der Technischen Analyse bewältigen und machen die umfangreiche Abhandlung zu einem echten Lesegenuss. Michael Voigt hat einen einmaligen Ratgeber geschrieben: informativ, in die Tiefe gehend, spannend. Der renommierte Börsenhändler gibt einen unterhaltsamen Einblick in die faszinierende Welt der Markttechnik und begleitet seine Leser bei der Suche nach Bewegung in den Märkten.

704 Seiten I Hardcover mit Schutzumschlag | 39,90 € (D) | ISBN 978-3-89879-125-0

Das große Arbeitsbuch der Markttechnik

Michael Voigt

Mit seinem Bestseller *Das große Buch der Markttechnik* und der Buchreihe *DER HÄNDLER* hat Michael Voigt einen völlig neuen Weg beschritten, indem er Trading-Fachwissen mit der romanhaften Schilderung des Werdegangs eines jungen Traders verband. Mit dem großen Arbeitsbuch der Markttechnik gibt Michael Voigt Anfängern, Fortgeschrittenen und Profis nun ein weiteres einzigartiges Werk an die Hand.

Das große Arbeitsbuch der Markttechnik schließt genau an der Stelle an, an der viele andere Bücher aufhören – bei Aufgabenstellungen und Praxisbeispielen und häufigen Fehlern, die bei der Anwendung von bereits erlerntem Fachwissen auftreten. In einzigartiger Weise kombiniert das Arbeitsbuch den fachlichen Teil mit den Kernelementen des psychologischen Alltags als Händler und erlaubt dem Leser einen 360-Grad-Blick in der Kunst der Markttechnik.

480 Seiten | Hardcover | 39,99 € (D) | 36,00 € (A) | sFr. 47,90 | ISBN 978-3-89879-659-0
Mehr Informationen zu Investmentthemen finden Sie unter www.portfoliojournal.de

Der Händler, Sammelband 1

Michael Voigt

Im Mittelpunkt der Buchserie Der Händler steht Philip, ein junger Trader mit großer Leidenschaft für den Börsenhandel. Durch sein jahrelanges Praktikum in einem Handelsbüro lernt er sich selbst nach und nach näher kennen. In den Bänden wechseln sich Romanteile und die dazu gehörigen Fachbuchteile ab und bauen aufeinander auf. Im Romanteil wird der Fachbuchteil vorbereitet, erläutert und praktisch umgesetzt, im Fachbuchteil wiederum werden die Erkenntnisse aus dem Romanteil zusammengefasst und vertieft.

Aufbauend auf seinem Bestseller *Das große Buch der Markttechnik*, bietet Michael Voigt erneut einen zuverlässigen Ratgeber für das markttechnisch orientierte Trading. Die Buchserie Der Händler ist sowohl auf Anfänger als auch auf fortgeschrittene Trader ausgerichtet.

352 Seiten | Hardcover | 39,99 € (D) | ISBN 978-3-89879-936-2

Der Händler, Sammelband 2

Michael Voigt

Im Mittelpunkt der Buchserie *Der Händler* steht Philip, ein junger Trader mit großer Leidenschaft für den Börsenhandel. Durch sein jahrelanges Praktikum in einem Handelsbüro lernt er sich selbst nach und nach näher kennen. In den Bänden wechseln sich Romanteile und die dazu gehörigen Fachbuchteile ab und bauen aufeinander auf. Im Romanteil wird der Fachbuchteil vorbereitet, erläutert und praktisch umgesetzt, im Fachbuchteil wiederum werden die Erkenntnisse aus dem Romanteil zusammengefasst und vertieft.

Aufbauend auf seinem Bestseller *Das große Buch der Markttechnik*, bietet Michael Voigt erneut einen zuverlässigen Ratgeber für das markttechnisch orientierte Trading. Die Buchserie *Der Händler* ist sowohl auf Anfänger als auch auf fortgeschrittene Trader ausgerichtet.

576 Seiten | Harcover | 39,99 € (D) | ISBN 978-3-89879-937-9